Johannes Waßmer

**Die neuen Zeiten im Westen und
das ästhetische Niemandsland**
Phänomenologie der Beschleunigung
und Metaphysik der Geschichte in den
Westfront-Romanen des Ersten Weltkriegs

ROMBACH WISSENSCHAFTEN · REIHE LITTERAE

herausgegeben von Gerhard Neumann (†), Günter Schnitzler,
Maximilian Bergengruen und Thomas Klinkert

Band 237

Johannes Waßmer

Die neuen Zeiten im Westen und das ästhetische Niemandsland

Phänomenologie der Beschleunigung
und Metaphysik der Geschichte in den
Westfront-Romanen des Ersten Weltkriegs

rombach verlag

Auf dem Umschlag:
Félix Vallotton: *Wolken,* Holzschnitt, um 1895,
© Stadt Wilhelmshaven, Kulturbüro

Gedruckt mit freundlicher Unterstützung der Anton-Betz-Stiftung.

ANTON-BETZ-STIFTUNG
DER RHEINISCHEN POST EV.
GEMEINNÜTZIGER VEREIN ZUR FÖRDERUNG
VON WISSENSCHAFT UND FORSCHUNG
DÜSSELDORF

Bibliografische Information der Deutschen Nationalbibliothek
Die Deutsche Nationalbibliothek verzeichnet diese Publikation in der Deutschen Nationalbibliografie; detaillierte bibliografische Daten sind im Internet über <http://dnb.d-nb.de> abrufbar.

© 2018. Rombach Verlag KG, Freiburg i.Br./Berlin/Wien
1. Auflage. Alle Rechte vorbehalten
Lektorat: Dr. Friederike Wursthorn
Umschlag: Bärbel Engler, Rombach Verlag KG, Freiburg i.Br./Berlin/Wien
Satz: Martin Janz, Freiburg i.Br.
Herstellung: Rombach Druck- und Verlagshaus GmbH & Co. KG, Freiburg i.Br.
Printed in Germany
ISBN 978-3-7930-9921-5

Inhalt

Vorwort 9

Einleitung 11

I   Die narrative Tektonik der Westfront 43
    1 Erwartung und Erfahrung als narrative Konfigurationen
      von Zeit 50
    2 Zeiterfahrung als Beschleunigung und als ›rasender Stillstand‹. . . 63
    3 Zeiterfahrung und Geschichtsdeutung im Ersten Weltkrieg 79

II Ernst Jünger zwischen Kriegserlebnis und nationaler
    Vergemeinschaftung: *In Stahlgewittern* und *Sturm* 95
    1 ›Die gesteigerte Aufregung des Jägers und die Angst des
      Wildes‹. Die Funktion der Beschleunigung für das
      ›Kriegserlebnis‹ in den *Stahlgewittern* 100
    2 Der Krieg, die Geschichtsdeutung und die Fassungen
      von *In Stahlgewittern*. 126
    3 *Sturm*, der Abschied vom Kriegserlebnis und die
      Hinwendung zur Nation 135
    4 Fazit: Die moderne Beschleunigung und die wechselnde
      Sinndeutung in Jüngers Kriegsprosa 161

III Henri Barbusses *Das Feuer* und das Paradox eines
    nationalen Pazifismus 167
    1 Fronterfahrung 176
    2 »wenn ich weiß, daß es zu etwas gut ist«.
      Fortschritt und Zukunftshoffnung. 187
    3 Bertrand und der Ich-Erzähler als intellektuelle Führerfiguren. . . 199
    4 Krieger der Humanität: Apokalypse und Heilsgeschehen. 205
    5 Fazit: *Das Feuer* eine »Durchhaltebroschüre« und sein
      Autor ein »Soldat des Friedens«?. 211

IV Erich Maria Remarque: ›Leben an der Grenze des Todes‹
    Im Westen nichts Neues und *Der Weg zurück* 217
    1 »Es gibt kein richtiges Leben im falschen.«
       Paul Bäumers Heimaturlaub 222
    2 Zur Zeit- und Fronterfahrung in *Im Westen nichts Neues* 228
    3 Zur Absage an eine Geschichtsdeutung des Ersten Weltkriegs
       in *Im Westen nichts Neues* 251
    4 Partikulare Kameradschaft und kollektiver Individualismus.
       Die Stilllegung des Frontkämpfer-Narrativs in *Der Weg zurück*.... 263
    5 »wir haben Ziele gewollt und sind über uns selbst gestolpert«.
       Zur Fortschritts- und Ideologiekritik in *Der Weg zurück* 284
    6 Zwischen Suizid und Hoffnung. Zu lebensphilosophischen
       und existenzialistischen Tendenzen in *Der Weg zurück*........... 288
    7 Fazit: Remarques Westfront-Romane als ›Denkmal
       des unbekannten Soldaten‹ 293

V   Für Front und Vaterland. Die Utopie der ›Volksgemeinschaft‹
    in Werner Beumelburgs *Die Gruppe Bosemüller* 301
    1 Die Fronterfahrung: Von Mondlandschaften, Signifikantenketten
       und der Beschleunigung im Ersten Weltkrieg 307
    2 »Aber es muß doch einen Sinn haben«. Figurale
       Sinnverweigerung und -produktion im Schützengraben 315
    3 Zur Utopie der Frontgemeinschaft 321
    4 Zu den Führerfiguren................................. 333
    5 Zur Integration der Fronterfahrung in die Sinndeutung
       des Krieges: Auf dem Weg zur ›Volksgemeinschaft‹............ 342
    6 Fazit: *Gruppe Bosemüller* und die Idee einer
       Führerschaft im Werden................................ 349

VI Ausblick: Christian Krachts *Ich werde hier sein im Sonnenschein
    und im Schatten* und der postmoderne Diskurs über Krieg
    und Geschichtsphilosophie 359
    1 Der ›rasende Stillstand‹: Favre und Uriel 363
    2 Der Krieg und die eschatologische Hoffnung
       politischer Ideologien................................. 366

3 Das Réduit als leere Heterotopie und als Episode auf dem
  Weg zurück in die Zukunft: »Ex Africa semper aliquid novi«.... 370
4 Christliche Eschatologie und zyklisches Geschichtsdenken 374
5 »Und die blauen Augen unserer Revolution brannten mit der
  notwendigen Grausamkeit«. Heidnisches Geschichtsdenken
  und die Erlösung in der Unendlichkeit..................... 378
6 Fazit: Durch das *eschaton* über den Zyklus ins Nichts........... 382

VII Visionen vom Ewigen Frieden im ästhetischen
    Niemandsland 389

Literaturverzeichnis 413

Vorwort

Das vorliegende Buch ist die leicht gekürzte, überarbeitete, aktualisierte und in Teilen – insbesondere dem ersten Kapitel und dem Schlussteil – verbesserte Fassung meiner Dissertationsschrift. Dieses umfangreiche, spannende und auch thematisch hin und wieder anstrengende Projekt hat mich seit 2012 beständig begleitet. Am Anfang stand eine vage Idee, die sich erst sukzessive zu einer Struktur und einem Arbeitsplan konkretisiert hat. Trotz der zeitlichen Distanz haben der Erste Weltkrieg und die literarischen Reaktionen, so scheint mir, nur wenig von ihrer Aktualität eingebüßt: Die Westfront-Romane erzählen die ›Urkatastrophe‹ der Moderne zu Beginn des letzten Jahrhunderts, die Europa und die Welt über Jahrzehnte hinweg geprägt hat. Mit dem ersten Kulminationspunkt der Beschleunigung des Lebens thematisiert das Buch ein Phänomen, das im 19. Jahrhundert mit den rauchenden Schloten der ersten Lokomotiven eingesetzt und in der Gegenwart mit der Digitalisierung neue akzeleratorische Dimensionen erreicht hat. Und auf eine eigentümliche Weise erklingt in der zunehmend politisch und ideologisch unruhigen Gegenwartsgesellschaft Europas auch die Geschichtsdeutung des Krieges, um die die Westfront-Romane immer wieder ringen, als fernes, einhundert Jahre nachhallendes Echo wider.
An einem solchen ersten umfangreicheren Buchprojekt sind immer viele Menschen beteiligt. Viel Kraft hat insbesondere das Jahr der intensiven Schreibarbeit zwischen Sommer 2015 und Sommer 2016 benötigt, für mich wie für mein privates Umfeld. Daher möchte ich mich zuerst bei all den Freundinnen und Freunden, die mich in dieser Zeit begleitet haben, für ihre Geduld und ihren Großmut ganz herzlich bedanken – ohne euch hätte ich das Projekt womöglich nicht abgeschlossen. Allen Dank verdienen meine Eltern Dorothea Klein und Karl-Heinz Waßmer, die mir über Jahre hinweg ein eigenständiges Dasein ermöglicht haben und seit jeher wertvolle Ratgeber, Unterstützer und mittlerweile auch Freunde sind. Natürlich dürfen in diesem Zusammenhang meine Stiefeltern Anne-Kathrin und Winfried und meine Geschwister Lilly, Aaron, Peter, Johannes und Martin nicht unerwähnt bleiben – Anteil am Gelingen habt auch ihr.
Unter meinen wissenschaftlichen Lehrern gebührt großer Dank meiner Doktormutter Frau Professor Henriette Herwig, die mich während des Studiums gefördert, meine Promotion auf solide finanzielle Füße gestellt und auch diese Publikation mit ihrer kritischen Stimme noch einmal befördert

hat: herzlichen Dank, liebe Frau Professor Herwig. Auch meinem Zweitgutachter Herrn Professor Volker Dörr möchte ich sehr danken für seine Geduld und seine zahlreichen wie hilfreichen fachlichen Hinweise. Claudia Friedrich, danke für deine großartige Unterstützung in allen Lebenslagen! Einige helfende Köpfe haben die ganze Arbeit Korrektur gelesen, kritisch kommentiert und in Gesprächen Argumente überdacht: Christian auf der Lake, Mara Stuhlfauth-Trabert und Maike Purwin – habt großen Dank für eure Gedanken, eure Energie. Unbedingt zu nennen sind auch Sonja Klein, Johanna Best und Sabrina Huber, mit denen ich Teile der Arbeit kritisch diskutieren durfte. Laura, hab Dank für die Jahre – sie waren nicht immer einfach, ich weiß die Zeit aber sehr zu schätzen! Ganz herzlich bedanken möchte ich mich natürlich beim Rombach Verlag und bei den Reihenherausgebern für die Aufnahme in die Reihe *litterae*. Für die Gewährung eines Druckkostenzuschusses gilt der Anton-Betz-Stiftung mein aufrichtiger Dank. Die Ehre der letzten Nennung gebührt meinem Großvater Bernhard Klein, ohne den ich wahrscheinlich einen ganz anderen Lebensweg eingeschlagen hätte. Dieses Buch ist ihm gewidmet.

Einleitung

> Die Erfahrung ist im Kurs gefallen. Und sie fällt weiter ins Bodenlose. Denn nie sind Erfahrungen gründlicher Lügen gestraft worden als die strategischen durch den Stellungskrieg, die wirtschaftlichen durch die Inflation, die körperlichen durch die Materialschlacht, die sittlichen durch die Machthaber. Eine Generation, die noch mit der Pferdebahn zur Schule gefahren war, stand unter freiem Himmel in einer Landschaft, in der nichts unverändert geblieben war als die Wolken, und in der Mitte, in einem Kraftfeld zerstörender Ströme und Explosionen, der winzige, gebrechliche Menschenkörper.[1]

Auf Weltwissen könne angesichts der Ereignisse im Ersten Weltkrieg nicht weiter vertraut werden, allgemein sei Erfahrung entwertet, urteilt Walter Benjamin in seinem Essay *Der Erzähler* Mitte der 1930er-Jahre über die dramatischen gesellschaftlichen Folgen des Ersten Weltkriegs. Was passiert mit einer Gesellschaft, wenn kollektive und individuelle Erfahrungswerte entwertet werden? Wie reagieren Menschen auf die Erfahrung funktionslosen Weltwissens? Entwickeln sie Alternativen oder versinken sie im Nichts umwälzender Stürme? Benjamin nimmt auf zwei Formen des Erfahrungsverlusts Bezug. Einerseits habe der Erste Weltkrieg eine auf Vergangenheitserfahrung beruhende gesellschaftliche Reaktion im Sinne einer *historia magistra vitae* verunmöglicht und einen historischen Kontinuitätsbruch provoziert. Auf die Herausforderung von Stellungskrieg, Inflation und Materialschlachten müsse die Gesellschaft neue Antworten finden. Andererseits leide der Einzelne, insbesondere der Soldat, an Erfahrungsunsicherheit in höchstem Maße: Seine Erfahrung unterliegt im »Kraftfeld zerstörender Ströme und Explosionen« einer immensen Inflation und einer Kontingenz des Überlebens, die sie zusätzlich entwerten. Das heißt: Für die Gesellschaft wie für den Einzelnen bricht das Kontinuum einer Vergangenheit, die sich über die Gegenwart in die Zukunft fortsetzt.

Diese Arbeit sucht den Erfahrungsverlust bzw. den Verlust an Weltwissen in den Westfront-Romanen des Ersten Weltkriegs in drei Schritten nachzuweisen. Zunächst wird gezeigt, dass die Westfront-Romane sich im Spannungsfeld zweier narrativer Ordnungen befinden, die als Narrativ der Er-

---

[1] Walter Benjamin: Der Erzähler. Betrachtungen zum Werk Nikolai Lesskows, in: ders.: Gesammelte Schriften, Bd. II.1, Frankfurt a.M. 1977, S. 438–465, hier S. 439.

fahrung² und als Narrativ der Erwartung begrifflich erfasst werden. In den Romananalysen wird daraufhin nachvollzogen, wie sich das Narrativ der Erfahrung in der Fronterfahrung der Soldaten erfüllt, und dass drittens das Narrativ der Erwartung die Antworten auf den Verlust an zuverlässigem Wissen erzählerisch organisiert.

Die Intellektuellen im Deutschen Reich haben sich vom Ausbruch des Ersten Weltkrieges eine neue Zukunft erhofft. Der Ausbruch und das erwartete Ende des Krieges produzieren, so die Hoffnung, keine Diskontinuitäten, sondern bilden notwendige Schritte auf dem Weg geschichtlichen Fortschritts. So rechnet am 1. August 1914, als das Deutsche Reich zunächst Russland den Krieg erklärt und die Kettenreaktion der Bündnisfälle auslöst, niemand damit, dass sich aus dem vermeintlich kurzen Krieg ein vierjähriges Blutvergießen entwickeln wird, das als ›Urkatastrophe des 20. Jahrhunderts‹³ den Auftakt zu einem ›zweiten Dreißigjährigen Krieg‹ bildet. Maximilian Harden, Herausgeber der Zeitschrift *Zukunft*, schreibt im Zuge der Julikrise von 1914 den Krieg geradezu herbei und bejubelt den Kriegsausbruch als nationale Notwendigkeit:

> Auf dem Weg, den wir beschritten haben, ist dem großen Krieg nicht auszubiegen [...]. Unaustilgbar ist, was in den Kanzleien, auf der Straße, in der Presse seit vier Wochen geschah. Und ruchlos stünde der Verantwortliche [...] vor der Nation, der nicht durch fruchtbare That die Nothwendigkeit dieses Geschehens bewiese.⁴

Moritz Heimann, der damalige Lektor des Insel-Verlags, lässt es sich in der *Neuen Rundschau* nicht nehmen, den Krieg als eine »in höherem Grade [...] Fortsetzung des Friedens«⁵ zu umjubeln, der nach der »nationale[n] Einheit« von 1870/71 nun die »moralische Einheit«⁶ bringen soll. Thomas Mann bemüht in seinen *Gedanken im Kriege* die Opposition von deutscher Kultur

---

2 ›Erfahrung‹ meint hier und im Folgenden im Unterschied zu dem einführenden Zitat Benjamins nicht tradiertes oder über einen längeren Zeitraum erworbenes ›Weltwissen‹, sondern bezieht sich auf die Wahrnehmung von jeweils gegenwärtigen Ereignissen im Ersten Weltkrieg.
3 Vgl. u.a. Wolfgang J. Mommsen: Die Urkatastrophe Deutschlands. Der Erste Weltkrieg 1914–1918, 10., völlig neu bearb. Aufl., Stuttgart 2002.
4 Maximilian Harden: Der Krieg, in: Die Zukunft 22 (1914), Nr. 44 (1. August), S. 137–149, hier S. 149.
5 Moritz Heimann: Der Krieg, in: Die Neue Rundschau 15 (1914), Heft vom 9. September, S. 1187–1192, hier S. 1188.
6 Ebd., S. 1191.

und Moral gegenüber der westeuropäischen Zivilisation,[7] Richard Dehmel versteigt sich zu einem *Lied ans Volk,* das er im parallel publizierten *Gebet an alle*[8] religiös überhöht, und Hermann Hesse bietet sich wie zahlreiche seiner Dichterkollegen als Freiwilliger an und hofft, dass »Deutschland beim Friedenschließen die erste Stimme haben«[9] wird. Diesem ›Augusterlebnis‹ verleiht Stefan Zweig, radikaler Nationalismen unverdächtig, noch knapp dreißig Jahre später geradezu enthusiastischen Ausdruck, wenn er in seinen Lebenserinnerungen beschreibt, dass sich der Einzelne völlig in einer ›vaterländischen‹ Masse aufgelöst habe:

> Um der Wahrheit die Ehre zu geben, muß ich bekennen, daß in diesem ersten Aufbruch der Massen etwas Großartiges, Hinreißendes und sogar Verführerisches lag, dem man sich nur schwer entziehen konnte. […] Wie nie fühlten die Tausende und Hunderttausende Menschen, was sie besser im Frieden hätten fühlen sollen: daß sie zusammengehörten. Eine Stadt von zwei Millionen Menschen, ein Land von fast fünfzig Millionen empfanden in dieser Stunde, daß sie Weltgeschichte, daß sie einen nie wiederkehrenden Augenblick miterlebten und daß jeder aufgerufen war, sein winziges Ich in diese glühende Masse zu schleudern, um sich dort von aller Eigensucht zu läutern. Alle Unterschiede der Stände, der Sprachen, der Klassen, der Religionen waren überflutet für diesen einen Augenblick von dem strömenden Gefühl der Brüderlichkeit. Fremde sprachen sich an auf der Straße, Menschen, die sich jahrelang auswichen, schüttelten einander die Hände, überall sah man belebte Gesichter. Jeder einzelne erlebte eine Steigerung seines Ichs, er war nicht mehr der isolierte Mensch von früher, er war eingetan in eine Masse, er war Volk, und seine Person, seine sonst unbeachtete Person hatte einen Sinn bekommen.[10]

---

[7] Vgl. Thomas Mann: Gedanken im Kriege, in: ders.: Essays II. 1914–1926, hg. und textkrit. durchges. von Hermann Kurzke, Frankfurt a.M. 2002, S. 27–46; in diesem Zusammenhang vgl. auch ders.: Gedanken zum Kriege, in: Essays II, S. 137–141; ders.: Betrachtungen eines Unpolitischen, hg. und textkrit. durchges. von Hermann Kurzke, Frankfurt a.M. 2009.

[8] Vgl. Richard Dehmel: Lied ans Volk, in: Die Neue Rundschau 15 (1914), Heft vom 9. September, S. 1225; ders.: Gebet an alle, in: Die Neue Rundschau 15 (1914), Heft vom 9. September, S. 1226.

[9] Hermann Hesse: Brief an Johannes Hesse vom 9. September 1914, in: ders.: Gesammelte Briefe, Bd. 1: 1895–1921, hg. von Ursula Michels und Volker Michels, Frankfurt a.M. 1973, S. 244–246, hier S. 244.

[10] Stefan Zweig: Die Welt von Gestern. Erinnerungen eines Europäers, Frankfurt a.M. 1970, S. 256.

Nur wenige verweigern sich wie der elsässische Autor René Schickele oder der *Fackel*-Verleger Karl Kraus jeglicher Kriegsbegeisterung. Zu ihnen zählt auch Franz Pfemfert, der in Berlin die expressionistische Zeitschrift *Die Aktion* herausgibt und das Heft vom 1. August mit dem Artikel *Die Besessenen* eröffnet:

> Das also ist die Kulturhöhe, die wir erreichten: Hunderttausende, die gesündesten, wertvollsten und wertevollsten Kräfte, zittern, daß ein Ungefähr, ein Wink der Regierer Europas, eine Böswilligkeit oder eine sadistische Laune, ein Cäsarenwahn oder eine Geschäftsspekulation, ein hohles Wort oder ein vager Ehrbegriff, sie morgen aus ihrem Heim jagt, hinweg von Weib und Kind, hinweg von Vater und Mutter, hinweg von allem mühselig Aufgebauten, in den Tod.[11]

Die Aktion wird wenige Wochen später verboten und kann nur deshalb weiterhin erscheinen, weil sie sich offener politischer Stellungnahmen enthält und ausschließlich an Abonnenten geht.[12] Zensur und Zeitgeist erwarten ein anderes Verhalten im Sinne des sogenannten Burgfriedens. Das vormals sozialdemokratisch orientierte Satireblatt *Simplicissimus* entschuldigt sich am 17. August für zwei ausgefallene Nummern: »Es geschah dies nicht aus Besorgnis vor irgendwelchen Zensurschwierigkeiten [...], sondern lediglich aus dem Gefühl heraus, daß es in diesen Tagen der deutschen Erhebung eine Kritik innerpolitischer Vorgänge selbstverständlich nicht mehr gibt.«[13] Wie sehr die Öffentlichkeit im August 1914 einen kurzen, wenngleich womöglich heftigen Krieg erwartet, der in Wochen oder Monaten und nicht in Jahren zu bemessen sei, verdeutlicht der Nachsatz dieser Redaktionserklärung: »Die beiden Nummern werden nach Friedensschluss unsern Abonnenten zugestellt«.[14]

Je länger sich der Krieg in die Länge zieht, desto stärker ebbt die anfängliche Euphorie ab. Doch die Deutung des Krieges als weltgeschichtliches, epochemachendes Ereignis hält sich bis zum Frieden im November 1918. Das ›Augusterlebnis‹ veranlasst die Intellektuellen, den Ausbruch des Weltkriegs als Gründungsmythos einer zunächst nationalen und dann völkischen Einheit zu interpretieren. Diesen Vorgang, der als ›Ideen von 1914‹ zum Begriff wird, erklären die Intellektuellen im ›Burgfrieden‹ ausgerechnet angesichts der Historizität des Ereignisses für unbedingt notwendig. In der zeitgenös-

---

[11] Franz Pfemfert: Die Besessenen, in: Die Aktion 4 (1914), H. 31 (1. August), S. 3.
[12] Vgl. Franz Pfemfert: Freunde der Aktion, Leser, Mitarbeiter, in: Die Aktion 4 (1914), H. 32/33, Sp. 693.
[13] Die Redaktion: An unsre Leser, in: Simplicissimus 19 (1914), Nr. 20 (17. August), S. 314.
[14] Ebd.

sischen Öffentlichkeit wird der Krieg mit den Hoffnungen auf eine kulturelle Katharsis[15] und dem apokalyptischen Dualismus vom Untergang einer alten und dem Beginn einer neuen Epoche assoziiert. Dieses Verständnis des Ersten Weltkriegs als Ausdruck epochalen Wandels und Ankündigung einer neuen, zumeist nationalen bzw. völkisch vorgestellten Zukunft findet inhaltlich und strukturell Ausdruck in den ›Ideen von 1914‹ und schlägt sich während der Kriegsjahre in zahlreichen populärliterarischen Erzählungen des Weltkriegs nieder, die ganz im Sinne dieser ›Ideen‹ verfasst sind. Für die Verstetigung der ›Ideen von 1914‹ müsse gesorgt werden. In diesem Sinne äußert sich beispielsweise der Theologe und Philosoph Ernst Troeltsch, Anfang Juli 1915 noch in Erwartung eines nahen Friedens:

> Die schwierigste Aufgabe wird die Zeit nach dem Friedensschlusse bringen. Es wäre ein großer Irrtum, die Einigung der Augusttage für eine grundsätzliche und bleibende Veränderung unseres Volkstums, für eine totale Neugeburt zur Einheit zu halten. […] Die gegenseitige Verschmelzung, das Aufgehen im Ganzen und im Vaterlande, der Sieg der Sache über die Meinungen und Neigungen, das muß seine tiefe Spur zurücklassen und seine zweite große Frucht tragen im kommenden Frieden. Wir dürfen die Einigung nicht verrinnen lassen, sondern müssen sie festhalten mit allen Mitteln.[16]

Dass in solchen geschichtlichen Deutungen des Weltkriegs die Eule Minervas bereits in der Mittagshitze losfliegt, haben bereits die Zeitgenossen reflektiert. Johann Plenge, wie Troeltsch einer der Apologeten der ›Ideen von 1914‹, deutet den Weltkrieg schon 1916 als einen Krieg, wie Hermann Bahr zusammenfasst,

> der, noch während er geführt wird, schon auch gleich selbst über sich reflektiert und philosophiert, sich kalkuliert, formuliert und kritisiert, ja durch geschichtliche Selbstbetrachtung distanziert, aber zugleich auch wieder, durch Voraussage der Folgen, in die Zukunft projiziert, und mitten im noch nicht abgelaufenen Ereignis schon das Ergebnis, noch heiß vom Blute, schwarz auf weiß drucken läßt.[17]

---

[15] Lars Koch hat die Denkfigur einer kathartischen Reinigung der Kultur, die durch den Krieg erfolgen solle, ausführlich untersucht (vgl. Lars Koch: Kulturelle Katharsis, in: Niels Werber/Stefan Kaufmann/Lars Koch [Hg.]: Erster Weltkrieg. Kulturwissenschaftliches Handbuch, Stuttgart/Weimar 2015, S. 97–141).
[16] Ernst Troeltsch: Der Kulturkrieg, in: Zentralstelle für Volkswohlfahrt/Verein für volkstümliche Kurse von Berliner Hochschullehrern (Hg.): Deutsche Reden in schwerer Zeit, Berlin 1915, S. 207–249, hier S. 240f.
[17] Hermann Bahr: Zu den Ideen von 1914, in: Johann Plenge: Zur Vertiefung des Sozialismus, Leipzig 1919 [1916], S. 38–66, hier S. 38.

Helmuth Kiesel hat darauf hingewiesen, dass Kriege schon seit der Romantik nicht nur als physische Auseinandersetzung mit Waffengewalt, sondern transzendiert und als »Momente der Erneuerung«[18] verstanden wurden. Diskursgeschichtlich relevant für diese Wahrnehmung des Krieges als einzigartige geschichtliche Zäsur scheint Jacob Burckhardts Begriff der Krise, wie er ihn 1905 in den posthum veröffentlichten *Weltgeschichtlichen Betrachtungen* entwickelt. Krisen, so Burckhardt, »treiben das Große wohl hervor«; insbesondere Kriege seien ein »notwendiges Moment höherer Entwicklung«.[19] Krisen und Kriege führten die Individuen (wieder) zur wirklicher Gemeinschaft zusammen, denn der Krieg habe durch die »Unterordnung alles Lebens und Besitzes unter einen momentanen Zweck […] eine enorme sittliche Superiorität über den bloßen Egoismus des Einzelnen«.[20] Burckhardt zufolge erneuere sich der Staat im Krieg, indem die historische Verbindung zwischen Staat und Volk neue Bindungskraft erhalte: »Ein Volk lernt seine volle Nationalkraft nur im Kriege, im vergleichenden Kampf gegen andere Völker kennen, weil sie nur dann vorhanden ist; auf diesem Punkt wird es dann suchen müssen, sie festzuhalten.«[21] Damit nimmt Burckhardt bereits um 1870 vergleichsweise präzise die gesellschaftliche Stimmung in den 1910er-Jahren und während des Kriegsausbruchs 1914 vorweg. Im Rahmen der vorliegenden Studie erscheint eine andere Schlussfolgerung Burckhardts relevanter. Denn mit der Krise und dem Krieg beginnt das brillante Narrenspiel der Hoffnung, diesmal für breite Schichten eines Volkes in kolossalem Maßstab. Auch in den Massen vermischt sich der Protest gegen das Vergangene mit einem glänzenden Phantasiegebilde der Zukunft, welches alle kaltblütige Überlegung unmöglich macht.[22]

Burckhardt schreibt Krisen und Kriegen die Eigenschaft zu, als Gefäß geschichtlicher Erwartungen zu dienen. Durch den Krieg solle eine erhoffte Zukunft Wirklichkeit werden: Spätestens mit der Erwartung einer ›Apokalypse‹ durch den Krieg nebst eines daran anschließenden *eschatons,* eines letzten Schicksals des Menschen, gehen in die Sinndeutung des Krieges metaphysische Geschichtsvorstellungen und geschichtsphilosophische Konzepte ein. Eine spezifische Herausforderung für diesen Akt der Sinndeutung

---

[18] Helmuth Kiesel: Ernst Jünger. Die Biographie, München 2007, S. 78.
[19] Jacob Burckhardt: Weltgeschichtliche Betrachtungen. Über geschichtliches Studium, Darmstadt 1962, S. 117.
[20] Ebd., S. 119.
[21] Ebd., S. 118.
[22] Ebd., S. 126.

stellen die Ereignisse an der Westfront dar. Angesichts der dortigen Front fällt es zunehmend schwer, den Material- und Abnutzungsschlachten noch geschichtlichen Sinn abzugewinnen. Dementsprechend wird in der beginnenden Weimarer Republik infolge der Niederlage von 1918 die historische Sinnhaftigkeit des Weltkriegs auf dem Weg zu einem geschichtlichen *telos* von intellektueller Seite durchaus hinterfragt: Alfred Döblin stellt seine Vision eines fernen Europas nicht in einen geschichtlichen, sondern mit dem Titel *Berge, Meere und Giganten* bestenfalls in einen naturgeschichtlichen Rahmen,[23] Theodor Lessing begreift ›Geschichte als eine Sinngebung des Sinnlosen‹ und Oswald Spengler kündet populär wie passend zur militärischen Niederlage vom Niedergang des Abendlandes.[24] Jedoch scheitern über diese Zeitdiagnosen hinaus alle Bemühungen um eine kritische Deutung des Ersten Weltkriegs in der Weimarer Republik, wie Thomas Rohkrämer urteilt: »Es gelang somit nur in sehr begrenztem Maße, dem Weltkrieg als aufrüttelnde Warnung einen pazifistischen Sinn zu geben«, während trotz der Niederlage »mit den Jahren die nationalistische Deutung des Krieges«[25] dominierte.

In diesen Diskurs über die Sinndeutung des Weltkriegs schreiben sich auch die Westfront-Romane ein, die während des Krieges und dann wieder vermehrt ab Ende der 1920er-Jahre erscheinen und die den Gegenstand dieser Arbeit bilden: Die Problematik einer angesichts der Fronterfahrungen erschwerten Sinndeutung schlägt sich erwartungsgemäß insbesondere in den zeitgenössischen Westfront-Romanen nieder. Die Protagonisten dieser Romane haben die psychischen und physischen Folgen ihres Kriegseinsatzes zu verarbeiten. Sie sind nicht nur mit dem Tod und den Verstümmelungen ihrer Kameraden konfrontiert, sondern selbst beständig bedroht von Granaten, Minen, Schrap-

---

[23] Vgl. Alfred Döblin: Berge, Meere und Giganten, Frankfurt a.M. 2008.
[24] Thomas Rohkrämer begründet die Popularität der Geschichtsvorstellung Oswald Spenglers prägnant: »Auf einer fundamentalen Ebene warf der Erste Weltkrieg so durchaus grundsätzliche Sinnfragen auf. Nietzsches Diagnose einer Bewegung des Nihilismus gewann an Plausibilität [...] und auf populärwissenschaftlicher Ebene wurde Oswald Spenglers Buch *Der Untergang des Abendlandes* (1918–1922) zu einem Bestseller. [...] Spenglers Grundthese, dass sich die Möglichkeiten der abendländischen Kultur erschöpft hätten, traf einen Nerv der Zeit [...]. Die Faszination, die Spengler mit seiner These vom ›Untergang des Abendlands‹ hervorrief, illustriert, wie hingezogen sich viele Zeitgenossen zu einem pessimistischen Fatalismus fühlten.« (Thomas Rohkrämer: Ideenkrieg: Sinnstiftungen des Sinnlosen, in: Niels Werber/Stefan Kaufmann/Lars Koch [Hg.]: Erster Weltkrieg. Kulturwissenschaftliches Handbuch, Stuttgart/Weimar 2014, S. 385–409, hier S. 388)
[25] Ebd., S. 389.

nellen, Maschinengewehrkugeln, von Querschlägern und einstürzenden Unterständen oder Stollen. Dennoch wird in den meisten Westfront-Romanen der Krieg mit geschichtlichem Sinn ausgestattet. Trotz oder gerade infolge der Schrecken des Grabenkriegs integrieren diese Erzählungen den Krieg in einen geschichtsphilosophisch definierten Rahmen, mit dessen Hilfe ihm ein spezifischer historischer Sinn zugeschrieben wird.

Henri Barbusse hofft in *Das Feuer* von 1916, dass der Erste Weltkrieg der letzte aller Kriege sei und sich durch ihn die sozialistische Gleichheit aller Menschen realisieren lasse. Werner Beumelburg begründet 1930 in *Gruppe Bosemüller* den Führungsanspruch der Frontsoldaten und formuliert die Hoffnung, dass die Frontgemeinschaft im Ersten Weltkrieg die ›Volksgemeinschaft‹ auslöse. Beumelburg reagiert mit seinem Romanerstling *Gruppe Bosemüller* auch auf Erich Maria Remarques Weltbestseller *Im Westen nichts Neues* von 1929, in dem Remarque die Sinnlosigkeit des Krieges und die ›verlorene Generation‹ der Frontsoldaten in den Mittelpunkt rückt. Auch im Nachfolgeroman *Der Weg zurück* von 1931, der das triste Schicksal der Kriegsheimkehrer erzählt, befasst sich Remarque mit dem Leid des Einzelnen, der den Krieg nicht durch eine Sinndeutung zu rechtfertigen vermag. Für Ernst Jünger scheint sich 1920 in seiner ersten literarischen Veröffentlichung *In Stahlgewittern* die Frage nach der Sinndeutung des Weltkriegs nicht zu stellen. Vielmehr versteht er den Krieg zumindest in der Erstfassung der *Stahlgewitter* als Ereignis, das einen neuen Typus des Kriegers zeugt, für den der Krieg Daseinsform und Rauschmittel zugleich ist. 1924 in der dritten Fassung von insgesamt sieben veröffentlichten Bearbeitungen ergänzt Jünger den Roman um Passagen, die dem Krieg einen nationalistischen Sinn zuweisen, bevor er sie 1934 in der vierten Fassung großteils wieder tilgt. Diese zeitweise ideologische Ausrichtung der Kriegserzählungen Jüngers wird an seiner Erzählung *Sturm* von 1923 ein erstes Mal ablesbar, die die rauschhafte Daseinsform des Kriegers aus der Perspektive des Künstlers an der Front problematisiert. Trotz ihrer deutlichen Differenzen in der Qualität der Sinndeutung des Krieges bringen diese Westfront-Romane die Zeiterfahrung der in den Romanen erzählten Frontsoldaten vergleichbar zur Darstellung. Sie werfen die Frage nach der geschichtlichen Verortung des Weltkriegs auf, indem sie ihn in die Vorstellung eines geschichtlichen Verlaufs integrieren. Die Romane gleichen sich in der Problemstellung, ob und auf welchem Wege dem Ersten Weltkrieg erzählend Sinn abgerungen werden kann. Trotz unterschiedlicher Antworten auf diese Gretchenfrage wird der Kampf an der Westfront vergleichbar erzählt. Die Westfront-Romane rücken die Fronterfahrung der Soldaten in den Vordergrund und stellen die Frage:

Wie können die Soldaten mit der technologischen Beschleunigung dieses ersten ›modernen‹ Krieges umgehen?

Den hier untersuchten Westfront-Romanen ist gemein, dass ein Erzähler – oftmals ein autodiegetischer Erzähler – von seiner Kriegserfahrung berichtet und das Leid an der Front und die überlebensnotwendige Kameradschaft betont. Deshalb greift die populäre Einteilung der Erste-Weltkriegs-Erzählungen in ›kriegsbefürwortende‹ und ›pazifistische‹ Texte zu kurz. In so gut wie allen entsprechenden Romanen finden sich sowohl kritische als auch positive Aussagen zum Ersten Weltkrieg, weshalb sich die meisten Weltkriegs-Narrationen zugleich als Befürwortung und Verurteilung des Ersten Weltkriegs lesen lassen. Der Versuch einer Sinnstiftung des Krieges produziert unvermeidlich eine Unschärfe: Alle Westfront-Romane lassen sich kritisch oder affirmativ als ›pazifistisch‹ attribuieren. Wenn dem Krieg ein (möglicher) Sinn zugeschrieben wird, wird der Erste Weltkrieg nicht vollumfänglich verurteilt – wenngleich dieser Sinn wie im Fall von Henri Barbusses *Das Feuer* im Verhindern weiterer Kriege liegen kann. Daher werden die Romane in der vorliegenden Arbeit nicht in erster Linie in Bezug auf die in ihnen vertretene moralische Haltung beurteilt. Vielmehr konzentriert sich die Analyse auf die Zeiterfahrung des Weltkriegs der erzählten Frontsoldaten. Sie schließt an die Beobachtung an, dass die zwei Darstellungsweisen des Weltkriegs in den Westfront-Romanen sich zunächst zu widersprechen scheinen: Einerseits wird der Krieg mit Sinn versehen und als geschichtliches Ereignis aufgefasst. Andererseits wird der Krieg in seiner Gegenwart erzählt, die von den Soldaten oftmals als sinnlos erfahren wird, und seiner geschichtlichen Dimension benommen.

Offenbar folgen die Westfront-Romane Narrativen, die den Handlungsverlauf vorstrukturieren und die die soldatische Zeiterfahrung des Krieges an der Westfront erzählerisch organisieren. Mit dieser These schließt die Arbeit an die jüngsten Forschungen zur Kriegsnarrativik an, die gezeigt haben, dass Kriegserzählungen im Regelfall Narrativen folgen, die den Start- und Endpunkt der Erzählung und ihre Verlaufsstruktur inklusive der Peripetien steuern und gesellschaftlich normieren.[26] Albrecht Koschorke beschreibt, dass Narrative von der heteronomen Hoheit der Gesellschaft normiert wer-

---

[26] Exemplarisch Susi K. Frank: Einleitung, in: Natalia Borissova/Susi K. Frank/Andreas Kraft (Hg.): Zwischen Apokalypse und Alltag. Kriegsnarrative des 20. und 21. Jahrhunderts, Bielefeld 2009, S. 7–39.

den, also durch gesellschaftliche Diskursordnungen strukturiert sind.[27] An diese Eigenschaft von Narrativen wird in dieser Arbeit angeschlossen, um daraufhin begriffliche sowie methodische Grundlagen zu schaffen. *In concreto* wird die narrative Ordnung der Westfront-Romane von den Diskursen über Geschichtsphilosophie und über Beschleunigung bestimmt. Strukturiert der Diskurs über Beschleunigung die affirmative oder ablehnende Reaktion der Soldaten auf die Front, organisiert der Diskurs über Geschichtsphilosophie die Sinngebung des Ersten Weltkriegs insgesamt. Weil die Autoren im Rahmen der zeitgenössischen Diskurse über Krieg, Beschleunigung und Geschichtsdenken vom Ersten Weltkrieg erzählen, gelingt es ihnen, symbolisches Kapital zu erwirtschaften und sich nicht nur im literarischen Feld, sondern auch im publizistisch-ökonomischen Feld der Zeit geschickt zu platzieren. Daher ist die Hypothese gerechtfertigt, dass sich die zeitgenössischen Diskursformationen über Beschleunigung und Geschichte bzw. Geschichtsphilosophie über zwei Narrative – das Narrativ der Frontkämpfer (oder der Fronterfahrung) und das Narrativ der Erwartung – in die Westfront-Romane einschreiben. Beide Narrative werden zunächst genauer bestimmt und dann in die Primärtextanalysen mit einbezogen.

›Zeit‹ bietet sich als begrifflicher Ankerpunkt der vorliegenden Arbeit an. Beschleunigung und Geschichte sind Konstruktionen von Zeit. Erfahrungsraum und Erwartungshorizont bzw. eine geschichtliche Zeit und eine gegenwärtige, beschleunigte Zeit konvergieren im Begriff der Zeiterfahrung. Demzufolge konstruieren sich sowohl das Narrativ der Erwartung als auch das der Erfahrung an der Kategorie der Zeit entlang. Zeit ist »kein der unmittelbaren Anschauung zugängliches Naturphänomen, sondern merkmalsvermittelt«[28] – gleichwohl formt der Mensch Ereignisse in der Zeit zu Vergangenheit, Gegenwart und Zukunft. Er konstruiert Geschichtsvorstellungen, die sich wiederum mit je eigenen Geschwindigkeiten entwickeln. Ausgangspunkt eines zeitlich orientierten Handelns ist immer die Gegenwart:

> Z[eit]verhalten, d.h. Erinnern, Wahrnehmen/Deuten und Entwerfen ist Gegenwartshandeln; in der Gegenwart kommt es zu individual- und gruppenspezifischen Eigenzeitkonstruktionen als Kombinationen aus der Deutung von Vergan-

---

[27] Vgl. Albrecht Koschorke: Wahrheit und Erfindung. Grundzüge einer allgemeinen Erzähltheorie, Frankfurt a.M. 2012.

[28] Burckhard Dücker: Lemma ›Zeit‹, in: Ansgar Nünning (Hg.): Metzler Lexikon Literatur- und Kulturtheorie. Ansätze – Personen – Grundbegriffe, 2., überarb. und erw. Aufl., Stuttgart/Weimar 2001, S. 687–689, hier S. 687.

genheit, Gegenwart und Zukunft. Vom Handlungsfeld Gegenwart aus sind die beiden anderen Z[eit]dimensionen in gleicher Weise deutungs- und konstitutionsoffen.[29]

Hermann Schmitz begreift in seiner *Phänomenologie der Zeit* Zeit als ›primitive Gegenwart‹, die er durch vier Kategorien charakterisiert: »Hier (Enge als stark absoluter Ort), Jetzt (das Plötzliche als absoluter Augenblick), das Dieses (absolute Identität) und das Betroffensein (Subjektivität).«[30] Auch seinen Begriff von Geschichte entwickelt Schmitz im Rekurs auf den Begriff der primitiven Gegenwart, aus der heraus Personen im Sinne von Persönlichkeiten hervorgegangen sind, die ein *»persönliches Schicksal«* zu verarbeiten haben.[31] Sowohl die Fronterfahrung, durchaus eine ›primitive Gegenwart‹ in Schmitz' Diktion, als auch die Geschichtsdeutung des Krieges fußen auf der Gegenwartserfahrung der erzählten Figuren. Die in einer Gegenwart anschaulich werdende Erfahrung ›gedehnter Gegenwart‹ und der Entwurf einer Zukunft aus der Gegenwart heraus scheinen sich nur im zugrunde gelegten Zeitverständnis zu unterscheiden: Die Wahrnehmung von Zeit impliziert ein phänomenologisches Zeitverständnis, der Entwurf einer Zukunft aus einer Gegenwart heraus – die Geschichtsdeutung – jedoch ein gewissermaßen ›metaphysisches‹ Zeitverständnis. Bereits Augustinus jedoch versucht um 400 n.Chr., eine Phänomenologie der Zeit gewissermaßen psychologisch aus der Gegenwartserfahrung zu entwickeln. Er ordnet im elften Buch der *Bekenntnisse* die Zeitformen Vergangenheit und Zukunft der Gegenwart zu:

> Zukünftiges und Vergangenes sind nicht; die Behauptung, es gebe drei Zeiten, Vergangenheit, Gegenwart und Zukunft, trifft nicht im strengen Sinne zu. Im strengen Sinne müsste man wohl sagen: Es gibt drei Zeiten, die Gegenwart von Vergangenem, die Gegenwart von Gegenwärtigem und die Gegenwart von Zukünftigem [...]: die Gegenwart des Vergangenen als Erinnern, die Gegenwart des Gegenwärtigen als Anschauen, die Gegenwart des Zukünftigen als Erwarten.[32]

---

[29] Ebd., S. 688.
[30] Hermann Schmitz: Phänomenologie der Zeit, Freiburg i.Br./München 2014, S. 56.
[31] Vgl. ebd., S. 182, Hervorhebung im Original. Schmitz zufolge erzählt Geschichte im »Kern menschliche Schicksale«. Zu seinem Geschichtsbegriff »gehört ebenso die Weltgeschichte wie die Geschichte eines Staatensystems, eines Krieges, einer Familie« (ebd., S. 183).
[32] Augustinus: Bekenntnisse, übers. und hg. von Kurt Flasch und Burkhard Mojsisch, Stuttgart 2008, S. 315f. (XI.XX.26).

Anfang des 20. Jahrhunderts schließt Edmund Husserl an Augustinus an und entwickelt anhand von Impression und Retention, die das Bewusstbleiben gerade gewesener Sinneseindrücke beschreiben,[33] seine Theorie des inneren Zeitbewusstseins. Husserl zufolge wird Zeit in einer Art gedehnter Gegenwart wahrgenommen, da »Moment für Moment ein Als-Jetzt-Erfassen« stattfindet, das »gleichsam de[n] Kern zu einem Kometenschweif von Retentionen«[34] bildet. Dem gleicht grundsätzlich die Protention: »So ähnlich bildet die Phantasie aus der Vergangenheit die Vorstellung der Zukunft, nämlich in der Erwartung.«[35] Im Anschluss an Augustinus und Husserl wird in der vorliegenden Arbeit Zeit phänomenologisch begriffen und die Konstruktion der Zeit aus einer wahrgenommenen Gegenwart heraus den weiteren Überlegungen zugrunde gelegt. Über diesen Zeitbegriff lässt sich die Zeiterfahrung der Romanfiguren heuristisch besser erfassen, als etwa mit einem Zeitbegriff aus anderer Perspektive, z.B. von Heidegger aus oder mit Derrida.[36] Jenseits von narratologischen Überlegungen zu den Tempora und zu Ordnung, Dauer und Frequenz einer Erzählung zeigt sich der Aspekt der Zeit in der Zeiterfahrung der Figuren und des Erzählers. Für die Westfront-Romane heißt das: In der Wahrnehmung ihrer jeweiligen Kriegsgegenwart bilden sie ihren Erfahrungsraum und ihren Erwartungshorizont.

In dieser Arbeit werden mit den Kategorien der Fronterfahrung und der Zukunftserwartung gewissermaßen zwei narrative Chronoreferenzen der Westfront-Romane modelliert. Achim Landwehr etabliert den Begriff der Chronoreferenz als Ausdruck für die »Relationierung [...], mit der anwesende und abwesende Zeiten gekoppelt, Vergangenheiten und Zukünfte mit Gegenwarten verknüpft werden können«.[37] Das Erfassen von Chronoreferenzen ermögliche es, »die klassische historische Kausalität hinter sich

---

[33] Husserl veranschaulicht das an Tonfolgen: »Das Ton-Jetzt wandelt sich in Ton-Gewesen, das *impressionale* Bewußtsein geht ständig fließend über in immer neues *retentionales* Bewußtsein.« (Edmund Husserl: Zur Phänomenologie des inneren Zeitbewußtseins, Hamburg 2013, S. 32)
[34] Ebd., S. 33.
[35] Ebd., S. 14.
[36] Die möglichen und berechtigten Ansätze für Kritik an diesem Zeitbegriff, etwa aus naturphilosophischer Perspektive oder eben von Heidegger bzw. Derrida aus, sind dem Verfasser bekannt. Diese weiterführenden Zeitbegriffe haben sich allerdings im Hinblick auf die Untersuchung als deutlich weniger operationalisierbar erwiesen, sodass an dieser Stelle auf eine ausführliche Darstellung verzichtet wird.
[37] Achim Landwehr: Die anwesende Abwesenheit der Vergangenheit. Essay zur Geschichtstheorie, Frankfurt a.M. 2016, S. 28.

zu lassen« und an ihrer Stelle ein »multipolare[s] Feld von Kausalitäten« zu untersuchen.³⁸ Zielsetzung der Arbeit ist es, in den Westfront-Romanen das eigentümliche Verhältnis von geschichtlicher Dimension der Zeiterfahrung und von beschleunigter, auf die Kriegsgegenwart bezogener Zeiterfahrung zu untersuchen und näher zu bestimmen. Dieses Verhältnis gerät gerade an der Jahrhundertwende vom 19. ins 20. Jahrhundert in Bewegung, wie Ulrich Raulff festhält:

> Gilt das neunzehnte Jahrhundert als das Jahrhundert der Geschichte, so könnte man das zwanzigste Jahrhundert als das der Gegenwart bezeichnen. An die Stelle des *Ursprungs*, dem die theoretischen und historischen Bemühungen früherer Jahrhunderte galten, hat das zwanzigste das Problem der *Präsenz* (oder der *Aktualität*) gesetzt. Keine andere Frage ist derart zum Leitmotiv der Literatur der klassischen Moderne geworden wie die nach der Natur der Zeit und der Beschreibbarkeit (das heißt Fixierbarkeit) des flüchtigen Augenblicks.³⁹

Die vorliegende Arbeit sucht also den konvergenten Punkt ereignisorientierten Erzählens von Gegenwartserfahrung und des Erzählens der geschichtlichen Verortung dieser Gegenwartserfahrung zu bestimmen. Diese Konvergenz droht in den Westfront-Romanen, wie gezeigt werden wird, nur über eine radikale Position oder sogar nur als imaginär bestimmt werden zu können: Beide Narrative driften im Ersten Weltkrieg mit großen Fliehkräften auseinander. Im Folgenden werden die jeweiligen Chronoreferenzen in den Westfront-Romanen in Beziehung zueinander gesetzt. Achim Landwehr wählt für diese Relationierung das Kunstwort ›Zeitschaft‹: »Die Zeitschaft ist mithin die Form, die ein bestimmtes, von der Beobachterin und Beschreiberin als bedeutungsvoll hervorgehobenes Konglomerat von Chronoreferenzen annimmt.«⁴⁰ Ziel der Argumentation ist also, eine Zeitschaft der Westfront-Romane zu erarbeiten. In ähnlicher Weise verwendet zuletzt Aleida Assmann den Begriff des Zeitregimes.⁴¹ Sie stellt mit Gumbrecht heraus, dass sich gegenüber älteren kulturellen Zeitregimen das der Moderne weniger auf die Vergangenheit beziehe, sondern schon qua Moderne-Begriff die revolutionä-

---

[38] Ebd., S. 157f.
[39] Ulrich Raulff: Der unsichtbare Augenblick. Zeitkonzepte in der Geschichte, Göttingen 1999, S. 10.
[40] Landwehr: Die anwesende Abwesenheit der Vergangenheit, S. 310.
[41] Vgl. Aleida Assmann: Ist die Zeit aus den Fugen? Aufstieg und Fall des Zeitregimes der Moderne, München 2013.

re Differenz zur Vergangenheit betone.[42] Mit Bezug auf Koschorke beschreibt sie, dass die umwälzende, zerstörerische Kraft des modernen Zeitregimes nur funktioniere, solange ausschließlich die erhoffte Zukunft im Blick sei: »Sobald jedoch die gewalttätige, destruktive und traumatisierende Seite dieser Zerstörung ins Bewusstsein tritt, ist es mit dem revolutionären Zauber des Neuen vorbei.«[43] Die Gefahr einer Überwältigung der Zukunftshoffnung, wie sie Assmann apostrophiert, durch die Ereignisse an der Westfront-Front wird durch einen im Kern phänomenologisch begründeten Zeitbegriff untersucht. Im Anschluss an Augustinus und Husserl wird davon ausgegangen, dass Zeit durch die Wahrnehmung von Gegenwart und ›Gegenwartsverläufen‹ konstruiert wird, und es werden die Theorien zur Beschleunigung und zum Geschichtsdenken und ihre zeitgenössischen Diskursformationen für die Primärtextanalysen fruchtbar gemacht. In den Materialschlachten an der Westfront des Ersten Weltkriegs kollabiert das Zeitregime der Moderne aufgrund der individuellen Not der Soldaten. Dieser Kollaps schreibt sich in die Westfront-Romane ein, in denen das Zeitregime der Moderne, so die These, zugleich auch weiterhin die kollektive Sinndeutung des Krieges organisiert und eine teleologische Zukunftserwartung stiftet.

Die sich eigentümlich widersprechenden zwei maßgeblichen chronoreferentiellen Strukturen – Fronterfahrung und Geschichtsdeutung – der Westfront-Romane zu einer Zeitschaft zu verbinden bzw. den Kollaps und die Auferstehung des Zeitregimes der Moderne in den Westfront-Romanen zu erfassen, ist also Ziel dieser Arbeit, der damit ein im Kern narratologisches und gewissermaßen literatur- oder erzählsoziologisches Interesse zugrunde liegt:[44] Auf welche spezifisch literarische Art und Weise wird zwischen beiden Modi normativer Zeiterfahrung vermittelt?

---

[42] Vgl. ebd., S. 23f.
[43] Ebd., S. 178. Assmann bezieht sich hier auf Albrecht Koschorkes Aufsatz: Moderne als Wunsch. Krieg und Städtebau im 20. Jahrhundert, in: Leviathan. Zeitschrift für Sozialwissenschaft 27 (1999), H. 1, S. 23–42.
[44] Etwa Henriette Herwig rechtfertigt ein semiotisches Vorgehen gegenüber allzu sehr der Dekonstruktion verpflichteten Lektüren (vgl. Herwig, Henriette: Von offenen und geschlossenen Türen oder wie tot ist das Zeichen? Zu Kafka, Peirce und Derrida, in: Kodikas/Code. Ars Semiotica 12 [1989], Nr. 1/2, Tübingen 1989, S. 107–124).

Phänomenologie der Beschleunigung und Metaphysik der Geschichte

Die Beschleunigung des Lebens ist eine der typischen Zeiterfahrungen in der Moderne.[45] Byung-Chul Han konstatiert mit Blick auf die Gegenwart das Fehlen einer »temporalen Gravitation«, sodass die moderne und postmoderne Beschleunigung »Ausdruck eines temporalen Dammbruches« sei.[46] Das gilt in besonders hohem Maße für den Ersten Weltkrieg. Aufgrund der militärtechnologischen Entwicklungen, aufgrund der neuen Geschwindigkeit und der Feuerkraft der eingesetzten Waffensysteme und nicht zuletzt aufgrund der daraus resultierenden Materialschlachten gilt der Erste Weltkrieg als der erste ›moderne‹ Krieg. Die technologische Beschleunigung im Krieg hat enorme Auswirkungen auf das Leben der Frontsoldaten. Ihr Leben ist konstant bedroht und sie können jederzeit von Granaten und Minen getötet oder wie in Werner Beumelburgs *Gruppe Bosemüller* durch deren Explosionen verschüttet werden. Die Lebenswelt der Frontsoldaten rückt in den Mittelpunkt: Inwiefern verlieren die Soldaten aufgrund der Beschleunigung den Bezug zu Vergangenheit und Zukunft? Wie gehen die Soldaten mit dem Widerspruch um, dass sie jederzeit und überall sterben können und dennoch eine existenzielle Langeweile das Leben an der Front prägt? Wie wird dieses Verhältnis aus jederzeit möglichem Tod einerseits und Stillstand an der eingefrorenen Westfront andererseits erzählt? Inwiefern wird in den Westfront-Romanen die Auswirkung von technologischer Beschleunigung auf den Menschen dargestellt? Und nicht zuletzt: Welche Mittel werden in literarischen Texten bzw. in den Westfront-Romanen verwendet, um Beschleunigungsphänomene zu erzählen?

Das geschichtliche Bewusstsein des Menschen spätestens seit Erfindung der Schrift ist vieldiskutiert – wie dargestellt auch im Ersten Weltkrieg. Nach Ende des Krieges prägt der Sozialphilosoph Theodor Lessing auch angesichts des ubiquitären Leids an der Westfront den Satz: »Geschichte ist die Sinngebung des Sinnlosen«.[47] Mit einer solchen Sinngebung wird der

---

[45] Vgl. Hartmut Rosa: Beschleunigung. Die Veränderung der Zeitstrukturen in der Moderne, Frankfurt a.M. 2005, S. 24.

[46] Byung-Chul Han: Duft der Zeit. Ein philosophischer Essay zur Kunst des Verweilens, Bielefeld 2009, S. 10.

[47] Theodor Lessing: Geschichte als Sinngebung des Sinnlosen oder die Geburt der Geschichte aus dem Mythos, 4., völlig umgearbeitete Aufl., Leipzig 1927. Der Text entsteht bereits während des Krieges und wird mehrfach umgearbeitet.

Krieg schon begrifflich als geschichtliches Ereignis verstanden und auf die Zukunft ausgerichtet. Denn ›Sinn‹ und Richtung sind semantisch verwandt, wie Alexander Demandt anmerkt: »›Sinn‹ hat etwas mit Richtung zu tun, das Wort ist stammverwandt mit ›senden‹«.[48] Auch Zeit ist, sofern man kein zyklisches Zeitverständnis hat, auf etwas gerichtet. Für diese Arbeit stellen sich also die Fragen: Wie wird in den Westfront-Romanen die aus der Beschleunigung an der Front resultierende Erfahrung einer Sinnlosigkeit geschichtsideologisch überformt? Wie wird der Krieg historisiert und gewissermaßen zu Geschichte(n) gemacht? Wie wird in den Westfront-Romanen der Fronterfahrung Sinn zugewiesen und dem Krieg eine zeitliche, eine geschichtliche Richtung gegeben? Welche Zukunftserwartungen bzw. utopischen Hoffnungen werden entwickelt?

Im Folgenden werden diese beiden theoretischen Ansätze – Phänomenologie der Beschleunigung (Fronterfahrung) und Metaphysik der Geschichte (Geschichtsdeutung) – kurz vorgestellt, bevor im ersten Kapitel »Die narrative Tektonik der Westfront« eine eingehende theoretische Grundlegung folgt. Unabhängig von den Darstellungen und Erzählungen eines Ereignisses oder Ereigniszusammenhangs als ›geschichtliche Zeit‹ rückt das Phänomen Zeit in der jüngeren Vergangenheit auch jenseits der Naturwissenschaften – man denke etwa an Stephen Hawkings populäre Werke *Eine kleine Geschichte der Zeit* und *Das Universum in der Nussschale* – wieder in den Fokus der Öffentlichkeit. 2015 haben mit dem Althistoriker Alexander Demandt und dem Literaturwissenschaftler Rüdiger Safranski renommierte Autoren Kulturgeschichten der Zeit vorgelegt.[49] Neben dem Blick auf das Phänomen der Zeit insgesamt gerät spätestens seit den Forschungen des Architekten und Stadtplaners Paul Virilio ihre neuzeitliche Beschleunigung in den Blickpunkt. Virilio erforscht den Zusammenhang von Geschwindigkeit, Krieg und Macht und beschreibt Beschleunigung und Geschwindigkeit als (falsche) Fortschrittshoffnung des Abendlandes.[50] Insbesondere Virilios Begriff des rasenden Stillstands der die Bewegungslosigkeit des Menschen im Zustand höchster Beschleunigung metaphorisch zu fassen versucht, wird in dieser Arbeit für die Primärtext-

---

[48] Alexander Demandt: Zeit. Eine Kulturgeschichte, Berlin 2015, S. 15.
[49] Alexander Demandt: Zeit. Eine Kulturgeschichte, Berlin 2015; Rüdiger Safranski: Zeit, was sie mit uns macht und was wir aus ihr machen, München 2015.
[50] Vgl. Paul Virilio: Geschwindigkeit und Politik. Ein Essay zur Dromologie, übers. von Ronald Voullié, Berlin 1980, S. 63.

analysen fruchtbar gemacht.[51] Zuletzt hat der Soziologe Hartmut Rosa mit *Beschleunigung. Die Veränderung der Zeitstrukturen in der Moderne* die Erfahrung einer zunehmend beschleunigten Zeit prominent untersucht.[52] Historisch gestaltet der Diskurs über Beschleunigung die Zukunft für das Individuum zunächst nicht nur als erwart-, sondern auch als erreichbar. Erst mit Einbruch der Moderne gegen Ende des 19. Jahrhunderts kippt diese Denkfigur, die Beschleunigung an das neuzeitliche Fortschrittsdenken bindet, zunehmend ins Negative. Jetzt zeugt die Beschleunigung auch von einer verloren gegangenen Kontinuitätserfahrung des Individuums, die im Zerfall von bis dahin sicher geglaubten Identitäten gipfelt. Wenn man von der großen Emphase einer Akzeleration des modernen Lebens in Marinettis *Futuristischem Manifest*[53] absieht, gilt auch für große Teile der Avantgarde der 1900er- und 1910er-Jahre, was Steffen Bruendel als Epochenmerkmal der Jahre nach der Jahrhundertwende beschreibt: »Die auf die Industrialisierung folgende Elektrifizierung und der zunehmende Verkehr vermittelten ein Gefühl des Aufbruchs und der Beschleunigung«.[54] Infolge dieser lebensweltlichen Akzeleration entsteht zugleich das Gefühl genereller Reizüberflutung, das sich in zeittypischen Krankheiten wie der Neurasthenie niederschlägt. Vor dem Hintergrund der technologischen Beschleunigung des Lebens durch motorisierte Fortbewegungsmittel begreift Peter Sprengel in seiner *Geschichte der deutschsprachigen Literatur 1900–1918* »Beschleunigung als Grunderfahrung der Moderne«.[55] Er schreibt ihr »aggressives Potential« und »Wildheit«[56] zu, verweist auf Eisenbahn, Automobil und Aeroplane und postuliert eine »epochale Faszination für […] einen neuen – beschleunigten Rhythmus der Weltwahrnehmung«.[57] So haben die technischen Fortschritte in rasant wachsenden Großstädten eine Beschleunigung des Lebens zur Folge, die sowohl rauschhaft als auch als Bedrohung des Individuums wahrgenommen wird.

---

[51] Die Metapher resultiert aus der freien, nichtsdestotrotz sehr gelungenen Übersetzung von Bernd Wilczek von Paul Virilios Essay *L'inertie polaire* (Paris 1990, wörtlich etwa: ›Polare Trägheit‹) mit ›rasender Stillstand‹.
[52] Vgl. Rosa: Beschleunigung.
[53] Filippo Tommaso Marinetti: Das futuristische Manifest, in: Der Sturm 2 (1912), Nr. 104, S. 828f.
[54] Steffen Bruendel: Zeitenwende 1914. Künstler, Dichter und Denker im Ersten Weltkrieg, Berlin 2014, S. 33.
[55] Peter Sprengel: Geschichte der deutschsprachigen Literatur 1900–1918. Von der Jahrhundertwende bis zum Ende des Ersten Weltkriegs, München 2004, S. 23.
[56] Ebd., S. 25.
[57] Ebd., S. 31.

Dies spiegelt sich u.a. in der expressionistischen Kunst, die den Menschen auf den Körper reduziert und die Dichtung auf die Form fokussiert; und die das Ich zugleich durch die technische Beschleunigung ekstatisch entgrenzt, wie in Ernst Stadlers *Fahrt über die Cölner Rheinbrücke bei Nacht:*

> Der Schnellzug tastet sich und stösst die Dunkelheit entlang.
> Kein Stern will vor. [...] Etwas muss kommen ... o ich fühl es schwer
> Im Hirn. Eine Beklemmung singt im Blut. Dann dröhnt der Boden plötzlich wie ein Meer:
> Wir fliegen, aufgehoben, königlich durch Nacht entrissne Luft, hoch, mitten übern Strom. O Biegung der Millionen Lichter, stumme Wacht,
> Vor deren blitzender Parade schwer die Wasser abwärts rollen. Endloses Spalier, zum Gruss gestellt bei Nacht!
> Fackeln stürmend! Freudiges! Salut von Schiffen über blauer See! Bestirntes Fest!
> Wimmelnd, mit hellen Augen hingedrängt! Bis wo die Stadt mit letzten Häusern ihren Gast entlässt.
> Und dann die langen Einsamkeiten [...].[58]

Die Beschleunigung ist ein Signum der Moderne. Dass diese Beschleunigung auch die Soldaten im Weltkrieg entscheidend affiziert, haben Klaus Theweleit und Karl-Heinz Bohrer jeweils mit Bezug auf Ernst Jüngers Affirmation der Akzeleration bereits angedeutet. Theweleit konstatiert in Anlehnung an Freuds Psychoanalyse, dass die »Betonung des Ziels, die Geschwindigkeit, mit der der Soldat auf es zurast und eine inner[e] Explosion, die ihn zersprengt, [...] in den Beschwörungen der Lust des Kampfes regelmäßig enthalten«[59] sind. Bohrer, an dessen Begriffsbildungen die vorliegende Arbeit anschließt, beschreibt die Beschleunigungserfahrung in seiner Studie über Ernst Jüngers Frühwerk, insbesondere über *Das abenteuerliche Herz*, mit den Kategorien der Plötzlichkeit und des utopischen Augenblicks.[60] Beide Kategorien resultieren aus der Erfahrung, dass die Ereignisse im Krieg zu schnell für eine menschliche Reaktion ablaufen und nicht mehr wahrnehmbar sind. Die Soldaten sind dauerhaft plötzlichen Ereignissen ausgeliefert und können auf feindlichen Beschuss nicht reagieren. Das veranlasst in der vorliegenden

---

[58] Ernst Stadler: Fahrt über die Cölner Rheinbrücke bei Nacht, in: Die Aktion 3 (1913), Nr. 17, Sp. 451.
[59] Klaus Theweleit: Männerphantasien, Basel/Frankfurt a.M. 1986, Bd. 2 [2 Bde. in einem Band], S. 207.
[60] Vgl. Karl Heinz Bohrer: Die Ästhetik des Schrecklichen. Die pessimistische Romantik und Ernst Jüngers Frühwerk, München/Wien 1978, S. 186–189; 344–357.

Arbeit zahlreiche Fragen an die Westfront-Romane: Welche Folgen zeitigt die Beschleunigung im Ersten Weltkrieg für die Frontsoldaten? Wie gehen sie mit den plötzlichen Ereignissen an der Front um? Finden die Soldaten Antworten auf die Reizüberflutung und den Verlust der Kontinuitäten ihres Lebens? Neben dem Phänomen der Beschleunigung zeichnet den Ersten Weltkrieg aus, dass er seit seinem Ausbruch geschichtsphilosophischen Ausdeutungen unterzogen wird. Das ist nicht untypisch für die Neuzeit, da sich die Geschichtsphilosophie und die an sie anschließenden gesellschaftlichen und politischen Ideologien bis weit ins 20. Jahrhundert hinein großer Beliebtheit erfreuen. Zu den wenigen Kritikern geschichtsphilosophischen Denkens gehört Johann Wolfgang von Goethe, der nach der chaotisch verlaufenen Französischen Revolution und den Napoleonischen Kriegen in den 1820er-Jahren pointiert feststellt: »Die Weltgeschichte ist eigentlich nur ein Gewebe von Unsinn für den höheren Denker«. Später wird er den Tonfall noch verschärfen und die Vorstellung einer Weltgeschichte »als das Absurdeste, was es gibt«,[61] abkanzeln.

Auf die geschichtlich-metaphysische Sinndeutung des Ersten Weltkriegs wirken insbesondere zwei Denkfiguren des Geschichtlichen. Das betrifft die Verzeitlichung der Erlösung am Ende aller Geschichte und die Verweltlichung der Eschatologie. Mit der aufklärerischen Vorstellung von der Perfektibilität des Menschen, wie sie sich etwa in der Aufklärung bei Condorcet findet, wird das erlösende *telos* der Geschichte, das *eschaton,* in die Geschichte integriert und damit die eschatologische Erwartung verweltlicht. Vor allem die großen Ideologien des 20. Jahrhunderts verlegen die Apokalypse vom Ende der Zeiten in den geschichtlichen Ablauf hinein und versprechen im Anschluss an eine fundamentale geschichtliche Umkehr absolute historische Kontinuität. Diese Denkfigur schlägt sich u.a. im Begriff des Tausendjährigen Reiches nieder, der der christlichen Eschatologie entstammt. Den geschichtsphilosophischen Programmen der Neuzeit ist gemein, dass sie sich aus der christlichen Vorstellung einer Erlösung im Jenseits entwickeln und dass sie das *eschaton* aus der Transzendenz in die Immanenz hineinholen. Folgerichtig sind die Erste-Weltkriegs-Erzählungen und auch die Westfront-Romane in der Mehrzahl »von einer völkischen, halb religiösen Todes- und Auferstehungsmetaphorik durchzogen«, wie Jost Hermand konstatiert. »Die Toten

---

[61] Johann Wolfgang von Goethe gegenüber Kanzler von Müller, 11. Oktober 1824, 6. März 1828, zitiert nach: Jochen Schmidt: Goethes Faust. Erster und Zweiter Teil. Grundlagen – Werk – Wirkung, 2., durchges. Aufl., München 2001, S. 157.

des Ersten Weltkriegs dürfen nach Meinung ihrer Autoren nicht umsonst gefallen sein.«[62] In besonderem Maße gilt dieser ideologische Einfluss für die ›Ideen von 1914‹ und ihre ideologischen Zerfallsprodukte, die die Erste-Weltkriegs-Literatur bis in die späten 1920er-Jahre stark prägen.[63]
Dass der Erste Weltkrieg auch abseits nationalistischer Apologeten als notwendiger Schritt hin zu einem vermeintlichen *telos* der Geschichte verstanden wurde, verdeutlichen überaus überraschende Allianzen. Sogar der anarchistische Sozialist Gustav Landauer deutet den Krieg als notwendigen Fortschritt und Ankündigung einer positiven Zeitenwende, wenn er mit Kriegsausbruch feststellt: »Wir hier sind kleine Leute; aber unser Amt ist, das Große dadurch vorzubereiten, dass wir das unsere tun […]. Es gilt große Erneuerung und großen Einsatz: Gebt euch willig dem Drang der Menschheit hin, der euch zur Schwangerschaft ruft!«[64] Vor allem jedoch fordert er eine Emphase des geschichtlichen Fortschritts schlechthin, wenn er konstatiert: »Wir verachten nur die, die bloß leben wollen, um zu leben; wir achten alle, die ihr Leben an ein Ziel setzen. Es ist ein anderes Ziel als wir es der Menschheit wünschen, halten wir uns so, dass auch die uns achten, die unser Ziel nicht verstehen.«[65] Landauer äußert mit dieser Haltung Verständnis für die ideologisch entgegengesetzte nationalistische Programmatik, wie sie in den ›Ideen von 1914‹ Gestalt findet. Da der Krieg auf beiden Seiten der ideologischen Gräben als notwendiger Schritt hin zur Verwirklichung des eigenen Geschichtsverständnisses erachtet wird, gleicht sich das Narrativ der geschichtlichen Verortung

---

[62] Jost Hermand: Versuch, den Erfolg von Remarques *Im Westen nichts Neues* zu verstehen, in: Dieter Borchmeyer/Till Heimeran (Hg.): Weimar am Pazifik. Literarische Wege zwischen den Kontinenten, Tübingen 1985, S. 71–78, hier S. 71.

[63] Jost Hermand hebt in diesem Zusammenhang hervor, dass die »meisten der so genannten Kriegs- und Frontromane […] Ausdruck [einer] völkischen Tendenzwende« Ende der 1920er-Jahre sind, die im Sinne der Konservativen Revolution und des völkischen Nationalismus einen Führer herbeisehnt: »In all diesen Werken geht es ständig um das ›Wir‹, das heißt um eine sehnlichst herbeigewünschte Gemeinschaft von Führer und Volk« (ebd., S. 71f.).

[64] Gustav Landauer: Der europäische Krieg, in: Der Sozialist. Organ des Sozialistischen Bundes 6 (1914), H. vom 10. August 1914, zitiert nach: ders.: Nation, Krieg und Revolution, hg. von Siegbert Wolf, Lich (Hessen) 2011, S. 179–182, hier S. 180–182.

[65] Ebd., S. 182. Passend dazu greift Landauer gut einen Monat später den französischen Pazifisten Romain Rolland für dessen Kritik an den nationalistischen Ausfällen Gerhart Hauptmanns an: »Fange mit dem Schimpfen zu Hause an.« (Gustav Landauer: An Romain Rolland, in: Die Schaubühne 19 [1914], Bd. 2, Nr. 38 (24. September 1914), S. 196ff., zitiert nach: Gustav Landauer: Nation, Krieg und Revolution, S. 182–185, hier S. 185)

des Krieges strukturell derart an, dass Landauer eine scharfe Ablehnung nicht mehr möglich ist.

Das derartigen Vorstellungen zugrunde liegende Prinzip, einen Geschichtsverlauf aus ideologischen und politischen Motiven anzunehmen, hat Eric Voegelin bereits in den 1930er-Jahren als ›politische Religion‹ bezeichnet und damit den metaphysischen Gehalt dieser Vorstellungen freigelegt.[66] Voegelin zufolge liegt die Analogie von Religion und Ideologie im »symbolischen Sprachgebrauch«[67] und im ähnlichen Verhältnis von Individuum und (Glaubens-)Gemeinschaft: Darf der »Mensch persönlich existieren« oder hat er »sich in überpersönliches Realissimum aufzulösen«?[68] Mit der Denkfigur der *ecclesia,* der christlichen Gemeinde als mystischem Leib Christi, veranschaulicht er die Funktionsweise der politischen Ideologien des frühen 20. Jahrhunderts, die eine durch Klassenzugehörigkeit bestimmte bzw. eine nationale oder völkische Gemeinschaft herzustellen suchen.[69] Voegelin integriert die zeittypische Erwartung eines Führers und das Verhältnis dieses Führers zu den Gliedern der Gemeinschaft in seine Charakteristik politischer Religionen, indem er die Gemeinschaft analog zum Christentum als »Kollektivperson« beschreibt, die ihre »Einheit durch den Souverän« herstellt.[70] Folglich formulieren auch die großen politischen Ideologien des frühen 20. Jahrhunderts – Sozialismus und Kommunismus, die ›Ideen von 1914‹ und die Konservative Revolution – als ›weltliche Religionen‹ eine metaphysische Zukunftserwartung bzw. Geschichtsvorstellung. Sie wenden *ecclesia* und Apokalypse ins Diesseits und buchstabieren ein weltliches *eschaton* aus. Diese religiösen Implikationen von Ideologien wendet der Staatstheoretiker und

---

[66] Vgl. Eric Voegelin: Die politischen Religionen, hg. und mit einem Nachwort von Peter J. Opitz, München 1993. Voegelin erweitert den Begriff des Religiösen maßgeblich: »[D]ie Geistreligionen, die das Realissimum im Weltgrund finden, sollen für uns überweltliche Religionen heißen; alle anderen, die das Göttliche in Teilinhalten der Welt finden, sollen innerweltliche Religionen heißen.« (Ebd., S. 17). Später definiert er das Wesen der politischen Religion näher: »Hierarchie und Orden, universale und partikuläre *ecclesia,* Gottesreich und Teufelsreich, Führertum und Apokalypse bleiben die Formensprache der Gemeinschaftsreligion bis heute.« (Ebd., S. 49)

[67] Ebd., S. 7. Den symbolischen Sprachgebrauch weltlicher Religionen zeichnet, so Voegelin, sein »›Wissenschafts‹-Charakter« (ebd., S. 52) aus. Voegelin erläutert diesen Zusammenhang: »[W]enn Gott hinter der Welt unsichtbar geworden ist, dann werden die Inhalte der Welt zu neuen Göttern […], nur bestehen die neuen Apokalyptiker darauf, daß ihre Symbolschöpfungen wissenschaftliche Urteile seien.« (Ebd., S. 50)

[68] Ebd., S. 14.

[69] Vgl. ebd., S. 32.

[70] Ebd., S. 44.

Vordenker der Konservativen Revolution Carl Schmitt bereits Anfang der 1920er-Jahre auf den Begriff des Staates an: »Alle prägnanten Begriffe der modernen Staatslehre sind säkularisierte theologische Begriffe.«[71] In der Annahme, dass infolgedessen der »überlieferte Legitimitätsbegriff [...] offenbar alle Evidenz« verliere, begründet Schmitt seinen Dezisionismus: »Auctoritas, non veritas facit legem.«[72] Die ideologischen Vorstellungen der Zeit werden also durch geschichtsphilosophische Annahmen gestützt. Daher werden in dieser Arbeit die geschichtsphilosophischen Vorstellungen untersucht, die die Weltkriegs-Erzählungen programmatisch steuern. Inwiefern stehen die zumeist ideologisch beeinflussten Sinndeutungen des Weltkriegs im Kontext geschichtsphilosophischer Maximen? Welche geschichtsphilosophischen Vorstellungen konkurrieren in den Westfront-Romanen und wie wird in ihnen der Weltkrieg in den geschichtlichen Ablauf integriert?

Forschungsstand

Seit der Fischer-Kontroverse Anfang der 1960er-Jahre haben zahlreiche Historiker Beiträge zur Erforschung der sozialen, gesellschaftlichen, ökonomischen, politischen und militärischen Geschichte des Ersten Weltkriegs geleistet. Jüngst haben u.a. mit dem Historiker Christopher Clarke und dem Politikwissenschaftler Herfried Münkler prominente Autoren umfangreiche Monographien zum Krieg vorgestellt.[73] Im Kontext des einhundertsten Jahrestags des Kriegsausbruchs 2014 sind zudem zahlreiche Überblicksdarstellungen erschienen. Steffen Bruendel nimmt die *Zeitenwende 1914* aus der Perspektive der Intellektuellen und Künstler,[74] Geert Buelens mit seinem Werk *Europas Dichter und der Erste Weltkrieg* ein noch breiteres, europäisches Panorama in den Blick,[75] und 2008 ist nach dem Vorbild von Walter Kempowskis epochalem *Echolot*-Projekt mit *Endzeit Europa* eine Zusammenstellung

---

[71] Carl Schmitt: Politische Theologie. Vier Kapitel zur Lehre von der Souveränität, 7. Aufl., Berlin 1996 [1922], S. 43.
[72] Ebd., Bd. 1, S. 55.
[73] Vgl. Christopher Clarke: Die Schlafwandler. Wie Europa in den Ersten Weltkrieg zog, übers. von Norbert Juraschitz, München 2013; Herfried Münkler: Der Große Krieg. Die Welt 1914–1918, Berlin 2013.
[74] Bruendel: Zeitenwende 1914.
[75] Geert Buelens: Europas Dichter und der Erste Weltkrieg, aus dem Niederländischen von Waltraud Hüsmert, Berlin 2014.

von Tagebuchnotizen und Briefauszügen deutschsprachiger Künstler und Gelehrter erschienen.[76]

Die Literaturwissenschaft hat die Literatur zum Ersten Weltkrieg lange Zeit kaum beachtet,[77] seit den späten 1990er-Jahren jedoch wird das Forschungsfeld gut bestellt. Erste Überblicksdarstellungen sind schon in den 1970er-Jahren zum Soldatischen Nationalismus in der Literatur bzw. zur ideologischen Position deutscher Schriftsteller im Ersten Weltkrieg[78] neben – tendenziösen – Handbüchern zur Konservativen Revolution[79] erschienen. In den 1980er-Jahren hat Hans-Harald Müller mit *Der Krieg und der Schriftsteller* eine erste, bis heute gültige Studie vorgelegt hat, in der er für zentrale Kriegsromane Modellanalysen durchführt.[80] Seitdem erscheinen regelmäßig maßgebliche neue Publikationen. Zunächst sind Nachschlagewerke[81] und Epochenüber-

---

[76] Peter Walther (Hg.): Endzeit Europa. Ein kollektives Tagebuch deutschsprachiger Schriftsteller, Künstler und Gelehrter im Ersten Weltkrieg, Göttingen 2008.

[77] Das irritiert auf den ersten Blick umso mehr, als der erste Kriegsmonat mit allein 50.000 Gedichten pro Tag, wie Julius Bab hochgerechnet hat, die wahrscheinlich ›literarisch‹ produktivste Zeit der deutschen Geschichte war (vgl. Peter Sprengel: Geschichte der deutschsprachigen Literatur 1900–1918, S. 770–772, der diese Schätzung Babs auch einer Quellenkritik unterzieht). Dem populären Charakter der Kriegslyrik hat sich Christian Meierhofer gewidmet: Feldgraues Dichten. Mobilität und Popularität der Lyrik im Ersten Weltkrieg, in: Miriam Seidler/Johannes Waßmer (Hg.): Narrative des Ersten Weltkriegs, Frankfurt a.M. u.a. 2015, S. 55–80.

[78] Karl Prümm hat eine Studie zum Soldatischen Nationalismus vorgelegt, die sich insbesondere auf Ernst Jünger konzentriert, Eckhart Koester liefert einen Überblick über die ideologische Positionen im Zuge des Weltkriegs von George bis Mann (vgl. Karl Prümm: Die Literatur des Soldatischen Nationalismus der 20er Jahre [1918–1933]. Gruppenideologie und Epochenproblematik, 2 Bde., Kronberg i.T. 1974; Eckart Koester: Literatur- und Weltkriegsideologie. Positionen und Begründungszusammenhänge des publizistischen Engagements deutscher Schriftsteller im Ersten Weltkrieg, Kronberg i.T. 1977). Aus einer eher pazifistischen Perspektive hat Eckhardt Momber die Weltkriegsliteratur untersucht (vgl. Eckhardt Momber: 's ist Krieg! 's ist Krieg! Versuch zur deutschen Literatur über den Krieg 1914–1933, Berlin 1981).

[79] Der Schweizer Armin Mohler, Verfasser des Handbuchs *Die Konservative Revolution in Deutschland 1918–1933*, war am Rande Teil der ›Bewegung‹ und nach dem Zweiten Weltkrieg einige Jahre Sekretär Ernst Jüngers. Auch nach Mohlers Tod wird das Handbuch mit Karlheinz Weissmann von einem Publizisten fortgeführt, der ebenfalls im rechtsnationalistischen Spektrum verankert ist (vgl. Armin Mohler/Karlheinz Weissmann: Die Konservative Revolution in Deutschland 1918–1933. Ein Handbuch, 6. völlig überarb. und erw. Aufl., Graz 2005).

[80] Hans-Harald Müller: Der Krieg und die Schriftsteller. Der Kriegsroman der Weimarer Republik, Stuttgart 1986.

[81] Vgl. Thomas F. Schneider u.a. (Hg.): Die Autoren und Bücher der deutschsprachigen Literatur zum Ersten Weltkrieg 1914–1939. Ein bio-bibliographisches Handbuch, Göttingen

blicke wie Peter Sprengels *Geschichte der deutschsprachigen Literatur von 1900–1918*[82] aufzuführen, die sich dezidiert mit der Weltkriegsliteratur befassen. In der Erforschung der Erster-Weltkriegs-Romane haben sich mittlerweile neben autorzentrierten Untersuchungen, sofern man grob kategorisiert, fünf Strömungen etabliert: eine ideologiekritisch ausgerichtete Erforschung der nationalistischen oder konservativ-revolutionären Literatur, Fragen nach der Darstellung der soldatischen Fronterfahrung, Studien zur semantischen und diskursiven Ordnung in den Kriegserzählungen, ein an den Medien des Krieges und ihrer Funktionsweise ausgerichtetes Forschungsinteresse sowie Forschungen zur Erinnerungskultur des Weltkriegs. Die Erinnerungskultur in deutsch- und englischsprachigen Erzähltexten zum Ersten Weltkrieg hat z.B. die Anglistin Astrid Erll aufgefächert.[83] Neben Bänden, die mediale und erinnerungsprogrammatische Fragestellungen miteinander verbinden,[84] versammeln verschiedene Tagungsbände Forschungsergebnisse zum Thema Krieg und Medien.[85] Manuel Köppen hat eine maßgebliche Monographie vorgelegt, die einen Überblick über pikturale, theatrale, photographische, erzählerische und kinematographische Kriegsdarstellungen gibt.[86] Seitdem

---

2008; Niels Werber/Stefan Kaufmann/Lars Koch (Hg.): Erster Weltkrieg. Kulturwissenschaftliches Handbuch, Stuttgart/Weimar 2015; Gerhard Hirschfeld/Gerd Krumeich/Irina Renz (Hg.): Enzyklopädie Erster Weltkrieg, Paderborn u.a. 2003.

[82] Sprengel: Geschichte der deutschsprachigen Literatur 1900–1918. Die Bände 10 und 11 dieser größten deutschen Literaturgeschichte, die sich mit der Literatur von 1918 bis 1945 befassen und damit auch den maßgeblichen Publikationszeitraum der Westfront-Romane einschließen, sind bisher nicht erschienen.

[83] Vgl. Astrid Erll: Gedächtnisromane. Literatur über den Ersten Weltkrieg als Medium englischer und deutscher Erinnerungskulturen in den 1920er-Jahren, Trier 2003.

[84] Vgl. Waltraud ›Wara‹ Wende (Hg.): Krieg und Gedächtnis. Ein Ausnahmezustand im Spannungsfeld kultureller Sinnkonstruktionen, Würzburg 2005. Der Band thematisiert das Wechselspiel von medialer Kriegsdarstellung und -verarbeitung und medialer Erinnerungskonstruktion.

[85] Vgl. den ersten Band der dreibändigen Publikation *Kriegserlebnis und Legendenbildung*, die Thomas F. Schneider verantwortet hat: Thomas F. Schneider (Hg.): Kriegserlebnis und Legendenbildung. Das Bild des »modernen« Krieges in Literatur, Theater, Photographie und Film, Bd. I: Vor dem Ersten Weltkrieg/Der Erste Weltkrieg, Osnabrück 1999; Claudia Glunz/Artur Pelka/Thomas F. Schneider (Hg.): Information Warfare. Die Rolle der Medien (Literatur, Kunst, Photographie, Film, Fernsehen, Theater, Presse, Korrespondenz) bei der Kriegsdarstellung und -deutung, Göttingen 2007. Mit Bezug auf die Gegenwart vgl. Carsten Gansel/Heinrich Kaulen: Kriegsdiskurse in Literatur und Medien nach 1989, Göttingen 2011.

[86] Manuel Köppen: Das Entsetzen des Beobachters. Krieg und Medien im 19. und 20. Jahrhundert, Heidelberg 2005.

Klaus Theweleit in seinen *Männerphantasien*[87] die Emotionssteuerung der Soldaten im Ersten Weltkrieg untersucht hat, befassen sich immer wieder einzelne Aufsätze mit den emotiven Aspekten der Weltkriegsliteratur, zuletzt Jan Süselbeck in einer breit angelegten Studie.[88] Sieht man von dezidiert geschichtswissenschaftlichen Studien zur Genese des deutschen Nationalismus in den ersten zwanzig Jahren des 20. Jahrhunderts ab,[89] hat sich die Ideologie- und Nationalismusforschung in den letzten Jahren tendenziell eher mit den Denkfiguren von Ideologien befasst, u.a. mit einer spezifischen Ästhetik des Totalitären[90] und mit den ideologischen Zielbegriffen Utopie und Apokalypse.[91] Denkfiguren der Krise[92] oder der Katastrophensemantik[93] in der Weltkriegsliteratur sind ebenso Gegenstand der Forschung wie in einem jüngst erschienenen Band die populären medialen und literarischen Darstellungsressourcen des Weltkriegs.[94] Eine Gesamtdarstellung des Ersten Weltkriegs aus literaturwissenschaftlicher Perspektive liefert jüngst Alexander Honold mit *Einsatz der Dichtung. Literatur im Zeichen des Ersten Weltkriegs*,[95] die sich der Mobilisierung der Dichtung widmet. Werner Frick und Günter Schnitzler stellen die Brennweite zuletzt noch einmal etwas weiter und fragen nach dem Verhältnis von Weltkrieg und Künsten in dem von ihnen heraus-

---

[87] Theweleit: Männerphantasien.
[88] Jan Süselbeck: Im Angesicht der Grausamkeit. Emotionale Effekte literarischer und audiovisueller Kriegsdarstellungen vom 19. bis ins 21. Jahrhundert, Göttingen 2013.
[89] Vgl. Peter Walkenhorst: Nation – Volk – Rasse. Radikaler Nationalismus im Deutschen Kaiserreich 1890–1914, Göttingen 2007; Sven Oliver Müller: Die Nation als Waffe und Vorstellung. Nationalismus in Deutschland und Großbritannien im Ersten Weltkrieg, Göttingen 2002.
[90] Vgl. Uwe Hebekus/Ingo Stöckmann (Hg.): Die Souveränität der Literatur. Zum Totalitären der Klassischen Moderne 1900–1933, München 2008.
[91] Vgl. Reto Sorg/Stefan Bodo Würffel (Hg.): Utopie und Apokalypse in der Moderne, München 2010. Direkt mit dem Ersten Weltkrieg hat sich u.a. Anke Bosse befasst (Anke Bosse: Apokalypse und Katastrophe als literarische Deutungsmuster des Ersten Weltkriegs, in: Claude D. Conter/Oliver Jahraus/Christian Kirchmeier [Hg.]: Der Erste Weltkrieg als Katastrophe. Deutungsmuster im literarischen Diskurs, Würzburg 2014, S. 35–52).
[92] Vgl. Lars Koch/Marianne Vogel (Hg.): Imaginäre Welten im Widerstreit. Krieg und Geschichte in der deutschsprachigen Literatur seit 1900, Würzburg 2007.
[93] Vgl. Claude D. Conter/Oliver Jahraus/Christian Kirchmeier (Hg.): Der Erste Weltkrieg als Katastrophe. Deutungsmuster im literarischen Diskurs, Würzburg 2014.
[94] Vgl. Christian Meierhofer/Jens Wörner (Hg.): Materialschlachten. Der Erste Weltkrieg und seine Darstellungsressourcen in Literatur, Publizistik und populären Medien 1899–1929, Göttingen 2015.
[95] Alexander Honold: Einsatz der Dichtung. Literatur im Zeichen des Ersten Weltkriegs, Berlin 2015.

gegebenen Sammelband *Der Erste Weltkrieg im Spiegel der Künste*.[96] Theoretische Grundlagen zum Begriff des Narrativs hat, neben Albrecht Koschorke mit seiner allgemeinen Theorie des Erzählens *Wahrheit und Erfindung*, Matthias Schönings insbesondere zum Narrativ der ›Ideen von 1914‹ und seinem Zersetzungsprozess mit seiner Habilitationsschrift *Versprengte Gemeinschaft*[97] gelegt. Hier ist auch der von Natalia Borisova, Susi K. Frank und Andreas Kraft herausgegebene Sammelband *Zwischen Apokalypse und Alltag* zu nennen, der sich den *Kriegsnarrativen des 20. und 21. Jahrhunderts* widmet.[98]

Das Vorhaben greift bisherige Forschungserträge auf und setzt einen neuen Akzent, indem es nach den narrativen Tiefenstrukturen der Erste-Weltkriegs-Romane fragt und diese über Analysen der Geschichtsphilosopheme und der Beschleunigungserfahrung freilegen will. Die Texte von Ernst Jünger, Henri Barbusse, Erich Maria Remarque und Werner Beumelburg werden typologisch aufgefächert und um einen Roman Christian Krachts ergänzt. Zur Analyse der Beschleunigungserfahrung der Frontsoldaten wird ein Begriffsinstrumentarium entwickelt, das die Studien Karl-Heinz Bohrers, Paul Virilios und Hartmut Rosas aufgreift: Karl-Heinz Bohrer *Ästhetik des Schrecklichen* und dessen Kategorien der Plötzlichkeit und des Augenblicks stellen ebenso einen maßgeblichen theoretischen Bezugspunkt dar wie die Arbeiten von Paul Virilio[99] und Hartmut Rosa zum Begriff der Beschleunigung. Das Fundament für die notwendigen theoretischen Überlegungen zum Verhältnis von Zeit und Geschichte setzen Reinhart Kosellecks zahlreiche Aufsätze und Studien zum Thema.[100] Geschichtsphilosophische Grundlagen bieten Karl Löwith und Eric Voegelin, die zeitlose Forschungsarbeiten und Überblicks-

---

[96] Werner Frick/Günter Schnitzler (Hg.): Der Erste Weltkrieg im Spiegel der Künste, Freiburg i.Br./Berlin/Wien 2017.
[97] Vgl. Matthias Schöning: Versprengte Gemeinschaft. Kriegsroman und intellektuelle Mobilmachung in Deutschland 1914–1933, Göttingen 2009; Miriam Seidler/Johannes Waßmer (Hg.): Narrative des Ersten Weltkriegs, Frankfurt a.M. u.a. 2015.
[98] Vgl. Natalia Borisova/Susi K. Frank/Andreas Kraft (Hg.): Zwischen Apokalypse und Alltag. Kriegsnarrative des 20. und 21. Jahrhunderts, Bielefeld 2009.
[99] Vgl. u.v.a. Paul Virilio: Rasender Stillstand. Essay, übers. von Bernd Wilczek, Frankfurt a.M. 1997; ders.: Revolutionen der Geschwindigkeit, übers. von Marianne Karbe, Berlin 1993; ders.: Fahren, fahren, fahren…, übers. von Ulrich Raulf, Berlin 1978.
[100] Vgl. zwei Aufsatz-Kompilationen Reinhart Kosellecks: Zeitschichten. Studien zur Historik, Frankfurt a.M. 2003; Vergangene Zukunft. Zur Semantik geschichtlicher Zeiten, 8. Aufl., Frankfurt a.M. 2013.

darstellungen zur Geschichtsphilosophie bzw. zur geschichtsphilosophischen Grundierung von Ideologien vorgelegt haben.[101]

Die Westfrontliteratur und die neuen Zeiten im Westen

Im Anschluss an die Vorüberlegungen lassen sich sechs Thesen als Grundlage für die Untersuchung der Westfront-Romane extrapolieren. Erstens erweist sich die Kategorie der Beschleunigung in der Moderne als zentrale Darstellungsressource für die Fronterfahrung. Zweitens schreibt sich der Diskurs über Beschleunigung ebenso wie der über Geschichtsdeutung maßgeblich in diese Westfront-Romane ein. Drittens wird die Geschichtsdeutung des Ersten Weltkriegs in den Romanen durch ein Narrativ der Erwartung realisiert, während die Fronterfahrung über ein Narrativ der Erfahrung beschrieben werden kann. Viertens kann die geschichtliche Sinndeutung des Krieges als Reaktion auf die Erfahrung von Sinnlosigkeit an der ›beschleunigten‹ Westfront verstanden werden. Fünftens erzählen die untersuchten Romane von der Beschleunigung an der Front mit je eigenen Schwerpunktsetzungen und versuchen eine jeweilig neu begründete Geschichtsdeutung des Kriegs. Sechstens prägen die zwei Modi der Zeitdarstellung des Krieges – die Beschleunigungserfahrung und die Geschichtsdeutung – die narrative Organisation der untersuchten Romane und stellen maßgebliche Darstellungsressourcen zur Erzählung des Weltkriegs bereit.

An diesen Arbeitshypothesen wurde die Auswahl der Primärtexte für das Textkorpus ausgerichtet. Das Textkorpus gewährleistet einen typologisierenden Überblick, ohne die Vergleichbarkeit der untersuchten Texte aufzugeben. Um eine Typologie sowohl einer Phänomenologie der Beschleunigung als auch der Geschichtsdeutungen zu ermöglichen, beschränkt sich diese Arbeit auf Romane, die spezifisch von der Westfront im Ersten Weltkrieg erzählen: Ernst Jüngers *In Stahlgewittern* und seine Erzählung *Sturm*, Erich Maria Remarques *Im Westen nichts Neues* und Werner Beumelburgs Replik *Gruppe Bosemüller* eignen sich für eine vergleichende Analyse der Beschleunigungserfahrung der Frontsoldaten. In gleichem Maße lassen sich alle untersuchten Texte als Versuche einer Geschichtsdeutung des Ersten Weltkriegs lesen. Der Analyse von *Im Westen nichts Neues* wurde der zweite Weltkriegs-Roman Remarques, *Der Weg zurück,* beigestellt, da Remarque ursprünglich eine Ro-

---

[101] Vgl. Karl Löwith: Weltgeschichte und Heilsgeschehen, Stuttgart 1961; Voegelin: Die politischen Religionen.

mantrilogie geplant hatte und *Der Weg zurück* die Teile zwei und drei dieser Trilogie kondensiert enthält.[102] Durch die Hinzunahme von Henri Barbusses Weltkriegs-Roman *Das Feuer* nimmt die vorliegende Arbeit nicht nur die ›andere Seite‹ der Schützengräben in den Blick, sondern erweitert das Spektrum der untersuchten Romane um einen Text, der einer sozialistischen Idee verpflichtet ist. Mit Christian Krachts kontrafaktischem historischen Roman *Ich werde hier sein im Sonnenschein und im Schatten* verlässt die Arbeit den publikationsgeschichtlichen Rahmen der anderen untersuchten Westfront-Erzählungen, die sämtlich zwischen 1916 und 1930 erstveröffentlicht worden sind, und untersucht einen Roman des 21. Jahrhunderts. Die Analyse des Kracht-Textes ist nicht nur aufgrund des gleichen Gegenstands gerechtfertigt: Kracht erzählt den Ersten Weltkrieg und eine in der Romanfiktion gleichwohl entgrenzte Westfront. Das Vorhaben eines ergänzenden Ausblicks auf Krachts Erster-Weltkriegs-Roman begründet sich zumal darin, dass in ihm Zeit sowohl in der Dimension ihrer Beschleunigung als auch hinsichtlich der geschichtlichen Metaphysik zur Darstellung kommt und aus postmoderner Perspektive narrativ fruchtbar wird.

Ernst Jünger, der mit seinen Kriegsbüchern die Schreibweisen der ihm nachfolgenden Weltkriegsschriftsteller maßgeblich beeinflusst hat,[103] legt mit *In Stahlgewittern* (1920), der literarischen Fassung seiner Kriegstagebücher, und mit der Erzählung *Sturm* (1923) zwei Texte vor, die sich dem ›rauschhaften Kriegserlebnis‹ widmen. *In Stahlgewittern* überführt die Kriegserinnerungen Jüngers in einen stark autobiographisch geprägten Roman und erklärt die Fronterfahrung in der Erstfassung zum Kriegserlebnis. Erst in der dritten

---

[102] Vgl. Thomas F. Schneider: »Wir passen nicht mehr in die Welt hinein«. Zur Entstehung und Publikation von Erich Maria Remarques *Im Westen nichts Neues,* in: Erich Maria Remarque: Im Westen nichts Neues. In der Fassung der Erstausgabe, hg., mit Materialien und mit einem Nachwort versehen von Thomas F. Schneider, Köln 2014, im Folgenden zitiert mit der Sigle IWN und Seitenzahl, S. 435–461, hier S. 450f.

[103] Ernst Jüngers Kriegsdarstellungen haben, so Manuel Köppen, die Weltkriegsliteratur der Zwischenkriegszeit geprägt: »Die Spuren der Darstellungs- und Beschreibungstechniken lassen sich bei vielen Kriegsschriftstellern der Weimarer Republik nachweisen.« (Köppen: Das Entsetzen des Beobachters, S. 284) Köppen konstatiert nicht nur Bezugnahmen von anderen Vertretern der Konservativen Revolution bzw. des Soldatischen Nationalismus – explizit von Werner Beumelburg –, sondern auch die Ähnlichkeit von Ernst Jüngers Kriegsbüchern und Erich Maria Remarques *Im Westen nichts Neues:* »Motivische Parallelen lassen sich detailliert nachweisen. Die Differenz besteht im Wahrnehmungsmodus der Maschinenschlacht.« (Ebd.)

Fassung von 1924 löst sich Jünger von dieser individualistischen Deutung des Krieges und setzt an ihre Stelle eine konservativ-revolutionäre Geschichtsdeutung. Dieser Wechsel lässt sich an seiner Erzählung *Sturm* ablesen. Im Unterschied zur essayistisch oder autobiographisch geprägten Kriegsprosa Jüngers steht hier der fiktionale Erzähler Sturm im Zentrum. Der verhinderte Künstler und Individualist lotet in drei Binnenerzählungen die Möglichkeiten aus, sich an der Front eine eigenständige Persönlichkeit zu bewahren. Seine Versuche einer erzählerischen Kriegsbewältigung scheitern jedoch und am Ende deutet sich die Hinwendung zu einem völkischen Denken an, für das er sich schließlich opfert. Auch Werner Beumelburgs eine Dekade später publizierter Roman *Gruppe Bosemüller* (1930) muss den Texten des sogenannten Soldatischen Nationalismus zugerechnet werden. Der 17-jährige Kriegsfreiwillige Erich Siewers kommt am Fort Douaumont vor Verdun zu seinem ersten Fronteinsatz. Dort begegnet er der ›Gruppe Bosemüller‹, der auch der Gefreite Wammsch angehört, zu dem er eine enge Bindung aufbaut. Auch wenn Siewers nach anfänglich großen Problemen am Ende des Romans für eine Offizierslaufbahn vorgeschlagen wird, wird in *Gruppe Bosemüller* die Beschleunigung an der Front weniger positiv erzählt. Sie geht auf andere Weise als bei Ernst Jünger mit einer nationalistischen Geschichtsdeutung einher. Beumelburg antwortet mit *Gruppe Bosemüller* auf Erich Maria Remarques ein Jahr zuvor veröffentlichten Kriegsroman *Im Westen nichts Neues* (1929), in dem der Erzähler Paul Bäumer am Weltkrieg zugrunde geht und am Romanende stirbt. Bäumer kommt als 18-jähriger Abiturient von der Schulbank an die Westfront, die er als existenzbedrohend erlebt. Einzig in der Kameradschaft mit den anderen jungen Kriegsfreiwilligen, die vom 40-jährigen Stanislaus Katczinsky angeführt werden, findet er Halt. In *Im Westen nichts Neues* wird die geschichtliche Sinnhaftigkeit des Krieges aus zwei Gründen infrage gestellt: Die Frontsoldaten bilden eine ›verlorene Generation‹ und die Front ist eine radikal beschleunigte Zone. Denn aufgrund der Plötzlichkeit, mit denen die modernen Waffensysteme, vor allem Granaten und Minen, die Soldaten treffen, ist das eigene Überleben ebenso wie das der Kameraden nur noch kontingent und nicht mehr absehbar. Mit *Der Weg zurück* (1932) verfasst Remarque später einen Roman über die Kriegsheimkehrer, in dem er anhand des neuen Protagonisten Ernst Birkholz und einiger Kameraden die Geschichte der Heimkehr und der schwierigen oder unmöglichen Reintegration der Soldaten in die zivile Gesellschaft erzählt. Alte Kameraden begehen Suizid oder werden zu Mördern und Birkholz selbst muss sich in die Einsamkeit zurückziehen und seinen Beruf als Lehrer aufgeben, bevor am

Romanende die vage Aussicht auf ein individualistisches Dasein aufscheint. Die Diagnose einer am Weltkrieg zugrunde gehenden Generation und einer geschichtlichen Sinnlosigkeit des Krieges wird hiermit von der Front auf eine zivilgesellschaftliche Ebene gehoben: Haben die Frontsoldaten in *Im Westen nichts Neues* kaum Aussichten zu überleben, können die Heimkehrer in *Der Weg zurück* kaum neue Zukunftsvorstellungen und -ideen entwickeln. Ähnlich wie Remarque begreift sich auch der französische Schriftsteller Henri Barbusse, dessen großer Weltkriegs-Roman *Das Feuer* (1917) im Vorabdruck bereits 1916 erscheint und 1918 erstmals in deutscher Übersetzung vorliegt, als Pazifist. Barbusse, der in den Jahren der Weimarer Republik in Deutschland breit rezipiert wurde, lässt einen namenlosen Erzähler von seinen Fronterfahrungen berichten. Umrahmt von zwei als »Vision« markierten Kapiteln präsentiert das *Tagebuch einer Korporalschaft* – so der Untertitel des Romans – das Schicksal des Erzählers und seiner *poilus*, einfachen Frontsoldaten, die sich angesichts des Schreckens an der Front nach dem Sinn dieses Krieges fragen und erst durch die Führerfigur des Korporal Bertrand Antwort und Gewissheit erhalten: »[W]ir sind notwendig!« (DF 217) Henri Barbusse erzählt von der Beschleunigung an der Front mit Techniken, die sich auch bei Beumelburg und Remarque finden. Gleichwohl stellen alle diese Westfront-Romane die Phänomenologie der Beschleunigung und die Geschichtsdeutung in ein je eigenes Verhältnis und konfigurieren sie neu miteinander. Eine literarische Konfiguration der Zeit gewinnt gerade aufgrund des Verhältnisses von Beschleunigungsimperativ und geschichtlicher Erwartung in jedem der untersuchten Romane eine eigene Ausprägung.

Christian Krachts *Ich werde hier sein im Sonnenschein und im Schatten* (2008) kann als postmoderner Kommentar zu den Westfront-Romanen der Weimarer Republik gelesen werden. Kracht lässt den Ersten Weltkrieg in seinem kontrafaktischen historischen Roman seit knapp einhundert Jahren andauern und deutet einen planetaren Kriegsschauplatz an, der die Welt umfasst und sich auf Afrika und Asien ausweitet. Der namenlose Erzähler afrikanischer Herkunft soll als Parteikommissär der Schweizer Sowjet Republik (SSR) einen jüdischen Oberst arretieren. Im Zuge seiner Suche nach diesem Oberst Brazhinsky durchläuft der Erzähler eine Entwicklung, verabschiedet sich nach und nach von der kommunistischen Ideologie und kehrt am Ende nach Afrika zurück.

Das Forschungsvorhaben, das narrative Verhältnis von Fronterfahrung und Geschichtsdeutung in den Westfront-Romanen des Ersten Weltkriegs zu bestimmen, erscheint aus drei Gründen relevant. Erstens führt es die bisher oftmals parallel laufenden Rezeptionsstränge der Westfront-Romane von soldatischer Kriegserfahrung einerseits und Sinndeutung des Krieges andererseits eng, indem es sie über den Begriff der Zeitdarstellung verbindet. Zweitens kann über diesen Zugriff mittels eines theoretisch fundierten Zeitbegriffs gezeigt werden, warum Fronterfahrung und Geschichtsdeutung einerseits nur schwer ineinander verschränkt werden können, diese Verschränkung andererseits in der Kriegs- und Zwischenkriegszeit immer wieder Agenda des Erzählens wird. Drittens rückt die Arbeit verschiedene bisher nicht geklärte Aspekte und Rezeptionen der untersuchten Romane in ein neues Licht, beispielsweise die ideologische Widerspruchsstruktur von Henri Barbusses *Das Feuer*. Insgesamt entsteht durch die Auswahl des Textkorpus eine Typologie von Kriegsromanen, die den Ersten Weltkrieg durch das Erzählen der Westfront zwar sämtlich als Ereignis der Beschleunigung verstehen, die ihm gleichwohl einen je eigenen geschichtlichen Ort zuweisen. Insofern steht die Frage im Zentrum, inwiefern die Zeiterfahrung des Krieges in den Romanen jeweils als Beschleunigungserfahrung und als Geschichtserwartung erzählt wird. Welche erzählerischen Strategien werden in den Westfront-Romanen verfolgt und welche Darstellungsmittel werden verwendet, um beide Modi der Zeiterfahrung bruchlos miteinander zu konfigurieren? Gelingen die literarischen Versuche, Fronterfahrung und Geschichtsdeutung programmatisch zu verbinden oder scheitern sie ästhetisch? Worin zeigen sich die hohe strukturelle Ähnlichkeit und die vergleichbare narrative Organisation der Westfront-Romane trotz der ideologischen Differenzen?

Diesen narratologischen und ›geschichtlichen‹ Lektüren der Westfront-Romane wird im Schlusskapitel eine ästhetische beigestellt: Den ›neuen Zeiten im Westen‹ wird ihr Versinken im ›ästhetischen Niemandsland‹ des Ersten Weltkriegs gegenübergestellt. Die Objekttexte werden abschließend hinsichtlich der Ästhetik ihrer Kriegsdarstellung befragt. Standen bisher die Westfront-Romane als Erzählungen vom Weltkrieg, von der Beschleunigung an der Front und von der geschichtlichen Dimension des Krieges im Fokus, rückt zuletzt die Frage nach der Erzählung des Krieges als Krieg ins Zentrum. Welche ästhetische Qualität gewinnt der Krieg in den Westfront-Romanen? Es wird davon ausgegangen, dass ästhetische Wahrnehmung immer eines gegenwärtigen Phänomens bedarf: »Das ästhetische Verhalten verfolgt ein anderes Telos als das theoretische. Es will sich nicht eine Verfassung der Welt eruieren, es will sich ihrer Gegenwart aussetzen.«[104] Martin Seel bestimmt ein Phänomen in seiner *Ästhetik des Erscheinens* genau dann als ästhetisch, wenn es vom Phänomen zum reinen Erscheinen wird; wenn es also nur als diese Erscheinung wahrgenommen wird. Das schließt eine Auffassung des Ersten Weltkriegs als notwendiges historisches Ereignis auf einem geschichtlich vorgezeichneten Weg aus. Die geschichtliche Auffassung des Weltkriegs impliziert erstens eine zeitliche Dauer, die dem auf Gegenwart ausgerichteten Erscheinen nicht zu eigen ist. Zweitens wird der Weltkrieg damit ›begriffen‹ und als Zeichen auf einen einzigen Sinn reduziert. So versteht Henri Barbusse den Ersten Weltkrieg als notwendiges Ereignis auf dem Weg zur kommunistischen Weltrevolution. In dem Moment, in dem der Weltkrieg ausschließlich als Zeichen für einen bestimmten erwarteten geschichtlichen Verlauf begriffen wird, verliert er zusehends seine anderen Dimensionen: Er wird vereindeutigt und dadurch mit einem bestimmten geschichtlichen Sinn versehen. Als Kontrapunkt zur Verbindung von Geschichtserwartung und Beschleunigungserfahrung, der sich sich diese Arbeit hauptsächlich widmet, wird im Schlussteil die ästhetische Dimension der Beschleunigungserfahrung im Krieg ind en Blick genommen. Ausgehend von einem Ästhetik-Begriff als ein Erscheinen in seinem Sosein, das entpragmatisiert ist und keinen Zweck mehr verfolgt, wird das Textkorpus noch einmal hinsichtlich der reinen Wahrnehmung des Krieges selbst befragt: Inwiefern ist die Phänomenologie der Beschleunigung immer schon auf eine Geschichtsdeutung des Krieges hin ausgerichtet oder wird das Phänomen der Beschleunigung an der Front in seinem Erscheinen ästhetisiert und damit der Krieg in den Westfront-Romanen selbst ästhetisch?[105] Somit ist das Koordinatensystem bestimmt, in dem sich die vorliegende Arbeit aufspannt: erstens die Phänomenologie der Beschleunigung als Erfahrungsraum an der Front, zweitens eine Metaphysik der Geschichte als Grundlage einer Geschichtsdeutung oder Zukunftserwartung in den untersuchten Romanen und zuletzt drittens die erstens und zweitens konstituierenden ästhetischen Verfahren.

---

[104] Martin Seel: Ästhetik des Erscheinens, Frankfurt a.M. 2003, S. 97.
[105] Diesen Gegensatz zwischen Geschichte und Ästhetik führt Karl Heinz Bohrer auf Hegel zurück. Bohrer postuliert, dass Hegels Vorstellung der Ästhetik scheitert: »Der tiefere Grund für dieses Scheitern liegt im teleologischen Geschichtsverständnis Hegels, das nicht bloß die Kunsterfahrung im Prozeß des Geistes zu sich selbst für sekundär erklärt, sondern das Naturschöne ganz aus der Ästhetik ausschließt.« (Karl Heinz Bohrer: Der Irrtum des Don Quixote. Das Problem der ästhetischen Grenze, in: ders.: Plötzlichkeit. Zum Augenblick des ästhetischen Scheins, Frankfurt a.M. 1981, S. 86–107, hier S. 98.

I Die narrative Tektonik der Westfront

Narrative strukturieren und organisieren Erzählräume. Das gilt auch für den Erzählraum der Front in den Westfront-Romanen. Albrecht Koschorke definiert Narrative als Schemata, die »die in ihnen enthaltenen Elemente konfigurieren, aber nicht bis ins Letzte festschreiben«, das heißt, es »können einzelne Elemente ausgetauscht oder vernachlässigt werden, solange die Einheit des Schemas nicht in Gefahr gerät«.[1] In Abgrenzung zur ›bildhaften‹ Szene wird das Narrativ somit als »ein zu größerer Komplexität fähiges und damit [als] ein Organisationsverfahren höherer Ordnung« verstanden, das insbesondere die »strukturierende[ ] Leistung von Begriffen«[2] zur Darstellung zu bringen vermag. Im Folgenden werden die zwei maßgeblichen Narrative bestimmt, die die Erzählungen von der Westfront strukturell organisieren: das Narrativ der Erwartung und das der Erfahrung. Daran anschließend werden die Narrative über ihre Metaphysik der Geschichte bzw. ihre Phänomenologie der Beschleunigung begrifflich präziser erfasst: Zumindest kursorisch werden Antworten auf die Fragen gesucht: »Was ist Beschleunigung?« und »Was ist Geschichtsdeutung?«. Diese Bestimmung der zwei maßgeblichen narrativen Strukturen der Westfront-Romane bildet den analytischen ›Werkzeugkasten‹ für die anschließenden Romanlektüren.

Die Untersuchung der geschichtlichen Dimension der Westfront-Romane und die Beschleunigung an der Front als Gegenwartserfahrung bedingt es, begriffliche und theoretische Grundlagen für die Primärtextanalysen zu erarbeiten, mit denen die strukturelle Gemeinsamkeit von Geschichtsdeutung und Beschleunigungserfahrung gezeigt wird. Dazu werden die Begriffe ›Erfahrungsraum‹ und ›Erwartungshorizont‹ sowie ›Gegenwartsdiagnose‹ und ›Zukunftsprospektion‹ eingeführt. ›Erfahrungsraum‹ und ›Erwartungshorizont‹ werden als zwei Erkenntniskategorien definiert, die gemeinsam Zeiterfahrung bestimmen. Zudem wird der Begriff der Gegenwart im Ersten Weltkrieg problematisiert und die geschichtliche Sinndeutung des Ersten Weltkriegs konzise vorgestellt.

---

[1] Koschorke: Wahrheit und Erfindung, S. 30.
[2] Ebd., S. 72. Dieser Begriff von ›Narrativ‹ ähnelt Jurij Lotmans Verständnis des ›Sujets‹. Lotman denkt das Sujet von der »Struktur des Topos« her, die er als »Prinzip der Organisation und der Verteilung der Figuren im künstlerischen Kontinuum« sowie als »Sprache für den Ausdruck anderer, nichträumlicher Relationen des Textes« (Jurij Lotmann: Die Struktur literarischer Texte, München 1972, S. 330) begreift.

Geschichte als Sinngebung des Sinnlosen

Bereits mitten im Krieg verfasst der Sozialphilosoph Theodor Lessing die *Geschichte als Sinngebung des Sinnlosen oder die Geburt der Geschichte aus dem Mythos*, in der er sich mit der geschichtsbildenden Funktionsweise von Sinndeutungen auseinandersetzt. Lessing grenzt seine Thesen scharf vom Historismus ab und kritisiert dessen Fortschritts- und Erlösungsversprechen sowie die mechanistische Funktionsweise seiner nur vermeintlich historischen Gesetzen folgenden Verlaufskonzeptionen (Linear-, Kreis- bzw. Kugelstruktur).[3] In der Geschichte offenbare sich kein ihr eingeschriebener Sinn:[4]

> Keineswegs aber wird durch Geschichte ein Zusammenhang von Ursache, eine Entwicklung in der Zeit unmittelbar und ohne menschliche Zutat offenbar. Sondern Geschichte ist die Stiftung dieses Sinnes; die Setzung eines Zusammenhangs; die Erfindung dieser Entwicklung. Sie vorfindet nicht den Sinn der Welt, sie gibt ihn…[5]

Lessing zufolge äußerten sich geistige Gesetzmäßigkeiten oder das Schicksal des Menschengeschlechts mitnichten in geschichtlichen Ereignissen. Geschichte unterscheide sich von den Erfahrungswissenschaften nur darin, »aus bloßem Vorkommnis ein sinnvoll gewordenes Schicksal zu dichten«.[6] Ein Ereignis werde als geschichtliches wahrgenommen, wenn es über einen Akt der Sinnstiftung (oder mit Lessing einen ›Akt des Wollens‹) seines rein zeitlichen Datums enthoben werde.[7] ›Treibende Macht‹ dieser Sinnstiftung seien Ideale und der Drang, diese zu verwirklichen: Ideale formten nicht nur Geschichte, sondern seien die ›Richtschnur‹, mittels derer zeitliche Ereignisse gemessen und anschließend geordnet werden.[8] »Die Geschichte«, so spitzt Lessing seine Argumentation zu, »ist Verwirklichung der Ideale am Leben«.[9] Dabei speisten die Ideale immer auch die Zukunftserwartung des

---

[3] Vgl. Lessing: Geschichte als Sinngebung des Sinnlosen, S. 47f.
[4] Zu Lessings Definition von Sinn »in der Bedeutung von Ratio« sowie zu der des Sinns von Geschichte vgl. das Kapitel »Was heisst Sinn von Geschichte?« (ebd., S. 93–96, hier S. 94).
[5] Ebd., S. 76; in eine andere Begriffsdiktion bringt Lessing den Titel der Monographie – seinen Kerngedanken –, wenn er von »Geschichte als Werteverwirklichung am Wertefreien« (ebd., S. 96) schreibt.
[6] Ebd., S. 81.
[7] Vgl. ebd., S. 85.
[8] Vgl. ebd., S. 91f.
[9] Ebd., S. 237.

Menschen, die die mit Sinn versehenen Vorkommnisse – einzelne historische Ereignisse – auf eine Erwartung des Kommenden hin projiziere.[10] Aus dieser Sinngebungsstruktur entstünden letztlich auch Zeitlichkeit und Geschichte, mithin Vergangenheits- und Zukunftskonzepte.
Geschichte ist Lessing zufolge der Vorgang, etwas Sinnlosem – einer Abfolge von Ereignissen – einen Ort in einem (über-)zeitlichen Kontinuum zuzuweisen und das Sinnlose in etwas Sinnvolles zu verwandeln. Eine derart konstruierte Ereignisfolge erweist sich nicht als beliebig, sondern wird zur notwendigen Etappe innerhalb eines (idealiter gewünschten) historischen Ablaufs der Dinge dichterisch verknüpft, worin sich die mythologische Struktur von Geschichte zeigt. Lessing stellt damit die sprachliche Verfasstheit[11] von Geschichte sowie ihre prinzipielle Narrativität fest: Das Subjekt der Geschichte sei immer das »Ich des Geschichte-Erzählenden«,[12] der via Erzählen Vorkommnisse im Rahmen seiner (Geschichts-)Vorstellungen verknüpfe[13] und damit zwischen den gewählten Anfangs- und Endpunkten[14] seiner Narration Geschichte dichte.[15] Lessings Thesen haben für die nachfolgende Argumentation in vier Aspekten eine Scharnierstellung inne: Erstens postuliert Lessing die Sinnlosigkeit einzelner zeitlicher Ereignisse. Zweitens beschreibt er, dass Ereignissen nachträglich Sinn zugewiesen wird. Drittens wird gezeigt, dass die Sinnzuschreibung auf eine erwartete bzw. erhoffte Zukunft hin ausgerichtet ist. Viertens begreift Lessing die Kategorie der ›Not‹ als Ursache von mit ›Notwendigkeit‹ ablaufender Geschichtsvorstellungen.[16] Explizit verweist er auf den Ersten Weltkrieg und die prekäre Sinndeutungssituation der Deutschen nach 1918, die infolge der Selbstüberhöhung während des Krieges in ihrem »Glaube[n] an die Berechtigung des eigenen Daseins« erschüttert gewesen seien, weswegen die »logificatio post festum Notausgänge« habe finden müssen.[17] Das heißt für die Analyse der Westfront-Romane: Der Krieg provoziert einen Hiatus zwischen Fronterfahrung und Zukunftserwartung,

---

[10] Vgl. ebd., S. 101f.
[11] Vgl. ebd., S. 184.
[12] Ebd., S. 163.
[13] Vgl. ebd., S. 172.
[14] »[...] weil ja Geschichte nichts anderes ist als die Kunst, zwei vorausgegebene Größen miteinander in Beziehung zu setzen und in eine gegebene ideale Geltungseinheit alle neu auftauchenden Punkte oder Glieder einzuverweben« (ebd., S. 230).
[15] Lessing schreibt von der »dichterische[n] Natur der Geschichte« (ebd., S. 208).
[16] Vgl. ebd., S. 237.
[17] Ebd., S. 240.

der zu zwei verschiedenen Narrativen führt und der argumentativ überbrückt werden muss. Anschaulich wird diese These Theodor Lessings, wenn etwa Werner Beumelburg 1933 im Sinne des Soldatischen Nationalismus einen intentionalen Zusammenhang zwischen Fronterfahrung und nationalistischer Hoffnung herstellt: »Wir haben die Not kennengelernt und getragen, um als ihren Gewinn ein besseres und gerechteres Vaterland davonzutragen.«[18]

Erfahrungsraum und Erwartungshorizont

Gerade weil sich die Fronterfahrung der Soldaten entgegen dieser Behauptung Beumelburgs nicht nahtlos der metaphysischen Erwartungsstruktur der Erzählungen fügt, wird der Erste Weltkrieg als ›geschichtliche Zeit‹ erzählt: Erfahrung (der Schützengräben) und die Erwartung (sinnhafter Folgen des Weltkriegs) sind, wie Reinhart Koselleck festhält, »zwei Kategorien, die geeignet sind, indem sie Vergangenheit und Zukunft verschränken, geschichtliche Zeit zu thematisieren«.[19] Er definiert ›Erwartung‹ als »vergegenwärtigte Zukunft, sie zielt auf das Noch-Nicht«, während ›Erfahrung‹ »gegenwärtige Vergangenheit« sei, »deren Ereignisse einverleibt worden sind und erinnert werden können«.[20] Beiden ›formalen Erkenntniskategorien‹ – ›Erfahrungsraum‹ wie ›Erwartungshorizont‹ – ist gemein, dass sie in der Gegenwart wirken. Die bereits apostrophierte ›geschichtliche Zeit‹ konfiguriert sich im Zusammenspiel beider Kategorien als »wandelnde Größe, deren Veränderung sich aus der sich ändernden Zuordnung von Erfahrung und Erwartung ableite[t]«.[21] Das Zusammenspiel beider darf jedoch keinesfalls als ›symmetrische Ergänzung‹ missverstanden werden: »[D]ie Präsenz der Vergangenheit [ist] eine andere als die Präsenz der Zukunft«.[22]

Das betrifft auch die Literatur. In der erzählerischen Differenz zwischen dem Erfahrungsraum des Krieges und dem Erwartungshorizont seiner Folgen

---

[18] Werner Beumelburg: Der kämpfende Bismarck und wir. Rede vor deutschen Studenten am 18. Januar 1933, in: ders.: Das jugendliche Reich. Reden und Aufsätze zur Zeitwende, Oldenburg 1933, S. 23–44, hier S. 43.
[19] Reinhart Koselleck: ›Erfahrungsraum‹ und ›Erwartungshorizont‹ – zwei historische Kategorien, in: ders.: Vergangene Zukunft, S. 349–375, hier S. 353. Später beschreibt Koselleck beide Kategorien zudem als anthropologische Kategorien (vgl. ders.: Moderne Sozialgeschichte und historische Zeiten, in: ders.: Zeitschichten, S. 317–335, hier S. 331).
[20] Koselleck: ›Erfahrungsraum‹ und ›Erwartungshorizont‹, S. 354f.
[21] Ebd., S. 354.
[22] Ebd., S. 356.

spiegelt sich in den Westfront-Romanen das ästhetische Problem, die seit Beginn der Neuzeit durch die Fortschrittsversprechen kontinuierlich weiter aufklaffende »Differenz zwischen Erfahrung und Erwartung«[23] zu schließen. Exemplarisch wird das am sogenannten Soldatischen Nationalismus offenbar, dessen Protagonisten »in den 20er Jahren die Gestaltung und Politisierung des Kriegserlebnisses« radikal durchführen: »Fast monomanisch führt der Soldatische Nationalismus jede politische Problematik auf das Kriegserlebnis zurück und glaubt, dort bereits praktizierte gesellschaftliche Ideallösungen vorzufinden, die es jetzt nur noch auf den Frieden zu übertragen gilt.«[24] In den 1920er-Jahren und auf dem Weg in den Nationalsozialismus bietet die Weltkriegserfahrung der Frontsoldaten ideologisch begründete Legitimationsansprüche und nationalistische Zukunftserwartungen.

Sofern die Fronterfahrung nicht wie von Ernst Jünger als rauschhaftes und ekstatisches ›Kriegserlebnis‹ begrüßt und anthropologisch überhöht wird, gründet die Verklärung der Frontgemeinschaft bzw. Kameradschaft nach dem Krieg wie bei Werner Beumelburg auf dem Anspruch, das Leiden an der Front müsse positive Folgen zeitigen. Daher müssen die mit dem Kriegsausbruch seit 1914 gehegten Zukunftshoffnungen kontrafaktisch aufrechterhalten werden, gerade weil die Nachkriegsrealität die Erfahrung sinnlosen Sterbens an der Front nicht nachträglich historisch überhöhen und mit Sinn ausstatten kann. Vor diesem Hintergrund stiften die Fronterfahrung im Ersten Weltkrieg und die Kriegsniederlage einen neuen Zusammenhang zwischen Gegenwartserfahrung und Zukunftserwartung: »Plötzlich steht man vor einem Novum, also vor einem zeitlichen Minimum, das sich zwischen Vorher und Nachher generiert. Das Kontinuum von bisheriger Erfahrung zur Erwartung des Kommenden wird durchbrochen und muß sich neu konstituieren.«[25] Das solitäre Ereignis Erster Weltkrieg verhindert eine Kontinuität. Aus der Vergangenheit kann angesichts des Weltkriegs nicht mehr problemlos eine Zukunftsvorstellung gebildet werden.

---

[23] Ebd., S. 357. Die zunehmende Differenz zwischen Erfahrung und Erwartung erläutert Koselleck in: Moderne Sozialgeschichte und historische Zeiten, S. 333.

[24] Prümm: Die Literatur des Soldatischen Nationalismus, S. 8.

[25] Reinhart Koselleck: Zeitschichten, in: ders.: Zeitschichten, S. 19–26, hier S. 23. Die Überlegung zur wechselseitigen Bedingung von Einmaligkeit und Rekurrenz führt Koselleck zuvor aus: »Ohne Wiederkehr des Gleichen […] ist es gar nicht möglich, daß einmalige Ereignisse […] zustande kommen.« (Ebd., S. 21)

Dieses Phänomen äußert sich zum einen im Narrativ der ›Ideen von 1914‹.[26] Da die mit Kriegsausbruch entworfene und durch den Krieg zu erreichende Zukunft nicht eintritt, wird die Erfüllung dieser Versprechen schrittweise in die Zukunft verschoben. Das Modell wird auch nach der Niederlage von 1918 fortgesetzt. Die ›Ideen von 1914‹ werden nicht vollständig suspendiert. Ihre Erfüllung wird lediglich in den Horizont des Zukünftigen verschoben, sodass sie bzw. einzelne Bestandteile jeweils wieder erwartbar werden.[27] Gleichwohl erwarten nicht nur jene Romane eine bestimmte Zukunft, die dem Narrativ der ›Ideen von 1914‹ verpflichtet sind. Die entsprechende erzählerische Darstellung des geschichtsphilosophischen Dreischritts aus Krise, Ereignis und Aufbruch findet sich auch in den Westfront-Romanen, in denen andere ideologische Haltungen entwickelt werden.

Zum anderen gelingt es den Soldaten im Ersten Weltkrieg nicht mehr, einen persönlichkeitsstiftenden Bezug zur Vergangenheit herzustellen. So entfremdet sich Paul Bäumer, der Protagonist in Erich Maria Remarques *Im Westen nichts Neues,* während seines Fronturlaubs von Familie und Bekannten. Nicht einmal in seinem Kinderzimmer findet er sich zurecht. Als entscheidend für derartige Entwicklungen erweist sich die soldatische Wahrnehmung der ›Gegenwart‹. Gegenwart sei im Anschluss an Hermann Lübbe und Hartmut Rosa definiert als »Zeitraum der Dauer bzw. Stabilität, für welchen […] Erfahrungsraum und Erwartungshorizont unverändert und damit de-

---

[26] Bei den ›Ideen von 1914‹ handelt es sich zwar um eine kaum exakt zu definierende Melange aus nationalistischen, völkischen und teils bellizistischen Vergemeinschaftungsvorstellungen, die mit Kriegsausbruch diskursbeherrschend werden, aber höchst heterogene Züge tragen. Dieser »uneinheitliche Oberbegriff von Einheitsvorstellungen« (Müller: Die Nation als Waffe und Vorstellung, S. 85) kristallisiert sich jedoch in der Idealisierung der deutschen Nation und der Vorstellung nationaler Vergemeinschaftung, dessen Wirkmächtigkeit sich zu einem Gutteil aus dem Mythos der nationalen Einigung im August 1914 speist. Unter den Zeitgenossen versucht sich der Soziologe Johann Plenge 1916 an einer formalen und inhaltlichen Bestimmung der ›Ideen von 1914‹ (vgl. Johann Plenge: 1789 und 1914. Die symbolischen Jahre in der Geschichte des politischen Geistes, Berlin 1916), indem er zunächst allgemein den Begriff der Ideen zu definieren sucht, um im Folgenden die inhaltliche Qualität jener von 1914 auszubuchstabieren. Plenge begreift 1914 als »Höhepunkt der Entwicklung eines ganzen Kulturkreises« (ebd., S. 65), womit er in die Nähe zu Spenglers gerade in Entstehung befindlichem Hauptwerk *Der Untergang des Abendlandes* rückt. Aber auch er bestimmt die ›Ideen von 1914‹ lediglich negativ: »Seit 1789 hat es in der Welt keine solche Revolution gegeben, wie die deutsche Revolution von 1914. *Die Revolution des Aufbaues und des Zusammenschlusses aller staatlichen Kräfte im 20. Jahrhundert gegenüber der Revolution der zerstörenden Befreiung im 18. Jahrhundert.*« (Ebd., S. 72, Hervorhebung im Original)

[27] Vgl. Schöning: Versprengte Gemeinschaft, S. 13.

ckungsgleich sind«.[28] Dieser Definition zufolge schrumpft den Soldaten ihre eigene Gegenwart infolge der »generelle[n] Abnahme der Zeitdauer, für die Erwartungssicherheit hinsichtlich der Stabilität von Handlungsbedingungen herrscht«,[29] auf ein Minimum zusammen. Vergleichbar bestimmt auch Niklas Luhmann ›Gegenwart‹. Er beschreibt zwei Formen von Gegenwart, die sich auf den Augenblick und die Dauer beziehen. Erst die Differenz beider Gegenwartsformen erzeuge den »Eindruck des Fließens der Zeit«:

> Die eine Gegenwart fällt punktualisiert an […]. Die andere Gegenwart dauert […]. Diese beiden Gegenwarten polarisieren sich wechselseitig als Differenz von Ereignissen und Beständen, von Wandel und Dauer, und das wiederum ermöglicht das Präsentwerden einer am irreversiblen Ereignis noch sichtbaren Vergangenheit und schon sichtbaren Zukunft in einer noch dauernden Gegenwart.[30]

In Bezug auf die Thesen Rosas heißt das: Wenn die Erfahrung einer andauernden Gegenwart abnimmt, bleibt nur die Augenblickserfahrung zurück. Ohne den Konterpart ›dauernder Gegenwart‹ verliert sie ihre Qualität als Pol einer Gegenwartserfahrung, die immer auch auf Vergangenheit und Zukunft als Konstituenten dieser Gegenwart verweist. Der Erfahrungs-Begriff wird in der vorliegenden Arbeit daher mit Paul Virilio provisorisch als ›gegenwärtige Augenblicklichkeit‹ definiert, also als reihende Erfahrung gegenwärtiger Augenblicke.[31] Das heißt: Aufgrund der verlorenen Erwartungssicherheit und der verlorenen Bedingungsstabilität von Handlungen ist der Geschichtsbezug an der Front nicht mehr vorhanden. Daran schließt sich die Hypothese für die Analyse der Primärtexte an: Gerade weil keine stabilen Erwartungssicherheiten mehr vorliegen, driften in den Westfront-Romanen der Erfahrungsraum und der Erwartungshorizont auseinander. Dieser Ansatz könnte einen Hinweis darauf liefern, warum trotz der Erfahrung eines sinnlosen Kampfes an der Front der Krieg insgesamt geschichtlich

---

[28] Rosa: Beschleunigung, S. 131
[29] Ebd., S. 184.
[30] Niklas Luhmann: Soziale Systeme, Frankfurt a.M. 1984, S. 117.
[31] Gegenwärtige Augenblicklichkeit definiert Paul Virilio als »die unglaubliche Möglichkeit einer unendlich kurzen Dauer, die das Äquivalent dessen enthält, was bereits die unendlich ›lange‹ Dauer und der unendlich ›große‹ Raum dieses *wahrgenommenen* Kosmos enthält, der […] begrenzt wird durch die absolute und dennoch endliche Geschwindigkeit des Lichts im leeren Raum.« (Virilio: Rasender Stillstand, S. 96, Hervorhebung im Original) Gegenwart definiert Virilio im Anschluss an Boltzmann über die Anwesenheit eines Beobachters zu einer beliebigen Zeit an einem beliebigen Ort (vgl. ebd., S. 94). Diese Definition von Virilio bezieht sich deskriptiv auf eine minimale zeitliche Extension.

überhöht wird. Offenbar zieht eine solche Drift von Erfahrungsraum und Erwartungshorizont nicht die Stilllegung geschichtlichen Denkens nach sich, sondern der gegenwartsbezogene Erfahrungsraum Krieg wird (wieder) mit einem geschichtlichen Denken vermittelt. Es gilt die narrativen (bzw. ästhetischen) Verfahren dieser Vermittlung zu beschreiben und nachzuzeichnen, wie aus einer Gegenwartsdiagnose, die keine Zukunft mehr kennt, wieder eine Zukunftsvorstellung extrahiert wird. Hypothetisch wird zunächst angenommen, dass die Erfahrung sinnlosen Sterbens die historische Überhöhung des Weltkriegs und einen entsprechenden Erwartungshorizont motiviert.

1 Erwartung und Erfahrung als narrative Konfigurationen von Zeit

Die narrative Organisation von Erzählungen bzw. die ihrer Schemata unterliegt nicht der Autonomie des Autors einer Narration, sondern der heteronomen Hoheit der Gesellschaft, die sie diskursiv normiert. Narrative sind Bedingung der Möglichkeit für faktuale wie für fiktionale Erzählungen, in der Gesellschaft oder innerhalb einer gesellschaftlichen Gruppe wahrgenommen, akzeptiert und rezipiert zu werden. Nur wenn einzelne Narrationen »dem Grundmuster eines gebräuchlichen Narrativs gehorchen«, können sie »kommunikative Verbreitung und soziale Verhandelbarkeit«[32] erfahren, also diskursive Relevanz entfalten und gesellschaftlich wahrgenommen werden. Diskursformationen im Sinne Michel Foucaults[33] schreiben sich immer in einzelne Narrationen ein, indem sie ihre Struktur maßgeblich prägen und die Erzählung im Sinne des Diskurses steuern. Daher können sogar »narrative Sequenzen [...] als ein Verfahren der Wirklichkeitsbewältigung gelten, wenn die Erzählung keinerlei Anspruch auf Realismus erhebt«.[34] Koschorke zufolge funktioniert dieser Prozess mittels drei Grundvorgängen der Schemata-Bildung: Verknappung, Angleichung und Vervollständigung.[35] Auch wenn er insbesondere kognitionspsychologisch argumentiert, ist die

---

[32] Ebd., S. 30f.
[33] Hier wie im Folgenden wird der Diskursbegriff im Sinne Michel Foucaults verstanden (vgl. Michel Foucault: Die Ordnung des Diskurses, 11. Aufl., Frankfurt a.M. 1991, insbes. S. 10f.).
[34] Koschorke: Wahrheit und Erfindung, S. 65.
[35] Vgl. ebd., S. 32.

begriffliche Nähe zu den von Michel Foucault vorgestellten Prozeduren des Diskurses kaum von der Hand zu weisen: Verknappung von außen, Kontrolle von innen sowie die Verknappung der sprechenden (in diesem Falle: erzählenden) Subjekte.[36] Narrative werden unter dem Einfluss des sozialen bzw. gesellschaftlichen Umfelds von Textproduktion und -rezeption entwickelt, tradiert und umstrukturiert, denn gerade wer, so Koschorke, »die Hoheit über das Erzählen besitzt, kann deshalb auch praktisch Herrschaft über die kollektive Agenda erringen«.[37] Narrative produzieren Sinn, indem sie die Hintergrundstrukturen konfigurieren,[38] im Rahmen derer einzelne Narrationen diskursiv bereits strukturell vorgeprägte Handlungssequenzen und Figurenmodelle in potentiell höchster Variabilität konkretisieren. Damit gilt auch für Erzählungen im Allgemeinen das, was Hayden White für die historiographische Erzählung formuliert hat: »Die historische Erzählung vermittelt [...] zwischen den darin berichteten Ereignissen einerseits und den prägenerischen Plotstrukturen andererseits, die konventionellerweise in unserer Kultur verwendet werden, um unvertrauten Ereignissen und Situationen Sinn zu verleihen.«[39]

Das trifft gerade für die Narration von Kriegen zu, wie Susi K. Frank ausführt: Mithilfe »narrativer Muster« wird es möglich, dem erzählten »Krieg eine Position und eine Bedeutung im temporalen Kontinuum zu geben und Kriege zu einem zentralen, markiert-gliedernden Element innerhalb des Meganarrativs Geschichte zu machen«.[40] Kriegsnarrative und ihre Erforschung können Frank zufolge idealtypisch in vier Bereiche gegliedert werden: a) die narrative Konstruktion von Krieg, b) die narrative »Konstruktion kollektiver Identifikationsmuster«,[41] c) die narrative Konstruktion der Nicht-Erzählbarkeit von Kriegen sowie d) die narrative Entgrenzung des Kriegs. Die Ausgangsthese lautet: Die in der vorliegenden Arbeit untersuchten Westfront-Romane konstruieren Krieg narrativ, entsprechen kollektiven Identifikationsmustern und reflektieren – gegebenenfalls – die Nicht-Erzählbarkeit des Ereignisses. Diese These stützt die Feststellung, dass die narrative Entgrenzung des Krieges in den untersuchten Texten einer typologischen

---

[36] Vgl. Foucault: Die Ordnung des Diskurses, insbes. S. 17–30.
[37] Koschorke: Wahrheit und Erfindung, S. 62.
[38] Vgl. ebd., S. 71–74.
[39] Hayden White: Auch Klio dichtet oder die Fiktion des Faktischen. Studien zur Tropologie des historischen Diskurses, Stuttgart 1991, S. 109f.
[40] Frank: Einleitung, S. 12.
[41] Ebd., S. 13.

Struktur folgt: Der Krieg endet nicht mit der deutschen Kapitulation 1918. Während in Krachts Roman der Erzähler diese Kapitulation nicht stattfinden lässt und den Krieg schon durch sein kontrafaktisches Erzählen zeitlich entgrenzt, transgrediert der Kriegszustand durch düstere Prolepsen in den Romanen von Barbusse, Remarque und Beumelburg in die Nachkriegswirklichkeit. Beumelburgs Erzähler erhofft sich die Realisierung der ›Volksgemeinschaft‹, während das Leben der Romanprotagonisten Remarques auch im Nachkrieg noch vom Krieg entscheidend geprägt sein wird. Barbusses namenloser Ich-Erzähler ersehnt, in einer Melange aus Fortschrittsoptimismus und seiner sozialistischen Haltung, durch einen Sieg im Weltkrieg die Gleichheit aller Menschen in einem Zustand ewigen Friedens. Noch deutlicher als die Entgrenzung des Ersten Weltkriegs über den November 1918 hinaus beeinflussen allerdings die narrative Konstruktion von Krieg und kollektiven Identifikationsmustern die Westfront-Romane. Ernst Jünger hingegen konzipiert den Krieg in seinen Essays als Daseinsform und entgrenzt über diesen argumentativen Dreh den Kriegszustand.

Die Westfront-Romane im Textkorpus zeichnen sich dadurch aus, dass sie sowohl das Schicksal des Frontkämpfers – die Kategorie der Erfahrung – in den Blick nehmen, als auch ideologische Positionen entwickeln – die Kategorie der Erwartung – und den Krieg historisch verorten. Die Kategorien der Erfahrung und die Erwartung sind nicht mit dem Narrativ gleichzustellen: Während der Begriff der Kategorie das Phänomen erfasst, erfasst das Narrativ die erzählerische Struktur, die aus diesen Kategorien hervorgeht und die sie bestimmt. Um die narrative Struktur der untersuchten Romane erfassen zu können, werden zwei grundlegende Narrative des Ersten Weltkriegs angenommen. Erstens ein ideologisch aufgeladenes Narrativ der Erwartung und zweitens ein dem Ereignis und der Erfahrung verpflichtetes Frontkämpfer-Narrativ. Die Differenzierung der Erzählweisen in zwei Narrative ermöglicht zum einen, den Einfluss der zeitgenössischen Diskurse über Beschleunigung und über Geschichtsdeutung auf die Erzählorganisation nachzuweisen. Zum anderen verdeutlicht die Binnendifferenzierung der untersuchten Westfront-Romane in zwei strukturgebende Narrative, dass die Romane jeweils gewissermaßen zwei disparate Erzählglieder konstruieren. Die Autoren stehen vor der Aufgabe, beide Narrative so zu konfigurieren, dass die beiden Erzählstrukturen – die der Fronterfahrung und die der Zukunftserwartung – nicht in zwei Teile zerfallen. Wie lassen sich beide Narrative präzise bestimmen? Welche Strategien verfolgen die Autoren, um diese beiden unterschiedlichen Narrative ineinander zu verschränken?

Das ideologische Narrativ der Erwartung

Geschichte wird durch Erzählen gemacht. Für das Erzählen von Geschichten gilt: Sofern (Geschichts-)Erzählungen um Kohärenz bemüht sind, werden einzelne Ereignisse zu Ketten verknüpft, die im Regelfall Kausalität suggerieren sollen. Diese Feststellung betrifft sowohl die Erzählungen Kalliopes als auch die Klios. Sie ist also unabhängig von der Frage nach dem pragmatischen Status der Erzählung, unabhängig davon, ob eine fiktionale oder eine faktuale Geschichte erzählt wird.[42] Für die erzählerische Konstruktion von Ereignisketten gilt mit Tolstoi, dass »die herausgegriffene historische Einheit immer willkürlich«[43] ist. Sie ist *per se* von ideologischen, von geschichtsphilosophischen oder von poetologischen Prämissen beeinflusst und wird durch sie produziert. Ideologien und Vorstellungen eines bestimmten geschichtlichen Verlaufs realisieren sich am intensivsten in Auseinandersetzungen, Konflikten und Kriegen. Im Regelfall wird in ihnen eine bestimmte geschichtliche Erlösungserwartung entworfen, die durch den (siegreich überstandenen) Konflikt oder Krieg herbeigeführt wird. Dabei greifen ideologische Erzählungen bzw. die Kriegs- oder Konflikt-Erzählungen auf narrative Grundmuster zurück, wie Matthias Schönings Modell des Narrativs der ›Ideen von 1914‹ veranschaulicht. Schöning zeigt, dass zahlreiche literarische wie publizistische Darstellungen des Ersten Weltkriegs dem Narrativ der ›Ideen von 1914‹ folgen:

> Das Narrativ [...] ist das dem so genannten ›Augusterlebnis‹ und den darauf aufbauenden ›Ideen von 1914‹ zu Grunde liegende Darstellungsschema von lang währender *Krise*, ereignishafter *Zäsur* und sehnsuchtsvollem *Aufbruch* [...]. Unschwer ist in dieser sequenziellen Struktur eine Inversion des klassischen Tragödienschemas zu erkennen, der gemäß man sich bei Kriegsbeginn auf dem Umschlags- oder Sattelpunkt befindet, der die kulturelle Talfahrt der Vorkriegszeit beendet und den Beginn einer fundamentalen Umkehr der Geschichte verspricht.[44]

---

[42] Die Minimaldifferenz des pragmatischen Redestatus wird etwa auch von Volker Dörr zur Sprache gebracht, wenngleich auch diese direkt problematisiert wird. Inwieweit der referenzielle Anspruch in ›wahren‹ Aussagen mündet, lässt sich letztlich nicht mehr beantworten: »Historisches Faktum ist, was als historisches Faktum überliefert wird.« (Volker C. Dörr: Wie dichtet Klio? Zum Zusammenhang von Mythologie, Historiographie und Narrativität, in: ZfdPh 123 [2004] Sonderheft Literatur und Geschichte. Neue Perspektiven, hg. von Michael Hofmann und Hartmut Steinecke, S. 25–41, hier S. 35)

[43] Lew Tolstoi: Krieg und Frieden, 2 Bde., neu übers. und kommentiert von Barbara Conrad, München 2011, S. 391.

[44] Matthias Schöning: Eskalation eines Narrativs. Vier Idealtypen zur Entwicklung der ›Ideen von 1914‹, in: Borissova/Frank/ Kraft (Hg.): Zwischen Apokalypse und Alltag, S. 41–58,

Seine besondere Kraft gewinnt das Narrativ von seinem projektierten Endpunkt her, der erstrebten »fundamentalen Umkehr der Geschichte« bzw. der wiederholt in die Zukunft verschobenen Erfüllung der ›Volksgemeinschaft‹.[45] Im Zentrum steht mit der Zäsur des Krieges eine ›Komplikation‹, die von Teun van Dijk als »Superstrukturkategorie für Erzähltexte«[46] klassifiziert worden ist, da sie praktisch alle Narrationen und die ihnen zugrunde liegenden Narrative strukturiert. Mittels der Begriffe ›Komplikation‹ und folgender ›Auflösung‹, die den Kern eines Alltags-Erzähltextes bilden, lässt sich die Erzählung vom Ersten Weltkrieg als Erzählung eines Ereignisses und als ebensolcher Kern von Komplikation und Auflösung definieren.[47]

Die vorliegende Arbeit verfolgt die These, dass neben dem Narrativ der ›Ideen von 1914‹, das mit Sicherheit den zeitgenössischen Kriegsdeutungsdiskurs maßgeblich bestimmt, weitere ideologische Entwürfe die Architektur des Narrativs erfüllen. Da das Narrativ der ›Ideen von 1914‹ binnen weniger Jahre zerfällt, betrifft das zuallererst die Zerfallsprodukte des Narrativs. Schöning verweist auf den »mehrjährigen Zerfallsprozess«[48] des Narrativs der ›Ideen von 1914‹ in den 1920er-Jahren. Angesichts der Kriegserfahrung an der Westfront muss der verlorene Weltkrieg auf andere Art und Weise narrativ geformt werden, ohne die nationalistische Überzeugung preiszugeben.[49] Um »die Illusion vor einer sich weiter verdüsternden Realität zu retten«, erfolgt ein *»zweiter Radikalisierungsschritt«,*[50] der die Struktur des Narrativs der ›Ideen von 1914‹ zwar variiert, aber das grundlegende Schema

---

hier S. 42f., Hervorhebung im Original.

[45] Vgl. zum Begriff der Volksgemeinschaft zudem die Monographien von Sven Oliver Müller *(Die Nation als Waffe und Vorstellung)* und Peter Walkenhorst *(Nation – Volk – Rasse).*

[46] Teun A. van Dijk: Textwissenschaft. Eine interdisziplinäre Einführung, Tübingen 1980, S. 141. Zum Begriff der Superstruktur vgl. das gleichnamige Kapitel (ebd., S. 128–159), insbes. die Passage zu den ›narrativen Strukturen‹ (ebd., S. 140–144).

[47] Vgl. ebd., S. 141.

[48] Schöning: Versprengte Gemeinschaft, S. 39.

[49] Schöning zeigt, dass in den Nachkriegsjahren zunehmend »ein illusionsloses Bild des Krieges, in dem der Zusammenhang von Gewalterfahrung und Gemeinschaftserlebnis unwiderruflich zerrissen ist«, gezeichnet wurde (ebd., S. 121). In der Folge sei »das Vertrauen in all die urwüchsigen Sozialformen, auf die organologische Gemeinschaftsmodelle sich stützen, grundlegend erschüttert« worden, weshalb der »Neue Nationalismus […] Strategien [entwickelt], der liberalen Korrelation von Individualismus und Universalismus eine anti-bürgerliche und partikularistischen Form zu verleihen, um die nicht nur desorientierende, sondern desintegrierende Erfahrung der Schlachtfelder ideologisch anschlussfähig zu gestalten« (ebd., S. 193).

[50] Ebd., S. 121, Hervorhebung im Original.

von Krise, Zäsur und Aufbruch in die Erfüllung der ›Volksgemeinschaft‹ lediglich historisch verzögert.[51]

Auch jenseits nationalistischer Erzählweisen versprechen die Erster-Weltkriegs-Romane, sofern in ihnen Zukunftserwartungen formuliert werden, durch eine nahende oder eingetretene Zäsur die Umkehr hin zum – oder zumindest die Annäherung an einen – erhofften Endzustand. Das gilt nicht nur für nationalistische Romane, sondern generell für Narrationen, die mit geschichtsphilosophischen Überzeugungen imprägniert sind. Denn die durch die Geschichtsphilosophie in den Mittelpunkt gerückte Frage nach dem ›Sinn der Geschichte‹ verweist immer auf ein *telos,* das gleichwohl nicht nur als Verwirklichung von Erwartungen, sondern auch als offen, als negativ oder als zirkuläre Struktur vorgestellt werden kann.[52] Solche Narrationen sind strukturhomolog. Denn die Struktur eines Aufbruchs im Anschluss an die gesellschaftliche Krise des frühen 20. Jahrhunderts durch die Zäsur des Krieges hinein in einen geschichtlich erhofften oder erwarteten Zustand erfüllen sowohl Erzählungen, die ›andere‹ nationalrevolutionäre Konzepte verfolgen als auch solche, die sozialistische Positionen vermitteln.

Eine derartige Sinngebung des Krieges als entscheidender Schritt hin zu einem idealen Endpunkt der Geschichte wird über ideologische Grenzen hinweg formuliert: beispielsweise in der Vorstellung eines künftigen ›ewigen Friedens‹ als Utopie des Kommenden, die über Kant von Augustinus herrührt. So erhoffen sich sowohl Gebildete als auch die *poilus* in Barbusses *Das Feuer,*[53] das eine sozialistische Zukunft apostrophiert, mit einem Sieg im »größte[n] Ereignis der Gegenwart und vielleicht aller Zeiten« (DF 7) den Krieg für immer zu »erschlagen« (DF 285). Analog postuliert der konservative Revolutionär Arthur Moeller van den Bruck, der in seiner programmatischen Schrift *Das dritte Reich* die Erfüllung der ›Ideen von 1914‹ extrapoliert, dass der »Gedanke des ewigen Friedens […] freilich der Gedanke des dritten Reiches«[54] sei. Ideologische Geschichtsvorstellungen verlaufen in ihrer narrativen Struktur – Krise, Zäsur, Aufbruch – vergleichbar und konvergieren im erwarteten Endpunkt oder *eschaton.* Dementsprechend setzt die Begriffsverwendung der Utopie – ursprünglich von Thomas Morus als Neologismus

---

[51] Vgl. ebd., S. 57.
[52] Vgl. Matthias Schloßberger: Geschichtsphilosophie, Berlin 2013, S. 11–17.
[53] Für die vorliegende Analyse wird die neueste deutsche Ausgabe des Romans verwendet: Henri Barbusse: Das Feuer, Hamburg/Berlin 2007, im Folgenden zitiert mit der Sigle DF und Seitenzahl.
[54] Arthur Moeller van den Bruck: Das dritte Reich, Berlin 1923, S. 257.

für einen ›Nicht-Ort‹[55] eingeführt und im 19. Jahrhundert mehrheitlich pejorativ verwendet – als »positive[r] Zielbegriff [...] in Deutschland auf breiter Ebene erst seit dem Ersten Weltkrieg ein«.[56] Ernst Bloch wird das neue, positive Verständnis von Utopie in *Das Prinzip Hoffnung* ausbuchstabieren.[57] Als Arbeitshypothese wird im Anschluss an Schöning davon ausgegangen, dass die Westfront-Romane maßgeblich von der utopischen Erwartung des Kommenden narrativ organisiert werden.

Entkernt man das Narrativ der ›Ideen von 1914‹ um seine ideologische Ausrichtung, so bleibt das Grundgerüst einer triadischen Struktur erhalten, die nach einer Krise nebst folgender Zäsur einen Aufbruch verspricht. Das Narrativ kann als drei- oder fünfgliedrige Struktur beschrieben werden (wie sie Schöning über den Vergleich mit einem ›invertierten Tragödienschema‹[58] impliziert). Ideologische Positionen innerhalb dieser Grundstruktur werden entscheidend durch die Wahl des erzählten Zeitraums besetzt, wie Albrecht Koschorke herausstellt. Er betont die Relevanz von Anfang und Ende einer Erzählung, also der äußeren beiden Bestandteile des fünf- oder dreiaktigen narrativen Schemas:

> Was gilt, hängt auf elementare Weise davon ab, welcher Erzählanfang gesetzt wird, der die Gegenwärtigkeit des Erzählten von einer aus dem Innern der narrativen Raumzeit unartikuliert scheinenden, ungeordneten Prähistorie trennt und damit immer auch schon den Gegenstand definiert, der den Kern der Geschichte bildet. Besonders in der narrativen Rekonstruktion von Konflikten ist die Wahl des Anfangs folgenreich, weil von dem jeweils festgelegten Beginn an gleichsam der Zähler des Unrechts mitläuft, der einer Konfliktpartei zugefügt wurde und das ihre Gegenwehr legitimiert. Semantisch stellen Konflikte sich als ein Kampf um erzählerische Rahmungen dar, als ein *framing* und *re-framing* durch die beteiligten Parteien. [...] Aus demselben Grund ist, sofern es sich um geschlossene Erzählungen handelt, die Setzung des Endes ein Akt von großer Tragweite. Eine Geschichte zu beschließen

---

[55] Vgl. Lucian Hölscher: Utopie, in: Otto Brunner/Werner Conze/Reinhart Koselleck (Hg.): Geschichtliche Grundbegriffe. Historisches Lexikon zur politisch-sozialen Sprache in Deutschland, Bd 6, Stuttgart 1990, S. 733–788, hier S. 752.
[56] Ebd., S. 739. Hölscher zeichnet nach, dass sich die ursprünglich differierende Semantik der Begriffe ›Ideal‹ und ›Utopie‹ als geschichtsphilosophischer »Zielbegriff« spätestens mit Beginn des 20. Jahrhunderts angeglichen hat und beide Begriffe synonym verstanden werden können. Nichtsdestotrotz kann die »geschichtsphilosophische Umdeutung des Utopiebegriffs« im 19. und frühen 20. Jahrhundert »dessen ältere kritische [pejorative, J.W.] Bedeutung [...] nicht mehr verdrängen«. ›Utopie‹ erhält eine »semantische[ ] Doppeldeutigkeit von Fortschrittskritik und Fortschrittsgläubigkeit« (ebd., S. 769).
[57] Vgl. Ernst Bloch: Das Prinzip Hoffnung, Frankfurt a.M. 1959.
[58] Vgl. Schöning: Eskalation eines Narrativs, S. 42.

heißt, einen Strich unter die Rechnung zu ziehen; ›zählen‹ und ›erzählen‹ sind nicht nur etymologisch miteinander verwandt. Dieser Schlussstrich wird entweder in einem jener raren, kostbaren Augenblicke gezogen, in denen in der Nahaufnahme einer Einzelszene scheinbar alles zu einem versöhnlichen Stillstand gelangt – ein in fiktionalen Texten wieder und wieder verwendeter Trick. Oder die Geschichte wird zu einem weniger glücklichen Ende gebracht, dann erstarrt sie in einer auf ewig unausgeglichenen Bilanz. Die zweite Option ruft gewöhnlich auf Seiten des Rezipienten das Gefühl eines Ungenügens hervor, das, wenn es stark genug ist, zu weiterem Handeln über die erzählte Zeit hinaus antreibt.[59]

Koschorke zufolge sind Konflikte in semantischer Hinsicht als Konflikte um erzählerische Rahmungen zu beschreiben. Demzufolge bestehen Auseinandersetzungen erstens vor allem in der (ideologischen) Frage, ab und bis wann erzählt werden soll. Über die Setzung des Endes entscheidet sich zweitens, ob ein Konflikt gelöst oder auf Dauer gestellt wird. In den Westfront-Romanen des Ersten Weltkriegs, die während des Krieges und in der Zeit der Weimarer Republik entstehen, ist der gesellschaftliche Konflikt um die erzählerische Rahmung noch nicht abgeschlossen. Vielmehr schwelt der Kampf um die Hoheit über die Deutung des Ersten Weltkriegs zwischen nationalistischen und sozialistischen Ideologien und in deren Verhältnis zu pazifistischen Strömungen auch in der Literatur.

Das Frontkämpfer-Narrativ der Erfahrung

Wie Erzähltexte im Allgemeinen orientiert sich das Frontkämpfer-Narrativ an einer triadischen Grundstruktur, die aus der jeweils mit qualitativen Merkmalen zu füllenden narrativen Rahmung besteht.[60] Sie ist in etwa als ›vor dem Ereignis – Ereignis – nach dem Ereignis‹ zu beschreiben. Konkret wird in den Westfront-Romanen die Zeit vor dem Krieg erinnert und gegebenenfalls der kommenden Nachkriegszeit gedacht.[61] Mit dem Ende des Krieges geht jedoch kein geschichtlicher Fortschritt einher, wie ihn etwa das Narrativ der ›Ideen von 1914‹ erwartet. Die Funktionslogik des Frontkämpfer-Narrativs

---

[59] Koschorke: Wahrheit und Erfindung, S. 62f.
[60] Die folgenden Ausführungen schließen an Vorüberlegungen zum Frontkämpfer-Narrativ an (vgl. Miriam Seidler/Johannes Waßmer: Narrative des Ersten Weltkriegs. Einleitende Überlegungen, in: dies. [Hg.]: Narrative des Ersten Weltkriegs, S. 9–26, bes. S. 14–18).
[61] Erzähltechnisch gelingt das vor allem durch Analepsen und zukunfts(un)gewisse Prolepsen (vgl. die Generationsdiagnose von Paul Bäumer am Schluss von Erich Maria Remarques *Im Westen nichts Neues,* IWN 258).

orientiert sich nicht an einer – im Fall der ›Ideen von 1914‹ nationalen – ideologischen Programmatik, die über Zäsur und Aufbruch aus der Krise führen soll. Vielmehr organisiert es die erzählerische Darstellung der Fronterfahrung. Es nimmt die Veränderung der Persönlichkeit der Frontsoldaten in den Blick. Das Frontkämpfer-Narrativ muss vom Begriff des Kriegserlebnisses getrennt werden. Lars Koch stellt heraus, dass die »Kriegs- und Bildungsliteratur [...] als kulturelles Skript [...] Erlebnisse präfiguriert«,[62] dass also das Erlebnis letztlich nicht durch den Krieg definiert werde. Vielmehr werde das emphatische Kriegserlebnis durch Erfüllung dieses kulturellen Skriptes qua Erzählen produziert:

> Im Erlebnis verdichtet sich der Sinn eines ganzen Lebens, zugleich wird an ihm der Zusammenhang einer individuellen Existenz wie auch deren Verbundenheit mit der Essenz der Epoche ablesbar. Für das bildungsbürgerliche Projekt einer literarischen Individualisierung des Krieges ist der ›Erlebnis‹-Begriff geeignet, da sich in ihm das Verhältnis von Vergangenheit, Gegenwart und Zukunft zu einem Narrativ [...] komprimiert. [...] Es realisiert sich erst in der Performanz des Erzählens.[63]

Das Frontkämpfer-Narrativ sprengt das bereits kulturell vorstrukturierte, bildungsbürgerliche Kriegserlebnis, weil es die Erfahrungsdimension des modernen Krieges in den Mittelpunkt stellt. Es arbeitet weniger auf ein bereits vorhandenes Telos, einen Fluchtpunkt hin, sondern es organisiert vielmehr die Möglichkeiten der Erfahrung an der Front und der aus dieser Erfahrung folgenden Persönlichkeitszerstörung und allfälligen -neubildung. Dementsprechend liegen der Erzählanfang und das Erzählende des Frontkämpfer-Narrativs jeweils im Krieg selbst. Da »Konflikte sich [semantisch] als ein Kampf um erzählerische Rahmungen dar[stellen], als ein *framing* und *re-framing* durch die beteiligten Parteien«,[64] und im Frontkämpfer-Narrativ Anfang und Ende der Erzählung in den Krieg hineingeschoben werden, rückt der inter-nationale Konflikt in den Hintergrund. Der Weltkrieg wird also insgesamt weniger hinsichtlich seiner Ermöglichungsbedingungen und der erwünschten oder befürchteten Folgen erzählt. Der enger gesteckte Erzählrahmen rückt vielmehr den Krieg selbst und die soldatische Erfahrung

---

[62] Lars Koch: Kulturelle Katharsis und literarisches Ereignis, in: Seidler/Waßmer (Hg.): Narrative des Ersten Weltkriegs, S. 27–54, hier S. S. 46.
[63] Ebd., S. 45f. Koch stellt Walter Flex' Ostfronterzählung *Wanderer zwischen beiden Welten* als »paradigmatische Ausgestaltung« (ebd.) dieses Narrativs vor.
[64] Koschorke: Wahrheit und Erfindung, S. 63, Hervorhebung im Original.

in den Mittelpunkt. Im Frontkämpfer-Narrativ rücken die Erzählung eines Kollektivs und dessen geschichtliche Erwartung in den Hintergrund; vor allem wird in ihm die Darstellung des Schicksals einzelner Individuen an der Front erzählerisch strukturiert. Schon der engere erzählerische Rahmen erschwert eine ideologische Deutung. Albrecht Koschorke stellt wie zitiert in diesem Zusammenhang fest:

> Besonders in der narrativen Rekonstruktion von Konflikten ist die Wahl des Anfangs folgenreich, weil von dem jeweils festgelegten Beginn an gleichsam der Zähler des Unrechts mitläuft [...]. Aus demselben Grund [ist] die Setzung des Endes ein Akt von großer Tragweite. Eine Geschichte zu beschließen heißt, einen Strich unter die Rechnung zu ziehen.[65]

Das hat auch zur Folge, dass das Frontkämpfer-Narrativ nicht über den Krieg hinaus verstetigt werden kann. Die abstrakte Struktur des Frontkämpfer-Narrativs lässt sich nur anhand des Erzählgegenstands ›Erster Weltkrieg‹ konkretisieren: An die Erfahrungswirklichkeit der Front mit all ihren Implikationen kann im Nachkriegsdeutschland erzählerisch nicht angeschlossen werden, wie Remarques Roman *Der Weg zurück* vorführt.

Zur narrativen Konfiguration von Zeit

Paul Ricœur zufolge reagieren literarisch komponierte Zeitstrukturen auf lebensweltliche Zusammenhänge. Versteht man die Konstruktion der Westfront-Romane vor dem Hintergrund von Ricoeurs Konzeption einer ›mimesis II‹ in *Zeit und Erzählung*, dann wird in ihnen die Zeit des Ersten Weltkriegs durch die erzählerische Darstellung der Fronterfahrung und der Zukunftserwartung jeweils neu konfiguriert. Ricœur verknüpft die kulturelle, soziale, individuelle, zeitgeschichtliche, kurz: die lebensweltliche Grundlage von Zeiterfahrung (von Ricœur als mimesis I bezeichnet) mit der narrativ-zeitlichen Komposition von Erzählungen (mimesis II). Diese Komposition habe eine Schlüsselstellung inne,[66] da sie zuletzt wieder auf die Lebenswirklichkeit zurückverweise (mimesis III): »*Wir gehen somit dem Schicksal einer präfigurierten*

---

[65] Ebd., S. 62f.
[66] Vgl. Paul Ricœur: Zeit und Erzählung, Bd. I: Zeit und historische Erzählung, München 1988, S. 88.

Zeit bis hin zur refigurierten Zeit durch die Vermittlung einer konfigurierten Zeit nach«.[67] Ricœur ist es darum zu tun, »daß zwischen dem Erzählen einer Geschichte und dem zeitlichen Charakter der menschlichen Erfahrung eine Korrelation besteht« bzw. »*daß die Zeit in dem Maße zur menschlichen wird, in dem sie sich nach einem Modus des Narrativen gestaltet, und daß die Erzählung ihren vollen Sinn erlangt, wenn sie eine Bedingung der zeitlichen Existenz wird*«.[68] Kompositionen von Fabeln im Sinne einer Handlungsnachahmung[69] beruhen immer auf einem »Vorverständnis der Welt«, das sich durch a) Sinnstrukturen, b) symbolische Ressourcen und c) den zeitlichen Charakter auszeichne. Aufgrund dieses Vorverständnisses entstehen a) syntagmatische Erzählungsordnungen, stehen b) kulturelle Normen und Codes bereit und werden c) die Gegenwarten von Vergangenheit, Gegenwart und Zukunft ins Verhältnis gesetzt.[70] Das Vorverständnis der Welt bezeichnet Ricœur als mimesis I und grenzt die Komposition der Fabel als mimesis II ab. Die komponierte Fabel überführe die drei Konstituenten des Vorverständnisses der Welt in eine »bedeutungsvolle Totalität«:[71] Der Akt der Fabelkomposition konfiguriert die Sinnstrukturen, die kulturellen Codes und Normen sowie die zuvor bestimmte zeitliche Abfolge zu ihrer spezifischen Ausprägung.

Die Konfiguration von kulturellen Codes und Normen im literarischen Text betrifft maßgeblich die Zeitstrukturen von Narrativen. Diesbezüglich sind insbesondere zwei Aspekte der mimesis II von Relevanz. Erstens ist im Akt der

---

[67] Ebd., S. 89, Hervorhebung im Original. Vgl. grundsätzlich das gesamte Kapitel 3: »Zeit und Erzählung. Die dreifache *mimesis*«, S. 87–135.
[68] Ebd., S. 87, Hervorhebung im Original.
[69] Ricœur begreift Fabeln nicht als Fiktionen im Sinne einer Narratologie, die zwischen dem ontologischen Status (die Erzählung referiert Reales oder Fiktives) und dem pragmatischen Status unterscheidet (die Erzählung erhebt den Anspruch, Wahres zu präsentieren oder nicht (faktual vs. fiktional) (vgl. Martinez/Scheffel: Einführung in die Erzähltheorie, S. 13). Seine andere Verwendung des Fiktionsbegriffs ermöglicht es Ricœur, die »gemeinsamen Strukturmerkmale von Fiktions- und Geschichtserzählung« zu beachten und den Begriff der »Fiktion verfügbar zur Bezeichnung der Erzählkonfiguration, deren Paradigma die Fabelkomposition ist« zu machen (Ricœur: Zeit und Erzählung I, S. 104).
[70] Ricœur greift hier auf Augustinus und dessen Postulat einer dreifachen Gegenwart zurück: die Gegenwart der Vergangenheit, der Gegenwart und der Zukunft. Die drei Zeithorizonte äußerten sich somit immer innerhalb einer (Erzähl-)Gegenwart (vgl. ebd., S. 98f.). Heidegger ›entsubstantialisiere‹ Zeit, wenn in der »Dialektik von Seinwerden, Gewesensein und Gegenwärtigsein« die »Worte Zukunft, Vergangenheit und Gegenwart verschwinden« und »die Zeit selbst […] als die zersprungene Einheit dieser drei Zeitekstasen« erscheint (ebd., S. 100).
[71] Ebd., S. 108, Hervorhebung im Original.

Konfiguration bereits eine Lösung angelegt, »die in dem dichterischen Akt selbst besteht«, eine zeitliche Abfolge herzustellen. Der dichterische Akt qualifiziert sich in der »Nachvollziehbarkeit der Geschichte«.[72] Mit dem Narrativ-Begriff formuliert: Fabelkompositionen erfahren nur dann »kommunikative Verbreitung und soziale Verhandelbarkeit«[73] bzw. erhalten diskursive Relevanz, wenn der Rezipient ihre Kongruenz mit seinem »Vorverständnis von Welt« herstellen kann. Dabei spielt, wie auch Koschorke für den Narrativ-Begriff anführt, das gewählte Ende der Erzählung eine zentrale Rolle. »Eine Geschichte mitvollziehen heißt«, so Ricœur, »inmitten von Kontingenzen und Peripetien unter der Anleitung einer Erwartung voranzuschreiten, die ihre Erfüllung im *Schluß* findet«.[74] Folglich kann die »intelligible[ ] Totalität«[75] der Fabelkomposition begrifflich mit dem Begriff des Narrativs verbunden werden. Dann konfigurieren Narrative ein »Vorverständnis von Welt« zu den Handlungsstrukturen, die einen Text organisieren. Pointiert formuliert: Die Konfiguration von Zeit in mimesis II und die des »Vorverständnisses von Welt«, das sie bedingt, bestimmen Narrative wesentlich.[76] Das heißt: Durch die Zeitstrukturen werden maßgebliche Strukturmerkmale von Erzählungen organisiert und wird Einfluss auf ihren Anfangs- und Endpunkt genommen. Damit bilden Ricœurs Überlegungen zum Verhältnis von Zeit und Erzählung ein an den Narrativ-Begriff anschlussfähiges theoretisches Fundament zur Zeitanalyse von literarischen Texten. Die strukturanalytische Erzähltheorie Gérard Genettes liefert die für eine Analyse von geschichtlicher Erwartung und beschleunigter Erfahrung notwendigen operationalisierbaren Begriffe, neben der Analyse figuraler Zeiterfahrung gilt das beispielsweise für die Beschreibung des Verhältnisses von Ordnung und Dauer[77] des Erzählens. Beide Ansätze gemeinsam ermöglichen es, phänomenologisch abgesichert die Zeitverhältnisse in den Westfront-Romanen zu untersuchen. Mit dieser Einschätzung schließt die Arbeit an Ansgar Nünning und Roy Sommer an, die hinsichtlich der ›Vertextung von Zeit‹ betonen:

---

[72] Ebd., S. 107.
[73] Koschorke: Wahrheit und Erfindung, S. 30f.
[74] Ricœur: Zeit und Erzählung, S. 108.
[75] Ebd., S. 106.
[76] Ebd., S. 98.
[77] Gérard Genette schlägt im zweiten Teil von *Die Erzählung* sogar vor, den Begriff der Dauer der Erzählung durch den Terminus der Geschwindigkeit zu ersetzen (Gérard Genette: Die Erzählung, Paderborn 1998, S. 191–193, hier S. 191).

Die literaturgeschichtliche Untersuchung der Repräsentation bzw. narrativen Konfiguration historischer Zeiterfahrungen erfordert also neben der erzähltheoretisch fundierten Textanalyse à la Genette auch eine hermeneutische Refiguration im Sinne Ricœurs, die die narratologisch ermittelten ›Bauformen‹ bzw. Techniken der Zeitdarstellung zu alltagsweltlichen Zeiterfahrungen in Beziehung setzt.[78]

Insbesondere Ereignisse wie der Erste Weltkrieg, die die »alltagsweltlichen Zeiterfahrungen« disruptiv stören, bedrohen demzufolge die Fähigkeit, das eigene Erleben zu kohärenten und persistenten Erzählungen zu formen. Weniger das historische Ereignis als vielmehr das Phänomen der Beschleunigung nimmt Byung-Chul Han in den Blick. Er argumentiert mit Jean Baudrillard, »daß gerade die Beschleunigung für das Ende der Geschichte verantwortlich ist, daß sie die Ursache des drohenden Sinnverlustes ist«.[79] Richard Sennett formuliert diese Einsicht mit Bezug auf den Spätkapitalismus: »Die Erfahrung einer zusammenhanglosen Welt bedroht die Fähigkeit der Menschen, ihre Charaktere zu durchhaltbaren Erzählungen zu formen.«[80] Vor diesem Hintergrund formuliert Reinhart Koselleck in einer Laudatio auf Hans Georg Gadamers 85. Geburtstag: »Alles Verstehen ohne zeitlichen Index bleibt stumm«. Im Anschluss erläutert er Gadamers Geschichtlichkeit des Verstehens:

> Das Verstehen, sei es eines Textes oder sei es ontologisch begriffen als Entwurf menschlicher Existenz, der es um Sinn geht, alles Verstehen ist grundsätzlich zeitgebunden, nicht nur an die Zeitlage oder an den Zeitgeist, die synchron den Menschen einstimmen, nicht nur an die Zeitabfolge, an den Wandel der Zeit, das Verstehen ist für Gadamer zurückgebunden an die Wirkungsgeschichte, deren Ursprünge nicht diachron zu berechnen sind, deren Pointe darin besteht, nur in der je eigenen Zeit erfahren werden zu können. [...] Die Zeit ist nicht nur lineare Sukzession ontischer Daten – sie vollzieht sich in der Zeitigung dessen, der seiner Zeit verstehend innewird [...].[81]

---

[78] Ansgar Nünning/Roy Sommer: Die Vertextung von Zeit: Zur narratologischen und phänomenologischen Rekonstruktion erzählerisch inszenierter Zeiterfahrungen und Zeitkonzeptionen, in: Martin Middeke (Hg.): Zeit und Roman. Zeiterfahrung im historischen Wandel und ästhetischen Paradigmenwechsel vom sechzehnten Jahrhundert bis zur Postmoderne, Würzburg 2002, S. 33–56, hier S. 50.

[79] Han: Duft der Zeit, S. 28. Han bezieht sich auf Jean Baudrillard: Die Illusion des Endes oder Der Streik der Ereignisse, Berlin 1994.

[80] Richard Senett: Der flexible Mensch. Die Kultur des neuen Kapitalismus, Berlin 1998, S. 37.

[81] Reinhart Koselleck: Historik und Hermeneutik, in: ders.: Zeitschichten, S. 97–112, hier S. 97f.

Diese fundamentale Einsicht gilt nicht nur für den wissenschaftlichen (Text-) Interpreten, sondern auch für das sinnhafte Verstehen menschlicher Existenz. Auch in den literarischen Reaktionen auf die Schlachtfelder an der Westfront wird diesen erzählend Sinn abgerungen – und zwar unter den Bedingungen der jeweiligen Zeiterfahrung. Dazu zählen weniger die ›ontischen Daten‹ als vielmehr der »Wandel der Zeit« selbst. Gerade weil die Zeit für die Frontsoldaten aus den Fugen gerät, wird ihnen ein zeitliches Verständnis des Krieges aus ihrer eigenen Lebenswirklichkeit heraus erschwert: Die moderne Beschleunigung an der Front führt zum Verlust sinnhafter individueller Lebenserzählungen. Als Reaktion darauf perpetuieren die Erzählungen des Krieges und die in ihnen figurierten Soldaten überpersönliche und damit überzeitliche Deutungsmodelle, die den Weltkrieg in die Vorstellung eines festen geschichtlichen Ablaufs inklusive eschatologischer Erlösungshoffnung integrieren. Die metaphysisch grundierte Zukunftserwartung richtet sich gegen die Fronterfahrung einer entgrenzten Beschleunigung.

Bezieht man diese Befunde auf die Westfront-Romane, so lässt sich festhalten, dass (fast) alle Romane metaphysische, geschichtsphilosophische Programme bereitstellen, die eine Erlösung versprechen oder erhoffen. Daraus folgt die Hypothese, dass abgesehen von Erich Maria Remarques Romanen *Im Westen nichts Neues* und *Der Weg zurück* alle Texte ideologisch gelesen werden können. Sie differieren, so eine zweite Annahme, nur marginal in der Erzählung der Beschleunigungserfahrung. Weil gleichwohl in den Westfront-Romanen beide Zeitdarstellungen je eigen miteinander konfiguriert werden, entstehen eigene Narrationen. Thematisch sehr ähnliche Werke wandeln sich so zu erzählerisch und programmatisch sehr unterschiedlichen Texten.

2 Zeiterfahrung als Beschleunigung und als ›rasender Stillstand‹

Jenseits theoretischer und methodischer Reflexion erweist sich das Kriterium einer Zeiterfahrung als Beschleunigungserfahrung als von zentraler diskursgeschichtlicher Bedeutung. Es ist von besonderer Relevanz, dass neben der Geschichtsphilosophie auch die Reflexion über Beschleunigung im Beginn der Neuzeit wurzelt und im 18. Jahrhundert zunehmende Popularisierung erfährt. Zum Verständnis des Diskurses über Beschleunigung in der Moderne und im Ersten Weltkrieg wird im folgenden Kapitel zunächst in den neuzeitlichen Diskurs über Beschleunigung eingeführt, bevor mit den Kategorien der Augenblicklichkeit und der Plötzlichkeit sowie mit dem

Konzept des ›rasenden Stillstands‹ ein begriffliches Instrumentarium zur Analyse der Primärtexte entwickelt wird.

Zum neuzeitlichen Diskurs über Beschleunigung

1777 konzipiert Gotthold Ephraim Lessing im Anschluss an Voltaire seine Schrift über *Die Erziehung des Menschengeschlechts* im Sinne einer schrittweisen Selbstvervollkommnung des Menschen. Auf die Offenbarung Gottes folgen Kindheit sowie Knaben- und Schulzeit der Menschheit bis hin zu ihrer Mannwerdung und prospektierten Vollendung, in der keine Zukunft mehr erstrebt werden muss: »[...] sie wird kommen, sie wird gewiß kommen, die Zeit der Vollendung, da der Mensch, je überzeugter sein Verstand einer immer bessern Zukunft sich fühlt, von dieser Zukunft gleichwohl Bewegungsgründe zu seinen Handlungen zu erborgen, nicht nötig haben wird«.[82] Im Sinne der Aufklärung individualisiert Lessing die Forderung nach Vervollkommnung der Menschheit: »Eben die Bahn, auf welcher das Geschlecht zu seiner Vollkommenheit gelangt, muß jeder einzelne Mensch [...] erst durchlaufen haben.«[83] Neben dieser geschichtsphilosophischen Perspektive greift Lessing in den letzten Paragraphen den Wunsch der Menschen nach Beschleunigung der Zeit auf:

> Der Schwärmer tut oft sehr richtige Blicke in die Zukunft: aber kann diese Zukunft nur nicht erwarten. Er wünscht diese Zukunft beschleuniget; und wünscht, daß sie durch ihn beschleuniget werde. Wozu sich die Natur Jahrtausende Zeit nimmt, soll in dem Augenblicke seines Daseins reifen. Denn was hat er davon, wenn das, was er für das Bessere erkennt, nicht noch bei seinen Lebzeiten das Bessere wird?[84]

Lessing kritisiert zwar den ›schwärmerischen‹ Drang nach beschleunigter Verwirklichung einer besseren Zukunft, das heißt, er kritisiert die gewinnorientierte Bewirtschaftung der eigenen Lebenszeit. Gleichwohl misst er individueller Beschleunigung eine zentrale Funktion zu:

> Du hast auf deinem ewigen Wege so viel mitzunehmen! so viel Seitenschritte zu tun! – Und wie? wenn es nun gar so gut als ausgemacht wäre, daß das große

---

[82] Gotthold Ephraim Lessing: Die Erziehung des Menschengeschlechts, in: ders.: Werke 1778–1781 (= Werke in zwölf Bänden, Bd. 10), hg. von Arno Schilson und Axel Schmitt, Frankfurt a.M. 2001, S. 73–99, hier S. 96 (§ 85).
[83] Ebd., S. 98 (§ 93).
[84] Ebd., S. 97 (§ 90).

langsame Rad, welches das Geschlecht seiner Vollkommenheit näher bringt, nur durch kleinere schnellere Räder in Bewegung gesetzt würde, deren jedes sein Einzelnes eben dahin liefert? [...] Nicht anders!⁸⁵

Analog zu Lessing, der den Diskurs über die psychologische wie die historische Funktion individueller Beschleunigung für das Fortschrittsdenken auf ein Telos hin begründet, bindet. der französische Aufklärer Condorcet seinen Fortschrittsoptimismus u.a. an Beschleunigung: »Wenn es eine Wissenschaft gibt, die Fortschritte des Menschengeschlechts vorauszusehen, zu lenken und zu beschleunigen, so muß sie von der Geschichte der Fortschritte, die bereits gemacht sind, ihren Ausgang nehmen.«⁸⁶ Reinhart Koselleck erwähnt in diesem Zusammenhang, dass Beschleunigung konstitutiv für das neuzeitliche Fortschrittsdenken ist. Erst durch sie werde eine unbekannte und nicht mehr aus Erfahrungen abgeleitete Zukunft eröffnet: »Beschleunigungserwartungen im Sinne erhoffter Zeitverkürzung gibt es seit der jüdisch-christlichen Apokalyptik, tatsächliche, wirklichkeitsverändernde Beschleunigungen erst in unserer technisch überformten Welt der Neuzeit.«⁸⁷ Während apokalyptische Vorstellungen Zeitverkürzung noch als »ein Vorzeichen des Weltendes« verstehen, entsteht im 18. Jahrhundert das Konzept der »Beschleunigung im Horizont des Fortschritts«.⁸⁸ An anderer Stelle konturiert Koselleck die neuzeitliche Beschleunigungserfahrung. Er beschreibt das Mischverhältnis aus frühneuzeitlicher Prognostik einerseits und Prophetie mit entsprechenden soteriologischen und apokalyptischen Erwartungen andererseits: »Die so sich beschleunigende Zeit benimmt der Gegenwart die Möglichkeit, sich als Gegenwart zu erfahren, und entläuft sich in eine Zukunft, durch die die unerfahrbar gewordene Gegenwart geschichtsphilosophisch eingeholt werden muß.«⁸⁹ Angesichts dieser Diskurslage über Beschleunigung und Zukunft im 18. Jahrhundert lässt sich zugespitzt formulieren: ohne Beschleunigungserfahrung keine geschichtsphilosophisch projektierte Zu-

---

[85] Ebd., S. 98 (§ 92f.).
[86] Marie Jean Antoine Nicolas Caritat, Marquis de Condorcet: Entwurf einer historischen Darstellung der Fortschritte des menschlichen Geistes, Frankfurt a.M. 1963, S. 38.
[87] Reinhart Koselleck: Einleitung, in: ders.: Zeitschichten, S. 9–16, hier S. 15.
[88] Reinhart Koselleck: Zeitverkürzung und Beschleunigung. Eine Studie zur Säkularisation, in: ders.: Zeitschichten, S. 177–202, hier S. 177f.
[89] Reinhart Koselleck: Vergangene Zukunft der frühen Neuzeit, in: ders.: Vergangene Zukunft, S. 17–37, hier S. 34.

kunft. Beschleunigung erweist sich als *conditio sine qua non*[90] neuzeitlicher Geschichtsphilosophie und eines ihr entsprechenden Erwartungshorizonts. Neben einer Zukunftserwartung beeinflusst die Beschleunigung seit der Neuzeit und insbesondere seit Einsetzen der Moderne in hohem Maße den Erfahrungsraum des Menschen.[91]

Rund einhundert Jahre nach Lessing wird diese Funktion der Beschleunigung als Motor einer erreichbaren Zukunft durch eine andere Denkfigur ersetzt. Beschleunigung wird in der Moderne, dieser als gänzlich neuartig begriffenen Epoche seit Ende des 19. Jahrhunderts, zum Signum verlorener Kontinuitätserfahrung. In der Folge zerfallen die vormals stabilen Identitäten des Individuums. Friedrich Nietzsche diagnostiziert in seinen *Unzeitgemässen Betrachtungen,* es gebe ob der Beschleunigung eine fundamentale Veränderung menschlichen Lebens, ein »rasend-unbedachte[s] Zersplittern und Zerfasern aller Fundamente, ihre Auflösung in ein immer fließendes und zerfließendes Werden, das unermüdliche Zerspinnen und Historisieren alles Gewordenen durch den modernen Menschen«.[92] Nietzsches Diktum von der ›Wiederkehr des Immergleichen‹ spitzt diese Beobachtung durch die Feststellung zu, dass man in einer andauernden Gegenwart lebe, in der Vergangenheit und Zukunft verloren gehen.[93] Die Beschleunigung hat mit dem Menschen die Geschichte überholt und suspendiert sie. Gleichwohl wendet Nietzsche seine eigene Diagnose vom Ende zeitlicher Kontinuitäten wieder ins Positive und begreift die Beschleunigung als Motor der Individualisierung:

> Die grosse Loslösung kommt für solchermaassen Gebundene plötzlich, wie ein Erdstoss: die junge Seele wird mit Einem Male erschüttert, losgerissen, heraus-

---

[90] »Denn wenn es eine weltimmanente, geschichtliche Zeiterfahrung gibt, die sich von den naturgebundenen Zeitrhythmen unterscheidet, so ist es zweifellos die Erfahrung der Beschleunigung, kraft derer sich die geschichtliche Zeit als spezifisch von Menschen produzierte Zeit qualifiziert.« (Koselleck: Zeitverkürzung und Beschleunigung, S. 183)

[91] Vgl. Reinhart Koselleck: Gibt es eine Beschleunigung der Geschichte?, in: ders.: Zeitschichten, S. 150–176. Kosellecks Beschreibung einer konstant zunehmenden Beschleunigung seit der Neuzeit unterscheidet sich grundsätzlich von der zeitweisen Krisen-Beschleunigung, die Jacob Burckhardt den geschichtlichen Krisen zuschreibt (vgl. Burckhardt: Weltgeschichtliche Betrachtungen, S. 116, 123).

[92] Friedrich Nietzsche: Unzeitgemässe Betrachtungen II: Vom Nutzen und Nachtheil der Historie für das Leben in: ders.: Sämtliche Werke. Kritische Studienausgabe (KSA), Bd. 1, hg. von Giorgio Colli und Mazzino Montinari, München 1999, S. 245–334, hier S. 313. Nicht zufällig entsteht das Krankheitsbild der Neurasthenie in diesen Jahren.

[93] Vgl. Armin Nassehi: Die Zeit der Gesellschaft. Auf dem Weg zu einer soziologischen Theorie der Zeit, Opladen 1993, S. 378.

gerissen, – sie selbst versteht nicht, was sich begiebt. Ein Antrieb und Andrang waltet und wird über sie Herr wie ein Befehl; ein Wille und Wunsch erwacht, fortzugehen, irgendwohin, um jeden Preis; eine heftige gefährliche Neugierde nach einer unentdeckten Welt flammt und flackert in allen ihren Sinnen.[94]

Dennoch lässt sich festhalten, dass an die Stelle der Historizität zeitlicher Abläufe seit Mitte des 19. Jahrhunderts überwältigende Erfahrungen einzelner beschleunigter Augenblicke sowie unerwarteter Peripetien und plötzlicher Ereignisse treten. Schon zuvor hatte die Beschleunigung bei Sören Kierkegaard dämonische Züge angenommen: »Das Dämonische ist das Plötzliche. [...] Kommunikation [ist] der Ausdruck für die Kontinuität und die Negation der Kontinuität ist das Plötzliche.«[95]

Den Einfluss der Beschleunigung auf den modernen Menschen beschreibt Hartmut Rosa in seiner Habilitationsschrift *Beschleunigung. Die Veränderung der Zeitstrukturen in der Moderne* ausführlich. Die »konstitutive Grunderfahrung« einer ›neuen Zeit‹ »ist diejenige einer ungeheuren Beschleunigung der Welt und des Lebens und damit des je individuellen Erfahrungsstromes«, zumal das »kulturelle Selbstverständnis der Moderne« durchaus »als Reaktion auf eine veränderte Erfahrung von Zeit und Raum« interpretiert werden kann.[96]

Das zeigt sich auch in Bergsons Begriff der *durée*, der Gegenwart, Vergangenheit und Zukunft gewissermaßen phänomenologisch in Räumlichkeit übersetzt und die zeitliche Sukzession in räumliche Simultaneität verwandelt.[97]

---

[94] Friedrich Nietzsche: Menschliches, Allzumenschliches I und II (= Kritische Studienausgabe [KSA], Bd. 2), hg. von Giorgio Colli und Mazzino Montinari, München 1999, S. 16. Das affirmatives Verhältnis Nietzsches zum unvorhersehbaren Ereignis affiziert noch die Lebensphilosophie (vgl. Bohrer: Ästhetik des Schreckens, S. 338f.).

[95] Sören Kierkegaard: Der Begriff der Angst, übers. von Rosemarie Lögstrup, in: ders.: Die Krankheit zum Tode. Furcht und Zittern. Die Wiederholung. Der Begriff der Angst, hg. von Hermann Diem und Walter Rest, Köln/Olten 1961, S. 445–640, hier S. 599.

[96] Rosa: Beschleunigung, S. 71. In diesem Sinne auch Koselleck, der den Begriff der Beschleunigung als »Erfahrung« beschreibt, die es vor der »Wende vom 18. zum 19. Jahrhundert [...] so zuvor nicht gegeben hat« (Koselleck: Gibt es eine Beschleunigung der Geschichte?, S. 163).

[97] »[D]ie Bergsonsche *durée* duldet kein Längenmaß. Sie ist eine Bewußtseinstatsache oder richtiger: Sie ist die Tatsache des Bewußtseins schlechthin, bezeichnet sie doch dessen Seinsweise. Bewußtsein hat nach Bergson die Verlaufsform reiner Dauer. Seine Zustände lassen sich nicht als räumlich ausgedehnt beschreiben. Die Veräußerlichung, die mit der Darstellung der Bewußtseinszustände als sukzessiver Augenblicke einhergeht, verwandelt die Momente der inneren Dauer in eine Reihe äußerer Dinge. Innerhalb der Bergsonschen Welt mit ihrem Hiatus von innerer und äußerer Wirklichkeit bedeutet die Übersetzung der inneren *durée* in äußere, meß- und beschreibbare Zeitmomente eine völlige Verkeh-

In der Folge ›zerbricht‹ die *durée* in der Moderne und wird zum Abyss von gleichzeitigen Perspektiven, Erfahrungen, Repräsentationen und Ereignissen. Kurzum: Die Moderne verliert infolge der Beschleunigungserfahrung eine geordnete Zeitstruktur. Wenn die Beschleunigungserfahrung seit Beginn der Neuzeit und bis ins 19. Jahrhundert hinein zu den Bedingungen der Möglichkeit menschlicher Fortschrittsvorstellungen zählt und positiv konnotiert ist, verkehrt sich dieses Verhältnis im 19. Jahrhundert und in der Moderne in sein Gegenteil. Die Beschleunigung bedroht nun zunehmend den Einzelnen und seine Persönlichkeit.

Fünf Phänomene moderner Beschleunigungserfahrung

Im Folgenden wird ein Überblick über die Formen dieser Bedrohung des Einzelnen durch die Beschleunigung mit Bezug auf den Ersten Weltkrieg gegeben. Fünf Phänomene der modernen Beschleunigungserfahrung sind im Rahmen dieser Arbeit von besonderer Relevanz für die Primärtextanalysen. Zuerst betrifft das soziale Umstürze infolge »der durch Technisierung veränderten Lebenswelten«,[98] wie sie etwa in der Literatur des Naturalismus reflektiert wird. Das gilt auch für die Westfront-Romane des Ersten Weltkriegs, in denen die soziale Schichtung und die Mobilität der Soldaten im Feld einen wichtigen Platz einnehmen. Denn gerade das Militär ermöglichte in der Moderne soziale Mobilität in zumindest geringem Maße. Diese neue vertikale soziale Mobilität potenziert sich im Ersten Weltkrieg, da soziale Schichtungen nach neuen Maßstäben gebildet werden – man denke an den ›betreßten Briefträger‹ Himmelstoß in Remarques *Im Westen nichts Neues*. Infolgedessen kämpft in den Westfront-Romanen häufig der Proletarier neben dem Akademiker.

Zweitens: Die Kompression und die ›Vernichtung‹ von Raum durch immer höhere Geschwindigkeit[99] lässt sich als Ablösung des räumlichen Abstandes

---

rung: ›Die Dauer in den Raum verlegen‹, heißt es in Bergsons früher Schrift über die unmittelbaren Bewußtseinstatsachen von 1889, ›heißt, durch einen echten Widerspruch die Sukzession mitten in die Simultaneität hineinverpflanzen‹./ Simultaneität nämlich ist das Merkmal der inneren Zeit, der *durée:* eine Gegenwart, in der sich Vergangenheit und Zukunft des individuellen Bewußtseins durchdringen.« (Raulff: Der unsichtbare Augenblick, S. 24f.)

[98] Rosa: Beschleunigung, S. 77.
[99] Mit Bezug auf Harvey (David Harvey: The Condition of Postmodernity. An Enquiry into the Origins of Cultural Change, Cambridge [Mass.]/Oxford 1990) schreibt Rosa von einer

durch den zeitlichen Abstand charakterisieren. Das Reisen einer Strecke wird zur Dauer einer Reise. Geschwindigkeit ›vermittelt‹ Raum mit Zeit und trägt dazu bei, dass räumliche Strecken zunehmend in zeitlichen Abständen bemessen werden.[100] Der Verlust eines präzise beschreibbaren Raumes wird in den Analysen der Objekttexte aufgegriffen.

Drittens: Das Phänomen einer zunehmend auf immer engere Zeiträume zusammengedrückten Gegenwart gipfelt in der Erfahrung von Augenblicklichkeit.[101] Der Augenblick erhält eine immer höhere Relevanz, weil Vergangenheit und Zukunft suspendiert werden: Intensive Zeit ersetzt extensive Zeit.[102] Vor allem die Dauer des intensiven Augenblicks ist nicht mehr messbar. Sie grenzt an eine ›unendlich kurze‹ und damit nicht mehr messbare Zeitspanne.[103] Der Verlust von Zeit und Raum reduziert in den Westfront-Romanen die Fronterfahrung der Soldaten auf aneinandergereihte Augenblicke.

Viertens: Die moderne Technik verursacht Beschleunigung und wirkt massiv auf das Denken und Handeln der Menschen ein. Das gilt seit dem 19. Jahrhundert für neue maschinelle Fortbewegungsmöglichkeiten wie das Automobil oder die Eisenbahn, die als epochaler Wandel und technologischer Fortschritt umjubelt, durch die Steigerung des Lebenstempos aber auch als Bedrohung empfunden werden.[104] So stellt Heinrich Heine 1843 in seinen journalistischen Arbeiten zu *Lutezia* fest:

> Aber die Zeit rollt rasch vorwärts, unaufhaltsam, auf rauchenden Dampfwagen [...]. Die Eröffnung der beiden neuen Eisenbahnen [...] verursacht hier eine Erschütterung, die jeder mitempfindet [...]. Während aber die große Menge verdutzt und betäubt die äußere Erscheinung der großen Bewegungsmächte anstarrt, erfaßt den Denker ein unheimliches Grauen, wie wir es immer empfinden, wenn das Ungeheuerste, das Unerhörteste geschieht, dessen Folgen unabsehbar und unberechenbar sind. Wir merken bloß, daß unsere ganze Existenz in neue Gleise fortgerissen, fortgeschleudert wird, daß neue Verhältnisse, Freuden und Drangsale uns erwarten, und das Unbekannte übt seinen schauerlichen Reitz, verlockend und zugleich beängstigend. So muß unseren Vätern zu Muthe gewesen seyn, als Amerika entdeckt wurde, als die Erfindung des Pulvers sich durch ihre ersten Schüsse ankündigte, als die Buchdruckerey die ersten Aushängebogen des

---

»Zeit-Raum-Kompression« und einer »Annihilation des Raumes durch die Zeit« (Rosa: Beschleunigung, S. 79).
[100] Vgl. Virilio: Rasender Stillstand, S. 42, 97.
[101] Vgl. Virilio: Revolutionen der Geschwindigkeit, S. 12.
[102] Vgl. Virilio: Rasender Stillstand, S. 44, 79, 88, 95, 123.
[103] Vgl. ebd., S. 92.
[104] Vgl. Virilio: Fahren, fahren, fahren..., S. 27–29.

göttlichen Wortes in die Welt schickte. Die Eisenbahnen sind wieder ein solches providenzielles Ereigniß, das der Menschheit einen neuen Umschwung giebt, das die Farbe und Gestalt des Lebens verändert; es beginnt ein neuer Abschnitt in der Weltgeschichte [...]. Sogar die Elementarbegriffe von Zeit und Raum sind schwankend geworden. Durch die Eisenbahnen wird der Raum getödtet, und es bleibt uns nur noch die Zeit übrig.[105]

Die janusköpfige Funktion der Eisenbahn in der Moderne als Fortschrittssignum einerseits, die andererseits das Raum-Zeit-Kontinuum der Menschen und ihr Bewusstsein radikal verändert, wird in der zeitgenössischen Kunst und Literatur prominent thematisiert. Das technologische Beschleunigungsdiktat der Moderne gilt in noch höherem Maße für das Militär. Staat und Militär bzw. Krieg sind Hartmut Rosa zufolge »historisch ungeheuer wirkmächtige Beschleunigungsfaktoren«, weil »Herrschaft immer auch die Herrschaft des Schnelleren [...] bedeutet«.[106] Ästhetisch und kunstprogrammatisch schlägt sich die neuartige Verbindung aus Technikbegeisterung und Gewaltphantasien in den Manifesten und Kunstwerken des Futurismus nieder. Hier verbünden sich Geschwindigkeits- und Technikemphase mit Kriegshoffnung und Gewaltaffirmation zu einem expressiven oder gar explosiven Gemisch der Kulturkritik. Filippo Tommaso Marinetti verlangt in seinem *Manifest des Futurismus,* 1912 in *Der Sturm* übersetzt: »Wir wollen den Krieg preisen, [...] den Militarismus«, und er stellt im gleichen Atemzug fest: »Zeit und Raum sind gestern dahinaufgegangen. Wir leben schon im Absoluten, denn wir haben schon die ewige, allgegenwärtige Schnelligkeit geschaffen.«[107] Gleichwohl reagieren auch die Futuristen auf die existenzielle Verunsicherung durch die Beschleunigung. Mit ihrer Forderung nach Krieg und militärischer Gewalt, die als Radikalformen der Beschleunigung »vollständig auf [...] Verunsicherung von Zeit und Orten«[108] beruhen, machen sie sich die moderne Beschleunigung aber affirmativ zu eigen. Einer noch

---

[105] Heinrich Heine: Lutezia LVII, in: ders.: Lutezia II (= Historisch-Kritische Gesamtausgabe der Werke, Bd. 14/I), bearb. von Volkmar Hansen, Hamburg 1990, S. 57f. Die Zeiterfahrung Heinrich Heines hat Bernd Kortländer untersucht: »als wolle die Zeit sich selber vernichten«. Zum Begriff der Zeit bei Heinrich Heine, in: ders. u.a. (Hg.): »was die Zeit fühlt und denkt und bedarf«. Die Welt des 19. Jahrhunderts im Werk Heinrich Heines, Bielefeld 2014, S. 27–42.
[106] Rosa: Beschleunigung, S. 311, 313.
[107] Marinetti: Manifest des Futurismus, Sp. 829; vgl. auch zuvor das Lob der »Schönheit der Schnelligkeit« und die Forderung nach »aggressive[r] Bewegung« (ebd., Sp. 828).
[108] Virilio: Geschwindigkeit und Politik, S. 183. Das gilt heute nochmals radikalisierter bis hin zum Extremfall des Atomkriegs.

radikaleren Verunsicherung von Zeit und Raum sind wenige Jahre später die Frontsoldaten im Ersten Weltkrieg ausgesetzt. Sie leben in der Situation einer ubiquitären und beständigen Todesbedrohung. Jederzeit können sie von einer ›unsichtbaren‹ Bombe oder Granate getötet werden, die mit enormer Geschwindigkeit abgeschossen wurde und die – sofern überhaupt – nur für einen Augenblick hörbar, aber nicht mehr sichtbar ist.

Fünftens: Aus den Phänomenen der Beschleunigung resultiert die Wahrnehmung eines Stillstands von Zeit. Das äußert sich sowohl im existenziellen Ennui des Fin de Siècle als auch im Verlust eines absehbaren Erwartungshorizonts. Dass ausgerechnet der Erste Weltkrieg zum zentralen Ereignis einer Dromologie-Geschichte wird, hat, folgt man Ulrich Raulff, mit dem Grabenkrieg an der Westfront zu tun:

> Daß die Zeit der Gräben [gemeint ist der Grabenkrieg, J.W.] zu einem der am besten bezeugten ›Evidenzfelder‹ der langen Dauer wurde, liegt daran, daß nach dem Versagen der vorherrschenden Offensivstrategie, also des alten Konzepts vom entscheidenden Schlag und von der Kollision der Kräfte, die Dauer selbst zum Inhalt der Strategie wurde.[109]

Das Phänomen eines zusammenbrechenden Zeithorizonts beschreibt auch Albert Einstein: »Die Unterscheidung zwischen Vergangenheit, Gegenwart und Zukunft, hier und da, hat nur noch die Bedeutung einer visuellen Illusion«.[110] Einsteins Äußerung muss vor dem Hintergrund seiner Speziellen Relativitätstheorie von 1905 verstanden werden. ›Gleichzeitigkeit‹ oder ›Gegenwart‹ ist von der Position und von der Bewegung eines Beobachters im Raum bzw. in der ›Raumzeit‹ abhängig. Für einen Beobachter sind möglicherweise Dinge gegenwärtig, die für einen anderen, entfernten bzw. sich bewegenden Beobachter bereits vergangen oder noch zukünftig sind. Damit fallen die bekannten Zeithorizonte der Vergangenheit, Gegenwart und Zukunft ineinander. Sie existieren nurmehr relativ zum Standpunkt des Beobachters. Auf der anderen Seite gibt es »Phänomene einer strukturellen und kulturellen Erstarrungstendenz«, die die

---

[109] Raulff: Der unsichtbare Augenblick, S. 32f.
[110] Brief von Albert Einstein an Michele Besso, zitiert nach: Virilio, Rasender Stillstand, S. 87. Virilio postuliert im Anschluss, dass »in der intersiderischen Raumzeit objektiv weder oben, noch unten, noch Vergangenheit existieren, aber eine Gegenwart, die sich durch die Präsenz allein eines potentiellen Betrachters an einem Punkt auszeichnet« (ebd.).

Grundlage für die Erfahrung der Ereignislosigkeit und des Stillstandes *unter der sich rasch wandelnden Oberfläche* gesellschaftlicher Zustände und Ereignisse [bilden], welche als eine zweite Grunderfahrung von Modernisierung von Anfang an die neuzeitliche Dynamisierungswahrnehmung begleitet und sich oftmals just in Phasen heftiger Akzelerationsschübe individuell in Ausprägungen des ›ennui‹ oder der ›existenziellen Langeweile‹ und kollektiv in der Diagnose einer kulturellen Kristallisation bzw. des *Ende der Geschichte*, in jedem Falle aber als Perzeption einer *Wiederkehr des Immergleichen* niederschlägt.[111]

Die lebensweltliche Erfahrung eines Stillstands von Zeit betrifft insbesondere den Ersten Weltkrieg. Kriege im Allgemeinen und der Erste Weltkrieg im Besonderen sind der Ort von erhöhter Bewegung, Geschwindigkeit und Beschleunigung. Den Ersten Weltkrieg bezeichnet Paul Virilio sogar als »zentralen Moment des dromologischen Fortschritts«.[112] Virilio behauptet eine kausale Verbindung von Bewegung und Kriegen allgemein[113] und erachtet moderne, maschinell geführte Kriege als Kriege um Geschwindigkeit: Wer die Geschwindigkeit höher zu steigern vermag, beherrscht Zeit und Raum. Letztlich führe das zur »Entsynchronisierung des Raumes und der Zeit menschlicher Aktivitäten«, demgegenüber sich das »eigentliche[ ] Wesen einer vektoriellen Macht« in einer »Diktatur der Bewegung« äußert.[114] Noch vor Virilio haben Jacob Burckhardt und Elias Canetti den Zusammenhang von Geschwindigkeit und Macht apostrophiert. Burckhardt stellt den ›Beschleuniger‹ Eisenbahn in ein »besonderes Verhältnis zu Revolution, Reaktion und Krieg«, denn wer »sie wirklich oder auch nur ihr Material besitzt, kann ganze Völker regungslos machen«.[115] Canetti hingegen denkt Geschwindigkeit und Macht über die Begriffe des Ereilens und Ergreifens zusammen: »Alle Geschwindigkeit, soweit sie in den Bereich der Macht gehört, ist eine des *Ereilens* oder des *Ergreifens*. [...] Die physische Geschwindigkeit als Eigenschaft der Macht hat sich seither [seit den historischen Einbrüchen aus dem Osten durch die Mongolen, J.W.] in jeder Weise gesteigert.«[116]

---

[111] Rosa: Beschleunigung, S. 465, Hervorhebung im Original; zum Phänomen des Stillstands bzw. der ›zeitlosen Zeit‹ vgl. weiterführend ebd., S. 344.
[112] Virilio: Geschwindigkeit und Politik, S. 73.
[113] Vgl. das Kapitel »Das große Vehikel«, in Paul Virilio: Der negative Horizont. Bewegung – Geschwindigkeit – Beschleunigung, übers. von Brigitte Weidmann, München/Wien 1989, S. 46–88.
[114] Virilio: Der negative Horizont, S. 86.
[115] Burckhardt: Weltgeschichtliche Bewegungen, S. 140.
[116] Elias Canetti: Masse und Macht, Frankfurt a.M. 1980, S. 315, Hervorhebung im Original.

Diese fünf Formen der Beschleunigung bieten für die Analyse der Westfront-Romane analytische Ankerpunkte. Da der Erste Weltkrieg einen Kulminationspunkt der Beschleunigungsphänomene in der Moderne[117] bildet, liegt es nahe, dass die moderne Beschleunigung auch in die Erzählungen vom Krieg eingeht, zumal in die von der Westfront. Nicht umsonst verabschiedet noch Thomas Mann 1924 Hans Castorp, seinen Protagonisten in *Der Zauberberg,* nach zunehmend zeitraffendem Erzählen und ebenso zunehmender Tatenlosigkeit der Bewohner des Berghofs auf den Schlachtfeldern des Ersten Weltkriegs. Er beendet seinen Roman dort, wo das zuvor immer gemächlichere Leben von Hans Castorp und die immer stärker beschleunigte Erzählzeit ihren Nullpunkt erreichen und mit dem wahrscheinlichen Tod des Protagonisten gleichsam ineinander fallen.[118]

Die Kategorien von Augenblicklichkeit und Plötzlichkeit und der ›rasende Stillstand‹

Das Verhältnis von immer schnellerem ›Verrinnen‹ der Zeit einerseits und ihrem immer langsamerem ›Verlauf‹ andererseits äußert sich darin, dass die Soldaten aus den Westfront-Romanen weder die Entscheidung über Tod und Leben noch die über Versehrtheit und Unversehrtheit absehen können. Somit entziehen die Maschinen und ihre Geschwindigkeit den Krieg der Wahrnehmung des Individuums. Eine substantielle zeitliche Reaktion auf eine Granate ist nicht möglich. Zwischen dem Zeitpunkt ihrer Wahrnehmung und dem der Explosion des Sprengkörpers gibt es keinen oder kaum noch einen zeitlichen Unterschied. Die Sprengkraft tritt mit sofortiger Wirkung ein. Karl Heinz Bohrer hat beschrieben, wie infolge dieser Fronterfahrung längerfristige Lebensziele ersetzt werden: Er unterteilt die Beschleunigungserfahrung in die Kategorien des Augenblicks und der Plötzlichkeit.
In seinem Aufsatz zur *Utopie des ›Augenblicks‹ und Fiktionalität*[119] bestimmt Bohrer den Begriff des Augenblicks mit Walter Benjamin. Benjamin be-

---

[117] Rosa weist der klassischen Moderne als Signum neben der Individualisierung auch eine »Verzeitlichung des Lebens« zu (Rosa: Beschleunigung, S. 355).
[118] Vgl. Alexander Honold: Die Uhr des Himmels. Zeitzeichen über dem Zauberberg, in: Maximilian Bergengruen (Hg.): Gestirn und Literatur im 20. Jahrhundert, Frankfurt a.M. 2006, S. 277–294, hier S. 286, 290.
[119] Karl Heinz Bohrer: Utopie des ›Augenblicks‹ und Fiktionalität. Die Subjektivierung von Zeit in der modernen Literatur, in: Middeke (Hg.): Zeit und Roman, S. 215–252. Bohrers Begriff des Augenblicks darf nicht mit dem von Rosa und Virilio gleichgesetzt werden:

absichtigt, über die ›Erfahrung des Augenblicks‹ in seinen Thesen *Über den Begriff der Geschichte* »das Kontinuum der Geschichte« aufzusprengen und sie als »Gegenstand einer Konstruktion«[120] zu entlarven, deren historistische Bruchlosigkeit insbesondere narrativ erzeugt wird.[121] Bohrer löst den Begriff des Augenblicks im Sinne Benjamins jedoch aus dessen messianischer Umklammerung,[122] ersetzt sie durch eine bei Benjamin implizit angelegte utopische Qualität[123] und definiert den Augenblick dementsprechend als »Moment einer politisierten Wahrnehmungsästhetik«.[124] Der subjektive Augenblick mutiert zur objektiven Utopie, die Bohrer in Bezug auf die großen Romane des frühen 20. Jahrhunderts »Bewusstseinsliteratur« nennt. Gegenüber den Erzählungen klassischer Utopien (wie auch den von Dystopien) ist in der Moderne der ursprüngliche Gehalt von Utopien als vorgestellte Verwirklichung individuellen wie kollektiven ›Glücks‹ verloren gegangen. Bestenfalls ist »das ›Glück‹ vielleicht in individuellen Momenten zu retten«[125] – also augenblickshaft erfahrbar. Die literarische Ersetzung klassischer Utopien durch eine individualisierte Utopisierung des Augenblicks »ist die letzte denkbare Ersetzung der eschatologischen Geschichte durch Sprache«.[126] Damit tritt etwa bei Ernst Jünger die Emphase des Augenblicks an die Stelle bisheriger geschichtsphilosophisch fundierter Zukunftserwartungen des Indi-

---

Bohrer bezieht sich auf die qualitative Intensität des Augenblicks, Rosa und Virilio hingegen in erster Linie auf seine zeitliche Extension.

[120] Walter Benjamin: Über den Begriff der Geschichte, hg. von Gérard Raulet, Frankfurt a.M. 2010, S. 30–43, hier S. 40. Vgl. auch die V. These: »Das wahre Bild der Vergangenheit huscht vorbei«; nur »im Augenblick seiner Erkennbarkeit […] ist die Vergangenheit festzuhalten« (ebd., S. 32).

[121] Vgl. dazu Jeanne Marie Gagnebins Ausführungen zur Historismuskritik in den Thesen *Über den Begriff der Geschichte* (vgl. dies.: ›Über den Begriff der Geschichte‹, in: Burkhardt Lindner (Hg): Benjamin Handbuch. Leben – Werk – Wirkung, Stuttgart/Weimar 2011, S. 284–300, insbes. S. 289–291).

[122] Vgl. Benjamin: Über den Begriff der Geschichte, S. 152.

[123] Gagnebin negiert einen utopischen Gehalt von Benjamins Thesen aus *Über den Begriff der Geschichte* (vgl. Gagnebin: Über den Begriff der Geschichte, S. 298). Karl Heinz Bohrer konzediert zwar, dass Benjamin die »Utopie der Weltrevolution« im Sinne ihres »prozessuarisch verordneten temporalen Verlauf[s]« in eine »Utopie des Augenblicks« überführt habe (Bohrer: Utopie des ›Augenblicks‹ und Fiktionalität, S. 217), beharrt jedoch auf dem utopischen Gehalt von Benjamins Thesen.

[124] Ebd., S. 219.

[125] Ebd., S. 221.

[126] Ebd., S. 252.

viduums.[127] Dementsprechend werden in Ernst Jüngers Erzählung *Sturm*[128] Zukunftsvorstellungen obsolet: »Man empfindet: nur im Rausche, nur in diesem Augenblick, den man halten möchte, ist das Leben etwas wert.« (ST 53f.) Diskursgeschichtlich fallen mit diesem Phänomen im frühen 20. wie im 18. Jahrhundert Beschleunigungserfahrung und Geschichtsdeutung wieder ineinander – nur mit verkehrten Vorzeichen: War im 18. Jahrhundert noch die zeitliche Extension, die Dauer, das diskursbeherrschende Kriterium, verändert sich im 20. Jahrhundert der Schwerpunkt hin zur Intensität des Moments.

Das Eintreten von schockhaften Ereignissen ohne jede Zeitverzögerung hat Bohrer in seiner Studie *Ästhetik des Schreckens* zu Ernst Jüngers Frühwerk und im Besonderen zu *Das abenteuerliche Herz* beschrieben. Er wählt dafür den Begriff der Plötzlichkeit. Die »Zeiteinheit des ›Plötzlichen‹« reduziert die »Kontinuität der Zeit, ihre Absehbarkeit, bis auf einen einzigen Punkt«.[129] Weil Zeit nicht mehr verläuft oder ›dauert‹, wird auch die »Identität der Person jäh unterbrochen [...]: Die Zeit wird zu zwar datierten, aber ungewöhnlichen ›Augenblicken‹, die Person wird zum surrealen ›Ereignis‹«.[130] Die Kategorie der ›Plötzlichkeit‹ ermöglicht es, jene Brüche zu beschreiben, die aus plötzlichen, prägenden Ereignissen folgen und die die zeitlichen Kontinuitäten Vergangenheit, Gegenwart und Zukunft zerstören.

Auch die »›Epiphanie‹ des ›Augenblicks‹«,[131] die an die Stelle zeitlicher Kontinuität rückt, leitet sich aus solchen Kontinuitätsbrüchen ab. Aus der Struktur der Plötzlichkeitserfahrung resultiere, so Bohrer, eine avantgardistische Provokation bürgerlicher Normvorstellungen von Persönlichkeit: »Die surrealistische Zertrümmerung der behaupteten Identität einer Person in bloße Identitäten des ›Augenblicks‹ ist nämlich die radikalste Konfronta-

---

[127] Deshalb kann Bohrer auch schreiben: »Die ästhetisch gewordene Wertigkeit der Augenblicks-Utopie ist geschichtsphilosophisch nicht mehr zu qualifizieren, sondern anthropologisch und psychologisch.« (Ebd.)
[128] Ernst Jünger: Sturm, in: ders.: Erzählungen (= Sämtliche Werke 18, Erzählende Schriften 1), Stuttgart 2015, S. 9–74; im Folgenden zitiert mit der Sigle St und Seitenzahl.
[129] Bohrer: Ästhetik des Schrecklichen, S. 331; zum Kontinuitätsbruch und der Reduktion auf einen Zeit-Punkt vgl. auch ebd., S. 332.
[130] Ebd., S. 369. Vgl. auch Raulff: Der unsichtbare Augenblick, S. 65.
[131] Vgl. den Kapiteltitel bei Bohrer: Die »Epiphanie« des Augenblicks, in: ders.: Ästhetik des Schreckens, S. 344–357; Die »›Epiphanie‹ des ›Augenblicks‹ ist das einzig substantiell Gebliebene«, so Bohrer im Kontext von Hofmannsthals Verwendung des ›Augenblicks‹, der das »Ausgesetztsein des reflektierenden, aber von tradierten Sicherheiten abgesprengten modernen Künstlers« belege (ebd., S. 353.)

tion mit dem bürgerlichen ›Persönlichkeits‹-Begriff.«[132] Das heißt, dass auch die Persönlichkeitskrise des Individuums in der Moderne und im Ersten Weltkrieg mit dem Begriff des Augenblicks bzw. mit dem der Plötzlichkeit gefasst werden kann.
Zur Beschreibung des radikalen Falls einer Situation andauernder und ubiquitärer Plötzlichkeit wird im Folgenden der Begriff ›rasender Stillstand‹

---

[132] Bohrer: Ästhetik des Schreckens, S. 370. Um die Veränderung der soldatischen Identität an der Front begrifflich zu fassen, werden im Folgenden die Begriffe ›Personalität‹ und ›Persönlichkeit‹ verwendet. Beide Begriffe entstammen der philosophischen Diskussion zur personalen Identität, die die Unschärfe des Identitäts-Begriffs beklagt. Michael Quante kritisiert mit Bezug auf Richard Rortys Sammelband *The Identities of Persons* die unterschiedlichen Verwendungen des Begriffs ›Identität‹ und numerische Identität. Numerische Identität beschreibt Quante als zweistellige Relation, die sich durch das Identitätsprinzip auszeichnet, dem zufolge aus der Identität von A und B auch die Eigenschaften von A und B identisch sind. Zur Abgrenzung von dieser Verwendung des Identitäts-Begriffs schlägt Quante hinsichtlich der Frage nach der Zuschreibung personaler Identität den Begriff der Personalität vor. Neben vielen anderen Aspekten und Bedingungen nimmt er die zeitliche Persistenz von Personen in den Blick: »Die synchrone und diachrone Einheit von Personen ist ein komplexer Anwendungsfall von Persistenz, d.h. der Einheit von raum-zeitlich ausgedehnten Entitäten zu einem Zeitpunkt und über die Zeit hinweg.« (Michael Quante: Person, Berlin/New York 2007, S. 64) Quante macht Erinnerungen und Antizipationen als Bedingungen des Wissens um die diachrone Identität von Personen aus, also den Vergangenheitsbezug und die Zukunftserwartung (vgl. ebd., S. 67). Davon grenzt er den Begriff der Persönlichkeit als »individuelle Ausgestaltung der Personalität« (ebd., 155) ab. Persönlichkeit gebraucht Quante als Begriff für die ›narrative‹ oder ›biographische‹ Identität‹, die vor allem in der Sozial- und Persönlichkeitspsychologie (vgl. ebd., S. 136) Relevanz erfährt. Persönlichkeit bezieht sich auf kulturelle oder nationale Identitätsräume: gesellschaftliche »Wertvorstellungen und Zielsetzungen, mit tradierten Werten, Sitten oder Gebräuchen, mit gruppenspezifischen Normen oder Zielen« (ebd., S. 6–11, hier S. 11). Das »Grundmuster der Persönlichkeit« (ebd., S. 142 ; vgl. S. 147) zeichne sich durch gelingende identifikatorische Bezüge von Personen auf Vergangenheit und Zukunft aus. Daher sei Persönlichkeit als komplexe Sinnstruktur zu verstehen (vgl. ebd., S. 148). In diesem Sinne beschreibt Quante auch sogenannte Identitätskrisen: Jemand ist »sich seiner Einheit unsicher« geworden, das Selbstbild wird unstimmig, der »Sinn der eigenen Lebensführung« wird ebenso hinterfragt wie bisher als gegeben vorausgesetzten Ziele« (ebd., S. 137). Dabei kann das Individuum durchaus in Konflikt mit dem Normsystem seiner Sozietät geraten oder einen Bruch der eigenen Persönlichkeit wahrnehmen. Wenn Veränderungen der Persönlichkeit sich nicht mehr als kohärente Biographie darstellen lassen, wird von einem Verlust der Persönlichkeit und gegebenenfalls von der Geburt einer neuen ausgegangen (vgl. ebd., S. 155f.). Im Folgenden wird der Begriff der Personalität immer dann gebraucht, wenn die personale Identität der Frontsoldaten prekär, das heißt, wenn ihr Status als Person fraglich wird. Der Begriff der Persönlichkeit wird dagegen verwendet, wenn Veränderung der Positionen und Denkweisen der Frontsoldaten zu ihrem eigenen Leben und der Gesellschaft gegenüber erzählt werden.

gewählt. Um die begriffliche Wirkmächtigkeit dieser Metapher zu erläutern, sind kurze Vorüberlegungen zur Sichtbarkeit von Dingen notwendig. Der Begriff ist auf die Übersetzung von Paul Virilios *L'inertie polaire* mit ›rasender Stillstand‹ durch Bernd Wilczek zurückzuführen. Virilio führt mit Bezug auf die Beschleunigung in den Kriegen der Gegenwart das auch für die Westfront-Romane relevante Kriterium der Sichtbarkeit ein: »Da es [ein Atom-U-Boot, J.W.] nicht aufzuspüren ist, stellt es die Abschreckung schlechthin dar… […] das Wahrgenommene, Sichtbare fällt in die Zuständigkeit der Hilfstaktiken, die eigentliche Macht ist das Verborgene«.[133] Das Verborgene, das Nicht-mehr-Sichtbare erhält seine Machtstellung, weil es keine Reaktion mehr erlaubt und damit den (Handlungs-)Stillstand des Nicht-mehr- oder Kaum-mehr-Wahrnehmenden provoziert. In der vorliegenden Arbeit wird dieses Phänomen mit der Metapher des ›rasenden Stillstands‹ begrifflich gefasst. Der ›rasende Stillstand‹ umgreift die in erster Linie maschinelle Beschleunigung bei gleichzeitiger menschlicher Bewegungslosigkeit. Beide Phänomene potenzieren sich, so die leitende Annahme: Während die Beschleunigung der Waffen den Raum vernichtet und damit zeitlichen Stillstand provoziert, verlieren die Soldaten durch ihren räumlichen Stillstand in den Schützengräben ihr Gefühl für die Zeit.

Die Metapher des ›rasenden Stillstands‹ leistet zur Beschreibung dieser existenziell bedrohenden Situation mehr als die Kategorie der ›Plötzlichkeit‹. Über die Plötzlichkeit einer Veränderung hinaus werden mit ihr auch die Zustände erfasst, in denen diese Veränderung eintritt. Zudem veranschaulicht die Metapher jene Entzeitlichung von Zeit präzise, die bereits als fünftes Phänomen der Beschleunigungserfahrung beschrieben worden ist: die Wahrnehmung eines Stillstands von Zeit. Nicht zuletzt verdeutlicht sie die Ermöglichungsbedingungen figuraler Plötzlichkeitserfahrungen als Gleichzeitigkeit von ›rasender Zeit‹ und absolutem ›Stillstand‹.

Welchen heuristischen Wert hat die Analyse der Fronterfahrung der Soldaten in den Weltkriegs-Erzählungen unter dem Vorzeichen der ›Beschleunigung‹ mit der radikalen Situation des ›rasenden Stillstands‹? In der vorliegenden Arbeit wird von zwei Prämissen ausgegangen: erstens von der Relevanz der ›Zeiterfahrung‹ für den Menschen im Allgemeinen und den Frontsoldaten im Besonderen; zweitens von der Relevanz der ›Zeiterfahrung‹ in der

---

[133] Virilio: Der negative Horizont, S. 107, Hervorhebung im Original.

Analyse der Figuren im *close reading* der Primärtexte. In der soziologischen Forschung hat

> die Natur individueller wie kollektiver menschlicher Existenz essenziell einen zeitlichen und prozessualen Charakter [...], sodass das, was ein Individuum oder eine Gesellschaft letztlich ist, ganz wesentlich von den zeitlichen Strukturen und Horizonten dieser Existenz bestimmt wird.[134]

Abstrakte Zeitlichkeit schlägt sich in literarischen Texten dort nieder, wo historische wie individuelle Peripetien von Lebenswirklichkeiten erzählt werden. Für die Primärtextanalysen wird angenommen, dass das insbesondere für die Westfront-Romane des Ersten Weltkriegs gilt. Die Westfront-Romane werden anhand der fünf skizzierten Beschleunigungsphänomene (soziale Umstürze, Vernichtung von Raum, zusammengedrückte Gegenwart, technologische Beschleunigung und ›rasender Stillstand‹) untersucht: Auf diese Weise wird auf die Beschuss- und Nahtoderfahrungen der Figuren, die Kameradschafts- und Frontgemeinschaftsemphasen, die soldatischen Freund-Feind-Relationen[135] und die scheiternden Heimaturlaube der Protagonisten analytisch zugegriffen. Gerade in der Phänomenologie der Beschleunigung an der Front verweisen die Westfront-Romane auch auf eine anthropologische Frage: Wird im modernen Krieg die Persönlichkeit[136] des Einzelnen prekär? Und: Droht sie derart vollständig zu zerfallen, dass zuletzt sogar der personale Status der Soldaten infrage steht?

---

[134] Rosa: Beschleunigung, S. 443. Ganz ähnlich äußert sich Koselleck: »Für jeden menschlichen Handlungsraum [...] ist es selbstverständlich, daß er immer auch eine zeitliche Dimension hat, um als Raum erfahrbar oder beherrschbar zu sein.« (Reinhart Koselleck: Raum und Geschichte, in: ders.: Zeitschichten, S. 78–96, hier S. 89f.)

[135] Die feindlichen Soldaten befinden sich zur selben Zeit am selben Ort, sind dennoch unüberbrückbar getrennt. Erich Maria Remarque schildert in der Begegnung Paul Bäumers mit einem von ihm niedergestochenen französischen Soldaten diese Erfahrung in der ›Trichterepisode‹ von *Im Westen nichts Neues*.

[136] Dass auch oder gerade die Zeitstrukturen der Moderne die Persönlichkeitsbildung massiv beeinflussen, verdeutlicht Hartmut Rosa, wenn er betont, dass die Menschen infolge der Beschleunigungserfahrung der Moderne ›situative Identitäten‹ entwickeln und in der Folge die bis dato bekannte Identität im Sinne von dauerhaft angenommenen Rollen, Überzeugungen und Positionen allmählich ablösen.

3 Zeiterfahrung und Geschichtsdeutung im Ersten Weltkrieg

Kriege sind geschichtliche Wendepunkte. Das gilt nicht nur für den Ersten Weltkrieg und die Westfront-Romane. Seit den ersten Menschheitsepen, etwa in Homers *Ilias,* verbinden sich Erzählung und Kriegsdarstellung miteinander. Geschichte wird anhand von Kriegen narrativ konstruiert und der Krieg als sinnstiftendes geschichtliches Umbruchsmoment zur vermeintlich eschatologischen Peripetie eines geschichtsphilosophischen Programms erklärt. Dementsprechend beeinflussen die geschichtsphilosophischen Vorstellungen der Neuzeit die narrative Struktur der Westfront-Romane. Der Weltkrieg wird nicht an einen beliebigen geschichtlichen Ort verlegt, sondern als notwendiger Schritt auf dem Weg in die erwartete Zukunft begriffen. Die elementare Grundlage geschichtlicher Sinndeutungen bildet »die Erfahrung von Übel und Leid, das durch geschichtliches Handeln hervorgebracht wird«.[137] Kriege vereindeutigen zunächst Zugehörigkeiten zu sozialen Gruppen, sie »zwingen zur klaren Zugehörigkeitserklärung, sind gleichsam der Extrempunkt sozialer Zuordnung«.[138] Die Verortung eigener Identität wird gesteuert durch die Sprachgemeinschaft, die weltanschaulichen und ideologischen Positionen, die politische und nationale Zugehörigkeit ebenso wie die generationale, familiale und soziale.[139] Während eines Krieges verfestigen sich Identitäten aufgrund ähnlicher Kriegserlebnisse der Menschen und den ihnen gemeinsamen »Ereignisstrukturen«,[140] die als »Kriegserfahrungen [...] nur gemacht und ins Bewußtsein gehoben werden [konnten], weil sie in historisch vorgegebene Erfahrungsmöglichkeiten einrasten«.[141]

Aus diesen Gründen erweist sich gerade der ›Große Krieg‹ als prädestiniert für eine Integration in geschichtsphilosophische Konzepte. Wenngleich um die Jahrhundertwende 1900 zunehmend diverse Antworten auf die Gestalt eines geschichtlichen *telos* gegeben werden oder es insgesamt infrage gestellt

---

[137] Löwith: Weltgeschichte und Heilsgeschehen, S. 13.
[138] Emil Angehrn: Geschichtsphilosophie. Eine Einführung, Basel 2012, S. 31.
[139] Vgl. Reinhart Koselleck: Erinnerungsschleusen und Erfahrungsschichten. Der Einfluß der beiden Weltkriege auf das soziale Bewußtsein, in: ders.: Zeitschichten, S. 265–284, hier S. 266–269.
[140] Koselleck fächert einige dieser vergleichbaren Erlebnisse in Bezug auf die zwei Weltkriege exemplarisch auf, etwa den Graben- und Bombenkrieg, die Lagererfahrung, Rüstungsarbeit, Massenhysterien, aber auch innerfamiliäre Brüche durch Todesfälle und Gefangenschaften (vgl. ebd., S. 266f.).
[141] Ebd., S. 271.

wird, wird der Ausbruch des Ersten Weltkriegs als das Ende des ›langen 19. Jahrhunderts‹ und als geschichtlicher Epochenbruch aufgefasst. Die Erfahrung des historischen Umbruchs evoziert das Gefühl einer unsicheren, aber potentiell positiven Zukunft. Die Not provoziert die Zivilbevölkerung und die Soldaten in den Schützengräben der Westfront dazu, das eigene Leiden mit Verweis auf die erhoffte Zukunft als sinnhaft aufzufassen. Vor diesem Hintergrund begreifen viele Intellektuelle den Kriegsausbruch als Revolution oder geschichtliche Umkehr. Dementsprechend trifft die begriffsgeschichtliche Überlegung Kosellecks auch für den Ersten Weltkrieg zu, derzufolge Zeitgeschichte die eigene Gegenwart immer historisch kontextualisiere und umrahme.[142] Bereits in den 1920er-Jahren konstatiert Ernst Cassirer mit Bezug auf Hippolyte Taine und im Kontext seiner ›Philosophie der symbolischen Formen‹, dass sich die »Kategorie des Sinns oder der Bedeutung […] nicht auf die Kategorie des Seins reduzieren« lässt, da der Mensch in einem »symbolischen Universum«[143] lebt. Das gilt auch für den Ersten Weltkrieg. Er wird symbolisch verstanden, hermeneutisch gedeutet und in den Rahmen geschichtsphilosophischer Programme eingesetzt. Diese geschichtsphilosophische Verortung ist notwendig, weil geschichtlichen Ereignissen nur dann Sinn zugesprochen werden kann, wenn sie auf etwas anderes Zukünftiges verweisen: »Auch geschichtliche Geschehnisse sind nur sinnvoll, wenn sie auf einen Zweck jenseits der tatsächlichen Ereignisse verweisen, und weil die Geschichte eine zeitliche Bewegung ist, muß der Zweck ein künftiges Ziel sein.«[144] Die gesamteuropäische Geschichtsdeutung im Sommer 1914, den Ausbruch des Weltkriegs als epochemachendes Ereignis zu deuten, gründet auf der (geschichtsphilosophisch imprägnierten) Hoffnung, der Krieg möge die geschichtlich erhoffte Zukunft realisieren. Bereits in den Jahren nach 1871 klammerten sich vor allem nationalistische Vordenker wie etwa Heinrich von Treitschke an die Fiktion eines notwendigen geschichtlichen Ablaufs mit

---

[142] Vgl. Reinhart Koselleck: Stetigkeit und Wandel aller Zeitgeschichten. Begriffsgeschichtliche Anmerkungen, in: ders.: Zeitschichten, S. 246–264. Koselleck erarbeitet die begriffsgeschichtliche Dimension von ›Zeitgeschichte‹ und differenziert zwischen einer synchronen und einer diachronen Begriffsdimension, die miteinander verschränkt werden. Hierdurch ergeben sich neue Verständnismöglichkeiten der jeweiligen ›Zeitgeschichte‹.

[143] Ernst Cassirer: Versuch über den Menschen. Einführung in die Philosophie der Kultur, 2., verb. Aufl., Hamburg 2007, S. 297. Freilich fordert Cassirer die Abkehr von der Geschichtsphilosophie zugunsten einer hermeneutisch orientierten Geschichtswissenschaft (vgl. ebd., S. 265).

[144] Löwith: Weltgeschichte und Heilsgeschehen, S. 15.

der Erfüllung der kleindeutschen Nation als teleologischem Schlusspunkt.¹⁴⁵ Versteht man mit Hegel das (›germanische‹) Abendland als Endpunkt der geschichtlichen Entwicklung, lässt sich die erwartete Erfüllung der Nation leicht mit dem vermeintlichen geschichtlichen Zielpunkt in eins setzen. Der Erste Weltkrieg nährt diese Hoffnung, weil er als Vorbote eines ›Deutschen Großreichs‹ verstanden wird. Denn die deutschen Radikalnationalisten erwarteten noch nach der Reichsgründung von 1871 die Realisierung der ›großdeutschen Nation‹.¹⁴⁶ Selbst bei liberalen Denkern wie dem Theologen und Kulturphilosophen Ernst Troeltsch keimt die Hoffnung auf eine neue großdeutsche Lösung auf. Generell spielen im Zuge des Weltkriegs »geschichtsphilosophische Erwägungen wieder eine Rolle [...], wie vor der französischen Revolution, wie im Zeitalter Rousseaus, Voltaires und Herders und dann im Zeitalter Hegels und Comtes«.¹⁴⁷ Zugleich werden um 1900 dieser klassischen Geschichtsphilosophie des 18. und 19. Jahrhunderts zunehmend neue Geschichtskonzepte entgegengestellt, wie das einer geschichtlichen Erfüllung in der ›Volksgemeinschaft‹.

Da Geschichte ein Geschichtsbewusstsein erfordert, kennzeichnet den Begriff ›Geschichte‹ die Erinnerungs- und Gedächtnisleistung desjenigen, der Geschichte schreibt: Nur wer seine eigene Geschichtlichkeit bedenkt, der hat eine Geschichte.¹⁴⁸ Geschichtsphilosophie hegt den Anspruch, ungeachtet aller Unschärfe des Begriffs,¹⁴⁹ die eigene Geschichtlichkeit in eine teleologische Rahmenkonstruktion zu integrieren. Karl Löwith definiert Geschichtsphilosophie als »systematische Ausdeutung der Weltgeschichte am

---

¹⁴⁵ Koselleck macht diese grundsätzliche geschichtswissenschaftliche Fiktion, für die er Treitschkes Geschichtsdenken als Exempel verwendet, an drei Faktoren fest: »1. Das teleologische Prinzip als Regulativ seiner Aussagen und als Zuordnungsprinzip für die Quellenauswahl. 2. Die bewußt zugegebene Standortgebundenheit und 3. Die geschichtsphilosophische Sicherheit, mit der Treitschke beanspruchte, die Geschichte überhaupt auf seiner Seite zu haben.« (Koselleck: Über die Theoriebedürftigkeit der Geschichtswissenschaft, in: ders.: Zeitschichten, S. 298–316, hier S. 310)
¹⁴⁶ Vgl. dazu Walkenhorst: Nation – Volk – Rasse, S. 38–79.
¹⁴⁷ Ernst Troeltsch: Der Historismus und seine Überwindung, in: ders.: Fünf Vorträge zu Religion und Geschichtsphilosophie für England und Schottland. Der Historismus und seine Überwindung (1924)/Christian Thought. Its History and Application (1923) (= Kritische Gesamtausgabe, Bd. 17), hg. von Gangolf Hübinger in Zusammenarbeit mit Andreas Terwey, Berlin/New York 2006, S. 67–104, hier S. 68.
¹⁴⁸ Vgl. Angehrn: Geschichtsphilosophie, S. 11.
¹⁴⁹ Emil Angehrn stellt gleich zu Beginn seiner Einführung in die *Geschichtsphilosophie* fest, dass es »keine an sich feststehende, keine in der gegenwärtigen Diskussion als verbindlich akzeptierte Definition der Geschichtsphilosophie« gibt (ebd., S. 12).

Leitfaden eines Prinzips, durch welches historische Geschehnisse und Folgen in Zusammenhang gebracht und auf einen letzten Sinn bezogen werden«.[150] Geschichtsphilosophie versucht demnach ebenso wie die Geschichtstheologie die metaphysische Frage zu beantworten: Woher kommt und wohin strebt der Mensch? In Abgrenzung zur antiken Philosophie entspringt die neuzeitliche Geschichtsphilosophie dem jüdisch-christlichen Glauben an die Geschichte als Heilsgeschehen mit einem *eschaton*. Während die Geschichte im jüdischchristlichen Verständnis als zielgerichtetes »Versprechen der Zukunft«[151] verstanden wird, wird Geschichte in der Antike zyklisch begriffen. Im Mittelpunkt des eigenen geschichtlichen Denkens steht ein unpersönliches und nicht beeinflussbares *fatum,* das in Mythen oder in den homerischen Epen ausbuchstabiert wird. Judentum und Christentum hingegen formulieren ein Erlösungsversprechen. Noch bis ins 20. Jahrhundert und in den Ersten Weltkrieg hinein fußt die moderne Geschichtsphilosophie fundamental auf diesem eschatologischen Zukunftsversprechen des Christentums, das den geschichtlichen Sinn mit dieser prophezeiten bzw. prognostizierten Zukunft identifiziert.[152] Die Vorstellung eines finalen Schicksals oder *eschatons,* auf das sich die Geschichte zubewegt, erfüllt historische Ereignisse mit Sinn, indem diese als notwendiges Ereignis auf dem geschichtlichen Weg hin zum endgültigen Ziel begriffen werden: »Das *eschaton* setzt dem Verlauf der Geschichte nicht nur ein Ende, es gliedert und erfüllt ihn durch ein bestimmtes Ziel.«[153] Der vergleichsweise kurzen Hausse derartiger teleologisch bzw. eschatologisch geprägter geschichtsphilosophischer Programme im 18. und 19. Jahrhundert sowie den programmatischen ›Resten‹ klassischen geschichtsphilosophischen Denkens im frühen 20. Jahrhundert kommt für die Argumentation besonderes Gewicht zu, weil in den Westfront-Romanen oftmals auf beide

---

[150] Löwith: Weltgeschichte und Heilsgeschehen, S. 11. Individualistischer definiert Ernst Troeltsch Geschichtsphilosophie als »Erkenntnis der Lebensziele aus der Geschichte« (Ernst Troeltsch: Der Historismus und seine Probleme. Erstes Buch: Das logische Problem der Geschichtsphilosophie, Bd. 1, hg. von Friedrich Wilhelm Graf, Berlin/New York 2008 [= Kritische Gesamtausgabe Bd. 16.1], S. 186).

[151] Löwith: Weltgeschichte und Heilsgeschehen, S. 15.

[152] Löwith konstatiert: »Der letzte Sinn ist der Brennpunkt einer erwarteten Zukunft.« (Ebd., S. 15) Angesichts dieses rein auf Zukunftserwartung ausgerichteten Geschichtsverständnisses fordert Löwith die Rückkehr zu einem zyklischen Geschichtsdenken, um das Eschaton ausschalten zu können, da dies eine ununterbrochene Kontinuität ohne Grenze gewährleiste.

[153] Ebd., S. 26.

Formen der Geschichtsphilosophie Bezug genommen wird.[154] Daher wird im Folgenden die Genealogie dieses Geschichtsdenkens von seinen christlichen Ursprüngen bis in die erste Hälfte des 20. Jahrhunderts in der notwendigen Kürze vorgestellt, um den geschichtsphilosophischen Rahmen zu bilden, der die genauere Darstellung zentraler geschichtsphilosophischer Positionen in den einzelnen Romanalysen kontextualisiert.

Geschichtsphilosophie von der christlichen Vorsehung zur Konservativen Revolution

Das Christentum gründet auf dem Erscheinen von Jesus Christus. Der Sinn der Geschichte hat sich dem christlichen Verständnis zufolge in diesem einmaligen und alles andere überlagernden Fortschritt bereits erfüllt, wenngleich sich der geschichtliche Sinn erst mit der Suspendierung weltlicher Geschichte durch das ewige ›Königreich Gottes‹ vollendet. Die Zwischenzeit[155] der Geschichte in ihrem sechsten Zeitalter[156] ist einzig notwendig, weil nur in dieser geschichtlichen Zeit der Mensch die aufgrund der Erbsünde benötigte göttliche Gnade erfahren und erlöst werden kann. Weltliche Ereignisse erfahren ihren Sinn demzufolge als sündhaftes oder Erlösung symbolisierendes Geschehen und müssen aus theologischer Perspektive allegorisch und typologisch interpretiert werden.[157] Augustin erachtet das Weltwissen *(theoria)*

---

[154] Der folgende Abriss einer Geschichte der Geschichtsphilosophie fußt maßgeblich auf hilfreichen Überblicksdarstellungen: Karl Löwiths *Weltgeschichte und Heilsgeschehen*, Emil Angehrns *Geschichtsphilosophie*, Matthias Schloßbergers gleichnamige *Geschichtsphilosophie* und Jörg Baberowskis *Der Sinn der Geschichte*. Löwiths bereits in der Mitte des vergangenen Jahrhunderts hervorragend geschriebene *Weltgeschichte und Heilsgeschehen* ist als eine den Ursprüngen geschichtlichen Denkens nachspürende Genealogie der Geschichtsphilosophie zu verstehen. Insbesondere sucht er den ideengeschichtlichen Einfluss christlicher Eschatologie auf die Geschichtsphilosophie der Neuzeit zu erkunden. In der Gegenwart befasst sich Baberowski mit geschichtlichen Sinndeutungen der Moderne, setzt erst mit der (nach-)hegelianischen Geschichtsphilosophie ein und räumt den historistischen und geschichtstheoretischen Reflexionen im 19. und 20. Jahrhundert breiten Raum ein. Während Angehrn in seiner anspruchsvollen Einführung einen umfassenden theoretischen Überblick verschafft und die zahlreichen ideengeschichtlichen Bezugnahmen in seinen Kapiteln nicht unerwähnt lässt, bemüht sich Schloßberger um einen methodisch klaren Aufbau und systematisiert stark.

[155] Augustinus versteht die weltliche Geschichte als »Interim« zwischen Offenbarung und Vollendung im Reich Gottes, vgl. Augustinus: Vom Gottesstaat, Bd. 2, übers. von Wilhelm Thimme, eingel. und erl. von Carl Andresen, Zürich/München 1978, S. 3–57 (Buch XI).

[156] Augustinus ordnet Geschichte in sechs Zeitalter, vgl. ebd., S. 835 (XXII.30).

[157] Vgl. Löwith: Weltgeschichte und Heilsgeschehen, S. 170.

nur im Hinblick auf den christlichen Glauben *(pistis)* und auf die mögliche Erlösung als relevant. Da es eine weltliche Zukunft nicht geben könne, impliziere das Weltwissen kein geschichtliches Ziel, sondern einen Zyklus, und sei im wörtlichen Sinne hoffnungslos. Hoffnung finde der Mensch einzig im Glauben an die Erlösung. Augustin schreibt in *De Civitate Dei*, seinem maßgeblichen geschichtstheologischen Werk:

> Wenn nämlich die Seele erlöst, und zwar zum ersten und einzigen Male erlöst wird, ohne noch einmal in das Elend zurückkehren zu müssen, geschieht ihr etwas Neues, was es noch nie zuvor gab, etwas gewaltig Großes: Die ewige Glückseligkeit, die kein Ende nimmt, wird ihr zuteil! Wenn nun der unsterblichen Natur solch Neues, noch nie Dagewesenes, nie im Kreislauf sich Wiederholendes widerfährt, warum soll es bei sterblichen Dingen nicht ebenso sein?[158]

Im Unterschied zur christlichen Geschichtstheologie begreifen die neuzeitlichen Geschichtsphilosophen und Rationalisten die geschichtliche Zeit nicht mehr als bereits durch Jesus Christus erfüllt. Sie entwickeln vielmehr die These einer schrittweisen Vervollkommnung des Menschen in der Geschichte. Während die Formulierung eines geschichtlichen Ziels und der Glaube an seine Erfüllung sich im neuzeitlichen Denken wiederfinden, wurde der »lebendige[ ] Glauben an ein bevorstehendes [jenseitiges] *eschaton* verabschiedet«[159] und dessen göttliche Vorsehung *(providentia)* durch die areligiöse Idee des weltlichen Fortschritts[160] ersetzt. Infolgedessen wird das erwartete ›Heil‹ der Geschichte weniger mit dem Ende der Geschichte identifiziert, als vielmehr zunehmend in ihrem Vollzug gesehen. Mit der »Geburt der Gegenwart«[161] wird eine diesseitige Zukunft eröffnet. Mit der Abgrenzung gegenüber der ›alten‹ Zeit christlichen Geschichtsverständnisses entsteht der Begriff der

---

[158] Augustinus: Vom Gottesstaat, Bd. 2, S. 96.
[159] Löwith: Weltgeschehen und Heilsgeschichte, S. 180. Besonders virulent scheint die Wendung ›lebendig‹ zu sein, denn *pro forma* bedingt auch das neuzeitlich-fortschrittliche *telos* ein *eschaton*, das jedoch von seiner Zentralstellung verdrängt wird.
[160] Diese Fortschrittsidee ist im Kern wiederum christlichen Ursprungs, grenzt sich das Christentum vom Judentum doch durch den theologisch maßgeblichen Fortschritt vom Alten zum Neuen Testament ab (vgl. ebd., S. 63; Koselleck: Moderne Sozialgeschichte und historische Zeiten, S. 323).
[161] Achim Landwehr zeigt in seiner Untersuchung von Kalenderblättern des 17. Jahrhunderts eindrücklich, wie sehr ein vormals christliches Zeitverständnis diskursgeschichtlich durch die »Geburt der Gegenwart« abgelöst wird (vgl. Achim Landwehr: Geburt der Gegenwart. Eine Geschichte der Zeit im 17. Jahrhundert, Frankfurt a.M. 2014).

»Neuzeit«.[162] Sie zeichnet sich durch eine offene, erwart- und planbare Zukunft aus und wird deshalb mit dem Fortschritt gleichgesetzt: »Die neue Zeit war identisch mit dem Fortschritt.«[163] Schon um den *qua definitionem* teleologischen Fortschrittsbegriff nicht preisgeben zu müssen, bleibt das *telos* des Fortschritts notwendig erhalten und wird durch Fortschrittsideen mit Inhalt gefüllt.[164]

Die heidnische Prophezeiung des Schicksals bzw. die biblische Prophezeiung wird in der frühen Neuzeit abgelöst durch die berechnende Prognose der Zukunft.[165] Der geschichtliche Sinn wird von der Erlösung auf den geschichtlichen Vollzug verlagert und das einzelne geschichtliche Ereignis in die neue Vorstellung des menschlichen Fortschritts integriert. Das zuvor christlich bestimmte *telos* der Geschichte wird nun im Rahmen geschichtsphilosophischer Prämissen erzählbar. Die Konstruktivität von Geschichte durchdenkt Giambattista Vico, der Begründer einer modernen Geschichtsphilosophie als Erster.[166] Er entwickelt auf der Grundlage einer idealtypischen Vorstellung eine

> empirische Konstruktion der Menschengeschichte – der Religion, der Gesellschaft, der Herrschaftsformen der Rechtsinstitutionen und der Sprachen – aus dem philosophischen Prinzip eines ewigen Gesetzes providentieller Entwicklung, die weder fortschrittlich-historisch noch zyklisch-kosmologisch gefaßt ist[.][167]

---

[162] Vgl. Koselleck: Moderne Sozialgeschichte, S. 323, ders.: Zeitverkürzung und Beschleunigung, S. 189.
[163] Koselleck: Moderne Sozialgeschichte und historische Zeiten, S. 322f. Koselleck betont, dass mit der für den Menschen erwartbar gewordenen Zukunft die neuzeitliche Beschleunigung einsetzt: Weil der Mensch selbst eine Verbesserung der eigenen Lebensumstände während seines eigenen Lebens anzustreben beginnt, bemüht er sich um eine immer frühere Realisierung der eigenen Wünsche. Dieses innergeschichtliche Beschleunigungsaxiom rückt nicht mehr Gott, sondern den Menschen in den Mittelpunkt (vgl. Koselleck: Zeitverkürzung und Beschleunigung, S. 188f).
[164] Der Begriff des Fortschritts, wie er im Folgenden verwendet wird, differenziert nicht mehr zwischen einem Begriff des Fortschritts als unendlichem Prozess und dem einer endlichen Entwicklung. Zu den Nachteilen einer solchen Gleichsetzung von Fortschritt und Entwicklung vgl. Angehrn: Geschichtsphilosophie, S. 101.
[165] Vgl. Koselleck: Vergangene Zukunft der frühen Neuzeit, S. 32–35.
[166] Einen Überblick über Leben und Werk Giambattista Vicos und seine *Neue Wissenschaft* liefert in einem einführenden Kommentar Vittorio Hösle: Einleitung: Vico und die Idee der Kulturwissenschaft. Genese, Themen und Wirkungsgeschichte der ›Scienza nuova‹, in: Giambattista Vico: Prinzipien einer neuen Wissenschaft über die gemeinsame Natur der Völker, übers. von Vittorio Hösle und Christoph Jermann, Bd. 1, Hamburg 1990, S. XXXI–CCLXXX.
[167] Löwith: Weltgeschichte und Heilsgeschehen, S. 110.

Vico denkt Fortschritt als Entwicklung von der Anarchie zur Ordnung, die jedoch nicht in einem absolut geordneten Zustand gipfelt, sondern letztlich verfällt (*corso* und *ricorso*) und neu aufsteigt.[168] Vico greift durchaus antike Geschichtskonzeptionen auf, indem er den Ursprung des geschichtlich ›Gemachten‹ in den Blick nimmt. Denn anders als Descartes versteht Vico die Welt als geschichtlich und bemisst das ›Wahre‹ (*verum*) am geschichtlich Geschaffenen (*factum*) und umgekehrt: Was wahr ist, ist gemacht, und was gemacht ist, ist wahr.[169] Für Vico fallen zwar noch Geschichtstheologie bzw. Vorsehung und menschliche Geschichte ineinander, da die weltlich-zyklische Geschichte ganz im Sinne Gottes verlaufe. Gleichwohl ist für ihn bereits »diese politische Welt sicherlich von den Menschen gemacht worden; deswegen können [...] ihre Prinzipien innerhalb der Modifikationen unseres eigenen menschlichen Geistes gefunden werden.«[170] Die Doppelung von menschlich gemachter Welt und göttlicher Notwendigkeit des geschichtlichen Verlaufs begründet Vicos »Dialektik von Freiheit und Notwendigkeit im Geschehen«.[171]

Erst die französischen Philosophen des 18. Jahrhunderts kontrastieren Geschichtsphilosophie und Geschichtstheologie und prägen den Diskurs über Geschichte dauerhaft. Das gilt zuallererst für Voltaire, der nach dem verheerenden Erdbeben von Lissabon 1755 Religion und religiöses Geschichtsdenken durch die Idee zivilisatorischen Fortschritts ersetzt. An die Stelle einer jenseitigen Erlösung am Ende der Geschichte rückt er das Ziel, das Leben der Menschen in einer bürgerlichen Gesellschaft zunehmend ›besser‹ zu gestalten. Auch wenn Voltaire die Idee des Fortschritts lediglich als »gemäßigten Fortschritt«[172] konzipiert, der durchaus auch temporäre Phasen des Rückschritts beinhalte, impliziert sein Fortschrittsdenken ein *telos*. Ein solches weltliches *telos* wird von Voltaire und seinem Zeitgenossen Turgot nicht mehr

---

[168] Vico denkt bei dieser Geschichtskonzeption etwa an den Untergang Roms: »So betont Vico selbst immer wieder, daß die storia ideale eterna in paradigmatisch reiner Form bei den Römern – und nur bei ihnen – abgelaufen sei.« (Hösle: Einleitung, S. CXXI)

[169] Vgl. Löwith: Weltgeschichte und Heilsgeschehen, S. 112f.

[170] Giovanni Battista Vico: Prinzipien einer neuen Wissenschaft über die gemeinsame Natur der Völker, Bd. 1, übers. von Vittorio Hösle und Christophf Jermann, mit einer Einleitung von Vittorio Hösle, Hamburg 1990, S. 142. Diese berühmte These Vicos wird auch als Vico-Axiom bezeichnet (vgl. Ferdinand Fellmann: Das Vico-Axiom. Der Mensch macht die Geschichte, Freiburg/München 1976, S. 9).

[171] Löwith: Weltgeschichte und Heilsgeschehen, S. 119.

[172] Ebd., S. 105.

als *eschaton* gedacht, sondern »in den Weg hineingenommen, der zurückgelegt werden muß, um die Perfectio zu erreichen«.[173] Diesen Fortschrittsentwurf radikalisiert Condorcet im Zuge der Französischen Revolution, indem er den Glauben an den weltlichen Fortschritt zeitlich entgrenzt. Condorcet postuliert, dass »die Fähigkeit des Menschen zur Vervollkommnung tatsächlich unabsehbar« sei; zwar könne die Geschwindigkeit des Progresses variieren, »doch niemals werden es Rückschritte sein«.[174] Der Gedanke der Perfektibilität verortet das geschichtliche *telos* vollständig im Diesseits und begreift es als Prozess: »Mit der Vervollkommnungsfähigkeit wird das Ziel vollends verzeitlicht, ohne Endpunkt in den handelnden Menschen selbst hineingeholt. Die Zielsetzung wird iterativ. Die Perfektibilität ist ein Schlüsselwort der neuen Zeit.«[175]

Während die französischen Philosophen der Aufklärung die Perfektibilität des Menschen verkünden, durchdenkt Immanuel Kant die erkenntnistheoretischen Voraussetzungen eines Endzwecks[176] und implizit eines geschichtlichen *telos*. Den Endzweck identifiziert er mit dem Menschen als moralischem Wesen, wodurch er auf die idealistische Philosophie des 19. Jahrhunderts vorausweist. Mit seinen erkenntnistheoretischen Bedenken gegenüber jeder mechanistischen Erklärung eines Endzwecks oder geschichtlichen *telos* wird er eine beinahe diskursbeherrschende Stellung einnehmen: Ein Endzweck könne nicht aus der Natur selbst abgeleitet werden[177] und sei daher nicht empirisch nachweisbar. Denn der

> Begriff einer Kausalität der Natur nach der Regel der Zwecke […] kann zwar ohne Widerspruch gedacht werden, aber zu dogmatischen Bestimmungen doch nicht

---

[173] Reinhart Koselleck: Die Verzeitlichung der Utopie, in ders.: Zeitschichten. Studien zur Historik, Frankfurt a.M. 2000, S. 131–149, hier S. 137.
[174] Condorcet: Entwurf einer historischen Darstellung, S. 31.
[175] Koselleck: Die Verzeitlichung der Utopie, S. 137.
[176] Kant definiert den Endzweck als »Zweck, der keines andern als Bedingung seiner Möglichkeit bedarf« (Immanuel Kant: Kritik der Urteilskraft [= Gesammelte Werke, Bd. X], hg. von Wilhelm Weischedel, Frankfurt a.M. 1974, S. 393), den Zweck hingegen als »die vorgestellte Wirkung, deren Vorstellung zugleich der Bestimmungsgrund der verständigen wirkenden Ursache zu ihrer Hervorbringung ist« (ebd., S. 383).
[177] Kant postuliert, »daß dasjenige, was etwa noch für die Natur ein *letzter Zweck* sein könnte, […] als Naturding niemals ein *Endzweck* sein könne« (ebd., S. 383, Hervorhebung im Original gesperrt). Gleichwohl formuliert Kant eine ›hypothetische Naturteleologie‹, zu deren Erkenntnis der Mensch jedoch nicht gelangen könne (vgl. Angehrn: Geschichtsphilosophie, S. 79f.).

taugen; weil ihm, da er nicht aus der Erfahrung gezogen werden kann, auch zur Möglichkeit derselben nicht erforderlich ist, seine Realität durch nichts gesichert werden kann.[178]

Eine solche Kausalität der Natur als Bedingung der Möglichkeit schon eines Naturzwecks ist zwar »nur durch Vernunft denkbar«, gleichwohl jedoch ebenfalls »seiner objektiven Realität nach durch die Vernunft gar nicht erweislich«.[179] Aufgrund der Unmöglichkeit einer exakten Bestimmung, wie weit eine mechanistische Naturkonzeption die Natur erklären kann, also »wieviel der Mechanism der Natur als Mittel zu jeder Endabsicht in derselben tue«, ist das »teleologische[ ] Prinzip« notwendig.[180]
Dieses teleologische Prinzip richtet Kant auf den Menschen aus. Der Mensch sei als das einzige verstandesbegabte Wesen in der Natur befähigt, »dieser und ihm selbst eine solche Zweckbeziehung zu geben, die unabhängig von der Natur sich selbst genug, mithin Endzweck, sein könne, der aber in der Natur gar nicht gesucht werden muß«.[181] Diese gewissermaßen metaphysische Selbstinauguration des Menschen als Endzweck gründet zum einen auf Kultur und Vernunftherrschaft, die »uns so eine Tauglichkeit zu höheren Zwecken, die in uns verborgen liegen, fühlen lassen«,[182] und zum anderen auf der metaphysischen Idee der Freiheit[183] des Menschen als moralischem Wesen.[184] Über die Ideen der Moral und der Freiheit identifiziert er den Menschen als Endzweck. Damit bereitet Kant dem Konzept des ›Weltbür-

---

[178] Kant: Kritik der Urteilskraft, S. 348f. Umgekehrt helfe die Annahme eines ›Architekten‹ der Natur und ihrer Abläufe zur »Erkenntnis der Natur nicht im mindesten« (ebd., S. 365). Naturerkenntnis und Erkenntnis des Endzwecks sind bei Kant streng voneinander geschieden.
[179] Ebd., S. 347. Vernunft beschreibt Kant als normgebundenes ›Sollen‹ (vgl. Immanuel Kant: Kritik der reinen Vernunft, Bd. 2 [= Gesammelte Werke, Bd. IV], hg., von Wilhelm Weischedel, Frankfurt a.M. 1956, S. 499).
[180] Kant: Kritik der Urteilskraft, S. 370
[181] Ebd., S. 389. Kant differenziert zwischen Naturzweck, letztem Zweck der Natur und Endzweck. In Kants *Kritik der Urteilskraft* vgl. § 62–65, 74 und 75 zum Naturzweck, § 83 zum letzten Zweck der Natur sowie § 84 zum Endzweck.
[182] Kant: Kritik der Urteilskraft, S. 393.
[183] Freiheit definiert Kant in der *Kritik der reinen Vernunft* in Abgrenzung zur Kausalität in der Natur bzw. zur Naturnotwendigkeit: »Dagegen verstehe ich unter Freiheit, im kosmologischen Verstande, das Vermögen, einen Zustand von selbst anzufangen, deren Kausalität also nicht nach dem Naturgesetze wiederum unter einer anderen Ursache steht, welche sie der Zeit nach bestimmte. Freiheit ist in dieser Bedeutung eine reine transzendentale Idee« (Kant: Kritik der reinen Vernunft, Bd. 2, S. 489f.).
[184] Vgl. Kant: Kritik der Urteilskraft, S. 394f.

gers‹ ebenso den Boden, wie er die ›Vernunftherrschaft‹ des Menschen über die Natur absichert. Kant stellt die Verbindung zwischen den französischen Aufklärungsphilosophen und den idealistischen Philosophen des 19. Jahrhunderts her, ohne jedoch eine eschatologisch motivierte Vollendung der Freiheit in der Geschichte zu versprechen.[185] In seiner Konzeption einer ›listigen Vernunftherrschaft‹ schließt Friedrich Hegel an Kant an. In der Vorstellung eines geschichtlichen Ganzen, dessen festgelegter Ablauf kontinuierlich durchschritten wird, gleicht er eher einem Auguste Comte und dessen Dreistadiengesetz. Alle drei Philosophen begreifen eine (staatliche) Ordnung als *conditio sine qua non* der Vernunft in der Geschichte.

Während das 19. Jahrhundert noch ganz im Zeichen einer geschichtlichen Teleologie stand, wird die teleologische Konzeption von Geschichte mit der Wende zum 20. Jahrhundert zunehmend infrage gestellt, sofern sie nicht in die zeitgenössischen sozialistischen und nationalistischen (Kon-)Figurationen von Geschichtsphilosophie Eingang findet. 1933 ersetzt Ernst Cassirer im *Versuch über den Menschen* die Geschichtsphilosophie durch die Analyse menschlicher Kultur und Kulturgeschichte und verkündet das Ende einer in metaphysischen Spekulationen verloren gegangenen Geschichtsphilosophie:

> Die Geschichtsphilosophie im herkömmlichen Verstande des Wortes entwirft eine spekulative und konstruktive Theorie vom geschichtlichen Prozeß als solchen. Die Analyse der menschlichen Kultur braucht sich auf diese spekulative Frage nicht einzulassen. Sie stellt sich eine einfachere, bescheidenere Aufgabe. Sie versucht, die Stellung der historischen Erkenntnis im Organismus der Zivilisation zu bestimmen.[186]

Cassirer verabschiedet den Gegenstand geschichtlich-philosophischen Denkens. Auch die Geschichtsdenker oder -philosophen selbst hinterfragen zunehmend ihre geschichtsphilosophischen Postulate. Bereits dreißig Jahre vor Cassirer grenzt sich Jacob Burckhardt in seinen *Weltgeschichtlichen Betrachtungen,* um 1870 entstanden, jedoch erst 1905 posthum veröffentlicht, nicht nur von Hegel im Besonderen, sondern auch von der Geschichtsphilosophie im Allgemeinen streng ab. Errichte Hegel eine riesenhafte geschichtsphilosophische Konstruktion auf dem sandigen Grund seines Konzepts einer ›Vernunft der Geschichte‹, die für den Menschen nicht zugänglich sei,[187] so

---

[185] Vgl. Angehrn: Geschichtsphilosophie, S. 85.
[186] Cassirer: Versuch über den Menschen, S. 313.
[187] Vgl. Löwith: Weltgeschichte und Heilsgeschehen, S. 28.

sei die Geschichtsphilosophie insgesamt schon deshalb nicht schlüssig, weil sie aus historischen Beobachtungen allgemeine Prinzipien ableite:

> [W]ir geben vor allem keine Geschichtsphilosophie. Diese ist ein Kentaur, eine contradictio in adjecto; denn Geschichte, d.h. das Koordinieren ist Nichtphilosophie und Philosophie, d.h. das Subordinieren ist Nichtgeschichte. [...] Was nun die Eigenschaften der bisherigen Geschichtsphilosophie betrifft, so ging sie der Geschichte nach und gab Längendurchschnitte; sie verfuhr chronologisch.[188]

Geschichte gerät darob zu einer anthropologischen Frage. Der Mensch könne nur sich selbst bespiegeln, da er selbst das Zentrum der Geschichte bilde: »Unser Ausgangspunkt ist der vom einzigen bleibenden und für uns möglichen Zentrum, vom duldenden, strebenden und handelnden Menschen, wie er ist und immer war und immer sein wird.«[189] Den bis dato im *telos* bzw. *eschaton* verorteten geschichtlichen Sinn, der einer geschichtlichen Umkehr bzw. einer Apokalypse bedarf, verwirft Burckhardt zugunsten seiner Forderung nach einer geschichtlichen Kontinuität. Diese Forderung erinnert durchaus an die zyklische Vorstellung der Antike als der ›Wiederkehr des Immergleichen‹. Kontinuität sei ein »wesentliches Interesse unseres Menschendaseins und ein metaphysischer Beweis für die Bedeutung seiner Dauer«.[190] Gleichwohl beschreibt Burckhardt als Triebkräfte der Geschichte das Streben nach Gewinn und den Willen zur Macht. Beide Triebkräfte verweltlichen die ursprünglich christliche Hoffnung auf ein *eschaton* und sind in der Nähe von Fortschrittsphantasien zu verorten. Diese Phantasien wachsen jedoch nicht zu einem teleologischen Programm heran. Vielmehr betont Burckhardt das anthropologische Bedürfnis nach geschichtlicher Kontinuität und individuellen Zielen. Zur gleichen Zeit gegen Ausgang des 19. Jahrhunderts erfahren geschichtsphilosophische Konzepte zunehmend ideologische Ausdeutungen. Das führt dazu, dass die großen Ideologien des 20. Jahrhunderts – Kommunismus, Faschismus, Nationalismus, Nationalsozialismus – bereits in den 1930er-Jahren als ›politische Religionen‹ bezeichnet werden, da sie aufgrund ihrer »messianische[n] Bewegung«[191] als »innerweltliche Religionen«[192] beschrieben

---

[188] Burckhardt: Weltgeschichtliche Betrachtungen, S. 2.
[189] Ebd., S. 3.
[190] Ebd., S. 194.
[191] Michael Ley/Julius H. Schoeps: Vorwort, in: dies. (Hg.): Der Nationalsozialismus als politische Religion, Bodenheim b.M. 1997, S. 7–11, hier S. 7.
[192] Voegelin: Die politischen Religionen, S. 17.

werden können. Der nationalistische Historiker Heinrich von Treitschke konzipiert seinen Nationalismus als Erfüllung eines großdeutschen Reiches, dessen Realisierung im Anschluss an Hegel nicht mehr infrage steht bzw. stehen darf. Im Rahmen der metaphysischen Gewissheit, dass das ›Deutsche Reich‹ den Endpunkt aller geschichtlichen Entwicklung bildet, lassen sich alle noch so radikalnationalistischen Positionen rechtfertigen.[193] Das gilt auch für seine Definition der Nation über völkische und später rassische Vorstellungen, die die radikalnationalistische Utopie einer kulturellen oder biologisch homogenen Volksgemeinschaft begrifflich ausbuchstabieren.[194] Ein sozialdarwinistisches und biologistisches Verständnis von Geschichte, die sich auf die Erfüllung der Volksgemeinschaft hin ausrichtet, erfährt zu Beginn des 20. Jahrhunderts zunehmende Popularität und erlangt im Ersten Weltkrieg maßgeblichen Einfluss auf den Diskurs über die Nation.[195] Durch den Ausbruch des Ersten Weltkriegs werden das aufklärerisch-fortschrittliche Geschichtsdenken Westeuropas und die deutsche Gemeinschaftsemphase auf Konfrontationskurs gebracht. Auf deutscher Seite findet das Ausdruck in den diskutierten wirkmächtigen ›Ideen von 1914‹. Hier ist nur auf den spezifisch teleologischen Gehalt der ›Ideen‹ hinzuweisen: Der Soziologe Johann Plenge versteht sie als »Antwort auf 1789«, die im Gegensatz zu den damaligen ›Ideen‹ zukunftsfähig seien: »*In uns* ist das 20. *Jahrhundert.* Wie der Krieg auch endet. Wir sind das vorbildliche Volk. Unsere Ideen werden die Lebensziele der Menschheit bestimmen«.[196] Hermann Bahr spitzt zu: »1914 ist also ein Sieg des nationalen Sozialismus über den Individualismus, der bis 1914 Europa beherrscht hat.«[197] Plenge ersetzt das *eschaton* klassischer Geschichtsphilosophie durch das innerweltliche *telos* der Volks-

---

[193] Peter Walkenhorst hat Treitschkes radikalnationalistische Denkmuster und die Transgression des Nationalismus zum Rassismus hin untersucht (vgl. Walkenhorst: Nation – Volk – Rasse, S. 50–55).

[194] Vgl. ebd., insbes. S. 83–118.

[195] Vgl. Christian Meierhofer/Jens Wörner: Der Weltkrieg und das Populäre. Ein interdisziplinärer Vorschlag, in: dies. (Hg.): Materialschlachten, S. 9–63.

[196] Plenge: 1789 und 1914, S. 20, Hervorhebung im Original.

[197] Bahr: Zu den Ideen von 1914, S. 44. Bahr – ansonsten auch von den ›Ideen von 1914‹ überzeugt – kritisiert jedoch die Oppositionsbildung Plenges, der die Revolution von 1789 und die ›nationale Revolution‹ von 1914 im Sinne der *historia magistra vitae* gegeneinander stellt, da Völker wie Individuen ›nichts wiederholten‹ (vgl. ebd., S. 40). Übrigens trifft Bahrs Diktum, Plenge verkünde den ›nationalen Sozialismus‹ gewissermaßen *avant la lettre* mit Blick auf das erste Kapitel von *1789 und 1914* durchaus zu (vgl. Plenge: 1789 und 1914, S. 3–21, insbes. S. 18).

gemeinschaft, das bereits in der Verwirklichung begriffen sei. Diese Haltung spiegelt sich noch im Denken des im frühen 20. Jahrhundert prominenten und vergleichsweise liberalen Theologen, Kulturethikers und Philosophen Ernst Troeltsch. Allgemein wird die Kritik am Historismus und an der klassischen Geschichtsphilosophie im ausgehenden 19. und dann zunehmend populär im beginnenden 20. Jahrhundert in politisch-ideologischer Absicht geäußert. Das betrifft vor allem die sogenannte »Deutsche Bewegung«,[198] wie Wilhelm Dilthey und Herman Nohl sie bezeichnen. Nach dem Ersten Weltkrieg mündet sie in die sogenannte Konservative Revolution. Für Karl Prümm gehören zur Konservativen Revolution fünf Aspekte:

> 1.) Ein Bekenntnis zum Irrationalismus als Grundkategorie, die strikte Ablehnung jeder festen Programmatik, jeder Form von Organisation [...]. 2.) Eine antiliberale, antidemokratische und antiparlamentarische Grundhaltung, den erstrebten Ersatz der Weimarer Demokratie durch einen autoritären, hierarchisch strukturierten Staat und der Parteien durch Bünde oder Orden mit Führer-Gefolgschaftsstruktur. 3.) Die durch das Erlebnis revolutionärer Massenbewegungen ausgelöste Apperzeption eines dynamischen Revolutionsbegriffes und ein antikapitalistischer Affekt [...]. 4.) Die Trennung vom ›alten‹, ›patriotischen‹ Nationalismus der Vorkriegszeit und vom Wilhelminismus als Bezugspunkt konservativer Politik. 5.) Der Rückgriff auf das Kriegserlebnis als Exempel einer verwirklichten nationalen Gemeinschaft und Ausgangspunkt einer politischen Erneuerung.[199]

Für die vorliegende Arbeit ist die Konservative Revolution insoweit relevant, als mit *Gruppe Bosemüller* und *In Stahlgewittern* zwei Romane zum Textkorpus zählen, deren Autoren Ernst Jünger und Werner Beumelburg nationalkonservativen Kreisen zuzurechnen sind. Die Konservativen Revolutionäre kritisieren den westlichen Fortschrittsbegriff. Gleichzeitig formulieren sie mit den ›Ideen von 1914‹ im Anschluss an Hegel ein eschatologisches Programm, das sich durch den Weltkrieg eine Vollendung des deutschen Volks verspricht. Insofern sind insbesondere der dritte und der fünfte Punkt Prümms rele-

---

[198] Der Begriff entstammt Herman Nohls Band *Die Deutsche Bewegung. Vorlesungen und Aufsätze zur Geistesgeschichte von 1170–1830* (hg. von Otto Friedrich Bollnow und Frithjof Rodi, Göttingen 1970).

[199] Prümm: Die Literatur des Soldatischen Nationalismus, Bd. 1, S. 6f. Der Begriff der Konservativen Revolution wird insbesondere wegen seiner Unschärfe häufig kritisiert, werden in ihm doch äußerst disparate Denkströmungen und Protagonisten innerhalb des konservativen, völkischen und nationalistischen Spektrums während der Weimarer Republik unterschiedslos subsumiert. Gleichwohl hat er sich in der Forschung etabliert, weswegen in dieser Arbeit auf eine ausführliche Begriffskritik verzichtet wird.

vant, statten sie die Konservative Revolution doch mit einem geschichtlichen Programm aus, das den Weltkrieg als notwendigen Schritt hin zur Vollendung einer nationalen Gemeinschaft begreift. Daher muss die Konservative Revolution mit Erich Voegelin als ›politische Religion‹ verstanden werden. Der Einfluss dieser gewissermaßen säkularisierten Geschichtstheologie auf die Westfront-Romane wird daher zu untersuchen sein.

II Ernst Jünger zwischen Kriegserlebnis und nationaler Vergemeinschaftung: *In Stahlgewittern* und *Sturm*

Ernst Jünger hat mit seinem literarischen und publizistischen Werk die Wahrnehmung des Ersten Weltkriegs in der Weimarer Republik geprägt. Zahlreiche Schriftsteller beziehen sich auf seine Texte, die bei weitem nicht nur als affirmatives Kriegserlebnis gelesen werden. Erich Maria Remarque hebt nach Erscheinen von *Im Westen nichts Neues* gegenüber französischen Medien sogar die pazifistische Qualität von Jüngers Weltkriegstexten hervor:

> Was Jünger betrifft, so ist er ein geborener Soldat, ein glänzender Typ des Söldner-Soldaten, und er besitzt ein bemerkenswertes Talent für die Beschreibung. Übrigens finde ich, daß diese Bücher einen pazifistischeren Einfluß ausüben als alle anderen. Bei ihm sieht man den ganz und gar nackten Krieg, das grausame Vergnügen des Tötens.[1]

Jünger selbst bekennt im Stil seiner Elementar- und Schmiedemetaphorik, dass der Krieg die »Jugend der Völker zu Schlacke brannte«.[2] Gleichwohl ist das literarhistorische Bild Ernst Jüngers in den 1920er-Jahren in erster Linie das eines Konservativen Revolutionärs. Dieses Urteil trifft ab ca. 1923 und bis zur großen Zäsur in Jüngers Schaffen 1934 ohne Zweifel zu.[3] So bereiten Jüngers Arbeiten – darunter der in intellektuellen Kreisen wirkmächtige Essay *Der Arbeiter*[4] von 1932 sowie die Essays *Die totale Mobilmachung*[5] und *Feuer und Bewegung*[6] – den Nationalsozialisten ideologischen Boden.[7] Auch die Mitte der 1920er-Jahre entstandenen Bearbeitungen seiner Kriegserin-

---

[1] Erich Maria Remarque/Wilhelm Sharp: Deux Entretiens avec Erich Maria Remarque, in: Revue d'Allemagne et de Pays de Langue Allemande 3 (1929), S. 1009–1022, zitiert nach: Ernst Jünger: In Stahlgewittern. Historisch-kritische Ausgabe, Bd. 2: Variantenverzeichnis und Materialien, hg. von Helmuth Kiesel, Stuttgart 2013, S. 471–472, hier S. 472.

[2] Ernst Jünger: Der Kampf als inneres Erlebnis, in: ders: Betrachtungen zur Zeit (= Sämtliche Werke 9, Essays I), Stuttgart 2015, S. 9–103, hier S. 25.

[3] Vgl. Ingo Stöckmann: Zäsuren und Kontinuitäten, in: Matthias Schöning (Hg.): Ernst Jünger-Handbuch. Leben – Werk – Wirkung, Stuttgart/Weimar 2014, S. 30–39.

[4] Ernst Jünger: Der Arbeiter (= Sämtliche Werke 10, Essays II), Stuttgart 2015.

[5] Ernst Jünger: Die totale Mobilmachung, in: ders.: Betrachtungen zur Zeit, S. 119–142.

[6] Ernst Jünger: Feuer und Bewegung, in: ders.: Betrachtungen zur Zeit, S. 105–117.

[7] Gleichwohl überschätzt die Literaturgeschichte die direkte politische Wirkung Jüngers, wie zuletzt u.a. Ingo Stöckmann betont hat (vgl. Stöckmann: Zäsuren und Kontinuitäten, S. 30).

nerungen *Das Wäldchen 125*[8] und *Feuer und Blut*[9] fallen in diese radikalnationalistische Phase Jüngers. Ihnen ist im Unterschied zu den essayistischen Publikationen gemein, dass sie einen autobiographischen Pakt[10] implizieren und zwischen dem faktualen Anspruch, das Kriegserlebnis des Autors wiederzugeben, und einer poetischen Fiktion oszillieren. Auch mit seiner ersten Publikation *In Stahlgewittern*[11] verfolgt Ernst Jünger zunächst einen faktualen Anspruch. Im Vorwort der Erstausgabe bekennt er, er »will nicht beschreiben, wie es hätte sein können, sondern wie es war« (IS 20), und erinnert an Aristoteles' Charakterisierung des Geschichtsschreibers, der im Unterschied zum Dichter zeigen wolle, was geschehen sei. 1920 erscheint *In Stahlgewittern* zuerst im Selbstverlag. Der Text deutet den Krieg noch nicht konservativ-revolutionär, vielmehr verarbeitet Jünger seine Kriegserfahrung noch als rauschhaftes Kriegserlebnis. Erst mit der dritten Fassung von *In Stahlgewittern* von 1924 schreibt Jünger seine mittlerweile profilierte radikalnationalistische Haltung in den Text hinein. Kontinuierlich überarbeitet Jünger die *Stahlgewitter,* sodass zwischen 1920 und 1978 insgesamt sieben Druckfassungen veröffentlicht werden. Die einander zum Teil ähnlichen, zum Teil deutlich veränderten Fassungen sind ausführlich erforscht und verglichen worden. Rolf G. Renner begründet die Forschungsrelevanz der Umarbeitungen mit den »sehr unterschiedliche[n] Erfahrungen, Wahrnehmungen und Urteile[n] im Krieg«, die in ihnen vorgestellt werden und die »eine durchaus ambivalente psychische Disposition ihres Verfassers deutlich werden« lassen.[12] Drei Thesen prägen die Fassungsvergleiche:[13] erstens, dass

---

[8] Ernst Jünger: Das Wäldchen 125. Eine Chronik aus den Grabenkämpfen 1918 (= Sämtliche Werke 1, Tagebücher I), Stuttgart 2015, S. 301–438.

[9] Ernst Jünger: Feuer und Blut. Ein kleiner Ausschnitt aus einer großen Schlacht (= Sämtliche Werke 1, Tagebücher I), Stuttgart 2015, S. 439–538.

[10] Vgl. Philip Lejeune: Der autobiographische Pakt. Aesthetica, Frankfurt a.M. 1994.

[11] Das Verständnis von Ernst Jünger selbst, mit den *Stahlgewittern* einen faktualen Kriegsbericht vorgelegt zu haben, wird schon durch die paratextuellen Hinweise auf die Auflage verdeutlicht, die in dieser Form für belletristische Texte unüblich sind. So erscheint die dritte Fassung als »5., völlig neu bearbeitete und erweiterte Auflage« (Ernst Jünger: In Stahlgewittern. Historisch-kritische Ausgabe, hg. von Helmuth Kiesel, Stuttgart 2013; im Folgenden zitiert mit der Sigle IS und Seitenzahl. Verweise auf den Kommentarband dieser historisch-kritischen Ausgabe werden gesondert in Fußnoten und mit differierendem Titel nachgewiesen).

[12] Rolf G. Renner: Von der Westfront in den Kaukasus. Ernst Jüngers Kriege, in: Frick/Schnitzler (Hg.): Der Erste Weltkrieg im Spiegel der Künste, S. 123–145, hier S. 130.

[13] Helmuth Kiesel hat in seiner historisch-kritischen Ausgabe von *In Stahlgewittern* diese drei Thesen vorgestellt und die Akzentuierungen skizziert (vgl. Helmuth Kiesel: Einleitung,

die Umarbeitungen in erster Linie literarästhetischen Erwägungen folgen;[14] zweitens, dass die Fassungen der *Stahlgewitter* die veränderten politischen Positionen des Autors spiegeln;[15] und drittens eine ausgleichende Position, die die Relevanz beider Thesen betont.[16] Auch über Jüngers ersten Roman hinaus sind das Frühwerk des Schriftstellers, die Erster-Weltkriegs-Prosa sowie seine konservativ-revolutionäre Phase in der Forschung gut ausgeleuchtet.[17] Das gilt zumal für die Wandlungen in Jüngers Weltbild zwischen 1918 und 1933: Helmuth Kiesel und Heimo Schwilk zeichnen in ihren umfangreichen Jünger-Biographien den Weg des jungen Schriftstellers zum Nationalismus nach, erwähnen den Einfluss der Großschriftsteller Thomas Mann und Hugo von Hofmannsthal auf den jungen Kriegsveteranen Jünger und verweisen auf eine mutmaßliche »Lebens- oder Sinnkrise«[18] nach Kriegsende, aus der die zunehmend radikale Ablehnung der Weimarer Republik erwächst.[19]

---

in: Jünger: In Stahlgewittern, Bd. 2: Variantenverzeichnis und Materialien, S. 7–122, hier S. 109–122).

[14] Vgl. Ulrich Böhme: Fassungen bei Ernst Jünger, Meisenheim am Glan 1972.

[15] Vgl. Gerda Liebchen: Ernst Jünger. Seine literarischen Arbeiten in den zwanziger Jahren. Eine Untersuchung zur gesellschaftlichen Funktion von Literatur, Bonn 1977.

[16] Vgl. Wojciech Kunicki: Projektionen des Geschichtlichen. Ernst Jüngers Arbeit an den Fassungen von »In Stahlgewittern«, Frankfurt a.M. u.a. 1993.

[17] Neben der bereits eingeführten Studie von Karl Heinz Bohrer, *Ästhetik des Schrecklichen*, sind verschiedene Publikationen aufzuführen: Hans-Harald Müller widmet einen großen Teil seiner Habilitationsschrift dem Frühwerk Jüngers. Insbesondere *In Stahlgewittern*, *Der Kampf als inneres Erlebnis* und *Sturm* deutet er in erster Linie vor dem Hintergrund von Jüngers Biographie, etwa wenn er *Sturm* als »symbolische Korrektur seiner Autobiographie« liest (Müller: Der Krieg und die Schriftsteller, S. 273). Volker Mergenthaler nimmt die Unterschiede in der erzählerischen Verarbeitung des Ersten Weltkriegs in Jüngers früher Prosa in den Blick (vgl. Volker Mergenthaler: »Versuch, ein Dekameron des Unterstandes zu schreiben«. Zum Problem narrativer Kriegsbegegnung in den frühen Prosatexten Ernst Jüngers, Heidelberg 2001). Lars Koch liest Jüngers frühe Kriegsprosa als Versuch, die Idee eine Gegenmoderne zu entwickeln (vgl. Lars Koch: Der Erste Weltkrieg als Medium der Gegenmoderne. Zu den Werken von Walter Flex und Ernst Jünger, Würzburg 2006) und Peter Trawny widmet sich dem politischen Werk Jüngers, insbesondere dem Großessay *Der Arbeiter* (vgl. Peter Trawny: Die Autorität des Zeugen. Ernst Jüngers politisches Werk, Berlin 2009). Zuletzt hat Jörg Schnatz das Frühwerk Jüngers hinsichtlich Generationalität und Kollektivgedächtnis befragt (vgl. Jörg Schnatz: »Söhne von Kriegen und Bürgerkriegen«. Generationalität und Kollektivgedächtnis im Werk Ernst Jüngers 1920–1965, Würzburg 2013).

[18] Kiesel: Ernst Jünger, S. 140.

[19] Vgl. ebd., S. 95–102; Heimo Schwilk: Ernst Jünger. Ein Jahrhundertleben, Stuttgart 2014, S. 259–347. Darüber hinaus sind mittlerweile auch die Kriegstagebücher ediert (Ernst Jünger: Kriegstagebuch 1914–1918, hg. von Helmuth Kiesel, Stutgart 2013) und seine

Jüngers Nationalismus wird trotz des Augusterlebnisses erst in den Jahren nach dem Weltkrieg im eigentlichen Sinn zur Gesinnung, anfänglich hat Jünger eine eher »kosmopolitische Einstellung«[20] gehabt. Unabhängig vom Wandel seiner politisch-ideologischen Haltung beschreibt Jünger in seinen Kriegstexten die Veränderung des Krieges in der Moderne, weil »im Zeitalter der Technik die Mittel und Methoden der Kriegsführung einer schnelleren und gründlicheren Veränderung« unterliegen, »als sie sonst im Wechsel der feindlichen Begegnungen, die zwischen Menschen stattfanden, beobachtet worden sind«.[21] Das Urteil zur Beschleunigung des Daseins im Krieg und allgemein in der Moderne revidiert Jünger nicht mehr. 1975 notiert er in sein Tagebuch: »[S]eit etwa zweihundert Jahren muß eine stärkere Beschleunigung stattgefunden haben: Akzeleration in Potenz«.[22] Die potenzierte Akzeleration einer technisierten Moderne wird bereits in Jüngers frühen Reaktionen auf die eigenen Westfronterlebnisse ablesbar, sodass sich die folgende Untersuchung auf Jüngers erste literarische Verarbeitung des Weltkriegs *In Stahlgewittern* und die novelleske Erzählung *Sturm* von 1923 konzentriert. Wiederholt wird auf Jüngers weitere essayistische und literarische Kriegstexte Bezug genommen. Es wird zu zeigen sein, inwiefern die Notwendigkeit zur Beschleunigung im Ersten Weltkrieg Ernst Jüngers Schreiben vom Krieg im Allgemeinen und *In Stahlgewittern* im Besonderen prägt. Insbesondere soll die Relevanz der Phänomene von Plötzlichkeit auf der einen Seite und der Auflösung von Zeit und Raum auf der anderen Seite für die Beschleunigungserfahrung der Frontsoldaten mithilfe der Metapher des ›rasenden Stillstands‹ bestimmt werden. Im Zuge dessen wird das Verhältnis der Beschleunigung an der Front zum rauschhaften Kriegserlebnis

---

Reisetagebücher beforscht worden (vgl. Jan Robert Weber: Ästhetik der Entschleunigung. Ernst Jüngers Reisetagebücher [1934–1960], Berlin 2011).

[20] Kiesel: Ernst Jünger, S. 91.

[21] Jünger: Feuer und Bewegung, S. 107. Die Relevanz moderner (Maschinen-)Technik im Frühwerk Jüngers ist mehrfach untersucht worden (u.a. von Thomas Weitin: Notwendige Gewalt. Die Moderne Ernst Jüngers und Heiner Müllers, Freiburg i.Br./Berlin/Wien 2003). Die Beschleunigung steht durchaus im Zusammenhang mit Jüngers planetarischem Denken, mit dem sich Michael Auer ausführlich befasst hat (vgl. Michael Auer: Wege zu einer planetarischen Linientreue? Mediane zwischen Jünger, Schmitt, Heidegger und Celan, München 2013).

[22] Ernst Jünger: Strahlungen IV. Siebzig verweht II (= Sämtliche Werke 5, Tagebücher V), Stuttgart 2015, S. 222.

des Kriegers bzw. des Landsknechts[23] in Beziehung gesetzt. Das lässt sich auch werkgenetisch begründen, da Jünger 1923 den militärtheoretischen Essay *Über Angriffsgeschwindigkeit*[24] publiziert. Zieht man die dritte Fassung der *Stahlgewitter* von 1924 hinzu, in der Jünger starke Eingriffe in den Text vornimmt, die die *Stahlgewitter* weit näher an nationalistische Kriegsdeutungen heranrücken, ist die Frage zu beantworten: Schließt das Primat eines beschleunigten Erfahrungsraums Front einen geschichtlichen Erwartungshorizont in den *Stahlgewittern* weitgehend aus bzw. durch welche erzählerischen Operationen werden die gegenwartsbezogene Beschleunigungserfahrung und der Erwartungshorizont – der immer eine zeitliche Dauer impliziert – miteinander konfiguriert?

In einem zweiten Schritt löst sich die Arbeit von Jüngers Erstling und fokussiert die eigentümliche Erzählung *Sturm* von 1923. Eigentümlich ist bereits, dass Jünger die Erzählung jahrzehntelang vergisst, obwohl er mit ihr ein erstes Mal literarische Höhe erreicht. *Sturm* erscheint 1923 noch mit der Gattungsbezeichnung ›Roman‹.[25] Nachdem Jünger sie bis Ende der 1950er-Jahre aus den Augen verloren hat, wird sie erst im Zuge der Vorbereitung der ersten Werkausgaben wiederentdeckt und nun den Erzählungen zugeordnet. *Sturm* zeugt von einer veränderten Haltung Jüngers gegenüber dem Ersten Weltkrieg. In deutlich geringerem Maße als *In Stahlgewittern* oder *Der Kampf als inneres Erlebnis* ist *Sturm* dem ›Kriegserlebnis‹ verpflichtet.[26] Die Mehrdeutigkeit der Erzählung wird schon dadurch provoziert, dass kein autobiographischer Pakt mehr impliziert wird, wie noch in den *Stahlgewittern*, sondern eine rein fiktionale Erzählsituation vorliegt. Der Erzähler und seine

---

[23] Ernst Jünger wählt im siebten Kapitel von *Der Kampf als inneres Erlebnis* den Begriff ›Landsknecht‹ als Bezeichnung für den Typus des Kriegers (vgl. Ernst Jünger: Der Kampf als inneres Erlebnis, in: ders: Betrachtungen zur Zeit [= Sämtliche Werke 9, Essays I], Stuttgart 2015, S. 9–103).

[24] Vgl. Kiesel: Ernst Jünger, S. 163.

[25] Hans-Harald Müller erwähnt in seiner Habilitation, dass *Sturm* 1923 von Jüngers erstem Verlag E.S. Mittler & Sohn noch mit der Gattungsbezeichnung ›Roman‹ publiziert wurde (vgl. Müller: Der Krieg und die Schriftsteller, S. 254).

[26] Renner differenziert auch noch einmal zwischen den *Stahlgewittern* und *Der Kampf als inneres Erlebnis, Das Wäldchen 125* sowie *Feuer und Blut*, die »den Krieg Jahre später mit monomanischem Pathos und in einer geradezu orgiastischen Sprache« darstellen. Gerade der *Kampf als inneres Erlebnis* liefere 1925 eine literarprogrammatische Vorgabe für Jüngers weitere Texte zum Ersten Weltkrieg, da sie »eine zeitdiagnostische Linie mit einem anthropologischen Urteil« verbindet und »aus beiden zugleich eine literarische Schreibstrategie« destilliert (Renner: Von der Westfront in den Kaukasus, S. 131).

Kameraden entwickeln in *Sturm* einen neuen Umgang mit der Beschleunigung an der Front. Es ist zu fragen, ob das Leben an der Front angesichts der Beschleunigungserfahrung im Vergleich zu den frühen Fassungen von *In Stahlgewittern* weniger affirmativ erzählt wird und welche Antworten auf die Frage nach den Möglichkeiten individualistischen Daseins im Text angelegt sind: Wenn der titelgebende Leutnant Sturm und seine zwei Kameraden Döhring und Hugershoff ihr Dasein als Frontkämpfer nicht mehr über den Rausch des Kriegserlebnisses rechtfertigen können, wie reagieren sie dann auf den Beschleunigungsimperativ an der Front? Es soll im Zuge der Beantwortung dieser leitenden Frage gezeigt werden, dass sich auch in *Sturm* Spuren geschichtsideologischer Vorstellungen nachweisen lassen – und dass *Sturm* somit bereits auf die konservativ-revolutionäre Phase im Schaffen Jüngers vorausdeutet.

1 ›Die gesteigerte Aufregung des Jägers und die Angst des Wildes‹. Die Funktion der Beschleunigung für das ›Kriegserlebnis‹ in den *Stahlgewittern*

In Stahlgewittern erzählt das Leben an verschiedenen Schauplätzen der Westfront aus der Perspektive eines autodiegetischen Ich-Erzählers. Seine zahlreichen Verwundungen werden ebenso thematisiert wie abenteuerliche ›Heldentaten‹. Während der Frontkämpfe sind der Ich-Erzähler und seine Kameraden der maschinellen Beschleunigung der Moderne ausgesetzt. Entscheidende Bedingung für die Erfahrung von Beschleunigung und den Umgang mit ihr sind in den *Stahlgewittern* die Sinnesorgane der Frontsoldaten, insbesondere das visuelle und das auditive Wahrnehmungsvermögen. In *Der Kampf als inneres Erlebnis* beschreibt Jünger eine solche geschärfte Sinneswahrnehmung. Die Sinne registrieren exakt, »wenn vorn zwei Drähte aneinander schwangen, ein Steinchen rollte, ein Rauschen das hohe Gras durchglitt«, wobei sich generell »Auge und Ohr bis zum Schmerz« schärft.[27] Nur wenn die Sinne in höchstem Maße sensibilisiert sind und die Soldaten »unbewußt auch das Nebensächlichste« (IS 422) erfassen, steigern sie die Wahrscheinlichkeit ihres eigenen Überlebens: »Leuchtet es an bestimmten Stellen des feindlichen Hinterlandes, so springen alle Posten von ihren Ständen und verschwinden.

---

[27] Jünger: Der Kampf als inneres Erlebnis, S. 29.

Sie wissen aus langer Erfahrung ganz genau, wo die Geschütze stehen, die auf den Abschnitt C eingerichtet sind.« (IS 112) Die frühzeitige Sichtbarkeit bedroht die Frontsoldaten aufgrund der überlegenen feindlichen Luftaufklärung.[28] Sehen und Nicht-Gesehen-Werden sind angesichts der maschinellen Beschleunigung zwei Verhaltensimperative für die Frontsoldaten. Die Kategorie der Sichtbarkeit gehört in den Kontext dessen, was Jünger ein Jahrzehnt später in seinem Essay *Feuer und Bewegung* ausführt. Dort stellt er die Feuerkraft neben die Bewegungsmacht. Zusammen begreift er sie als die zwei entscheidenden Kriterien moderner Kriegsführung. Jünger geht mit Bezug auf den Deutsch-Französischen Krieg von 1870/71 von einem ehemaligen militärischen Ideal eines Bewegungskriegs aus, das im Ersten Weltkrieg durch die »wachsende Kraft, die das Feuer der Bewegung entgegenzusetzen hatte«,[29] überholt wird. Bereits im Burenkrieg und im Russisch-Japanischen Krieg habe sich diese Entwicklung angedeutet, deren »Kennzeichen darin besteht, daß beide Gegner, im Besitz eines Höchstmaßes an Feuerkraft, fast bewegungsunfähig sind«.[30] Je geringer die Feuerkraft, desto größer die Möglichkeit zur Bewegung seitens der Soldaten, desto eher können sie angreifen oder sich zurückziehen. Die immense Feuerkraft jedoch verhindere jede Bewegung und stellt die Soldaten gewissermaßen still. Diese Stillstellung hat laut Jünger die zeitliche wie räumliche »Streckung des Krieges«[31] zur Folge. Auf die maschinelle Erhöhung der Feuerkraft folge eine maschinell erhöhte Bewegung, um »erstarrte Aufstellungen mit neuen Mitteln zu durchbrechen«, wie es in der Geschichte schon »mit Pferden, Panzern, Kriegswagen, Elefanten, keilförmigen Kolonnen«[32] geschehen sei. Zu dieser wechselseitigen Bedingtheit von ›Feuer und Bewegung‹ tritt das Kriterium der Sichtbarkeit hinzu, da es das Verhältnis beider Größen beeinflusst. Auch in den *Stahlgewittern* provoziert Sichtbarkeit Feuer auf der einen und Beschleunigung auf der anderen Seite der Front, während vorhandene Deckung Stillstand bedeutet: »Wir gingen

---

[28] Jünger erwähnt auch die kriegstaktische und nicht nur individuelle soldatische Bedeutung des Verhinderns feindlicher Aufklärung, wenn er an anderer Stelle betont, dass »unsere Flugzeuge Sperre« flogen, »um den feindlichen den Einblick zu verwehren« (IS 496). Später wird den Posten es bei Strafandrohung verboten, für militärische Grüße »das Gesicht vom feindlichen Graben abzuwenden« (IS 578). Das eigene Bemühen um Sichtbarmachung des Gegners spiegelt u.a. ein »Scherenfernrohr, durch das ich die mir wohlbekannte vordere Linie beobachten konnte« (IS 268).
[29] Jünger: Feuer und Bewegung, S. 109.
[30] Ebd.
[31] Ebd., S. 113.
[32] Ebd., S. 115.

unwillkürlich in Laufschritt über, um den toten Winkel des vor uns liegenden Hügels zu gewinnen.« (IS 334) Trotz dieser Relevanz der Sichtbarkeit ersetzt die auditive Wahrnehmung vielfach das Primat des Visuellen. Denn die feindlichen Geschosse fliegen im Normalfall zu schnell, um mit dem Auge erfasst werden zu können, oder sind in den Schützengräben nicht sichtbar. Die Verhaltensimperative Sehen und Nicht-Gesehen-Werden können nicht mehr befolgt werden und die Soldaten bedienen sich ihres Gehörs, um die Ereignisse an der Front sinnlich zu erfassen.
Bereits zu Beginn von *In Stahlgewittern* erwähnt der Erzähler nach einem ersten tödlichen Granateinschlag die »zahlreichen Gehörstäuschungen« (IS 32), die ihn in der Folge begleiten und die von seiner nervlichen Belastung zeugen. Gleichwohl sind diese »Gehörstäuschungen« in erster Linie auf die Geschwindigkeit der heranfliegenden Granate und weniger auf ihre Explosion zurückzuführen. Es erinnert nicht etwa das Knattern von Motoren an die Explosion der Granate, sondern in der Wahrnehmung des Ich-Erzählers wird »das Rollen jedes vorüberfahrenden Wagens in das fatale Geräusch der Unglücks-Granate verwandelt[ ]« (IS 32). Die Sinnestäuschungen zeugen sowohl vom nervlichen Zustand der Soldaten als auch von der Bedeutung auditiver Wahrnehmung des Beschusses vor jeder Explosion: »Jeder lauschte mit jener seltsamen Spannung, die das ganze Fühlen und Denken auf das Ohr konzentriert, dem gezogenen Heranheulen der Geschosse.« (IS 208) Oftmals ist gar keine Sinneswahrnehmung der heranfliegenden Granaten mehr möglich. Auch das »leichte [...] Flattern«, das der Erzähler als Sinneseindruck des Frontveteranen beschreibt, verweist wohl weniger auf die Sinne des Hörens oder des Sehens, sondern metaphorisiert die Nervosität an der Front, indem es den unruhigen Gemütszustand der Soldaten während des Beschusses mit dem nicht sinnlich wahrnehmbaren Luftzug eines noch weit entfernten Geschosses identifiziert. Das heißt: Weil die Fluggeschwindigkeit der Geschosse eine Reaktion verhindert, wird die Reduktion der Sinne auf das Gehör synästhetisch gesteigert. Dem Erzähler bleibt situativ nur die Synästhesie, um die Darstellung des Nicht-mehr-Wahrnehmbaren zu bewältigen. Dass die für Fluggeräusche sensibilisierten Sinne jedoch im Zweifelsfall das eigene Leben nicht verlängern, verdeutlicht der Erzähler kurze Zeit später:

> Mir blieb der Atem aus, denn ich wußte Bruchteile von Sekunden vorher aus dem immer schärfer werdenden Heulen, daß der absteigende Ast der Geschoßkurve unmittelbar bei mir enden mußte. Gleich darauf wuchtete neben meiner Fußsohle ein schwerer Aufschlag, weiche Lehmfetzen hochschleudernd. Gerade diese Granate ging blind. (IS 228)

Eine ähnliche Situation endet weniger glimpflich: »Da pfiff es wieder hoch in der Luft; jeder hatte das zusammenschnürende Gefühl: die kommt hierher! Dann schmetterte ein betäubender, ungeheurer Krach; – die Granate war mitten zwischen uns geschlagen.« (IS 504) Infolge der »geradezu beängstigende[n] Rasanz« (IS 170) der Geschosse bleibt keine Zeit mehr für eine potentiell lebensrettende Reaktion: Die Soldaten sind der beschleunigten Technik ausgeliefert. In *Das Wäldchen 125* sublimiert der Erzähler dieses Ausgeliefertsein in einem Traum:

> Wir sind zu zweit; auf der Schiene zu meiner Linken werde ich durch einen Freund verfolgt, der mich mit der Hand berühren will. Stärker noch als unsere tödliche Geschwindigkeit beängstigt mich der Anblick einer großen birnenförmigen Bombe, die sich neben uns auf der Straße mit einer unheimlichen, federnden Sicherheit bewegt. […] [I]n einem umsichtigen Augenblick gelingt es mir, das Spiel zu durchschauen. Das Geschoß steht auf Zündung, und es fehlt nur noch ein winziger Kontakt, der sich auslösen wird, sowie mein Freund mich berührt. Je mehr ich jedoch die Geschwindigkeit steigere, um dem zu entrinnen, desto sicherer spielt sich die Mechanik ein. Vergebens suche ich ihm Erklärungen zuzurufen; wir haben bereits eine Fahrt erreicht, die die Geschwindigkeit des Schalls übertrifft.[33]

Wenngleich die ›rasende‹ Bombe den träumenden Erzähler körperlich unversehrt zurücklässt, symbolisiert sie die Unmöglichkeit, den Geschossen zu entkommen. Zwar unterliegen die Minen und Granaten anders als die ins Unendliche beschleunigte Bombe des Traumes den Gesetzen der Ballistik, doch können sie an der Front kaum noch und nur von erfahrenen Frontsoldaten wahrgenommen werden: »Den Grad der Notwendigkeit [von Deckung, J.W.] kann allerdings nur der Kriegserfahrene beurteilen, der den Endpunkt der Geschoßkurve schon im Gefühl hat, ehe der Neuling noch das leichte, ankündigende Flattern wahrnimmt.« (IS 362) Die Betonung des ›Gefühls‹ bei der Wahrnehmung feindlicher Geschosse verweist auf die zunehmende Unsicherheit eigener Sinneswahrnehmung und ersetzt die Empirie der Sinne durch Mantik.

Bis zum Romanende bleiben die auditiven Sinneseindrücke konstitutiv für die Fronterfahrung, noch im Hinterland wird die Front vor allem durch ihr dauerhaftes »[W]ummern« (IS 614) charakterisiert. Vom Primat des Auditiven gegenüber dem Visuellen zeugt auch die Charakterisierung eines Hohlwegs als »zertrommelt[ ]« (IS 218), die auf den Begriff des Trommelfeuers

---

[33] Jünger: Das Wäldchen 125, S. 398f.

rekurriert. ›Trommelfeuer‹ wird als Metapher für massiven, lärmenden und stakkatohaften Artilleriebeschuss gebraucht, wobei der Begriff die Relevanz des Auditiven hervorhebt. Das Adjektiv ›zertrommelt‹ ist nicht mehr auf das Gehör zu beziehen, da das einen Sinneswahrnehmungsprozess bedingen würde. Es übersetzt vielmehr die Frequenz der Geschosse und ihre hörbare Geschwindigkeit in den sichtbaren Zustand des Hohlwegs. Die Metapher des ›zertrommelten‹ Hohlwegs umfasst noch eine weitere Ebene: der Bildspender der Metapher verweist auf die Trommel, ein Rhythmusinstrument. Diese Anspielung auf die Rhythmik des Krieges lässt sich auf die Westfront insgesamt übertragen, die in den *Stahlgewittern* verschiedenen Rhythmen folgt: neben dem der Artillerie und den »langsamen Takte[n] des Walzwerks der Front« (IS 26) u.a. dem der Jahreszeiten und dem des eigenen Atems. Dennoch: Der zentrale Rhythmus bleibt in der Erfahrungswelt der Frontsoldaten der von Feuer und Bewegung.[34] Den Artilleriebeschusses nehmen sie vor allem wahr, wenn sie sich nicht bewegen können und den Beschuss in Bunkern und Häusern ertragen müssen. Während sie hoffen, nicht getroffen zu werden, können sie nur »die Zeit zwischen den Einschlägen« (IS 214) zählen und rhythmisieren. Indem der Krieg durch den regelmäßigen Beschuss rhythmisiert wird, geht jeder Übergang von einem Ruhezustand in den Zustand höchster Beschleunigung und zurück verloren: Die Soldaten sind einer ubiquitären Beschleunigung ausgesetzt. So sorgt ein Posten, der von einem Scharfschützen getroffen wird, nur für einen Moment für Aufregung, bevor »alles wieder beim Alten« (IS 116) ist und »jeder […] seiner Beschäftigung nach[geht]« (IS 116). Das gilt *vice versa* für die Beschleunigung aus einem Ruhezustand heraus. An einem Morgen wird der Erzähler aus seinem Schlaf »in taufeuchtem Grase« in höchster Eile von den Kameraden geweckt und sie stürzen gemeinsam durch »die sausende Garbe eines Maschinengewehrs« (IS 66) in ihren Laufgraben. Neben der Un-Sichtbarkeit für den Feind kann nur die beschleunigte Bewegung des eigenen Körpers an der Front ein Mindestmaß an Sicherheit herstellen. Denn trotz aller gesteigerten Intensität ihrer Sinne können sich die Frontsoldaten weder auf die Präzision noch auf die Rechtzeitigkeit ihrer Wahrnehmung verlassen.

---

[34] In *Feuer und Blut* beschwert sich der Erzähler darüber, dass er mit einem Stoßtrupp »die Stellung nehmen und über sie hinweg den Vorstoß in die Tiefe fortsetzen« (Jünger: Feuer und Blut, S. 521) soll. Genau das allerdings ist ohne Feuerunterstützung nicht möglich, weswegen auf die Feststellung »Von Artillerie ist nichts gesagt« die Prophezeiung folgt »Er [der Gegner] wird uns abschießen wie Rebhühnchen« (ebd.).

Paul Virilio hat für diese Form einer enorm beschleunigten (visuellen) Wahrnehmung, die nicht mehr zuverlässig Wirklichkeit abzubilden vermag, den Begriff der Belichtungsgeschwindigkeit vorgeschlagen: »[D]ie Zeit der Chronologie und der Geschichte, *die vorübergeht,* wird ersetzt durch eine Zeit, die *sich belichtet,* die sich der absoluten Geschwindigkeit des Lichts aussetzt. [...] Die Zeit, nach Leibniz die *Ordnung der Abfolge,* wird mit Einstein die *Ordnung der Belichtung.*«[35] Virilio beschreibt mittels der Kategorie der Belichtung das Ende einer ausgedehnten, extensiven Zeit, an deren Stelle das Erleben intensiver, auf den Augenblick ausgerichteter Zeit rückt:

> Der Zeit, die vorbeigeht, entsprach einst eine extensive Zeit, die der Ephemeriden und der Kalender, die die Kantsche These der Unsichtbarkeit der Zeit vollständig rechtfertigte. Der Zeit, die sich augenblicklich belichtet, entspricht jetzt eine intensive Zeit, die der Chronoskopie der ›relativistischen ewigen Gegenwart‹, eine integrale Optik [...], bei de[r] die aufeinanderfolgenden Augenblicke der Zeit gleichzeitig präsent sind in einer einzigen Wahrnehmung, die aus diesen aufeinanderfolgenden Augenblicken eine Landschaft von Ereignissen machen würde.[36]

Bezieht man diesen Befund auf *In Stahlgewittern,* wird nachvollziehbar, dass die Sinneswahrnehmungen keine zuverlässige Frontrealität mehr abbilden können und eine ausschließlich auf die Gegenwart der Fronterfahrung ausgerichtete Erzählung nach sich ziehen. Die extensive Zeit des zivilen Lebens wird durch die intensive, ästhetische Zeit der Front ersetzt. Vor diesem Hintergrund erhalten die unterschiedlichen Rhythmen des Krieges in den *Stahlgewittern* eine weitere Funktion. Sie organisieren gewissermaßen die Dauer einzelner, immer gegenwärtiger ›Ereignislandschaften‹. Die Gegenwart der Zeit ersetzt ihre Dauer. Das hat Folgen für die Frontsoldaten. Neben der Sinneswahrnehmung wird auch die zeitliche Chronologie unzuverlässig. Sie können sich weder an einer zeitlichen Dauer noch an ihrer eigenen Wahrnehmung orientieren und verlieren gewissermaßen die Dauer von Zeit als eine die Persönlichkeit stabilisierende Kategorie.

> ›Wirkliches‹ und ›Bildhaftes‹ werden visuell vertauschbar, so daß wir auf den Betrachter zurückverwiesen werden, der hier und jetzt physisch präsent ist: das einzig Beständige in dieser Illusionswelt. Sein Körper wird zum Zeugen, zum einzigen Stabilitätsmoment inmitten einer virtuellen Umgebung.[37]

---

[35] Virilio: Rasender Stillstand, S. 70f., Hervorhebung im Original.
[36] Ebd., S. 74.
[37] Virilio: Revolutionen der Geschwindigkeit, S. 49.

Der letzte Garant von psychophysischer Stabilität ist für die Frontsoldaten der eigene Körper und ihre Körperwahrnehmung.[38] Auch wenn die Front den Soldaten als ›Illusionswelt‹ erscheint, der nicht vertraut werden kann, bleiben ihnen lediglich ihre Körperwahrnehmung und ihre Sinneseindrücke, um eine eigene Lebenswirklichkeit an der Westfront zu konstruieren. In *Der Kampf als inneres Erlebnis* führt Jünger aus, dass auf dieser Grundlage die Wahrnehmung des Krieges als Rausch und die Ekstase des ›Kriegserlebnisses‹ entstehen und dass der Soldat zum kriegerischen ›Landsknecht‹ wird, der den Kriegszustand als Daseinsform begreift. Er richtet sein Leben nicht mehr auf eine Zukunft aus, sondern ausschließlich auf eine möglichst hohe Intensität der Gegenwart. Das spiegelt sich formal im parataktisch gehetzten Satzbau:

> Dann kam, nur dem Rassigsten vergönnt, der Rausch vor der eigenen Kühnheit. Es gibt nichts Tathafteres als den Sturmlauf auf Feldern, über denen des Todes Mantel flattert, den Gegner als Ziel. Das ist Leben im Katarakt. Da gibt es keine Kompromisse; es geht ums Ganze. [...] Das Gerade ist das Gewaltige.[39]

Vergleichbares gilt auch für *In Stahlgewittern*. Der Erzähler bewegt sich in teilweise derart gemächlichem Tempo, dass er die Todesgefahr, in der es »ums Ganze« geht, geradezu herausfordert, um sich durch sein leichtsinniges Verhalten zum ›übermenschlichen‹ Führer im Sinne Nietzsches zu stilisieren.[40]

> Da ich in meinem unverbesserlichen Phlegma ganz langsam durch den Graben schlenderte, begegnete es mir, daß ich, nur 50 Meter vom Kompanieführer-Unterstand entfernt, noch einmal in einen wahnsinnigen Feuerüberfall geriet und [...] das Unwetter über mich ergehen lassen mußte. (IS 184)

»blasse, sinnlose Angst«. Die Folgen der Plötzlichkeitserfahrung

Während die eigene Beschleunigung zumindest theoretisch dem Willen des Individuums unterliegt, konfrontiert die Kategorie der ›Plötzlichkeit‹ die Frontsoldaten Karl Heinz Bohrer zufolge immer wieder mit »etwas,

---

[38] Hier scheint mir ein wesentlicher Ansatzpunkt für Klaus Theweleits bereits angeführter Studie zu den *Männerphantasien* zu liegen.
[39] Jünger: Der Kampf als inneres Erlebnis, S. 51f.
[40] An wenigen anderen Stellen wird diese Selbststilisierung als angstfreier Führer spürbar, etwa wenn der Erzähler zeitweise allmorgendlich den feindlichen Beschuss ignoriert, in seiner Unterkunft liegenbleibt und erst ohne Eile aufzustehen scheint, wenn »eine Schrapnellkugel durch die Wand geflogen« (IS 330) ist.

mit dem das Bewußtsein nicht rechnet«.[41] Das betrifft zuerst die Kategorie der fehlenden Sichtbarkeit. Nachdem der Erzähler im Morgentau geweckt worden ist, springt er »aus dem Graben und st[eht] vor einer zusammengeschrumpften französischen Leiche. Fischartiges verwestes Fleisch leuchtete grünlichweiß aus zerfetzter Uniform. Mich umwendend prallte ich entsetzt zurück: Neben mir kauerte eine Gestalt an einem Baum.« (IS 66) Wenngleich der Anblick von Leichen an der Front ebenso erwartbar ist wie feindlicher Granatbeschuss, kann sich der Einzelne nicht darauf einstellen und ist der Plötzlichkeit ihres Auftretens ausgeliefert. Karl Heinz Bohrer definiert in der *Ästhetik des Schrecklichen* Plötzlichkeit als Reduktion der »Kontinuität der Zeit, ihre[r] Absehbarkeit, bis auf einen einzigen Punkt«.[42] Die Erfahrung von Plötzlichkeit ist geprägt von der Feststellung »Es bleibt keine Zeit mehr«[43] und geradezu konstitutiv für die Darstellung der Westfronterfahrung in Jüngers Kriegstexten, insbesondere in den *Stahlgewittern*. Dafür bürgt nicht nur die häufige Verwendung des Adjektivs ›plötzlich‹ im Romanverlauf, sondern auch die Kontinuität des Unerwarteten, des Nicht-Kontinuierlichen an der Front, die Bohrer als »eine Absage an Kontinuität des Zeitbewußtseins«[44] versteht. Einem Leutnant, der die Front fotografiert, zerschmettert, als »er sich umdrehte, um wieder vom Postenstand herunterzusteigen, [...] ein Geschoß den Hinterkopf. Er starb augenblicklich.« (IS 124) Das ist nicht frei von Ironie, soll doch ausgerechnet dieser Fotograf die Front sichtbar machen, um unbemerkte Angriffe zu verhindern. Das einzelne Geschoss und der gegnerische Scharfschütze können jedoch nicht sichtbar gemacht werden. Statt dass er die Front dokumentieren könnte, ereilt den Fotografen der plötzliche Tod an der Front. Solche unvermittelt und plötzlich eintretenden Ereignisse sind durch die Distanzierung des Erzählten, das im Präteritum präsentiert wird, erwartbar geworden – der Erzähler berichtet von diesen Ereignissen in einem sachlichen und lakonischen Ton.[45] Sogar die eigene Verwundung beschreibt der Erzähler zwar als »furchtbaren Schlag« (IS 482), auf den allerdings keine überraschte Reaktion, sondern vielmehr die ›Ernüchterung‹[46] folgt. Diese

---

[41] Bohrer: Ästhetik des Schrecklichen, S. 189.
[42] Ebd., S. 331.
[43] Jünger: Das Wäldchen 125, S. 404.
[44] Bohrer: Ästhetik des Schrecklichen, S. 332.
[45] Kiesel weist auf die Nähe Jüngers zum sachlichen Erzählen in den *Stahlgewittern* hin, vgl. Kiesel: Ernst Jünger, S. 177f.
[46] Dieses schlagartige Ernüchtern des Erzählers kontrastiert das zuvor rauschhafte Erleben des ›Augenblicks der Schlacht‹.

erzählerische Strategie verhindert gleichwohl nicht, dass die Soldaten der Plötzlichkeitserfahrung ausgeliefert sind. Noch im Hinterland herrscht der Zustand des Plötzlichen:

> Eine [Beschießung] überraschte uns gerade während einer Offiziersbesprechung [...] in einem Obstgarten. Trotz der Gefahr bot es einen Anblick von überwältigender Komik, zu sehen, wie die Gesellschaft auseinanderspritzte, auf die Nase fiel, sich mit unglaublicher Geschwindigkeit durch die Hecken zwängte und blitzschnell in allen möglichen Deckungen verschwunden war. (IS 198)

Die Komik dieser Situation, die der Erzähler anführt, kann mit Wolfgang Isers Theorie des komischen Kipp-Effekts in gleich doppelter Hinsicht beschrieben werden.[47] Einerseits wird die Offiziersbesprechung über den Krieg durch den Gesprächsgegenstand selbst verhindert, andererseits wird die Amtswürde der Offiziere durch ihre panische Flucht vor dem Beschuss ironisch kommentiert. Zudem kippt die Perspektive des Erzählers, da er sich erzähltechnisch in eine distanziert-überlegene Beobachterperspektive versetzt, gleichzeitig aber selbst zu den Offizieren gehört, die durch ihre Hektik »auseinanderspritzte[n]« und »auf die Nase« fallen. Das heißt: Der Erzähler Jünger distanziert diese plötzlichen Ereignisse ironisch. Die erzählten Figuren – auch der *erzählte* Protagonist Jünger – hingegen verarbeiten gezwungenermaßen jedes unvorhersehbare Ereignis als Einbruch des Plötzlichen in ihre Lebensrealität. Da die Sinne durch die Beschleunigung so stark eingeschränkt sind, dass sie die Wahrnehmung feindlicher Geschosse nicht mehr oder kaum noch ermöglichen, wird den Soldaten die Zeit genommen, den konkreten Beschuss wahrnehmen und sich auf ihn vorbereiten zu können.

Damit wird ebendas vorbereitet, was in der vorliegenden Arbeit mit Virilio als ›rasender Stillstand‹ definiert worden ist. Zwar liegt hier noch kein räumlicher Stillstand vor, wohl aber wird bereits »die Identität der Person jäh unterbrochen«:[48] Die Offiziere verhalten sich als ranghohe Militärs unangemessen, um ihr Leben zu retten. Wenn der Erzähler seine erste Verwundung als plötzliches Ereignis innerhalb einer höchst beschleunigten Situation beschreibt,[49] das ihm zunächst eine vollständige Neuorientierung der eigenen

---

[47] Vgl. Wolfgang Iser: Das Komische: ein Kipp-Phänomen, in: Wolfgang Preisendanz/Rainer Warning (Hg.): Das Komische. Poetik und Hermeneutik VII, München 1976, S. 398–402.
[48] Bohrer: Ästhetik des Schrecklichen, S. 369.
[49] »Wir sprangen hoch und rannten blindlings, von Blitzen und betäubendem Luftdruck gehetzt, von Baum zu Baum, Deckung suchend und wie gejagtes Wild riesige Stämme

Situation abnötigt, weist das auf den Verlust von Zeit- und Raumgefühl hin. Gleichwohl bewegt sich der Erzähler selbst in höchstem Tempo. Doch er kann sich weder temporal noch lokal zuverlässig orientieren:

> Plötzlich blitze es in dem weit ausgreifenden Wurzelwerk und ein Schlag gegen den linken Oberschenkel warf mich zu Boden. Ich glaubte, von einem Erdklumpen getroffen zu sein, doch belehrte mich reichlich strömendes Blut bald, daß ich verwundet war. […] Ich warf meinen Tornister fort und rannte dem Graben zu, aus dem wir gekommen waren. Von allen Seiten strebten Verwundete aus dem beschossenen Gehölz strahlenförmig darauf zu. Der Durchgang war entsetzlich von Schwerverwundeten und Sterbenden versperrt. Eine bis zum Gürtel entblößte Gestalt mit aufgerissenem Rücken lehnte an der Grabenwand. Ein anderer, dem ein dreieckiger Lappen vom Hinterschädel herabhing, stieß fortwährend schrille, erschütternde Schreie aus. – Und immer neue Einschläge. Ich will offen gestehen, daß mich meine Nerven restlos im Stich ließen. Nur fort, weiter, weiter! Rücksichtslos rannte ich alles über den Haufen. […] Ich hatte ganz einfach Angst, blasse, sinnlose Angst. (IS 80–82)

Derartige Begebenheiten sind symptomatisch für *In Stahlgewittern*, weil der Erzähler der Beschleunigung und der Erfahrung von Plötzlichkeit unterliegt. Die Beschleunigung wird für den Erzähler derart hoch, dass er nicht mehr reagieren kann: Er wird verwundet. Die Verwundung zwingt ihn zu einer noch höheren Beschleunigung, um räumliche Distanz zur Front und zum Ort des Beschusses herzustellen und sein Leben zu retten.[50] Während der Erzähler auf der Flucht in den Graben zurückkehrt, vergegenwärtigt er die Szene, indem er einzelne Sinneseindrücke von Verwundeten schildert und den andauernden Beschuss erwähnt. Zeit und Raum werden nivelliert und die Nervenbelastung wird durch die Verwundung, die Granateinschläge und den Anblick der Verwundeten augenblicklich zu hoch.[51] Gleichzeitig erachtet der Erzähler seine ängstliche, nervlich-emotionale Reaktion auf die

---

umkreisend.« (IS 80)

[50] Später zeigt ein fehllaufender Angriff, der erwartet wird und in einen Gegenangriff der Briten läuft, dass die Richtung dieser Beschleunigung relevant ist. Während der Erzähler »Fersengeld in der Richtung auf unsern Graben« gibt, werden »die anderen Leute, die nach vorn ausgewichen waren […] umringt« (IS 602).

[51] An anderer Stelle berichtet der Erzähler über den Leutnant Kius, der »Bruchstücke des schönen Liedes vom schwarzen Walfisch zu Askalon« singt und zwar kurzzeitig »für übergeschnappt« gehalten wird, dessen Verhalten dann jedoch als »eigenes Nervenberuhigungsmittel« (IS 386) akzeptiert wird.

Front als ›sinnlos‹. Diese Feststellung löst den Beschleunigungsimperativ an der Front von jeder Sinngebung des Kriegs.[52]

»Ewig Krieg, ewig Gefahr«. Zur Auflösung von Zeit und Raum

Dass in den *Stahlgewittern* die Dimensionen von Zeit und Raum entgrenzt werden, mag zunächst überraschen, weil Jünger *In Stahlgewittern* erzähltechnisch nach den chronologischen Darstellungsprinzipien eines faktualen Berichts von der Front organisiert. In seiner »gewissenhafte[n] Chronik« (IS 122) benennt er militärische Abteilungen, zahlreiche exakte Daten und präzise Uhrzeiten; und er reflektiert die Genese seiner Kriegserinnerungen aus seinen Tagebuchnotizen. Diese sachlichen Passagen der *Stahlgewitter* grenzen den Kriegsbericht des Autoren und Leutnants Jüngers von den expressionistisch anmutenden Passagen des romanesken und durch einen Erzähler präsentierten ›Kriegserlebnisses‹ ab.[53]
Die sachlichen Verweise auf einzelne Daten und exakte Uhrzeiten ermöglichen es dem Erzähler, sich trotz höchster Anspannung eine konsistente Wahrnehmung der äußeren Wirklichkeit aufrechtzuerhalten: »Mein Gehirn klammerte sich nur noch durch die Zahl 9^{40} Uhr an die Wirklichkeit.« (IS 514) Im Unterschied zur Zeitfixiertheit der referierenden Passagen zeichnen sich die romanesken Teile von *In Stahlgewittern* durch das Fehlen exakter Zeitangaben aus. Findet der Erzähler einmal keinen Halt an äußerer Zeitmessung, zerrinnt ihm die Zeit sprichwörtlich zwischen den Händen. Der Erzähler erhält situativ den Eindruck einer »Ewigkeit des Grabens«.[54]
Interessanterweise wendet Jünger in der zweiten Fassung der *Stahlgewitter* diese zeitliche Entgrenzung des Krieges ins Positive und beschreibt sie als konstitutiv für den Typus des Kriegers:

---

[52] Die Passage über seine rücksichtslose, angsterfüllte wie sinnlose Flucht hat Jünger gemäß seiner neuen poetologischen Vorstellungen 1924, die ein von nationalem Sinn erfülltes Kriegserlebnis vorsehen, gestrichen und durch den Vergleich ersetzt, er sei »wie ein durchgehendes Pferd durch dichtes Unterholz« (IS 83) geflohen.
[53] Vgl. Kiesel: Ernst Jünger, S. 161. Während der Leutnant Jünger sachlich und kontrolliert vom Krieg berichtet, erzählt der Schriftsteller Jünger ihn als rauschhaftes Erlebnis des Kriegers. Dieser Krieger erlange jedoch außerhalb des Kampfrausches wieder souveräne Kontrolle über sich und könne vom Krieg berichten.
[54] Jünger: Der Kampf als inneres Erlebnis, S. 32.

> In solchen Augenblicken [während schwerer Beschießungen, J.W.] beschlich mich eine Stimmung, die mir bislang fremd gewesen war, eine gewisse Dekadenz kriegerischen Empfindens, aus der übermäßigen Länge gesteigerten Erlebens heraus geboren. Ewig Krieg, ewig Gefahr, alle Nächte von Feuer durchzuckt. (IS 578)

Vergleichbar lässt sich das Verhältnis des Erzählers zum Raum des Krieges beschreiben. Einerseits vermisst der Erzähler die Front sachlich und souverän »mit dem Zollstock in der Hand« (IS 148) und orientiert sich mit penibel nachgehaltenen Landkarten.[55] Das erscheint aufgrund der Frontstruktur als »Völkerscheide« (IS 516) und den verschiedenen Stellungen in unterschiedlichen Linien als militärisch sinnvoll. Eine solche strikte räumliche und zeitliche Orientierung wird allerdings zunehmend brüchig. Der Erzähler selbst kritisiert Befehle, die nur aufgrund von Kartenansichten getroffen worden seien. Angesichts des dauerhaften Artilleriebeschusses und einer ständig veränderten Front geben, so der Vorwurf, Landkarten die Kriegswirklichkeit kaum wieder: »Ich hegte den Verdacht, daß der Angriff von hinten nach der Karte befohlen war, denn wer das Gelände vor Augen hatte, konnte keine derartigen Anordnungen treffen.« (IS 592) Der Versuch einer rational exakten räumlichen Orientierung wird nicht zuletzt in der Erzähllogik fraglich, wenn der Erzähler von Leichenhaufen berichtet, die zu Wegmarken werden. Sofern man sich nurmehr »durch den Merkpunkt einer auffälligen Leichengruppe« (IS 216) orientieren kann, deutet das auf die Diffundierung des Frontraumes hin, die sich zum völligen Orientierungsverlust auswächst:[56] »Da mir nicht einmal klar war, wo der Feind ungefähr sein könnte, begab ich mich zu meinen Leuten und riet ihnen, sich auf das Schlimmste gefaßt zu machen.« (IS 218) Selbst die ortskundigen Führer verirren sich in Kraterlandschaften, die sich durch den Artilleriebeschuss stetig verändern. Nächtliche Überraschungsangriffe verursachen große Verluste, da eine Orientierung in und zwischen den feindlichen Linien größte Schwierigkeiten bereitet. Die zunehmende Orientierungslosigkeit in einem sich ständig verwandelnden

---

[55] Dass dieser präzisen Vermessung für den Kriegsberichterstatter Leutnant Jünger eine militärische Rolle zukommt, lässt sich an seiner Diskussion mit Leutnant Sprenger über die geschätzte Entfernung zu einem nahen Granateinschlag ermessen: »Wir stritten über die Entfernung, die Sprenger auf 10, ich auf 30 Meter schätzte. Um zu sehen, wie weit ich meinen Angaben in dieser Beziehung trauen könnte, maß ich nach und fand den Trichter 22 Meter von unserm Standorte entfernt.« (IS 586)

[56] Gleichwohl ist die Front bei aller beständigen Veränderung ihrer äußeren Gestalt räumlich derart stillgelegt, dass »herabstürzende Grabenwände [...] eine Reihe von Leichen aus den Kämpfen des vorigen Herbstes« (IS 126) freilegen.

Niemandsland bedeutet den Verlust einer genauen raumzeitlichen Bestimmung oder Eingrenzung des Krieges:

> Es begann leise zu regnen. Mit dem Stahlhelm gelang es mir, ein wenig schmutziges Wasser zu sammeln. Ich hatte jede Orientierung verloren. Ein Gewitter zog auf, seine Donnerschläge wurden übertönt von dem einsetzenden Lärm eines neuen Trommelfeuers. Ich drückte mich an die Trichterwand. Ein Lehmklumpen traf meine Schulter, schwere Splitter fegten über meinen Kopf dahin. Allmählich verlor ich auch den Sinn für die Zeit. (IS 402)

Ursache der Entgrenzung von Zeit und vor allem Raum ist die Feuerkraft moderner Artillerie, kurzum der Krieg als Materialschlacht: »Die Tage von Guillemont machten mich zum ersten Male mit den verheerenden Wirkungen der Materialschlacht bekannt. Wir mußten uns ganz neuen Formen des Krieges anpassen.« (IS 240) In *Feuer und Blut* heißt es diesbezüglich während eines Feuergefechts, es gebe lediglich »kleine Bewegungen, die verraten, daß vorläufig noch die Kräfte im Gleichgewicht stehen«.[57] Das gilt auch für *In Stahlgewittern*. Der Erzähler beschreibt, dass »ein furchtbarer Feuerüberfall [...] unsere Zufluchtsinsel einem taifungepeitschten Meere gleich umbrandete« (IS 366) und eine ganze »Kompanie nach der anderen [...] dicht gedrängt im Trommelfeuer ausharrend vernichtet« (IS 220) werden. Da den Soldaten im Trommelfeuer nur die Möglichkeit zum ›Ausharren‹ bleibt – sie also in den ›rasenden Stillstand‹ gezwungen werden –, kann sich in den am stärksten beschossenen Bereichen der Front »wegen des überaus heftigen Feuers niemand aufhalten« (IS 218), weshalb der Erzähler auch »das Sinnlose eines Frontalsturmes« (IS 550) in einer Lagebesprechung moniert. Ernst Jünger prägt 1930 für diese »neuen Formen des Krieges« in seinem Essay *Feuer und Bewegung* wie bereits dargestellt den Begriff des Feuers. Schon zehn Jahre zuvor ist in der Erstfassung von *In Stahlgewittern* an die Kategorie des Feuers die der ›Bewegung‹ gekoppelt. Der Erzähler und seine Kompanie müssen gegnerischen Schützenlinien »in wahnsinniger Hast« (IS 350) entkommen und generell aufgrund der Feuerkraft der gegnerischen Artillerie »im schnellsten Tempo [...] die eingesehene[n] Fläche[n]« (IS 446) überwinden. Sofern keine Sichtbarkeit hergestellt ist, erzeugt das Feuer Bewegungslosigkeit, die zur »Ohnmacht des Infanteristen« führt. Raum wird folglich in den *Stahlgewittern* ebenso wie die Zeit zu einer relationalen Größe, die sich einzig an der gegenwärtigen Gefährdung bemisst.

---

[57] Jünger: Feuer und Blut, S. 527.

»Eine lähmende Sekunde der Stille«. Zum ›rasenden Stillstand‹

Die maschinelle Beschleunigung und die immense Feuerkraft sowie die daraus emergierende Auflösung von Zeit und Raum resultieren in der Erfahrung ›rasenden Stillstands‹, also in der Gleichzeitigkeit von Beschleunigung und Stillstand. Je massiver das ›Feuer‹ ist, desto weniger können die Soldaten durch ihre eigene Beschleunigung graduell höhere Sicherheit herstellen und desto schutzloser sind sie dem feindlichen Beschuss ausgeliefert. Daher bewegen sie sich nicht mehr und kauern in ihren Trichtern, liegen in ihren Unterständen oder brechen zu verzweifelten Fluchtversuchen aus. Gefahr besteht für die Frontsoldaten in besonderem Maße dann, wenn sie gesehen werden und sich die Artillerie auf sie einschießt. Insofern ähnelt das Kriterium der Sichtbarkeit einer radikalisierten Form des benthamschen Panoptikums in Foucaults *Überwachen und Strafen*.[58] Eine Strafe bzw. der Artilleriebeschuss bedingt die vorherige Sichtbarkeit des Vergehens bzw. des zu Strafenden. Die Überwachung der Soldaten durch den Feind erfolgt insbesondere aus der Luft, aber auch durch flankierende Batterien, die in einem besseren Winkel auf die Grabenlinien blicken. Für diese Situation des ›rasenden Stillstands‹ ist entscheidend, dass Sichtbarkeit (Artillerie-)Beschuss provoziert. Auf ihn kann anders als auf Infanterieangriffe nur mit Bewegungslosigkeit reagiert werden. Dementsprechend versuchen die Soldaten vor allem, ihren Schutz zu erhöhen und ihre Sichtbarkeit zu verringern: »Unser einziges Mittel, ihre Wirksamkeit [die einer Flankierungsbatterie, J.W.] zu vermindern, bestand in der Vermehrung und Erhöhung unserer Schulterwehren, um ihre Reichweite auf kleine Grabenstücke zu beschränken.« (IS 146) Jünger ergänzt die Passage in der vierten Fassung der *Stahlgewitter* von 1934: »Stellen, die von der Höhe aus eingesehen werden konnten, blendeten wir durch Gardinen aus Heu oder Zeugfetzen ab.« (IS 147) Dennoch verhindern die Soldaten ihre eigene Sichtbarkeit kaum. Entweder beschießen geschickt postierte Flankierungsbatterien die Gräben seitlich oder die Luftaufklärung des Gegners lokalisiert die Frontsoldaten präzise. Nicht einmal die Symmetrie der panoptischen Situation auf den beiden Seiten Front, für Foucault eigentlich ein Ausschlusskriterium, löst in der Extremsituation des Stellungskrieges an der Westfront das benthamsche Panoptikon auf. Die Machtverhältnisse sind zwar jederzeit auch in ihr Gegenteil verkehrt und der beobachtete, bedrohte Soldat

---

[58] Vgl. Michel Foucault: Überwachen und Strafen. Die Geburt des Gefängnisses, Frankfurt a.M. 1994, S. 251–292.

wird potentiell selbst zum Beobachter. Doch die dauernde und unmittelbare Bedrohung für das eigene Leben aufgrund der Sichtbarkeit für den Anderen bzw. als Objekt der Beobachtung verhindert für den einzelnen Frontsoldaten, dass ein Bewusstsein für die eigene Machtfülle als überwachendes Subjekt das Empfinden des Beobachtetseins überlagert.

Die Lebensgefahr für die Soldaten ist ubiquitär, sie befinden sich dauerhaft im Zustand des ›rasenden Stillstands‹. Das lässt sich für *In Stahlgewittern* ebenso wie für *Der Kampf als inneres Erlebnis* nachweisen. In *Der Kampf als inneres Erlebnis* holt der ›rasende Stillstand‹ sogar noch die schlafenden Soldaten ein: »Dann wurde das Band des Schlafes von grellem Erkennen zerrissen, der Schläfer schrak hoch in der Erwartung, vor dem dunklen Tore eines schrecklichen Ereignisses zu stehen.«[59] Jünger vermeint in dieser Situation das Verhalten eines archaischen, prähistorischen Menschen zu erkennen: »Dieser Griff aus der Tiefe des Schlafes heraus zur Waffe war etwas, das im Blute lag, eine Äußerung des primitiven Menschen, dieselbe Bewegung, mit der der Eiszeitmensch sein Steinbeil gepackt hatte.«[60] Der Frontsoldat regrediert zum Steinzeitmenschen. Gleichzeitig wird der menschliche Verstand im ›rasenden Stillstand‹ ersetzt durch den Überlebensinstinkt als *conditio humana*. In den *Stahlgewittern* verdeutlicht eine Passage, die Jünger 1934 gestrichen hat, diese Situation ›rasenden Stillstands‹ bei gegnerischem Beschuss in besonderem Maße:

> Stunden wie die eben verlebte waren ohne Zweifel die schrecklichsten des ganzen Krieges. Du kauerst zusammengezogen einsam in deinem Erdloch und fühlst dich einem unbarmherzigen, blinden Vernichtungswillen preisgegeben. Mit Entsetzen ahnst du, daß deine ganze Intelligenz, deine Fähigkeiten, deine geistigen und körperlichen Vorzüge zur unbedeutenden lächerlichen Sache geworden sind. Schon kann, während du dies denkst, der Eisenklotz seine sausende Fahrt angetreten haben, der dich zu einem formlosen Nichts zerschmettern wird. Dein Unbehagen konzentriert sich auf das Gehör, das das Heranflattern des Todbringers aus der Menge der Geräusche zu unterscheiden sucht.
> Dabei ist es dunkel. Du mußt alle Kraft zum Aushalten aus dir allein schöpfen. Du kannst nicht einmal aufstehen und dir mit blasiertem Lächeln eine Zigarre anzünden, dich an den bewundernden Blicken deiner Kameraden aufrichtend. Du wirst nicht ermutigt durch deinen Freund, der sich das Monokel einklemmt, um einen Einschlag auf der Schulterwehr neben dir zu betrachten. Du weißt, wenn es dich trifft, wird kein Hahn mehr danach krähen. (IS 388)

---

[59] Jünger: Der Kampf als inneres Erlebnis, S. 33.
[60] Ebd., S. 29.

In dieser idealtypischen Beschreibung des ›rasenden Stillstands‹ kauert der Erzähler bewegungslos in seiner Deckung und ist dem ›sausenden‹ Beschuss ausgeliefert. Ein zeitlicher Ablauf ist kaum mehr auszumachen – die Zeit ist gewissermaßen stillgelegt. Erzähltechnisch markiert der Erzähler die exemplarische Funktion dieser Anekdote, indem er sich an ein nicht näher bestimmtes ›Du‹ richtet und indem er den iterativen Charakter dieser Zustandsbeschreibung bereits durch den Vergleich »Stunden wie die eben verlebte« akzentuiert.

Wenngleich der Erzähler mit seinem Gehör versucht, feindliche Geschosse zu orten, erweist sich auch das Gehör als janusköpfiger Sinn, weil es auch dem Gegner ermöglicht, die eigene Position zu lokalisieren.[61] Das muss eine vom Erzähler geführte Patrouille erfahren, die sich durch ihre Gespräche verrät.

> »Leise, leise!« Meine Warnung kam zu spät; als ich hochsah, krochen die Engländer grade wie die Eidechsen unter ihren Draht und verschwanden im Graben. Nun wurde die Stimmung doch etwas schwül. [...] Wir rutschten unter großem Waffengerassel auf dem Bauche nach rückwärts. [...] Ringsumher wurde es taghell. Man möchte in der Erde verschwinden und lieber an jedem anderen Orte sein, als zehn Meter vorm feindlichen Graben. [...] »Oha! Wir sind entdeckt!« Wir schrieen uns ohne weitere Rücksicht auf unsere Absicht, wegzulaufen, zu, sprangen auf und rasten in dem nun losprasselnden Feuer auf unsere Stellung zu. (IS 168)

Auditive Wahrnehmung stellt den ›rasenden Stillstand‹ potentiell her. Dies spiegelt sich insbesondere im Wunsch, angesichts der zeitlichen und räumlichen Stillstellung und der drohenden Entdeckung zu ›verschwinden‹ und die Naturgesetze zu überwinden. Lebensweltlich wird diese Sehnsucht nach der Überwindung des Raum-Zeit-Kontinuums über die Bereitschaft zur Verteidigung kompensiert: »Wir saßen mit gespannter Erwartung in den Stolleneingängen, bereit, jeden Ankömmling mit Gewehr und Handgranate zu begrüßen, jedoch flaute das Feuer nach einer halben Stunde wieder ab.« (IS 176) Die Erfahrung einer Situation absoluter Bewegungslosigkeit bei gleichzeitig hoher körperlicher und nervlicher Anspannung erweist sich als konstitutiv für die Fronterfahrung in *In Stahlgewittern*. Eine Begegnung gegnerischer Truppen

---

[61] Zu den Kriegsgeräuschen vgl. Jörg Theis: »Der Tanzplatz des Todes«. Geräusche des Krieges und zerstörte Körper in Ernst Jüngers *In Stahlgewittern*, in: Lars Koch/Marianne Vogel (Hg.): Imaginäre Welten im Widerstreit. Krieg und Geschichte in der deutschsprachigen Literatur seit 1900, Würzburg 2007, S. 119–132.

war der Höhepunkt des Krieges, ein Höhepunkt, der alles Grausige, das zuvor die Nerven zerrissen hatte, übergipfelte. Eine lähmende Sekunde der Stille, in der sich die Augen trafen, ging voran. Dann trieb ein Schrei hoch, steil, wild, blutrot, der sich in die Gehirne brannte als glühender, unvergeßlicher Stempel.[62]

Bezeichnenderweise besteht der Höhepunkt des Kampfes in einer bewegungs- und geräuschlosen Sekunde und dem folgenden Aufschrei, mit dem die Kampfhandlungen einsetzen. Das heißt: Der ›rasende Stillstand‹ prägt das Leben an der Westfront insgesamt und er prägt die Kampfhandlungen im Besonderen. Wenn die Soldaten in ihren »Zufluchtsorten« hocken, »ab und zu eine Zigarre anzündend und wieder fortwerfend, gewärtig, jeden Augenblick verschüttet zu werden« (IS 222), dann wissen sie darum, dass angesichts der Feuerkraft moderner Artillerie keine Sicherheit möglich ist. Allgemein gilt für *In Stahlgewittern,* darauf haben bereits Helmuth Kiesel und Wojciech Kunicki hingewiesen,[63] was für das Frontkämpfer-Narrativ skizziert wurde: Es gibt »einen Wechsel zwischen dramatischen und weniger dramatischen, entspannteren Phasen«.[64] Die Sprengwirkung der Minen bzw. die umherfliegenden Granatsplitter treffen womöglich auch denjenigen, der »sich bereits in Sicherheit wähnte« (IS 146). Aufgrund der gesteigerten Reichweite moderner Artillerie schlagen die Granaten noch im Hinterland »in die umliegenden Gärten« (IS 582) ein, sodass selbst an ruhigeren Orten des Krieges »eine kleine, aber dauernde Beunruhigung«[65] existiert. Der ›rasende Stillstand‹ und der Zwang zur Bewegungslosigkeit ereilt die Soldaten noch in der Etappe, wenn sie sich während einer »Ortsbeschießung [...] in einem kurzen, engen Stollenhals zusammen[drängen]« (IS 142). Die immense emotionale Erregung der Soldaten während ihrer erzwungenen Bewegungslosigkeit reflektiert der Erzähler kurz vor Ende eines Feuerüberfalls und in Erwartung eines Infanterieangriffs: »Das Herz schlug bis zum Halse« (IS 178). Die beständige Anspannung bewirkt die enorme Nervosität der Frontsoldaten: Stimmen »von eng in die Löcher gekauerten Leuten [zittern] vor Freude« (IS 218) über Ablösung. Der Erzähler schließt nach einem zerstörerischen Granateinschlag »infolge der furchtbaren Nervenerregung kein Auge« (IS 506), die Folgen der nervlichen Belastung kommen allerdings erst in den Momenten der Ruhe im Anschluss an die Kampfhandlungen auf. Während

---

[62] Jünger: Der Kampf als inneres Erlebnis, S. 34.
[63] Vgl. Kunicki: Projektionen des Geschichtlichen, S. 266f.
[64] Kiesel: Ernst Jünger, S. 188.
[65] Jünger: Das Wäldchen 125, S. 370.

des Kampfes zucken selbst die »Nerven des ältesten Kriegers« nur aufgrund des »Film[s] der [Kampf-]Erinnerungen, der [...] das Hirn durchflirrt«.[66] Gleichwohl wünscht sich der Erzähler nicht grundsätzlich, von der Front zu ›verschwinden‹, sondern identifiziert sich mit seinem Schützengraben, das heißt, die Nervenbelastung führt angesichts des ›rasenden Stillstands‹ nicht zu einer Kritik an der Sinnlosigkeit des Kriegs. Vielmehr stellt der Erzähler fest:

> Um uns ruhten in aufgetürmten Lehmwällen die Leichen gefallener Kameraden, auf jeder Fußbreite Boden hatte sich ein Drama abgespielt, hinter jeder Schulterwehr lauerte das Verhängnis, Tag und Nacht, sich wahllos ein Opfer zu greifen. Und doch empfanden wir alle ein starkes Zugehörigkeitsgefühl zu unserem Abschnitt, waren fest mit ihm verwachsen. (IS 122)

Jünger erkennt die Nervenbelastung und das Leid der Soldaten an. Zwar verklärt er den Krieg nicht durch einen allzu heroischen Sprachgestus, er postuliert aber ein ›Dennoch‹ moralischer Verpflichtung (»doch«), das sich auf die organische Gemeinschaft der Frontsoldaten hin ausrichtet, die sich an ›ihrem‹ Platz befänden. Obwohl sich Jünger in der Erstfassung von *In Stahlgewittern* mit seinem Nihilismus und seiner Idee eines – hier noch zumindest partiell heroisch konzipierten – Führers und ›Übermenschen‹ einer gemeinschaftlichen Konzeption von Frontkameradschaft größtenteils verweigert, greift er wiederholt auf Vorstellungen soldatischer Gemeinschaft zurück. Im Folgenden wird zu zeigen sein, wie Jünger diese Widersprüchlichkeit bereits in der Erstfassung zumindest teilweise auflöst.

Der Frontkämpfer als Landsknecht und der Krieg als Rausch

Immer wieder stellt Jünger in seiner Kriegsprosa die Relevanz des einzelnen Kämpfers in den Materialschlachten des Weltkriegs heraus, etwa wenn er betont: »Denn den Kampf gewinnt nicht die Maschine, sondern er wird mit der Maschine gewonnen.«[67] Auch in den *Stahlgewittern* komme es dem Erzähler zufolge »[n]icht auf gewaltige Verschanzungen [...] an, sondern auf den Mut und die Frische der Leute, die dahinterstehen. ›Eiserne Herzen auf hölzernen Schiffen gewinnen die Schlachten‹« (IS 42) Mit einer solchen kriegerischen Haltung verbindet der Erzähler im Unterschied zu Jüngers späteren Kriegstexten – auch zu den späteren Fassungen der *Stahlgewitter* –

---

[66] Jünger: Der Kampf als inneres Erlebnis, S. 75.
[67] Jünger: Das Wäldchen 125, S. 343.

zumindest in Ansätzen noch ein an antiken Helden geschultes heroisches Ideal bzw. einen »ritterliche[n] Drang zum Bestehen eines Kampfes« (IS 322). Diese Vorstellung drückt sich in der »sportsmännische[n] Achtung« (IS 134) gegenüber den Gegnern aus, die sich in einem »förmliche[n] Duell« (IS 150)[68] zuspitzt: »Es ist im Kriege immer mein Ideal gewesen, den Gegner unter Ausschaltung jedes Haßgefühls nur im Kampfe als solchen zu betrachten, und ihn als Mann seinem Mute entsprechend zu werten.« (IS 134) Mit diesem Begriff kriegerischer Würde kann Jünger den vermeintlich »guten Kampf« (IS 194) der Soldaten an der Front positiv besetzen, auch wenn dieser Kampf in der Trichterlandschaft als »ewig gleiche[r] Kulisse« – so ergänzt Jünger 1924 – »geheimnisvoller, härter und rücksichtsloser als sonst in der Schlacht« (IS 242) wird.[69]

Das heroische Ideal des Frontkämpfers legt Jünger im Anschluss an die Erstveröffentlichung der *Stahlgewitter* in den frühen 1920er-Jahren zur Seite. Zentral für das Verständnis von Jüngers Vorstellung des Frontkämpfers zwischen einem nietzscheanischen Übermenschen und einem selbstlosen Mitglied der Frontgemeinschaft ist die Figur des Landsknechts, mit der er 1923 in *Der Kampf als inneres Erlebnis* den Typus des Kriegers begrifflich fasst. Der Figurentyp des Landsknechts erfüllt die kriegerische Männlichkeit mit Leben.[70] Er erfährt »Vollendung«[71] an der Front, weil er den Krieg als »sein ureigenstes Element« versteht, er im schärfsten Gefecht nie die Orientierung oder die Nerven verliert, stets »Ordnung« bewahrt und weil er in der »Masse«[72] aufgeht. Gleichwohl verkörpert der Landsknecht angesichts des ›rasenden Stillstands‹ nicht mehr ein »Heroenideal seiner Zeit«, da er

---

[68] Der Erzähler berichtet von einem »tollkühnen Engländer«, mit dem er auf etwa hundert Meter ein Gefecht austrägt und das remis endet (IS 150). Später drückt der Erzähler seinen Respekt für einen Oberleutnant aus, »gegen den ich die Ehre hatte zu kämpfen« (IS 344).

[69] Es ist zu betonen, dass Jünger den Landsknechten explizit nicht ihre Sittlichkeit abseits der Schlachten abschreibt. Dort werden sie wieder zu Menschen mit einer festen moralischen Gesinnung, was sich insbesondere bei den Begräbnissen ihrer Kameraden ausdrückt, wenn ihnen der »hohe ethische Wert unserer feierlichen Handlungen« (IS 194) wieder gegenwärtig wird.

[70] Vgl. Claudia Öhlschläger: »Der Kampf ist nicht nur eine Vernichtung, sondern auch die männliche Form der Zeugung«. Ernst Jünger und das »radikale Geschlecht« des Kriegers, in: Christian Begemann/David E. Wellbery (Hg.): Kunst – Zeugung – Geburt. Theorien und Metaphern ästhetischer Produktion in der Neuzeit, Freiburg i.Br./Berlin/Wien 2002, S. 325–351.

[71] Jünger: Der Kampf als inneres Erlebnis, S. 55.

[72] Ebd., S. 56.

sich »keine Gedanken«[73] über Moral und Geschichte macht,[74] sondern sich der modernen Beschleunigung angepasst und sie habituell verinnerlicht hat:

> Da hockten sie im Engen, verwogene Brut, verwittert und zerschlissen, mit Gesichtern wie geschliffene Klingen, voll Sprung, Rasse und Energie. Ihre Sprache war kurz, von Schlagworten beherrscht, zerhackt und zerrissen wie die Feuerstöße ihrer Maschinengewehre, die Wörter geprägt und voll Erdkraft […]. Das war der Rausch, der zu ihnen paßte, gedrängt wie Explosion, kurz und brutal wie ein Schlag mit der Axtbreite. Da galt nur der Augenblick, der Tod stand an der Wand als unbeachteter Lakai. Wenn der Rausch die kantige Wirklichkeit in grelle Farben schmolz, erwachte in ihnen ein unbändiges Gefühl der Kraft.[75]

Angesichts seines affirmativen Verhältnisses zum »Rausch« der Kampfhandlungen verliert der Landsknecht gerade nicht im Krieg bzw. nicht an der Front, sondern im Frieden bzw. in der Zivilisation seine lebensweltliche, seine moralische und seine raumzeitliche Orientierung: »Wie feindlich das alles ist. […] Der Raum zergleitet in kahle Unendlichkeit, und ich empfinde mich als winziges Atom, von tückischen Gewalten rastlos umhergewirbelt. Ich bin so müde, so überdrüssig, daß ich wünsche, tot zu sein.«[76] Erste Reflexionen über den Typus des Landsknechts finden sich bereits in den *Stahlgewittern*. Weil der »deutsche Infanterist im Kriege […] übermenschlich« (IS 19) kämpft, reift er an der Front zu einem neuen Kriegertypus heran und begreift den Krieg als Daseinsform. Bereits im Vorwort stellt Jünger fest: »Der Krieg ist der Vater aller Dinge« (IS 21). Mit diesem Impetus entwickelt er im Romanverlauf die Vorstellung einer Art ›Kriegerkaste‹ und erklärt die »ahnungsvolle Stimmung« vor einem Kampfe, »von der Krieger aller Zeiten zu erzählen wissen« (IS 60), als einigendes Merkmal kriegerischer Vergemeinschaftung. Die Ahnung des elementaren Erlebnisses bestätigt sich in den Schlachten des Weltkriegs. In ihnen habe der Krieg, wie Jünger in *Der Kampf als inneres Erlebnis* allegorisiert, als »aller Dinge Vater […] uns gehämmert, gemeißelt und gehärtet zu dem, was wir sind«.[77] Auch in den *Stahlgewittern* erklärt der Erzähler bereits im Vorwort, dass er sich »die Frische der Erlebnisse gewahrt« (IS 20) habe. Während der Fronteinsätze kann die »wahnwitzige

---

[73] Ebd.
[74] Hans-Harald Müller schreibt davon, dass der Landsknecht letztlich »geschichtslos« sei, und dass »die Welt des Landsknechts und die Welt des Heros […] unvereinbar geworden« sind (Müller: Der Krieg und die Schriftsteller, S. 244f.).
[75] Jünger: Der Kampf als inneres Erlebnis, S. 58.
[76] Ebd., S. 67.
[77] Ebd., S. 11.

Wucht« des Beschusses nur als »Empfinden des Unentrinnbaren und unbedingt Notwendigen wie einem Ausbruch der Elemente gegenüber« (IS 214) verarbeitet werden. Eine solche elementare Eruption verändert die Wahrnehmung von Wirklichkeit: »Die Fähigkeit des logischen Denkens und das Gefühl der Schwerkraft schienen aufgehoben.« (IS 214) Der Krieg kann nicht mehr rationalisiert werden. Aus dem Erwartungshorizont, dass bestimmte Ereignisse während und infolge des Krieges eintreten werden, wird ein reiner Erfahrungsraum, der sich einzig dem Erscheinen des Krieges und nicht mehr dem ›Woher‹ und dem ›Wohin‹ widmet.[78] Die Reduktion des Krieges auf seine Erscheinung und die ›übermenschlichen‹ Fähigkeiten seiner Frontkämpfer drückt sich in deren »ungeheure[m] Vernichtungswille[n]« (IS 518) aus. Der Krieg konstituiert sich geradezu durch den ›rasenden Stillstand‹, aus dem die entgrenzte Beschleunigung eruptiv ausbricht:

> Das moderne Schlachtfeld gleicht einer ungeheuren, ruhenden Maschinerie, in der ungezählte verborgene Augen, Ohren und Arme untätig auf die eine Minute lauern, auf die es allein ankommt. [...] Befehle fliegen als Funken und Blitze durch ein engmaschiges Netz, um vorne zu gesteigerter Vernichtung anzuspornen und von hinten in gleichmäßigem Strome neue Menschen und neues Material in Bewegung zu setzen und in die Brandung zu schleudern. Jeder fühlt sich wie durch einen Strudel von weither durch einen rätselhaften Willen gepackt und mit unerbittlicher Präzision zu den Brennpunkten tödlichen Geschehens getrieben. (IS 270)

Auch der Landsknecht unterliegt Beschleunigung des modernen Krieges, hier vor allem als einer kollektiven Bewegung nach vorne bzw. einer Beschleunigung dem Feind entgegen: »Der Erfolg hatte Angriffsgeist und Draufgängertum des Einzelnen zur Weißglut entfacht. [...] ›Vor!‹ Jeder rannte geradeaus los.« (IS 528) In diesem Kontext versteht der Erzähler Krieg als Zusammenprall zweier Heere, die sich aufeinander zu bewegen und als »Massen aufeinanderprallen« (IS 524). Die Vorstellung einer Beschleunigung ganzer Heere affiziert den gesamten Kriegsraum und alle Menschen, die sich in ihm aufhalten:

> Der große Krieg riß das stille Nest [Cambrai, J.W.] brutal aus seinem Dornröschenschlummer und verwandelte es in einen Brennpunkt riesiger Schlachten. Ein hastiges, neues Leben rasselte über das holperige Pflaster und klirrte gegen die kleinen Fenster, hinter denen ängstliche Gesichter lauerten. (IS 356)

---

[78] Das gilt auch für ihr Verhalten in der Heimat. Dementsprechend lassen die Soldaten bei Heimaturlauben »keine Minute der kurzen Tage ungenützt verfließen [...], tranken und küßten« (IS 19).

Zusammengefasst heißt das: Der moderne, maschinell geführte und radikal beschleunigte Krieg ist Bedingung der Möglichkeit eines rauschhaften Kriegserlebnisses. Bereits im Vorwort charakterisiert Jünger die heldischen Krieger-Infanteristen als »Überwinder der Furcht«, die ihren Urtrieben freien Lauf lassen:

> Keine Fahnen schwammen wie einst im Pulverdampf über zerhackten Karrées, das Morgenrot leuchtete keinem fröhlichen Reitertage, nicht ritterlichem Fechten und Sterben. [...]
> Und doch hat auch dieser Kriege seine Männer und seine Romantik gehabt! [...] Einsam standen sie im Gewitter der Schlacht, wenn der Tod als roter Ritter mit Flammenhufen durch wallende Nebel galoppierte. Ihr Horizont war der Rand eines Trichters, ihre Stütze das Gefühl der Pflicht, der Ehre und des inneren Wertes. Sie waren Überwinder der Furcht; selten ward ihnen die Erlösung, dem Feinde in die Augen blicken zu können [...]. Dann ragten sie empor zu brutaler Größe, geschmeidige Tiger der Gräben, Meister des Sprengstoffs. Dann wüteten ihre Urtriebe mit kompliziertesten Mitteln der Vernichtung. (IS 18f.)

Die expressionistisch anmutende Charakterisierung der landsknechthaften Frontsoldaten korrespondiert mit den »großen Augenblicke[n]« der Schlacht, die nicht »eine »uninteressante Massenschlägerei« sei, sondern in der »mehr denn je [...] der Einzelne« (IS 484) entscheide.[79] Der einzelne Landsknecht entspreche aber nicht mehr dem Ideal eines antiken Helden, sondern er lasse sich vom »Rausch zur Tat« (IS 532) ergreifen: »Der Kämpfer, dem während des Anlaufs ein blutiger Schleier vor den Augen wallte, kann seine Gefühle nicht mehr umstellen. Er will nicht gefangennehmen; er will töten.« (IS 536) Durch die Beschleunigung an der Front und durch den eigenen »Anlauf« auf den Gegner verfällt der Frontsoldat seinen Trieben. Er übt »Rache« (IS 516) für die eigenen Verluste und wird vom »übermächtige[n] Wunsch zu töten[ ] beflügelt[ ]« (IS 518). Dank des berauschten Kriegserlebnisses können die Landsknechte auch die Entgrenzung von Raum und Zeit an der Front verarbeiten. Im »Kratermeer«[80] (IS 242) sind die Trichterfelder »das kampfzerwühlte Reich der Infanterie« (IS 64). Das raum- und zeitlose Kratermeer

---

[79] Vgl. die Beschreibung des Gefreiten Kimpenhaus, der sich kurz zuvor als »Held[ ] des Augenblicks« (IS 478) erweist und dafür das Eiserne Kreuz I. Klasse erhält.
[80] Über eine maritime Metaphorik wird nicht nur die Wahrnehmung von Zeit und Raum entgrenzt, sondern auch der gesamte Weltkrieg – und zwar angesichts der Beschleunigung an der Front: »Vor uns rollte und donnerte ein Artilleriefeuer von nie geahnter Stärke, tausend zuckende Blitze hüllten den westlichen Horizont in ein glühendes Flammenmeer« (IS 206).

beeinflusst die Persönlichkeit der Soldaten maßgeblich. So lässt der Erzähler im Vorwort der *Stahlgewitter* Fronturlauber ganz im Sinne eines solchen ekstatischen Landsknechts, der an der Front beheimatet ist, »verträumt auf den Asphaltmeeren der Städte« (IS 19) stehen. Die Urlauber stürzen sich in das »Leben, das strudelnd in seinen gewohnten Bahnen floß«, um mit der »Rücksichtslosigkeit« des Kriegers »in tollen Nächten den Becher« zu leeren, »bis ihnen die Welt versank« (IS 19). Der Rausch ermöglicht es den landsknechthaften Frontsoldaten, die Beschleunigung und die Nivellierung von Raum und Zeit zu ertragen und in den Willen zur Vernichtung zu übersetzen. Gleichwohl werden durch diesen Typus des Landsknechts implizit die Kategorien von Krieg, Kultur und Zivilisation infrage gestellt. Beispielsweise fallen die Dörfer entlang der Front der Vernichtungswut der Frontkämpfer zum Opfer. Sie befestigen Seile an »den Hauptbalken der Häuser« und ziehen mit »taktmäßigen Geschrei so lange, bis alles zusammenprasselte« (IS 292). Der Landsknecht ist ein Typus, der in seinem Rausch keine Moral mehr kennt.[81] Den Ich-Erzähler stellt die Auflösung aller moralischen Normen vor Probleme. Einerseits stellt er sich selbst als nietzscheanischen Übermenschen jenseits der Moral vor, der vom rauschhaften Erlebnis des Krieges berichtet, andererseits hält er in seiner Rückschau dennoch an geistig-moralischen Maßstäben fest. Aus dieser Differenz findet er argumentativ kaum heraus, etwa wenn er zur Erschießung deutscher Krankenträger durch englische Schützen Stellung nimmt:

> Viele Leser werden diese Tat für den Gipfel der Vertierung halten, und doch kann ich mir erklären, daß schwache Naturen dem atavistischen Triebe, zu vernichten, erliegen, der den einödgewohnten Grabenkämpfer packt, wenn drüben Menschen erscheinen. Ich habe ihn selbst nur zu oft empfunden. (IS 456)

Wurden die ›Krieger‹ gerade aufgrund ihrer »atavistischen Triebe« zuvor noch als »Tiger der Gräben« bezeichnet und ihrem Wesen ein rauschhafter Vernichtungswunsch zugemessen, so werden sie nun in den Augen der Heimat zu »schwache[n] Naturen«. Zu diesen im Sinne Nietzsches ›schwa-

---

[81] Gleichwohl darf diese völlige, auch moralische Entgrenzung eines rauschhaften Kriegserlebnisses nicht mit der Vorstellung der Kriegsfreiwilligen zu Kriegsbeginn gleichgesetzt werden. Auf die »Sehnsucht nach dem Ungewöhnlichen, nach dem großen Erleben« (IS 26), die sie im Krieg »wie ein Rausch (IS 26) packt, folgt schon bald die Ernüchterung: »Nach kurzem Aufenthalt beim Regiment hatten wir fast alle Illusionen verloren, mit denen wir ausgezogen waren.« (IS 42)

chen‹ Charakteren zählt während des Krieges auch der Erzähler selbst. Ein Stück weit vermag das Verhältnis der (Kriegs-)Zeit des Erzählten und der (Nachkriegs-)Zeit des Erzählens diesen Selbstwiderspruch zu erklären. Geht die erzählte Figur noch voll im rauschhaften Kriegserlebnis auf, ist der Erzähler bei aller Emphase einer ›Umwertung der Werte‹ schon wieder in das moralische Normsystem der Nachkriegszeit eingebunden und vermittelt zwischen beiden Polen. Gleichzeitig konfrontiert er die Leser mit dem Kriegserlebnis als triebhaftem Rauschzustand, indem er auf den inneren Konflikt des Protagonisten zwischen berauschtem Mord und humanitären Moralprinzipien verweist. Insbesondere bei der direkten Begegnung mit dem Feind als Menschen tritt dieser Konflikt zutage. Als ein französischer Soldat, den er während eines Angriffs zu erschießen im Begriffe ist, »ein Bild von ihm, umgeben von einer zahlreichen Familie« entgegenstreckt, hält er inne und gewinnt kurzzeitig die Kontrolle über seinen Mordtrieb zurück: »Nach sekundenlangem inneren Kampfe hatte ich mich in der Hand. Ich schritte vorüber.« (IS 522) Von diesen seltenen ›moralischen‹ Passagen abgesehen gilt, dass die Schilderung des ›rasenden Stillstands‹, triebgesteuertes Handeln – Angriff, Flucht oder Mord – und Kriegsrausch zusammenfallen:

> Unvergeßlich sind solche Augenblicke auf nächtlicher Schleiche. Auge und Ohr sind bis zum äußersten gespannt, das näher kommende Rauschen der fremden Füße im hohen Grase nimmt eine merkwürdige, unheildrohende Stärke an, – es füllt einen fast ganz aus. Der Atem geht stoßweise; man muß sich zwingen, sein keuchendes Wehen zu dämpfen. Mit kleinem, metallischem Knacks springt die Sicherung der Pistole zurück; ein Ton, der wie ein Messer durch die Nerven geht. Die Zähne knirschen auf der Zündschnur der Handgranate. Der Zusammenprall muß kurz und mörderisch werden. Man zittert unter zwei gewaltigen Sensationen: der gesteigerten Aufregung des Jägers und der Angst des Wildes. Man ist eine Welt für sich, vollgesogen von der dunklen, entsetzlichen Stimmung, die über dem wüsten Gelände lastet. (IS 166)

Wenngleich der Erzähler nur selten – wie hier – szenisch berichtet, erweist sich die Engführung von Beschleunigungserfahrung an der Front und rauschhaftem Kriegserlebnis, das sich in der Melange aus Jagdtrieb, Lebensgefahr, Sinneswahrnehmung und ›rasendem Stillstand‹ realisiert, als typisch für *In Stahlgewittern*. Der ›rasende Stillstand‹ wird erträglich, wenn die Frontkämpfer ihn verinnerlichen, ihn produktiv in trieb- und rauschgesteuerte Handlungen umsetzen und damit zum Landsknecht werden: »Die Spannung der Nerven war durch die Tat gedämpft.« (IS 338) Daher wird begreiflich, warum Jünger erklären kann, dass »das moderne Gefecht [...] seine großen Augenblicke« (IS 484) habe.

Später verwendet Jünger für diese modernen Gefechte, die Angriffe auf Feinde und die Flucht vor den Feinden die Metapher »Der Tod hielt eine Hetzjagd ab« (IS 350), die beinahe idealtypisch mit Elias Canettis Begriffen der Jagd- und Kriegsmeute interpretiert werden kann. Canetti zufolge hat die Jagdmeute »es auf ein einzelnes, großes Tier abgesehen oder auf viele, die in Massenflucht vor ihr begriffen sind«. Eine solche Beute befindet sich »immer in Bewegung«, sodass sie oftmals »den Blicken entschwindet, aber wieder auftaucht«.[82] Die Kriegsmeute unterscheidet sich von der Jagdmeute, indem sie zwei Kriegsparteien beschreibt, die sich gegenseitig jagen: »Sie haben dieselbe Art, aufeinander loszugehen, ihre Bewaffnung ist ungefähr dieselbe [...]. Die Jagdmeute – im Gegensatz dazu – ist einseitig.«[83] Der Tod wird zum Akteur dieser Hetzjagd. Die bedrohliche Beschleunigung des Hetzers, vor der die gehetzten Soldaten fliehen, ist entindividualisiert. Dementsprechend werden in den *Stahlgewittern* die Soldaten über die Jagdmetaphorik animalisiert und im Moment der Jagd ausschließlich zu den Opfern oder den Jägern dieser Jagd. Die Kriegsmeute wird zur Jagdmeute und der gegenseitige zum einseitigen Kampf. Besonders deutlich wird das, wenn sich während eines eigenen Großangriffs die Verhältnisse umkehren und der Erzähler selbst ›hetzt‹:

> Wenn wir ein solches Stück übersprangen, konzentrierte sich das Feuer des Umkreises auf uns. Ebenso nahmen wir den über diese Stellen vor uns her hastenden Gegner unter Feuer, sodaß die kurzen tracierten Stücke [des Rasens, J.W.] bald mit Leichen behäuft waren. Es war eine nervenpeitschende Hetzjagd. (IS 552)

Aufgrund der Jagdgeschwindigkeit und der eigenen ›gepeitschten Nerven‹ geht der einzelne Soldat als Individuum verloren. Das gilt zum einen für den Feind, durch dessen Animalisierung sogar seine Personalität infrage gestellt wird. Zum anderen gilt das für die individuelle Persönlichkeit der Verfolger, die sich im Kollektivplural »wir« der jagenden Meute auflöst. In diesem Sinne beschreibt Jünger schon früh im Roman den »Zusammenprall« der Frontsoldaten »auf freiem Feld« als den »Gipfelpunkt des modernen Kampfes«, da nur dann »für entscheidende, mörderische Augenblicke die chaotische Leere des Schlachtfelds« (IS 86) gefüllt werde. Ihm ist es offenbar weniger

---

[82] Canetti: Masse und Macht, S. 106.
[83] Ebd., S. 108.

um eine eigene Persönlichkeit oder auch nur Personalität der Frontsoldaten zu tun, sondern vielmehr um ein gänzlich überindividuelles Kampferlebnis, das sich in Situationen direkter Auseinandersetzung wie den skizzierten Hetzjagden erfülle und das den Typus einer neuen Form des Landsknechts hervorbringt. Die subjektive Emphase des Augenblicks wird für den Erzähler, mit Karl Heinz Bohrer gesprochen, zur objektiven ›Utopie des Augenblicks‹. Er verbindet diese ›Utopie des Augenblicks‹ mit dem Kampfrausch, durch den jeder Soldat in der Schlacht zum Krieger werde:

> Das weiß jeder, der sie [die Infanteristen, J.W.] in ihrem Reich gesehen hat, die Fürsten des Grabens mit den harten, entschlossenen Gesichtern, tollkühn, so sehnig, geschmeidig vor- und zurückspringend, mit scharfen, blutdürstigen Augen, Helden, die kein Bericht nennt. Der Grabenkampf ist der blutigste, wildeste, brutalste von allen, doch auch er hat seine Männer gehabt, Männer, die ihrer Stunde gewachsen waren, unbekannte, verwegene Kämpfer. Unter allen nervenerregenden Momenten des Krieges ist keiner so stark, wie die Bewegungen zweier Stoßtruppführer zwischen den engen Lehmwänden des Grabens. (IS 484)

Der Typus des ›Kriegers‹ erwächst aus der Beschleunigung und der Nervenanspannung. Die Frontsoldaten werden als Landsknechte positiv von den Zivilisten abgegrenzt. Im Gegensatz zu ihnen sind die Soldaten, die sich dem Rausch und den Trieben hingeben, gerade keine schwachen Naturen, sondern »Männer, die ihrer Stunde gewachsen« sind.

Mit einer solchen Denkfigur konzipiert Jünger im Anschluss an Friedrich Nietzsche, den er kurz vor Abfassung von *In Stahlgewittern* intensiv gelesen hat, einen amoralischen Übermenschen. Gewissermaßen im dionysischen Rausch erhebt er sich durch die »Orgie[n] der Vernichtung« (IS 292) im Ersten Weltkrieg über den Krieg und die Menschen. Dieser Übermensch, der sich nur selbst eine Moral setzt, schält sich Nietzsche zufolge »nur in der stärksten Anspannung eurer edelsten Eigenschaften«[84] hervor. Auf den Ersten Weltkrieg und auf *In Stahlgewittern* bezogen heißt das: Er offenbart sich erst im ›rasenden Stillstand‹. Erst an der Front, die sich durch den ›rasenden Stillstand‹ auszeichnet, kann die ›Umwertung aller Werte‹ vollzogen werden. In einer nihilistischen Bewegung werden alle Wertmaßstäbe der Vergangenheit ›zernichtet‹ und im ›rasenden Stillstand‹ mit dem Typus des Kriegers eine neue Daseinsform gezeugt:

---

[84] Nietzsche: Unzeitgemässe Betrachtungen II: Vom Nutzen und Nachteil der Historie für das Leben, S. 294.

> Der Name auch des kleinsten pikardischen Nestes erinnert an unerhörte Heldenkämpfe, die wahrhaft einzig in der Weltgeschichte dastehen. Erst dort sank die Blüte unserer disziplinierten Jugend in den Staub. Erhabene Werte, die das deutsche Volk groß gemacht hatten, leuchteten dort noch einmal in blendendem Glanze auf, um dann langsam in einem Meere von Schlamm und Blut zu erlöschen. (IS 244)

Nietzsche jedoch begreift dieses Primat eines Übermenschen gerade nicht als geschichtlich und teleologisch ausgerichtet, sondern als jeweils gegenwärtig. Bereits im zweiten Teil seiner *Unzeitgemässen Betrachtungen* konzipiert Nietzsche einen »überhistorischen Menschen, der nicht im Prozesse das Heil sieht, für den vielmehr die Welt in jedem einzelnen Augenblicke fertig ist und ihr Ende erreicht«.[85] Nietzsche verlegt das Menschheitsziel in einzelne große Individuen hinein: »[D]as Ziel der Menschheit kann nicht am Ende liegen, sondern nur in ihren höchsten Exemplaren«.[86] Das Geschichtliche stehe dem Bewusstsein für die Gegenwart entgegen, sodass ein Mensch, »der verurtheilt wäre, überall ein Werden zu sehen [...][,] nicht mehr an sein eigenes Sein«[87] glaube. Das lässt sich auf *In Stahlgewittern* zurückbeziehen: Weil Jünger das Erlebnis des Kriegers in das Zentrum des Romans rückt, wird der Krieg sozusagen von einer »unhistorische[n] Atmosphäre« umhüllt, die notwendige Voraussetzung für große historische Ereignisse sei und »in der jedes grosse geschichtliche Ereigniss entstanden ist«.[88]

2 Der Krieg, die Geschichtsdeutung und die Fassungen von *In Stahlgewittern*

Folgerichtig nimmt eine Geschichtsdeutung des Ersten Weltkriegs in der Erstfassung der *Stahlgewitter* keinen breiten Raum ein. Auf ein nationalistisches Geschichtsdenken wird bestenfalls angespielt, wenn der Erzähler nach seiner Verwundung im Lazarettzug sitzt und beim »Anblick der von blühenden Kirschbäumen bekränzten Neckarberge [...] ein eigentümliches, starkes Heimatgefühl« (IS 84–86) empfindet: »Wie schön war doch das Land, wohl wert, dafür zu bluten und zu sterben.« (IS 86) Dem vergleichbar klingt

---

[85] Ebd., S. 255.
[86] Ebd., S. 317.
[87] Ebd., S. 250.
[88] Ebd., S. 254.

die Vorstellung einer nationalgeschichtlichen Bedeutung des Weltkriegs an, wenn der Erzähler das Leid der deutschen Frontsoldaten im Vergleich zum »vielfach überlegenen, wohlausgerüsteten und -genährten Gegner« (IS 546) mit nationalem Sinn auszustatten scheint: »Es gibt kein größeres Zeichen für die Macht der Idee, die uns trieb.« (IS 546) Diese vom Erzähler nicht weiter spezifizierte Idee muss durchaus in den Kontext der ›Ideen von 1914‹ gestellt werden, die das Einheitsgefühl des ›Augusterlebnisses‹ auf Dauer zu stellen trachten. In ähnlicher Manier begreift der Erzähler die Nation als Fluchtpunkt soldatischen Selbstverständnisses. Er formuliert eine Analogie zu den Ordensschwestern, die ihn nach seiner letzten Verwundung pflegen: »Ich fand ihr Wesen dem Soldatentume nahe verwandt.« (IS 638) Diese Analogie begründet sich in einer Ethik unbedingter und ausschließlicher Pflichterfüllung sowohl der Nonnen als auch der Soldaten. Demgegenüber erzeugen die Krankenschwestern »eine Atmosphäre undefinierbarer Ausstrahlungen« (IS 636–638). Diese Differenz zwischen Ordens- und Krankenschwestern spiegelt sich in der soldatischen Ethik, die ihren Ursprung statt im Glauben an Gott im Vertrauen in die Nation hat: Das klassische Verständnis des Soldaten als ›Krieger der Nation‹ klingt an. Ihm gemäß wird auch bei Jünger das Selbstverständnis des preußischen Soldaten ventiliert, »mit Gott für König und Vaterland«[89] in den Krieg zu ziehen. Generell reformuliert Jünger in der Erstfassung der *Stahlgewitter* nur Nationalismen, die dem Tenor der deutschen Kriegsöffentlichkeit entsprechen. Das betrifft »den alten Preußengeist von Pflicht und Ehre« (IS 458) ebenso wie die damals populäre Differenzierung zwischen deutscher Kultur und westeuropäischer Zivilisation bei gleichzeitiger »hoher moralischer Qualität« (IS 344) der eigenen Truppe. Letztlich relativiert Jünger diese Gegenüberstellung von Kultur und Zivilisation und stellt die Bedeutung von Kultur und Moral im Krieg grundsätzlich infrage. An den Plünderungen der eigenen Untergebenen nimmt der Ich-Erzähler nicht aktiv teil, hält sie aber im Weltkrieg für angemessen:

> Dieser Anblick hat mich immer unangenehm berührt, doch mischte ich mich nicht ein, da die Sachen doch nur dem Verderben ausgesetzt waren und ästhetische oder moralische Bedenken mir in dem dunklen Wiesengrund, über dem noch die ganze rohe Unerbittlichkeit des Kampfes schwebte, nicht recht am Platze schienen. (IS 348)

---

[89] Der Wahlspruch geht auf die Napoleonischen Befreiungskriege von 1813 zurück.

Jenseits dieser verstreuten Details, die eher dem Zeitgeist denn einer politisch-programmatischen Haltung Jüngers zuzurechnen sind, finden sich in der Erstfassung von *In Stahlgewittern* keine Verweise auf die geschichtliche Dimension und Sinndeutung des Krieges. Noch 1963 kritisiert Reimar Lenz, dass die »Begründung fürs Gemetzel [...] nie im Politischen gesucht« wird und sich bestenfalls »dunkle Andeutungen über den Sinn des Ganzen« finden.[90] Überraschenderweise führt das nicht dazu, dass Jünger auf eine an Jacob Burckhardt anschließende Vorstellung geschichtlicher Kontinuität zurückgreift. Selbst geschichtliche Analogien, die etwa Thomas Mann mit seinem Essay *Friedrich und die große Koalition*[91] aufbaut, werden nur einmal eingangs des ersten Kapitels der *Stahlgewitter* mit einem Verweis auf den Dreißigjährigen Krieg und die »wallensteinsche Romantik« (IS 28) gebildet. Im Unterschied zur Fiktion einer kulturellen deutschen Überlegenheit, wie sie beispielsweise Thomas Mann, Max Scheler oder Oswald Spengler postulieren, sieht sich der Erzähler in erster Linie »als Anhänger der logischen Durchführung des Machtgedankens« (IS 132). Diese Haltung des Erzählers behält Jünger auch nach 1934 bei, dem Jahr der Rücknahme zahlreicher Nationalismen, die 1924 Eingang in die *Stahlgewitter* gefunden hatten. Einem scheidenden Regimentskommandanten erweist der Erzähler ganz im Geiste dieser Überzeugung Reverenz: »Oberst von Oppen war ein lebendiges Beispiel dafür, daß es Menschen gibt, die zum Befehlen geboren sind.« (IS 495) Diese Geisteshaltung findet ihr Echo in das von Carl Schmitt wieder ausgerufene Diktum »Auctoritas, non veritas facit legem«.[92] Gleichwohl behauptet Jünger im Gegensatz zum Programm der Konservativen Revolution und im Unterschied zu den eigenen Positionen der späteren 1920er-Jahre in der Erstfassung jedoch keinen besonderen Machtanspruch des Volkes oder der Nation.

Auch den ungezählten Kriegstoten vermag Jünger in dieser frühen Phase noch keinen Sinn abzugewinnen. Er notiert in seinen Kriegstagebüchern: »Was soll das Morden und immer wieder Morden?«[93] In der ersten Fassung

---

[90] Reimar Lenz: Wieder winkte ein blutiges Fest. Zur neuen Auflage von Ernst Jüngers »In Stahlgewittern«, in: Alternative. Zeitschrift für Dichtung und Diskussion 6 (1963), H. 28, S. 10–15, zitiert nach: Ernst Jünger: In Stahlgewittern. Historisch-kritische Ausgabe, Bd. 2: Variantenverzeichnis und Materialien, hg. von Helmuth Kiesel, Stuttgart 2013, S. 506–514, hier S. 511.
[91] Vgl. Thomas Mann: Friedrich und die große Koalition, in: ders.: Essays II, S. 55–122.
[92] Schmitt: Politische Theologie, S. 55.
[93] Kiesel: Ernst Jünger, S. 120.

wird die Aufladung der Kriegserfahrung mit geschichtlichem Sinn implizit abgelehnt, wenn ein Kamerad des Erzählers »durch ein sinnloses Stück Blei sein Ende gefunden« (IS 484) hat. Werkgenetisch bzw. fassungshistorisch ist es durchaus interessant, dass Jünger das Adjektiv ›sinnlos‹ in der vierten Fassung von 1934 durch ›winzig‹ ersetzt. Obwohl Jünger die meisten nationalistischen Ausfälle in dieser vierten Fassung tilgt, scheint er es für nicht mehr angebracht zu halten, eine geschichtliche Aufladung der Kriegstoten als ›Opfer‹ implizit zu verweigern.

In den frühen Ausgaben der *Stahlgewitter* zeigt sich die Distanz zu einem nationalistischen Geschichtsverständnis im Motiv der Ordensvergabe. Zwar läuft der Roman auf den Fluchtpunkt der Vergabe des *Pour le Mérite* zu und an anderer Stelle betont der Erzähler, dass er sich das Eiserne Kreuz I. Klasse »mit Stolz an die Brust heftete« (IS 488). Im selben Atemzug relativiert er jedoch, dass er sich »im Verlaufe des Krieges über Orden eine eigentümliche Anschauung erworben habe« (IS 488). Offenbar versteht der Erzähler Orden als Ausweis eigener Tapferkeit, leitet aus ihnen aber zunächst keine weiteren nationalistischen Vorstellungen ab.

Mit der dritten Fassung des Romans von 1924 ändert Jünger seine Meinung. Zwar versteht er den Orden weiterhin als »Bescheinigung seiner Tapferkeit«, verortet nun jedoch den »Wert eines Ordens […] nicht auf, sondern hinter der Oberfläche«, da ein Orden »ja nur in der Idee ruht, die mit ih[m] verbunden ist« (IS 640). Mit dieser Kehrtwendung hin zu nationalistischen Idealen vollzieht Jünger einen radikalen Wandel in der Geschichtsdeutung in *In Stahlgewittern*. Bis dahin hatte Jünger sich ganz im Rahmen des Frontkämpfer-Narrativs mit dem Wesen des Frontkämpfers befasst und das rauschhafte Kriegserlebnis in den Vordergrund gestellt. Nun richtet er den gesamten Roman geradezu auf die geschichtliche Bedeutung des Ersten Weltkriegs aus. Es geht ihm weniger »um die Wiedergabe von Vergangenem […], sondern um eine bestimmte Auseinandersetzung mit der Zukunft, deren Vorzeichen es in der Vergangenheit aufzusuchen gelte«.[94] Die ambivalente Haltung zum Orden der Erstfassung weicht einer idealistischen Sinndeutung des Ordens, der nun die Verbundenheit des Ordensträgers mit seinem Land nachweist, für das er »so oft […] unter den Erregungen des Kampfes« (IS 640) eingestanden ist. Der neue, konservativ-revolutionäre Akzent in den *Stahlgewittern* geht einher mit der Entwicklung von Jüngers politischen Einstellungen und

---

[94] Auer: Wege zu einer planetarischen Linientreue?, S. 57.

seiner entsprechenden Publizistik. An *Der Kampf als inneres Erlebnis* lässt sich der Prozess der schrittweisen Entwicklung hin zum radikalnationalistischen Vordenker ablesen.[95] Hier schreibt Jünger ein erstes Mal dem Kriegertypus des Landsknecht zu, infolge des »eisengewohnte[n] Tempo[s]« an der Front eine »neue Rasse« zu verkörpern, sodass das »glühende Abendrot einer versinkenden Zeit [...] zugleich ein Morgenrot« werde.[96] Demgemäß betont Jünger die geschichtliche Produktivität des Krieges, wenn er ihn als »die mächtigste Begegnung der Völker« und als »Naturgesetz« versteht.[97] Gleichwohl qualifiziert Jünger in *Der Kampf als inneres Erlebnis* die neue Zeit des Krieges nicht inhaltlich über ein *telos*, sondern formal als kriegerisch:

> Nicht *wofür* wir kämpfen ist das Wesentliche, sondern *wie* wir kämpfen. Dem Ziel entgegen, bis wir siegen oder bleiben. Das Kämpfertum, der Einsatz der Person, und sei es für die allerkleinste Idee, wiegt schwerer als alles Grübeln über Gut und Böse.[98]

Erst am Ende von *Der Kampf als inneres Erlebnis* wird dieses Ziel mit dem »Tod für das Land und seine Größe«[99] ein erstes Mal klar formuliert. In der Überarbeitung der zweiten Fassung der *Stahlgewitter* geht die Hinwendung zur Nation als sozusagen neuer, alter Wert aus dem Weltkrieg hervor: »Viel schimmernde Ideale, die über unseren Zielen hingen, hat mir der Krieg zerschlagen, eins blieb für immer: diese unerschütterliche Treue« (IS 498). Mit dem Begriff der Treue wird die Frontgemeinschaft nach 1923 nicht mehr auf den Kaiser projiziert, sondern im Hinblick auf die ›Volksgemeinschaft‹ konzeptualisiert, wie sie Arthur Moeller van den Bruck und andere Konservative Revolutionäre in der Tradition von Paul de Lagarde, Julius Langbehn, Johann Plenge und im Nachgang an die ›Ideen von 1914‹ einfordern. Vor diesem Hintergrund muss die weitreichende Überarbeitung des Schlusskapitels für die dritte Fassung von *In Stahlgewittern* interpretiert werden. Denn in den überarbeiteten Passagen stiftet ausgerechnet die Lebensform des Kriegers

---

[95] In der Forschung ist darauf hingewiesen worden, dass sich inmitten von *Der Kampf als inneres Erlebnis* Jüngers Poetologie verändert und sich sein Wandel zum Konservativen Revolutionär ankündigt (vgl. Müller: Der Krieg und die Schriftsteller, S. 239).
[96] Jünger: Der Kampf als inneres Erlebnis, S. 73.
[97] Ebd., S. 40. Darin ähnelt er Max Schelers *Der Genius des Krieges*. Scheler begrüßt den Krieg emphatisch und hält ihn als geschichtliche Zäsur, die eine Umkehr einleite, für notwendig (vgl. Max Scheler: Der Genius des Krieges und der Deutsche Krieg, Leipzig 1915).
[98] Jünger: Der Kampf als inneres Erlebnis, S. 74, Hervorhebung im Original.
[99] Ebd., S. 98.

Volkszugehörigkeit, wenn den Erzähler »das wehmütige und stolze Gefühl [ergreift], dem Lande inniger verbunden zu sein durch das im Kampfe für seine Größe vergossene Blut« (IS 642). Hiermit übernimmt Jünger das nationalistische Narrativ der ›Ideen von 1914‹: Weil »das Leben nur durch den Einsatz für eine Idee seinen tieferen Sinn erhält« (IS 642), weist der Erzähler dem Krieg einen geschichtlichen Sinn zu. Die Opfer auf den Schlachtfeldern des Ersten Weltkriegs haben ihm zufolge »die Idee des Vaterlandes immer reiner und glänzender herausgeschmolzen«. Diese abstrakte Idee versteht der Erzähler als eine geschichtliche Idee, denn die ›Krieger‹ fühlen sich der Zukunft ihrer Nation verpflichtet:

> Wir stehen für das, was sein wird, und für das, was gewesen ist. Wenn auch von außen Gewalt und von innen Barbarei sich in finsteren Wolken zusammenballen, – solange noch im Dunkel die Klingen blitzen und flammen, soll es heißen: Deutschland lebt und Deutschland soll nicht untergehen! (IS 646)

Wenngleich der Erzähler behauptet, dass die »Nation für mich nicht mehr ein leerer, von Symbolen verschleierter Begriff« (IS 642) bleibt, definiert er seinen Begriff der Nation nicht weiter. Die Nation entpuppt sich trotz anderslautender Beteuerung als Leerformel, zumal in der Erstfassung.[100] Daher relativiert Jünger in *Der Kampf als inneres Erlebnis* mit Bezug auf den Charakter des Landsknechts und dessen Hinwendung zur Beschleunigung: »Alle Ziele sind vergänglich, nur die Bewegung ist ewig. [...] Hier fließt es vorbei, das Leben selbst, die große Spannung, der Wille zum Kampf und zur Macht in den Formen unserer Zeit, in unserer eigenen Form.«[101]

Wie die Konservativen Revolutionäre und auch wie der ihnen vorgängige radikale Nationalismus kann Jünger jedoch in den *Stahlgewittern* den Begriff einer nationalen Gemeinschaft nicht positiv bestimmen. Obwohl er verschiedene vage Andeutungen anbietet, entsteht ein infiniter Regress. Die Verweise

---

[100] Dieser Befund gilt auch für weitere Jünger-Texte. Ingo Stöckmann hat gezeigt, dass *Das abenteuerliche Herz* die Form der Gemeinschaft, in die auch der Leser aufgenommen werden soll, nicht konkretisiert (vgl. Ingo Stöckmann: Sammlung der Gemeinschaft, Übertritt in die Form. Ernst Jüngers Politische Publizistik und *Das abenteuerliche Herz* [erste Fassung], in: Hebekus/Stöckmann [Hg.]: Die Souveränität der Literatur, S. 189–220). Noch für *Der Arbeiter* gilt, wie Michael Auer anmerkt, dass sich dessen strukturelle Collage um »die Leerform der Gestalt des Arbeiters anordnet«, die nur in ihrem spezifischen Zusammenwirken »eine Art typologischer Lektüre der Wirklichkeit als ganzer« zulässt (Auer: Wege zu einer planetarischen Linientreue?, S. 56).
[101] Jünger: Der Kampf als inneres Erlebnis, S. 103.

auf das ›Volk‹, den quasireligiösen ›Glauben ans Vaterland‹ oder die bindende Kraft des ›Blutes‹ sind letztlich bloß weitere metaphysische Konstruktionen:

> Wenn man dereinst [...] nicht mehr verstehen wird, wie ein Mann für sein Land das Leben geben konnte – und diese Zeit wird kommen – dann ist es vorbei. Dann ist die Idee des Vaterlandes tot. Und dann wird man uns vielleicht beneiden, wie wir jene Heiligen beneiden um ihre innerliche und unwiderstehliche Kraft. Denn alle diese großen und feierlichen Ideen blühen aus einem Gefühl heraus, das im Blute liegt und das nicht zu erzwingen ist. (IS 644)

Die Argumentation, das Wesen der ›Volksgemeinschaft‹ einerseits mit der Hinwendung des Einzelnen zur ›Volksgemeinschaft‹ zu verbinden, die Qualität dieser Gemeinschaft jenseits des performativen Aktes der Hinwendung aber nicht inhaltlich bestimmen zu können, folgt einer tautologischen Struktur. Diese Tautologie verabsolutiert sich schließlich selbst, wenn der Erzähler sich zur Feststellung versteigt, »daß es Ideale gibt, denen gegenüber das Leben des Einzelnen und selbst des Volkes keine Rolle spielt« (IS 642). Das nicht näher bestimmte völkische Ideal bedeute, so Jünger, nicht nur die völlige Selbstaufgabe zugunsten einer nicht näher bestimmten völkischen Gemeinschaft, sondern könne auch die Vernichtung des gesamten Volkes zur Folge haben. Mit dieser Argumentation rückt das Volk selbst letztlich aus dem Zentrum. An seine Stelle rückt die kaum näher bestimmte, gleichwohl aber absolut gesetzte Idee des Volkes. ›Deutsch‹ sei demnach, wer eine Idee des Volkes besitze und sich dieser Idee vollkommen hinzugeben bereit sei. Das Primat der Idee des Volkes gegenüber dem Volk selbst und die paradoxe Forderung nach der unbedingten Opferbereitschaft des Volkes für eine Idee seiner selbst kennzeichnen die Fassung der *Stahlgewitter* von 1924. Im Vorwort heißt es: »Uns aber leitete über alles Niederträchtige hinweg unsere große, klare, verbindende Idee: das Vaterland, in seinem weitesten Sinne gefaßt. Dafür sind wir alle zu sterben bereit. Das haben wir voraus vor allem, was jetzt die Zeit erfüllt. Wir sind zum Opfer gewillt.« (IS 24) Seine Opferbereitschaft knüpft der Erzähler an seinen Willen, angesichts der als in höchstem Maße defizitär empfundenen Novemberrevolution von 1918 den schriftstellerischen ›Kampf mit der Feder‹ wieder durch den kriegerischen ›Kampf mit dem Schwert‹ zu ersetzen, um die Zukunft Deutschlands zu sichern:[102]

---

[102] Damit grenzt sich Jünger auch von den national eingestellten Schriftstellern während des Ersten Weltkriegs ab, die wiederholt auf ihren ›Kampf mit der Feder‹ verwiesen haben, um sich mit dem Kampf der Soldaten an der Front moralisch gleichzustellen.

> Wir brauchen für die kommenden Zeiten ein eisernes, rücksichtsloses Geschlecht. Wir werden wieder die Feder durch das Schwert, die Tinte durch das Blut, das Wort durch die Tat, die Empfindsamkeit durch das Opfer ersetzen – sonst treten uns andere in den Dreck. Wir haben aus der Revolution gelernt, daß jede Bewegung ohne eine große, uneigennützige Idee so wenig innere Überzeugungskraft besitzt, daß nicht ein einziger für sie ins Feuer geht. (IS 24)

Seine scharfe Kritik an der Weimarer Republik äußert Jünger ganz auf Linie der Konservativen Revolution, die anstelle der vermeintlichen »Revolte« von 1918 eine völkische »Revolution« zu beschwören versucht:

> Unsere Revolution beginnt erst: sie [...] beginnt mit einer Auferstehung, die in den Menschen geschieht.
> Sie ist der Durchbruch einer geänderten Geistesverfassung und der sie begleitenden Selbsterkenntnis –
> – oder die Revolution ist unser Untergang.[103]

An der Fassungsgeschichte dieser Passage ist die radikalnationalistische Phase Jüngers gut ablesbar: 1924 schreibt er sie erst in die dritte Fassung der *Stahlgewitter* hinein, bevor er sie 1934 aus der vierten Fassung wieder weitgehend entfernt.

Vor dem Hintergrund seiner geschichtlichen Deutung des Weltkriegs ist es folgerichtig, dass Jünger in der Fassung von 1924 die Erzählung des Krieges als Erlebnis zurücknimmt. Insbesondere in einer Passage im Guillemont-Kapitel wird das ›Kriegserlebnis‹ durch die Betonung der geschichtlichen Relevanz der Schlachten ersetzt. Dazu ruft der Erzähler die grundlegende Umwälzung der Frontlandschaft durch die »Maschinenarbeit« (IS 242) in Erinnerung und apokalyptische Vorstellungen auf. Er begründet diese Rücknahme des ›Kriegserlebnisses‹ mit dem Verlust der Individualität und der soldatischen Ritterlichkeit.[104] Letztlich sei die Beschleunigung, der der Landsknecht sein Kriegserlebnis in den frühen Fassungen verdankt, zu hoch geworden. Weil die Soldaten keine Zeit mehr haben und daher überanstrengt

---

[103] Moeller van den Bruck: Das dritte Reich, S. 8.
[104] Claude Haas hat die Absage Jüngers an einen im Ersten Weltkrieg überkommenen Heroismus für *In Stahlgewitter* nachgewiesen (vgl. Claude Haas: Der kollabierte Feind. Zur historischen Poetik des Kriegshelden von Jünger bis Goethe, in: Nikolas Immer/Mareen van Marwyck [Hg.]: Ästhetischer Heroismus. Konzeptionelle und figurative Paradigmen des Helden, Bielefeld 2013, S. 251–273; vgl. zur Thematik auch die Vorstudie von Renate Martinsen: Der Wille zum Helden. Formen des Heroismus in Texten des 20. Jahrhunderts, Wiesbaden 1990).

sind, können sie den Krieg nicht mehr als Rausch ›erleben‹: »Nicht die Lebensgefahr [...] bedroht den Geist einer kämpfenden Truppe, sondern die Überanstrengung und die Not. Leute, die Zeit haben, können sich jeden Luxus leisten, auch den des heroischen Gefühls.« (IS 148–150) Jünger kehrt seine Begründung also einfach um: Begreift er die Beschleunigung an der Front des Ersten Weltkriegs in den beiden ersten Fassungen als Bedingung der Möglichkeit des Kriegserlebnisses, verhindert sie es nun. Diese Feststellung führt der Erzähler an anderer Stelle aus und entwickelt aus ihr ein neues geschichtliches Verständnis des Krieges:

> Doch das Unheimlichste war nicht das Grauenhafte der Landschaft an sich, sondern die Tatsache, daß diese der Welt bisher unbekannte Szenerie erst durch den Menschen geschaffen war, der in ihr den Endkampf auszutragen gedachte. [...] Geist und Tempo des Kampfes veränderten sich, und erst von der Sommeschlacht an trug dieser Krieg sein besonderes Gepräge, das ihn von allen anderen Kriegen schied. Von dieser Schlacht an trug der deutsche Soldat den Stahlhelm und in seine Züge meißelte sich jener starre Ausdruck einer aufs allerletzte überspannten Energie, der spätere Geschlechter vielleicht ebenso rätselhaft und großartig anmuten wird, wie uns der Ausdruck mancher Köpfe der Antike oder der Renaissance. Denn, und ich will es immer wieder betonen, hier war die Schlacht kein Erlebnis, das flüchtig und blutigrot vorüberfunkelte, sondern sie grub sich in Wochen und Monaten unauslöschlich ein. Was war ein Menschenleben in dieser Wüstenei [...]? [...] Hier ging die Ritterlichkeit auf immer dahin, sie mußte dem intensiven Tempo des Kampfes weichen, wie alle noblen und persönlichen Gefühle weichen müssen, wo die Maschine die Herrschaft gewinnt. Hier zeigte sich das neue Europa zum ersten Male auch in der Schlacht. (IS 242–244)

Das neue Europa, das sich im apokalyptischen »Endkampf« des Ersten Weltkriegs ankündigt, entspricht Jüngers sozialpolitischen Vorstellungen in seiner konservativ-revolutionären Phase, die im Essay *Der Arbeiter* eine totalitäre[105] Form annehmen und von denen er sich Mitte der 1930er-Jahre verabschiedet.[106] Wie sehr diese neue Ausrichtung von *In Stahlgewittern* auf eine nationale Zukunft den Charakter einer Geschichtsphilosophie bzw. -theologie erhält, lässt sich an Joseph Goebbels' *Stahlgewitter*-Lektüre ablesen, der den

---

[105] Manuel Köppen widmet sich dem totalitären Denken, das eine »Aufhebung der Grenze zwischen Militär- und Zivilgesellschaft« mit sich brachte, und diskutiert in diesem Zusammenhang auch Jünger (Köppen: Das Entsetzen der Beobachter, S. 295).

[106] Hierin erklärt sich auch die Rücknahme der oben zitierten Passage in der Fassung von 1934. Gleichwohl kündigt sich das Ende von Jüngers Radikalnationalismus bereits im *Arbeiter*-Essay an. Dort entwickelt Jünger planetarische Vorstellungen, die mit den völkisch-rassistischen Vorstellungen der Nationalsozialisten kaum vereinbar sind.

Roman Mitte der 1920er-Jahre als »Evangelium des Krieges«[107] bezeichnet. Auch Jünger selbst schreibt in *Das Wäldchen 125* – wie erwähnt einer Fort- und Umschreibung von Passagen aus *In Stahlgewittern* aus dem Jahr 1925 – dem »Gemeinschaftserlebnis der Mobilmachungstage [...] einen religiösen Charakter«[108] zu. Offenbar versteht Jünger den Krieg als das Ereignis, das die Gemeinschaft der Gläubigen ermögliche, womit seine nationalistischen Geschichtsvorstellungen geradezu idealtypisch Eric Voegelins Begriff der politischen Religion entsprechen.

3 *Sturm*, der Abschied vom Kriegserlebnis und die Hinwendung zur Nation

Ernst Jüngers Erzählung *Sturm* zeichnet die letzte Episode, in etwa einen Tag, aus dem Leben des gleichnamigen Titelhelden nach, der an der Westfront des Ersten Weltkriegs kämpft. Die Handlung stellt den Fähnrich Sturm und dessen schriftstellerisches Schaffen ins Zentrum. Sturm verfasst drei kurze Novellenfragmente an der Front, die als Binnenerzählungen eingeflochten werden. Während des gemeinsamen Wartens in einem Unterstand trägt er die Fragmente seinen Offizierskameraden Döhring und Hugershoff vor. Sie ergeben gemeinsam mit der Rahmenhandlung einen Auszug aus jenem »Dekameron des Unterstandes« (St 54), welches der Protagonist Sturm zu schreiben beabsichtigt. Rahmen- und Binnenerzählungen verzahnt Jünger nicht nur gattungstypologisch durch den Verweis auf Giovanni Boccaccios *Dekameron,* sondern auch inhaltlich. Es wird zu zeigen sein, dass über die Protagonisten der Binnenhandlungen Tronck, Kiel und Falk die individualistische Problematik der Rahmenhandlung exemplarisch dekliniert wird. Insbesondere gilt das für das Verhältnis des Einzelnen zur Gemeinschaft und die Frage nach individueller Verwirklichung für die drei Kameraden der Rahmenhandlung, die im Handlungsverlauf zunehmend neu bewertet wird. Eingangs betont die Erzählerstimme den Formwillen Hugershoffs, der mit sprachlichen Ausdrucksweisen experimentiert, die künstlerische »Ekstase« (St 19) des Malers Döhring und die geistige Abstraktionsfähigkeit des viel-

---

[107] Joseph Goebbels: Die Tagebücher Dezember 1925–Mai 1928 (= Die Tagebücher von Joseph Goebbels, Teil I: Aufzeichnungen 1923–1943, Bd. 1/II), bearb. von Elke Fröhlich, München 2005, S. 44–45, hier S. 45.
[108] Kiesel: Ernst Jünger, S. 90.

schreibenden Sturm. Am Ende der Erzählung verbrennt Sturm seine drei zwischenzeitlich verfassten Fragmente in einem Autodafé und entzieht sich wie seine Kameraden nach kurzem Gefecht der Gefangennahme durch den Kampf bis zum Tod. Bereits zu Beginn der Erzählung, noch bevor die Handlung um die literarischen Versuche Sturms einsetzt, reflektiert Sturm das veränderte Verhältnis von Einzelnem und Kollektiv. Er begründet dies mit der modernen Staats- und Kriegsführung:

> Seit der Erfindung der Moral und des Schießpulvers hat der Satz von der Auswahl des Tüchtigsten für den Einzelnen immer mehr an Bedeutung verloren. Es läßt sich genau verfolgen, wie diese Bedeutung allmählich übergegangen ist auf den Organismus des Staates, der die Funktionen des Einzelnen immer rücksichtsloser auf die einer spezialisierten Zelle beschränkt. Heute gilt einer längst nicht mehr das, was er an sich wert ist, sondern nur das, was er in bezug auf den Staat wert ist. Durch diese systematische Ausschaltung einer ganzen Reihe an sich sehr bedeutender Werte werden Menschen erzeugt, die allein gar nicht mehr lebensfähig sind. (St 15)

Ein autonomes Leben des Einzelnen erscheint nicht mehr möglich, weil der moderne Krieg »jedes Individuum in seiner Existenz« (St 16) verändert. In einem solchen Krieg werden »nicht mehr wie zur Zeit der blanken Waffe die Fähigkeiten des Einzelnen, sondern die der großen Organismen gegeneinander abgewogen« (St 16).

Der Mensch und insbesondere der Frontkämpfer sind im modernen Krieg mehr denn je dem Staat und dessen Funktionstüchtigkeit ausgeliefert bzw. werden zunehmend als Teil eines überpersönlichen Organismus begriffen. Diesen Gedanken wird Jünger später in *Die totale Mobilmachung* und *Der Arbeiter* zur Programmatik einer kriegerischen Gesellschaft weiterentwickeln, die den Einzelnen noch weitaus stärker in die Prozesse des organischen Staatskörpers einbindet, sodass ein symbiotisches Verhältnis des Einzelnen zum Staat entsteht, der Einzelne als »Arbeiter« im Staat aufgeht und letztlich aus der Geschichte verschwindet.[109] Die organische Metaphorik weitet Jünger noch in seinen Essays der 1950er- und beginnenden 1960er-Jahre zu Analogien mit Insektentaaten aus.[110] In gewissem Sinn schließt Jünger

---

[109] Damit beginnt Jünger sein nationalistisches Programm durch eine gewissermaßen noch radikalere planetarische Perspektive zu überwinden. Michael Auer beschreibt diese »planetarische Dimension« des *Arbeiter*-Essays ausführlich (vgl. Auer: Wege zu einer planetarischen Linientreue?, S. 51).

[110] Vgl. u.a. Ernst Jüngers Essays *Der Waldgang* und *Der Weltstaat*.

an Ferdinand Tönnies an, der Ende des 19. Jahrhunderts in *Gemeinschaft und Gesellschaft* der Gesellschaft eine »ideelle und mechanische Bildung« zuweist, mit der Gemeinschaft hingegen »reales und organisches Leben«[111] verbindet. Jünger konstatiert analog: »Jede Gesellschaft, die durch aufeinander angewiesene Männer gebildet wird, entwickelt sich nach den Gesetzen der organischen Natur« (St 17), und bedient sich zur Veranschaulichung Tönnies' biologistischer Metaphern: Er definiert die technisch bzw. mechanisch produzierte Front-›Gesellschaft‹ zur organischen Front-›Gemeinschaft‹ um. Dazu zählen die Verweise auf die familiären Verhältnisse an der Front und die Rolle des »rein Menschliche[n]« (St 28) in der Führung der Frontsoldaten:

> Und gerade darauf kam es bei diesem Berufe an. Sturm dachte an den Marschall Vorwärts, den Papa Wrangel und eine Reihe von Generalen des ersten Empire, die, obwohl geistig nicht hervorragend, doch Vorzügliches geleistet hatten. Das lag vor allem daran, daß sie ihre Leute verstanden, daß sie ihre Sprache beherrscht hatten bis in die feinsten Fasern hinein. Diese Männer hatten den Körper, den sie führten, seelisch durchdrungen, und das war wichtiger als das physiologische Verständnis des erstklassigen Generalstäblers, der als reinkultiviertes Gehirn verbindungslos über den Massen stand. (St 28f.)

Demgemäß bilden Frontsoldaten und ihre Offiziere eine gemeinschaftliche Einheit, wobei die ›Führer‹ sich nicht mehr im Sinne des nietzscheanischen ›Übermenschen‹ von der Masse trennen, sondern mit ihr verwoben sind. Offenbar ist bereits zu Beginn von *Sturm* die Trennung von Soldaten und ihren Führern, die in den *Stahlgewittern* noch Programm war, in der Frontgemeinschaft überwunden.
Vergleichbares gilt für die Freundschaft der Offiziere Hugershoff, Döhring und Sturm. Zwar gründet sie nicht auf einem gemeinschaftlichen, familiären Fundament, sondern auf ihrem gemeinsamen intellektuellen Interesse. Dennoch wird sie mit der organischen Metapher des Zusammenwachsens verbildlicht: »So verwuchsen sie [...] zu einem geistigen Körper von ausgesprochener Art.« (St 18) Gleichzeitig exponiert die Erzählung die drei Freunde, die sich »als Persönlichkeiten entdeck[en]« und sich »wie Menschen, die der Aufenthalt auf einer wüsten Insel vereint« (St 18), anfreunden, im weiteren Sinne als künstlerische Individualisten.
Einen intertextuellen Hinweis auf den Hintergrund dieser Relativierung eines gemeinschaftlichen Denkens zugunsten der individualistischen Persön-

---

[111] Tönnies: Gemeinschaft und Gesellschaft, S. 3.

lichkeit bietet die Erwähnung Rembrandts in einem von Sturm erinnerten Gespräch zwischen Hugershoff und Döhring. Hugershoff hatte als »inneres Wesen seines Schaffens [...] die Ekstase« bezeichnet und dazu den »starken Eindruck« angeführt, den das Betrachten eines Rembrandt-Gemäldes hervorrufe, auch wenn es verkehrt herum gehängt sei. Indem Hugershoff die Wirkung eines Rembrandt auch bei verkehrter Hängung reklamiert, zieht er ihn als exemplarisches Beispiel dafür heran, dass Kunst dann gelinge, wenn sie starken ästhetischen Eindruck erzeuge. Döhring hingegen hat kein derartiges ästhetisches Bewusstsein und betont, »daß es doch nicht gerade der Zweck eines Rembrandts wäre, umgekehrt aufgehängt zu werden, und daß er sich kaum zwei größere Gegensätze denken könnte als gerade Ekstase und einen Heringskopf« (St 19). Diese Bezugnahme auf Rembrandt kann als chiffrierter Hinweis auf Julius Langbehns kurz vor der Jahrhundertwende 1900 populär gewordene Programmschrift *Rembrandt als Erzieher* gelesen werden. Langbehn beschreibt darin die Deutschen als »das vorzugsweise individuelle Volk«, Rembrandt sei unter »allen deutschen Künstlern aber [...] der individuellste« und »das Prototyp des deutschen Künstlers«. Rembrandt könne, wenngleich Niederländer, die Deutschen »zu sich selbst zurückführen«, weil er »der ausgesprochenste Universalist und Individualist« sei und gleichzeitig »Ueberindividualität«[112] verkörpere. Er wahre »das echte Deutschthum [...] gegenüber dem falschen Deutschthum«.[113] Am Exempel Rembrandts versucht Langbehn, in seinem nationalistischen Erziehungsprogramm das Individuum mit der Nation nicht nur zu versöhnen, sondern es in seiner Geisteshaltung auf sie auszurichten. Hugershoff und Döhring wiederum verstehen in ihrem Gespräch Rembrandts Kunst gewissermaßen doppelt und sprechen ihr entweder eine individuelle ästhetische Qualität oder einen nicht näher bestimmten ›Zweck‹ für etwas jenseits der Ästhetik zu. Mit dieser Argumentation vollziehen sie die gedankliche Bewegung Langbehns nach. Bezieht man diesen Befund auf die Erzählung *Sturm,* dann beginnt der Erzähler einen radikalen Individualismus im Zuge der Vorstellung einer Perfektibilität des Menschen zu kritisieren, wie er seit der Aufklärung und mit der Erklärung der Menschenrechte während der Französischen Revolution bis Ende des 19. Jahrhunderts die Geschichtsphilosophie geprägt hat. Dagegen stellt er zunehmend ein nationalistisches geschichtliches Programm, hier

---

[112] Langbehn: Rembrandt als Erzieher, S. 9.
[113] Ebd., S. 10.

bereits ganz Konservativer Revolutionär, welches das Dasein des Einzelnen nur im Hinblick auf den Staat rechtfertigt.

Bereits Langbehn hatte in *Rembrandt als Erzieher* derartige Vergemeinschaftungsphantasien verfolgt. Langbehn, der sich in der Tradition de Lagardes sieht und schon mit dem Titel an Friedrich Nietzsches dritte *Unzeitgemässe Betrachtung, Schopenhauer als Erzieher*,[114] anschließt, versucht in seiner zunächst anonym publizierten programmatischen Schrift, eine Volkserziehung zu verfassen, in der seine Imagination Rembrandts als deutsches Ideal präsentiert wird.[115] Auch wenn Langbehn nicht immer konzise argumentiert und dem deutschen Volk alle möglichen Charaktereigenschaften zuschreibt, soll gleichwohl ein vermeintlich deutsches Wesen definiert werden: »[...] das Volk muß nicht von der Natur weg-, sondern zu ihr zurückerzogen werden«.[116] Eine ›deutsche Natur‹ bzw. eine deutsche »Volksseele« bestimmt Langbehn rassisch über das Ariertum[117] und über geistige Individualität.[118] Die Nation habe sich wiederum auf das deutsche Volk zu richten: »Der Deutsche soll dem Deutschthum dienen.«[119] Der Lebensbezug jedes Einzelnen auf sein vermeintliches ›Deutschtum‹ begründet in der Argumentationslogik Langbehns die ›Volksgemeinschaft‹. Seinen planetaren Führungsanspruch gewinnt das ›Deutschtum‹ aus der Überzeugung, dass die »bisherige Weltgeschichte [...] die körperliche geistige sittliche Ueberlegenheit der arischen über jede andere und insbesondere über die semitische Race unbedingt klargelegt«[120] habe. Anfang des 20. Jahrhunderts leiten Kolonialpolitiker wie Ernst Hasse aus diesem Überlegenheitsphantasma die Forderung oder zumindest die Bereitschaft zum Genozid ab: Kleinere Völker hätten »in unserer Zeit des Großen und Massenhaften nicht nur die Berechtigung zur Ausdehnung, sondern sogar die zum Fortbestehen verloren«.[121]

---

[114] Friedrich Nietzsche: Unzeitgemässe Betrachtung III: Schopenhauer als Erzieher, in: ders.: Sämtliche Werke. Kritische Studienausgabe (KSA), Bd. 1, hg. von Giorgio Colli und Mazzino Montinari, München 1999, S. 335–427.
[115] »Rembrandt ist der deutsche Mensch.« (Langbehn: Rembrandt als Erzieher, S. 303)
[116] Ebd., S. 3.
[117] Vgl. ebd., S. 218, 317.
[118] Vgl. ebd., S. 4f.
[119] Ebd., S. 5.
[120] Ebd., S. 352.
[121] Ernst Hasse: Weltpolitik, Imperialismus und Kolonialpolitik, München 1908, S. 2. Hasse bedient sich dazu einer biologistischen Metaphorik des gesunden Volkskörpers, der sich »räumlich oder nach der Menge« (ebd., S. 1) natürlich ausdehne, was eine imperialistische Kolonialpolitik rechtfertige. Ein ›deutsches Imperium‹ müsse sich »von der Nordsee

Gleichwohl nimmt der radikale Nationalismus seinen historischen Ausgang nicht bei Langbehn, sondern knapp einhundert Jahre zuvor bei den Napoleonischen Befreiungskriegen, und er greift auch im 20. Jahrhundert auf die Darstellungsmittel zurück, die Johann Gottlieb Fichte mit den *Reden an die deutsche Nation* (1808) und der Lyriker Ernst Moritz Arndt begründet haben. Arndt wendet den zuvor pejorativen Begriff des Volkes positiv. Ihm zufolge äußert sich das spezifisch ›Deutsche‹ in der Trias von Sprache, Abstammung und Kultur.[122] Über diese Konstruktion sollte ein deutscher Nationalstaat begründet werden. Doch nach dem Wiener Kongress und der unvollendeten Revolution von 1848 wird die Idee der ›Volksnation‹ erst mit der Reichsgründung von 1871 verwirklicht. Weil sich das Volk jedoch nicht in der Nation erfülle, sondern die Zugehörigkeit vielmehr über eine kulturelle Identität inhaltlich zu bestimmen sei, schwelt der Diskurs über die Nation und die ›Volksgemeinschaft‹ in Deutschland auch nach 1871 in der Klage über die ›kleindeutsche Lösung‹ weiter. Zusammenhänge zwischen Nation und Volk, aber auch zwischen Individuum und Volk stellen zunächst die Radikalnationalisten her, die zunehmend publizistisches Gehör finden und schließlich während des Ersten Weltkriegs politische Felder okkupieren. Ideologisch wird in der Konservativen Revolution von einem »deutschen

---

und Ostsee über die Niederlande und Luxemburg, und auch die Schweiz einschließend, über das ganze Donaugebiet, die Balkanhalbinsel, Kleinasien bis zum persischen Meere erstrecken« (ebd., S. 65).

[122] Vgl. Mohler/Weissmann: Die konservative Revolution in Deutschland, S. 19. Der Schweizer Armin Mohler, der Begründer des Handbuchs zur Konservativen Revolution, ist selbst Teil der konservativ-revolutionären Bewegung im weiteren Sinne gewesen und hat einige Jahre als Sekretär Ernst Jüngers gearbeitet. Das Handbuch ist auch unter seinem Nachfolger Karlheinz Weissmann, der ebenfalls rechtskonservativen Kreisen zuzurechnen ist, nicht von einer tendenziösen Schreibweise abgerückt. Die dortige Darstellung der Konservativen Revolution kann also trotz des lexikalischen Charakters nicht fraglos übernommen werden, sondern wird im Folgenden vielmehr ›ausgestellt‹. Die Abstammung etwa fasst Paul de Lagarde im 19. Jahrhundert als entscheidendes Kriterium nationaler Zugehörigkeit auf, wenngleich er dieses Kriterium noch nicht völkisch bzw. rassisch wendet. Seine äußerst scharfen Ausfälle gegenüber Juden tragen zwar schon antisemitische Züge, wenn er ihre Auswanderung oder – hier liegt die Differenz zum noch radikaleren Julius Langbehn – ihre völlige Assimilation fordert: »Ist die Abstammung von einem und demselben Stammvater nicht das Merkmal der Nationalität, was ist es dann? E.M. Arndt hat auf die Frage, was des Deutschen Vaterland sei, bekanntlich die nicht schön stilisierte Antwort gegeben.« (Paul de Lagarde: Deutscher Glaube. Deutsches Vaterland. Deutsche Bildung, das Wesentliche aus seinen Schriften ausgewählt und eingeleitet von Friedrich Daab, Jena 1913, S. 124; zu den Ausfällen gegenüber Juden vgl. ebd., S. 154f.; dazu Langbehn: Rembrandt als Erzieher, 43, 348)

Sonderbewußtsein[ ]«[123] ausgegangen, das sich abgrenzt von einem westeuropäischen Geschichtsdenken. Während dieses einen potentiell unendlichen Fortschritt postuliert und den Einzelnen ins Recht setzt, subordiniert jenes das Individuum der Nation. Diese Frontstellung prägt das Postulat einer kategorialen Differenz zwischen westlicher Zivilisation und deutscher Kultur während des Ersten Weltkriegs entscheidend. Die rechtskonservativen Apologeten Armin Mohler und Karlheinz Weissmann führen – affirmativ und daher mehr als nur tendenziös – diese Entwicklung ebenso wie das Aufkommen der lebensreformatorischen Bewegungen zu Beginn des Jahrhunderts auch auf die Enttäuschung »der zentralen Zukunftserwartung [zurück], die [...] durch den Fortschrittsglauben des 19. Jahrhunderts [...] bestimmend geworden war und die vollständige Humanisierung des Menschen verheißen hatte«.[124] Bereits vor Ausbruch des Ersten Weltkriegs wird konservatives, völkisches Denken zunehmend popularisiert. Ferdinand Tönnies' theoretisch ausgerichtete Schrift *Gemeinschaft und Gesellschaft* gewinnt mit der zweiten Auflage 1912 eine breite Leserschaft, und eine Zusammenstellung von Schriften Paul de Lagardes, *Deutscher Glaube. Deutsches Vaterland. Deutsche Bildung,* erfährt 1913 geradezu »massenhafte Verbreitung«.[125] Tönnies begrüßt die lebende Gemeinschaft gegenüber der kalten Gesellschaft:

> Die durch dieses positive Verhältnis [gegenseitiger Bejahung und Einheit aufgrund von gegenseitigen Erleichterungen etc., J.W.] gebildete Gruppe heißt, als einheitlich nach innen und außen wirkendes Wesen oder Ding aufgefaßt, eine *Verbindung*. Das Verhältnis selbst, und also die Verbindung, wird entweder als reales und organisches Leben begriffen – dies ist das Wesen der *Gemeinschaft*, oder als ideelle und mechanische Bildung – dies ist der Begriff der *Gesellschaft*.[126]

Tönnies zufolge sind nur »die gemeinschaftlichen Lebensarten und Ordnungen diejenigen, worin das Volkstum und seine Kultur sich erhält«.[127] De Lagarde fordert dagegen die Zukunft der Nation in den Blick zu nehmen,

---

[123] Mohler/Weissmann: Die konservative Revolution, S. 15.
[124] Ebd., S. 56f.
[125] Ebd., S. 31.
[126] Ferdinand Tönnies: Gemeinschaft und Gesellschaft. Grundbegriffe der reinen Soziologie, Berlin 1912, S. 3, Hervorhebung im Original.
[127] Ebd., S. 294. Demgegenüber wird in der »gesellschaftlichen Zivilisation [...] Friede und Verkehr durch Konvention und in ihr sich ausdrückende gegenseitige Furcht erhalten« (ebd., S. 293).

das heißt die Nation erst zu verwirklichen (wohlgemerkt nach 1870),[128] und kündigt – letztlich im Anschluss an Hegel – einen epochalen, gegebenenfalls apokalyptischen Zeitenwechsel an,[129] da die Nation einen göttlichen Heilsplan ausführe.[130] Er bezieht das Evangelium auf die nationale Gemeinschaft und löst es von der Kirche ab: »Es dürfte nachgewiesen sein, daß das Christentum, also Katholizismus und Protestantismus, eine Entstellung des Evangeliums ist.«[131] Das Volk wird zur *ecclesia*[132] inklusive des göttlichen Heilsversprechens. Wie der Mensch müsse auch die Nation um ihre »Seele«[133] kämpfen, weshalb sie eine »nationale Religion zu erringen«[134] habe. Aus der Projektion des Individuums auf seine vermeintliche ›völkische Identität‹ folgt jedoch nicht, dass das Individuum in der Nation vollständig aufgelöst werden solle. Oswald Spengler verdeutlicht diese Position nach der Machtübernahme der Nationalsozialisten 1933 in *Jahre der Entscheidung*. Spengler stellt die »nationale Umwälzung dieses Jahres« gegen die »schmutzige Revolution von 1918«[135] und formuliert im Anschluss daran die rassische Konzeption einer ›weißen‹ und einer ›farbigen Weltrevolution‹.[136] Im Zuge dessen argumentiert er gegen den »unpersönliche[n] asiatische[n] Kollektivismus des Ostens« und dessen »Apotheose des Herdengefühls«.[137] Demgegenüber sei die »keltisch-germanische ›Rasse‹« von einem individualistischen Bedürfnis, einer »faustischen Kultur« erfüllt, vom »Trotz des Einzelnen gegen

---

[128] »Wir sind noch keine Nation, sondern eine Sammlung einander hebender Monaden: darum können wir auch noch nicht als Nation wählen, und wenn wir gleich wählen, so ist das Ergebnis der Wahlen ohne Wert.« (Lagarde: Deutscher Glaube, S. 145)

[129] »Ich werde nicht müde zu predigen, daß wir entweder vor einer neuen Zeit oder vor dem Untergange stehn.« (Ebd., S. 67)

[130] Vgl. ebd., S. 76f.

[131] Ebd,, S. 32.

[132] Voegelin löst die *ecclesia* vom »mystischen Leib Christi« (Voegelin: Die politischen Religionen, S. 32) ab. Als ›säkulare *ecclesia*‹ symbolisiere sie auch in »innerweltlich gewordenen partikulären Gemeinschaften die Gleichheit und Brüderlichkeit aller Glieder der Gemeinschaft« (ebd., S. 34).

[133] Lagarde: Deutscher Glaube, S. 74.

[134] Ebd., S. 40. De Lagarde reflektiert dabei durchaus, dass Religionen nicht in einem Stiftungsakt gegründet werden können: »Unsere Aufgabe ist nicht, eine nationale Religion zu schaffen / Religionen werden nie geschaffen, sondern stets geoffenbart/, wohl aber, alles zu tun, was geeignet scheint einer nationalen Religion den Weg zu bereiten.« (Ebd., S. 53f.)

[135] Oswald Spengler: Jahre der Entscheidung. Erster Theil: Deutschland und die weltgeschichtliche Entwicklung, München 1933, S. VII.

[136] Vgl. ebd., S. 58, 147.

[137] Ebd., S. 143.

die ganze Welt«.[138] Dieses individualistische Wesen müssen zugunsten der Opferbereitschaft des Einzelnen zurückgenommen werden: »Und preußisch ist das Sichbeugen aus freiem Willen. Der Wert des Opfers liegt darin, daß es schwer ist. Wer kein Ich zu opfern hat, sollte nicht von Gefolgstreue reden.«[139] Die Überlegenheit der ›germanischen Rassengemeinschaft‹ gegenüber anderen Kollektiven bestehe Spengler zufolge darin, sich freiwillig und nicht aus der Not heraus zu opfern und durch das Opfer aus freiem Willen Individuum zu bleiben.

Vergleichbar lotet auch Jünger das Verhältnis von Individuum und Gemeinschaft aus. Schon der Name des Titelhelden deutet dessen ›faustischen‹, nach vorne strebenden Charakter an; und weltanschauliche Positionen werden von ihm in *Sturm* durchaus problematisiert. Sturm macht sich eingangs der Erzählung die Einstellung *nicht* zu eigen, dass der Einzelne ohne den Staat lebensunfähig sei. Er betont vielmehr, dass in der vergleichsweise kleinen und räumlich beengten Gruppe, die »isoliert wie ein winterliches Dorf in einem Alpental« zusammenlebt, »der Einzelne an Interesse« (St 11) gewinnt. Daraus resultiere die Einbettung in die familiäre Struktur der Frontgemeinschaft, in der die Soldaten sich »alle wie Brüder« (St 13) behandeln, während erst infolge der Schlachten und im Angesicht des Todes »grenzenlose Einsamkeit« (St 13) Einzug halte. Nichtsdestotrotz hinterfragt Sturm explizit die »Fixsterne […] Ehre und Vaterland« (St 14), wenn er überlegt:

> Wie sprangen da die Besten und Stärksten aus ihren Deckungen hervor und wie wurde die Auslese im letzten Eisensturze zerstampft, während unten in ihren Stollen die Schwächlinge zitterten und den Spruch zu Ehren brachten: »Lieber fünf Minuten feige als ein ganzes Leben tot.« Kam hier der Tüchtigste noch zu seinem Recht? (St 15)

Hiermit ist die Problemstellung von *Sturm* bestimmt: Der Ort, an dem das Verhältnis des Individuums – und seines Kriegserlebnisses – zum Staatskollektiv bzw. zur Nation – und einer geschichtlichen Sinndeutung – neu austariert wird, ist in *Sturm* weniger der Krieg insgesamt, sondern die Front. In den Schützengräben konkretisiert sich der Krieg als Erfahrung des Einzelnen.

---

[138] Ebd., S. 144f.
[139] Ebd., S. 145.

›Der Einzelne ein Schwächling in Gefahr‹. Die problematische
Konstellation von Beschleunigung und Individualismus

Das vierte Kapitel von *Sturm* schließt mit einem Gespräch zwischen Hugershoff und Sturm, in dem beide über die Nicht-Erzählbarkeit des Krieges reflektieren.[140] Zuvor hat Sturm ausführlich das poetologische Programm seiner Tronck-Figur erläutert. Er möchte die »freie Entfaltung der Persönlichkeit inmitten der strafften Bindung [...] in dem Menschen Tronck zu abgerundetem Ausdruck bringen« (St 38). Hugershoff hinterfragt jedoch die allzu ausladende Charakterisierung Troncks durch »kleine[ ] Äußerlichkeiten« (St 38) wie etwa eine Halsbinde. Die Antwort Sturms, diese Art des Schreibens sei »die Flucht des Künstlers aus einer heroischen Zeit« (St 39), also vermeintlich die Flucht aus der eigenen Zeit des Kriegs, veranlasst Hugershoff zur Gretchenfrage: »Das ist wohl der Grund, aus dem du den Krieg fast gar nicht berührst?« (St 39) Sturm repliziert, dass er den Krieg nicht metaphysisch zu überhöhen vermöge, da er den Krieg »über das rein Tatsächliche« (St 39) hinaus nicht erzählen könne. Jede Erzählung bleibe gewissermaßen Bericht eigenen Erlebens: »Ich lebe zu stark darin, um es als Künstler betrachten zu können.« (St 39) Der Dialog zwischen Hugershoff und Sturm ist deswegen als zentral zu bewerten, weil in ihm die Nicht-Erzählbarkeit des Krieges als menschengemachter Geschichte im Sinne von Giambattista Vicos *verum factum* auch auf den Schriftsteller bezogen wird.[141] Der Krieg entzieht sich jeder geschichtlichen Darstellung durch die Frontsoldaten. Ihnen bleibt nur die Erzählung ihrer gegenwartsbezogenen und ungeschichtlichen Kriegserfahrung. Dass die Forderung einer ideologischen, geschichtlichen Reflexion des Einzelnen im Krieg wie des Krieges insgesamt nicht möglich ist, rückt die raffinierte Erzählkonstruktion von *Sturm*[142] in den Vordergrund, die am Wechsel vom vierten zum fünften Kapitel offenbar zutage tritt. Endet das vierte Kapitel mit Sturms Antwort, »[z]ur Betrachtung gehört eben Abstand«, so beginnt das fünfte Kapitel mit dem Einbruch der

---

[140] Müller liest *Sturm* als Text »über die Unmöglichkeit, einen Roman über den Krieg zu schreiben« (Müller: Der Krieg und die Schriftsteller, S. 265).
[141] Jünger hat Vicos *Scienza Nuova* gelesen (vgl. Kiesel: Ernst Jünger, S. 435).
[142] Michael Auer hat darauf hingewiesen, dass sich die Erzählung selbst verunmögliche, womit »die Novellenform gegen sich selbst gewendet« wird, »indem die hier erzählte ›unerhörte sich ereignete Begebenheit‹ [...] von der Unmöglichkeit, Novellen zu schreiben, zeugt« (Auer: Wege zu einer planetarischen Linientreue?, S. 37).

Plötzlichkeit an der Front: »Sturm hatte kaum das letzte Wort gesprochen, als ein rasender Krach die Landschaft erschütterte.« (St 39) Zwar beanspruchen die Gespräche mit Hugershoff und Döhring sowie die Binnenerzählungen den mit Abstand größten Anteil der Erzählung, doch die Schilderung der Fronterfahrung zentriert *Sturm* im fünften Kapitel durch seine erzählerische Mittelstellung. Analog zu den *Stahlgewittern* steht die Front in *Sturm* unter der Herrschaft der Beschleunigung. Das fünfte Kapitel, zu dessen Beginn sich die Kameraden in einem Unterstand befinden, setzt bereits mit der Reflexion ein, dass die maschinelle Geschwindigkeit zu hoch für das menschliche Wahrnehmungsvermögen sei: »Eine Kette von Einschlägen toste hintereinander her, so schnell, daß das Bewußtsein sie in eine einzige, furchtbare Erscheinung verschmolz.« (St 39) Dieser gegnerische Angriff bedeutet einen Einbruch des Plötzlichen und er zwingt »alle Insassen des Kellers hinaus« (St 40) in den offenen Kampf. Die folgenden Kampfhandlungen in den Schützengräben sind angesichts der abrupten Beschleunigung nur als »Erscheinung« (St 40) erzählbar und nicht mit einer übergeordneten Bedeutung jenseits des ›Tatsächlichen‹ versehen. Sturm kann den feindlichen Beschuss kaum noch wahrnehmen, weshalb seine Versuche, sich in Sicherheit zu bringen, als ›sinnlos‹ qualifiziert werden:

> Ein ununterbrochener Schauer von Erdbrocken rasselte auf den Graben herab, kleine Stahlstücke zischten wie Hagelschloßen durch das dumpfe Getöse. Dann stieß ein Eisenvogel mit wachsenden Flügelschwüngen zu Boden, Sturm konnte gerade noch in ein Erdloch springen, bevor eine Erscheinung von Feuer ihn wie einen Sack gegen die ausgeschachtete Lehmwand warf. Der Einschlag war von einer Stärke, die über die Skala des Gehörs hinausgriff, Sturm nahm die niederstürzende Fontäne nur noch mit den Augen wahr. Kaum war sie verrauscht, da flammte es wieder auf. Sturm preßte sich ganz eng in das Loch, das eine Granate in die Grabenwand geschlagen haben mußte, denn die innere Lehmschicht war schwarzgebrannt und mit gelbbraunen Pikrinflecken besprengt. Ganz deutlich sah er dieses Muster mit jener Schärfe der Beobachtung, die sich in solchen Augenblicken auf die nebensächlichsten Dinge richtet. Jedesmal, wenn es neben ihm niederfuhr, riß er die Hand vor die Augen und war sich dabei wohl bewußt, daß er etwas Sinnloses tat. (St 40)

Hier entsteht eine ›Kontinuität des Plötzlichen‹. Die derart gesteigerte und gleichzeitig unzureichende Wahrnehmung führt dazu, dass die Sinne im modernen Krieg »bis zur Übersteigerung gereizt werden« (St 43). Generell hebt der Erzähler auf die moderne Technik ab, die weitaus höhere psychische Anforderungen stelle. Gegenüber der Antike sei »das Angriffsgebrüll […] um das Tausendfache verstärkt«, weshalb »ein Mut erforderlich« sei,

»der den homerischer Helden bei weitem übertraf« (St 43). Verändert sich Jüngers Haltung zu einem antiken Heldenbegriff und einem Duell-Ideal im Verlauf der verschiedenen früheren *Stahlgewitter*-Fassungen, hat er sich in *Sturm* vollständig von ihm distanziert. Hier stellt der Erzähler mit ironischer Distanz fest, dass im modernen, maschinell beschleunigten Krieg der »›Heldentod‹ [...] längst einen witzigen Beigeschmack bekommen« (St 29) hat. Grund dieser Veränderung ist der ›rasende Stillstand‹. Denn jeder Versuch Sturms, aus dem angsterfüllten Frontsoldaten, der nur zu überleben trachtet, einen Kriegshelden zu formen, wird durch die Realität des Grabenkrieges konterkariert:

> In einem vorüberrauschenden Augenblick der Kaltblütigkeit bemerkte er, daß er vor Angst schwitzte. [...] Er stand auf und suchte durch eine Reihe von Flüchen seine Nerven zu beruhigen. Schon glaubte er, sich Heldentum einsuggeriert zu haben, als ein neuer und furchtbarer Einschlag ihn in sein Loch zurückschleuderte. (St 41)

Folgerichtig verändert sich die Persönlichkeit Sturms: »[D]er Mensch, der hier hinter einer Distelstaude lag und scharf über das Korn des Gewehres nach Beute spähte, war nicht mehr derselbe, der noch vor zwei Jahren mit Selbstverständlichkeit durch den Formenwirbel der Straßen geschritten [...] war« (St 25). Mit Verweis auf die prähistorische Kunst, die die Soldaten in ihrem Unterstand nachahmen und die Hugershoff »durch das Bildnis einer ungefügen Venus von Willendorf vervollständigt« (St 22), kann diese Persönlichkeitsveränderung durchaus als Regress zu einer Archaik[143] der Triebe bezeichnet werden.[144] Mit der Venus von Willendorf wird ein trieb- und rauschhaftes Verhalten figural, das durch den modernen Krieg und die moderne Beschleunigung wieder Herrschaft über den Menschen gewinnt. Demgemäß versteht der Erzähler den Krieg als eine »andere[ ] Form des Seins« (St 12) und mit dem Leutnant Horn wird ein Pionier als jüngerscher Landsknecht vorgestellt, der sich »[w]enn alles drunter und drüber ging, [...] in seinem Element« (St 49) befindet. Er kämpft genau dort, wo »[u]rwüchsige Gewalten, blindlings wie Sturm und Welle, [...] die Adern zu sprengen«

---

[143] Der Begriff der Archaik trifft deshalb den Sachverhalt sehr gut, weil das griechische *arché* nicht nur ›Anfang‹ und ›Ursprung‹ bedeutet, sondern auch ›Herrschaft‹.

[144] Dieser Regress kann mit den ebenfalls für die Front typischen sozialen Umstürzen im Sinne eines gesellschaftlichen Niedergangs begründet werden, da »Professoren und Glasbläser [...] zusammen auf Horchposten« (St 12) liegen.

drohten, und die Kämpfer »zerflammten in Rausch«, wie Jünger in *Der Kampf als inneres Erlebnis* das Kriegserlebnis des Landsknechts charakterisiert.[145] Die Erzählungen vergangener Schlachten des Pioniers lassen denn auch trotz des ›rasenden Stillstands‹ Begeisterung anklingen: »[B]ei Lens [...] lernte ich den Minierkrieg so richtig kennen, man stand wirklich Tag und Nacht auf einem Vulkan.« (St 49). Das heißt: Das positiv berauschte Kriegserlebnis wird in *Sturm* auf die Figur des Leutnant Horn ausgelagert.

Den Protagonisten Sturm hingegen zieht es wie zum tätigen zum geistigen Leben. Er verzweifelt daran, dass sich die Lebensprinzipien des Geistigen oder Apollinischen und des Rauschhaften oder Dionysischen einander scheinbar ausschließen:

> Dieses Doppelspiel der Leidenschaft [...] wurde von Sturm als Unglück empfunden. Viel lieber hätte er sich entweder als einen Mann der reinen Tat gesehen, der sich des Hirnes nur als Mittel bediente, oder als einen Denkenden, dem die Außenwelt lediglich als ein zu Betrachtendes von Bedeutung war. (St 31)

Sturm krankt an der Problematik, sich als Intellektueller und Schriftsteller dem reinen Kriegserlebnis an einer maschinell beschleunigten Front hingeben zu wollen. Ihm glückt die Auflösung seines Ichs im Rausch des Krieges nicht so vollständig wie Horn, dessen »Natur [...] für solche Lagen geboren war«, da dort »das einfache und männliche Wort [...] einen kühnen, metallischen Klang« (St 49) erhält. Anders als Horn kann er sich den neuen Zeitverhältnissen weniger gut anpassen. Als Intellektuellem fehlt ihm an der Front die Zeit zur Betrachtung, zur Reflexion des Tatsächlichen. Dementsprechend beharrt er zunächst auf der Distinktion gegenüber den Frontsoldaten, wenn er als teilnehmender Beobachter »einen Querschnitt durch den Körper der Gemeinschaft zu ziehen [versucht], mit der zusammenzuleben er durch die Verhältnisse gezwungen war« (St 28). Aus seiner Beobachtung zieht er den Schluss, dass weder die Stabsoffiziere noch er selbst Teil dieser ›Frontgemeinschaft‹ seien: »Schon der schnell beförderte Student und der Mann des Volkes standen sich fern.« (St 28)

Nichtsdestotrotz fühlt sich Sturm den nationalistischen Dichtern Börries von Münchhausen und Hermann Löns näher als dem Expressionisten Georg Trakl, da diese ihn »anders durchschreiten« (St 31) als jener. Entsprechend kritisch fällt sein Verdikt gegenüber den pazifistisch oder kriegskritisch ein-

---

[145] Jünger: Der Kampf als inneres Erlebnis, S. 58.

gestellten Schriftstellern aus, die in die Schweiz emigriert sind und die »den Anschluß verloren« haben, »während in uns der große Rhythmus des Lebens schwingt« (St 38). Mitten im Krieg befindet sich der ›Krieger‹ Sturm »im Zentrum« des Daseins, die ›Geister‹ hingegen »an der Peripherie« (St 38).[146] Er benötigt wie jeder einzelne Frontkämpfer unbedingt die Kameradschaft, da er ohne sie den ›rasenden Stillstand‹ an der Front nicht ertragen kann. Die Grundlage der Leidensfähigkeit bietet allerdings weniger das Aufgehen des Einzelnen in einer Frontgemeinschaft, sondern die gegenseitige Überwachung:[147]

> Noch zerbarsten Minen rundum, doch jetzt hämmerte jede Explosion sich als Aufforderung zu trotzigem Aushalten in das Herz. Sturm hatte das schon oft in solchen Augenblicken gemerkt: der Einzelne war ein Schwächling in Gefahr. Dagegen fällt es schwer, wenn man beobachtet wurde, ein Feigling zu sein. (St 42)

Die Erziehung der Masse zu egalitärer Konformität kann der individualistische Sturm nicht gutheißen. Das heißt nicht, dass er sich der Kameradschaft verweigert. Sturm kümmert sich um seinen Burschen Kettler, den er aus einem verschütteten Erdloch befreit, und opfert sich am Ende der Erzählung erst, als er nur »noch allein« (St 74) den Engländern Gegenwehr leistet. Gleichwohl geht der Intellektuelle Sturm nicht im ›Kriegserlebnis‹ des Landsknechts auf und auch eine Betrachtung des Krieges über das rein Tatsächliche hinaus bleibt ihm an der Front versagt. Die Problemkonstellation von Sturm ist somit klar skizziert: Die Kriegsrealität kann weder mit geistigen Maßstäben reflektiert werden, noch kann Sturm seine individualistische Persönlichkeit vollständig im Typus des Kriegers aufgehen lassen.

Sturms Individualismus und die drei Binnenerzählungen

Der innere Konflikt Sturms wird in der Erzählung implizit generalisiert. Im Rahmen der drei Binnenerzählungen und in erster Linie durch den Schluss der Erzählung lässt sich der Konflikt als anthropologisches Problem auffassen. Über die Erzählerfigur Sturm wird der Widerspruch anschaulich, dass der Krieg gewissermaßen als rauschhafte ›Ästhetik des Schrecklichen‹ erlebt

---

[146] Hans-Ulrich Gumbrecht hat in seiner Darstellung der Dispositive des Jahres 1926 sowohl den ›Code‹ Zentrum vs. Peripherie als auch dessen Zusammenbruch erläutert (vgl. Hans-Ulrich Gumbrecht: 1926, Frankfurt a.M. 2001, S. 377–387, 443–451).

[147] Vgl. auch hier Foucaults Erwägungen zur erzieherischen Wirkung des panoptischen Überwachens in *Überwachen und Strafen*.

wird und er gleichzeitig dem Individuum eine Sinndeutung abnötigt, die es dem geschichtlichen ›Kampf ums Dasein‹ verschiedener Staaten ausliefert. Ihnen widmet er Prosaskizzen von zunehmender Länge, die er Hugershoff und Döhring nachts an der Front vorträgt und mit ihnen diskutiert. Die mündlich vorgetragenen Erzählungen sind an der Front situiert. Der Konflikt zwischen Individualismus und Kollektivismus spiegelt sich vor allem in den Persönlichkeiten seiner eigenen drei Protagonisten Tronck, Kiel und Falk, indem sie jenes Spektrum individueller Persönlichkeiten abbilden, mit dem sich Sturm identifiziert. Sturms erstes *alter ego* Tronck, Ästhet durch und durch, beobachtet seine Umgebung bis an die Grenze des Wahrnehmbaren und spürt den Empfindungen nach, die seine Wahrnehmungen auslösen:

> Jedoch war schon hier und da ein Tropfen Gelb, ein Funken Rot in die Laubmassen gespritzt, und zuweilen kreiselte ein geflecktes oder am Rande geflammtes Blatt langsam auf den Asphalt. Mochte der Luftwirbel einer Straßenbahn oder der Flügelstrich eines Vogels es gepflückt haben: man ahnte die Schwere, die in diesen Blättern träumte und sie zur Erde lockte. Die Kraft, die diesen Reichtum aus den Wurzeln zur Spitze getrieben hatte, war ermattet und begierig, ihren Kreislauf zu beenden. Die Grenzlinien, die Farben und Formen voneinander absetzten, waren etwas verwischt. Die Luft war durch einen leichten Niederschlag getrübt. Noch war diese Trübung nicht stärker als das Wölkchen eines Milchtropfens in einem Wasserglase, und doch lag in ihrem Geruch schon die Verkündung der Nebelgeschwader, die der Herbst in Bereitschaft hielt. Es war einer jener Übergänge im Werden, die, von den Sinnen kaum erfaßt, rätselhafte Gefühle der Lust oder der Trauer vom Grunde der Seele lösen. (St 34f.)

Troncks enorm feine, fast schon übersteigerte Sinnesbegabung korrespondiert mit seiner »eleganten Erscheinung« (St 35), seiner »Eigenart in den Grenzen der Mode« (St 36), kurzum: seiner wesenhaften »Überlegenheit [...], Energie und Intellekt zugleich« (St 37) zu besitzen. Tronck ist ein hochreflexiver Mensch, der neben der Fähigkeit, »feinste Stimmungen« (St 35) seiner Umgebung zu registrieren, über die notwendige Befähigung zur Formgebung verfügt. Auf die Kritik von Hugershoff, Sturms kurzes Fragment gebe nur ein »Bild« (St 37) Troncks und eine Handlung sei nicht angelegt, reagiert Sturm mit einem Hinweis auf Baudelaire. Kunst dürfe nicht künstlich konstruiert werden, ihm bedeute die Handlung kaum etwas. Vielmehr gehe es ihm darum, Tronck als Persönlichkeit vorzustellen und ihn entweder »im Käfig einer Boheme oder einer Beamtenschaft« (St 37) zu situieren. Hier liegt die Analogie zur prekären Existenz der drei Gesprächspartner in der Rahmenhandlung. Denn mit der Figur Tronck erkundet Sturm die Möglichkeit einer individuellen Persönlichkeit im fixierten Rahmen eines streng regulierten

Lebens: »Und das, was wir hier auf diesem kümmerlichen Boden erstreben – freie Entfaltung der Persönlichkeit inmitten der straffsten Bindung, die man sich denken kann – möchte ich in dem Menschen Tronck zu abgerundetem Ausdruck bringen.« (St 38) Gleichwohl fehlt Tronck die Intensität des durch die Beschleunigung gesteigerten Kriegserlebnisses, wenn er gemessenen Schritts durch die Stadt »schlenderte« (St 34), sodass er einem »Soldat[en] vor der Schlacht« (St 35) gleicht – nicht einem *in* oder *nach* der Schlacht. Die Erzählung von Tronck krankt also daran, dass sie das Leben an der Front in einer zu rudimentären Form in die Lebenssituation Troncks übersetzt, die bereits in sich widersprüchlich zu werden droht, wenn Sturm seine Figur als Bohemien vorstellt, der innerhalb eines allzu engen Normkorsetts lebt.

Infolge dieser erzählerischen Schwäche variiert Sturm die Vorstellung einer intellektuell reflektierten und künstlerischen Persönlichkeit im zweiten Novellenfragment, das eine erotisch-triebhafte Begebenheit ins Zentrum stellt. In der Figur des Fähnrich Kiel setzt er sich mit der Erfahrung des Rausches auseinander und dem Empfinden, dass »nur im Rausche, nur in diesem Augenblick, den man halten möchte, […] das Leben etwas wert« (St 53f.) ist. Diesen Rauschzustand, den er zunächst als Alkoholrausch einführt, bezieht Sturm explizit auch auf den Krieg:

> Für Menschen, die von der Leidenschaft besessen sind, sich zuweilen auf Flügeln des Rausches über ihre Hemmungen hinauszuschwingen, besteht zwischen dem Sturmlauf eines Angriffs und dem Gefühl der Erregung inmitten einer trunkenen Tafelrunde kein großer Unterschied (St 54).

Das gilt auch für den Fähnrich Kiel. Kiel, der sich nicht mehr im Krieg befindet, sondern ein kleines Zimmer in »Kasernennähe« (St 55) bewohnt,[148] sehnt sich allabendlich nach einem »um diese Stunde gesteigerte[n] Leben« (St 55). Dafür ist die Fronterfahrung der modernen Beschleunigung, genauer: der ›rasende Stillstand‹ an der erstarrten Westfront verantwortlich, auf den er sich in »langen Jahren unterirdischen Krieges […] eingestellt« (St 55) hat. Kiel lebt seine kriegsinduzierte Rauschsucht sexuell aus, sodass er »wie ein wildes Tier […] sein Lager verläßt, um Beute zu machen« (St 56). Wenn-

---

[148] Es bleibt unklar, ob Kiel noch in einer Kaserne lebt oder nur in ihrer Nähe, und ob Kiel noch aktiver Soldat ist oder ob er ausgedient hat. Für die weitere Lektüre des Fragments erweist sich diese Leerstelle als irrelevant, da Kiels soldatische Persönlichkeit nicht infrage steht.

gleich intelligent, vermag er sich nicht mehr gegen den »höhere[n] Zwang« (St 56) seiner körperlichen Triebe zu wehren und gibt sich ihnen hin. Auf der Suche nach sexueller Erleichterung wandert er ziellos, bevor er einen Straßenstrich aufsucht, an dem sich »das Triebhafte klar offenbart« (St 57) und von dem er ein Mädchen mitnimmt. Sie befriedigt zunächst seine Triebsucht. Doch als er nachts neben der schlafenden Prostituierten erwacht und sie anschaut, überzieht ihn die »gefrorene, eingesargte Grimasse mit Wellen des Ekels« (St 58).[149] Die Befriedigung seines allabendlichen Rauschbedürfnisses weicht dem Gefühl, einen »Rückfall ins Barbarentum, in ein Netz mittelalterlicher Leidenschaften« (St 58), zu durchleben. Mit dieser zweiten Versuchsanordnung spürt Sturm den Möglichkeiten individuellen Daseins und Erlebens angesichts eines erzwungenen Rauschzustandes an der Front nach, dessen Erlebnisdichte durch die Beschleunigung derart hoch ist, dass er nicht mehr intellektuell reflektiert werden kann. So wie Troncks individuelle Persönlichkeit die Beschleunigung in der Schlacht ausklammert, führt bei Kiel das rauschhafte Kriegserlebnis zu einem rein auf das körperliche Erleben reduzierten Triebverhalten und zum Verlust seiner Persönlichkeit. Das Triebwesen Kiel fühlt sich in seinem sexuellen Rausch als »asiatischer Despot«,[150] während die »Sehnsucht nach zartem, lyrischen Empfinden« Kiel nur noch »manchmal, in Stunden des Überdrusses« überkommt, sodass sie als »Fata Morgana« (St 58) zum nebulösen Zerrbild ehemaliger individualistischer Höhe verkommt.

Im dritten und umfangreichsten Novellenfragment bemüht sich Sturm um einen Weg aus dem Dilemma, das die beiden vorherigen Fragmente prägt, im modernen Krieg eine individuelle Persönlichkeit angesichts der Beschleunigung der Fronterfahrung nicht mehr aufrechterhalten zu können. In ihm gelingt es Sturm, durch die Figur Falk einen solchen Ausgleich darzustellen. Falk vertritt ein hohes Künstlerideal, insbesondere das des Dichters, der als »Auge Gottes« (St 60) zeusähnlich über die Welt herrscht. Als »Sonne [...] schleuderte [er] Strahlen gegen das Geschehen und ließ es in gewollter Bahn um seine Achse schwingen« (St 60). In dieser Bewegung, den reflektierenden

---

[149] Dass der Erzähler an dieser Stelle davon schreibt, dass das Gesicht ihn mit »Wellen des Ekels überschwemmte« (St 58), lässt sich durchaus tiefenpsychologisch lesen als Erkenntnis einer Überflutung mit verdrängten Bewusstseinsinhalten (vgl. Jolande Jacobi: Die Tiefenpsychologie des C.G. Jung, Frankfurt a.M. 1978).

[150] Diese Metapher gründet auf einer völkisch-rassistischen Konzeption, derzufolge Asien in Anspielung an die ›Horden‹ asiatischer Reitervölker ein Kontinent des Kollektivismus und der ungezügelten Triebe sei (vgl. Spengler: Jahre der Entscheidung, S. 143).

Künstler zum Mittelpunkt des Universums zu erklären, nicht dem äußeren Geschehen anheimzufallen, sondern das Äußere um das Zentrum des dichtenden und deutenden Ichs kreisen zu lassen, verbindet der Dichter für Falk die Imperative von individueller Persönlichkeit und Rausch. Nur im Dichter »kristallisierte sich seine Zeit und fand Persönliches ewigen Wert« (St 61).
Indem der Künstler sich selbst zum Metronom der Wahrnehmung erklärt, wird für ihn die Beschleunigung an der Front irrelevant: Falk ersetzt den Zwang zur Beschleunigung durch einen eigenen Zeitmaßstab. Diese Überhöhung des Dichters liegt im poetologischen Programm begründet, das Falk zuvor entwirft. So müsse »Auge Blitz, nicht Spiegel, Auftreten Angriff, Sprache Vergewaltigung sein […], um die Menschen zu beeindrucken. Welche Werte sie auch immer tragen mochte, nur die Erscheinung konnte sie ins Bewußtsein schleudern.« (St 59) Erinnert die Vorstellung eines Dichtergottes an die Hymnen des jungen Goethe oder an Hölderlins Oden, verweisen Sprache und Stoßrichtung dieses Programms auf die Avantgarde und den Expressionismus. Nur ein Dichter leiste mehr, als die äußere Wirklichkeit bloß zu ›spiegeln‹, nur er vermöge die Wirklichkeit in ein ästhetisches ›Erscheinen‹ im Sinne Martin Seels zu verwandeln und sie sich untertan zu machen. Doch der Einzelgänger Falk, auf den die Erzählung fokalisiert und der daher den Reflektor dieser ästhetischen Überlegungen figuriert, ist ein Dilettant. Er starrt »stundenlang auf ein leeres Blatt« und ist »verzweifelt über seinen Mangel an Fruchtbarkeit« (St 61). Einem »Dichter, dem die Worte fehlten« (St 63), aber geht die dichterische Befähigung ab.
Der Dilettant Falk kann sich – hier kann man der Figur durchaus tragikomische Züge attestieren – jedoch ebenso wenig den »typenhafte[n]« Durchschnittsmenschen angleichen, die in der modernen Gesellschaft »wie ein Schwarm von funkelnden Insekten um die Lichter tanzten« (St 62). Interessanterweise macht er für die Entindividualisierung bzw. für die »Mechanisierung des Menschen« (St 62) Beschleunigung und Maschinisierung in der Moderne verantwortlich: »Seit dem Auftauchen der Maschine war alles von sausenden Schwungrädern zur Fläche geschliffen.« (St 62). Im Unterschied zum Fähnrich Kiel gibt Falk seine Persönlichkeit nicht zugunsten eines enthemmten sexuellen Triebes auf. Zwar trifft er sich mit Mädchen und geht womöglich die eine oder andere Liaison ein, doch sind sämtliche seiner Affären »sich ähnlich zum Überdruß« (St 64). Die – innerhalb der Fokalisierung – fehlende Persönlichkeit der Mädchen hat die Beziehungsunfähigkeit Falks zur Folge und vor dem Rückzug in den Rausch der Sexualität, wie ihn Kiel vollzieht, ekelt sich Falk weit früher als dieser:

> Was konnte ihm da, nachdem er alles Wesentliche schon in Besitz genommen, erkannt und verachtet hatte, die körperliche Durchdringung noch bieten? [...] Es war das Tierische, dem alles entströmte und in das alles wieder mündete. Ekel der Rest. (St 64f.)

Das »Wesentliche« besteht für Falk eben nicht in sexuellen Ausschweifungen, sondern in der geistigen Betätigung. Weil Falk jedoch häufig eine Kneipe »in einer engen, verwinkelten Gasse, die sonst nur Freudenhäuser barg« (St 65), besucht, droht er auf Dauer jener rauschhaften Triebhaftigkeit zu verfallen, die bereits Kiel verzweifeln ließ. Die von Sturm zuvor ins Feld geführte Ähnlichkeit von Alkoholrausch und sexueller Ausschweifung manifestiert sich räumlich. In der Kneipe herrscht ein dionysisches Gelage:

> Riesige Krüge wurden gestürzt, scharf gewürzte Würste, die ein schlampiges Weib noch in der Pfanne prasselnd aus der Küche an die Tische trug, in Massen verzehrt. Tabaksrauch, krachender Aufschlag von Knobelbechern, Einschlag von Witzen und Gelächterdonner (St 66).

Dieses Gelage folgt – ganz im Sinne eines emphatischen Kriegserlebnisses, das es metaphorisch aufruft – dem Grundsatz »Gefühl ist alles« (St 64) und stellt den Rausch des »Zeitlosen« als eine Insel des »Mittelalter[s]« gegen das nüchterne, maschinelle Leben der Gegenwart, das unweit der Kneipe »in brausenden Katarakten durch die Lichter schnellte« (St 65). Gleichwohl findet Falk auch dort nicht Heimat, sondern regrediert auf geistigem Gebiet und eignet sich allmählich »zwar gröbere, doch einfachere Formen« (St 67) an. Er verkörpert zunehmend das, was er anfänglich noch scharf ablehnt: den triebhaften Menschen, der im Rausch seine Individualität preisgibt. Falk vollzieht die Umkehr hin zu einer individuellen Persönlichkeit und einem wirklichen Künstlertum erst, als er in der Tram einer jungen, individualistischen Frau begegnet. Die Begegnung wird durch einen Szenenwechsel eingeleitet; den Gesprächsanlass bietet eine gemeinsame Lektüre. Sowohl Falk als auch das Mädchen lesen *Balzac* des französischen Philosophen Hippolyte Taine, was ihnen zum Zeichen ihrer jeweiligen Individualität wird. Verhält sich Falk zu Beginn gemäß seiner desillusionierten Routine und wirft »den ersten Groschen in den Gesprächsautomaten« (St 68) – er ist noch ganz einer mechanisierten bzw. automatisierten Vorstellung menschlicher Kommunikation verfallen –, überrascht ihn seine Gesprächspartnerin existenziell: »[E]r fühlte: Verständnis« (St 68). Eine Interpretation dieser Begegnung als tiefgreifendes gegenseitiges zwischenmenschliches Verständnis, das Falk den Durchbruch zum Künstlertum ermöglicht, korrespondiert mit dem Gegen-

stand dieser Begegnung. Denn für Taine hat »die künstlerisch-literarische Darstellung menschlicher Charaktere« größte Relevanz. So stellt *Balzac* für Taine ein »mustergültiges Beispiel für adäquate Menschendarstellung« dar, die »einen Grad anthropologischer Stringenz« erreichte, den eine »wissenschaftliche Darstellung niemals erreich[en]« könne.[151]
Falk nimmt das Mädchen zu sich nach Hause und führt es in seine private Umgebung ein, die geöffnete Ofentür wärmt den Raum zusätzlich. Der anschließende Vergleich, die Situation wirke »wie ein Hochofen in einer Nebellandschaft« (St 68), ist symbolisch zu deuten. Mit der Begegnung wird die Möglichkeit eines zugleich intellektuellen und rauschhaft-sexuellen Daseins angelegt: Liebe. Die Prophetin dieser neuen Lebensperspektive stellt denn auch sofort die ›Gretchenfrage‹ nach dem Krieg: »Haben Sie Blut gesehen? Sie scheinen noch jung« (St 69). Ihre Frage ermöglicht es Falk endlich, vom Krieg zu erzählen, Gehör zu erhalten, Rückfragen zu beantworten und seine Kriegserfahrungen in Worte zu fassen. Das, was ihm sowohl als Kriegsveteran als auch als dilettierender Künstler bis dahin verwehrt geblieben ist, erhält er durch die Begegnung mit einer jungen Frau: Ausdrucksfähigkeit. Jetzt ist ihm Dichtertum in dem Sinne möglich, den er anfangs als Idealbild gezeichnet hat. Nicht mehr der maschinelle, beschleunigte Krieg bestimmt die Grenzen seiner Wahrnehmungsfähigkeit, sondern mit seiner Erzählung lässt er umgekehrt den Krieg »in gewollter Bahn um seine Achse schwingen« (St 60).
Sturm scheint in der Figur von Falk eine Möglichkeit individueller Kriegsexistenz gefunden zu haben; doch Falk, der seine Erzählfähigkeit soeben erwirbt, beendet den Bericht seiner Kriegserfahrungen nicht, weil auch Sturms Erzählung von Falk abrupt endet: Sie wird von einem plötzlichen Angriff unterbrochen. Während der dilettierende Sturm seine ersten zwei Novellenfragmente aus Unvermögen nicht beenden konnte, wird die künstlerische Synthese aus Individualismus und Rausch in der dritten Novelle von außen durch den Krieg abgebrochen. Das heißt auf der Ebene der Rahmenerzählung: Künstlertum und Krieg lassen sich nicht miteinander vereinbaren. Zudem fehlt ein Zuhörer oder eine Zuhörerin, dem oder der er seinen Weltentwurf, sein geistig überformtes Bild vom Krieg jenseits eines bloßen Erlebnisberichts erzählen kann, wie ihn ein Leutnant Horn zuvor

---

[151] Frank Wanning: Konflikt der Anthropologien. Die Ästhetik Hippolyte Taines zwischen Romantik und Naturalismus, in: Rudolf Behrens/Roland Galle (Hg.): Historische Anthropologie und Literatur. Romantistische Beiträge zu einem neuen Paradigma der Literaturwissenschaft, Würzburg 1995, S. 199–214, hier S. 212.

präsentiert. Während Falk bei seiner Taine-Leserin Zuneigung findet, ist Sturm nur anfänglich die Aufmerksamkeit seiner männlichen Kameraden sicher. Da die Aufmerksamkeit im ›rasenden Stillstand‹ prinzipiell zuerst auf die Sinneswahrnehmungen und mögliche Gefahren gerichtet ist, unterbricht nach Beginn eines feindlichen Angriffs Hugershoff Sturms Erzählung von Falk und gebietet Stille. Bereits im Lauf der zweiten Erzählung war »der Pionier inzwischen fest eingeschlafen« und auch Döhrings Zuhörerschaft lässt der Text offen: Er hat nur »scheinbar aufmerksam zugehört« (St 58). Sturm fehlt also jene Resonanz auf sein Erzählen, die Falk letztlich erhält. An der Front geht es weniger um die Möglichkeiten individualistischer Existenz, sondern jenseits aller individualistischer Bestrebungen um die existenziellen Möglichkeiten bloßen Daseins. Sturms Dichtkunst kann daher nicht bestehen und wird folgerichtig in einem hastigen Autodafé verbrannt.

Der Wirbel einer uralten Melodie und die Ausrichtung des Einzelnen auf die Nation

Angesichts der Macht des Tatsächlichen eines beschleunigten Krieges, der jede künstlerische Reflexion verunmöglicht, bleibt Sturm nach Scheitern seiner individualistischen Ambitionen nur die Flucht zur Gemeinschaft, wie sie z.B. Julius Langbehn als nationale Gemeinschaft konzipiert. Insbesondere das eigentümliche Finale der Erzählung – vor allem das Autodafé und die Metapher des ›Wirbels einer uralten Melodie‹ – wird neu lesbar,[152] wenn

---

[152] Die vergleichsweise hermetische Adjektivmetapher der ›uralten Melodie‹, deren Teil Sturm zuletzt wird, kann auch auf ein elementares, ursprüngliches Kriegserlebnis zurückgeführt werden, dem sich Sturm letztlich doch anheimgibt. Für ein derartiges Verständnis des Schlusses lassen sich durchaus Indizien finden. So zerreißt der Leutnant Horn während des Autodafés »Bücher und Bilder […], um mit ihren Fetzen die Flammen zu unterhalten« (St 71), und auch der letzte Blick vor dem Tod gilt ebenjenem Landsknecht. Auch in *Das Wäldchen 125*, zwei Jahre nach *Sturm* erschienen, schreibt der Erzähler davon, dass der Krieg »zu den Reichen [gehört], in denen man Urlaute wiederentdeckt, so den des Windes, der in immer leiseren, immer dunkleren Gängen über die Felder streift und wiederkehrt. Es gibt keine tiefere Melodie« (Jünger: Das Wäldchen 125, S. 389). Meines Erachtens gerät mit dieser durchaus gerechtfertigten Deutung jedoch die Tektonik der Erzählung aus dem Gleichgewicht. U.a. gerät das Verhältnis von Staat und Individuum, das mit Bezug auf Langbehn und Spengler in den exponierenden ersten zwei Kapiteln als die Problemstellung des Textes beschrieben wurde, bei dieser Lesart des Schlusses völlig aus dem Blick. Für den Landsknecht, der sein Dasein im Kampf erfüllt, ist dieses Verhältnis weitaus weniger relevant als für die drei Intellektuellen Döhring, Hugershoff und Sturm, die versuchen, sich ihre Persönlichkeiten im Krieg zu erhalten. Die Metapher der ›uralten Melodie‹ als

man es vor dem Hintergrund des bereits diskutierten Erziehungsprogramms Langbehns liest. Langbehn hatte die »Erziehung zum Individualismus und im Individualismus« zur »nächste[n] Aufgabe des deutschen Volkes auf geistigem Gebiet«[153] erklärt, im gleichen Atemzug jedoch festgestellt, dass das »Individuelle [...] erst dann nützlich« wird, »wenn es sich dem großen Bau eines Volks- und Weltlebens einfügt«.[154] Überträgt man diese Forderung Langbehns auf *Sturm,* müssen das Opfer des Protagonisten und sein »Versinken[ ] im Wirbel einer uralten Melodie« sowie das Autodafé als Wendung hin zu einem (volks)gemeinschaftlichen Denken gewertet werden. Weil Sturm in den Klang der uralten Melodie eingeht, wird er zu deren Teil. Dieser gleichsam dionysische Rausch der ›Volksgemeinschaft‹ geht einher mit dem Aufgehen in der Masse, der freiwilligen Preisgabe der eigenen Persönlichkeit. Und in ihm löst sich das Problem auf, das Sturm vom Landsknecht trennt, der »nur das Waffenhandwerk« (St 49) kennt. Zwar verkörpert der Landsknecht, wie Lars Koch zeigt, noch in *Der Kampf als inneres Erlebnis* die Idealfigur einer kollektiven Sinndeutung des Krieges.[155] Doch dort kommt es nach dem siebten Kapitel »Landsknechte« zum Bruch. Jenes ›Kriegserlebnis‹, das in den vorherigen Kapiteln Sinn stiftet,[156] kann Jünger – wie Hans-Harald Müller betont – in den letzten Kapiteln nicht mehr in den Mittelpunkt rücken. Der Kriegsbericht steht nicht mehr im Kontext einer Kriegsdeutung: »[D]as Deutungssystem scheint zusammengebrochen«.[157] Müllers anschließendes Urteil, dass Jünger in Sturms Konflikt »zwischen der Identität des Soldaten und des Schriftstellers«[158] einen tragischen Charakter skizziert, scheint folgerichtig. Der Tod ist aber nicht nur als Scheitern jedes Sinndeutungsversuchs des Krieges oder als Scheitern eines Ausgleichs zwischen Soldat und Künstler zu verstehen. Die Schlussmetapher kann darüber

---

›Leerstelle‹ der Erzählung lässt auch die andere, hier vorgeschlagene Deutung zu, die sich sowohl über die Bildlichkeit der Metapher als auch über die Tektonik des Erzählungen und der Binnenerzählungen sowie über die (Prä-)Texte der Konservativen Revolution begründen lässt.

[153] Langbehn: Rembrandt als Erzieher, S. 4
[154] Ebd., S. 5.
[155] Vgl. Koch: Der Erste Weltkrieg als Medium der Gegenmoderne, S. 239.
[156] Renner etwa konstatiert: »Im *Kampf als inneres Erlebnis* wird diese anthropologische Einsicht zunächst mit dezisionistischer Logik rationalisiert, der Autor setzt alles daran, seinem Handeln im Krieg einen existentiellen Sinn zu verleihen.« (Renner: Von der Westfront in den Kaukasus, S. 132)
[157] Müller: Der Krieg und die Schriftsteller, S. 239.
[158] Ebd., S. 256.

hinaus als erstes Zeichen der ideologischen Hinwendung zur Konservativen Revolution interpretiert werden. So wenig Sturm sich als Intellektueller mit dem ›geschichtslosen‹ Landsknecht gemein machen kann, so sehr findet er mit dem »Versinken[ ] im Wirbel einer uralten Melodie« (St 74) hinein in den »Organismus des Staates« (St 15). Für diese Argumentation muss die Möglichkeit für Sturm bedacht werden, als Kriegsgefangener die Schlacht und womöglich auch den Krieg zu überleben: »›You are prisoners‹, rief ihnen eine Stimme zu. Sturm blickte starr auf das Gesicht des Pioniers. Das war wie eine Flamme, weiß und durchloht. Dann kam die Antwort. ›No, Sir‹, begleitet von einem Pistolenschuß.« (St 72) Indem Sturm das Angebot zum eigenen Überleben ablehnt, entfernt er sich von seinem Individualismus zu Beginn der Erzählung, als er noch über »die Sklavenhalterei des modernen Staates« (St 16) reflektiert. Jetzt akzeptiert er, dass der Einzelne im modernen Staat »einem unwiderstehlichen Willen unterw[orfen]« (St 16) ist und findet darin neuen Sinn. Er internalisiert diesen ›Staatswillen‹ so vollständig, dass er ihn unbedingt anerkennt und seinen eigenen Tod provoziert. Liest man diesen Befund vor der Folie von Langbehns *Rembrandt als Erzieher*, scheitert Sturm nicht. Denn in seiner dritten Novelle löst er sich vom schriftstellerischen Dilettantismus, indem er die Selbstfindung eines soldatischen Individuums erzählt. Gleichzeitig kann er sich nun als Individuum mit einer Künstlerpersönlichkeit dem Kollektiv opfern, der »Ueberindividualität«, wie Langbehn schreibt. Dieses Opfer stellt gegen den Erfahrungsraum des Krieges den Erwartungshorizont einer geschichtlichen und gleichwohl transzendenten Idee der Nation, wie sie auch die dritte Fassung von *In Stahlgewittern* von 1924 prägt. Da diese Idee nicht sinnlich erfahrbar ist, kann sie nur über die Metapher vom »Wirbel einer uralten Melodie« beschrieben werden. Deswegen kann der Pionier, der als Landsknecht seinen Sinnen, dem Rausch und dem Kriegserlebnis verpflichtet ist, auch nie zu ihr durchdringen, sondern bleibt »geschichtslos«.[159] Sturm jedoch vollzieht mit diesem Ende die geschichtliche Sinndeutung eines Krieges, der ihm anfänglich noch ein »Gefühl von Sinnlosigkeit« (St 17) vermittelt und der, wie er zwischenzeitlich anmerkt, im Einzelnen »große[ ], sinnlose[ ] Wunden im Körper« (St 45) zurücklässt. Vor diesem Hintergrund ist die Schlussmetapher als Antwort auf die Frage nach dem Wert des Individuums im Krieg zu lesen. Zuvor versteht Sturm den Krieg als kosmisches Ereignis im Sinne einer notwendigen Katharsis

---

[159] Ebd., S. 244.

und Erneuerung des Lebens, kann aber die Erfahrung des Einzelnen nicht in diese Perspektive integrieren:[160]

> Wozu alles Prächtige, dessen man sich erfreute, wenn es so in die eisige Versenkung schoß, wenn es sinnlos im Abgrund zersplitterte wie ein geschliffener Kelch? Gewiß, diese Zerstörung war keine Ausnahme im großen kosmischen Schwung. Krieg war wie Sturm, Hagel und Blitz, er stampfte ins Leben, achtlos wohin. In den Tropen gab es Wirbelwinde, die wie wilde Tiere durch die ungeheuren Wälder rasten. [...] Und doch nahm die Natur diese Verwüstung ihres Bildes gleichmütig hin und brachte neue und schönere Wesen hervor. Aber war das ein Trost für den Einzelnen? Der lebte nur einmal im Licht, und wenn er verging, dann erlosch mit ihm auch das Bild seiner Welt. (St 48)

Schon die Elementarmetaphorik dieser Passage und der Schlussszene hat antonymischen Charakter. Verschwindet hier »alles Prächtige«, also das ästhetische Kriegserlebnis des Einzelnen, in »eisige[r] Versenkung«, wird die Schlussszene von einer Mischung »aus Feuer, spritzender Erde und weißlichem Qualm« (St 74) geprägt. Während das Individuum hier noch keinen »Trost« findet, weil es »nur einmal im Licht« lebt, versinkt Sturm willentlich am Ende der Erzählung. Diesmal erfriert er jedoch nicht in kosmischer Kälte, sondern lässt sich absichtsvoll in den »Wirbel einer uralten Melodie« (St 74) fallen. Er bleibt also nicht einsam, sondern wird Teil einer (Volks-)Gemeinschaft. Die Metapher der »uralten Melodie« lässt sich über den *pneuma*-Begriff der altgriechischen Philosophie erhellen: In der Melodie ›atmet‹ gewissermaßen der ›Volkskörper‹ sein Leben. Die Melodie ist stofflich und seelisch zugleich.

Eine solche Deutung impliziert nicht, dass sich Sturm von einem ›Kriegserlebnis‹, wie es der Leutnant Horn verkörpert, rundheraus distanzierte. Jünger benötigt den nihilistischen Rausch auch in den konservativ-revolutionären Jahren für sein dezidiert antibürgerliches Programm einer Revolution: »Die

---

[160] In *Das Wäldchen 125* gibt es eine vergleichbare Passage, in der der Erzähler die Erfahrungswirklichkeit des Krieges als kategorial sinnlos erlebt, wohl aber die geschichtliche Perspektive von einem archimedischen Punkt aus dem Krieg einen höheren Sinn verleihen kann: »Wenn es ein großes Wesen gäbe, das mit einem Blick mühelos die Alpen und das Meer umspannen könnte, so würde ihm dieses Treiben vorkommen wie eine zierliche Ameisenschlacht, wie ein feines Gehämmer an einem einheitlichen Werk. Uns aber, die wir nichts als einen winzigen Ausschnitt sehen, drückt unser kleines Schicksal nieder, und der Tod erscheint uns in furchtbarer Gestalt. Wir können nur ahnen, daß das, was hier geschieht, in eine große Ordnung eingegliedert ist und daß die Fäden, an denen wir scheinbar sinnlos und auseinanderstrebend zapppeln, sich irgendwo zu einem Sinne verknüpfen, dessen Einheit uns entgeht.« (Jünger: Das Wäldchen 125, S. 349)

Kriegsschuld des Bürgers«, so rechtfertigt Jünger im *Arbeiter* den Tod des Leutnants Sturm und den Eingang in die uralte Melodie *ex post* implizit,

> beruht darin, daß er weder fähig war, den Krieg wirklich, das heißt: im Sinne einer Totalen Mobilmachung, zu führen, noch ihn zu verlieren – also seine höchste Freiheit im Untergange zu sehn. Dies unterscheidet den Bürger vom Frontsoldaten, daß der Bürger auch im Kriege jede Gelegenheit zur Verhandlung zu erspähen suchte, während er für den Soldaten einen Raum bedeutete, in dem es zu sterben galt, das heißt: so zu leben, daß die Gestalt des Reiches bestätigt wurde – jenes Reiches, das uns, auch wenn sie den Leib nehmen, doch bleiben muß.[161]

Jüngers antibürgerliche Haltung ist in seiner radikalnationalistischen Phase nicht individualistischer Natur, sondern kollektivistischen Ideen verpflichtet. Damit ruft die Erzählung *Sturm* letztlich den deutschen Idealismus und dessen Diktum auf, dass die Menschen unbedingt freie Individuen seien. In *Sturm* wird bis zuletzt das Verhältnis von Ich und Anderem verhandelt. Ausgehend von der unbedingten Freiheit und Eigenheit des Einzelnen, verkörpert durch die Künstlerfiguren Döhring und Hugershoff sowie durch die eigentümliche Figur Troncks in der Binnenerzählung, wird die Unmöglichkeit einer individuellen Persönlichkeit im modernen Krieg hervorgehoben. Angesichts der Beschleunigung an der Front kann der Krieg nicht mehr individuell überhöht werden. Durch die Anlage der dritten Binnenerzählung und ihren Abbruch wird erzählerisch nachvollzogen, dass der Krieg nicht künstlerisch-individuell verarbeitet werden kann. Einen Ausweg aus dieser Erkenntnis bietet die Hinwendung zur Gemeinschaft. Zuletzt gibt der Fähnrich Sturm mit seinem Autodafé und seinem Selbstopfer sich selbst freiwillig auf und stirbt. Mit diesem suizidalen Akt vollzieht er die Initiation in die Gemeinschaft des kriegführenden Volkes. Er opfert sich für die Gemeinschaft der ›Krieger‹, die »als große Familie« (St 12) an der Front stehen, und für den »Organismus des Staates« (St 15).

Hans-Harald Müller hat *Sturm* als »letzte ›kontemplative‹ Auseinandersetzung Jüngers mit seinem Kriegserlebnis« gelesen, die »zu einer radikalen Destruktion der Ideologien [führt], die seinen ersten beiden Kriegsbüchern zugrundelagen«.[162] Meines Erachtens lässt sich mit der vorangehenden Argumentation eine zweite Lesart rechtfertigen: Zwar destruiert Jünger seine bis dato individualistische, vor allem an Nietzsche geschulte Kriegserzählung,

---

[161] Jünger: Der Arbeiter, S. 44.
[162] Müller: Der Krieg und die Schriftsteller, S. 273.

weil das rauschhafte Kriegserlebnis die Beschleunigung an der Front nicht dauerhaft mit Sinn ausstatten kann. Aber in *Sturm* deutet sich bereits an, dass das Scheitern des Kriegserlebnisses durch ein kollektivistisches, nationalistisches Programm ersetzt wird. In dieses Programm wiederum integriert Jünger konsequent den Erfahrungsraum der Front nebst dem rauschhaften Erlebnis. Letztlich wird sogar die ideologische Problematik, dass ein ›deutsches Wesen‹ vorausgesetzt wird, aber nicht positiv bestimmt werden kann, ebenso wie in der dritten Fassung von *In Stahlgewittern* von 1924 vom Kopf auf die Füße zu stellen versucht. Das ›Deutsche‹ wird transzendiert und auf die Idee des Volkes selbst verlagert. ›Deutsch‹ ist demzufolge, wer eine Idee des Deutschen habe, wer sich freiwillig für diese Idee opfert und folglich sozusagen zum ›Arbeiter‹ der Nation werde. Hans-Harald Müller hat in seiner Beobachtung angedeutet: »Der Altar der Idee ist leer, der Sinn des Opfers liegt in der Opferung selbst«.[163] Das Kriegserlebnis erhält als solches einen Sinn, indem Jünger es auf die Gemeinschaft ausrichtet und nicht mehr in der Figur des Landsknechts zum rauschhaften bzw. ästhetischen Selbstzweck erklärt.

Damit skizziert *Sturm* die Möglichkeit eines geschichtlichen Daseins des Einzelnen in einem Krieg, der angesichts der Beschleunigung im Krieg und des daraus resultierenden ›rasenden Stillstands‹ nicht mehr erzählbar, sondern nur noch als rauschhaftes, entpersonalisiertes ›Kriegserlebnis‹ erfassbar ist, wie es der Landsknecht kultiviert. Dieses Dasein ist dezidiert unindividualistisch. Mit der Hinwendung zum Volk verliert der Einzelne im kriegerischen Rausch jedoch nicht mehr jede Sinnperspektive. Anders formuliert: Jünger tauscht den sinnlosen Erfahrungsraum des Krieges mit dem sinnhaften Erwartungshorizont einer Idee. Über die Beschleunigungserfahrung an der Front, die die Erstfassung der *Stahlgewitter* entscheidend prägt, wird mit *Sturm* erstmals angedeutet, wie Jünger in den 1920er-Jahren seine geschichtliche Programmatik über die Kriegserfahrung stülpt. Michael Auer hat die textstrategische Relevanz der Geschwindigkeit in Jüngers Prosa nachgewiesen, indem er Derridas Begriff der Teleopoiesis für seine Argumentation fruchtbar macht:

> Bei dieser Textstrategie [der Teleopoiesis, J.W.], die eine dem Schreibenden und seinem Leser gemeinsame Gruppenzugehörigkeit suggeriert, wird die Unterscheidung

---

[163] Hans-Harald Müller: »Im Grunde erlebt jeder seinen eigenen Krieg«. Zur Bedeutung des Kriegserlebnisses im Frühwerk Ernst Jüngers, in: ders./Harro Segeberg: Ernst Jünger im 20. Jahrhundert, München 1995, S. 13–37, hier S. 26.

von Konstativ und Performativ unterlaufen, da die Setzung eines gemeinsamen Ziels gleichbedeutend wird mit der Setzung der Entfernung von diesem Ziel.[164]

Mit Bezug auf Jüngers Roman *Heliopolis* und den *Sizilianischen Brief an den Mann im Mond* zeigt Auer, dass Jünger mit

> Hilfe seiner zeitverzögerten ballistischen Prosa hofft [...] sogar der zum Geschoss gewordenen Erde [...] ein neues *telos* geben zu können. In Reinform verwirklicht sich eine solche Prosa, wenn sie, wie Derrida schreibt, die »absolute Geschwindigkeit« erreicht, weil räumliche Abstände gleichgültig werden.[165]

Diese Beobachtung lässt sich auf die Schlussmetapher in *Sturm* zurückbeziehen, benötigt Sturm doch die Beschleunigung der Front sozusagen als Akzelerator seines eigenen Todes, um sich im zeit- und raumlosen Wirbeln der melodischen (Klang-)Gemeinschaft aufzulösen. Nur der moderne, beschleunigte Krieg ermöglicht die letztlich totalitäre Idee eines melodisch-pneumatischen und also harmonischen oder homogenen Organismus. Dass das Individuum sich opfert und willentlich zugrunde geht, ist notwendiger Teil radikalnationalistischer Programmatik. Jünger selbst bringt diesen Zusammenhang in der Drittfassung der *Stahlgewitter* wie dargelegt in die Formel, »daß es Ideale gibt, denen gegenüber das Leben des Einzelnen und selbst des Volkes keine Rolle spielt« (IS 642).

4 Fazit: Die moderne Beschleunigung und die wechselnde Sinndeutung in Jüngers Kriegsprosa

Ernst Jünger begrüßt die moderne Beschleunigung emphatisch, stellt darüber den *Kampf als inneres Erlebnis* dar, begreift diesen spätestens mit den Essays der frühen 1930er-Jahre *Die totale Mobilmachung* und *Der Arbeiter* als Grundform menschlichen Daseins und entwickelt anhand eines positiv konnotierten Kriegserlebnisses seine gesellschaftliche Programmatik. Seine Kriegsprosa bietet verschiedene Ansätze einer Sinndeutung des Ersten Weltkriegs. In der Erstfassung von *In Stahlgewittern* ist bereits die Sinngebung des Krieges als rauschhaftes Kriegserlebnis angelegt. Im Essay *Der Kampf als inneres Erlebnis* wird das Erlebnis zum Programm erhoben, bevor in der Erzählung *Sturm*

---

[164] Auer: Wege zu einer planetarischen Linientreue?, S. 60.
[165] Ebd., S. 61. Zu Derridas Begriff der Telepoiesis in *Politik der Freundschaft* vgl. ebd., S. 60.

Ansätze zu einer geschichtlichen Sinndeutung des Krieges entstehen. Mit den beiden Bearbeitungen der Kriegstagebücher *Das Wäldchen 125* und *Feuer und Blut* wachsen sich diese Ansätze im Laufe der 1920er-Jahre zu einer ausgebauten Programmatik völkischen und konservativ-revolutionären Denkens aus. Das gilt auch für die dritte Fassung von *In Stahlgewittern* von 1924. Bis dahin ist eine konservativ-revolutionäre Sinndeutung des Krieges im Roman lediglich vage angelegt und keine programmatische Haltung, vielmehr werden die geschichtlichen Sinndeutungen zu großen Teilen erst 1924 in den Roman eingepflegt. Das Phänomen der Beschleunigung hingegen nimmt in allen Fassungen von *In Stahlgewittern* breiten Raum ein und ist konstitutiv für die Romane. Neben den Plötzlichkeitserfahrungen und der Epiphanie des Augenblicks sind in erster Linie die Auflösung von Zeit und Raum und der ›rasende Stillstand‹ anzuführen. Bereits in der Erstfassung von 1920 wird das ›Kriegserlebnis‹ mit der Beschleunigungserfahrung begründet. In *Der Kampf als inneres Erlebnis* findet Jünger dafür den Typus des Landsknechts. Gleichwohl nötigt die Beschleunigung an der Front Jünger immer neue Sinndeutungsversuche ab. Im Verlauf der 1920er-Jahre verändern sich Jüngers Kriegserzählungen vom rauschhaften, nihilistischen Erlebnis des Krieges, wie es die Erstfassung von *In Stahlgewittern* und *Der Kampf als inneres Erlebnis* prägt, hin zum totalitären, kollektivistischen, radikalnationalen Denken, das den Einzelnen zur Arbeitskraft in einer – planetarischen – staatlichen Maschine reduziert. Seine radikalnationalistische Wendung lässt sich auch mit der Erfahrung der modernen Beschleunigung begründen: Im Maschinenkrieg sind die Soldaten einer derart hohen Beschleunigung ausgesetzt, dass diese jede Selbstüberhöhung im Rausch konterkariert. In den 1930er-Jahren entwickelt Jünger in einem zweiten Schritt, wie Michael Auer gezeigt hat, ein planetarisches Denken, das er mit *Der Arbeiter* ein erstes Mal skizziert. Kurz darauf wird sich Jünger von der »Pöbelherrschaft«[166] der Nationalsozialisten zunehmend distanzieren.

Das ›Kriegserlebnis‹, das der Beschleunigung im modernen Krieg geschuldet ist, wird ab in etwa Mitte der 1920er-Jahre dem konservativ-revolutionären Programm Jüngers subordiniert. Das lässt sich auch (werk-)biographisch begründen, entwickelt sich Jüngers Radikalnationalismus doch erst nach Erscheinen der *Stahlgewitter* in den Jahren 1922 und 1923. So postuliert *Der Kampf*

---

[166] Ernst Jünger an Friedrich Georg Jünger, Brief vom 24. April 1935, zitiert nach: Kiesel: Ernst Jünger, S. 219.

als inneres Erlebnis »das Ende der teleologischen Geschichtsphilosophie«[167] im klassischen Sinn. Nur wenig später jedoch beginnt Jünger mit *Sturm* und mehr noch mit den späteren Kriegstexten der Weimarer Republik das geschichtliche *telos* im Begriff der Nation wieder zu restituieren, weil ein radikal auf das Kriegserlebnis ausgerichtetes Deutungsschema des Krieges keine ausreichende Sinnstiftung verspricht. In diese Perspektive lässt sich auch Hans-Harald Müllers literarkritisches Urteil über die Kriegstexte ab Mitte der 1920er-Jahre einbeziehen: »Mit *Das Wäldchen 125* und *Feuer und Blut* regrediert Jünger literarisch auf die Stufe des Kriegsberichts, der freilich nur das Vehikel für die in ihn eingeflochtenen politischen Ausdeutungen ist«.[168] Das ›Erscheinen‹ des Krieges wird nur noch im Hinblick auf die geschichtliche Funktion des Krieges bewertet, womit es seine ästhetische Kraft einbüßt. Jünger gibt die reine Ästhetisierung des Krieges seiner frühen Kriegsprosa zugunsten einer geschichtlichen Deutung zumindest partiell preis. Mit seinem neuen, nationalen Akzent in den 20er-Jahren des 20. Jahrhunderts zeichnet Jünger ein anderes Bild des Krieges und löst sich von einem ausschließlich rausch- und triebhaften Kriegserlebnis des Individuums, indem er es auf das Kollektiv projiziert. Damit einher geht eine neue, weniger am Rausch des Erlebens, sondern vielmehr an der Geschichte orientierte Programmatik, die den Krieg als apokalyptische geschichtliche Wendung versteht. Derart gerät die Kriegsgegenwart aus dem Blick und in der Konsequenz auch die ästhetische Qualität des Krieges.

Jünger stellt jedoch nicht eine rein negative Erfahrung der Beschleunigung in der dritten Fassung von *In Stahlgewittern*, mit der er die Geschichtsdeutung begründet, einer rein positiven Beschleunigung in der Erstfassung gegenüber, die er dort für das Kriegserlebnis fruchtbar macht. Die Erfahrung des ›rasenden Stillstands‹ stellt wichtige argumentative Ressourcen für die antibürgerliche Haltung der Konservativen Revolutionäre bereit, weil die Beschleunigung an der Front die bürgerliche Persönlichkeit zerstört. Karl Heinz Bohrer konstatiert in diesem Zusammenhang: »Die surrealistische Zertrümmerung der behaupteten Identität einer Person in bloße Identitäten des ›Augenblicks‹ ist nämlich die radikalste Konfrontation mit dem bürgerlichen ›Persönlichkeits‹-Begriff.«[169] Demzufolge löst sich Jünger nicht gänzlich von einer Beschleunigung an der Front bzw. von der einem rauschhaften

---

[167] Kiesel: Ernst Jünger, S. 234.
[168] Müller: Der Krieg und die Schriftsteller, S. 211.
[169] Bohrer: Ästhetik des Schrecklichen, S. 370.

›Kriegserlebnis‹ verschriebenen Programmatik. Der Rausch des ›Kriegserlebnisses‹ ist vielmehr für Jüngers antibürgerliches Programm notwendig. Der nihilistische Rausch darf allerdings nicht mehr wie zuvor noch auf das Individuum ausgerichtet sein, sondern soll es im Kollektiv auflösen. Das Potential einer rauschhaften Kriegserfahrung findet folglich in Jüngers Prosa der mittleren 1920er-Jahre immer dann Verwendung, wenn der Rausch sich kollektivistischen Vorstellungen annähert. Eine solche Deutung legt die zeitweise und zumindest partielle Identifikation Jüngers mit dem Nationalsozialismus nahe, während er beinahe zeitgleich Bezüge seines Denkens zum Kommunismus erkennt.[170]

Sturm markiert den Umschlagspunkt, ab dem Jünger den Krieg weniger als Epiphanie erlebt, als dass er ihn vielmehr geschichtlich auf einen Erwartungshorizont ausrichtet. Waren *In Stahlgewittern* und *Der Kampf als inneres Erlebnis* durch die Beschleunigungserfahrung noch dem rauschhaftem Kampfeswillen des Landsknechts und dem ideologischen Programm der ›Gegenmoderne‹ verpflichtet, macht *Sturm* den Weg zur Weiterentwicklung der Programmatik zum Radikalnationalismus Jüngers in den 1920er Jahren frei.[171] An *Sturm* wird somit die ideologische und poetologische Entwicklung Ernst Jüngers in den 1920er-Jahren ablesbar. Mit der Schlussmetapher der »uralten Melodie« klingen in *Sturm* jene geschichtstheologischen Vorstellungen an, die sich auch in der dritten Fassung von *In Stahlgewittern* finden. Die partielle Auflösung des Individuums im Kollektiv wird in *Sturm* poetisch durchgeführt. Der ›Kriegsrausch‹ bestätigt nicht mehr die Autonomie des Einzelnen, sondern wird in den Dienst seiner geschichtlichen, nationalen Deutung gestellt. Der Rausch wird in *Sturm* gewissermaßen doppelt codiert und bezieht sich einerseits auf einen individuellen, ästhetischen Rausch des persönlichen Erlebens und andererseits auf einen dionysischen Rausch, der die Selbstaufgabe in der Gemeinschaft ermöglicht und fordert.

---

[170] Wojciech Kunicki hat die Bezüge zwischen Jünger und Becher, der als radikaler Kommunist gewissermaßen Jüngers Konterpart bildete, detailliert vorgestellt (vgl. Kunicki: Projektionen des Geschichtlichen, S. 127ff.). Dieser kollektive Rausch individueller Entgrenzung in der Gemeinschaft ist jedoch eine kategorial andere Form des Rauschs verglichen mit dem individuellen Rausch des Kriegserlebnisses. Wenn Karl Prümm die Schreibweise von *In Stahlgewittern* als »radikale[n] Subjektivismus« (Prümm: Die Literatur des Soldatischen Nationalismus der 20er Jahre [1918–1933], S. 101) bezeichnet und der Krieg eben gerade nicht als »kollektives Ereignis zu sehen« (ebd., S. 106) sei, dann trifft das zweifellos zu, jedenfalls solange der Krieg in den *Stahlgewittern* keine geschichtliche Richtung erhält, indem er geschichtlich begründet wird, wie das in der dritten Fassung von 1924 geschieht.

[171] Vgl. Lars Koch: Der Erste Weltkrieg als Gegenmoderne, S. 331–333.

Gleichwohl ist in *Sturm* bereits das Scheitern von Jüngers konservativ-revolutionärem Programm angelegt. Denn die Initiation in die Gemeinschaft bedeutet nicht nur die Preisgabe allen eigenen, in Sturms Fall literarischen Schaffens, sondern auch den eigenen Tod. Nach dem rauschhaften Eingehen in die »uralte Melodie« des Volkes bleibt kein Individuum mehr übrig. Und mit dem Autodafé der drei Novellenfragmente und dem Tod der drei Figuren während eines Sturmangriffs löst sich nicht nur die Erzählung, sondern auch der Erzählgegenstand sprichwörtlich in Rauch auf. Anders formuliert: Wenn das Volk ein zu Opferndes ist, verzehrt sich im Autodafé Sturms die Idee der Gemeinschaft selbst. In diese Lesart von *Sturm* lässt sich auch die Interpretation Helmuth Kiesels integrieren, der feststellt: Jünger »setzt sich [...] durch den Verzicht auf eine explizite Apologie und Legitimation des Krieges deutlich davon [von seinen anderen Kriegstexten der 1920er-Jahre, J.W.] ab und dementiert zudem ausdrücklich die nationalistische Motivik der Kriegsbegeisterung von 1914«.[172] Vielmehr widmet sich die Erzählung den Möglichkeiten eines individualistischen Daseins an der Front, angesichts des ›rasenden Stillstands‹ mit dem Krieg umzugehen. Von einem ›Augusterlebnis‹ ist in *Sturm* wie zuvor in den *Stahlgewittern* keine Rede. Auch in *Sturm* erachtet die Kriegsgeneration ihre eigene anfängliche Weltkriegsbegeisterung, die den jungen Sturm »zur Armee gerissen« hat, als einen »Un-Sinn, weil sie darüber zugrunde ging« (St 25). Als schließlich die Auflösung der Persönlichkeit im Kriegserlebnis für Sturm keine adäquate Reaktion auf die Notwendigkeit zur Beschleunigung an der Front mehr darstellt, wendet er sich einer neuen Möglichkeit der Sinnstiftung zu: der Gemeinschaft. Nur in ihr kann er ein dem Krieg gemäßes Dasein leben und in ihr kann er (ver)klingen und sich zugleich dem Rausch des Daseins zuwenden. Einerseits ist diese Vergemeinschaftung durch den Krieg auf die ›Volksgemeinschaft‹ gemünzt, wie angesichts Jüngers politischer Orientierung naheliegt, andererseits weist sie schon auf das planetarische Denken voraus, das bereits in *Feuer und Blut* anklingt,[173] in *Der Arbeiter*[174] zum Programm wird und auch Jüngers weiteres erzählerisches Schaffen prägt.

---

[172] Kiesel: Ernst Jünger, S. 249.
[173] Vgl. ebd., S. 259.
[174] Michael Auer hat die zentrale Rolle von *Der Arbeiter* für Jüngers planetarisches Denken hervorgehoben (vgl. Auer: Wege zu einer planetarischen Linientreue?, S. 68–74).

III Henri Barbusses *Das Feuer* und das Paradox eines nationalen Pazifismus

Henri Barbusses Kriegserzählung *Das Feuer* gilt in Frankreich seit Ende des Ersten Weltkriegs als genuin pazifistischer Roman. Zum Zeitpunkt des Erstabdrucks von *Das Feuer* Ende 1916 war Henri Barbusse der literarischen Öffentlichkeit in Frankreich bereits ein Begriff.[1] Er wird 1873 geboren, erhält Unterricht bei Henri Bergson und Stéphane Mallarmé,[2] erringt in den 1890er-Jahren mit dem Gedichtband *Pleureuses* erste Meriten und wird mit seinen Romanen *Les Suppliants* (1903, dt. *Die Schutzflehenden*)[3] und *L'enfer* (1908, dt. *Die Hölle*)[4] bekannt. In Deutschland wird er erst mit Kriegsende und vor allem als Pazifist und Sozialist wahrgenommen.[5] Bereits auf Barbusses Gründung der *clarté*-Gruppe in der Nachkriegszeit,[6] die eine ›Internationale des Geistes‹ zum Ziel hat, reagieren Intellektuelle wie Stefan Zweig, Heinrich Mann und René Schickele und englischsprachige Schriftsteller wie Upton Sinclair oder H.G. Wells sehr wohlwollend.[7]

---

[1] Das liegt auch daran, dass Barbusse zunächst Chefredakteur beim Verlag Laffitte und 1912 Cheflektor bei Hachette wird (vgl. Vidal: Henri Barbusse, S. 50).

[2] Vgl. ebd., S. 29.

[3] Dt. Henri Barbusse: Die Schutzflehenden, übers. und mit einem Nachwort von Stefan Zweig, Zürich 1932.

[4] Dt. Henri Barbusse: Die Hölle, übers. von Max Hochdorf, Zürich 1919.

[5] Beispielsweise vermutet Thomas Mann 1923 irrigerweise, dass sich die »europäischen Moralisten von 1914«, unter ihnen Henri Barbusse »entpolitisiert« hätten (Thomas Mann an Stefan Zweig, Brief vom 21. November 1923, in: Thomas Mann: Briefe II 1914–1923 (= Große kommentierte Frankfurter Ausgabe, Bd. 22), ausgewählt und hg. von Thomas Sprecher, Hans R. Vaget und Cornelia Bernini, Frankfurt a.M. 2004, S. 470–471, hier S. 470.

[6] Zum Programm der *clarté*-Gruppe vgl. Klepsch: Romain Rolland, S. 263, Fn. 59, sowie Nicole Racine: The Clarté Movement in France, 1919-21, in: Walter Laqueur/George L. Mosse (Hg.): Literature and Politics in the Twentieth Century, New York/Evanston 1967, S. 187–200, hier S. 196. Racine betont in diesem Zusammenhang die Rolle des Ersten Weltkriegs in der pazifistischen Argumentation der Gruppe: »*Clarté's* principal source of reference was still the Great War, of which memories were fresh. The journal never missed an opportunity of denouncing the ›crime‹ and ›butchery‹ of 1914–18.« (Ebd., S. 204)

[7] Zu *clarté* vgl. den grundlegenden Aufsatz von Racine: The Clarté Movement in France, bes. S. 188 u. 193. 1919 und 1920 versucht Barbusse, Heinrich Mann und Stefan Zweig für die Gruppe zu gewinnen. Im Dezember 1919 probieren er, Paul Colin und René Schickele Heinrich Mann einzubinden (vgl. Heinrich Mann – Felix Bertaux: Briefwechsel 1922–1948, mit einer Einleitung von Pierre Bertaux, Frankfurt a.M. 2002, S. 579), 1920 bietet Barbusse Stefan Zweig und René Schickele die Leitung der deutschen *clarté*-Sektion

Neben der im Roman geäußerten weltanschaulichen Kritik am Kapitalismus, dem Militarismus, dem Traditionalismus und der Religion haben die direkte Darstellung der Brutalität des Krieges und die Absage an jegliches soldatisches Heldentum zur jahrzehntelang fast ausschließlichen Rezeption des Textes als Antikriegsroman beigetragen. Entscheidend für diese Lektüre ist, dass der Erste Weltkrieg kaum als ›Erlebnis‹ erzählt, sondern das Wesen des Kriegs im Allgemeinen vielmehr uneingeschränkt verurteilt wird. Im Gegensatz zur national-imperialistisch geprägten öffentlichen Meinung in Frankreich wird die sozialistische Hoffnung verkündet, der ›Große‹ sei vielleicht der letzte Krieg, gefolgt von einem internationalen »Aufstand der Völker der ganzen Welt« (DF 294). Auch und gerade in Deutschland wird Barbusse als Vertreter des internationalen Pazifismus wahrgenommen. 1919, ein Jahr nach der Veröffentlichung der deutschen Übersetzung *Das Feuer*, wird er in einer Reihe mit Fritz von Unruh und Romain Rolland genannt.[8] Ein Jahr später liest der Romanist Leo Spitzer *Le Feu* als einen »Gruss des oppositionellen Frankreich, das so verschieden ist von dem regierenden, an die Internationale der Geister«,[9] beschreibt den Autor »als Dichter des Sozialismus«[10] und bejubelt die »Abfassung eines pazifistischen Buches im Frankreich von 1915/16 [als] eine solche Tat des Mutes, dass man diese Gesinnungsleistung an sich bewunderte«.[11] Insgesamt interpretieren deutschsprachige Schriftsteller *Das Feuer* als pazifistischen Roman. Johannes R. Becher, wie Barbusse in den 1920er-Jahren Kommunist, bezeichnet *Das Feuer* als den Kriegsroman schlechthin und urteilt emphatisch: »Im Anfang aller steht und wird stehenbleiben: Barbusse, ›Das Feuer‹. Dieses Werk ist wirk-

---

an (vgl. Stefan Zweig an Romain Rolland, Brief vom 10. April 1933, in: Stefan Zweig: Briefe 1932–1942, hg. von Knut Beck und Jeffrey B. Berlin, Frankfurt a.M. 2005, S. 53–54, hier S. 54; vgl. zudem Zweig: Die Welt von Gestern, S. 344). 1921 radikalisiert Barbusse die Gruppe im Sinne der Oktoberrevolution politisch. Vgl. allgemein zu *clarté* Michael Klepsch: Romain Rolland im Ersten Weltkrieg. Ein Intellektueller auf verlorenem Posten, Stuttgart 2000, S. 263, Fn. 59, sowie den (damals noch stark im Geist des Sozialismus verfassten) Beitrag von Horst M. Müller: Die Wirkung der Oktoberrevolution auf die ideologische Entwicklung von Henri Barbusse, in: Präsidium der Deutschen Akademie der Wissenschaften (Hg.): Oktoberrevolution und Wissenschaft, Berlin 1967, S. 307–339.

[8] Vgl. Walther Küchler: Romain Rolland. Henri Barbusse. Fritz von Unruh. Vier Vorträge, Würzburg 1919.
[9] Leo Spitzer: Studien zu Henri Barbusse, Bonn 1920, S. 1.
[10] Ebd., S. 43. Auch Lenin hat *Das Feuer* mutmaßlich ›begeistert‹ gelesen (vgl. Marcel Cachin: Vorwort, in: Annette Vidal: Henri Barbusse: Soldat des Friedens, übers. von Herbert Bräuning, Berlin 1955, S. 5–13, hier S. 7).
[11] Ebd., S. 1.

lich Feuer, Feuer von unserem Feuer – keines der zahlreichen Kriegsbücher hat es zum Erlöschen gebracht.«[12] Und auf die pazifistischen Bestrebungen von Henri Barbusse, z.B. in dessen *Manifeste des intellectuels combattants français*, antwortet Hugo von Hofmannsthal: »Eure Worte kommen langerwartet und sie sind stark und kommen zur rechten Stunde. Wir nehmen begierig ihren Gehalt auf«.[13] Andere Autoren aus dem nationalistischen oder konservativ-revolutionären Spektrum lehnen den Roman aufgrund des pazifistischen Grundtons rundheraus ab. Ernst Jünger kritisiert Mitte der 1920er-Jahre den öffentlichkeitswirksamen »Lärm« des Romans:

> Gleich nach dem Kriege wurde die Öffentlichkeit mit einer Flut von Bekenntnissen überschüttet, von denen »Le Feu« von Barbusse den größten Lärm gemacht hat, die für sich in Anspruch nahmen, den Krieg in seinem tiefsten Wesen zu erfassen und die glaubten, ihn ablehnen zu können für jetzt und alle Zeit.[14]

Über diese Stellungnahmen zu Werk und Autor hinaus wird in den 1920er-Jahren nahezu das gesamte Werk von Henri Barbusse ins Deutsche übersetzt. Es erscheinen Studien und Dissertationen.[15] Mit der Intensivierung von Henri Barbusses eigenem Engagement für den Kommunismus geht die langanhaltende Rezeption des Romans als pazifistisches Pamphlet einher. So grenzen Geneviève Colin und Jean-Jacques Becker in einer Typologie der französischen Weltkriegsschriftsteller den Autor streng von nationalistischen Autoren der Zeit ab.[16]

Diese einseitige Lesart wird in den letzten Jahren von der Forschung ebenso begründet wie klar zurückgewiesen. Neben nationalistischen Lektüren stehen

---

[12] Johannes R. Becher: Der Krieg, in: Der Krieg. Das erste Volksbuch vom Krieg, hg. von Kurt Kläber, Berlin u.a. 1929, S. 5–10, zitiert nach: Ernst Jünger: In Stahlgewittern, Bd. 2: Variantenverzeichnis und Materialien, S. 478–480, hier S. 478.

[13] Hugo von Hofmannsthal: An Henri Barbusse, Alexandre Mercereau und ihre Freunde [1919], in: ders.: Sämtliche Werke, Bd. XXXIV: Reden und Aufsätze 3, hg. von Klaus E. Bohnenkamp, Katja Kaluga und Klaus-Dieter Krabiel, Frankfurt a.M. 2011, S. 226–228.

[14] Ernst Jünger: Der Krieg als inneres Erlebnis, in: ders.: Politische Publizistik. 1919 bis 1933, hg., komm. u. mit einem Nachwort von Sven Olaf Berggötz, Stuttgart 2001, S. 100–107, hier S. 101.

[15] Vgl. die nur auszugsweise gedruckte Dissertation von Hans Frerk: Henri Barbusse. Studien zu seiner Weltanschauung, seiner Persönlichkeit und seinen Beziehungen zur modernen Geistesbewegung auf Grund seiner Romane »L'enfer«, »Le Feu« und »Clarté«. Auszug aus der Inauguraldissertation, Hamburg 1923.

[16] Geneviève Colin/Jean-Jacques Becker: Les écrivains, la guerre de 1914 et l'opinion publique, in: Relations internationales 24 (1980), S. 425–442.

Positionen, die »deutlich zwei Rezeptionsphasen unterscheiden [...], in denen der Roman äußerst gegensätzliche Funktionen erfüllte«:[17] die erste Phase während des Großen Krieges sowie zweitens die Zeit seit Kriegsende bis weit ins 20. Jahrhundert hinein. Insgesamt seien »im Verlaufe der Zeit vom Text des Feu völlig unterschiedliche ästhetische Objekte gebildet« worden, konstatiert Horst M. Müller und fordert:

> Wenn daher das Werk in seiner ganzen Tiefe und Vielschichtigkeit erschlossen werden soll, muss mit der mehr oder weniger willkürlichen Exegetik Schluss gemacht werden. Bedeutend stärker als bisher gilt es, die strukturelle Einheit des Textes und den historischen Kontext seiner Genesis zu berücksichtigen.[18]

Die vorliegende Arbeit greift diese Forderung auf und macht es sich zur Aufgabe, die ideologische Janusköpfigkeit des Romans zu beleuchten. Dabei ist es notwendig, die Fronterfahrung der Soldaten, die im Zentrum des Romans steht und die über die Kategorie der Beschleunigungserfahrung analysiert wird, in diesen ideologiegeschichtlichen Deutungsrahmen zu integrieren. In *Das Feuer* erzeugt bereits der autodiegetische Erzähler, der die Gegenwart des Krieges erzähltechnisch im Präsens darstellt, den Eindruck einer Unmittelbarkeit der soldatischen Fronterfahrung. Der Erzähler bricht die Erzählchronologie zugunsten einzelner Episoden auf und verzichtet auf exakte Ortsbezeichnungen und historische Daten. Er reiht die einzelnen Kapitel als Episoden mit unvermittelten und nicht kommentierten Zeit- und Ortssprüngen aneinander. Die entstehenden Leerstellen verunmöglichen einerseits den Verweis auf exakte historische Referenzpunkte, andererseits brechen sie über die lockere Reihung von Szenen die Textchronologie auf. Trotz der fiktionalen Erzählanlage hält Barbusse einen gewissen Faktualitätsanspruch aufrecht, demzufolge der Text historische Wirklichkeit präsentiert. Der Ich-Erzähler vermittelt den Eindruck einer Namensidentität zwischen Autor, Erzähler und erzählter Figur, auch wenn oder gerade weil deren Namen nicht explizit genannt werden. Dieses Lektüreangebot eines autobiographischen Paktes verstärken im Paratext des Romans der Unter-

---

[17] Olaf Müller: Der unmögliche Roman. Antikriegsliteratur in Frankreich, Frankfurt a.M./Basel 2006, S. 48.
[18] Horst M. Müller: Die Vision des Korporal Bertrand. Plädoyer für eine historische Lektüre von Barbusses *Le Feu*, in: ders.: Studien und Miszellen zu Henri Barbusse und seiner Rezeption in Deutschland, Frankfurt a.M. u.a. 2010, S. 35–49, hier S. 49. Müller bezieht sich hier auf Jan Mukarovsky.

titel »Tagebuch einer Korporalschaft« und die Widmung »Dem Gedächtnis meiner Kameraden, die an meiner Seite bei Crouy und auf der Höhe 119 gefallen sind«, die zudem mit den Autorinitialen »H.B.« unterzeichnet ist. Insbesondere die Autorinitiale sowie die Ortsangaben »Crouy« und »Höhe 119« steigern – obwohl nicht ausdrücklich auf das erzählte Geschehen bezogen – die Authentizitätserwartung des Lesers bzw. den Dokumentaritätsanspruch des Erzählten.[19]

Allgemein lebt der Roman vom Erzählen des Kriegs. Nicht nur der Ich-Erzähler, auch seine Kameraden erzählen innerhalb einer fiktionalen Rahmenkonstruktion. Im ersten, noch nicht auf den Ich-Erzähler fokusierten Kapitel schwebt die Galerie eines »Luxussanatoriums« im Gebirge »gleichsam im leeren Raum und ragt über die Welt«. Abgesehen vom »Rascheln von Buchseiten«, einer »geflüsterte[n] Frage« oder einer »dreisten Krähe« gilt: »Schweigen ist hier Gesetz« (DF 5). Aus Zeitungen erfahren die schwerkranken Patienten vom Kriegsausbruch. Mit der Andeutung, dass im abgeschiedenen Sanatorium die »klugen und gebildeten Menschen [...] sich von den Dingen und vom Leben fast schon gelöst haben« (DF 5), legt das Sanatorium motivisch bereits den »Berghof« als Handlungsort in Thomas Manns knapp eine Dekade später erschienenen *Der Zauberberg* an.[20] Die Erkrankten beziehen Stellung zum Krieg und begreifen ihn historisch als »größtes Ereignis der Gegenwart und vielleicht aller Zeiten«, bevor das »Getümmel« der ersten Schlachten vom »weiten, stillen Tal« als »wirre und düstere Fata Morgana« heraufdringt. Die Metapher der Fata Morgana korrespondiert mit dem Titel des ersten Kapitels »Vision« (DF 5) und rechtfertigt mit der kommunistischen »Vision« (DF 290) im Schlusskapitel »Morgendämmerung« (DF 272) schon begrifflich eine romaneske Lektüre des Romans. Bereits die Erzählperspektive variiert gegenüber den anderen Kapiteln: In der anfänglichen »Vision« wird noch nicht auf eine Figur, den Ich-Erzähler, fokussiert,

---

[19] Zum dokumentarischen Charakter des Romans vgl. Johannes Waßmer: Strategien des Dokumentarischen in Henri Barbusses *Le Feu*, in: Christian Meierhofer/Jens Wörner (Hg.): Materialschlachten. Der Erste Weltkrieg und seine Darstellungsressourcen in Literatur, Publizistik und populären Medien 1899–1929, Osnabrück 2015, S. 341–357. Teile der Einleitung in das vorliegende Kapitel beziehen sich auf diesen Aufsatz.

[20] Thomas Mann: Der Zauberberg, hg. und kommentiert von Michael Neumann (= Große kommentierte Frankfurter Ausgabe, Bd. 5,1), Frankfurt a.M. 2002. Horst M. Müller hat sich ausführlich mit der Frage befasst, inwieweit *Das Feuer* einen Prätext zu *Der Zauberberg* darstellt (vgl. Horst M. Müller: Barbusse als Quelle zu Thomas Manns *Zauberberg*, in: ders.: Studien und Miszellen zu Henri Barbusse, S. 175–206).

sondern auktorial erzählt. Die einzelnen Szenen innerhalb dieser Rahmung sind zu einem Tragödienverlauf orchestriert, der an ein fünfaktiges Drama erinnert. Nach ausführlichen Episoden über den Krieg insgesamt, dem Leben in der Etappe und einzelnen Aspekten des Krieges werden erst mit dem 19. Kapitel »Trommelfeuer« die Frontkämpfe selbst ausführlich erzählt. Den Höhepunkt in dieser Struktur bildet das 20. Kapitel »Im Feuer«, auf das das retardierende Moment des 22. Kapitels »Gang durch die Stadt« und die abschließende ›Katastrophe‹ folgen. Im Rahmen dieser Struktur kann das zwölfte Kapitel »Das Säulentor« durchaus als Symbol für den Eintritt in die Schrecken der Front gelesen werden, wird doch direkt nach Durchschreiten der »unheimliche[n] Pforte« (DF 141) der Kamerad des Erzählers Poterloo in die Luft gesprengt (vgl. DF 141f.), womit der Tod an der Front im Roman eine unmittelbare Dimension erhält.

Im Zuge des Handlungsverlaufs gewinnt der Roman an Tempo. Das erste Kapitel kontrastiert dieses zunehmende Tempo. Stille, ›reiner Geist‹, (über)nationale Identitäten und eine historische Perspektive von Zukunft und Vergangenheit prägen die Existenz der Begüterten im Sanatorium. Im Krieg der weiteren Kapitel hingegen regredieren die Soldaten in einen ›Naturzustand‹, der angesichts der Kontingenz von Leben und Tod nichtmal mehr als *survival of the fittest* beschrieben werden kann. Das kulminiert in der Schlussszene, die an die biblische Sintflut erinnert und in der im Schlamm Freund und Feind ununterscheidbar werden, woraufhin nationale Identitäten verloren gehen und die Soldaten zurückgeworfen werden auf das Letzte, was ihnen bleibt: auf ihr menschliches Dasein.

Dennoch ist es wohlbegründet, dass in der Forschung der letzten Jahre auch die nationalistischen Tendenzen des Romans in den Vordergrund gerückt werden, da der Roman den Großen Krieg ganz im Sinne der französischen *union sacrée* als notwendigen Krieg erzählt. Dem deutschen ›Burgfrieden‹ vergleichbar lassen in Frankreich die politischen Parteien ihre »innenpolitischen Auseinandersetzungen vorübergehend ruhen« und einigen sich »auf den Minimalkonsens über die Notwendigkeit der Vaterlandsverteidigung«, bevor die französische Öffentlichkeit ab 1917 bereits »abweichende Haltungen zum Krieg als verräterisch brandmarkt[ ]«.[21] Dementsprechend konstatiert Horst M. Müller eine »ideologische Widerspruchsstruktur des Textes«, *Das Feuer* sei »nichts anderes als die literarische Umsetzung gewisser Grundideen der

---

[21] Lindner-Wirsching: Französische Schriftsteller, S. 60–68, hier S. 62.

›Union sacrée‹«.²² Diese Ambivalenzen kämen vor allem auch durch unterschiedliche Rezeptionshaltungen der Leser zustande. Müller schreibt dem Text demzufolge neben der »pazifistischen Tendenz« auch »patriotische[s] Potential« zu und begründet die unterschiedlichen Lektüremöglichkeiten in erster Linie mit unterschiedlichen Rezeptionshaltungen, aus denen schließlich – folge man Jan Mukarovsky – »völlig unterschiedliche ästhetische Objekte« resultieren.²³ Die patriotische Wirkung lässt sich anhand der zeitgenössischen Rezeption belegen. Beispielsweise werden Leser des Romans nach der Lektüre von *Das Feuer* zu Kriegsfreiwilligen, worüber Barbusse, der sich insgesamt »bereitwillig zu weiterer Kriegsagitation her[gab]«²⁴ nicht unglücklich war. In einem Brief vom Oktober 1916 an seine Frau erklärt er: »Je fais, je l'avoue, de la propagande«.²⁵ Das mag ein Grund dafür sein, dass die im europäischen Vergleich sehr strenge Zensur in Frankreich²⁶ – die wohl schärfste in den kriegführenden Staaten – den Roman ohne Kürzungen zum Druck freigibt. Ohne große Übereinstimmungen mit nationalen Zielen scheint das im Kriegsjahr 1917 kaum möglich. Zuletzt wurde der Text von Eberhard Demm daher ideologiekritisch und begründet als »nichts anderes als eine von der Zensur explizit unterstützte Durchhaltebroschüre« mit einer »pazifistischen Tünche«²⁷ verurteilt. Dass *Das Feuer* allerdings keineswegs von allen

---

²² Müller: Die Vision des Korporal Bertrand, S. 45.
²³ Ebd., S. 44–49.
²⁴ Eberhard Demm: Pazifismus oder Kriegspropaganda? Henri Barbusse *Le Feu* und Maurice Genevoix *Sous Verdun/Nuits de Guerre,* in: Schneider (Hg.): Kriegserlebnis und Legendenbildung, Bd. I, S. 353–374, hier S. 362.
²⁵ Henri Barbusse: Brief vom 26.10.1916, in: ders.: Lettres de Henri Barbusse à sa femme 1914–1917, Paris 1937, S. 234. Er führt weiter aus: »J'ai la grande joie de constater combien tout ce que je dis sur l'internationale – cette grande remise au point de toutes le grandes idées morales en balayant les obstacles qu'apportent la routine, les partis pris, les idoles – trouve d'echo dans ces êtres qui, comme ceux du *Feu,* ont fait la Grande Guerre avec leurs mains et sont les prolétaires des batailles.« (Ebd., S. 234f.)
²⁶ Zur Zensur in Frankreich vgl. Olivier Forcade: Zensur und öffentliche Meinung in Frankreich zwischen 1914 und 1918, übers. von Antje Peter, in: Wolfram Pyta/Carsten Kretschmann (Hg.): Burgfrieden und Union sacrée. Literarische Deutungen und politische Ordnungsvorstellungen in Deutschland und Frankreich 1914–1933, München 2011, S. 71–84.
²⁷ Demm: Pazifismus oder Kriegspropaganda?, S. 367f. Demm hat sich für seine Überlegungen ausführlich mit dem Briefwechsel und der Nicht-Zensur des Textes befasst. Vgl. in diesem Kontext Klepsch: Romain Rolland im Ersten Weltkrieg, S. 219. Davon abgesehen gelang es auch trotz der in Frankreich sehr strengen Zensur überzeugten Pazifisten wie Romain Rolland, einzelne Schriften mit Einschränkungen zu publizieren oder in Oppositionskreisen zirkulieren zu lassen (vgl. ebd., S. 164). Klepsch bezieht auch die mögliche

national gesinnten Franzosen als »Durchhaltebroschüre« aufgefasst wurde, zeigen Reaktionen aus dem nationalistischen Lager. Ernest Lavisse kritisiert in seinem »Appell aux Français« den von ihm als Antikriegsroman gelesenen Text ebenso scharf wie die Verleihung des Prix Goncourts an Barbusse. Selbst in der Preisjury meldete sich in Person des nationalistischen Autors Léon Daudet Widerstand gegen die Verleihung an Barbusse.[28] Zudem wurde in der Forschung überzeugend darauf hingewiesen, dass sich Henri Barbusses politische Überzeugungen vom liberalen Intellektuellen und angehenden Sozialisten erst im Anschluss an den Krieg zum radikalen Pazifismus, dann zum Sozialismus und schließlich zum Kommunismus des Gründers der *clarté*-Gruppe gewandelt haben.[29] Michael Klepsch fasst Barbusses weltanschauliche Haltung zu Beginn des Weltkriegs wie folgt zusammen:

> Ebenso wie andere war Barbusse im August 1914 überwältigt von der nationalen Eintracht, welche die gespaltene Nation nach den langen inneren Auseinandersetzungen der Vergangenheit einte. Unter diesem Eindruck meldete sich der 41jährige, trotz schlechter Gesundheit, freiwillig zur Front. In einem Brief an den Direktor der sozialistischen »L'humanité« begründete er seine Entscheidung damit, daß in dem auszutragenden Konflikt die Sache Frankreichs mit derjenigen der Menschheit zusammenfalle. Wie in den ruhmreichsten Tagen ihrer Geschichte ziehe die französische Nation erneut für die Prinzipien der Freiheit und Gerechtigkeit in den Krieg. Dieser stehe dabei keineswegs im Gegensatz zu den Zielen des Sozialismus. Ganz im Gegenteil. »Cette guerre est une guerre sociale qui fera faire un grand pas – peut-être le pas définitif à notre cause. Elle est dirigée contre nos vieux ennemis infâmes de toujours : le militarisme et l'impérialisme. Le monde ne peut s'émanciper que contre eux.«[30]

Mit dem Ende des Weltkriegs bezieht Barbusse gemeinsam mit vielen anderen Intellektuellen und Autoren Stellung gegen Krieg im Allgemeinen, er unterzeichnet Rollands »Unabhängigkeitserklärung des Geistes«[31] und

---

Wirkung der Publikation von *Le Feu* auf Oppositionskreise als begünstigenden Umstand für deren legale wie illegale Publikationstätigkeiten in seine Überlegungen mit ein und rekurriert dabei auf Geneviève Colin: Les écrivains et la guerre, in: Jean-Jacques Becker (Hg.): Les Français dans la Grande Guerre, Paris 1980, S. 153–167.

[28] Interessant in diesem Kontext ist zudem die Kampagne der Zeitung *Action française* gegen *Le Feu*, die Müller verhandelt (vgl. Müller: Studien und Miszellen, S. 60).

[29] Vgl. Almut Lindner-Wirsching: Französische Schriftsteller und ihre Nation im Ersten Weltkrieg, Tübingen 2004, S. 41f.

[30] Klepsch: Romain Rolland, S. 18; Barbusse zitiert nach : Annette Vidal: Barbusse et »Le Feu«, in: Europe 119/120 (1955), S. 46.

[31] Romain Rolland: La Déclaration de l'indépendance de l'Esprit, in: L'Humanité (26.6.1919).

gründet *clarté,* die in Frankreich wie in Deutschland mit seiner Gruppe auf reges Interesse. Gleichwohl zieht Barbusse die Kritik von Romain Rolland auf sich, der moniert, dessen Einladungspolitik sei weit zu ›nationalistenfreundlich‹. Ganz bewusst lädt Barbusse ehemalige Nationalisten ein, um eine entsprechende Breitenwirkung auch außerhalb der pazifistischen Opposition während des Krieges erreichen zu können: »Il faut donc grouper les noms les plus brillants«.[32]

Noch im Anschluss an den Ersten Weltkrieg erfüllt das Handeln von Barbusse im Kontext der *clarté*-Gruppe weder die Erwartungen an einen überzeugten Pazifisten noch die an einen Nationalisten. Damit entspricht sie den in der Forschung diskutierten Widersprüchen des Kriegsromans *Das Feuer,* der zwei Jahre zuvor erschienen war. Dieser historisch-biographische Kontext bestätigt das Urteil Olaf Müllers, der Roman lasse sich als »eine Kippfigur« lesen: »aus der Perspektive vor 1918 als humanistische Durchhaltepropaganda, nach 1918 aber als Bestätigung, daß man sich auch im Angesicht der großen Kriegsmaschinerie seine Menschlichkeit bewahrt habe«.[33]

Die Romanlektüre, die im Folgenden unternommen wird, stellt Fragen der Geschichtsdeutung des Ersten Weltkriegs in *Das Feuer* neben Fragen nach der Fronterfahrung und der Beschleunigung an der Front. Inwiefern sind die Soldaten in *Das Feuer* der modernen Beschleunigung unterworfen, wie stauchen die modernen Waffen Raum und Zeit – und welche Folgen haben diese Phänomene für die Soldaten? Inwiefern steht diese Fronterfahrung im Roman konträr zu den ideologisch motivierten Sinngebungsversuchen? In einem zweiten Schritt wird *Das Feuer* in seinen ideologischen Dimensionen durchleuchtet. Die widersprüchlichen ideologischen Lektüren sollen erläutert und am Text begründet werden. Neben der kommunistisch geprägten Vorstellung einer aus dem Krieg hervorgehenden letzten Revolution oder Apokalypse wird die aufklärerische Vision eines kontinuierlichen Fortschritts bewertet. Die ideologische Janusköpfigkeit des Textes kristallisiert sich sowohl im Begriff der Gleichheit als auch in der Führerfigur des Intellektuellen, weshalb beide Aspekte analysiert werden. Ziel der Argumentation ist es, die Konfiguration der Zeit in *Das Feuer* zwischen den geschichtlichen Erwartungen und der Beschleunigungserfahrung abzulesen.

---

[32] Brief von Henri Barbusse vom 8. April 1919, in: Bibliothèque Nationale de France, zitiert nach : Klepsch: Romain Rolland, S. 263.
[33] Müller: Der unmögliche Roman, S. 89.

1 Fronterfahrung

Barbusses Sekretärin Annette Vidal schreibt nach seinem Tod in der ihm gewidmeten Biographie: »Das Leben der Frontsoldaten in all seiner Größe und seinem Elend wollte Barbusse zeigen.«[34] Dieses Urteil fundiert sie biographisch, denn nach dem Krieg gründet Barbusse die ›Republikanische Vereinigung Ehemaliger Frontkämpfer‹, die das Leid der Frontsoldaten, »der Verwundeten, der Verstümmelten und Kriegsentlassenen« auf zunehmend kommunistischem Wege in »das Werk des Fortschritts und der Solidarität, das Werk der Gegenwart und der Zukunft« transgredieren soll.[35] Die einfachen Soldaten stehen im Zentrum von *Das Feuer*. Sie ereilt an der Westfront eine kategorial neue Form der Beschleunigungserfahrung, schon der Weg an die Front wird durch die kontinuierliche Marsch-Bewegung[36] geprägt: »Es soll noch ein langer Marsch sein. Es liegt da hinten, ganz weit.« (DF 55) Noch bleibt ein raumzeitliches Kontinuum erhalten, denn die *poilus* verstehen sich als ›Vektoren‹, die bei konstanter Geschwindigkeit den Raum durchmessen: »Das Regiment marschiert im Gleichschritt [...] und füllt die Straße in ihrer ganzen Breite. [...] Oft ist sie mehrere Kilometer lang.« (DF 57)[37] In der Nähe der Front gewinnt diese kontinuierliche Bewegung an Geschwindigkeit und die Korporalschaft »dräng[t] vorwärts, immer vorwärts« (DF 209). Demgegenüber steht die nur gemächliche Bewegung im Hinterland (vgl. DF 69). Der Morast an der Front, in dem die Soldaten nicht nur sprichwörtlich steckenbleiben, bedroht die zunehmende Geschwindigkeit und wird daher »gefährlich« (DF 141). Er symbolisiert die Notwendigkeit,

---

[34] Vidal: Henri Barbusse, S. 55.
[35] Ebd., S. 70. Die Hinwendung zum Sozialismus und Kommunismus resultiert auch daraus, dass Barbusse für die Kriege und insbesondere den Großen Krieg die »Finanzoligarchien«, das heißt die »großen finanziellen, industriellen und wirtschaftlichen Interessen« (ebd., S. 55) verantwortlich macht. Die Befreiung der Menschheit von diesen ›Ketten‹ der »ewigen Unterdrückung der Massen« (Henri Barbusse, zitiert nach: Vidal: Henri Barbusse, S. 109f.) wird auch zum Gegenstand seines Romans *Les enchaînements*, 1925 (dt. *Die Kette. Visionärer Roman*, Berlin 1926), der eine Reihe historischer Kriege im Ersten Weltkrieg kulminieren lässt.
[36] Auch in *Das Feuer* symbolisiert die Eisenbahn als zentrales Motiv der Beschleunigung seit dem 18. Jahrhundert diese Verbindung von Moderne und Beschleunigung, wenn die Korporalschaft durch diese »rollenden Häuser« (DF 79) verlegt wird.
[37] In diesem Zusammenhang ist auch darauf zu verweisen, dass kleinere Einheiten mehr Geschwindigkeit entwickeln können als die schwerfällige Armee (vgl. DF 82), die jedoch Macht im Sinne von »Bewegungsfreiheit« (DF 57) verleiht.

sich selbst ›zu beschleunigen‹. Nur wer seine Bewegungsgeschwindigkeit immer wieder erhöht, hat eine Chance, den Bombardements zu entgehen. Stillstand wird zur Gefahr. Die Soldaten passen ihr Verhalten an: »[M]an beschleunigt das Tempo instinktiv« (DF 206). Nur, wer ganze Nächte »hin und her geflitzt [ist], um dem Artilleriebeschuß zu entgehen« (DF 45), kann auf sein eigenes Überleben hoffen.
Motor dieser Beschleunigungsdynamik sind die modernen Waffen. Da die Waffen mit einer derart hohen Geschwindigkeit abgeschossen werden, dass sie nicht mehr oder kaum noch sichtbar sind, gleichzeitig jedoch eine zuvor ungeahnte Zerstörungskraft entfalten, sind die Soldaten gezwungen, sich anzupassen. Einige der Granatabschüsse sind noch zu erkennen, andere entziehen sich jedoch vollständig der Sichtbarkeit: »Auch die 15,5er Rimailho, aber die verliert man gleich aus den Augen, weil sie gestreckt und zu weit fliegt: Wenn du hinschaust, ist sie schon weg.« (DF 177) In diesem Kontext muss auch die Maschinen-Metaphorik des Romans verstanden werden. Maschinen sind die Akzeleratoren des modernen Lebens, weshalb der Mensch zunehmend ›maschinell‹ handelt. So treibt Bertrand die *poilus* an – »Los, vorwärts!« (DF 205) – und diese führen den Befehl wie »Automaten« (DF 205) aus. Zum zentralen Sinnesorgan wird das Gehör, das den Sehsinn ersetzt. Das Nicht-mehr-Sichtbare ist – wenn überhaupt – nur noch auditiv wahrnehmbar und kann nur aus diesem Grund überhaupt noch erzählt werden. Einzig durch ihr Gehör vermögen die Soldaten, die Gefahr durch Granaten, Schrapnells und Maschinengewehrbeschuss einzuschätzen. Der Erzähler stellt die verschiedenen Waffengattungen anderen Westfront-Romanen vergleichbar onomatopoetisch dar (vgl. u.a. DF 174f.) und anthropomorphisiert den Waffenlärm: Die Geschütze »brüll[en]« und »[b]ellen« (DF 176). Stille wird als bedrohlich empfunden, weil sie die Soldaten im Ungewissen lässt. Exemplarisch dafür steht die immense Relevanz des Gehörs, beispielsweise als Volpatte an den Ohren verwundet wird, sodass er »kaum hören kann« (DF 47) und kampfunfähig wird.
Die Konsequenz aus der kaum noch vorhandenen Wahrnehmbarkeit feindlicher Waffen stellt die Kategorie der Plötzlichkeit dar. Wenn ohne Vorankündigung »[p]lötzlich […] über uns etwas unter fürchterlichem Krachen« (DF 141) explodiert, sind die *poilus* mit dem konfrontiert, was Karl Heinz Bohrer mit dem Begriff der Plötzlichkeit fasst. Sogar die eigenen Verwundungen und die ihrer Kameraden nehmen die Soldaten nicht unmittelbar wahr. Einzig das veränderte Verhalten der Verwundeten deutet darauf hin: »Etwas spritzt irgendwoher […] und zerplatzt gellend. Joseph bleibt stehen,

schwankt, bückt sich und fällt auf ein Knie« (DF 214). Jede Reaktionsmöglichkeit auf die Granateinschläge wird den Soldaten verunmöglicht. Diese Situation einer Beschleunigung, die den menschlichen Sinnesorganen bereits enteilt ist, gipfelt im ›rasenden Stillstand‹. Sofern die modernen Waffen sich auf oder jenseits der Wahrnehmungsgrenze bewegen, ist eine Flucht sinnlos. Die Soldaten verdammt das zur Bewegungslosigkeit. Zugleich müssen sie ohne Unterbrechung um ihr Leben fürchten: »Leuchtkugeln lassen uns keine Ruhe, spüren uns auf und verdammen uns stets aufs Neue zur Unbeweglichkeit« (DF 267). Ihre erzwungene Unbeweglichkeit führt wiederum zu äußerster Anspannung und jeder der *poilus* »verharrt in außergewöhnlicher Erwartung« (DF 203).

Die Beschleunigungserfahrung mit dem Endpunkt des ›rasenden Stillstands‹ führt zu sozialen Umstürzen. Das beginnt mit dem Verlust einer gesicherten sozialen Stellung: »In verflossenen Zeiten, als jeder noch eine soziale Stellung hatte, ehe er sein Geschick in diese verschlammten, zerschossenen Maulwurfslöcher vergrub« (DF 18). Vor allem an ihren unterschiedlichen Zivilberufen machen die Soldaten die soziale Heterogenität der Korporalschaft fest. In den Erdlöchern der Front erkennen sie jedoch, dass sie »trotz der Abgründe, die uns einst trennten, [...] im Wesen die gleichen« (DF 19) sind. Gleichwohl wird das gesicherte Leben im Frieden mit seinen festen sozialen Rollen zur Utopie des »Schlaraffenland[s]« (DF 28) erhoben. Die Soldaten befürchten, dass ihre Abwesenheit sie von ihrem zivilen Dasein, von ihren Familien und Ehefrauen entfremdet. Das führt bis hin zum Radikalfall eines Vergessens durch die Familie. Was für die Zivilisten produktiv ist und Neuanfänge ermöglicht, bedeutet für die Soldaten den Verlust ihres geschichtlichen Daseins: »Also es genügt, daß man ein paar Monate fort ist, und man ist ganz einfach vergessen.« (DF 133)[38] Im Gegenzug wächst die Sehnsucht nach einem gesicherten und ruhigen zivilen Leben unter dem Eindruck der enormen Unsicherheit in den Schützengräben. Selbst das eigene biologische Alter gerät an der Front trotz seiner präzisen chronologischen Messbarkeit aus den Fugen: »Ich‹, sagt ein anderer, ›ich wurde gestern sechsundzwanzig

---

[38] Poterloo, der sich von seiner Ehefrau, die in Gegenwart zweier Deutscher lacht, vergessen wähnt, äußert in Bezug auf die Witwe eines Kameraden ein gewisses Verständnis für dieses Verhalten – ohne dass er es erträgt –, sei das Vergessen doch unbedingt notwendig, um den Krieg verarbeiten zu können: »Nicht die andern sind schuld, nicht einmal wir selbst; man muß vergessen, und weiter geht's.« (DF 136)

Jahre. Und wie alt bin ich heute?«« (DF 238) Das ist typisch für die Diffusion des sozialen Lebens infolge der Beschleunigungserfahrung.
Die neuen sozialen Bedingungen an der Front äußern sich nicht zuletzt in völlig neuen ökonomischen Werten. Dauerhaft materielle Werte eignen sich bestenfalls noch als Vergleichsmaterial für die in der Kriegsgegenwart nützlichen Alltagsdinge, Juwelen und Diamanten werden zu Alltagsmetaphern für wertvolle Gebrauchsgegenstände wie eine Schachtel Streichhölzer oder ein Ei. Mit dem Abbruch einer zivilen Vergangenheit droht auch die Identität der Soldaten als Menschen mit individuellen Persönlichkeiten ebenso wie das Andenken an die Gefallenen verloren zu gehen: »Neben schwarzgewordenen Stümpfen [...] sehen wir kahle, gelbe Schädel mit roten Zuavenmützen, deren grauer Überzug wie Papyrus zerbröckelt.« (DF 224) Der Vergleich der soldatischen Uniform mit bröckelndem Papyrus symbolisiert auf einer ersten Bildebene die Zersetzung des Leichnams bzw. der Identität des Toten, auf einer zweiten auch die Unmöglichkeit einer angemessenen schriftmedialen Aufzeichnung des Ersten Weltkriegs.

Anthropologie in *Das Feuer*. Zum Verlust von Persönlichkeit und Personalität

Der Verlust der Persönlichkeit der Frontsoldaten übernimmt eine der Entgrenzung von Raum und Zeit vergleichbare erzählerische Funktion. Er lässt sich zudem mit der geschichtlichen Deutung des Krieges verbinden. Weil der Erzähler den Kriegszustand als entmenschlicht attribuiert, wird der Soldat in die defizitäre Mittelstellung eines geschichtlichen Dreischritts gesetzt, der überwunden werden muss. Dazu definiert er das Wesen des Menschen negativ als Nicht-Soldatentum, was durchaus als explizite Absage an jedes positive Kriegserlebnis bewertet werden kann:[39]

---

[39] Gleichwohl wird der soldatischen Kommune, der Kameradschaft, auch in *Das Feuer* eine wichtige Funktion zugemessen. Denn erst die »Gemeinschaft« (DF 192) innerhalb der Korporalschaft gestaltet den Krieg trotz der Preisgabe von Persönlichkeit und Personalität erträglich. In einigen Szenen zu Beginn des Romans fängt die Kameradschaft noch die verlorene Humanität auf; etwa wenn ein Soldat seine Frau besucht und die beiden ihre einzige Nacht zu zweit aufgeben, um Kameraden im strömenden Regen Obdach zu bieten (DF Kap. 8: »Urlaub«). Anderen Westfront-Romanen vergleichbar wird auch diese Kameradschaft erstens positiv charakterisiert, etwa über die Tapferkeit (vgl. die Orden, die jeder trägt, DF 31) und Treue (gegenüber Verwundeten, vgl. DF 230f.) sowie zweitens über Mechanismen der Exklusion definiert. Die *poilus* grenzen sich von den Stabsoffizieren (DF 32f.), von den schwarzen Marokkanern (DF 40–42) – hier verfällt der Erzähler

Das sind nicht Soldaten: Das sind Menschen. Es sind keine Abenteurer, keine Krieger, die für dieses Menschenschlachthaus – als Schlächter oder Schlachtvieh – geboren sind. In den Uniformen stecken Bauern und Arbeiter. Es sind entwurzelte Bürger. Sie stehen bereit, [...] um zu morden; aber wenn man [...] ihre Gesichter betrachtet, sieht man, daß es einfach Menschen sind. (DF 203)[40]

Weil die Soldaten als »entwurzelte Bürger« keinen Zugriff auf ihre Vergangenheit haben, werden Personalität und Persönlichkeit in der Kriegsgegenwart derart beliebig, dass sogar der Tausch von Identitäten problemlos möglich ist: »Ich will dir mal was sagen: Nimm dir meinen Namen. Nimm ihn, ich schenke ihn dir.« (DF 246) Indem der Name als Träger personaler Identität nicht mehr auf ein fixiertes Signifikat verweist, verliert im Krieg auch die Sprache zunehmend ihren zeichenhaften Charakter. Reste einer Persönlichkeit schimmern nur noch hervor, wenn die Soldaten einander »ihre Reichtümer« (DF 150) zeigen und den kärglichen Besitz vergleichen: »Ich habe noch viel mehr in meinen Taschen« (DF 146). Denn nur diese Dinge weisen noch nach: »Das habe ich entdeckt, erfunden, gewagt in dem tiefen Elend, in das ich gestürzt bin« (DF 16). Bei einer Truppenverlegung wird das Ausmaß des Identitätsverlustes offenbar. Die Soldaten vermassen zu einer »Menschenüberschwemmung« (DF 80) und ihre individuellen Persönlichkeiten werden austauschbar und irrelevant.[41]

In *Das Feuer* wird nicht nur die Persönlichkeit der Soldaten kategorial infrage gestellt, sondern auch gezeigt, dass die Soldaten kein menschenwürdiges Dasein führen können: Sie degenerieren zu Tieren und Pflanzen, nachdem sie zunächst an der Front in einer vorsintflutartigen, prähistorischen Zeit landen und »Wilden« (DF 10) gleichen, auf denen der »Dreck liegt wie Fell auf dem Handrücken« (DF 11) und die die »wunderliche Bekleidung der

---

in kolonialistische oder sogar rassistische Tonlagen –, von den Zivilisten (DF 66f.) und den sogenannten Drückebergern in der Etappe (DF 94, 105) ab. Im Unterschied etwa zu Remarques *Im Westen nichts Neues* und Beumelburgs *Gruppe Bosemüller* übernimmt die Kameradschaft bzw. die Frontgemeinschaft keine entscheidende Funktion für die Fronterfahrung und für die geschichtliche Deutung des Krieges.

[40] Nichtsdestotrotz motiviert der Text das Bedürfnis der Soldaten, den Tod ihrer Kameraden mit Heroismus und Sinn zu versehen in einer Äußerung des erschütterten Volpatte: »Dieses Sterben übersteigt den Verstand. Es bleiben zuwenig am Leben. Aber es bleibt eine unbestimmte Vorstellung von der Größe dieser Toten. Sie haben alles hergegeben; all ihre Kraft haben sie hergegeben, Stück für Stück geopfert, bis sie sich schließlich selbst gaben. Sie haben ihr Leben überwunden; ihr Opfer hat etwas Übermenschliches und Vollkommenes.« (DF 225)

[41] Vgl. auch das dritte Kapitel »Die Ablösung« (DF 43–46).

Höhlenbewohner« (DF 14) tragen. Im Ersten Weltkrieg werden gerade jene Dinge und Fähigkeiten benötigt, die der vorgeschichtliche Mensch in seinem gewissermaßen hobbesschen Naturzustand verwendet hat. So erachten die Soldaten sogar ein prähistorisches Beil als nützliches Werkzeug, da es besser »ausbalanciert [sei] als unser Dienstbeil« (DF 13). Und aufgrund ihres Mangels an Streichhölzern,[42] die einen großen Wert im Krieg erhalten, entfachen die Soldaten Feuer, um sich zu wärmen oder Speisen zu garen: »Feuer muß her!« (DF 167) Dieser »Urzustand« (DF 19) legt jeden zeitlichen Verlauf still und er »verwischt die Unterschiede« (DF 19) zwischen den Frontsoldaten, sodass die Gleichheit aller Frontsoldaten hergestellt wird: ›race‹ und ›class‹ perpetuieren in diesem unterschiedslosen Urzustand noch keine Machtstrukturen und Hierarchien.

Es nimmt daher nicht wunder, dass ein vornehmer Zivilist auf Frontvisite die Soldaten »wie ein Besucher im Zoo« behandelt und dass sein Händedruck wirkt, »als ob er einem Elefanten ein Stück Brot hinhält« (DF 33). Das respektlose Verhalten des Zivilisten korrespondiert mit der Selbstwahrnehmung des Erzählers und seiner Kameraden, die sich zunehmend als Teil der Fauna begreifen. Das geschieht zuerst durch pejorative Wendungen. Kameraden werden zurechtgewiesen mit einem »Laß nur, du Schneckenscheißer«, auf etwas aufmerksam gemacht über die Wendung »He! Du Sandfloh!« (DF 40) und je nach Situation als »Hornochse« (DF 11), »Filzläuse« (DF 20) oder »Nilpferde« (DF 22) tituliert. Implizit hinterfragen solche Metaphern die menschliche Identität der Soldaten. Die ostentativen und noch mit einer derben Umgangssprache erklärbaren zoologischen Beleidigungen verschärfen sich in vergleichenden Beschreibungen: Die Soldaten bewegen sich »wie knurrende, tappende Bären«, ihre Leiber sind »dürr wie eine Libelle« und ihre »Augen funkeln wie Elfenbein«. Diese Animalität der Soldaten gründet in ihrem Habitat, da die Front und der soldatische Lebensraum schon sprachlich als nicht mehr menschlicher Ort erzählt werden. Ein Deserteur wird an einen »Viehpflock« gebunden, bevor er erschossen wird, auf den Straßen wabert »die stickige Luft eines Löwenkäfigs« (DF 53), und die Soldaten kommen wahlweise in Scheunen, Ställen oder Hundeställen unter. Zwischenzeitlich wird ein von Hennen bewohnter Hühnerstall zum »Thronsaal« (DF 74) euphemisiert. Spätestens an der Front nehmen die Soldaten endgültig animalische Züge an, Mensch und Tier erhalten erzählerisch

---

[42] Vgl. Kapitel 18 »Die Streichhölzer« (DF 166 *Die Kette. Visionärer Roman* 171), in dem die Korporalschaft einem deutschen Soldaten eine Streichholzschachtel entwendet.

gleichen Rang: »Fouillade legt seine magere Hand auf den Kopf des Hundes, der ihn von neuem ansieht. Die beiden Blicke gleichen sich, mit dem einzigen Unterschied, der eine geht hinab, der andere hinauf.« (DF 115) Als Kaumnoch- oder Nicht-mehr-menschliche-Soldaten töten sie und werden getötet, was ihre *conditio humana* infrage stellt: »Ich war ein Mensch vor dem Krieg […]. Und dann bin ich hierhergekommen, Deutsche zu töten.« (DF 229) Dieser Verlust der Befähigung zu ›menschlichem‹ – gemeint ist: friedlichem – Handeln wird sekundiert von einem Zeit- bzw. Persistenzverlust. Unablässig werden die Soldaten mit dem Tod konfrontiert; sie leben in reiner Gegenwart, vergessen ihre Vergangenheit, verlieren jeden Zukunftsbegriff und geben nach und nach ihre Personalität preis. »In unserer Nähe sehen wir Erdanhäufungen, […] es sind menschliche Wesen. […] Sind es Deutsche oder Franzosen? Wir wissen es nicht. […] Unmöglich, die Identität dieser Wesen festzustellen« (DF 275). Die Soldaten sind »kaum noch Menschen« (DF 272), sondern erscheinen als ›Erdanhäufungen‹ und sind »beinahe zu Dingen geworden« (DF 273). In diesem anthropologischen Minimalzustand gibt es als Alternative zu einer zynischen Verzweiflung einzig noch die Chance auf unbedingter Hoffnung, mit der der Roman endet. Auch wenn der Krieg später fortgesetzt wird, beginnt am Ende des Romans die »Morgendämmerung« (DF 272), aus der die *poilus* Hoffnung für die Zukunft schöpfen, im Naturzustand und vor der Menschwerdung. Der Persönlichkeits- und Personalitätsverlust der Soldaten resultiert aus der Fronterfahrung bzw. der Beschleunigung an der Front und bedingt die geschichtliche Verortung des Krieges bzw. die Zukunftserwartung der Soldaten.

»hundert Schritt im Kreis«. Zur Entgrenzung von Raum und Zeit

Indem das Phänomen der Beschleunigung die Fronterfahrung der Soldaten prägt, werden Raum und Zeit entgrenzt. Diese Entgrenzung resultiert aus einem Beschleunigungsphänomen, der Vernichtung von Raum an der Front: »Du ziehst von zu Hause los und gehst in den Krieg und die Welt scheint zu zerbrechen« (DF 133f.). Die Metapher einer zerbrechenden Welt verweist auf ein entzweigehendes Raum-Zeit-Kontinuum, dessen einzelne Bestandteile selbst bereits ins Wanken geraten und diffundieren. Bereits zu Romanbeginn wird der Krieg auf Dauer gestellt und die Zeiterfahrung des Krieges kategorial von der Zeit des Friedens abgesondert; der Erzähler versucht sich noch an einer Bemessung des Kriegszeitraums, der seit »mehr als fünfzehn Monaten, seit fünfhundert Tagen« die Soldaten »vom Morgen bis zum Abend und vom Abend bis zum Morgen« (DF 9) an der Front fessele. Die täglich wiederkehrende Gleichförmigkeit des Krieges schlägt sich in einem Zustand des Wartens auf Ereignisse und Veränderungen nieder: »Sie warten. Das Warten zieht sich hin, dauert ewig.« (DF 204) Mit der Ewigkeit des Wartens wird der Krieg zeitlich entgrenzt, seine Dauer ist unabsehbar und zeitlich nicht mehr zu messen. Das hat zur Folge, dass die Soldaten jede raumzeitliche Verlaufsstruktur verlieren und ihnen nur eine auf die Gegenwart reduzierte Raumzeit bleibt: »Die Frontsoldaten [...] schauen nie weit, weder nach links noch nach rechts oder gar in die Zukunft. Sie leben in den Tag hinein.« (DF 46) Der räumliche Rückzug auf die Gegenwart wird vor allem durch die Gefahr plötzlichen Todes durch moderne Waffentechnik evoziert: »In einer Linie von rechts nach links fliegen Granaten vom Himmel und Splitter aus der Erde. Ein schauriger Vorhang trennt uns von der Welt, von der Vergangenheit und von der Zukunft.« (DF 206) Zeit kann nicht mehr in ihrem Verlauf bemessen werden, weshalb der Erzähler sich einer »fast märchenhaften Vergangenheit« (DF 9) erinnert, während die Soldaten immer tiefer in einem »Abgrund der Vergessenheit« (DF 157) versinken, weil ihre Erinnerungen nur »historische geworden[ ] Antworten« (DF 35) parat halten, die im Krieg jede Bedeutung verloren haben.[43] Die Beziehung zur Vergangenheit geht so weit verloren, dass sich sogar die Fotografien der eigenen Familie abnutzen und ihre Funktion als emotional bedeutsame Erinnerungsstücke verlieren: »›Merkwürdig‹, meint Barque, ›wie so ein Bild sich abnutzt, je öfter man's ansieht. [...] Mit der Zeit, ich weiß nicht, was da passiert, geht die Beziehung flöten.‹« (DF 145) In dieser Beobachtung Barques spiegelt sich die Auflösung der Beziehung zwischen dem Signifikanten – hier dem ikonischen Bildzeichen – und dem Bezeichneten. ›Flöten‹ geht also die Beziehung zu der durch die Fotografie repräsentierten Vergangenheit.[44]

Mit zunehmender erzählter Zeit gehen den Frontsoldaten neben den zeitlichen Koordinaten auch die räumlichen verlustig – und das nicht nur aufgrund der Tatsache, dass sich kaum präzise Ortsnennungen im Roman finden. Für die Soldaten weitet sich der Raum des Krieges einerseits ins

---

[43] Einzig die Kameradschaft unter den Frontsoldaten vermag diese märchenhafte Vergangenheit ein wenig lebendig zu halten: »Dieses Beieinanderhocken [der Soldaten in einer Kneipe, J.W.] ist trotz allem ein Stück Vergangenheit in der Gegenwart.« (DF 121)

[44] Die Fotografien stehen symbolisch für die vergangene zivile Persönlichkeit der Soldaten. Das verdeutlicht eine Szene, in der ein Soldat einem Toten »eine zerfetzte Photographie aus der Hand« nimmt und der Erzähler diese als »gemordetes Bild, ganz verwaschen« (DF 223) beschreibt.

Grenzenlose, andererseits wird der Raum an der Front »enger« (DF 25). Das Gesichtsfeld des Wahrnehmenden umgrenzt ihn: »Der Schein der Explosion erhellt den Horizont, und etwa einen Kilometer vor uns steht, sich von Westen nach Osten erstreckend, die Silhouette einer Hügelkette.« (DF 173) Raum und Position im Raum werden angesichts der Ubiquität des Krieges mit dem »unermeßlichen Raum« (DF 184) der Frontlinie beliebig: »Wir bleiben stehen, treten auf der Stelle in der eroberten Festung, auf der befremdenden, zerstörten Bahn, die durch die Ebene verläuft, vom Unbekannten ins Unbekannte.« (DF 214) Auch das Durchmessen von Raum fällt den Soldaten zunehmend schwer: »Du, die sind aus Gummi, die Kilometer, das ist gar nicht anders möglich.« (DF 160) Die *poilus* geraten in einen räumlichen Stillstand, sind durch die Schlachten desorientiert[45] und verirren sich.[46] Nur die Waffentechnik, die maßgeblich die Beschleunigungserfahrung im Ersten Weltkrieg verursacht, koordiniert noch Räumlichkeit: Erstens bemisst sich an ihr Entfernung. So gerät der Besuch Poterloos in seinem Heimatort Souchez zu einer »gefährliche[n] Wallfahrt«, obwohl der Ort den »Katzensprung« (DF 122) von einem knappen Kilometer entfernt liegt. Der andauernde Beschuss jedoch entfernt das Dorf relativ und generiert eine räumliche Distanz. Nur in der Sicherheit des Nebels, der »eine riesige, leichte, aber undurchsichtige Wand« (DF 123) erzeugt, den Feind an der Beobachtung hindert und damit den Beschuss weniger gefährlich macht, wagen sich Poterloo und der Erzähler nach Souchez. Zweitens gestalten die Waffen den Raum selbst neu, denn Souchez ist infolge der beständigen Angriffe »verschwunden«[47] und es hat »alles seine Form verloren« (DF 128). Und drittens verorten sie den Feind bzw. die Stellung des Feindes im Frontraum. Sogenannte »Schnüffler« laufen nach den Explosionen zu den Zündern, »denn an der Lage des Zünders und der Art, wie er eingedrungen ist, kann man die Richtung und die Entfernung ablesen« (DF 180). So präzise die Waffen Entfernung und Feind im Raum erfassen und so krass sie den Raum selbst verändern, so sehr lassen sie Grenzen diffundieren: Der Raum wird ›unscharf‹. Dieses Phänomen mutet zunächst eigentümlich an, verschiebt sich die Frontlinie doch innerhalb von vier Jahren an der Westfront kaum. Ersetzt

---

[45] Vgl. »Niemand weiß, wo er ist« (DF 215).
[46] Vgl. DF 263f., 270.
[47] Es verstärkt die Diagnose nur, dass das Verschwinden von Souchez auch den Verlust von Poterloos persönlicher Vergangenheit zur Folge hat, die sich narratologisch im Präteritum der Figurenrede niederschlägt: »Wenn nichts mehr da ist, begreift man erst, wie glücklich man war.« (DF 130)

man diese makroskopische Perspektive auf den gesamten Frontverlauf durch die mikroskopische Perspektive der Korporalschaft, wird die Veränderung an den Schützengräben ersichtlich. Durch den beständigen Beschuss und das Alternieren von Angriff und Rückzug verwandeln sich die Schützengräben kontinuierlich. Wird die Front anfänglich noch klar markiert,[48] müssen sich die Soldaten im identischen Raum immer neu orientieren, geraten in den »deutschen Verbindungsgraben« (DF 169) und irren umher in einem »Labyrinth des unheimlichen Schützengrabens, der kein Ende nehmen will« (DF 170). Klar markierte Grenzen zwischen den Frontlinien existieren nicht mehr: »Zwischen den beiden Abschnitten [eines internationalen Grabens, J.W.] aber ist keine Sperre und keine Grenze.« (DF 170)

In der Folge werden die Frontsoldaten in den für den Einzelnen nicht mehr bemess- und berechenbaren[49] Raum des Krieges ›geworfen‹ und gehen als Individuen darin verloren:

> Man vermag sich kaum vorzustellen, daß jedes dieser winzigen Pünktchen ein zitterndes, zerbrechliches und in dieser Welt völlig schutzloses Wesen aus Fleisch und Blut ist, beseelt von einem tiefen Glauben, voller Erinnerungen und Vorstellungen, und steht geblendet von diesen Staubkörnchen von Menschen, die so winzig erscheinen wie die Sterne am Himmel. (DF 184)

Ihr existenzielles Geworfensein spiegelt sich im Gesichtsfeld der Soldaten: In ihm bleibt nach den Kämpfen »nur eine Leere, eine unermeßliche Leere« (DF 212) zurück. Dementsprechend erkennt am Ende eine der prägenden Figuren aus der Korporalschaft, Paradis, »daß man sich den Krieg nicht vorstellen könne, weil er nach Zeit und Raum nicht abzumessen sei« (DF 279). Im Sinne dieser Entgrenzung kann auch die Wassersymbolik des Romans gedeutet werden. Allgemein werden in *Das Feuer* die Elemente zur Darstellungsressource und tragen wörtlich oder metaphorisch Bedeutung. Bereits zu Romanbeginn fühlen sich die Soldaten »wie ertrunken in dieser Sintflut

---

[48] Beispielsweise verläuft die Front zuvor und an anderer Stelle über lange Zeit exakt entlang einer Straße (vgl. DF 124).

[49] Der Zahlenmensch Cocon, einer aus der Kameradschaft, versucht das anfänglich, indem er nach Ansicht eines Frontplanes sich »manches ausgerechnet« hat und über die Zahl der Schützengräbenlinien (»fünfzehn«) versucht, die Gesamtkilometerzahl der französischen Front zu bestimmen (»rund zehntausend Kilometer«). Doch auch dieser Rationalisierungsversuch schlägt bereits im Vollzug fehl. Die Front ist auch durch eine zahlenmäßige Erfassung unvorstellbar groß, erstrecke sich doch Cocon zufolge die Kriegsfront »über die ganze Erde« (DF 26; vgl. auch DF 157).

von Menschen und Dingen« (DF 26) und geraten schon in der Etappe in »Menschenüberschwemmung[en]« (DF 80). Der Erzähler wähnt sich während der Schlachten »allein nach einem Schiffbruch in einer Welt, die von einer Sintflut verheert wurde« (DF 186). Das Bild des Schiffbrüchigen verweist intertextuell auf Defoes Romanfigur Robinson Crusoe sowie *expressis verbis* auf die biblische Sintflut. Mit der Metapher der Sintflut wird die welt- und lebensumstürzende Fronterfahrung gefasst. Defoes Crusoe symbolisiert die existenzielle Erfahrung der Entgrenzung von Raum und Zeit.[50] Dazu passt, dass die Korporalschaft ihre Tage als – negativ gewendete – ›Wiederkehr des Immergleichen‹ erlebt und der Erzähler schließlich über Fouillade meint:

> Jetzt hat er nur noch einen Wunsch: schlafen können, damit dieser gräßliche Tag ein Ende nimmt, dieser nichtige Tag, dieser Tag, wie er sich noch oft wiederholen wird und wie er stets tapfer ertragen und überstanden werden muß, bis der letzte Tag des Krieges oder seines Lebens kommt. (DF 122)

Die Hoffnung, dass auf die lange Zeit des Leidens endlich eine Erlösung folgt – auch hier folgt das Narrativ dem der biblischen Geschichte von Noahs Arche und der Sintflut –, findet sich in der Überlegung wieder, dass ein Transport die Verlegung der kompletten französischen Armee »ohne Unterbrechung vierzig Tage und vierzig Nächte« (DF 85) dauern würde. Mit dem intertextuellen Verweis auf die Versuchung Jesu durch den Teufel[51] spielt der Text auf die biblische Bedeutung der Zahl 40 an, die eine Zeit der Prüfung – in diesem Fall für die französische Armee – symbolisiert, während der bzw. nach der man auf Gottes Hilfe hoffen kann.

Gerade in diesem Rekurs auf die ursprünglich biblische Vorstellung, dass auf das lange Leiden eine geschichtliche Umkehr nebst Erlösung folge, wird die Phänomenologie der Beschleunigung in *Das Feuer* anschlussfähig an eschatologische Geschichtsvorstellungen und an eine ideologisch motivierte Metaphysik der Geschichte. Deshalb nimmt die Entgrenzung der Raumzeit als Folge der Beschleunigung eine Scharnierstellung zwischen der Fronterfahrung und der Zukunftserwartung ein. Im Motiv entgrenzter Raumzeit gehen sowohl der Zwang zur Beschleunigung an der Front als auch die Geschichtsdeutung des gesamten Krieges ineinander auf. Einerseits verweist

---

[50] Vgl. 1. Mose 7,1–24; Daniel Defoe: Robinson Crusoe, München 2010.
[51] Vgl. Mt 4,1–11, zitiert nach: Lutherbibel erklärt. Die Heilige Schrift in der Übersetzung Martin Luthers mit Erläuterungen für die bibellesende Gemeinde, hg. von der Deutschen Bibelgesellschaft, Stuttgart 1987.

es auf die moderne Beschleunigung und den ›rasenden Stillstand‹ – indem der Zustand entgrenzten Raumes durch die moderne Waffentechnik hergestellt wird und die Raumzeit des zivilen Lebens im Krieg vernichtet wird. Andererseits impliziert es die Notwendigkeit, diesen zeitlichen Stillstand mit Kriegsende wieder zu überwinden und einen geschichtlichen Verlauf wieder anzustoßen – als kontinuierlichen oder apokalyptischen Fortschritt.

2 »wenn ich weiß, daß es zu etwas gut ist«. Fortschritt und Zukunftshoffnung

Mit zunehmender Dauer des Ersten Weltkriegs begreift Henri Barbusse Fortschritt als sozialistischen Fortschritt. In den 1920er-Jahren fordert er eine marxistische Revolution, die allerdings weniger das Proletariat als vielmehr die europäische Intelligenzija auslösen solle. Literatur und Kunst, so klagt Barbusse 1922 in seinem Pamphlet *Das Messer zwischen den Zähnen,* seien doppelgesichtig, weil Kunst auch ›Staatskunst‹ sein könne. »Schriftsteller, Dichter und sogar Theoretiker« hätten mit der ›Staatskunst‹ »in schändlicher Weise zur Verbreitung dieser gewaltigen Fälschungen beigetragen«.[52] Generell agitierten Schriftsteller zu wenig revolutionär:

> Die glänzendsten Schriftsteller haben [...] harmonische oder rührende Klagen über die Barbarei oder den Wahnsinn, oder die Dummheit der Menschen ausgestoßen; aber diese Klagen sind schale Worte geblieben, weil sie die Folgen und nicht die Ursachen angriffen.[53]

Dementsprechend fordert Barbusse am Ende der Kampfschrift: »Gewissen, Intelligenzen, empöret euch endlich! Aber vor allem glaubt nicht, daß es genüge, sich nur innerlich zu empören. [...] Verzichtet künftighin auf eure individuellen Phantasien«.[54] Das Gegenprogramm zu diesen Phantasien sei die parteilose *clarté*-Gruppe. Ihre Mitglieder hätten festgestellt, »daß der Internationale Kommunismus [...] einen wohlgeschaffenen sozialen Traum lebendig verkörpert und daß durch ihn die Wahrheit sich mit der Kraft der

---

[52] Henri Barbusse: Das Messer zwischen den Zähnen (An die Intellektuellen), übers. von Karl Pinsker, Leipzig 1922, S. 16.
[53] Ebd., S. 11.
[54] Ebd., S. 40.

Verwirklichung paaren wird«.[55] Diese Programmatik ähnelt der konkreten Utopie, die Ernst Bloch später in *Das Prinzip Hoffnung* konzipiert, und wurzelt in der pazifistischen Zukunftsutopie in *Das Feuer:*
Die Figuren formulieren Fortschritts- und Zukunftshoffnungen, mittels derer die Notwendigkeit des Krieges betont wird. Sowohl der intellektuelle Korporal Bertrand als auch die einfachen Soldaten sehen den Großen Krieg als einen zentralen und entscheidenden Schritt auf dem Weg in eine Zukunft, in der das Ideal der Gleichheit aller Menschen realisiert ist. Damit gilt für Barbusse, was Almut Lindner-Wirsching für das Gros der französischen Erster-Weltkriegs-Literatur konstatiert. Es bleibt »nicht nur die eigene Nation der primäre Bezugsrahmen […], sondern der französische Sieg über die Mittelmächte [wird] auch als Voraussetzung für die Verwirklichung internationalistischer Ziele verstanden«.[56] Daher begründet Korporal Bertrand in seiner großen Graben-Rede die Notwendigkeit des Krieges und das Verhalten der Soldaten als »wilde Tiere« (DF 217) mit einem Verweis auf die Zukunft: »Es mußte sein – der Zukunft wegen. […] Das Werk der Zukunft muß es sein, unsere Gegenwart auszulöschen, und noch mehr auszulöschen, als man denkt, sie als etwas Niederträchtiges und Schändliches auszulöschen.« (DF 217) Über den Imperativ »muß« formuliert Bertrand das *telos,* jede Wahrnehmung des Krieges als etwas Positives und dem Menschen Dienliches zu tilgen. Auf diesem Weg seien die Soldaten »notwendig«: Erst durch ihr Opfer als ›Grabenschweine‹ könne das »Soldatenhandwerk […] bis in alle Ewigkeit« (DF 217) überwunden werden.
Auch die einfachen Soldaten sprechen im Schlusskapitel »Morgendämmerung« über ihre naive Hoffnung, eine Vernichtung Deutschlands bedeute das Ende aller Kriege – »›Wenn es kein Deutschland mehr gibt, wird es keinen Krieg mehr geben‹, knurrt ein Soldat.« (DF 283) –, bevor sie abstrahieren, dass das gegenwärtige Deutschland »der Militarismus« (DF 283) und eigentliches Ziel des Großen Krieges die Überwindung des Militarismus sei. Das Ziel könne nur erreicht werden, indem wahlweise »der Geist des Krieges« (DF 283) oder der Krieg selbst »im Innern von Deutschland getötet« (DF 284) werde. Die doppelte Aufgabe, Deutschland als Personifikation des Militarismus im Krieg selbst militärisch besiegen zu müssen und

---

[55] Ebd., S. 41.
[56] Lindner-Wirsching: Französische Kriegsliteratur, S. 2; online verfügbar unter: http://www.erster-weltkrieg.clio-online.de/_Rainbow/documents/einzelne/franzkriegsliteratur.pdf [letzter Zugriff am 8. Juli 2014].

zugleich durch diesen Sieg einen historisch notwendigen, wenngleich nicht hinreichenden Schritt auf dem Weg der Überwindung des ›Kriegs-Geistes‹ zu absolvieren, diskutieren die Soldaten erregt: »›Nein! Der Sieg ist kein Ergebnis! Nicht die drüben müssen wir erschlagen, sondern den Krieg!‹ ›Hast du noch immer nicht begriffen, daß erst dieser Krieg beendet werden muß?‹« (DF 285) In letzter Konsequenz befinden sich die Soldaten in einer eschatologischen Erwartung der Apokalypse im Sinne einer endgültigen historischen Umkehr. Mit Eric Voegelin erinnert das durchaus an eine ›politische Religion‹. Zwar verbürgt nur der Augenblick bzw. die Gegenwart den Soldaten ihre Erfahrungen, doch fordern sie nach der historischen Umkehr eine Erinnerung an die Kriegsgräuel, die jeden weiteren Krieg verhindern solle. Angesichts dieses apokalyptischen Krieges müsse der Militarismus dauerhaft durch den selbstlosen Einsatz in diesem Krieg besiegt werden:[57]

> »Im Augenblick steht man unter dem Eindruck der Wirklichkeit und begreift. Aber in der Erinnerung wird das undeutlich und verfliegt, und du weißt nicht wie, und du weißt nicht wohin; dir bleiben nur Namen, nur die Worte, wie im Heeresbericht.« »So ist das«, sagt einer, ohne den Kopf zu bewegen. »In meinem letzten Urlaub habe ich gemerkt, daß ich schon von meinem früheren Leben viel vergessen habe. Da waren meine Briefe, und ich habe sie gelesen, als ob ich ein Buch aufschlage. Und ich habe auch vergessen, was ich im Krieg durchstehen mußte. Wir sind Vergeß-Maschinen. Der Mensch ist irgend etwas, das ein bißchen denkt, aber vor allem vergißt. So sind wir nun einmal.«
> »Weder die anderen noch wir werden es im Gedächtnis behalten! All das Unheil ist umsonst gewesen!«
> »Ach! Wenn man sich doch erinnern könnte!« entfuhr es einem.
> »Wenn man sich erinnern würde«, sagte der andere, »gäb's keinen Krieg mehr!« Und ein dritter fügte feierlich hinzu: »Ja, wenn man sich erinnern würde, dann wäre dieser Krieg weniger nutzlos, als er es ist.« (DF 280f.)

Die Soldaten können den Krieg nur dann ertragen, wenn aus den physischen Leiden der Gegenwart Gewissheit über das friedliche Leben der Nachkommen erwächst:

> »Ach, wenn nun all unser Leid nicht das Ende des großen Unheils ist – ich hänge am Leben; ich habe meine Frau, meine Kinder und ein Haus für uns; ich habe

---

[57] In gewisser Weise verbindet Barbusse hier ein zyklisches Geschichtsverständnis im Sinne etwa Oswald Spenglers – also die These vom Aufstieg und Niedergang der Zivilisationen – mit dem teleologischen Geschichtsbild der klassenlosen, pazifistischen, übernationalen Gesellschaft als *telos* historischer Entwicklung.

> mir für später meine Gedanken gemacht –, aber dann möchte ich trotzdem lieber sterben.«
> Ich werde sterben«, erklang es in diesem Augenblick wie ein Echo neben Paradis. Der Verwundete hatte offenbar seine Bauchwunde angesehen. »Wegen meiner Kinder wird's mir schwer zu sterben.«
> »Ich«, murmelte ein anderer, »weil ich Kinder habe, sterbe ich gern. Ich sterbe, und ich weiß, was ich sage, und ich sage mir: Die werden Frieden haben.«
> »Ich werde vielleicht durchkommen«, sagte wieder einer, [...]»aber ich werde leiden. Und ich sage: meinetwegen; ich sage sogar: um so besser; ich werde noch mehr Leiden ertragen können, wenn ich weiß, daß es zu etwas gut ist!« (DF 285f.)

Das Wissen, dass der Krieg »zu etwas gut« sei, relativiert die Erfahrungen des Individuums im Schützengraben, das das Kriegsgeschehen weder überblicken noch erklären noch einzelne Handlungen mit Sinn überschreiben kann. Eine solche Haltung entspricht dem in Frankreich üblichen »geistigen Selbstmobilmachungsprozess, in dessen Rahmen der Krieg zwar nicht verherrlicht, aber immer sinnstiftend gedeutet wurde«.[58] Die Hoffnung der Soldaten auf eine bessere Zukunft, in der dieser Große Krieg wie auch das Prinzip ›Krieg‹ überwunden sein wird, speist sich letztlich aus dem Vertrauen in eine ›Heterogonie der Zwecke‹.[59] Ihr zufolge zeugen zweckorientierte Handlungen unbeabsichtigte Wirkungen, aus denen immer neue Zwecke und Handlungen erwachsen. Letztlich schließen die *poilus* mit dieser Hoffnung an das geschichtsphilosophische Denken Hegels und dessen Vorstellung einer ›List der Vernunft‹ an: Trotz aller »vernunftwidrig erscheinenden Begebenheiten [setzt] sich die Vernunft Gottes in der Geschichte durch[ ]«.[60] Hinter dieses Konzept einer geschichtlich wirkenden Vernunft kann, folgt man der Argumentation Hegels, nicht zurückgetreten werden: »[D]aß Vernunft in der Weltgeschichte ist, [...] ist eine Wahrheit, die wir voraussetzen; ihr Beweis ist die Abhandlung der Weltgeschichte selbst: sie ist das Bild und die Tat der Vernunft.«[61]

Das Feuer erzählt das Schicksal einer Korporalschaft, in der völlig verschiedene Zivilisten durch den Krieg zueinander finden müssen und als *poilus*

---

[58] Lindner-Wirsching: Französische Kriegsliteratur, S. 3.
[59] Der Begriff ›Heterogonie der Zwecke‹ stammt vom Wilhelm Wundt, der ihn in Bezug auf seine Völkerpsychologie einführt.
[60] Schloßberger: Geschichtsphilosophie, S. 128. Diese Position lässt sich bereits bei Giambattista Vico finden, der ebenfalls davon ausging, dass Geschichte sich letztlich im Sinne göttlicher Vernunft entwickle.
[61] Hegel: Die Vernunft in der Geschichte, S. 29.

einander gleich werden. Sie bilden mit Canetti gesprochen eine soldatische Masse, die, weil an der Front »von so fundamentaler Wichtigkeit, daß man den Zustand der Masse geradezu als einen Zustand absoluter Gleichheit definieren könnte«, »absolut und indiskutabel«[62] ist. In *Das Feuer* wird damit zumindest implizit die Kritik Jean-Jacques Rousseaus an einem grundsätzlichen Fortschritt hin zur Vervollkommnung der Menschheit fortgeschrieben. Rousseau macht die menschliche Fähigkeit zur Vervollkommnung seiner selbst dafür verantwortlich, dass der Mensch »zum Tyrannen seiner selbst«[63] geworden ist. Als Gegenprogramm zur Vorstellung eines unendlichen Fortschritts entwirft er das Prinzip der Gleichheit aller Menschen.[64]

Aus diesem Grund rekurrieren die einfachen Soldaten in *Das Feuer* auf das Prinzip der Gleichheit aller, das die Menschheit von sich selbst zu erlösen verspricht: »Die Völker müssen sich gegen Art und Wollen derer verständigen, von denen sie so oder so ausgebeutet werden. Die Massen müssen sich verständigen.‹ ›Der Tag muß kommen, an dem alle Menschen gleich sind.‹ Dieses Wort schien uns die Rettung zu sein.« (DF 287) In der normativen Forderung (»muß«) der Gleichheit aller Menschen, die das Kollektiv der Soldaten (»uns«) zu erlösen verspricht (»Rettung«), aktualisieren die Frontsoldaten Grundsätze aus dem *Manifest der kommunistischen Partei*. Noch expliziter als diese *poilus* artikuliert der Ich-Erzähler seinen an Karl Marx und Friedrich Engels geschulten Gleichheitsbegriff, unter dem der Fortschrittsgedanke subsumiert wird. Er amalgamiert daraus sein Geschichtsdenken:

> Auf Brüderlichkeit läßt sich nichts aufbauen. Ebensowenig auf Freiheit: Sie ist zu relativ in einer Gesellschaft, in der jeder die Existenz des andern beengt. Aber Gleichheit ist unveränderlich. [...] Gleichheit ist das große Bekenntnis der Menschheit, und ihre Bedeutung ist ungeheuer. Der Grundsatz der Rechte einer jeden Kreatur [...] wird jeden Fortschritt bringen mit einer wahrhaft göttlichen Kraft. Zunächst wird dieser Grundsatz das umfassende, sichere Fundament jeden Fortschritts schaffen [...].
> All diese Männer aus dem Volke, die um mich her sind, ahnen, wissen noch nichts von der Revolution, die größer sein wird als die andere, deren Quelle sie

---

[62] Canetti: Masse und Macht, S. 26.
[63] Jean-Jacque Rousseau: Diskurs über die Ungleichheit/Discours sur l'inegalité. Kritische Ausgabe des integralen Textes, hg. von Heinrich Meier, Paderborn u.a. 1984, S. 236f.
[64] Vgl. ebd., S. 236f. Jene Gleichheit der *poilus* als entindividualisierte Masse im Sinne Canettis darf nicht mit der Ranggleichheit der Individuen analogisiert werden, die Rousseau konzipiert, die im kommunistischen Programm maßgeblich wird und die durch den Weltkrieg erreicht werden soll.

> sind und die ihnen bereits bis an die Kehle steigt; sie rufen wieder und wieder: »Gleichheit...!«
> [...] Es ist die Antwort auf alles, ein erhabenes Wort. Sie drehen und wenden den Begriff nach allen Seiten und entdecken an ihm eine Art Vollkommenheit. Und alle Ungerechtigkeiten vergehen in einem blendenden Licht. (DF 287f.)

Die beiden für die Romanhandlung zentralen Themen Fortschritt und Gleichheit werden hier durch den Ich-Erzähler enggeführt. Aller Fortschritt wird dem Primat der Gleichheit untergeordnet. Nur diese Gleichheit, erreicht durch eine baldige, »bereits bis an die Kehle« gedrungene Revolution, ermögliche künftigen Fortschritt. Der Erzähler kritisiert nicht das geschichtsphilosophische Konzept des Fortschritts, sondern die Ideologie eines kapitalistischen oder imperialistischen und potentiell unendlichen Fortschritts, dem er ein sozialistisches Gleichheitsideal gegenüberstellt. In seiner Vision kurz vor Romanende sieht der Erzähler dementsprechend die »ewigen Gegner aus dem Dunkel der Vergangenheit auftauchen und in dem gewitterschwangeren Schatten der Gegenwart einander entgegentreten« (DF 290). Diese imaginierten ewigen Gegner werden klar benannt:

> die verfluchten Aktionäre, die Kapitalisten, die großen und kleinen Geschäftemacher, [...] Leute, die sich an Militärmusik berauschen oder an Liedern, die man dem Volk einflößt wie Schnaps [...], die Traditionalisten, für die ein Irrtum Gesetzeskraft hat, weil er schon so lange andauert; [...] die Priester, die euch aufstacheln und euch ihr Paradies als Morphium geben möchten, damit alles beim alten bleibt. Dazu die Rechtsgelehrten, Nationalökonomen, Historiker [...]. (DF 291)

Das soldatische Proletariat – die »armen, unzähligen Arbeiter der Schlachten« (DF 291) – wisse zwar noch nichts von der anstehenden Revolution, so der Erzähler; wohl aber »rufen sie wieder und wieder: ›Gleichheit ...!‹« (DF 288) Diese und weitere Passagen haben, wie Horst M. Müller nachhält, immer wieder Schriftsteller dazu veranlasst, ihre »geistige Solidarität [...] im marxistisch-leninistischen Sinne«[65] mit Barbusse zu bekennen. Eine solche kommunistische Lektüre von *Das Feuer* ist mit Sicherheit möglich, begreifen doch im Anschluss an Hegel auch Marx und Engels das Ende der Geschichte als nahe.

Hegel zufolge bestimmt die Kategorie der Vernunft die teleologische Ausrichtung der Welt: »Der einige Gedanke, den sie [die Philosophie, J.W.] mitbringt, ist aber der einfache Gedanke der *Vernunft,* daß Vernunft die Welt

---

[65] Müller: Die Vision des Korporal Bertrand, S. 35.

beherrscht, daß es also auch in der Weltgeschichte vernünftig zugegangen ist.«[66] Die Vernunft setze sich Hegel zufolge listig durch: Er führt die Differenz zwischen der handlungsleitenden Absicht des Einzelnen und dem geschichtlichen Resultat nicht auf ein heidnisches *fatum* zurück, sondern darauf, dass die Leidenschaften der Menschen und ihre ›besonderen Absichten‹ einem nicht überschaubaren ›allgemeinen Zweck‹ folgen: »Denn wohin die weltgeschichtlichen Individuen unbewußt treiben, ist nicht das bewußtermaßen Gewollte«.[67] Seine These vom geschichtlichen Endzweck, den er an seine Idee der Freiheit[68] und den Willen Gottes bindet,[69] formuliert Hegel gerade angesichts leidender Individuen und untergehender Staaten, die auf der »Schlachtbank« der Geschichte für den »Endzweck« geopfert werden:

> Aber auch indem wir die Geschichte als diese Schlachtbank betrachten, auf welcher das Glück der Völker, die Weisheit der Staaten und die Tugend der Individuen zum Opfer gebracht worden, so entsteht dem Gedanken nothwendig auch die Frage: *wem, welchem Endzwecke* diese ungeheuersten Opfer gebracht worden sind.[70]

Hegel bestimmt, dem christlichen Gedanken einer uneinsehbaren göttlichen Vorsehung vergleichbar, das je eigene geschichtliche Verhältnis von individuellen Leidenschaften und kollektiven Vorhaben:

> Bald sehen wir die umfassendere Masse eines allgemeinen Interesses sich schwerer fortbewegen und, indem sie einer unendlichen Komplexion kleiner Verhältnisse preisgegeben wird, zerstäuben, dann aus ungeheurem Aufgebot von Kräften

---

[66] Friedrich Hegel: Philosophie der Weltgeschichte. Einleitung 1830/31, in: ders.: Vorlesungsmanuskripte II (1816–1831) (= Gesammelte Werke, Bd. 18), hg. von Walter Jaeschke, Hamburg 1995, S. 138–207, hier S. 140, Hervorhebung im Original. Diese Regentschaft der Vernunft konvergiert bei Hegel mit dem christlichen Glauben an die Vorsehung, die allerdings dem Menschen zumeist unzugänglich sei. Durch diese Konstruktion kann Hegel die Vernunft der Geschichte als »eine *Theodicäe*, eine Rechtfertigung Gottes« verstehen (ebd., S. 150, Hervorhebung im Original).

[67] Löwith: Weltgeschichte und Heilsgeschehen, S. 58.

[68] Hegel begreift Freiheit als gesellschaftlichen Akt, denn nur in der Gesellschaft »können Individuen sich gegenseitig als freie anerkennen und damit auch von sich als freien wissen« (Angehrn: Geschichtsphilosophie, S. 94); Geschichte sei demzufolge »die fortschreitende politisch-soziale Verwirklichung von Freiheit« (ebd): »Die Weltgeschichte stellt nun den Stuffengang der Entwicklung des Princips, dessen Gehalt das Bewußtseyn der Freyheit ist, dar«, formuliert Hegel in der Einleitung zu seiner Philosophie der Weltgeschichte (Hegel: Philosophie der Weltgeschichte. Einleitung 1830/31, S. 185).

[69] Vgl. Löwith: Weltgeschichte und Heilsgeschehen, S. 60.

[70] Hegel: Philosophie der Weltgeschichte. Einleitung 1830/31, S. 157, Hervorhebung im Original.

Kleines hervorgebracht werden, aus unbedeutend Scheinendem Ungeheures hervorgehen.[71]

Die Menschheit vollende sich immer vollständiger und komme der Erfüllung ihres ›geschichtlichen Schicksals‹ näher. Hegel begreift die Welt christlich-abendländisch als »Geschichte des Geistes«. Der Geist vernichte sich zwar analog zum zyklischen Denken der Antike selbst, durchlaufe den vormals heidnischen Kreislauf des Lebens jedoch im Sinne romantischer Naturphilosophie jeweils »erhöht, verklärt« und strebe nach Vollendung. Ort dieser geschichtlichen Vollendung ist Hegel zufolge Europa als Endpunkt einer Menschheitsentwicklung vom Orient in den Okzident:

> Die Orientalen wissen es nicht, daß der Geist, oder der Mensch als solcher an sich frey ist; weil sie es nicht wissen, sind sie es nicht [...]. – Erst die germanischen Nationen sind im Christenthum zum Bewußtseyn gekommen, daß der Mensch als Mensch frey, die Freyheit des Geistes seine eigenste Natur ausmacht.[72]

Während Hegel die Kontinuität eines unmerklich geordneten geschichtlichen Fortschritts nebst einer nahenden Finalisierung verkündet, macht sein Schüler Karl Marx Revolutionen als Stationen geschichtlichen Fortschritts aus, mit dem Ziel einer sozialistischen Weltrevolution.[73] Er entwirft eine »umfassende historische Konstruktion«, die die »endgültige Vollendung des historischen Gesamtprozesses« vorstellt.[74] Marx löst sich von der Konzeption

---

[71] Friedrich Hegel: Die Vernunft in der Geschichte (= Sämtliche Werke. Neue kritische Ausgabe, Bd. XVIII A), hg. von Johannes Hoffmeister, 5., aberm. verb. Aufl., Hamburg 1955, S. 34.

[72] Hegel: Philosophie der Weltgeschichte. Einleitung 1830/31, S. 152f.

[73] Baberwoski beschreibt das marxistische Verständnis von Revolution als »rasende Inspiration der Geschichte«, die »aus der höchsten schöpferischen Anspannung aller Kräfte« entstehe (Jörg Baberowski: Der Sinn der Geschichte. Geschichtstheorien von Hegel bis Foucault, München 2005, S. 13).

[74] Löwith: Weltgeschichte und Heilsgeschehen, S. 38. Koselleck beschreibt diese Konstruktion von der Revolution her und verdeutlicht, wie sehr die Dialektik einer sich immer wieder neu selbst produzierenden Revolution Voraussetzung für die Realisierung ideologischer Fiktionen ist, welche sich selbst als immerwährende Revolution gewissermaßen selbst zu verstetigen versuchen müssen: »D[as] Wechselspiel zwischen Revolution und Reaktion, das einen paradiesischen Endzustand herbeiführen soll, ist als zukunftslose Zukunft zu verstehen, weil die Reproduktion und die immer wieder nötige Aufhebung des Gegensatzes eine schlechte Unendlichkeit fixieren. Auf der Jagd nach dieser, wie Hegel sagte, schlechten Unendlichkeit wird das Bewußtsein der Akteure an ein endliches ›Noch-nicht‹ geheftet, das die formale Struktur eines perennierenden Sollens besitzt. Seitdem wird es möglich sein, Fiktionen wie das tausendjährige Reich oder die klassenlose Gesellschaft in

einer geschichtlichen Fortschrittsbewegung von Osten nach Westen oder vom Heiden- zum Christentum, betreibt Utopiekritik[75] und konzipiert einen Dualismus zwischen der bourgeoisen ›Vorgeschichte‹ und einer kommunistischen Zukunft. Dazu schließt er im weitesten Sinne an Vicos Programm des *verum factum* an, demzufolge der Mensch die Geschichte selbst mache: Er erklärt die Arbeit zum geschichtlichen Fortschrittsmotor,[76] indem er ihren »*Selbsterzeugungscharakter* menschlicher Existenz«[77] behauptet. Das geschichtliche *telos* und quasireligiös erhoffte *eschaton* der Gleichheit aller bezeichnet Marx als »das wahre Reich der Freiheit«. Dieses Reich sei nur über eine endgültige kommunistische Weltrevolution zu erreichen, da es nur »auf jenem Reich der Notwendigkeit als seiner Basis aufblühen«[78] könne. Das Proletariat qualifiziert sich für diese Form einer revolutionären ›Apokalypse‹, weil es infolge seiner Entfremdung als das ›Andere‹ der bürgerlichen Gesellschaft fungiert. Dies ist vor dem Hintergrund von Hegels Dialektik notwendig, um zur geschichtlichen Synthese und der Weltrevolution durchzudringen: »Das Proletariat ist nicht eine Klasse innerhalb, sondern außerhalb der bestehenden Gesellschaft und eben darum die Möglichkeit einer absoluten, klassenlosen Gesellschaft«.[79] Nur durch das Proletariat könne der Mensch die Entfremdung der Arbeit durchbrechen und sich somit geschichtlich vollenden.

---

die geschichtliche Realität zu überführen.« (Koselleck: Vergangene Zukunft der frühen Neuzeit, S. 35)

[75] Marx kritisiert utopische Vorstellungen gemäß der pejorativen Begriffsverwendung im 19. Jahrhundert als realitätsfern und ›ohnmächtig‹, ihm geht es um die Realisierung der kommunistischen Idee; hingegen lobt er die Denkansätze der utopischen Theorien der Frühsozialisten (vgl. Hölscher: Utopie, S. 767f.).

[76] »Auf einer gewissen Stufe ihrer Entwicklung geraten die materiellen Produktivkräfte der Gesellschaft in Widerspruch mit den vorhandenen Produktionsverhältnissen oder, was nur ein juristischer Ausdruck dafür ist, mit den Eigentumsverhältnissen, innerhalb deren sie sich bisher bewegt hatten. Aus Entwicklungsformen der Produktivkräfte schlagen diese Verhältnisse in Fesseln derselben um. Es tritt dann eine Epoche sozialer Revolution ein.« (Karl Marx: Zur Kritik der politischen Ökonomie [= MEW, Bd. 13], Berlin 1961, S. 9)

[77] Angehrn: Geschichtsphilosophie, S. 110, Hervorhebung im Original.

[78] Karl Marx: Das Kapital. Kritik der politischen Ökonomie, 3 Bde., Bd. III: Der Gesamtprozeß der kapitalistischen Produktion, hg. von Friedrich Engels (= MEW, Bd. 25), Berlin 1964, S. 828. Angehrn sieht darin durchaus Anklänge an das triadische Geschichtsmodell der idealistisch-romantischen Philosophie, konzipiert Marx doch einen ursprünglichen Naturzustand, dem sich der Mensch in einer defizitären Gegenwart entfremdet hat, weshalb der Aufbruch in eine bessere, ideale Zukunft angestrebt wird (vgl. Angehrn: Geschichtsphilosophie, S. 114).

[79] Löwith: Weltgeschichte und Heilsgeschehen, S. 42. Marx schreibt, dass an der Klasse des Proletariats »das Unrecht schlechthin […] verübt wird«. Das sei »mit einem Wort der

Marx und Engels fordern als Folge dieser als notwendig erkannten geschichtlichen Entwicklung den unbedingten Klassenkampf, an dessen Ende die Klassen aufgehört haben werden zu existieren und die absolute Gleichheit aller realisiert sein werden:

> Wenn das Proletariat im Kampfe gegen die Bourgeoisie sich notwendig zur Klasse vereint, durch eine Revolution sich zur herrschenden Klasse macht und als herrschende Klasse gewaltsam die alten Produktionsverhältnisse aufhebt, so hebt es mit diesen Produktionsverhältnissen die Existenzbedingungen des Klassengegensatzes, der Klassen überhaupt, und damit seine eigene Herrschaft als Klasse auf.[80]

Die marxistische Programmatik korrespondiert mit dem gleichförmigen Verhalten der einfachen Soldaten auf beiden Seiten der Front in *Das Feuer*. Franzosen wie Deutsche bewegen sich gleich, agieren gleich und nur über die Sprache können Nationalitäten zugeordnet werden. Dies zeigt sich im Blick eines Fliegers, der auf die Frontlinien herabsieht und irritiert bemerkt, dass die Feinde doch beide zum selben Gott beteten. Auf die Szene nimmt Ernst Jünger in *Der Kampf als inneres Erlebnis* Bezug, wenn er diese Beobachtung für irrelevant erklärt und betont, dass die »Sache nichts und die Überzeugung alles«[81] sei. Barbusses sozialistische Forderung nach einer Überwindung des Militarismus und des Kriegs, die er mit dieser ›Gleichheit im Glauben‹ auf beiden Seiten der Front begründet, wird von Jünger belächelt: »Mag der Flieger des Barbusse tief unter sich zwei gerüstete Heere zu einem Gott um den Sieg ihrer gerechten Sache beten sehen, so heftet sicher eins, wahrscheinlich beide, einen Irrtum an die Fahnen; und doch wird Gott beide zugleich in seinem Wesen umfassen.«[82] Jünger zufolge hat das Motiv der Gleichheit keinen Einfluss für die Erzählung und die Bewertung des Ersten Weltkriegs, der als ein Krieg divergierender Überzeugungen verstanden werden müsse, die wiederum vor dem rauschhaften Erlebnis des Krieges nicht bestehen können.

---

völlige Verlust des Menschen«, weshalb die Klasse des Proletariats »also nur durch die völlige Wiedergewinnung des Menschen sich selbst gewinnen kann.« (Karl Marx: Zur Kritik der Hegelschen Rechtsphilosophie. Einleitung, in: ders.: MEW, Bd. 1, Berlin 1961, S. 378–391, hier S. 390)

[80] Karl Marx/Friedrich Engels: Manifest der Kommunistischen Partei, in: dies.: Werke (MEW), Bd. 4, Berlin 1959, S. 462–493, hier S. 482.
[81] Jünger: Der Kampf als inneres Erlebnis, S. 100.
[82] Ebd., S. 100f.

In *Das Feuer* hingegen verbindet der Erzähler mit dem Sieg im Großen Krieg die Hoffnung auf die nachfolgende Gleichheit der Menschen. Im Ausdruck dieser Hoffnung, dass infolge der Verwirklichung der Gleichheitsvorstellung alle Ungerechtigkeiten vergingen, rekurrieren die Figuren auf Platons *kalokagathia*-Begriff: »›Das wäre schön‹, sagt einer. ›Zu schön, um wahr zu sein!‹ sagt ein anderer.« (DF 288) Diese konjunktivische Formulierung des platonischen Ideals findet sich am Schluss des Romans und an für das Romanverständnis zentraler Stelle. Erkenntnis, so Platon, sei Erkenntnis unbedingt wahrer Ideen, höchstes Erkenntnisziel sei die Idee des Guten. Der Begriff der Gleichheit wird im Roman mit der Idee des Guten identifiziert: »Sie drehen und wenden den Begriff nach allen Seiten und entdecken an ihm eine Art Vollkommenheit. Und alle Ungerechtigkeiten vergehen in einem blendenden Licht.« (DF 288) Damit fallen das Wahre und Schöne ineinander. Eine Erkenntnis des Wirklichen ist Platon zufolge nicht möglich und das unbedingt Wahre kann nur aufgrund der Erkenntnis der Ideen bestimmt werden. Daher kann im Roman eine dritte Stimme die fatalistische Kapitulationserklärung, angesichts der Kriegswirklichkeit sei jede Hoffnung auf die Realisierung von Gleichheit »zu schön, um wahr zu sein«, in ihr Gegenteil verkehren: »Weil es wahr ist, ist es schön, und das ist die einzige Schönheit. Und dann ... nicht weil es schön ist, wird es einmal sein. Schönheit gilt nichts, genauso wenig wie Liebe. Nur weil es wahr ist, ist es unabwendbar.« (DF 288) Barbusse transzendiert also durch den Rekurs auf Platon die Wirklichkeit des Großen Krieges und stellt gegen sie die Gleichheit aller Menschen, die als Erkenntnis des Guten unbedingt wahr und folglich schön sei. Diesen Befund biegt Barbusse zurück auf den Krieg. Der Krieg müsse unbedingt gewonnen werden: Das sei Bedingung der Möglichkeit, die Gleichheit aller zu realisieren. Gleichheit bildet wiederum die Grundlage für das in der Folge eintretende Ende aller Kriege:

> »Wenn alle Menschen gleich sein werden, müssen sie auch zusammenstehen.« »Und es wird unter dem Himmel nie wieder geschehen, daß dreißig Millionen Menschen gegen ihren Willen Entsetzliches begehen.« Das ist wahr. Dagegen ist nichts zu sagen. Welchen Schatten eines Arguments, welchen Schein einer Antwort könnte man, dürfte man diesem Satz entgegenhalten: »Und es wird unter dem Himmel nie wieder geschehen, daß dreißig Millionen Menschen gegen ihren Willen Entsetzliches begehen.« (DF 288f.)

Gleichzeitig und durchaus widersprüchlich zur eschatologischen Hoffnung auf die Gleichheit aller im Anschluss an den Großen Krieg wird im Roman das Konzept von Geschichte als kontinuierlichem und unendlichem Fortschritt vorgestellt. Mit dem Korporal Bertrand äußert dieselbe Figur, die an eine letzte apokalyptische Umkehr durch den Krieg glaubt, die Vorstellung einer unendlichen Perfektibilität des Menschen: »Mit welchen Augen werden die, die nach uns leben und denen der Fortschritt – den nichts aufhalten wird – ein besseres Gewissen schenkt, dieses Massenmorden und diese Taten ansehen?« (DF 217)[83]

Ein Jahrhundert vor Hegel postuliert der französische Aufklärer Condorcet im Anschluss an die *Querelle,* dass der geschichtliche Fortschritt einzig durch die Naturgesetze begrenzt sei. Er konkretisiert sich für ihn ganz praktisch im alltäglichen Leben des Menschen, insbesondere in den Errungenschaften der Französischen Revolution. Aufgrund seiner aufklärerischen und »rationalistisch-utilitaristische[n] Grundhaltung«[84] scheint Geschichte für Condorcet durchaus prognostizierbar.[85] So gedenkt er nachzuweisen,

> daß die Fähigkeit des Menschen zur Vervollkommnung tatsächlich unabsehbar ist, daß die Fortschritte dieser Fähigkeit zur Vervollkommnung, die künftig von keiner Macht, die sie aufhalten wollte, mehr abhängig sind, ihre Grenze allein im zeitlichen Bestand des Planeten haben, auf den die Natur uns hat angewiesen sein lassen[.][86]

Bereits hier bedeutet Fortschritt die Realisierung der Ideale der Französischen Revolution, aus deren Schlagworten ›Freiheit‹, ›Gleichheit‹, ›Brüderlichkeit‹ sowohl bei Condorcet[87] als auch in *Das Feuer* ausdrücklich die Gleichheit

---

[83] An dieser Stelle ist an die kurze Debatte zwischen Lamuse und seinen Kameraden über technologischen Fortschritt zu erinnern, die der intellektuell überlegene Erzähler in Gedankenrede kommentiert: »Ich protestiere nicht gegen diesen verbohrten Widerstand, den Unwissenheit stets dem vielversprechenden Fortschritt entgegenstellt.« (DF 68)

[84] Angehrn: Geschichtsphilosophie, S. 73. Gleichwohl betont Angehrn auch die utopische Dimension von Condorcets Fortschrittsemphase (ebd., S. 74).

[85] Vgl. Condorcet: Entwurf einer historischen Darstellung der Fortschritte des menschlichen Geistes, S. 193.

[86] Ebd., S. 31.

[87] Condorcets abschließendes Kapitel »Von den künftigen Fortschritten des menschlichen Geistes« in seinem *Entwurf einer historischen Darstellung der Fortschritte des menschlichen Geistes* widmet sich ausführlich dem Problem der Gleichheit, das er zu Beginn des Kapitels mit der Perfektibilität des Menschen koppelt: »Was wir uns für den künftigen Zustand des Menschengeschlechts erhoffen, läßt sich auf folgende drei wichtige Punkte zurückführen: die Beseitigung der Ungleichheit zwischen den Nationen; die Fortschritte in der Gleichheit

herausgehoben wird. Dementsprechend wird am Anfang wie am Ende des Romans die Französische Revolution als historische Folie des gegenwärtigen Krieges aufgerufen: »Es ist der Wiederbeginn der Französischen Revolution« (DF 7) bzw. »Die Völker kämpfen heute, um keine Herren mehr zu haben, die sie leiten. Dieser Krieg müßte die Fortsetzung der Französischen Revolution werden.« (DF 286) Die ›neue‹ Französische Revolution richtet sich gegen die militaristische Ideologie, die nun um des Fortschritts willen überwunden werden müsse, und das Deutsche Reich als derzeitigen Vertreter des Militarismus: »Deutschland ist der Militarismus« (DF 283). In dieser Identifikation fallen nationales und internationales Kriegsziel ineinander.

3 Bertrand und der Ich-Erzähler als intellektuelle Führerfiguren

Das Ineinanderfallen kommunistischer und nationalistischer Vorstellungen wird vor allem durch die historische Kontinuität des Fortschritts und die Ablehnung des deutschen Militarismus evoziert und durch zentrale Führerfiguren geschärft. Das nationalistisch-bildungsbürgerliche Konzept eines führenden Intellektuellen im Volkskollektiv schlägt sich in zahlreichen zeitgenössischen literarischen Texten nieder, wie Lars Koch mit Bezug auf das Erzählen von ›Kriegserlebnissen‹ herausstellt.[88] Dieser Diskurs über einen Führer findet auch Eingang in *Das Feuer*. Darin ist der Text deutschsprachigen nationalistischen Kriegserzählungen wie Walter Flex' *Wanderer zwischen beiden Welten* vergleichbar. Im Kontrast zu diesen nationalistischen Erzählungen verweigert sich Barbusses Ich-Erzähler, der den Text seinen Kameraden widmet und der Korporal Bertrand analog zum Leutnant Wurche in Flex' Text als Führerfigur aufbaut, jedoch jedem emphatischen Kriegserlebnis: »Er [Fouillade, J.W.] öffnet die Augen, blickt um sich, nickt mit dem Kopf und sehnt die Zeit zurück, da er von Krieg und Ruhm noch eine reine, begeisterte und leuchtende Vorstellung hatte. […] Jetzt ist alles anders.« (DF 116) Dennoch übernimmt der intellektuelle Führer in *Das Feuer* jenseits aller Kriegsemphase eine zentrale Funktion. In seinem 1922 ins Deutsche übersetzten programmatischen Pamphlet *Das Messer zwischen den Zähnen*, das sich dezidiert »[a]n die Intellektuellen« richtet, weist Barbusse den Intellektuellen die Aufgabe zu

---

bei einem und demselben Volke; endlich die wirkliche Vervollkommnung des Menschen.« (Ebd., S. 193)
[88] Vgl. Koch: Der Erste Weltkrieg als kulturelle Katharsis und literarisches Ereignis, S. 45.

im Wirrwarr des Lebens Träger der Idee zu sein. Ob sie Gelehrte sind, Philosophen, Kritiker oder Dichter, es bleibt ihr ewiger Beruf, die tausendfaltige Wahrheit in Formeln, Gesetze und Werke zu fassen und zu ordnen. Sie schaffen Klarheit über sie, über ihre Richtlinien und haben die beinahe göttliche Gabe, die Dinge endlich bei ihrem Namen zu nennen. Ihnen offenbart sich die Wahrheit; sie nimmt Gestalt an und wächst, und ihrem Geiste entspringt der geordnete Gedanke, der Glaube und Tat läutert und lenkt. Dieser erhabene Dienst stellt die Arbeiter des Gedankens immer an den Anfang des endlosen Dramas, das wir als die Geschichte der Menschheit bezeichnen.[89]

Der Intellektuelle bzw. der Künstler führt als sozialistischer Prophet, dem sich »beinahe göttlich[ ]« die Wahrheit »offenbart«, durch die Geschichte – die Analogie zu Platons Konzept einer Herrschaft der Philosophen ist offensichtlich. Als »Arbeiter des Gedankens« steht er im Dienst der Kollektivs, er nimmt sich der sozialen Frage an, »unter den Fragen unseres Schicksals [...] diejenige, in deren Lösung wir wirksam eingreifen können«, und vollzieht darin »lebendigen Fortschritt«.[90] Der Intellektuelle könne eine teleologische Perspektive entwickeln, weil er Vergangenheit, Gegenwart und Zukunft zusammenzudenken vermöge: »Wissen heißt die Dinge kommen sehen und sie beherrschen«.[91]

Mit der Positionierung des Intellektuellen bzw. des Künstlers als geistigem Führer des Volkes markiert Barbusse, um mit Bourdieu zu sprechen, in der Tradition konservativ-bildungsbürgerlicher Rollenzuweisungen seinen Führungsanspruch im literarisch-künstlerischen Feld. Im Zuge der Industrialisierung und zunehmenden Technisierung der Welt wurde das Bildungsbürgertum, das sich »seit Fichtes Zeiten als [...] Führungsschicht der Nation verstand, [...] inzwischen nicht nur von Industriekapitänen und Verbandsführern überflügelt, sondern zusehends auch von Ingenieuren und Technikern«.[92] Das gesellschaftliche Ansehen des Gebildeten war bereits Ende des 19. Jahrhunderts, so Lars Koch, »in erster Linie nicht mehr eine Frage der kennerhaften ästhetischen Distinktion oder des exklusiven kulturellen Wissens, sondern vielmehr [...] eine des geschäftlichen Erfolgs und der ostentativ zur Schau gestellten, finanziellen Potenz«.[93] In der Denkfigur

---

[89] Barbusse: Das Messer zwischen den Zähnen, S. 3.
[90] Ebd., S. 4.
[91] Ebd.
[92] Klaus Vondung: *Zur Lage der Gebildeten in der wilhelminischen Zeit*, in: ders. (Hg.): Das wilhelminische Bildungsbürgertum, Göttingen 1976, S. 20–33, hier S. 30.
[93] Koch: Der Erste Weltkrieg als Medium der Gegenmoderne, S. 100.

des Ersten Weltkriegs als kultureller Katharsis werde das »Individuum seiner willkürlichen Vereinzelung enthoben und einem allgemeinen, sittlichen Ganzen eingegliedert«,[94] um im als »Kollektivsubjekt begriffenen ›Volksganzen‹«[95] aufzugehen. Dennoch restituiere, so Koch mit Bezug auf Walter Flex' Œuvre, das Bildungsbürgertum in der literarischen Kriegserzählung »ein analoges, zwischen herausragender Individualität und überindividueller Gemeinschaft dialektisch vermittelndes Führerprinzip immer wieder als gesellschaftliches Ideal«.[96] Das lässt sich auf nationalistische wie auf kommunistische Texte beziehen. Sowohl in der national-konservativen Kriegserzählung als auch in der sozialistisch-materialistischen Nachkriegspublizistik von Henri Barbusse wird der Intellektuelle zum Führer der Volksgemeinschaft bzw. der Menschheit aufgewertet, ohne sich dem nationalen Volkskollektiv bzw. dem übernationalen Menschheitskollektiv zu entfremden. Medium der intellektuellen Führerschaft solle auch die Kunst und Literatur sein:

> Zwar vertritt der Bildungsbürger Flex vehement die Forderung nach absoluter Selbstaufgabe des Einzelnen in der ›Volksgemeinschaft‹. Nur als formiertes Kollektiv, in dem die Einzelinteressen hinter die gemeinsamen Ziele der Nation zurücktreten, erscheint es möglich den zu bewältigenden Anforderungen des Krieges gerecht zu werden. Gleichzeitig aber schreibt Flex die den mentalen Bedürfnissen seiner vorzugsweise bildungsbürgerlichen Leserschaft des umfassend gebildeten Individuums fort, welches auch unter Kriegsbedingungen – dem bürgerlichen Selbstbewusstsein entsprechend – als moralisches und charakterliches Vorbild eine tragende personale Funktion im Gemeinschaftsgefüge zugewiesen bekommt.[97]

Wie dargestellt, grenzt Barbusse mit Bezug auf Platon ›Wahrheit‹ von ›Wirklichkeit‹ ab: Eine Wahrheit muss noch nicht verwirklicht sein, sondern muss ›wahr‹ sein als ideal anerkannter Zustand. Anhand dieser Maxime bestimmt Barbusse die Aufgabe des Schriftstellers: »Der Schriftsteller muß klar und weit sehen, muß die Wahrheit sagen.«[98] (Kommunistische) Wahrheit ist im Dienste des Fortschritts gegen die konservative Wirklichkeit zu stellen. Diesem Wahrheitsanspruch entsprechen die beiden intellektuellen Figuren in *Das Feuer*. Sowohl der Ich-Erzähler als auch der Korporal Bertrand neh-

---

[94] Ebd., S. 114.
[95] Ebd., S. 116.
[96] Ebd., S. 131.
[97] Ebd., S. 130.
[98] Henri Barbusse: Der Schriftsteller und die Utopie, in: ders.: Ein Mitkämpfer spricht. Aufsätze und Reden aus den Jahren 1917–1921, Leipzig 1922, S. 21–28, hier S. 22.

men die Wahrheit der Gemeinschaft der einfachen Soldaten in den Blick. Im Kapitel »Kraftausdrücke« fragt das »Grabenschwein[ ]« (DF 142) Barque den Ich-Erzähler: »[L]äßt du uns dann auch so reden, wie wir es wirklich tun, oder frisierst du das? Ich meine wegen der Kraftausdrücke, die wir gebrauchen« (DF 142). In einem Akt autofiktionaler Performanz bestätigt der Ich-Erzähler in seiner Antwort, er würde diese ›Wahrheit‹ auch in seinem Buch darstellen. Er erzähle die Wirklichkeit des Krieges, stelle die ideelle Wahrheit dar, dokumentiere das Leben der einfachen Soldaten und nehme dafür etwaige gesellschaftliche Repressalien in Kauf:

> »Ich werde die Kraftausdrücke an die richtige Stelle setzen, Alterchen, weil das die Wahrheit ist.«
> »Aber sag mal, wenn du das machst, werden dann die Leute aus deinen Kreisen, ohne sich um die Wahrheit zu scheren, nicht sagen, du bist ein Schwein?«
> »Wahrscheinlich, aber ich werde es trotzdem tun, ohne mich um diese Leute zu kümmern.« (DF 143)

Der Ich-Erzähler in *Das Feuer* grenzt sich dezidiert von jenen ›Leuten aus seinen Kreisen‹ ab, die Barbusse in *Das Messer zwischen den Zähnen* angreift: »Die bewundertsten Schriftsteller taten kaum etwas anderes als die anerkannte Sitte heiligen«.[99]
Wahrheit hat auch die zweite intellektuelle Figur im Text, Korporal Bertrand, im Blick. Im Schützengraben monologisiert der sonst schweigsame Korporal und reflektiert über die Wahrheit im Krieg:

> Und doch sind wir mit unseren Tagen notwendig, wir sind notwendig! Fluch dem Kriegsruhm, Fluch den Armeen. Fluch dem Soldatenhandwerk, das die Männer zu willenlosen Opfern oder zu gemeinen Henkern macht! Ja, Fluch ihnen: Es ist wahr, nur zu wahr, bis in alle Ewigkeit, aber noch nicht für uns. Vorsicht mit den Gedanken, die wir heute haben! Es wird erst wahr sein, wenn wir eine unumstößliche wahre Heilige Schrift besitzen. Es wird wahr sein, wenn sie neben anderen Wahrheiten stehen wird, die der geläuterte Verstand dann auch begreifen wird. Wir sind verloren, wir werden das Leben nicht mehr finden. Heute, jetzt im Augenblick scheint diese Wahrheit kaum mehr als ein Irrtum, ihr heiliges Wort nur eine Lästerung! (DF 217)

Bertrand löst in seinem Monolog die scheinbar widersprüchliche Doppelung einer überzeitlichen Wahrheit auf, die darin besteht, dass Kriege einerseits

---

[99] Barbusse: Das Messer zwischen den Zähnen, S. 11.

im Allgemeinen das »Soldatenhandwerk« verfluchten, andererseits aber *dieser* Krieg und *diese* Soldaten notwendig seien. Das Ideal eines dauerhaften Friedens könne nur erreicht werden, wenn die Soldaten diesen notwendigen Krieg durchlitten. Analog zum nationalistischen Narrativ der ›Ideen von 1914‹ opfern sich das Individuum und der Intellektuelle – die »das Leben nicht mehr finden« werden – für das künftige Wohl der Gemeinschaft auf. Anders als die Nationalisten bzw. im Unterschied zu den Apologeten eines positiven Kriegserlebnisses bewertet Barbusse den Krieg jedoch nicht als positiv oder als Erlebnis, sondern begreift den Krieg als Bedingung eines »geläuterte[n] Verstand[es]« (DF 217), einer Katharsis, die seine sozialistisch-kommunistische Idee in die Realität überführen könne und die das Ende aller Kriege erst ermögliche. Im Rekurs auf das platonische Kriterium der Wahrheit wird nicht erst in der Zwischenkriegszeit in *Das Messer zwischen den Zähnen,* sondern schon während des Ersten Weltkriegs in *Das Feuer* die quasireligiöse wie politische Hoffnung auf eine Apokalypse formuliert, der Große Krieg möge in eine Erfüllung der Menschheitsgeschichte münden. In beiden Texten versieht Barbusse diese Hoffnung mit kommunistischen Vorzeichen.

Jenseits solcher weltanschaulichen Deutungen des Krieges, die beide Intellektuelle in *Das Feuer* den einfachen Soldaten vermitteln, agieren sie als soziale Führer und Erzieher der *poilus*. So beklagt Barque am Schluss des Gesprächs mit dem Ich-Erzähler dessen erzieherisches Handeln. Er habe im Umgang mit hochprozentigem Alkohol eine »blöde Angewohnheit«: »Weil du denkst, er ist schädlich, gießt du ihn dir auf den Schädel und wäschst dir die Haare damit, anstatt ihn den Kameraden zu geben.« (DF 143) Der Ich-Erzähler erwähnt im Gespräch mit Marthereau, einem der einfachen Soldaten, sie hätten es Bertrand, »der den Alkohol haßt wie die Pest, dieses verhängnisvolle Gift, das die Masse versklavt […], zu verdanken, daß unsere Korporalschaft vom Wein und Schnaps mit am wenigsten verdorben ist« (DF 154). Marthereau wiederum begrüßt anders als noch Barque das Ergebnis dieses strikten Umgangs mit Alkohol und erkennt die Wirkung des erzieherischen Alkoholverbots. Über ein »Abschiedsgesaufe« voller Streit, Wut und Flüchen einer anderen Korporalschaft urteilt er: »So was gibt's bei uns nicht!« (DF 154) Bertrand entspricht im Sozialverhalten seinem erzieherischen Sprachgestus und ist, wie der Ich-Erzähler feststellt, »stets bereit, uns ruhig zuzulächeln, auf das, was man fragt, klare Auskunft zu geben und jedem bei der Erfüllung seiner Pflicht zu helfen.« (DF 194)

Beide Intellektuelle übernehmen im Roman die Funktion des Führers, der nicht nur »eine hohe, sittliche Idee verkörpert«, sondern auch »auserwählt« sei, »seine Zeit zu beherrschen« (DF 218), der die Soldaten erzieht, sie betreut und ihnen das notwendige weltanschauliche Rüstzeug vermittelt. Darüber hinaus stehen beide Figuren dem Autor Henri Barbusse narratologisch – der Ich-Erzähler – oder weltanschaulich – Korporal Bertrand – nahe.[100] Sie geben den Soldaten in ihrem Leid an der Front Orientierung, bewahren mit ihrer Haltung und ihrem Erzählen einen Rest an Menschenwürde und schützen die *poilus* vor Alkoholmissbrauch. In erster Linie jedoch weist Bertrand dem Ersten Weltkrieg wie bereits zitiert einen zukünftigen Sinn zu, den zwar nicht mehr die Frontsoldaten, wohl aber die Menschen nach ihnen erleben sollen:

> Die Zukunft! Die Zukunft! Das Werk der Zukunft muß es sein, unsere Gegenwart auszulöschen, und noch mehr auszulöschen, als man denkt, sie als etwas Niederträchtiges und Schändliches auszulöschen. Und doch sind wir mit unseren Taten notwendig, wir sind notwendig. (DF 217)

Bertrand stellt für die *poilus* das Sinnreservoir dar und tritt immer dann auf, wenn der geschichtliche Sinn des Krieges infrage steht. Diese Sinndeutung bleibt für die einfachen *poilus* notwendig, können sie selbst dem Krieg doch keinen Sinn abgewinnen. Nicht einmal den Kriegszustand können sie anfänglich erfassen. Die Frontsoldaten »verzichten darauf, irgendetwas zu begreifen, verzichten darauf, sie selbst zu sein, sie hoffen, dem Tod zu entgehen« (DF 28). Ihre »beglückende[n] Zukunftsträume« (DF 50) beschränken sich darauf, auf Urlaub geschickt zu werden oder zumindest eine Verwundung zu überleben und ins Lazarett zu kommen. Alle darüber hinausgehenden Wunschvorstellungen erweisen sich für sie als Phantasmen. Sogar ihre Hoffnungen auf eine gute Unterkunft sind trügerisch: »Diejenigen aber, die wieder einmal von einem Paradies geträumt hatten, begraben ihre Hoffnungen.« (DF 58) Diese Verbindung von Hoffnung auf – weltliche – Erlösung (»Paradies«) und dem Blick auf den eigenen Tod (»begraben«) ist in der Doppelung von Apokalypse und Heilsgeschehen Strukturmerkmal des Romans.

---

[100] In der Forschung wurde vor allem die Nähe Bertrands zu sozialistischen Positionen des Autors betont (vgl. Müller: Die Vision des Korporal Bertrand, S. 37).

4 Krieger der Humanität: Apokalypse und Heilsgeschehen

Eine Lektüre von *Das Feuer,* die den Krieg als Wegbereiter in eine eschatologische Zukunft des ›ewigen Friedens‹ begreift und die Führerfiguren zu Aposteln dieses *eschaton* stilisiert, korrespondiert mit einer christologischen Lesart: Auf das Opfer Jesu folgt für die Menschheit die Zeit des Wartens auf die Apokalypse, die die Heilsgeschichte vollendet.[101] Mit seinem Opfertod erhält Korporal Bertrand christologische Züge: Er stirbt, direkt nachdem der Erzähler den Tod bzw. das Opfer der Frontsoldaten, die »das Leben überwunden« haben, als etwas »Übermenschliches und Vollkommenes« (DF 225) bewundert. Bertrand war zudem »auserwählt, seine Zeit zu beherrschen«, weil er »eine hohe, sittliche Idee« (DF 218) verkörpert.[102] Gemäß der jüdisch-christlichen Vorstellung folgt auf den Verlust eines paradiesischen Urzustands und die unvollkommene Gegenwart eine künftige Erlösung oder Vollendung der Heilsgeschichte, der im Christentum die Soteriologie vorgelagert ist, der Tod Jesu am Kreuz als Erlösung der Menschheit.[103] Stellt man den Roman in den Rahmen dieser jüdisch-christlichen Denkfigur, ermöglicht der Opfertod der Führerfigur Bertrand die alles entscheidende »Gewißheit« (DF 294) der künftigen Heilsgeschichte bzw. einer letzten geschichtlichen Umkehr. Im Rahmen einer solchen Lesart gewinnt auch die Entgrenzung von Raum und Zeit in *Das Feuer* religiöse Konturen, da sie stark an Augustins Gegenüberstellung von weltlicher *vanitas* bzw. *peregrinatio* und der *veritas* des Gottesreiches erinnert: In *De Civitate Dei* reagiert Augustin auf die Plünderung Roms 410 und richtet das Leben des Menschen rein auf die mögliche Erlösung aus. Er verurteilt das weltliche Leben im Allgemeinen und die Katastrophe der Plünderung im Speziellen als *vanitas* gegenüber der *veritas*

---

[101] Das enorme Interesse von Henri Barbusse für die historische und evangelische Figur Jesus schlägt sich Mitte der 1920er-Jahre in drei Publikationen nieder; einer Darstellung der Person, *Jesus,* einer Untersuchung der historischen Person, *Verräter an Jesus,* und dem Drama *Jesus wider Gott* (vgl. Vidal: Henri Barbusse, S. 143–158, hier S. 155). Barbusse bemüht sich insbesondere, das Evangelium des Sozialrevolutionärs Jesus zu verfassen und diesen von der theologischen Figur Christus scharf abzugrenzen (vgl. ebd., S. 143f.).

[102] Hier ließen sich weitere alt- und neutestamentarische Bezüge herausarbeiten: z.B. die Charakterisierung der Front mit dem biblischen Urzustand in Mose 1,1 »Tohuwabohu« (DF 81), die Fußwaschung einer alten Frau durch Paradis im Kapitel »Idylle« (DF 161–163) und der Weg des schwer verletzten Joseph, der auf einen Hügel hinaufsteigen und dabei auch »die letzte Strecke seines Leidensweges« (DF 230) erklimmt – aber dem Tode geweiht ist.

[103] Das gilt auch für die Erinnerungen der Soldaten, die als »Bilder von antiker Klarheit« (DF 38) einen utopischen Imaginationsraum für die Soldaten abstecken, der ihnen eine andere, abgeschlossene Zeit innerhalb eines triadischen Geschichtsbilds vergegenwärtigt.

des Gottesreiches. In der Erwartung dieses Gottesreichs leben die Christen in der weltlichen Fremde *(peregrinatio)* des Zwischenreichs nach dem Erscheinen von Jesus Christus und vor Beginn des ›Königreiches Gottes‹. Erst mit Joachim von Fiore beginnt sich die göttliche Vorsehung in der weltlichen Geschichte abzuzeichnen und über das konsequente Beachten christlicher Gebote gewissermaßen in sich selbst zu verwirklichen.[104]

Auch abgesehen von dieser religiösen Dimension erhält Fouillades Reflexion neues interpretatorisches Gewicht: Er habe »zu tief in die Vergangenheit geblickt, um jetzt die Zukunft nicht in ihrer furchtbaren Deutlichkeit zu erkennen« (DF 117). Die unvollkommene Gegenwart identifiziert der Erzähler mit dem »eisige[n], vom Dunkel gepeitschte[n] Dunkel« (DF 117), in das Fouillade nach seinem Gedankengang zurückfällt. Auch sein Kamerad Farfadet empfindet die weltliche Zukunft als ›dunkel‹ und ein offenes Fenster gerät ihm zum »schwarze[n] Loch« (DF 78). Äußeren Anlass von Farfadets (weltlicher) Hoffnungslosigkeit bietet die kaum denkbare Zukunft mit der schönen Geliebten Eudoxie, deren griechischer Name biblische Herkunft hat und auf ihren Figurentypus deutet:[105] Sie entspricht typologisch der weiblichen ›Heiligen‹. In der Heiligenverehrung Eudoxies als Symbol seiner Heilserwartung findet Farfadet sein Glück: »Er ist zufrieden; denn das nahende Glück, das noch nicht Wirklichkeit wurde, ist das einzig wirkliche Glück auf Erden.« (DF 78) Die romantische Sehnsuchtsfigur[106] Eudoxie, die unerreichbar bleibt und schließlich an der Front stirbt, symbolisiert die Unerreichbarkeit irdischen Glücks. Gleichzeitig kündigt sich in ihr das jenseitige *eschaton* bereits an.[107] Damit korrespondieren die in den Schlachtbeschreibungen aufgerufenen apokalyptischen Vorstellungen: Krepierende Granaten werden zu »zerplatzende[n] Sternen« (DF 173), Explosionen lassen womöglich den »Himmel über uns bersten« und infolge der Einschläge wird

---

[104] Vgl. Löwith: Weltgeschichte und Heilsgeschehen, S. 140–147.

[105] Der griechische Vorname Eudoxia bzw. εὐδοξία bedeutet ›Wohlgefallen‹. Zur biblischen Namensherkunft vgl. Luk 2,14.

[106] In Eudoxie sind typisch romantische Topoi versammelt: Sie gleicht einer »Vision« (59) und ist »wahrhaft begehrenswert mit ihrem goldumflossenen Kopf. Ihre mondblasse Haut zieht den Blick auf sich, läßt uns erstaunen« (DF 70); ihr Gesicht hat einen »ernsten, träumerischen Ausdruck« (DF 59).

[107] Der wohlbeleibte Lamuse, der weltlichen Genüssen nicht abgeneigt ist, begehrt Eudoxie ebenfalls. Für ihn verwandelt sich die zuvor verführerisch schöne Eudoxie jedoch vielmehr zur Allegorie auf die Vergänglichkeit, die einer ›Frau Welt‹ nahekommt. Nachdem Eudoxie ihm zu Lebzeiten immer »eine[m] Diamanten« ähnelte, fällt eine Zeit nach ihrem Verschwinden ihre Leiche »ganz zerfressen und verfault« (DF 165) auf Lamuse.

sich »die Erde [...] unter unsern Füßen spalten« (DF 185). Die Erfahrung des Kriegs als Apokalypse verleiht der Vision im ersten Kapitel zusätzliche Kraft: Eine »unendliche Stille« vermag gemeinsam mit dem »Bild der [...] blauen Fernen« – hier klingen romantische Unendlichkeits-*topoi* an – die »grelle Feuersbrunst« zu löschen, in der die alte Welt brennend untergeht« (DF 7). Die ideologische Doppelstruktur des Romans lässt sich am bereits diskutierten Begriff der Gleichheit historisch nachweisen. Die an Platon geschulte Erkenntnis der Gleichheit als unbedingt ›gut‹ steht geschichtsphilosophisch sowohl im Zentrum der Ideale der Französischen Revolution, auf die sich (das durchaus ›imperialistisch‹ agierende) Frankreich im Ersten Weltkrieg ganz explizit beruft, als auch im Zentrum des kommunistischen Manifests von Marx und Engels. Folgerichtig konzediert Horst M. Müller eine »ideologische Widerspruchsstruktur des Textes« bzw. eine »ideologische Ambivalenz«.[108] Einerseits sei der Roman eines der »Kriegsbücher mit pazifistischer Tendenz« und andererseits sei er »nichts anderes als die literarische Umsetzung gewisser Grundideen der ›Union sacrée‹«.[109] Das Ineinandergreifen von nationalistisch-imperialistischer bzw. von am Fortschrittsbegriff des 18. und 19. Jahrhunderts geschulter Durchhalteparole im Sinne der *union sacrée* auf der einen und sozialistischer Gleichheitsutopie auf der anderen Seite kulminiert in der Schlussparole der Soldaten:

> »Wir haben genug über andere gesprochen«, sagte einer von ihnen in befehlendem Ton. »Lassen wir sie jetzt...! Auf uns kommt es an! Auf uns alle ... Das Bündnis der Demokratien, das Bündnis der Massen, der Aufstand der Völker der ganzen Welt, der Glaube an die unverdorbene Einfachheit des Menschen [...].« (DF 294)

Nur durch diesen Glauben schöpfen die zuvor im Schlamm des Krieges steckengebliebenen Soldaten neuen Mut und können im Anschluss »aufbrechen, um den Krieg wieder zu beginnen« (DF 294).

Für eine sozialistische Lektüre des Romans lassen sich zahlreiche Argumente versammeln. Gleichwohl vervielfältigen sich die möglichen Lektüren. Die Entgrenzung von Zeit und Raum aufgrund der Fronterfahrung, die kommunistische Erwartung des *eschaton* und die nationalistische Vorstellung einer Führerfigur gleichen sich über die christologische Romanstruktur und Symbolik einander an und werden miteinander konfiguriert. Das hat zur Folge, dass zahlreiche Lesarten – auch die eines unendlichen Fortschritts –

---

[108] Müller: Die Vision des Korporal Bertrand, S. 45.
[109] Ebd., S. 44f.

im Roman angelegt sind und am Romanende weiterhin angeboten werden. Die Offenheit des Romans für verschiedene Deutungen entsteht auch durch dessen diffusen Fortschrittsbegriff. Es wird nicht klar differenziert, ob Fortschritt mit der Gleichheit der Menschen identifiziert wird und aller Fortschritt mit Erreichen der klassenlosen Gesellschaft vollendet sei, wie es Marx und Engels im kommunistischen Manifest skizzieren, oder ob der Fortschritt nicht aufzuhalten und potentiell unendlich sei. Aufgrund der »mehrdeutig gewordenen politischen Begriffe und Schlagworte jener Zeit«[110] verbleibt die Deutung des Fortschritts eine Leerstelle, die vom Leser je nach eigenem ideologischem Standpunkt gefüllt werden kann. Das heißt: *Das Feuer* steht im Rekurs auf die Ideale der Französischen Revolution, in der Betonung des Fortschrittsdenkens, im Beharren auf der unbedingten Notwendigkeit des Krieges, der unbedingt gewonnen werden müsse, sowie in der Verbindung Deutschlands mit dem Militarismus durchaus im Einklang mit der nationalistischen französischen Geschichtsdeutung des Großen Krieges. Eberhard Demm betont dementsprechend:

> Barbusse verband nun das bereits 1914 propagierte Ideal eines Krieges für Fortschritt und Demokratie mit der realistischen Fronterfahrung des einfachen Soldaten und gab dadurch der französischen Kriegspropaganda zwar nicht einen völlig neuen Inhalt, aber eine gefälligere pseudopazifistische Verpackung.[111]

Die ›pseudopazifistische Verpackung‹ resultiert gleichwohl nicht aus der Fronterfahrung im Sinne eines wie auch immer gearteten ›Kriegserlebnisses‹, das die Kämpfe an der Front rechtfertigen würde. Die Soldaten erleben den Krieg angesichts der Beschleunigung an der Front, wie gezeigt wurde, sehr wohl als sinnlos. Gerade deshalb stellen sie die Frage nach dem Sinn des Großen Kriegs, die ihnen Bertrand in seiner großen Rede beantwortet. Seine Antwort überführt den Roman in ein Plädoyer für die geschichtliche Idee des Sozialismus einerseits und in Parteinahme für den politischen Nationalismus Frankreichs andererseits. Die Koppelung von Nationalismus und Pazifismus folgt aus der Notwendigkeit, den Krieg gegen das militaristische deutsche Reich zu gewinnen. Argumentativ findet die Verbindung von Sozialismus und Pazifismus ihren Kern in der eschatologischen Hoffnung auf eine letzte Revolution hin zur Gleichheit aller, die jeden weiteren Krieg von vornherein verunmögliche.

---

[110] Ebd., S. 49.
[111] Demm: Pazifismus oder Kriegspropaganda?, S. 362.

Mit Blick auf das finale Kapitel der »Morgendämmerung« gewinnt die Elementarsymbolik an Bedeutung und die Symbolkraft des Wassers wird zusätzlich gesteigert. Nach den sintflutartigen Regengüssen taucht die Front als »grau glänzende Ebene mit ihren trüben Wasserflächen [...] aus dem Meer« (DF 272) nur allmählich wieder auf – die »Überschwemmung ist allgemein« (DF 272). Alle Schützengräben sind überschwemmt, Frontlinien ununterscheidbar geworden. Der Persönlichkeits- und Personalitätsverlust der *poilus*, bereits lange angekündigt, wird vollkommen: »Die Gesichter sehen so erschöpft aus, daß es keine Gesichter mehr sind; [...] diesmal erkennen wir uns nicht mehr.« (DF 274) Die Soldaten regredieren endlich zu »Erdanhäufungen« (DF 275) und »kriechen wie Würmer« (DF 277). Es entsteht eine »epische Pause des Krieges« (DF 275), deren Struktur terminologisch am ehesten über den dramentheoretischen Begriff des retardierenden Moments beschrieben werden kann. Jetzt ist die Entgrenzung absolut und der Krieg endgültig »nach Zeit und Raum nicht abzumessen« (DF 279). In dieser Situation vollständiger Enthumanisierung und vollkommener Gleichheit diskutieren die Frontsoldaten über die Gründe des Krieges und über eine mögliche Zukunft; und sie formulieren im Rekurs auf den Schlachtruf der Französischen Revolution ihre Hoffnung auf die Realisierung einer Gleichheit der Menschen. »Und alle Ungerechtigkeiten vergehen in einem blendenden Licht« (DF 288), kommentiert der Erzähler diese Emphase des Gleichheitsbegriffes und stellt dem Wasser als Symbol der Entgrenzung das Licht bzw. Feuer als aufklärerisches Symbol der Zukunftshoffnung komplementär gegenüber:

> Man sieht ihre Schatten über die vor Nässe glänzende, weite, eintönige Ebene tappen, widergespiegelt in dem fahlen, stehenden Wasser der alten Gräben unter der unendlichen Leere des Raums, inmitten dieser arktischen Wüste mit ihrem dunstigen Horizont.
> Aber jetzt haben sich ihre Augen geöffnet.
> Sie fangen an, die grenzenlose Einfachheit der Dinge zu verstehen. Und die Wahrheit läßt in ihnen nicht nur Hoffnung dämmern, sondern richtet auch Kraft und Mut wieder auf. [...] Und ein Soldat wagt, beinahe flüsternd am Anfang, den Satz hinzuzufügen: »Wenn dieser Krieg auch nur ein Schritt auf dem Weg des Fortschritts war, so wird das Unheil und all das vergossene Blut wenig zu bedeuten haben.«
> Und während wir anderen aufbrechen, um den Krieg wieder zu beginnen, teilt sich langsam der finstere Wolkenschleier über unseren Köpfen. Zwischen zwei dunklen Wolken dringt ein ruhiger Glanz hervor; doch dieser Lichtstrahl, so winzig er auch ist, so traurig stimmend und so ärmlich, als ob er nachdenken, gibt uns dennoch die Gewißheit: Die Sonne lebt.

Das titelgebende Feuer gewinnt eine Ambiguität, die zwischen Vernichtung und Hoffnung pendelt. Bereits zuvor wird das Licht als Sonne oder Feuer als Symbol der Hoffnung eingeführt (vgl. u.a. DF 138f.). Vor diesem Hintergrund kann auch die Funktion der Streichhölzer in *Das Feuer* nochmal neu gedeutet werden. Diese garantieren den Soldaten nicht nur praktischen Nutzen, sondern symbolisieren ihren Überlebenswillen, ihre Hoffnung auf eine Zukunft: Die *poilus* begeben sich im 18. Kapitel »Die Streichhölzer« angesichts ihrer »erloschene[n] Feuerstelle« (DF 166) auf die Suche nach Feuer und nehmen einem deutschen Soldaten Streichhölzer ab. Mit ihrer Argumentation können die Soldaten noch einem Krieg etwas abgewinnen, der ihre zivile Persönlichkeit und ihre Personalität vernichtet und in dem Raum und Zeit entgrenzt sind. Ihnen gelingt paradoxerweise die Sinngebung des Ersten Weltkriegs, gerade weil sie durch diesen Krieg auf ihre eigene Existenz zurückgeworfen sind und analog zum Proletariat – die Romanfiguren gehören, abgesehen von den Führerfiguren, großteils der Arbeiterschicht an – bei Marx sozusagen außerhalb der menschlichen Gesellschaft stehen. In diesem Sinne kann auch der Romantitel »Das Feuer« gedeutet werden: Das Motiv des Feuers symbolisiert die Hoffnung der Frontsoldaten in ihrem Leid an der Front. Während die Explosionen der Granaten Leid erzeugen, verspricht das Licht der Sonne ihnen eine bessere Zukunft. Mit dieser Deutung erhält der erzählerische Rahmen des Romans eine innere Logik. Auf die »Vision« des ersten Kapitels folgt im letzten Kapitel die aufscheinende Zeit des *eschatons* – die Apokalypse ist nah – mit der »Morgendämmerung«. Dazwischen liegt die augustinische *peregrinatio* der Frontsoldaten.

Der »ruhige[ ] Glanz« und ein winziger »Lichtstrahl« (DF 294) deuten in der Schlussszenerie das Erlösung bringende »blendende[ ] Licht« der künftigen Gleichheit aller an.[112] Gerade weil die Soldaten am Ende des Romans die Gleichheit aller Menschen als unbedingte Wahrheit erkannt haben, können sie sich wieder erheben und ihr Leid als notwendig auf dem Weg in eine nahe Zukunft begreifen. In der nahenden Zukunft werde das Gleichheitsversprechen in der Folge des Kriegssiegs eingelöst, so die Hoffnung der *poilus,* sodass sie ganz im Sinne der Lichtmetaphorik die Gewissheit entwickeln können: »Die Sonne lebt« (DF 294). Mit Platons Sonnengleichnis wird das

---

[112] Das ist in der Forschung bereits diskutiert worden (vgl. Olaf Müllers Kapitel »Das Evangelium der poilus« in, ders: Der unmögliche Roman, S. 73–80; sowie Horst M. Müllers Aufsatz »Visionäre Gestaltung und religiöse Metaphorik«, in: ders.: Studien und Miszellen, S. 63–73).

aufklärerische Symbol der Sonne zum Symbol des Guten. Platon begreift die Sonne als »Sproß des Guten, den sich das Gute zum Abbild seiner selbst gezeugt hat«,[113] und zeichnet die Idee des Guten als überzeitliche Bedingung der Möglichkeit von Erkenntnis aus: »Die Sonne gibt dem Sichtbaren nicht nur die Fähigkeit gesehen zu werden, sondern auch Werden, Wachstum und Nahrung, ohne selbst dem Werden unterworfen zu sein.«[114] Mit ihrer Gewissheit über die Existenz der Sonne begreifen sich die *poilus* als mit dem Prinzip des Guten im Einklang. Sie können kämpfen, weil sie für eben das kämpfen, was sie als geschichtlich Gutes erkannt haben. Das Gute als Hoffnung auf die Gleichheit aller wie als Hoffnung auf einen ewigen Frieden lässt sich auch auf eine ideologiekritische Romanlektüre beziehen. Beispielsweise verfolgt Horst M. Müller die These, dass Barbusse

> sowohl die Ideologie des französischen Imperialismus bediente als ihr auch gleichzeitig entgegenarbeitete, indem er gerade jenen Anspruch auf soziale Emanzipation und definitiven Frieden wach hielt, den einzulösen sich die führenden Kreise Frankreichs gar nicht einfallen ließen[.][115]

Indem sich der einzelne Soldat zum Weiterkämpfen erhebt, opfert er sich gleichsam für jene kommenden Generationen auf, für die die Gleichheit aller Menschen realisiert sein und die diesen Fortschritt am eigenen Leib erleben wird. Damit schreibt Barbusse das in nationalistischen Sinndeutungen des Krieges so prominente Opfernarrativ fort. Sinn erfährt der Opfertod durch die zukunftsgewisse Erwartung: Weil die »Sonne lebt«, wird zukünftig das Prinzip ›Krieg‹ überwunden sein.

5 Fazit: *Das Feuer* eine »Durchhaltebroschüre« und sein Autor ein »Soldat des Friedens«?

Analog zu den Westfront-Romanen deutschsprachiger Autoren stellt *Das Feuer* eine persönlichkeitsbedrohende Phänomenologie der Beschleunigung als ›rasender Stillstand‹ an der Front dar und weist dem Krieg seinen Ort in einem metaphysisch bestimmten Geschichtsverlauf zu. Auch *Das Feuer* nähert sich dem ›rasenden Stillstand‹ motivisch in erster Linie über die Ent-

---

[113] Platon: Politeia, 508b–c, zitiert nach: ders.: Der Staat (Politeia), übers. und hg. von Karl Vretska, Stuttgart 1982, hier S. 321.
[114] Ebd., 509b, S. 323.
[115] Müller: Die Vision des Korporal Bertrand, S. 45.

grenzung von Raum und Zeit und betont die spezifisch entschleunigenden Aspekte des Phänomens. Dergestalt wird gleichsam ›durch die Hintertür‹ die Beschleunigung an der Front für eine metaphysische Geschichtsdeutung zugänglich. Zur Phänomenologie der Beschleunigung im Roman zählen die Erfahrungen von Plötzlichkeit, ›rasendem Stillstand‹, sozialen Umstürzen und vor allem der Verlust von Persönlichkeit. Barbusse entwickelt aus der Enthumanisierung der Figuren und aus dem zeitlich entgrenzten Krieg das Prinzip der Notwendigkeit eines ›ewigen Friedens‹, der auf diesen letzten notwendigen Krieg gegen den Militarismus folge.

Trotz drastischer Schilderung der Kriegsrealität und deutlicher pazifistischer und sozialistischer Forderungen erscheint *Das Feuer* nach einem Vorabdruck in der Tageszeitung *L'Œuvre* im Herbst 1916 praktisch ohne Schwierigkeiten mit der strengen französischen Zensur[116] in der *edition flammarion*. Henri Barbusse erhält nur wenige Monate darauf den Prix Goncourt. Eberhard Demm hat detailreich und mit Bezug auf die zeitgenössische Korrespondenz von Barbusse nachgewiesen, dass Henri Barbusse Kontakte zur Zensurbehörde pflegte, sich im Anschluss an die Publikation von *Das Feuer* »bereitwillig zu weiterer Kriegsagitation hergab«[117] und den Roman ganz bewusst als Kriegspropagandist verfasst hat. Demms These, *Das Feuer* sei »nichts anderes als eine von der Zensur explizit unterstützte Durchhaltebroschüre« mit »pazifistischer Tünche« und halte lediglich »den jakobinischen Mythos am Leben, Frankreich habe seine Kriege nur für Frieden und Fortschritt geführt«,[118] kann mit Blick auf die Darstellung der Fronterfahrung in *Das Feuer* neu akzentuiert werden.

Gerade die Erfahrung eines sinnlosen Krieges, in dem die Frontsoldaten der modernen Beschleunigung mit all ihren Folgen ausgesetzt sind, nötigt zur Sinngebung des Kriegs. Das gilt für die Erfahrungen von Plötzlichkeit, von sozialen Umstürzen und für die Darstellung der Maschinen und Waffen als Akzeleratoren sowie nicht zuletzt für die Erfahrung von Persönlichkeits- und Personalitätsverlust. Schließlich markiert der ›rasende Stillstand‹ den Punkt, an dem der Krieg räumlich und zeitlich vollständig entgrenzt wird. Mit diesen Darstellungsmitteln prägen die akzelerationskritischen Diskursformationen über Beschleunigung in der Moderne maßgeblich das Frontkämpfer-Narrativ

---

[116] Demm betont, dass die französische Zensur »bei weitem die strengste der kriegführenden Staaten« gewesen sei (Demm: Pazifismus oder Kriegspropaganda?, S. 353).
[117] Ebd., S. 362.
[118] Ebd., S. 367f.

in *Das Feuer*. Nachdem der Krieg im Roman aufgrund dieser Beschleunigung im Zustand des ›rasenden Stillstands‹ angekommen ist, wird er über eine christologische Lesart geschichtstheologisch bzw. über eine nationalistische oder kommunistische Lesart geschichtsphilosophisch gedeutet: Gerade die Beschleunigungserfahrung und insbesondere die Entgrenzung von Raum und Zeit im ›rasenden Stillstand‹ bilden das ›Scharnier‹ zur geschichtlichen Deutung des Krieges.

Daher bildet der Roman nicht, wie von Müller gemutmaßt, »völlig unterschiedliche ästhetische Objekte.« Die ideologischen Gegensätze werden vielmehr ohne gravierende Bruchlinien fiktional gestaltet und die ideologischen Positionen behalten trotz ihrer Heterogenität gemeinsam mit der Darstellung soldatischer Fronterfahrung eine innere Stimmigkeit. Dieses Urteil korrespondiert mit jener Poetik, die Henri Barbusse im Kontext seines Romans *clarté* (1919, dt. *Klarheit*)[119] entwickelt: »Der Romancier muß an das Drama der Wahrheit, an die großen bewegenden Fragen der Vergangenheit, der Zukunft und der Verantwortung denken, und bei der Wiedergabe dessen, was ist, darf er vor nichts zurückschrecken.«[120] Barbusse bemüht sich in *Das Feuer* gemäß seiner poetologischen Maxime um die Integration von Geschichte und Erwartung in die Fiktion. Fronterfahrung provoziert Geschichtsdeutung, die Entgrenzung von Raum und Zeit eine christologische Erlösungsstruktur. Dementsprechend kann Bertrand als messianische Figur, die der Leidensgeschichte Jesu nachlebt, mit den Mitgliedern der Korporalschaft als seinen Jüngern und dem Ich-Erzähler als Apostel gelesen werden. Zugleich vermitteln der Ich-Erzähler und Bertrand als intellektuelle Führerfiguren angesichts der beschleunigten Fronterfahrung ein geschichtsphilosophisches Sinnangebot. Je nach Präferenz rücken über den Gleichheitsgedanken und die sozialen Umstürze kommunistische oder über die Betonung einer zweiten, dezidiert ›Französischen‹ Revolution, die gegen den Militarismus kämpfe, nationalistische Programmatiken in den Vordergrund. Insofern kann der Roman, wenn man so will, mit Demm durchaus als »Durchhaltebroschüre« verstanden werden, die das französische Volk unabhängig von der ideologischen Position für einen geschichtlich notwendigen und unbedingt zu gewinnenden Krieg mobilisieren soll.

Dennoch greift Demms Urteil zu kurz. Die Absage, die einem unbedingten Pazifismus erteilt wird, ist nicht gleichzusetzen mit der von Demm kritisierten

---

[119] Dt. Henri Barbusse: Klarheit, übers. von Max Hochdorf, Zürich 1919.
[120] Vidal: Henri Barbusse, S. 82.

unbedingten Übernahme des nationalistischen ›jakobinischen Mythos‹. Dieser Befund gilt in mehrerlei Hinsicht. So bezeichnet die Zuschreibung ›Jakobiner‹ im 20. Jahrhundert weniger die Positionen der Jakobiner des späten 19. Jahrhunderts, sondern analogisiert eher das Machtstreben eines Politikers mit der Machtstellung der Jakobiner während des *terreur*. Zweitens berufen sich die Jakobiner im Zuge der Französischen Revolution explizit auf Jean-Jacques Rousseau und dessen pessimistische Gesellschaftsanalyse sowie den daraus entwickelten absoluten Gleichheitsbegriff. Im Gegensatz zu Thomas Hobbes vertritt Rousseau ein positives Bild des Menschen im Naturzustand, das erst durch die Entwicklung von Besitz- und Eigentumsverhältnissen getrübt wird, da aus ihnen Ungleichheiten und Herr-Knecht-Verhältnisse resultieren. Aus diesem Grund fordert Rousseau einen Gesellschaftsvertrag, der das Gemeinwohl und die absolute Gleichheit aller Bürger garantiert. Er konzipiert einen Staat, der auf Grundlage dieses Gesellschaftsvertrags legitimiert wird. Die rousseausche Kritik des Privateigentums und die Forderung nach einer letztlich staatlich garantierten Gleichheit aller Menschen ähneln dem Denken von Karl Marx. Aufgrund dieser diskurshistorischen Dimension sind in *Das Feuer* einerseits radikalsozialistische Vorstellungen vertreten und ist der Roman andererseits an nationale französische Überzeugungssysteme anschlussfähig. Das verdeutlicht zuletzt der Verweis eines Soldaten auf die Französische Revolution: »Die Völker kämpfen heute, um keine Herren mehr zu haben, die sie leiten. Dieser Krieg müßte die Fortsetzung der Französischen Revolution werden« (DF 286). Weil Barbusse also dem Krieg den Sinn eines notwendigen Fortschritts auf dem Weg zur Gleichheit aller zuweist, muss *Das Feuer* mit Rousseau als janusköpfig gelesen werden: Liest man den Roman nationalistisch, bezieht man sich auf die Jakobiner und das Gleichheitsideal der Französischen Revolution. Liest man ihn marxistisch, nimmt man das an Rousseau geschulte marxistische Geschichtsdenken in Anspruch. Wie sehr sich diese Ähnlichkeit zwischen dem Geschichtsverständnis der französischen Republik in der Nachfolge der Französischen Revolution und dem Kommunismus in den Roman einschreibt, beschreibt Olaf Müller detailliert. Er schlüsselt die intertextuellen Verweise im Roman auf die »Semantik von Pottiers *Internationale*«[121] auf, ordnet sie in den Diskurs der Zeit ein und fasst zusammen: »Mit einem geringen interpretatorischen Aufwand ließ sich also auch die Internationale noch in die linke französische Kriegspropaganda

---

[121] Müller: Der unmögliche Roman, S. 83

integrieren«.[122] Gleichwohl gleitet die ideologische Position Henri Barbusses nicht ins Beliebige ab, da der Roman in jedem Fall als utopische Antwort auf den Krieg gelesen werden muss. Schon Ernst Jünger hat Anfang der 1930er-Jahre in seinem Essay *Die totale Mobilmachung* darauf hingewiesen, dass während des Weltkriegs in Frankreich die ›totale Mobilmachung‹ des Einzelnen besser als in Deutschland funktioniert habe, »weil die Möglichkeit eines anderen Auswegs [aus dem Krieg, J.W.] seinem Bewußtsein nicht gegeben ist«.[123] Der Kriegseinsatz Henri Barbusse dient ihm als Exemplum:

> Wir sahen, daß in Deutschland der Geist des Fortschritts nur unvollkommen mobil gemacht werden konnte. Wie dies etwa in Frankreich bei weitem günstiger lag, erkennen wir unter tausend anderen Beispielen an dem von Barbusse. Dieser, an sich ein ausgesprochener Gegner des Krieges, sah doch keine andere Möglichkeit, seinen Ideen zu entsprechen, als diesen Krieg zunächst zu bejahen, da er sich in seinem Bewußtsein als ein Kampf des Fortschritts, der Zivilisation, der Humanität, ja des Friedens selbst gegen ein all diesem wiederstrebendes Element spiegelt.[124]

Bereits Jünger begreift also die Allianz aus sozialistisch-pazifistischer Überzeugung und nationalistischer Kriegsnotwendigkeit bei Barbusse. Im Begriff des Fortschritts konvergieren beide Überzeugungssysteme und werden zumindest für die Dauer des Ersten Weltkriegs quasi ununterscheidbar. Zwar markiert Jünger die argumentative Problematik einer solchen Doppelgesichtigkeit, wenngleich er ihre Funktionsweise anerkennt: »Wie kompliziert sich diese Dialektik auch gebärden möge, ihr Ergebnis ist zwingend.«[125] Dabei darf die ›pazifistische Mobilmachung‹ nicht als ein Argument im Sinne eines ›der Zweck heiligt die Mittel‹ missverstanden werden. Der Erste Weltkrieg wird in *Das Feuer* stattdessen mit einem unbedingt notwendigen Schritt auf dem Weg des Fortschritts hin zum Ziel des ›ewigen Friedens‹ identifiziert. Gleichwohl wird der Roman anfällig für Polemiken. Weil Barbusse den Krieg rechtfertigt und der pazifistische Zweck bei ihm letztlich die kriegerischen Mittel heiligt, beschreibt ihn Jünger als »Krieger wie jeder andere«,[126] der eine Überzeugung habe, für die er kämpfe. Barbusse ist, so Jünger mit pejorativem Gestus, ein »Krieger der Humanität«.[127] Dem stimmt, freilich positiv

---

[122] Ebd., S. 84.
[123] Jünger: Die totale Mobilmachung, S. 136.
[124] Ebd.
[125] Ebd.
[126] Ebd., S. 137.
[127] Ebd.

gewendet, noch seine ehemalige Sekretärin Annette Vidal zu. Kurt Hiller hatte 1926 die ›Gruppe revolutionärer Pazifisten‹ gegründet, die sich dezidiert nicht als »Lammesgesinnung«, sondern als »kämpferische Bewegung für eine Idee«[128] – die eines Endes jeglicher Kriege – begreift. Daran schließt Vidal an und betitelt Anfang der 1950er-Jahre ihre Barbusse-Biographie »Soldat des Friedens«. Der Erste Weltkrieg wird damit nur noch als geschichtlicher Schritt hin zum *eschaton* des ewigen Friedens begriffen. Und hinter der Lesart von *Das Feuer* als einer nationalistischen steht in gleichem Maße die einer utopisch-pazifistischen »Durchhaltebroschüre«.

---

[128] Kurt Hiller: Links-Pazifismus, in: Die neue Rundschau (1920), S. 1358, zitiert nach: Kurt Röttgers: Pazifismus, in: Joachim Ritter/Karlfried Gründer (Hg.): Historisches Wörterbuch der Philosophie, Bd. 7, Darmstadt 1989, Sp. 218–229, hier Sp. 226.

IV Erich Maria Remarque: ›Leben an der Grenze des Todes‹ *Im Westen nichts Neues* und *Der Weg zurück*

Der Osnabrücker Buchbindersohn Erich Maria Remarque zählt zu den international bekanntesten deutschen Schriftstellern des 20. Jahrhunderts. Sein Weltruhm gründet auf seinem zweiten Roman *Im Westen nichts Neues,* der in kürzester Zeit enorme Auflagenzahlen erreicht und zum Gegenstand zahlloser kulturpolitischer und ideologischer Debatten wird. Als *Im Westen nichts Neues* 1929 erscheint, gerät die publizistische Welt aus den Fugen: Innerhalb von drei Monaten schnellen die monatlichen Auflagenzahlen von gut 20.000 auf über 150.000 Stück und stagnieren selbst nach den Verkaufsspitzen im Frühjahr 1929 bei immer noch etwa 20.000 neu aufgelegten Exemplaren im Monat, sodass der Roman binnen kurzer Zeit nicht nur zum bestverkauften Weltkriegsbuch, sondern bis dahin zum »größte[n] Bucherfolg der deutschen Literaturgeschichte« überhaupt wird.[1] Auch international gerät der Roman des bis dahin der literarischen Öffentlichkeit kaum bekannten Erich Maria Remarque unversehens zu »jene[m] Bestseller, der alle anderen Bestseller übertrumpft hat«.[2]

Der unglaubliche Publikumserfolg wurde in der Forschung lange Zeit in erster Linie mit den präzise orchestrierten Marketingmaßnahmen des Ullstein Verlags in Verbindung gebracht, die in dieser Form bis dato unbekannt waren. Dieser Erklärungsversuch begründet sich nicht zuletzt darin, dass zur gleichen Zeit literarisch anspruchsvollere Texte wie Edlef Köppens *Heeresbericht* (1930) erscheinen und weit weniger Erfolg haben. Zudem betreiben Verlag und Autor eine Legendenbildung um den vermeintlich in sechs Wochen heruntergeschriebenen Roman, streichen politische Tendenzen weitestgehend aus dem Manuskript[3] und ordnen den Text nachträglich

---

[1] Thomas F. Schneider: Entwicklung der monatlichen Auflagenzahlen von *Im Westen nichts Neues,* in: IWN, S. 392. Zu den jeweiligen Auflagenzahlen der deutschsprachigen Weltkriegs-Erzählungen vgl. Schneider (Hg.): Die Autoren und Bücher der deutschsprachigen Literatur zum Ersten Weltkrieg, S. 7–14.

[2] Hermand: Versuch, den Erfolg von Remarques *Im Westen nichts Neues* zu verstehen, S. 73.

[3] In diesem Zusammenhang hat Hans Wagener den Roman *Kameradschaftsepos* (Hans Wagener: Erich Maria Remarque, *Im Westen nichts Neues* – Zeit zu leben und Zeit zu sterben: Ein Autor, zwei Weltkriege, in: Ursula Heukenkamp [Hg.]: Schuld und Sühne? Kriegserlebnis und Kriegsdeutung in deutschen Medien und der Nachkriegszeit (1945–1961), Amsterdam 2001, S .103–111, hier S. 109) verstanden, in dem das »Politische nur implizit vorhanden« (ebd., S. 111) ist.

aufgrund der »Publikumserwartungen [...] zum Genre der nicht-fiktionalen Kriegserinnerungsliteratur«[4] zu. Die zeitgenössische Öffentlichkeit erwartete eine authentische Erzählung eigener Kriegserfahrung und keine romaneske Fiktionalisierung des Erlebten.[5] Günther Oesterle zufolge sei diese »Rückübersetzung des Romans in ein illiterates Bekenntnisbuch« als Authentizitätsbeglaubigung zwar gattungsbedingt, erkläre jedoch nicht die Popularität als »kollektive[ ] Offenbarung«.[6] Abseits des literarhistorischen Interesses an der Marketingstrategie wurde der immense Erfolg damit begründet, dass der Roman »allen Fragen, allen Reflexionen, allen Interpretationen aus dem Weg geht«,[7] weswegen er sowohl von ›links‹ als auch von ›rechts‹ scharf kritisiert wurde.[8] Zuletzt begründet Oesterle die Popularität des Romans auch aus dem Text selbst heraus, der die Romangattungen des Adoleszenzromans, des Erinnerungsromans und des Kriegsromans durchmische.[9] Dabei bediene

---

[4] Schneider: »Wir passen nicht mehr in die Welt hinein«, S. 438; Schneiders Nachwort ist eine leicht überarbeitete Fassung seines Aufsatzes: »Krieg ist Krieg schließlich«. Erich Maria Remarque: Im Westen nichts Neues (1928), in: Thomas F. Schneider/Hans Wagener (Hg.): Von Richthofen bis Remarque. Deutschsprachige Prosa zum I. Weltkrieg, Amsterdam/New York 2003, S. 217–232.

[5] Jost Hermand schreibt von der Absicht, einen »Eindruck der ›Echtheit‹ [zu] erzielen« (Hermand: Versuch, den Erfolg von Remarques *Im Westen nichts Neues* zu verstehen, S. 74). Günter Hartung differenziert in diesem Zusammenhang zwischen dem »Wahre[n] in der Wirklichkeit« und der Fähigkeit, das »Wahre zu künstlerischer Gestalt zu bringen«, und greift auch auf Überlegungen zur Genese des Romans zurück (Günter Hartung: Zum Wahrheitsgehalt von *Im Westen nichts Neues,* in: ders.: Literatur und Welt. Vorträge, Leipzig 2002, S. 293–305, hier S. 293).

[6] Günther Oesterle: Das Kriegserlebnis im für und wieder. »Im Westen nichts Neues« von Erich Maria Remarque (1929), in: Dirk van Laak (Hg.): Literatur, die Geschichte schrieb, Göttingen 2011, S. 213–223, hier S. 220. Jost Hermand führt die Popularität des Romans auch auf die Erzählerfigur Paul Bäumer zurück. Dieser fungiere in erster Linie als Typ, dessen Ich als kollektives »Gruppen-Ich« zu verstehen sei, woraus eine »Tendenz zur Verallgemeinerung des Subjektiv-Erlebten ins Gruppenhafte, Generationsmäßige, Allgemeinmenschliche, Massenhafte oder auch Nationale« als Kennzeichen populärer Literatur resultiere (Hermand: Versuch, den Erfolg von Remarques *Im Westen nichts Neues* zu verstehen, S. 74f.).

[7] Ebd., S. 77.

[8] Zur kommunistischen Literaturkritik vgl. u.a. Jens Ebert: Der Roman »Im Westen nichts Neues« im Spiegel der deutschsprachigen kommunistischen Literaturkritik der 20er und 30er Jahre, in: Thomas F. Schneider (Hg.): Erich Maria Remarque. Leben, Werk und weltweite Wirkung, Osnabrück 1998, S. 99–108. Die scharfen Angriffe der Nationalsozialisten nimmt Günther Oesterle kurz in den Blick (vgl. Oesterle: Das Kriegserlebnis im für und wider, S. 216–219).

[9] Vgl. ebd., S. 222.

er zwar »zeitgenössische Mythen«, verliere sich aber nicht in den »gängigen Kategorien der Regression und Verrohung«, sondern gestalte zwei »Erfahrungsschilderungen, das kynische Ducken der zu ›Tiermenschen‹ gewordenen Soldaten und ihre abgründige Melancholie«.[10] Zuvor hatte bereits Günter Hartung konstatiert, dass der Roman eine »Art Epochenbilanz« darstelle und in dieser Hinsicht Romanen wie Thomas Manns *Der Zauberberg* oder Hermann Brochs *Schlafwandler*-Trilogie ähnele. Hartungs zweiter Vergleichspunkt zu den großen Romanen der Zeit erweist sich denn auch für die Anlage dieser Arbeit als relevant, wenngleich Hartungs Verdikt nicht auf die anderen der hier untersuchten Westfront-Romane zutrifft: »Mit ihnen teilt er ferner die Weigerung, ein Bild sozialer Zukunft zu zeichnen. Der Verzicht darauf ist zweifellos realistisch; aus der Sicht einer ›kriegszerstörten Generation‹ kann nicht gut ein Gesellschaftsentwurf hervorgehen.«[11]

Im Mittelpunkt der folgenden Analyse von *Im Westen nichts Neues* steht die Zeiterfahrung des Ersten Weltkriegs, das heißt die Fronterfahrung der ›kriegszerstörten Generation‹ und die Frage, ob diese Generation aus ihrer Fronterfahrung heraus noch einen Zukunfts- bzw. Gesellschaftsentwurf entwickeln kann. Remarque zeichnet eine Generation junger Frontsoldaten, deren Personalität und deren Persönlichkeit durch den Weltkrieg gleich in mehrfacher Hinsicht zersplittern. Sie können als junge Männer ihre Adoleszenz nicht abschließen, bleiben einerseits jugendlich und werden andererseits an der Front gleichzeitig mit Schrecken konfrontiert, die sie schlagartig erwachsen werden lassen. Ihre nationalen, vaterländischen Ideale, die der vermeintlichen »Heldenjugend« (IWN 48) durch die Gesellschaft vermittelt werden, führen bereits in der soldatischen Ausbildung notwendig zur Preisgabe eigener Individualität: »Mit unseren jungen, wachen Augen sahen wir, daß der klassische Vaterlandsbegriff unserer Lehrer sich hier vorläufig realisierte zu einem Aufgeben der Persönlichkeit.« (IWN 25)

Wie erzählt der Roman die prekäre Lebenssituation der jungen Frontsoldaten? Inwieweit kann diese Beobachtung mit einer Beschleunigungserfahrung an der Front in Verbindung gebracht werden und muss die Emphase der Kameradschaft, die im Roman breiten Raum erhält, in ein ideologiekritisches Verständnis des Romans integriert werden? Inwiefern verweigert sich *Im Westen nichts Neues* einer geschichtlichen Sinndeutung des Krieges bzw. ideo-

---

[10] Ebd.
[11] Hartung: Zum Wahrheitsgehalt von *Im Westen nichts Neues*, S. 300f.

logischen Positionierungen – und werden andere, womöglich unideologische und individualistische Zukunftsentwürfe entwickelt? Es ist bekannt, dass *Im Westen nichts Neues* als erster Teil einer Romantrilogie konzipiert ist.[12] Als verkürzter zweiter und dritter Teil dieser Trilogie erscheint 1931 *Der Weg zurück*.[13] Dieser zweite Weltkriegs-Roman Remarques erweist sich für die hier unternommene Lektüre von *Im Westen nichts Neues* insofern als relevant, als die beiden Romane mit Günter Hartung als »intentionelle Einheit«[14] verstanden werden müssen, als eine Einheit also, die nicht nur der Einzellektüre eines Teils, sondern auch der Gesamtschau bedarf. Auch Thomas F. Schneider hat zuletzt treffend bemerkt, dass die erste nur im Verbund mit der zweiten Romanpublikation zum Weltkrieg zu verstehen sei, da die Texte »entstehungsgeschichtlich und konzeptionell untrennbar«[15] miteinander verbunden seien. Das hat mehrere Gründe: Remarques zweiter Erster-Weltkriegs-Roman schließe handlungschronologisch, so Schneider an anderer Stelle, an *Im Westen nichts Neues* an und die Topographie erinnere analog zum Vorgängertext stark an Remarques Heimatstadt Osnabrück. Dennoch sei der Roman nicht autobiographisch zu lesen.[16] Die Handlung setzt nach dem Tod von Paul Bäumer im Oktober 1918 kurz vor Kriegsende ein und schließt etwa im März 1920. Den verstorbenen Paul Bäumer ersetzt der ebenfalls autodiegetische Erzähler Ernst Birkholz. Stilistisch wird in

---

[12] Vgl. Thomas F. Schneider: »Das Leben wiedergewinnen oder zugrundegehen«. Zur Entstehung und Publikation von Erich Maria Remarques *Der Weg zurück,* in: Erich Maria Remarque: Der Weg zurück, hg. von Thomas F. Schneider, Köln 2014, S. 395–411, hier S. 395f.

[13] Erich Maria Remarque: Der Weg zurück. In der Fassung der Erstausgabe mit einem Nachwort hg. von Thomas F. Schneider 2014, im Folgenden zitiert mit der Sigle DWZ und Seitenzahl in Klammern.

[14] Hartung: Zum Wahrheitsgehalt von *Im Westen nichts Neues,* S. 305.

[15] Thomas F. Schneider: »Das Leben wiedergewinnen oder zugrundegehen«, S. 396. Thomas F. Schneider hat die konzeptionelle Verquickung beider Romane in einem Vortrag ausführlich begründet (vgl. Thomas F. Schneider: »Endlich die Wahrheit über den Krieg! Erich Maria Remarques ›Im Westen nichts Neues‹ im Kontext der Diskussion um den Ersten Weltkrieg in der Weimarer Republik«. Vortrag gehalten am 10. Dezember 2014 im Rahmen der Vortragsreihe »Der Erste Weltkrieg in Erzähltexten« an der Bergischen Universität Wuppertal).

[16] Vgl. Thomas F. Schneider: Die Revolution in der Provinz. Erich Maria Remarque: Der Weg zurück (1930/31), in: »Friede, Freiheit, Brot!« Romane zur deutschen Novemberrevolution, hg. von Ulrich Kittstein und Regine Zeller, Amsterdam/New York 2009, S. 255–267, hier S. 257, 267. Zur autobiographischen Lektüre vgl. Bernhard Stegemann: Autobiographisches aus der Seminar- und Lehrerzeit von Erich Maria Remarque im Roman *Der Weg zurück,* in: Schneider (Hg.): Erich Maria Remarque, S. 57–67.

Der Weg zurück das insgesamt recht konventionelle, chronologische und nur selten durch Zeitsprünge, Pausen und andere Techniken der Zeitgestaltung variierte Erzählen Remarques fortgesetzt.[17] Dies hatte dazu geführt, dass der Roman von der deutschsprachigen Kritik divers bis überwiegend negativ rezensiert wurde.[18] Auch die Forschung nimmt den Roman kaum wahr oder verurteilt ihn als »künstlerisch mißglücktes Buch«.[19] Gleichfalls wird die konzeptionelle Verbindung mit *Im Westen nichts Neues* kritisch gesehen, da es »dem Autor nicht gelungen [sei], die Einheit technisch-künstlerisch zu vermitteln«.[20] Mutmaßlich begründet sich Schneiders Stellungnahme also nicht in dieser literarischen Kritik, sondern programmatisch. Für eine solche Lektüre von *Der Weg zurück* als programmatische Fortsetzung von *Im Westen nichts Neues* gibt es einige Argumente. Auch abgesehen vom chronologischen Anschluss lässt sich *Der Weg zurück* als Fortsetzung lesen, da die Erzählerfiguren Bäumer und Birkholz sich onomastisch und biographisch ähneln und es in *Der Weg zurück* sowohl motivische als auch thematische Anklänge an den Vorgängerroman gibt. Diese spiegelten sich bereits im doppelt codierten Titel: *Der Weg zurück* verbalisiert zum einen die problematische Wiedereingliederung in die Nachkriegsgesellschaft und zum anderen die unmögliche Rückkehr in die verlorene Jugend.[21] Hinzu tritt die Kritik an (geschichtsphilosophisch geschulten) Ideologemen, die vom Weltkrieg auf die revolutionäre Stimmung der beginnenden Weimarer Republik übertragen wird. Der Roman wird damit Teil der Auseinandersetzung um ein adäquates Narrativ zur Darstellung des Ersten Weltkriegs.

Daher wird im Folgenden *Der Weg zurück* als paradigmatisches Beispiel der Weigerung untersucht, angesichts der Fronterfahrung auch in der Nachkriegsgesellschaft den Krieg nicht narrativ zu rechtfertigen. Gleichwohl widmet sich die Analyse mit der Frage, warum die Wiedereingliederung in

---

[17] Gleichwohl betont etwa Mark G. Ward, dass *Der Weg zurück* etwa im Vergleich zu Laurie Lees Roman *A Moment of War* deutlich komplexer erzählt sei: »By way of contrast Remarque is operating within a narrative economy that is substantially more complex« (Mark G Ward: The Structure of *Der Weg zurück*, in: Brian Murdoch/Mark Ward/Maggie Sargeant [Hg.]: Remarque Against War. Essay for the Centenary of Erich Maria Remarque 1898–1970, Glasgow 1998, S. 85–97, hier S. 85).
[18] Vgl. Timm Westphalen: Kameradschaft zum Tode. Nachwort, in: Erich Maria Remarque: *Der Weg zurück*, Köln 1998, S. 276–286, hier S. 276–279.
[19] Alfred Antkowiak: Erich Maria Remarque. Leben und Werk, Berlin 1983, S. 53.
[20] Hartung: Zum Wahrheitsgehalt von *Im Westen nichts Neues*, S. 305.
[21] Vgl. Brian Murdoch: Vorwärts auf dem Weg zurück. Kriegsende und Nachkriegszeit bei Erich Maria Remarque, in: Text + Kritik 149 (2001), S. 19–29, hier S. 23.

die Nachkriegsgesellschaft kaum gelingt oder scheitert, zunächst der Grundproblematik eines Kriegsheimkehrer-Romans. Immerhin signalisiert *Der Weg zurück* in Abgrenzung zu *Im Westen nichts Neues* die Unmöglichkeit eines auf kameradschaftlichen Prinzipien gründenden Nachkriegslebens. Verbleibt Remarque in seinem zweiten Weltkriegs-Roman trotzdem im Rahmen des Frontkämpfer-Narrativs? Denn wie zuvor in *Im Westen nichts Neues* hat die Kategorie der Zeiterfahrung in *Der Weg zurück* eine tragende Rolle inne. Zwar wird die Differenz zwischen der Zeiterfahrung im Krieg und im Nachkrieg immer wieder von den Heimkehrern reflektiert. Doch es steht stark infrage, ob Remarque daraus eine progressive Perspektive entwickelt, eher scheinen der Krieg und die Fronterfahrung auch in *Der Weg zurück* nicht in ein Erwartungs-Narrativ integrierbar zu sein. Abschließend werden die lebensphilosophischen und existenzialistischen Tendenzen der Buchfassung des Romans untersucht. Dabei wird auch die Differenz der Textfassungen des Vorabdrucks in der *Vossischen Zeitung* vom 7. Dezember 1930 bis zum 29. Januar 1931 sowie der Buchfassung in die Analyse mit einbezogen, stehen doch, wie Timm Westphalen konstatiert, »Tod und Hoffnungslosigkeit […] am Ende der Zeitungsversion, Lebensmut und neue Aufbruchsstimmung des Hauptprotagonisten und Ich-Erzählers Ernst Birkholz schließen die Buchversion«.[22]

1 »Es gibt kein richtiges Leben im falschen.«
Paul Bäumers Heimaturlaub

En miniature spiegelt sich das Programm von *Im Westen nichts Neues* im Heimaturlaub Paul Bäumers. Neben den vergeblichen Versuchen, seine jugendliche Persönlichkeit zurückzuerlangen und seine Heimaterinnerungen heraufzubeschwören, zeigt sich während des Urlaubs, wie sehr Paul Bäumer mittlerweile von soldatischem Denken und Handeln geprägt ist. Sogar in der Heimat hat er mit den Auswirkungen der Beschleunigungserfahrung an der Front zu kämpfen, und gerade in der Auseinandersetzung mit der Heimat fällt ihm eine geschichtliche Sinndeutung des Krieges zunehmend schwer.
Nach den ersten Begegnungen mit der heimatlichen Landschaft, den Eltern, den Bürgern, dem Nationalismus und Militarismus zieht Bäumer ein erstes

---

[22] Westphalen: Kameradschaft zum Tode, S. 281.

Resümee: »Ich habe mir den Urlaub anders vorgestellt. Vor einem Jahr war er auch anders.« (IWN 151) Grund dieses Hiatus zwischen Urlaubs-Wunsch und Urlaubs-Wirklichkeit sei, so Bäumer, der Bezug auf die Vergangenheit, dem er selbst jetzt nicht mehr gerecht werden könne: »Zwischen damals und heute liegt eine Kluft. Damals kannte ich den Krieg noch nicht. Wir hatten in ruhigeren Abschnitten gelegen. [...] Ich finde mich hier nicht mehr zurecht, es ist eine fremde Welt.« (IWN 151) Diese existenzielle Fremdheitserfahrung Bäumers in der Begegnung mit seiner Heimat resultiert offenbar aus seiner Zeit in den ›unruhigen‹ Schützengräben, die den Frontsoldaten eine neue, soldatische Persönlichkeit abzwingt und ihre alte, jugendliche verdrängt. Das gilt sowohl für Bäumers Wahrnehmung seiner Umwelt als auch für sein Innenleben. Bäumers Versuch misslingt, die Dinge[23] seiner zivilen Persönlichkeit als adoleszenter junger Mann nicht nur zu erinnern, sondern sie wieder als Projektionsfläche seiner Persönlichkeit zu begreifen:

> Die Bücherrücken stehen nebeneinander. Ich kenne sie noch und erinnere mich, wie ich sie geordnet habe. Ich bitte sie mit meinen Augen: Sprecht zu mir, – nehmt mich auf – nimm mich auf, du Leben von früher, – du sorgloses, schönes – nimm mich wieder auf –
> Ich warte, ich warte.
> Bilder ziehen vorüber, sie haken nicht fest, es sind nur Schatten und Erinnerungen.
> Nichts – nichts.
> Meine Unruhe wächst.
> Ein fürchterliches Gefühl der Fremde steigt plötzlich in mir hoch. Ich kann nicht zurückfinden, ich bin ausgeschlossen. (IWN 155)[24]

---

[23] Eine Theorie der ›Dinge‹ ist im letzten Jahrzehnt maßgeblich durch Bruno Latours Konzeptualisierung des Sozialen aufgekommen, beispielsweise in *Eine neue Soziologie für eine neue Gesellschaft. Einführung in die Akteur-Netzwerk-Theorie* (aus dem Englischen von Gustav Roßler, Frankfurt a.M. 2010). Im Kontext der vorliegenden Arbeit würde eine ausführliche Diskussion der Dinge des Romans als Teil von (nicht zwingend innerfiktionalen) Netzwerken aber auf andere Fährten führen; gleichwohl lohnt der Hinweis, dass Bäumer sich vor dem Weltkrieg seiner Identität offenbar maßgeblich über Dinge versichert hat, die diese Funktion verloren haben und infolgedessen sinnlos geworden sind.

[24] Bücher haben in Bäumers Jugend eine wichtige Rolle eingenommen: »Die Bücher habe ich nach und nach gekauft von dem Geld, das ich mit Stundengeben verdiente. [...] Ich habe sie vollständig gekauft, denn ich war gründlich, bei ausgewählten Werken traute ich den Herausgebern nicht, ob sie auch das Beste genommen hatten. Deshalb kaufte ich nur ›Sämtliche Werke‹. Gelesen habe ich sie mit ehrlichem Eifern, aber die meisten sagten mir nicht recht zu. Um so mehr hielt ich von den andern Büchern, den moderneren, die natürlich auch viel teurer waren. Einige davon habe ich nicht ganz ehrlich erworben, ich

Im Gegensatz zu den Worten des Krieges, die immerhin noch das »Grauen der Welt« (IWN 120) zu umgreifen imstande sind, gesteht sich Bäumer über die von ihm gelesenen und geschriebenen Texte seiner Vergangenheit ein: »Worte, Worte, Worte – sie erreichen mich nicht.« (IWN 155) Die Evokation der eigenen Jugend auf dem Weg vom Bahnsteig in sein Elternhaus scheint mit der Beschwörungsformel »Du bist zu Hause, du bist zu Hause« (IWN 144) zunächst zu gelingen. Doch nach seiner Ankunft und dem erfreuten Ausruf seiner Schwester »Mutter, Mutter, Paul ist da« zeigt sich, dass er nicht in seiner Heimat ankommt und seine soldatischen Insignien nicht ablegen kann: »Ich lehne mich an die Wand und umklammere meinen Helm und mein Gewehr. Ich umklammere sie, so fest es geht, aber ich kann keinen Schritt mehr machen, die Treppe verschwimmt vor meinen Augen […].« (IWN 142) Während er noch bei seiner Ankunft mit dem Zug nichts weniger sein wollte als ein Soldat, kann er sich nur Minuten später nicht von seiner soldatischen Persönlichkeit lösen und keine emotionale Nähe zu seiner Mutter aufbauen. Bäumer ist gefangen zwischen dem Wunsch nach einer zivilen Persönlichkeit – die ein Bewusstsein der Vergangenheit und eine Zukunftsperspektive umfasst – und der Realität seiner soldatischen Existenz.[25] Dieses Dilemma kann Paul Bäumer nicht auflösen, nachdem er die Bücher wieder einsortiert hat und lakonisch bemerkt »Vorbei« (IWN 156), resigniert er und geht »still« aus seinem Zimmer. Aus diesem Grund trifft Bäumers Beurteilung seiner Lage zu: Seine »Vergangenheit wendet sich ab«, während er selbst Soldat ist: »[…] daran muß ich mich halten« (IWN 155). Die Persönlichkeit als Frontsoldat erweist sich gleichwohl gerade nicht als heimattauglich, nicht einmal in militärischer Hinsicht: »Das könnte Ihnen wohl so passen, hier Frontsitten einzuführen, was?« (IWN 147), herrscht ein Major Bäumer an. Als Folge dieser Untauglichkeit bekommt Bäumers soldatische Persönlichkeit, die ihm an der Front noch Orientierung bot, in der Heimat Risse:

---

habe sie ausleihen und nicht zurückgegeben, weil ich mich nicht von ihnen trennen mochte.« (IWN 153)

[25] In diesen Kontext gehört auch das Ansinnen, die Uniform zugunsten seines »Zivilanzugs« abzulegen, wieder ein »etwas ausgewachsener Konfirmand« (IWN 147) zu werden und sich zu weigern, sie wieder anzulegen (vgl. IWN 148) bzw. den Feld-Tornister zu verräumen (vgl. IWN 161). Bäumer versucht sich seiner soldatischen Existenz zu entledigen und sich – zumindest temporär – wieder in die Zivilgesellschaft einzugliedern.

> Ich hätte nie hierherkommen dürfen. Ich war gleichgültig und oft hoffnungslos draußen; – ich werde es nie mehr so sein können. Ich war ein Soldat, und nun bin ich nichts mehr als Schmerz um mich, um meine Mutter, um alles, was so trostlos und ohne Ende ist.
> Ich hätte nie auf Urlaub fahren dürfen. (IWN 166)

Neben der prekären Persönlichkeitsstruktur Bäumers problematisiert der Heimaturlaub diametral voneinander unterschiedene Konzepte von Zeiterfahrung. In der Figurenrede eines nationalistischen Direktors wird die Fronterfahrung des Individuums gegen die Erwartung des Kollektivs gestellt und mit dem Sinn höherer Zwecke versehen: »Gewiß, der einzelne[,] [...] aber es kommt doch auf das Gesamte an. [...] Sie setzen ihr Leben ein, das ist höchster Ehren wert [...], aber vor allem muß die gegnerische Front in Flandern durchbrochen und dann von oben aufgerollt werden.« (IWN 150) Der Direktor marginalisiert mit Hinweis auf den gesellschaftlichen Erwartungshorizont Bäumers individuelle Fronterfahrung. Die jedoch verfolgt ihn mit einer fronttypischen Phänomenologie der Beschleunigung bis in die Heimat. Er verwechselt Straßenbahnen mit »heranheulende[n] Granaten« (IWN 149) und wünscht sich als Ausgleich für den ›rasenden Stillstand‹ der Front Ruhe und Einsamkeit. Sein Verlangen nach Ruhe und sein Desinteresse an weltlichen Dingen nehmen asketische Züge an:

> Am liebsten bin ich allein, da stört mich keiner. [...] Sie reden mir zu viel. Sie haben, Sorgen, Ziele, Wünsche, die ich nicht so auffassen kann wie sie. Manchmal sitze ich mit einem von ihnen in dem kleinen Wirtsgarten und versuche, ihm klarzumachen, daß dies eigentlich schon alles ist: so still zu sitzen. (IWN 152)

Zurück an der Front verliert Bäumer aufgrund der längeren Ruhephase des Urlaubs die Fähigkeit, sich angesichts der beständigen nervlichen Anspannung des ›rasenden Stillstands‹ angemessen zu verhalten: »Das macht alles dieser Urlaub, entschuldige ich mich erbittert« (IWN 187). Aus dieser Feststellung folgt aber nicht, dass sich Bäumer während seines Urlaubs wieder an ein ziviles Leben angepasst hätte, vielmehr bleibt Bäumers Verhältnis zu Raum und Zeit durchgängig gestört. Nur für die Dauer der Heimreise mit dem Zug – einem wichtigen Symbol des ›Übergangs‹ zwischen Front und Heimat im Roman und der hybriden Existenzweise der Soldaten, die keiner der beiden Welten dauerhaft angehören können – gelingt es ihm, ein stimmiges Verhältnis von Raum und Zeit zu wahren. Das trifft allerdings lediglich auf die Zugfahrt selbst zu. Züge standen bereits im 19. Jahrhundert geradezu idealtypisch für die technologische Beschleunigung. Paul Bäumer befindet sich demnach während seiner Reise in einem Zustand beschleunigter Bewegung.[26] In seinem Jugendzimmer versucht er anschließend im Rahmen seiner verzweifelten Suche nach einer auf Dauer möglichen Persönlichkeit sozusagen in die konservierte Vergangenheit seiner Jugend zu reisen: »Ich will mich hineindenken in die Zeit damals. Sie ist ja noch im Zimmer, die Wände haben sie bewahrt.« (IWN 153) Weil Bäumer daran scheitert, seine eigene Vergangenheit wieder gegenwärtig zu machen, scheitert der Wunsch, sich wieder eine Zukunftsperspektive zu erdenken und die »Ungeduld der Zukunft« (IWN 154) neu zu entdecken. In dem Maße, in dem Bäumer der Rückbezug auf seine Vergangenheit unmöglich wird, nimmt auch seine Ablehnung gegenüber Zukunftsentwürfen zu, die den Krieg als notwendigen Schritt hin zu einer avisierten Zukunft verstehen. Zwar hofft er, dass der »Krieg versinkt und ertrinkt, wenn die Welle der Heimkehr kommt« und am Ende die Gewissheit herrscht: »[E]r ist vorüber, er zerfrißt uns nicht, er hat keine andere Macht über uns als nur die äußere« (IWN 155). Doch diese Hoffnung erweist sich als Wunschtraum.

Vor diesem Hintergrund wird auch der Nationalismus an der ›Heimatfront‹ *ad absurdum* geführt. Vor dem Krieg predigt der Lehrer Kantorek Kriegsbegeisterung vom Schulkatheder herab, unterrichtet aber »unregelmäßige[ ] französische[ ] Verben« (IWN 158) statt kriegspraktischem Wissen. Im Krieg wird Kantorek auf dem Exerzierplatz von Bäumers Schulfreund Mittelstaedt »jäh entzaubert« und als vollkommen kampfuntüchtiger Soldat bloßgestellt. Kantorek begegnet Bäumer dort »mit krummen Knien und Armen wie Topfhenkeln, mit schlechtem Kopfputz und in lächerlicher Haltung«, kurz: als »unmöglicher Soldat« (IWN 158). Das nationalistische Ideal, das in den ›Ideen von 1914‹ zum Programm und mit zunehmender Kriegsdauer radikalisiert wird, kann von seinen lautesten Vertretern am wenigsten eingelöst werden, sodass die Ablehnung Kantoreks als Generalkritik am nationalistischen Geschichtsmodell der ›Ideen von 1914‹ zu lesen ist: Mittelstaedt nutzt die Kriegspredigten Kantoreks für eine Polemik gegen Kantorek, während dieser quälende Wehrübungen absolviert:

---

[26] Daraus folgt jedoch nicht, dass Bäumer die Relation von Raum und Zeit bereits während der Fahrt zerfallen müsste. Man kann eher eine gegenteilige Hypothese extrapolieren: Während der Zugfahrt, die eine äußere Beschleunigung bedeutet, kommt Paul Bäumer innerlich zur Ruhe. Sowohl an der Front als auch in der Heimat jedoch wirkt sich die Beschleunigung seines Lebens durch die Fronterfahrung sofort auf sein Innenleben und seine Selbstwahrnehmung aus.

»Landsturmmann Kantorek, wir haben das Glück in einer großen Zeit zu leben, da müssen wir alle uns zusammenreißen und auch einmal das Bittere überwinden.«

Kantorek spuckt ein schmutziges Stück Holz aus, das ihm zwischen die Zähne gekommen ist, und schwitzt.

Mittelstaedt beugt sich nieder, beschwörend eindringlich: »Und über Kleinigkeiten niemals das große Erlebnis vergessen, Landsturmmann Kantorek!«

Kantorek hatte noch als Lehrer ganz im Sinne der ›Ideen von 1914‹ agitiert. Der Krieg sei als geschichtliche Zäsur zu begreifen, der einen nationalen Aufbruch auslöse und an dessen Ende die Erfüllung der Nation stehe. Mittelstaedt verwendet die Agitation Kantoreks als Instrument der Rache an demjenigen, der sie in den Krieg geschickt hat. Offenbar wird hier mit Kantorek gegen ihn gesprochen. Der Lehrer hat den Krieg gegenüber seinen Schülern als ›große Zeit‹ im Sinne einer geschichtlichen Umbruchszeit begriffen. Diese läute eine neue Epoche ein und betone das ›große Erlebnis‹ seiner Teilnehmer, da sie als kämpfende Diener der ›Volksgemeinschaft‹ die nationale Zukunft herzustellen im Begriffe seien. Mittelstaedt und Bäumer verstehen die Begriffe und Ausdrücke der ›Ideen von 1914‹ infolge ihrer eigenen Fronterfahrung als Mittel der Erniedrigung. Von ideologischen Zukunftsversprechen im Allgemeinen und vom Nationalismus im Besonderen haben sich die jungen Soldaten offenbar gelöst, in der Folge entsteht eine enorme Distanz zur Zivilbevölkerung, die den Krieg ignoriert oder ideologisch ausnutzt. Die Zivilisten vergessen, so die Anklage Bäumers,

> in ihren Zimmern, in ihren Büros, in ihren Berufen […] den Krieg […], wie kann das ein Leben ausfüllen, man sollte es zerschlagen, wie kann das alles so sein, während draußen jetzt die Splitter über die Trichter sausen […] und die Kameraden sich in die Gräben drücken! – Es sind andere Menschen hier, Menschen, die ich nicht richtig begreife, die ich beneide und verachte. (IWN 152)

Vergleichbar formuliert das Theodor W. Adorno in seinen *Minima Moralia* als Reaktion auf die NS-Herrschaft. Er sucht ein »Asyl für Obdachlose«, findet in der Nachkriegsgesellschaft jedoch weder in traditionellen oder neusachlichen Wohnungen noch in Hotels, Appartements oder gar Bungalows eine menschenwürdige Häuslichkeit auf:

> Das beste Verhalten all dem gegenüber scheint noch ein unverbindliches, suspendiertes: das Privatleben führen, solange die Gesellschaftsordnung und die eigenen Bedürfnisse es nicht anders dulden, aber es nicht so belasten, als wäre

> es noch gesellschaftlich substantiell und individuell angemessen. […] [E]s gehört zur Moral, nicht bei sich selbst zu Hause zu sein.[27]

Adorno anerkennt später die Notwendigkeit einer Behausung, verweigert aber die Identifikation mit der eigenen Wohnung. In Fragen der Wohnungsgestaltung würden weniger die Bedürfnisse und Wünsche des Individuums, das nach Auschwitz eine menschenwürdige, gegebenenfalls »unabhängige[ ] Existenz«[28] anstrebe, als vielmehr von der Gesellschaftsordnung dekretierte Maßstäbe befolgt. Das lässt sich auf die zitierte Rede Paul Bäumers übertragen. Auch während des Ersten Weltkriegs spottet jedes zivile, auf Alltag und als persönliche Lebensplanung im Rahmen gesellschaftlicher Entwürfe auf Zukunft gerichtete Leben dem Leid der Frontsoldaten, so der Vorwurf Bäumers. Aus diesem Grund begehrt er zwar ein ziviles Leben, das ihn einerseits »unwiderstehlich an[zieht]« (IWN 152), dem er sich andererseits jedoch verweigert. Er kann kein Heimatgefühl mehr aufbauen. Mit Adorno gesprochen: »Es gibt kein richtiges Leben im falschen.«[29]

2 Zur Zeit- und Fronterfahrung in *Im Westen nichts Neues*

Zu Romanbeginn verzweifeln Bäumer und seine Kameraden noch nicht. Einige Kilometer hinter der Front leben die Rekruten vielmehr ein entspanntes Soldatenleben. Zwar haben sie bereits Fronterfahrung gesammelt, doch noch fühlen sie sich dank des ›Kasernenhofschliffes‹ für den Krieg gewappnet:

> Wir wurden hart, mißtrauisch, mitleidlos, rachsüchtig, roh, – und das war gut; denn diese Eigenschaften fehlten uns gerade. Hätte man uns ohne diese Ausbildungszeit in die Schützengräben geschickt, wären wohl die meisten von uns

---

[27] Theodor W. Adorno: Minima Moralia. Reflexionen aus dem beschädigten Leben (= Gesammelte Schriften Bd. 4, hg. von Rolf Tiedemann unter Mitwirkung von Gretel Adorno, Susan Buck-Morss und Klaus Schultz), Frankfurt a.M. 2004, S. 43.
[28] Ebd., S. 42.
[29] Ebd., S. 43. Zu dieser Lektüre passt auch die Lesart Olga Pochalenkows. Pochalenkow macht mit Rekurs auf die Gestaltenparadigmenanalyse N.W. Pawlowitschs und vor allem auf den Chronotopos-Begriff Michail Bachtins drei Entwicklungsstadien Paul Bäumers aus – Bäumer als Soldat, als Sohn und das seiner Rückkehr als ›Anderer‹ –, denen jeweils die Chronotopen der Front, des Elternhauses und der Front-Rückkehr beigeordnet werden (vgl. Olga Pochalenkow: Die Entwicklungsstadien der Gestalt von Paul Bäumer in Erich Maria Remarques *Im Westen nichts Neues*, in: Thomas F. Schneider [Hg.]: Erich Maria Remarque, *Im Westen nichts Neues* und die Folgen, Osnabrück 2014, S. 45–60, hier S. 58f.).

verrückt geworden. So aber waren wir vorbereitet auf das, was uns erwartete. (IWN 29)[30]

Gleichwohl sind die Folgen von Kriegsvorbereitung und Fronterfahrung drastisch. An der Front wird den Rekruten die soziobiologische Relativität ihres Alters bewusst: »Jugend! Wir sind alle nicht mehr als zwanzig Jahre. Aber jung? Jugend? Das ist lange her. Wir sind alte Leute.« (IWN 22) Das Alter eines Soldaten bemisst sich nicht mehr über das biologische oder psychologische bzw. soziale Lebensalter innerhalb gesellschaftlicher Normen, da die sozialen Strukturen umstürzen und neu gebildet werden. Alter wird nun anhand der gewonnenen Fronterfahrung bemessen, die den einzigen Maßstab für das (Über-)Leben der Frontsoldaten darstellt. Die neue Relativität von Zeit und Alter ›zertrümmert‹ bei den jugendlichen Soldaten nicht nur den Glauben an die alten Autoritäten, sondern legt sich an der Front zunehmend dicht über ihre Erinnerung. Noch während der Ausbildung steigen die

> Bilder des Früher [...] auf, wenn wir zwischen Morgenrot und schwarzen Waldsilhouetten zum Exerzieren nach der Heide marschierten, sie waren eine heftige Erinnerung, die in uns war und aus uns kam.
> Hier in den Gräben aber ist sie uns verlorengegangen. Sie steigt nicht mehr aus uns auf; – wir sind tot, und sie steht fern am Horizont. (IWN 110)

Die zunächst vage Hoffnung auf eine mögliche Revitalisierung der Jugenderinnerung wird als trügerisch entlarvt. Im Angesicht der Front mit ihren Stacheldrähten, Unterständen und Granattrichtern für ihre Jugend und Heimat weckt in den Soldaten – Bäumer erzählt hier im Kollektivplural – nicht einmal der Rekurs auf Jugendtopographien Hoffnung auf Rückkehr.:

> Und selbst wenn man sie uns wiedergäbe, diese Landschaft unserer Jugend, wir würden wenig mehr mit ihr anzufangen wissen. [...] Wir würden in ihr sein und in ihr umgehen; wir würden uns erinnern und sie lieben und bewegt sein von ihrem Anblick. Aber es wäre das gleiche, wie wenn wir nachdenklich werden vor der Photographie eines toten Kameraden; es sind seine Züge, es ist sein Gesicht, und die Tage, die wir mit ihm zusammen waren, gewinnen ein trügerisches Leben in unserer Erinnerung; aber er ist es nicht selbst. (IWN 110f.)

---

[30] Mit derartigen Äußerungen Paul Bäumers lässt sich auch die Lesart Thomas F. Schneiders begründen, der den Roman als politisch offen und damit theoretisch und als in Grenzen an nationalistische und nationalsozialistische Positionen anschlussfähig erachtet (vgl. dazu Schneider: »Wir passen nicht mehr in die Welt hinein«, S. 449).

Prägnanterweise wählt Bäumer mit dem Foto eines Kameraden einen Vergleich, der nicht einer jugendlichen, sondern einer soldatischen Lebenswelt entspringt und der verdeutlicht: Die Zeiten der Jugend »waren – aber sie kehren nicht wieder. Sie sind vorbei, sie sind eine andere Welt, die für uns vorüber ist.« (IWN 110) Den Frontsoldaten ist ihre Jugend in den Gräben verloren gegangen und zwischen Adoleszenz und Kriegsrealität zerrieben worden. Da sie somit keine sichere, dauerhafte Persönlichkeit aufbauen konnten, stellen die Kameraden lakonisch fest: »[W]ir sind tot« (IWN 110).

Dabei wird der Zeit- und Zukunftsverlust der Frontsoldaten erzähltechnisch durch zeitraffende Formulierungen dargestellt. Sie legen ein zirkuläres Zeitverständnis nahe und scheinen nicht mehr auf ein erzählerisches Ziel zuzulaufen, sondern das Leben der Soldaten ›erstarrt‹ in einer paradoxen Konstellation: »Die Tage gehen hin, und jede Stunde ist unbegreiflich und selbstverständlich« (IWN 112). Infolge des zeitlich entgrenzten Krieges, dessen »Wochen [sie] nicht mehr« (IWN 239) zählen, wird den Soldaten ein »Prägestempel« (IWN 240) aufgedrückt, der sie als Frontsoldat zeichnet. Sie geben ihre Persönlichkeit preis und sind kaum noch »Einzelmenschen« (IWN 240), je nach Lesart verlieren sie sogar ihre Personalität: »Das Leben hier [...] beschränkt sich auf das Notwendigste, [...] das ist unsere Primitivität und unsere Rettung« (IWN 240). Die lebensrettende Funktion primitiven Lebens buchstabiert sich in der Animalität der Soldaten aus, die »zu denkenden Tieren gemacht« und mit der »Waffe des Instinktes« armiert worden sind (IWN 241). Der Krieg wird zur katastrophalen Lebenszäsur, aus deren Schlund es für diese Soldaten kein Entrinnen mehr gibt. Gleichwohl wird diese Zäsur nicht ideologisch überhöht, indem sie produktiv einen kollektiven Aufbruch einleitet. Sie bedeutet vielmehr den erzwungenen Abschied von der persönlichen Vergangenheit:

> [W]as früher war, gilt nicht mehr, und man weiß es auch wirklich nicht mehr. Die Unterschiede, die Bildung und Erziehung schufen, sind fast verwischt und kaum noch zu erkennen. [...] Es ist, als ob wir früher einmal Geldstücke verschiedener Länder gewesen wären; man hat sie eingeschmolzen, und alle haben jetzt denselben Prägestempel. (IWN 239)

Die marginalisierten Differenzen persönlicher Identität und gesellschaftlicher Stellung sowie die Erfahrung relativen Alters ordnen die soziale Rangordnung neu. Das heißt konkret: Nur wer mit den Phänomenen der technologischen Beschleunigung umgehen und »ein Schrapnell von einer Granate

unterscheiden kann« (IWN 117), der hat Chancen zu reüssieren und einen höheren Rang in der soldatischen Gesellschaft einzunehmen.
Wie sehr der Erste Weltkrieg als Katalysator vertikaler sozialer Mobilität funktioniert, zeigt sich in der Figur von Himmelstoß. Der vormalige Briefträger wird in der Heimat als Unteroffizier mit Respekt behandelt und schwingt sich selbst zum »schärfste[n] Schinder des Kasernenhofes« (IWN 26) empor. An die Front kommt er, nachdem er die Unantastbarkeit seiner eigenen sozialen Stellung falsch eingeschätzt und den Sohn des Regierungspräsidenten zu hart ›geschliffen‹ hat. Er muss schmerzhaft lernen, dass »die Front kein Kasernenhof ist« (IWN 75), weil er anfänglich den Verlust seiner alltäglichen Machtstellung als Unteroffizier kaum begreift. So reagiert er verdutzt auf das intime und gleichmachende »Du« der anwesenden Soldaten, verärgert auf deren Beleidigungen – Rache für die zu harte Ausbildung – und provoziert in Unkenntnis der Frontverhältnisse eine Befehlsverweigerung Tjadens, dem er wirkungslos droht: »Sie kommen vors Kriegsgericht!« (IWN 76) Auf seinen vormaligen temporären gesellschaftlichen Aufstieg zum Unteroffizier folgt der Niedergang. Himmelstoß erleidet im Kampf einen »Angstkoller« (IWN 119), wird von seinem Untergebenen Bäumer verbal und körperlich gemaßregelt und erlangt erst durch den Ruf eines Vorgesetzten wieder Kontrolle über sich. Damit wird Himmelstoß nicht nur als Nationalist und Militarist, sondern zudem auch als ›autoritärer Charakter‹ desavouiert.[31]
Als entscheidend für das Verständnis des Romans erweist sich, dass die Erfahrungen einer verlorenen Vergangenheit, einer nicht mehr vorstellbaren Zukunft sowie sozialer Umstürze als kollektive Erfahrung der Frontgeneration erzählt werden: »Wir stimmen darin überein, daß es jedem ähnlich geht; nicht nur uns hier; überall, jedem, der in der gleichen Lage ist, dem einen mehr, dem andern weniger. Es ist das gemeinsame Schicksal unserer Generation.« (IWN 80) Erzählerisch wird das in erster Linie über die Verwendung des Kollektivplurals gelöst. So formuliert Bäumer stellvertretend noch während der Ausbildung: »[S]chließlich gleichgültig erkannten wir, daß […] nicht der Gedanke, sondern das System, nicht die Freiheit, sondern der Drill« (IWN 25) das Dasein als Soldat prägen. Albert zieht daraus die Erkenntnis: »Der Krieg hat uns für alles verdorben.« (IWN 80) Diese Fest-

---

[31] Den Begriff des autoritären Charakters hat Erich Fromm geprägt (vgl. Erich Fromm: Studien über Autorität und Familie. Forschungsberichte aus dem Institut für Sozialforschung 1, Frankfurt a.M. 1970).

stellung, dass die Generation der jungen Frontsoldaten am Leben scheitert, führt der Erzähler weiter aus:

> Er hat recht. Wir sind keine Jugend mehr. Wir wollen die Welt nicht mehr stürmen. Wir sind Flüchtende. Wir flüchten vor uns. Vor unserem Leben. Wir waren achtzehn Jahre und begannen die Welt und das Dasein zu lieben; wir mußten darauf schießen. Die erste Granate, die einschlug, traf in unser Herz. Wir sind abgeschlossen vom Tätigen, vom Streben, vom Fortschritt. Wir glauben nicht mehr daran; wir glauben an den Krieg. (IWN 80f.)

Die Frontsoldaten entwickeln im Angesicht dieses gemeinsamen Schicksals »ein festes, praktisches Zusammengehörigkeitsgefühl […], das sich im Felde dann zum Besten steigerte, was der Krieg hervorbrachte: zur Kameradschaft!« (IWN 29) Ihr Gemeinschaftsgefühl wird angesichts des Verlustes der vergangenen, jugendlichen Persönlichkeit zur Projektionsfläche einer spezifisch soldatischen Persönlichkeit. Erst in der Kameradschaft können die Soldaten den Zerfall ihrer zivilen Persönlichkeit ein Stück weit auffangen und müssen sie nicht mehr zwingend mit einem Posttraumatischen Belastungssyndrom (PTBS) oder einem akuten ›Frontkoller‹ bezahlen.[32] Daher verklärt Bäumer mit latent homoerotischem Klang die Kameradschaft zur »große[n] Brüderschaft« (IWN 240), die sogar stärker ist als die Mutter-Kind-Bindung:

> Eine ungemeine Wärme durchflutet mich mit einemmal. Diese Stimmen, diese wenigen, leisen Worte, diese Schritte im Graben hinter mir reißen mich mit einem Ruck aus der fürchterlichen Vereinsamung der Todesangst, der ich beinahe verfallen wäre. Sie sind mehr als mein Leben, diese Stimmen, sie sind mehr als Mütterlichkeit und Angst, sie sind das Stärkste und Schützendste, was es überhaupt gibt; es sind die Stimmen meiner Kameraden. (IWN 188)[33]

---

[32] Paul Bäumer berichtet, dass nervlich überanstrengte Soldaten »zu toben anfangen, daß sie wegrennen, ja einer war da, der sich mit Händen, Füßen und Mund immerfort in die Erde einzugraben versuchte« (IWN 246). Zu PTBS und Shell-Shock-Traumata vgl. die Arbeiten Jan Süselbecks (Verbotene Gefühle. Echos der Shell-Shock-Traumatisierung in Ludwig Renns frühen Romanen *Krieg* und *Nachkrieg* sowie in Lewis Milestones Film *All Quiet on the Western Front,* in: Seidler/Waßmer (Hg.): Narrative des Ersten Weltkriegs, S. 141–156) sowie vor allem die Habilitationsschrift *Im Angesicht der Grausamkeit*.

[33] Dazu passt, dass er ausgerechnet gegenüber der Mutter die Gemeinschaft der Soldaten betont: »Wir sind ja mit vielen zusammen, da ist es nicht so schlimm.« (IWN 145) Womöglich ist diese Kameradschaftsemphase durchaus mit einer latent homoerotischen Komponente behaftet, gesteht Bäumer doch, als er im Halbschlaf »Kat den Löffel heben und senken« sieht, er »liebe ihn, seine Schultern, seine eckige, gebeugte Gestalt« (IWN 88).

Die psychische und physische Nähe zu den Kameraden schlägt sich im gegenseitigen und intimen Vertrauen untereinander und in der gemeinsamen Erinnerung nieder, die eine Gruppenidentität absichert, muss die Kameradschaft in der Notlage an der Front doch alle sozialen Bindungen ersetzen, die familiale, die erotische und die freundschaftliche. Die Erinnerung an das Spiel »In Löhne umsteigen« (IWN 42) verdeutlicht das. Neben dem identitätsstiftenden Kriterium kameradschaftlicher Erinnerung bietet die physische Nähe der Kameraden emotionalen Schutz vor den psychischen Unwägbarkeiten. Angesichts nächtlicher Alpträume verhindert nur die körperliche Anwesenheit der Kameraden den Zusammenbruch der Soldaten:

> Und mit Schrecken empfindet man nachts, aus einem Traum aufwachend, überwältigt und preisgegeben der Bezauberung heranflutender Gesichte, wie dünn der Halt und die Grenze ist, die uns von der Dunkelheit trennt – wir sind kleine Flammen, notdürftig geschützt durch schwache Wände vor dem Sturm der Auflösung und der Sinnlosigkeit, in dem wir flackern und manchmal fast ertrinken. Dann wird das gedämpfte Brausen der Schlacht zu einem Ring, der uns einschließt, wir kriechen in uns zusammen und starren mit großen Augen in die Nacht. Tröstlich fühlen wir nur den Schlafatem der Kameraden, und so warten wir auf den Morgen. (IWN 242)

Dass die körperliche Nähe im tröstenden »Schlafatem« gesteigert wird, kann durchaus im Kontext des biblischen ›Lebensodems‹ verstanden und als Verweis auf das gleichzeitig körperliche und seelische Leid der Soldaten gedeutet werden. Gott haucht dem Menschen seinen Odem ein und erschafft damit eine »lebendige Seele«: »Und Gott der HERR machte den Menschen aus einem Erdenkloß, uns blies ihm ein den lebendigen Odem in seine Nase. Und also ward der Mensch eine lebendige Seele.«[34] Auf die Situation der Frontsoldaten übertragen heißt das, dass der Schlafatem ihrer Kameraden die Soldaten ihrer eigenen Lebendigkeit versichert. Die Funktion der Kameradschaft besteht folglich in der gegenseitigen emotionalen Stützung angesichts der enormen nervlichen Belastung. Dementsprechend erweist sich die Kameradschaft für Albert Kropp nach dessen Beinamputation als lebensrettend: »Wenn er nicht mit uns andern zusammen wäre, hätte er längst Schluß gemacht. Jetzt aber ist er über das Schlimmste hinausgelangt.« (IWN 237) In diesen Deutungsrahmen lässt sich zumindest teilweise die Lektüre von *Im Westen nichts Neues* durch Jan Süselbeck integrieren. Süselbeck kritisiert

---

[34] 1 Mose 2,7.

die literarische wie weltanschauliche Qualität des Romans scharf und hebt Remarques erzählerische Schwächen pointiert hervor. Vor allem jedoch beschreibt er das Identifikationspotential auch für nationalistisch-militaristische Leser anschaulich. Seiner Kritik muss partiell zugestimmt werden: Der Roman hinterfrage »das illusionäre Konzept soldatischer ›Kameradschaft‹ ebenso wenig wie dezidiert faschistische Romane seiner Zeit« und rekurriere »sogar auf ähnliche Konstrukte männlicher Gemeinschaftssehnsüchte wie Walter Flex' paradigmatischer Roman *Wanderer zwischen beiden Welten* (1916)«.[35] Da *Im Westen nichts Neues* ein unkritisches Bild soldatischer Kameradschaft perpetuiert, wird der Roman durchaus in Grenzen an nationalistische Narrative anschlussfähig. Ähnlich argumentiert Manuel Köppen. Das Ende von Paul Bäumers Jugend in der Frontkameradschaft transportiert ihm zufolge »eine soldatisch-nationalistische Sicht der Dinge«.[36] Und auch Jost Hermand merkt an, dass das »Kameradschaftskonzept« im Roman »relativ problematisch«,[37] da für völkische Lektüren zugänglich sei. Gleichwohl konzediert er, dass die Kameradschaftsemphase nicht radikal genug gewesen und »schnell von rechts überholt«[38] worden sei. Vergleichbar argumentiert Günter Hartung mit seiner Kritik am Satz: »Wir sind nicht geschlagen, denn wir sind als Soldaten besser und erfahrener; wir sind einfach von der vielfachen Übermacht zerdrückt und zurückgeschoben« (IWN 296). Hartung wertet diese Wendung als »Zugeständnis an die erwartete Leserschaft und ihre Affekte, an die weitverbreitete Ideologie des ›Im Felde unbesiegt‹«, indem er die »größere soldatische Tüchtigkeit« hinterfragt, die einen Ursprung haben müsse: »wenn nicht aus der Kriegserfahrung, wohl aus dem Nationalcharakter?«[39] Ursache dieser Lektüre sei der Kollektivplural, den die Erzählerfigur häufig wählt: »Das reflektierende ›Wir‹ erweist sich als eine gefährlich unkonturierte Form, in die recht beliebige Inhalte eingetragen werden können.«[40]

---

[35] Jan Süselbeck: Reflexionslosigkeit als Erfolgsrezept. Zum soldatischen Identifikationspotential in Erich Maria Remarques Bestseller *Im Westen nichts Neues* (1929), in: Wirkendes Wort 59 (2009), H. 3, S. 383–403, hier S. 387. Günther Oesterle beschreibt die vergleichbare Kritik der radikalen Linken in der Weimarer Republik am Roman ähnlich: Diese mache im Roman »Residuen einer gewissen sentimentalen Kriegsromantik« aus (Oesterle: Das Kriegserlebnis im für und wider, S. 216).
[36] Köppen: Das Entsetzen des Beobachters, S. 287.
[37] Hermand: Versuch, den Erfolg von *Im Westen nichts Neues* zu verstehen, S. 77.
[38] Ebd., S. 78.
[39] Hartung: Zum Wahrheitsgehalt des Romans *Im Westen nichts Neues*, S. 297.
[40] Ebd.

Dennoch stellt die Kameradschaft in *Im Westen nichts Neues* Hartung zufolge im Vergleich zum völkisch vergemeinschafteten »Kollektivhelden nationalistischer Romane [...] dessen nichtmilitaristisches Gegenbild dar«.[41] Aus der soldatischen Kameradschaft folgt bei Remarque gerade nicht die Realisierung der Volksgemeinschaft. Diese These stützt der Hinweis Thomas F. Schneiders auf eine »Quelle für *Im Westen nichts Neues*«, die er im zweiten Band der Reihe »Im Felde unbesiegt« ausmacht, einem nationalistischen Erinnerungstext von Willy Schurig, der ganz im Sinne der ›Ideen von 1914‹ erzählt. Die Implikation der titelgebenden Wendung »An der Westfront nichts von Bedeutung«,[42] mit der Schurig den Einsatzwillen und die Opferbereitschaft der Frontsoldaten betonen will, verkehrt Remarque in ihr Gegenteil. »Remarques Auslegung dieser Fiktion [...] hat sich schließlich durchgesetzt: *Im Westen nichts Neues* steht für die Sinnlosigkeit des Sterbens im Krieg – und nicht für dessen Sinnhaftigkeit.«[43] Süselbecks weiterführender Einschätzung, dass *Im Westen nichts Neues* »nostalgisch ›Sinn‹ stiftende[ ] Kriegserlebnisse letztlich genauso wie jeder nächstbeste Veteranenstammtisch« feiere, muss also widersprochen werden. Zwar steigert sich das individuelle »Zusammengehörigkeitsgefühl« der Soldaten im Rahmen des Frontkämpfer-Narrativs zur Kameradschaft und damit »zum Besten [...], was der Krieg hervorbrachte« (IWN 29). Doch das Kameradschaftsprinzip von *Im Westen nichts Neues* muss deutlich von nationalistischen Vergemeinschaftungsphantasien unterschieden werden, wie sie bei Ferdinand Tönnies und während des Ersten Weltkriegs sogar bei vergleichsweise liberalen Professoren wie Ernst Troeltsch zu finden ist.[44] Denn die Erfahrung von Kameradschaft impliziert noch kein positives ›Kriegserlebnis‹ und ist auch nicht notwendig im Sinne einer nationalistischen Vergemeinschaftungsvorstellung zu interpretieren. Es erscheint vielmehr näherliegend anzunehmen, dass Remarque den Ersten Weltkrieg im Rahmen des Frontkämpfer-Narrativs konsequent bar jeder

---

[41] Ebd., S. 298. Hartung konstatiert an selber Stelle auch das Fehlen einer typischen Führerfigur oder die Begründung einer ›militärischen Ordnungseinheit‹.

[42] Willy Schurig: An der Westfront nichts von Bedeutung, in: Im Felde unbesiegt. Der Erste Weltkrieg in 24 Einzeldarstellungen, 2. Bd., München 1921, S. 293-302.

[43] Thomas F. Schneider: Eine Quelle für *Im Westen nichts Neues,* in: Erich-Maria-Remarque-Jahrbuch 18 (2008), S. 109–120, hier S. 111.

[44] »Die gegenseitige Verschmelzung, das Aufgehen im Ganzen und im Vaterlande, der Sieg der Sache über die Meinungen und Neigungen, das muß seine tiefe Spur zurücklassen und seine zweite große Frucht tragen im kommenden Frieden.« (Troeltsch: Der Kulturkrieg, S. 241)

kollektiven Mythologisierung des Ersten Weltkriegs erzählt und sich damit jeder Sinndeutung enthält.

»Ruhe sanft im Trommelfeuer«. Zur Kategorie der Beschleunigung als Modus soldatischer Fronterfahrung

Die Kameradschaft der Frontsoldaten entsteht als Reaktion auf ihre Fronterfahrung, deren markantes Zeichen die Beschleunigung ist. Der evolutionäre Regress zurück zu tierischen Instinkten und die Geborgenheit in der Kameradschaft können nicht verhindern, dass die soldatische Persönlichkeit angesichts der Entgrenzung des Krieges und der ständigen Todesbedrohung zunehmend instabil wird: »Jeder Tag und jede Stunde, jede Granate und jeder Tote wetzen an diesem dünnen Halt, und die Jahre verschleißen ihn rasch. Ich sehe, wie er allmählich schon um mich herum niederbricht.« (IWN 242) Die Verwerfungen soldatischer Persönlichkeit verlaufen entlang der soldatischen Beschleunigungserfahrungen. Bäumer bezeichnet bereits früh die Sogwirkung der Front als »unheimliche[n] Strudel« (IWN 52), der einen nicht mehr freigibt, sondern die Aneignung tierischer Instinkte erfordert, welche die Soldaten »viel schneller, viel sicherer, viel unfehlbarer als das Bewußtsein« (IWN 53) agieren lassen. Die Reaktion auf die Erfahrung von Beschleunigung besteht also zunächst in wiederum beschleunigtem Verhalten, der zunehmenden Geschwindigkeit feindlicher Waffen wird mit zunehmender eigener Geschwindigkeit begegnet. Das bildet sich *totum pro parte* in der Bewegungsfigur von Bäumers Einheit ab: »Die Kolonne marschiert, die Gestalten schließen sich zu einem Keil, man erkennt die einzelnen nicht mehr, nur ein dunkler Keil schiebt sich nach vorn [...]. Eine Kolonne – keine Menschen.« (IWN 54) Der Marsch in der Kolonne löst das Individuum in der Bewegungsmasse[45] auf, deren enorme Geschwindigkeit in der Metapher des Keils motivisch angelegt ist.[46] Neben den Soldaten, die sich selbst individuell

---

[45] Elias Canetti zufolge braucht die Masse »eine Richtung. Sie ist in Bewegung und bewegt sich auf etwas zu. Die Richtung, die allen Angehörigen gemeinsam ist, stärkt das Gefühl von Gleich. Ein Ziel, das außerhalb jedes einzelnen liegt, und für alle zusammenfällt, treibt die privaten, ungleichen Ziele, die der Tod der Masse wären, unter Grund.« (Canetti: Masse und Macht, S. 26f.)

[46] Zur Bedeutung des Keil-Motivs in der Kunst der Moderne, vor allem im Futurismus, vgl. beispielsweise den Objektkommentar Barbara Segelkes zu Giacomo Ballas Gemälde *Automobil in voller Fahrt* (1913) im Rahmen der Ausstellung »Die zweite Schöpfung« von 2002 des Deutschen Historischen Museums in Berlin: »In den dort zu erkennenden

wie kollektiv beschleunigen, ist auch die Front »in ständiger Bewegung«, was in erster Linie auf die moderne Maschinentechnik zurückgeführt wird, auf Leuchtkugeln, Raketen oder das »Mündungsfeuer der Batterien« (IWN 55). In seltenen Situationen führt die technologische Beschleunigung im Ersten Weltkrieg bei Remarques Frontsoldaten zu augenblickshaften Glücksmomenten. Der Verlust einer Lebensperspektive wird von ihnen mit der Utopisierung des Augenblicks im Sinne Karl Heinz Bohrers kompensiert:

> Einmal schlafe ich fest ein. Als ich plötzlich mit einem Ruck hochfliege, weiß ich nicht, wo ich bin. Ich sehe die Sterne, ich sehe die Raketen und habe einen Augenblick den Eindruck, auf einem Fest im Garten eingeschlafen zu sein. […] Ich fasse nach meinen Augen, es ist so wunderlich, bin ich ein Kind? Sanfte Haut; – nur eine Sekunde währt es, dann erkenne ich die Silhouette Katczinskys. (IWN 56f.)

Bäumer umreißt eine Vision des Ersten Weltkriegs als ein friedliches, nächtliches Gartenfest mit einem »[g]anz schöne[n] Feuerwerk« (IWN 56), wie Katczinsky es nennt, das die ersehnte Rückkehr in seine Vergangenheit bedeutet. Wesenhaft für diese Kategorie eines utopischen Augenblicks ist für Bohrer, dass die ›Glückserfahrung‹ nur für einen Moment erzeugt werden kann und nicht dauerhaft realisierbar ist. Dementsprechend attribuiert Katczinsky das schöne Feuerwerk als ›gefährlich‹ und die Augenblicksutopie zerfällt im Granatfeuer: »Hinter uns schlägt es ein.« (IWN 57) Anders als etwa bei Ernst Jünger führen die utopischen Augenblicke nicht zu einer Sinngebung des Kriegs über ein ästhetisches ›Kriegserlebnis‹, da das Glück des Augenblicks keinen Eigenwert erhält, sondern im Beschuss negiert wird. Der Regelfall soldatischer Reaktionen auf die Beschleunigungserfahrung an der Front lässt sich folgerichtig weitaus präziser über Bohrers Kategorie der Plötzlichkeit und vor allem über den Begriff des rasenden Stillstands erfassen. Beispielsweise erzählt Paul Bäumer von einem Angriff der Franzosen. Er schildert den plötzlichen Beginn des Bombardements und die Folgen des unberechenbaren Bombenhagels für die Soldaten:

> Das Wäldchen taucht auf; wir kennen hier schon jeden Schritt Boden. […] In diesem Augenblick pfeift es hinter uns, schwillt, kracht, donnert. Wir haben uns gebückt – hundert Meter vor uns schießt eine Feuerwolke empor. […] »Deckung!« brüllt jemand – »Deckung!« – […]. Das Dunkel wird wahnsinnig. Es wogt und

---

hyper- und parabolischen Schockwellen sowie Keilformen und Luftverquirlungen haben die Futuristen ein Äquivalent für die Darstellung von Geschwindigkeit gesehen und diese entsprechend als bildnerisches Mittel eingesetzt.«

tobt. [...] Nirgendwo ist ein Ausweg. Ich suche im Aufblitzen der Granaten einen Blick auf die Wiesen. Sie sind ein aufgewühltes Meer. [...] Der Wald verschwindet, er wird zerstampft, zerfetzt, zerrissen. Wir müssen hier auf dem Friedhof bleiben. Vor uns birst die Erde. [...] Vor mir ist ein Loch aufgerissen, [...] die Erde zerreißt, der Luftdruck donnert in meinen Ohren, ich krieche unter das Nachgebende, es ist Holz, Tuch, Deckung [...] – meine Finger halten einen Ärmel umklammert, einen Arm. Ein Verwundeter? [...] – ein Toter. Meine Hand faßt weiter, in Holzsplitter – da weiß ich wieder, daß wir auf einem Friedhof liegen. (IWN 61f.)

Während dieser ›Höllenfahrt‹ Paul Bäumers steigert sich das Erzähltempo konstant, bis die Soldaten auf dem Friedhof zum Stillstand gezwungen werden. Es ist sprechend, dass Paul Bäumer ausgerechnet auf einen Friedhof gerät, der soeben zerstört wird. Mit dem Friedhof wird eine Heterotopie aufgerufen, die seit dem 19. Jahrhundert die Identität der Menschen auch über den Tod hinaus absichert.[47] Symbolisch geht den Soldaten mit der Zerstörung des Friedhofs ihre Identität noch im Tod verloren. Die Besinnung auf eine eigene Persönlichkeit jenseits des bloßen Drangs zu überleben ist nicht mehr möglich. Sie wird verhindert durch die schiere Wucht der Detonationen, die die persönliche Sicherheit jederzeit bedrohen. Sogar das unerwartetes Ende des Granatangriffs verspricht keine Sicherheit, im Gegenteil: »Mit einem Male hören die nahen Einschläge auf [...], unser Graben ist frei. [...] Das Trommelfeuer hat aufgehört, dafür liegt hinter uns schweres Sperrfeuer. Der [feindliche] Angriff ist da.« (IWN 101) In der konsekutiven Reihung der Angriffe wird die unmittelbare Gefährdung des eigenen Lebens auf Dauer gestellt.

Die Besonderheit der Fronterfahrung besteht darin, dass sich die nervliche Anspannung infolge der andauernden Lebensgefahr nicht in Routine auflöst, auch wenn die Frontsoldaten zunehmend mit »Stumpfheit« und »Gleichgültigkeit« (IWN 241) reagieren. Bäumer stellt in diesem Zusammenhang fest, dass »die Anpassung doch nur künstlich ist, daß sie nicht einfach Ruhe ist, sondern schärfste Anspannung zur Ruhe« (IWN 241). Diese Aussage Bäumers ist entscheidend für die weiteren Überlegungen. ›Ruhe‹ muss hier sowohl psychisch als auch physisch verstanden werden: »Die Front ist ein Käfig, in dem man nervös warten muß auf das, was geschehen wird.« (IWN 91) Wer seine Nerven nicht mehr unter Kontrolle hat, der stirbt entweder,

---

[47] Vgl. Michel Foucault: Andere Räume (1967), in: Karlheinz Barck u.a. (Hg.): Aisthesis: Wahrnehmung heute oder Perspektiven einer anderen Ästhetik. Essais, Leipzig 1992, S. 34–46, hier S. 41f.

indem er unvernünftig handelt und vom Feind erschossen wird. Oder er wird nach einer gescheiterten, oft in einer Kurzschlussreaktion erfolgten Desertion hingerichtet (vgl. IWN 98f.). Der psychische wie physische Zwang zur Ruhe bei gleichzeitiger höchster Aufmerksamkeit sind die beiden entscheidenden Aspekte des ›rasenden Stillstands‹. Immer wieder verweist Paul Bäumer auf diese Form der Beschleunigung an der Front: »Plötzlich beginnt das Feuer nochmals zu trommeln. Bald sitzen wir wieder in der gespannten Starre des untätigen Wartens« (IWN 117). Das heißt: Der ›rasende Stillstand‹ bestimmt das Dasein der Soldaten in den Schützengräben.[48] Mit Kierkegaard gesprochen: Das Plötzliche wird zum Dämonischen des Krieges. Dass die Soldaten sich selbst im Klaren über dieses Phänomen sind, spiegelt sich in ihrem Bemühen um Ironie. So wollen sie aus Gänsefedern Kissen herstellen »mit der Aufschrift: ›Ruhe sanft im Trommelfeuer!‹« (IWN 86) Gleichwohl kann auch eine solche ironische Distanzierung die Erfahrung des ›rasenden Stillstands‹ nicht überblenden. Im nächtlichen Trommelfeuer versichern sich die Kameraden »alle Augenblicke von neuem, daß [ihre Sachen, J.W.] da sind«, blicken sich gegenseitig »bei dem sekundenlangen Licht an und schütteln mit bleichen Gesichtern und gepreßten Lippen die Köpfe« (IWN 96) und empfinden ihre Gefangenschaft in diesem Zustand als »unerträglich«, gerade weil sie während des potentiell tödlichen Beschusses tatenlos ausharren müssen: »Wir können nicht schlafen, wir stieren vor uns hin und duseln.« (IWN 98)

Weil sie oftmals zur Handlungslosigkeit gezwungen sind, empfinden die Soldaten das häufige Ausharren während des feindlichen Beschusses trotz oder wegen ihrer beständigen Nervenanspannung als Ennui. Der Erkenntnis »Wir müssen warten, warten« (IWN 98) folgt der Versuch, sich zu beschäftigen: »Kat schlägt vor, Skat zu spielen« (IWN 100). Die Langeweile reicht jedoch nicht aus, um die immergleiche Todesbedrohung zu überwinden, das Skatspielen scheitert. Die Kameraden zählen die Stiche nicht korrekt und bedienen die Farben falsch. Angesichts der näherrückenden Einschläge sind sie »jetzt stumpf vor Spannung. Es ist eine tödliche Spannung, die wie ein schartiges Messer unser Rückenmark entlang kratzt.« (IWN 101) Front-

---

[48] Diese Motiv wird von Paul Bäumer immer wieder aufgerufen, u.a.: »Plötzlich beginnt das Feuer nochmals zu trommeln. Bald sitzen wir wieder in der gespannten Starre des untätigen Wartens« (IWN 117); an anderer Stelle versorgen Kat, Albert und Bäumer einen schwer Verwundeten notdürftig – mitten während eines Gasangriffs – und kommentieren knapp: »Mehr können wir im Moment nicht tun« (IWN 65). Sie sind zum Warten, zum Aushalten gezwungen.

erfahrung bedeutet für die Soldaten völlige Unsicherheit und »Furcht vor etwas Unberechenbare[m]« (IWN 101). Die maschinisierten Waffen, von der Schusswaffe bis zum Artilleriegeschütz, verhindern eine koordinierte Reaktion und lassen die Soldaten in Bewegungslosigkeit erstarren. Aus diesem ›rasenden Stillstand‹ befreit die Soldaten weder eine abgestumpfte noch eine ironische und auch keine gelangweilte Haltung.

Der Tod Katczinskys bildet in dieser Hinsicht den Fluchtpunkt des Romans. Weil Katczinsky durch einen kleinen Granatsplitter stirbt, wird die ironische Kissenaufschrift »Ruhe sanft im Trommelfeuer« von der Realität eingeholt. Da Katczinsky nicht sichtbar tödlich verwundet ist, hält Bäumer den Toten für ohnmächtig. In der Textlogik ironisiert der stille Tod Katczinskys wiederum die ironische Kissenaufschrift: Das Trommelfeuer hat für ›sanfte Ruhe‹ gesorgt.

Die Problematik des angestrengten Ausharrens potenziert sich nach Bäumers Urlaub in der sogenannten Duval-Episode. Während eines nächtlichen Patrouillengangs sucht Bäumer Schutz in einem Granattrichter und verliert die Orientierung. Die Szene veranschaulicht den Zusammenhang von Persönlichkeitsverlust und ›rasendem Stillstand‹. Sie kulminiert in der Begegnung mit einem Franzosen, den Bäumer schwer verwundet und an dessen Seite er nun verharren muss. Bereits die Ausgangssituation arbeitet mit den Darstellungsressourcen des ›rasenden Stillstands‹. Bäumer muss im Granattrichter erkennen, dass, seit er im Trichter liegt, »erst wenige Minuten vergangen« (IWN 187) sind. Die Nervosität Bäumers wird – typisch für Remarques Erzählstil – explizit ausgeführt: »Wie ein Brei zerquillt meine Anspannung zu dem Wunsch, liegenbleiben zu können.« (IWN 187) Neben der Zeit erweist sich auch der Raum für Bäumer als höchst relativ. Er rutscht »einen gräßlichen Weg von drei Metern, einen langen, furchtbaren Weg« (IWN 194), bis er den sterbenden Franzosen erreicht. Der Körper des Franzosen »liegt still« und »ohne Laut jetzt«, doch »die Augen schreien, brüllen, in ihnen ist alles Leben versammelt zu einer unfaßbaren Anstrengung, zu entfliehen« (IWN 194) – auch er ist in den ›rasenden Stillstand‹ gezwungen. Die Situation Bäumers wird mit der Situation des Franzosen grundsätzlich analogisiert. Beide möchten entfliehen, sind aber an den Trichter gebunden, beiden verrinnt die Zeit kaum und beide sind in höchstem Maße angespannt. Gleichwohl besteht die maßgebliche Differenz im Mord Bäumers am Franzosen. Dessen Tod wiederum ist kontingent: »Der Tote hätte sicher noch dreißig Jahre leben können, wenn ich mir den Rückweg schärfer eingeprägt hätte. Wenn er zwei Meter weiter nach links gelaufen wäre, läge er jetzt drüben im Graben und schriebe einen neuen Brief an seine Frau.« (IWN 198). Derartige Kontingenz- und Zufallserfahrungen beschreibt Bäumer als konstitutiv für die Frontsoldaten insgesamt: »[D]as ist das Schicksal von uns allen« (IWN 198).

Weil er der Situation nicht entfliehen kann, wird sich Bäumer dennoch seiner persönlichen Schuld am Tod des Franzosen bewusst. Der Franzose »hat ein unsichtbares Messer, mit dem er mich ersticht: die Zeit und meine Gedanken.« (IWN 196) Das führt dazu, dass sich Bäumer um den Toten bemüht, indem er versucht, ihn bequem zu betten. Dieser von Bäumer selbst als »sinnlos« (IWN 197) bezeichnete Akt des Mitgefühls bewahrt zumindest die Würde des Toten. Der Feind hat, erzwungen durch den ›rasenden Stillstand‹, der beide verbindet, im Tod ein menschliches Antlitz gewonnen: »Jetzt sehe ich erst, daß du ein Mensch bist wie ich.« (IWN 198) Das Zusammentreffen der beiden Soldaten lässt sich mit Martin Bubers Begriff der Begegnung im Sinne eines zwecklosen und voraussetzungslosen Aufeinandertreffens fassen. Indem Bäumer den Anderen nicht mehr als identitätslosen Feind sieht, sondern ihn in seinem Anderssein anerkennt, tritt er in eine Ich-Du-Beziehung ein und begegnet ihm. Eine solche Begegnung erachtet Martin Buber als Bedingung der Ich-Werdung: »Der Mensch wird am Du zum Ich.«[49] Dementsprechend erringt auch Bäumer im Angesicht des sterbenden bzw. toten Franzosen seine eigene Menschlichkeit kurzzeitig zurück. Einen Soldaten mit menschlichem Antlitz kann Bäumer nicht mehr als Feind behandeln. Besondere Prägnanz gewinnt das in Bäumers Furcht vor dem Namen des Franzosen: »Sein Name aber ist ein Nagel, der in mir eingeschlagen wird und nie mehr herauszubringen ist.« (IWN 199) Im Akt der Benennung konstruiert Bäumer den Feind zum Menschen mit einer Identität,[50] zu einem

---

[49] Martin Buber: Ich und Du, Gütersloh 2009, S. 32. Die notwendige Reziprozität einer Begegnung impliziert zwar eine »Gegenseitigkeit« (ebd., S. 12). Die ›Antwort‹ des toten Soldaten auf die Ansprache Bäumers liefert dieser aber in seinem ›Wesen‹ als toter, feindlicher Mensch – Buber hält theoretisch auch eine Begegnung mit Unbelebtem für möglich – und durch dessen Dokumente *post mortem* vermittelt spricht Duval, der sprechenderweise ausgerechnet dem Beruf eines Buchdruckers nachgegangen war, zu Bäumer.

[50] Die Relevanz des Aktes einer Benennung für die Frage von Identität wird verschiedentlich reflektiert, etwa bei Walter Benjamin mit der adamitischen Namenssprache. Wenn der Feind *qua* Benennung zum Menschen und Kameraden wird, dann erinnert das an Walter Benjamins Konzept einer adamitischen Namenssprache (vgl. Walter Benjamin: Über Sprache überhaupt und über die Sprache des Menschen, in: ders.: Gesammelte Schriften, II.1, hg. von Rolf Tiedemann und Hermann Schweppenhäuser, Frankfurt a.M. 1977, S. 140–157, hier S. 149f.). Der Eigenname des Menschen bezeichnet bei Benjamin die

Individuum. Im Affekt führt das zur übersteigerten Selbstidentifikation mit dem Toten: »Ich habe den Buchdrucker Gérard Duval getötet. Ich muß Buchdrucker werden, denke ich ganz verwirrt, Buchdrucker werden, Buchdrucker –« (IWN 200). Die Tatsache, dass Bäumer den Buchdrucker als Menschen und als Individuum wahrnimmt, verrückt sein Verhältnis zum Krieg. »Ich will dir ja helfen, Kamerad, camarade, camarade, camarade –« (IWN 195). Er spricht den Sterbenden an und inkludiert ihn in die Gemeinschaft der Frontkameraden. Der Graben zwischen den Frontlinien wird im Akt der Benennung für einen Moment zugunsten der Dichotomie Soldaten–Krieg zugeschüttet. Die Repetition in französischer Sprache steigert die Anrede zur Beschwörung soldatischer Kameradschaft, der nachzukommen Bäumer sich nach seinem Mord bemüht, indem der die künftige Aufgabe der Frontkameraden mit dem Einsatz für den Pazifismus identifiziert: »Heute du, morgen ich. Aber wenn ich davonkomme, Kamerad, will ich kämpfen gegen dieses, das uns beide zerschlug: dir das Leben – und mir –? Auch das Leben. Ich verspreche es dir, Kamerad. Es darf nie wieder geschehen.« (IWN 201) Interessanterweise löst das Bekenntnis zum Pazifismus und zu einem pazifistischen Zukunftsentwurf den Zustand des ›rasenden Stillstands‹ situativ auf: »Die Dämmerung kommt. Es scheint mir rasch jetzt. Noch eine Stunde.« (IWN 201) Bäumer begegnet dem Anderen nicht als Feind, sondern als Menschen und wird darüber selbst wieder zum Menschen. Im Anschluss könnte er sich womöglich aus der Gefangenschaft im ›rasenden Stillstand‹ befreien. Doch noch im Verlauf der einen Stunde konstatiert Bäumer, ihm sei der Tote »jetzt völlig gleichgültig«, jedes Gedenken verfolge nur den Zweck, »jetzt nicht noch Unglück zu haben« (IWN 201). Warum distanziert sich Bäumer von seiner eigenen Mitmenschlichkeit? Ihm wird seine eigene lebensbedrohliche Lage gewahr, er beginnt »plötzlich zu zittern, daß etwas dazwischenkäme« (IWN 201). Angesichts der ständigen Todesfurcht an der Front lässt sich Menschlichkeit nicht aufrechterhalten und Bäumer verfällt wieder seiner soldatischen Persönlichkeit. Seine »Lebensgier« (IWN 201) verhindert ein würdiges Erinnern des Franzosen, ermöglicht aber das eigene Überleben. Freilich lebt Bäumer

---

»Grenze der endlichen gegen die unendliche Sprache«, weil nur der Mensch »seinesgleichen selbst benennt, wie e[r] das einzige [Wesen] ist, das Gott nicht benannt hat« (ebd., S. 149). Gleichwohl bilde der Name selbst »keine Erkenntnis«, wohl aber wird dem Menschen »seine Erschaffung durch Gott verbürgt« (ebd., S. 150) – der Name zeigt das menschliche Dasein an.

weiterhin im prekären Zustand des ›rasenden Stillstands‹, der sich damit als Imperativ des (Über-)Lebens und Sterbens an der Front erweist. Aus der Duval-Episode folgt somit: An der Front selbst erscheint eine pazifistische Haltung kaum möglich. Zwar versucht Bäumer den Tod des Buchdruckers als persönliches Geheimnis zu bewahren und sich einen Rest Menschlichkeit im Krieg zu erhalten. Sein Versuch scheitert aber bereits einen Tag später. Bäumer kritisiert seinen kurzen Ausbruch in die Menschlichkeit mit dem Selbstvorwurf, er habe im Trichter »einen Unsinn zusammengefaselt« (IWN 203). Die persönliche Begegnung im Trichtert wird abgelöst durch die Scharfschützen, die die Linien absuchen und einen abstrakten, entpersonalisierten Feind erschießen.[51] In diesem Sinne definiert das Kapitelende den gesamten Krieg an der Westfront als ›rasenden Stillstand‹: als technologisch produziertes Morden mit hoher Beschleunigung und aus großer Ferne. Die Soldaten können ihren eigenen Tod kaum wahrnehmen und leben ob der akuten Bedrohung in ständiger Anspannung: »Krieg ist Krieg schließlich. Oellrichs Gewehr knallt kurz und trocken.« (IWN 204) Diese Definition des Krieges als massenhafter Mord an entpersonalisierten Feinden macht in der Romanlogik jede Hoffnung auf eine politische Position oder eine historische Verortung des Krieges zunichte.

Von beschleunigten Maschinen-Räumen und geschwindigkeitsberuhigten Zonen

Infolge der neuartigen Waffentechnik werden auch in *Im Westen nichts Neues* Maschinen zum Symbol des Ersten Weltkriegs. Das führt bis zur Maschinenwerdung des Menschen. Die Soldaten nehmen sich angesichts ihrer Nervenbelastung als »Automaten« (IWN 104) wahr und versehen nurmehr »mechanisch« (IWN 167) ihren Dienst. Menschen, so die Implikation, können diesen Krieg nicht ertragen, Maschinen hingegen sind prädestiniert für den Krieg, weil sie »fühllos« (IWN 248) agieren. Das gilt *expressis verbis* für die Panzer, die, obwohl nur gegen Kriegsende eingesetzt, im Weltkriegsdiskurs eine enorme Symbolkraft entwickeln, wie jüngst Thomas F. Schneider gezeigt hat.[52] Die symbolische Bedeutung der Panzer erklärt Paul Bäumer: Sie

---

[51] Hier ist durchaus auf Paul Virilios Postulat der Macht von Geschwindigkeit hinzuweisen, die er in der ›Auslöschung‹ verortet (u.a. Virilio: Fahren, fahren, fahren…, S. 85).
[52] Vgl. Thomas F. Schneider: Teufel Tank. Der Tank-Diskurs als Kulminationspunkt der Diskussion um den Ersten Weltkrieg in populären Medien (Literatur, Illustrierte, Photo-

»verkörpern uns mehr als anderes das Grauen des Krieges« (IWN 248). Er begründet die Inkorporierung des Krieges in der Tankmaschine damit, dass sie im Unterschied zur Artillerie zu sehen seien und den Maschinenkrieg der Moderne besser symbolisieren. Die Soldaten seien nicht nur Kriegsmaschinen, sondern auch Menschen. Tanks jedoch »sind Maschinen, ihre Kettenbänder laufen endlos wie der Krieg, sie sind die Vernichtung« (IWN 248). Die Verbindung von Maschinen und Krieg verkürzt Bäumer kurz darauf in beinahe expressionistischer Form: »Granaten, Gasschwaden und Tankflottillen – Zerstampfen, Zerfressen, Tod.« (IWN 249)

Über diese knappen Aussagen zu den Panzern des Ersten Weltkriegs hinaus nimmt Remarque andere Aspekte der Kriegsmaschinerie in den Blick. Dazu zählt als Teil einer Phänomenologie der Beschleunigung auch die ›Vernichtung‹ von Raum durch Maschinen, durch die der Krieg räumlich extensiv wie intensiv entgrenzt wird. So verläuft eine »ungewisse, rötliche Helle [...] am Horizont von einem Ende zum andern« (IWN 55), der Kriegsraum ist für den Menschen unübersehbar geworden und die Front selbst erscheint aufgrund der ständigen Granateinschläge als unüberwindbares, sich ständig veränderndes »aufgewühltes Meer« (IWN 62). Infolgedessen können die Soldaten weder sich selbst noch andere orten und beispielsweise die Schreie von Verwundeten nicht mehr lokalisieren. Jedoch wäre das Wissen um den Raum sowie um die Positionen und Geschwindigkeiten der Dinge und Menschen im Raum überlebensnotwendig für die Frontsoldaten:

> Der Stellungskampf von heute erfordert Kenntnisse und Erfahrungen, man muß Verständnis für das Gelände haben, man muß die Geschosse, ihre Geräusche und Wirkungen im Ohr haben, man muß vorausbestimmen können, wo sie einhauen, wie sie streuen und wie man sich schützt. (IWN 117)

Das Dilemma relativen Raums können die Soldaten nicht auflösen. Sie sind einerseits der Unmöglichkeit einer präzisen räumlichen Orientierung unterworfen, die sich u.a. auch in Bäumers ›Irregang‹ nach seinem Heimaturlaub spiegelt. Andererseits unterliegen sie dem Zwang zu einer solchen Orientierung. Weil der Front-Raum ständigen Veränderungen unterworfen und daher nicht berechenbar ist, können die Soldaten sich kaum orientieren. Paul Virilio hat mit Bezug auf die Gegenwart das militärische Primat der Geschwindigkeit gegenüber Raum und Zeit betont:

---

graphie) 1914–1938, in: Meierhofer/Wörner (Hg.): Materialschlachten, S. 199–218.

> Das Manöver, das früher darin bestand, Terrain aufzugeben, um Zeit zu gewinnen, hat jeden Sinn verloren; gegenwärtig ist Zeitgewinn ausschließlich eine Angelegenheit von Vektoren und das Territorium hat seine Bedeutung zugunsten des Projektils verloren. Der strategische Wert des Nicht-Ortes der Geschwindigkeit hat tatsächlich den des Ortes endgültig abgelöst [...]. Der Krieg beruht heute tatsächlich vollständig auf der Verunsicherung von Zeit und Orten [...].[53]

Die Erwägungen Virilios stellen die Persistenz des Raum-Zeit-Kontinuums an der Front infrage. Der historische Verlauf des Ersten Weltkriegs, während dessen die Westfront trotz der technologischen Beschleunigung und des ›zusammengedrückten‹ Raums einfriert und soldatische Bewegung gewissermaßen stilllegt, widerspricht Virilios These nur auf den ersten Blick. Denn absolute Beschleunigung bedingt letztlich den Stillstand des Menschen.[54] Die Technologien des Krieges sind im Ersten Weltkrieg bereits zu einer derart hohen Geschwindigkeit entwickelt, dass der Frontsoldat kaum noch selbst agieren und den zu erobernden Raum in der notwendig kurzen Zeit durchmessen kann. Das gilt auch für *Im Westen nichts Neues*, zumal die Beschleunigungserfahrung den Frontsoldaten ein Verhalten unmöglich macht, das sich an Raum und Zeit orientiert. Der Front-Raum ist abstrakt und im Verhältnis zur Zeit in hohem Maße relativ. Pointiert formuliert: Je höher die Beschleunigung, mit der die Kriegswaffen den Front-Raum durchmessen, desto weniger bewegen sich die Soldaten, bis hin zum absoluten physischen Stillstand.

In *Im Westen nichts Neues* wird die maschinelle Beschleunigung nicht nur formalästhetisch, sondern in erster Linie auf der Inhaltsebene anschaulich. Zentrales ästhetisches Mittel zur Darstellung der Kriegsmaschinen und ihrer enormen Geschwindigkeit sind bei Remarque Geräusche. Sie stehen metonymisch als indexikalische Zeichen für ihre Ursache. So belehrt Katczinsky neue Rekruten über den Klang gegnerischer Geschosse: »Das war ein 30,5. Ihr hört es am Abschuß; – gleich kommt der Einschlag.« (IWN 50) An das Wissen um den Klang der Maschine ist das Wissen um ihre Flugdauer, mithin um ihre Geschwindigkeit gekoppelt, während die Lautstärke die Massierung gegnerischer Waffen anzeigt: »Die englische Artillerie ist verstärkt, das hören wir sofort.« (IWN 90) Das Gehör avanciert zu dem Wahrnehmungsorgan, das maßgeblich über Leben und Tod entscheidet. Da die Soldaten in den Schützengräben keine Sicht auf die Waffen mehr

---

[53] Virilio: Geschwindigkeit und Politik, S. 177, 183.
[54] Vgl. Laurent Schwartz: Einleitung, in: Virilio: Revolutionen der Geschwindigkeit, S. 7–16.

haben oder die Projektile aufgrund der Geschwindigkeit nicht mehr sehen können, können die modernen Kriegswaffen und ihre Geschwindigkeit – wenn überhaupt – nur noch durch das Gehör wahrgenommen werden und überlebensrelevante Informationen bieten.[55]

Ein gegenüber den Geräuschen der Front indifferentes Gehör wird von Bäumer denn auch für den massenhaften Tod von Front-Neulingen verantwortlich gemacht, da diese »angstvoll auf das Heulen der ungefährlichen großen, weit hinten einhauenden Kohlenkästen lauschen und das pfeifende, leise Surren der flach zerspritzenden kleinen Biester überhören« (IWN 118). Dementsprechend besteht ein wesentlicher Teil der Unterweisung neuer Frontsoldaten in der Schulung ihres Gehörs. Sie sollen den »Ton der Gasgranaten« erkennen und ihre »Ohren scharf« zu stellen lernen, um das »Surren der kleinen Dinger [...] aus dem Krach herauskennen« zu können (IWN 121). Analog zum ›Krach‹ als hörbarem Zeichen der Beschleunigung zeigt Stille Entschleunigung an. Sie steht metonymisch für das Einstellen von Kampfhandlungen. Gleichwohl gibt sie keinen Anlass zur Hoffnung auf Frieden, da sie schlichtweg negiert wird: »An der Front gibt es keine Stille, und der Bann der Front reicht so weit, daß wir nie außerhalb von ihr sind.« (IWN 109) Metaphorisch jedoch vermag die Stille sogar Ruhe und Frieden sowie eine Rückkehr zur zivilen Persönlichkeit der Frontsoldaten anzudeuten. Die Erinnerungen Paul Bäumers sind »immer voll Stille« (IWN 109), was er als »das Stärkste an ihnen« und gleichzeitig als »das Erschütternde« empfindet. Gerade die Stille wird zum Sehnsuchtsort und Bäumer möchte sich in ihr »ausbreiten und sanft zerfließen [...] zu den stillen Mächten hinter den Dingen« (IWN 109). Das Bewusstsein von einem Leben jenseits der direkten Fronterfahrung ermöglicht das Gegensatzpaar von lauter Front und leiser Erinnerung. Menschliche Stille steht an der Front verloren gegen den Lärm der Maschinen, der ihre Beschleunigung und ihre Gefährlichkeit anzeigt.

Als Reaktion auf den maschinellen Lärm und die Beschleunigung an der Front suchen die Soldaten verschiedene ›geschwindigkeitsberuhigte Zonen‹ auf. Trotzdem werden solche ruhigen Räume nicht zum Symbol eines wieder entschleunigten zivilen Lebens. Weder die Szenerie in der Etappe zu Beginn des Romans noch die Speise-Szenen noch die Zugfahrten in das Lazarett im Rheinland oder in den Heimaturlaub vermitteln Bäumer dauerhaft Stille und Ruhe. Mit Bourdieu gesprochen hat er das Beschleunigungsdiktat

---

[55] Die Waffen haben noch keine Überschallgeschwindigkeit erreicht, weswegen sie zwar kaum sichtbar, aber für die Soldaten doch kurz hörbar werden.

habitualisiert. Nichtsdestotrotz werden diese Räume in der Romanlogik als Refugium vor den Schrecken der Front installiert. In ihnen löst sich für kurze Zeit die Anspannung des ›rasenden Stillstands‹, wenngleich keiner der Räume vollkommen friedlich und ›still‹ ist. Das Picknick zu Beginn des Romans wird begleitet vom »gedämpfte[n] Brummen der Front« (IWN 14). Während Bäumer und Katczinsky Gänse braten, um mit Kropp und Tjaden zu essen, die im Arrest sitzen, erleben sie zwar einen ruhigen, friedlichen Moment.[56] Doch sie stellen fest: Das »Artilleriefeuer der Front umsummt unsern Zufluchtsort« und das »Tacktack von Maschinengewehren wird laut«, sogar »gedämpfte Schreie« dringen heran (IWN 87). Derartige Präsenzphänomene des Krieges variieren bei Aufenthalten in der Etappe. Reisen ins Hinterland versprechen »[g]utes Essen und Ruhe« und ermöglichen es, zu »bummeln« (IWN 124), sodass das »Grauen der Front versinkt, wenn wir ihm den Rücken kehren« (IWN 126). Generell werden Speis und Trank zum Symbol von Ruhe und Entspannung: »Die Kantine ist eine Zuflucht, Bier ist mehr als ein Getränk, es ist ein Zeichen, daß man gefahrlos die Glieder dehnen und recken darf.« (IWN 137) Trotz dieser Annehmlichkeiten ist die Etappe noch derart nah an der Front gelagert, dass die Soldaten dort nur »zu oberflächlichen Witzbolden und Schlafmützen« werden und keinesfalls substantielle Ruhe einkehrt. Das Erlebte wird lediglich verdrängt: »Das Grauen läßt sich ertragen, solange man sich einfach duckt; – aber es tötet, wenn man darüber nachdenkt.« (IWN 125) Daraus lässt sich die These ableiten, dass die Soldaten eine geschwindigkeitsberuhigte Zone für ihr psychisches Überleben dringend benötigen und sich daher die Etappe als einen ›Gegenraum‹ zur Front konstruieren.

Neben dem Tod, der den Gefallenen endgültige Ruhe bringt, bietet einzig das Lazarett im Rheinland wirkliche Zuflucht vor dem Krieg und figuriert als Gegenmodell zur Front. Die Verwundeten dort stehen exemplarisch als *pars pro toto* für die »Hunderttausende in Deutschland, Hunderttausende in Frankreich, Hunderttausende in Russland« (IWN 233). Lediglich das Morgengebet der Schwestern provoziert die durch Krieg und Verwundung noch übernächtigten Rekonvaleszenten. In erster Linie jedoch werden die

---

[56] Bäumer betont explizit die Relation von Raum und Zeit, die für kurze Zeit wieder in ein normales Verhältnis gerückt werden: »[D]ie Stunde ist wie der Raum: Überflackert von einem sanften Feuer gehen die Lichter und die Schatten der Empfindungen hin und her. […] Wir wechseln uns […] ab. Einer begießt sie, während der andere unterdessen schläft.« (IWN 87) Dementsprechend leisten es sich Bäumer und Katczinsky im Anschluss, den fertigen Braten »langsam, mit vollem Genuss« (IWN 89) zu verzehren.

Soldaten, im Gegensatz zum Militärlazarett, »direkt wie ein Zivilist hier behandelt von den Nonnen« (IWN 227). Es finden Familienzusammenführungen statt und mit etwas Glück genesen die schwer Verwundeten. Das Lazarett ermöglicht somit ein Fortbestehen der Kameradschaft und gleichzeitig eine Rückkehr in familienähnliche und vergleichsweise zivile Lebensumstände. Symbolisch erklären die Rekonvaleszenten Lewandowskis Ehefrau sogar zur Mutter: »Wir sagen Mutter zu ihr, und sie freut sich und klopft uns die Kopfkissen auf.« (IWN 237) In dieser Funktion lässt sich das das Lazarett als Heterotopie eines ›Gegenraumes‹ zum Krieg interpretieren. Denn es wird erzählt als Ort der Heilung, an dem die im Krieg »zerrissenen Leiber[ ]« (IWN 232f.) ›zusammengeflickt‹ und für den nächsten Fronteinsatz gesund gepflegt werden. Damit entspricht das Lazarett in *Im Westen nichts Neues* Michel Foucaults Begriff der Heterotopie: Krieg und Lazarett bedingen einander und stabilisieren sich gegenseitig; ohne Krieg existiert kein Lazarett und ohne Lazarett ist kein Krieg zu führen. Oder mit Paul Bäumer gesprochen: »Erst das Lazarett zeigt, was Krieg ist.« (IWN 233) Daraus folgt aber auch, dass das Lazarett als Zufluchtsort scheitert, weil es den Weltkrieg stabilisiert und die Bedingung der Möglichkeit seiner zeitlichen Verstetigung darstellt.

Die gewagteste Antwort der Soldaten auf ihre existenzielle Verunsicherung besteht in der Überhöhung der zumeist defizitären geschwindigkeitsberuhigten Zonen zu gesicherten idyllischen Räumen, die zumindest menschliche Grundbedürfnisse erfüllen: »Wir müssen unsere Lage so leicht nehmen wie möglich. [...] Auch jetzt geht es daran, ein Idyll zu schaffen, ein Idyll des Fressens und Schlafens natürlich.« (IWN 206) Dabei hat die Möglichkeit, Idyllen gegen die Kriegsrealität zu stellen, ihre Grenzen: »Jetzt entfalten wir eine große Tätigkeit. Es ist wieder eine Gelegenheit, nicht nur die Beine, sondern auch die Seele zu strecken. [...] Das ist nur möglich, solange es noch nicht ganz so schlimm ist.« (IWN 205) Folgt man Michail Bachtins Ausführungen zum Chronotopos der Idylle, dann versprechen sich die Soldaten durch die bewusste Evokation idyllischer Situationen Verschiedenes. Zunächst sakralisieren sie ihre Alltagserlebnisse und -bedürfnisse jenseits des Grabenkrieges: Das, was sich »gegenüber den grundlegenden und unwiederholbaren biographischen und historischen Ereignissen als Alltag darstellt, ist hier ja gerade das Allerwesentlichste des Lebens«.[57] Daher verwenden die

---

[57] Michail Bachtin: Chronotopos. Frankfurt a.M. 2008, S. 161.

Kameraden alle Energie auf eine angenehme Einrichtung ihrer temporären Unterkunft in der Nähe eines Proviantamts, das sie bewachen müssen und das sie als unerschöpfliche Quelle verschiedenster Nahrungsmittel nutzen. Sie schleppen Matratzen, Decken und Federbetten heran, hieven ein Mahagonibett in ihre Behausung, braten Ferkel und bereiten Reibekuchen zu, trinken Kaffee, Kognak und Rum und spielen Klavier. Der Krieg, der die Soldaten auch hier nicht zur Ruhe kommen lässt, verliert in diesem ›Schlaraffenland‹ seinen Schrecken und wird als Abenteuer erlebt.[58]

Gleichwohl ist diese Proviantidylle von vornherein gebrochen,[59] die Soldaten befinden sich mitten ›im Auge‹ des Krieges und das Proviantamt muss von ihnen bewacht werden, weil es für einen normalen Heeresbetrieb »zu stark beschossen« (IWN 205) wird. Die Idylle inmitten der Front ist also nicht als friedliche Idylle denkbar, sondern durch den Ersten Weltkrieg bedingt. Bachtin definiert Idylle über ein »besondere[s] Verhältnis der Zeit zum Raum […]: Das Leben und seine Ereignisse sind organisch an einem Ort […] verwachsen.«[60] Er beschreibt diesen Ort als ›Heimatland‹. Für die soldatische Persönlichkeit kann dieses Land allerdings nicht mit der unzugänglichen jugendlichen Heimat assoziiert, sondern muss mit der Front als Ort der Genese der soldatischen Persönlichkeit identifiziert werden: Das ›Heimatland‹ eines Soldaten ist die Front, der jedoch nur als Idylle affirmativ begegnet werden kann. Die Front wird zur Idylle umgedeutet, um erträglich zu werden. Die laut Bachtin idyllische *»Einheit des Ortes«* führt zudem zur »Abschwächung aller Zeitgrenzen« und zum »zyklischen Zeitrhythmus« der Idylle.[61] Vor diesem Hintergrund wird auch die argumentative Stärke des Idyllen-Topos für die Frontsoldaten verständlich. Die Idylle verspricht ihnen,

---

[58] Vgl. dazu IWN 205–211. Vergleichbar eröffnet das erste Kapitel den Roman. Im Anschluss an eine der oben analysierten Szene nicht unähnlichen ›Schlemmerei‹ mit einer Naturidylle des Krieges (vgl. IWN 7–15).

[59] Jürgen Joachimsthaler spürt der Verbindung von Krieg und Idylle und den Brüchen dieser Verbindung nach (Jürgen Joachimsthaler: Die Idylle im Krieg, in: Glunz/Pelka/Schneider (Hg.): Information Warfare, S. 81–101).

[60] Bachtin: Chronotopos, S. 160.

[61] Ebd., S. 161, Hervorhebung im Original. Diesbezüglich erweist sich auch Bachtins These als anschlussfähig, dass in »einigen Idyllen des 18. Jahrhunderts […] das Problem der Zeit philosophische Durchdringung [erlangt]; die wahrhaft organische Zeit des idyllischen Lebens wird hier der hastigen und zerstückelten Zeit des Stadtlebens oder gar der historischen Zeit gegenübergestellt […].« (Ebd., S. 164) Dem vergleichbar scheinen mir die in *Im Westen nichts Neues* evozierten Idyllen einen Gegenraum zum Krieg und damit einen Zufluchtsort für die Soldaten herzustellen.

ihre Fronterfahrung inklusive der verlorenen Vergangenheit und der aus den Fugen geratenen Zeitverhältnisse in einen Rahmen zu integrieren, der noch narrativ darstellbar ist und der eine soldatische Persönlichkeit dauerhaft herzustellen verspricht. Denn wenn die Zeit zyklische Form annimmt, bedarf der Soldat zur Aufrechterhaltung seiner soldatischen Persönlichkeit keiner Vergangenheit mehr, die integriert werden muss. Vielmehr werden, wie Bachtin für den Heimatroman postuliert, die »Alltagsmomente […] zu wesentlichen Ereignissen und erlangen Bedeutung für das Sujet«.[62] Zwar folgt daraus, dass es keinen historischen Fortschritt mehr gibt und das Leben »an ein und demselben geschichtlichen Punkt, auf ein und derselben Stufe der historischen Entwicklung«[63] verharrt. Aber auch diese Einschränkung trägt zur Fähigkeit bei, die Idylle als tauglichen Zufluchtsort soldatischer Persönlichkeitserhaltung zu etablieren: In der Romanlogik werden individuelle wie kollektive Zukunftsentwürfe durch den Ersten Weltkrieg problematisch oder unmöglich.

Der Versuch, durch die narrative Produktion von Kriegsidyllen eine soldatische Heterotopie im Sinne einer stabilen »tatsächlich realisierten Utopie«[64] des Krieges zu erzeugen, muss dennoch fehlschlagen, die Idyllen sind zeitlich begrenzt und für die Soldaten nicht auf Dauer zu stellen. Ernüchtert kommentiert Paul Bäumer das Ende der drei Wochen am Proviantamt: »Die Herrlichkeit ist aus« (IWN 211). Der Versuch scheitert, den Verlust von Vergangenheit und Zukunft und die zunehmende Diffusion der Zeitwahrnehmung an der Front im Chronotopos der Idylle aufzufangen. Im Krieg ist nichts von Dauer, nicht einmal diese vermeintliche Idylle des Proviantamts als heterotoper Ort des Krieges; sie bleibt eine Utopie der Entschleunigung. Angesichts der fehlschlagenden Entschleunigungsversuche steigert sich die Intensität der Beschleunigungserfahrung im Romanverlauf sukzessive. In den beschleunigten Maschinen-Räumen des Krieges lassen sich nur situativ geschwindigkeitsberuhigte Zonen errichten. Die zunehmende Beschleunigung äußert sich narratologisch im Verhältnis von Erzählzeit und erzählter Zeit nur marginal, aber sie schlägt sich in zunehmend diffusen Zeitmaßen nieder. Anfänglich stehen Datums- und Zeitnennungen noch neben Zeitadverbien, die zyklische Zeitabläufe bezeichnen.[65] Bereits kurz darauf endet diese Form

---

[62] Ebd., S. 165.
[63] Ebd.
[64] Foucault: Andere Räume, S. 39.
[65] U.a.: »gestern«, »einen Tag« (IWN 7), »vor vierzehn Tagen« (IWN 8).

der vergleichsweise gesicherten Zeitwahrnehmung mit Bäumers Feststellung, dass die Rekruten in ihrer zehnwöchigen Ausbildung »entscheidender umgestaltet [wurden] als in zehn Jahren Schulzeit« (IWN 25). Das gilt wenig später für die Relation von längerer zeitlicher Dauer und ihre Auswirkung auf das menschliche Verhalten sowie für die Zeitwahrnehmung an der Front, die zunächst zu Irritationen führt[66] und dann gänzlich verloren geht: »Vergehen Wochen – Monate – Jahre? Es sind nur Tage. – Wir sehen die Zeit neben uns schwinden in den farblosen Gesichtern der Sterbenden« (IWN 120). Den Verlust gesicherter Zeitwahrnehmung versucht Bäumer durch den Rekurs auf mythische Zeiten zu kompensieren, indem er sowohl eine Utopie als auch eine versunkene Vergangenheit evoziert: »Die Geschütze und Wagen gleiten vor dem verschwimmenden Hintergrund der Mondlandschaft vorüber, die Reiter mit ihren Stahlhelmen sehen aus wie Ritter einer vergangenen Zeit« (IWN 54). Die Zeitmaße diffundieren, aber der Zustand des ›rasenden Stillstands‹ wird nicht überwunden: Der Krieg kann nicht zur zeitlosen Idylle verklärt werden, sondern beschleunigt konstant.

3 Zur Absage an eine Geschichtsdeutung des Ersten Weltkriegs in *Im Westen nichts Neues*

Im Unterschied zu zahlreichen anderen Westfront-Romanen nimmt, wie bezüglich der narrativen Struktur erläutert, die Geschichtsdeutung des Ersten Weltkriegs in *Im Westen nichts Neues* kaum beherrschenden Raum ein. Erst im Schlusskapitel wird resümiert, »es kann nicht sein«, dass das »Kommende, die tausend Gesichter der Zukunft, [...] untergangen ist in Trommelfeuer, Verzweiflung und Mannschaftsbordells« (IWN 258). Der Appell, den verschütteten Zukunftsglauben wieder freizulegen, wird zudem in den letzten zwei Absätzen des Romans *ad absurdum* geführt. Der bis dahin autodiegetische Erzähler Paul Bäumer wird durch einen nicht fokalisierten Erzähler abgelöst und das Tempus vom Präsens ins Präteritum verschoben.[67] Weil dieser Erzähler vom Tod Paul Bäumers berichtet – das Personalpronomen

---

[66] Vgl.: »Die Abschüsse sind deutlich zu hören. Es sind die englischen Batterien, rechts von unserm Abschnitt. Sie beginnen eine Stunde zu früh. Bei uns fingen sie immer erst punkt zehn Uhr an.« (IWN 50)

[67] Je nach Lesart treten in *Im Westen nichts Neues* zwei Erzähler auf – ein autodiegetischer und ein nicht fokalisierter – oder ein allwissender Erzähler, der den größten Teil des Textes auf Paul Bäumer intern fokalisiert und der erst mit dem Tod Paul Bäumers die Fokalisierung

›Er‹ ist auf Bäumer zu beziehen –, wird Bäumers Erzählung von der Front im Nachhinein verunmöglicht. Aufgrund dieses erzählerischen Kniffs gerät jede Zukunftserwartung zur paradoxen Denkfigur. Im Romanverlauf klingt das bereits auf der Handlungsebene an. Vor allem an einem kriegstreiberischen Nationalismus wird explizit Kritik geübt. Gleichwohl wird der pazifistische Grundton des Romans im Sinne einer »unbedingten, prinzipiellen, kämpferischen Kriegsgegnerschaft«[68] durch die Überarbeitung des Vorabdrucks leiser gestellt und mit dem Weltkriegsdiskurs der späten Weimarer Republik harmonisiert.[69] Dennoch: Remarque begreift seine Kriegsgegnerschaft als prinzipielle und allgemeine humane Position.[70] Später wird Remarque sich sogar als »militanter Pazifist« bezeichnen, der er schon im Ersten Weltkrieg gewesen sei.[71]

Es ist mehrfach angemerkt worden, dass *Im Westen nichts Neues* jenseits aller pazifistischen Tendenzen offen für ideologisch widersprüchliche Lektüren sei. Dieses Verdikt lässt sich in gewisser Hinsicht zwar mit der Perpetuierung einer soldatischen Frontgemeinschaft begründen, nicht jedoch mit

---

auf ihn beendet. Darin ist die Erzählkonstruktion der Konstruktion von Franz Kafkas *Die Verwandlung* vergleichbar.

[68] Karl Holl: Lemma ›Pazifismus‹, in: Otto Brunner/Werner Conze/Reinhart Koselleck (Hg.): Geschichtliche Grundbegriffe. Historisches Lexikon zur politisch-sozialen Sprache in Deutschland, Bd. 4, Stuttgart 1978, S. 767–787, hier S. 780.

[69] Vgl. Schneider: »Wir passen nicht mehr in diese Welt hinein«, S. 442.

[70] Dem entspricht, dass mit Beginn des 20. Jahrhunderts und insbesondere im Zuge des Ersten Weltkriegs Pazifismus als prinzipielle Kriegsgegnerschaft eine breitere Anhängerschaft gewinnt. Karl Holl (vgl. Holl: Lemma ›Pazifismus‹) und Kurt Röttgers (vgl. Röttgers: Lemma ›Pazifismus‹) führen aus, dass ein pazifistisches Programm im Anschluss an Kants Schrift *Zum ewigen Frieden* und die europäischen Kriege zwar zu Beginn des 19. Jahrhunderts zum ersten Mal entsteht, wobei der ursprünglich französische Begriff im deutschsprachigen Raum erst um 1900 prominent wird. Bezüglich Remarques pazifistischem Erzählen in *Im Westen nichts Neues* hebt schon Walter von Molo, der damalige Vorsitzende der Sektion für Dichtung in der Preußischen Akademie der Künste, hervor, *Im Westen nichts Neues* sei »die bisher einzige neutrale Schilderung des furchtbaren Geschehens des Weltkriegs« (Oesterle: Das Kriegserlebnis im für und wider, S. 216).

[71] Vgl. Heinz Liepman: Remarque und die Deutschen. Ein Gespräch mit Erich Maria Remarque (1962), in: Erich Maria Remarque: Ein militanter Pazifist. Texte und Interviews 1929–1966, hg. und mit einem Vorwort versehen von Thomas F. Schneider, Köln 1994, S. 110–117, hier S. 112. Remarque schließt hier an Kurt Hillers Forderung nach einem Pazifismus der Tat an, die Hiller 1920 in der *Neuen Rundschau* erhoben hatte und dessen aktives Handeln er durchaus kämpferisch verstanden haben wollte (vgl. Kurt Röttgers: Lemma ›Pazifismus‹, Sp. 226). Die pazifistische Haltung im Sinne einer humanistischen Position lässt sich über die Aufklärung durchaus mit dem modernen Fortschrittsdenken vereinen.

einer geschichtlichen Sinndeutung des Krieges. Am ehesten noch lassen sich Anklänge an sozialistische Motive ausmachen: die Gegenüberstellung von Regierung und Arbeitern, die Begründung des Krieges mit den ökonomischen Interessen Weniger und der Ruhmsucht der Generäle sowie die Kritik an der Kriegspropaganda der kriegführenden Staaten. Auch die sozialistische Fiktion einer Gemeinschaft der Soldaten aller Länder wird anhand des russischen Gefangenenlagers während Bäumers Heimaturlaub aufgerufen. Jedoch stellt Bäumer nur fest, dass diese Gefangenen »ohne Schuld« (IWN 172) seien, was auch als Projektion eigener Entschuldung verstanden werden kann. Darüber hinaus merkt er einzig an, dass »[j]eder Unteroffizier [...] dem Rekruten [...] ein schlimmerer Feind als sie [die Russen, J.W.] uns« (IWN 172) seien. Ganz vage in Form einer Frage versucht Bäumer einen möglichen geschichtlichen Sinn des Krieges auszumachen: »Ist hier das Ziel, das Große, das Einmalige, [...] das ich suchte als Daseinsmöglichkeit nach dieser Katastrophe aller Menschlichkeit, ist es eine Aufgabe für das Leben nachher, würdig der Jahre des Grauens?« (IWN 172f.) Einer sozialistischen Antwort auf den Krieg traut Bäumer dennoch nicht: »Dieser Weg geht in den Abgrund.« (IWN 172)

Verglichen mit dem kommunistischen Geschichtsdenken, das die Romanhandlung, von diesem einzelnen allgemeinen Kommentar abgesehen, ausgeblendet, kritisiert der Roman den völkischen und später rassischen Nationalismus scharf, wie er mit Beginn des Weltkriegs zunehmend populär und schließlich diskursbeherrschend wird.[72] Schon die diskursive Verknüpfung einer Landschaft mit einem Volk und einer darauf gegründeten Nation wird ironisch hinterfragt. Sie findet Eingang in die Konservative Revolution und im Begriffspaar ›Blut und Boden‹, das später auch die Nationalsozialisten verwenden sollten.[73] Während eines Gesprächs über die Gründe des Krieges meint Albert, dass zumeist »ein Land ein anderes schwer beleidigt«, worauf Tjaden entgegnet: »Ein Land? Das verstehe ich nicht. Ein Berg in Deutschland kann doch einen Berg in Frankreich nicht beleidigen. Oder ein Fluß oder ein Wald oder ein Weizenfeld.« (IWN 181) Die bewusst naive Entgegnung Tjadens, der »sich dickfellig« (IWN 181) stellt, entlarvt nicht

---

[72] Zur Popularisierung des sogenannten Radikalnationalismus im Vor- und Verlauf des Ersten Weltkriegs vgl. Walkenhorst: Nation – Volk – Rasse, insbes. S. 11–79; sowie Müller: Die Nation als Waffe und Vorstellung, S. 113–219.

[73] Zur Begriffsgeschichte von ›Blut und Boden‹ vgl. Anna Bramwell: Blut und Boden, in: Etienne Francois/Hagen Schulze (Hg.): Deutsche Erinnerungsorte, München 2003, S. 380–391.

nur die metonymische Verbindung Land–Nation als Konstruktion, sondern führt auch die ›Ideen von 1914‹ *ad absurdum,* denen zufolge sich die Nation durch den Weltkrieg erfüllen werde. Tjaden kommentiert knapp Kropps Präzision der Metonymie»[e]in Volk beleidigt das andere«: »[I]ch fühle mich nicht beleidigt« (IWN 181). Im Anschluss präzisiert Tjaden, er identifiziere das Volk nicht mit dem Staat und der Staatsräson: »Feldgendarmen, Polizei, Steuer, das ist euer Staat.« (IWN 182) Die in den ›Ideen von 1914‹ angelegte Auflösung des Individuums in der als Nation bzw. Staat vereinten Volksmasse schließt Tjaden mit seiner Argumentation aus.

Die Kritik am Nationalismus lässt sich nicht zuletzt anhand der pejorativen Figurencharakterisierungen nachweisen. Der Lehrer Kantorek und der Unteroffizier Himmelstoß deuten den Krieg nationalistisch, schwören die Jugend auf einen bedingungslosen Kampf ein und erhoffen sich die Erfüllung der Nation. An den Stammtischen diskutieren betagte Zivilisten gewünschte Annexionen und erwarten einen baldigen Sieg, der die ersehnte Zukunft der Nation einleite. Die Frontsoldaten jedoch schütteln in Gestalt von Paul Bäumer und seinen Kameraden darüber den Kopf. So wollen sie von einem nationalistischen Direktor am Stammtisch »wissen, wie er sich das vorstellt« (IWN 151). Gerade die Soldaten lehnen das Verhalten und die Ideologie der Lehrer und Ausbilder ab, die ihnen »nur die Phrase und die Geschicklichkeit voraus[haben]« (IWN 17), und polemisieren gegen sie. Die Komik dieser Szenen resultiert aus der Umkehrung der Machtverhältnisse. So kommentiert Bäumer eine nächtliche Aktion, während der sie den Unteroffizier Himmelstoß verprügeln: »Eigentlich konnte Himmelstoß froh sein; denn sein Wort, daß immer einer den andern erziehn müsse, hatte an ihm selbst Früchte getragen. Wir waren gelehrige Schüler seiner Methoden geworden.« (IWN 48) Damit kippen der Nationalismus, wie ihn Himmelstoß verkörpert, und die soldatische Ausbildung ins Komische bzw. Lächerliche.[74] Gerade die sadistische, schikanöse Ausbildung befähigt zum Überleben in den Schützengräben: »So aber waren wir vorbereitet für das, was uns erwartete.« (IWN 29) In diesem Sinne wird der Nationalismus einerseits haftbar für den Krieg und die Kriegsgründe gemacht, andererseits wird er damit zur Bedingung der Möglichkeit, den Krieg zu überleben. Zuletzt polemisieren die Soldaten *en passant* auch gegen Kriegsorden. Während die Frontsoldaten keine Orden erhalten, tragen die Stabsärzte im Hinterland

---

[74] Vgl. Iser: Das Komische: Ein Kipp-Phänomen.

»das Kriegsverdienstkreuz im Knopfloch« und schicken die eigentlich nicht mehr kriegstauglichen Rekonvaleszenten ungeachtet der psychischen und physischen Leiden zurück an die Front: »An der Front brauchen Sie nicht laufen, wenn Sie Mut haben. Der Mann ist k.v. Wegtreten!« (IWN 247)[75]

Fortschrittskritik und Zukunftsentwürfe

Wie konsequent in *Im Westen nichts Neues* nicht nur gegen den Nationalismus polemisiert wird, sondern eine geschichtliche Verortung des Ersten Weltkriegs insgesamt vermieden wird, zeigt sich insbesondere in der Absage an den Fortschrittsgedanken. In der neuzeitlichen Geschichtsphilosophie beschreibt der Fortschrittsbegriff eine lineare,[76] letztlich planvolle Vervollkommnung (oder Degeneration) der Menschheit, die üblicherweise auf ein Telos zuläuft. Im Roman hingegen wird der Begriff ausschließlich den Autoritäten der Elterngeneration zugewiesen, die den Rekruten eigentlich als »Vermittler und Führer zur Welt des Erwachsenenseins [...], zur Welt der Arbeit, zur Pflicht, der Kultur und des Fortschritts, zur Zukunft« (IWN 17) hätten dienen sollen. Doch die Führerpersönlichkeiten werden desavouiert und ihre Weltanschauung wird mit den ersten Kriegstoten *ad acta* gelegt: »Und wir sahen, daß nichts von ihrer Welt übrigblieb.« (IWN 18) Da den Frontsoldaten jede geschichtliche Kontinuität verloren geht, lässt sich der Krieg nicht mehr in eine Fortschrittsvorstellung integrieren. Folgerichtig geben die Romanfiguren die Idee eines menschlichen Fortschritts auf und ersetzen die alte fortschrittsgebundene Weltanschauung durch eine neue am Ereignis orientierte und an den Zufall gebundene Weltsicht. Dem zufälligen Ereignis wird im Roman die Sinnlosigkeit zugeordnet, wie Peter Horn

---

[75] Der intertextuelle Bezug zur Kritik an den Kriegsärzten in Bertolt Brechts Ballade *Legende vom toten Soldaten* und George Grosz' Photolithographie *Die Gesundbeter* ist evident (vgl. Bertolt Brecht: Legende vom toten Soldaten, in: ders.: Gedichte 1 (= Große kommentierte Berliner und Frankfurter Ausgabe, Bd. 11), bearb. von Jan Knopf und Gabriele Knopf, Berlin/Weimar/Frankfurt a.M. 1988, S. 112–115 (Hauspostille); George Grosz: Die Gesundbeter [1918], in: ders.: Gott mit uns, Berlin 1920.

[76] Die Linearität menschlichen Fortschritts kann, etwa bei Oswald Spengler, durchaus in großen Zyklen verlaufen. Spengler beschreibt diese Zyklen über den Begriff der Zivilisationen, deren Aufstieg und Fall er mit seiner »Morphologie der Weltgeschichte« nachzuzeichnen beansprucht (vgl. Oswald Spengler: Der Untergang des Abendlandes. Umrisse einer Morphologie der Weltgeschichte, München 1963, insbes. S. 43–50, vgl. auch die Schautafel nach S. 70).

urteilt: »Die Kategorie des Zufalls impliziert die Kategorie des Sinnlosen.«[77] Insofern ist es einleuchtend, dass in den Kriegsereignissen kein Sinn mehr erkannt, sondern dem Zufall und der Kontingenz von Leben und Sterben als Soldat eine zentrale Rolle zugesprochen wird. »Über uns schwebt der Zufall«, kommentiert Bäumer die Unmöglichkeit, Geschossen sicher auszuweichen, »wohin es [das Geschoß] schlägt, kann ich weder genau wissen noch beeinflussen« (IWN 91). Die Erfahrung von Zufall mache »gleichgültig« etwa gegen den Verlust von Kameraden und befördert zumindest ansatzweise eine Weltsicht, die dem vorchristlich-antiken Fortunaglauben ähnelt: »Jeder Soldat bleibt nur durch tausend Zufälle am Leben. Und jeder Soldat glaubt und vertraut dem Zufall.« (IWN 92) Allerdings fehlt dieser Weltsicht die religiöse Komponente des Fortunaglaubens, insofern muss hier eher von einer Phänomenologie des Zufalls gesprochen werden.

Maßgeblich für diesen Prozess ist das Alter der jungen Frontsoldaten. Während die »älteren Leute [...] alle fest mit dem Früheren verbunden« sind und mit ihren »Frauen, Kinder[n], Berufe[n] und Interessen« (IWN 23) eigene Lebensperspektiven entwickelt haben, fehlt den Adoleszenten diese ›Verwurzelung‹ noch. Sie verlieren den »Sinn für andere Zusammenhänge«, die über den Krieg hinausweisen, und den für Metaphysik: »Nur die Tatsachen sind richtig und wichtig für uns.« (IWN 24) Diese ›normative Kraft des Faktischen‹ verhindert in der Romanlogik jede über den Krieg hinausweisende Teleologie. Der Tod Paul Bäumers am Romanende verhindert eine Zukunft narratologisch und ist gleichzeitig als Erlösung vom Krieg zu lesen: »[S]ein Gesicht hatte einen so gefaßten Eindruck, als wäre er beinahe zufrieden damit, daß es so gekommen war.« (IWN 257) Zwar deutet der Konjunktiv II »wäre« so wie die Einschränkung durch das Adverb »beinahe« an, dass Bäumer mutmaßlich lieber ein Leben ohne Krieg geführt hätte, als an der Front zu sterben. Doch der Schlusssatz muss durchaus als soteriologische Ersetzung eines neuzeitlichen Fortschrittsversprechens interpretiert werden. Die Erlösung im Tod führt das Telos der Geschichtsphilosophie zurück zum jüdisch-christlichen Ursprung der Heilserwartung. Über das bloße Überleben der Willfährnisse des Krieges hinaus formulieren die Frontsoldaten weder persönliche noch gemeinschaftliche Lebensziele. Zwar sprechen Bäumer, Westhus und Müller über ihre Pläne für den Frieden, doch abgesehen von der Phantasie eines

---

[77] Peter Horn: Der ›unbeschreibliche‹ Krieg und sein fragmentierter Erzähler. Zu Remarques Kriegsroman »Im Westen nichts Neues«, in: Heinrich Mann-Jahrbuch 4 (1986), S. 85–108, hier S. 88.

»acht Tage« dauernden Stelldicheins mit einem »strammen Feger« (IWN 72) haben sie keine Zukunftswünsche mehr. Daher erwägt Westhus sogar, sich auf zwölf Jahre zu verpflichten. Das Militär erscheint ihm, der keine zivilen Zukunftsvorstellungen hegt, mittlerweile als einzig mögliche Daseinsform. Westhus steht mit dieser Perspektive exemplarisch für seine Kameraden, die sich mit ihrem Überlebenswillen und ihrer Kampferfahrung nicht mehr als Zivilisten in Uniform, sondern als Krieger verstehen:

> Aus uns sind gefährliche Tiere geworden. Wir [...] liegen nicht mehr ohnmächtig wartend auf dem Schafott, wir können zerstören und töten, um uns zu retten, um uns zu retten und zu rächen. [...] Das Krachen der Handgranaten [...] kraftvoll in die Arme, in unsere Beine, geduckt wie Katzen laufen wir, überschwemmt von dieser Welle [...][,] die unsere Kraft vervielfältigt in Angst und Wut und Lebensgier, die uns Rettung sucht und erkämpft. (IWN 103)

Die Wertmaßstäbe der Elterngeneration gehen an der Front verloren. Zwar kann die soldatische Identität als partielle Sinngebung des eigenen Lebens verstanden werden, weil die Frontsoldaten in gewissem Sinn die Forderung Nietzsches aus der Genealogie der Moral erfüllen: »[W]ir haben eine *Kritik* der moralischen Werthe nöthig, *der Werth dieser Werthe ist selbst erst einmal in Frage zu stellen*«.[78] Mit Nietzsche kann man Führerfiguren als ›Übermenschen‹ verstehen, die über die immoralische »Umwerthung aller Werthe«[79] »einen *neuen* Sinn in das sinnlos Gewordene zu legen«[80] vermögen, der zunächst einmal in der »*Wiederherstellung des Menschheits-Egoismus!*«[81] besteht. Beispielsweise lässt Walter Flex in *Der Wanderer zwischen beiden Welten* seinen Protagonisten der großen Führerpersönlichkeit Ernst Wurche hinterhersterben und überhöht

---

[78] Friedrich Nietzsche: Zur Genealogie der Moral, in: ders.: Jenseits von Gut und Böse/ Zur Genealogie der Moral (= Kritische Studienausgabe [KSA], Bd. 5), hg. von Giorgio Colli und Mazzino Montinari, München 1999, S. 245–412, hier S. 253, Hervorhebung im Original.

[79] »Entwurf des/ Plans zu:/ der Wille zur Macht./ Versuch/ einer Umwerthung aller Werthe.« (Friedrich Nietzsche: Nachgelassene Fragmente 1887–1889 [= Kritische Studienausgabe (KSA), Bd. 13], hg. von Giorgio Colli und Mazzino Montinari, München 1999, S. 537, Hervorhebung im Original) Vgl. Andreas Urs Sommer: Umwerthung aller Werthe, in: Henning Ottmann (Hg.): Nietzsche Handbuch. Leben – Werk – Wirkung, Stuttgart/ Weimar 2011, S. 345f.

[80] Friedrich Nietzsche: Nachgelassene Fragmente 1885–1887 (= Kritische Studienausgabe [KSA], Bd. 12), hg. von Giorgio Colli und Mazzino Montinari, München 1999, S. 113, Hervorhebung im Original.

[81] Nietzsche: Nachgelassene Fragmente 1887–1889, S. 604, Hervorhebung im Original.

das Selbstopfer im Krieg ganz im Tonfall der ›Ideen von 1914‹: »Großen Seelen ist der Tod das größte Erleben«.[82] In *Im Westen nichts Neues* jedoch ist es mit der soldatischen Selbstermächtigung im Sinne eines nietzscheanischen ›Willens zur Macht‹ nicht weit her. Der soldatische ›Wille zum Überleben‹ entblößt von vornherein seine hässliche Fratze. In ihrer »Lebensgier« sind die Soldaten zu »Wegelagerern, zu Mördern, zu Teufeln« (IWN 103) verkommen – und drohen einen Tod zu sterben, der schon in seiner Erwartbarkeit alle nietzscheanischen Machtphantasien der Frontsoldaten vernichtet. Eine zivile Zukunft kann kaum noch gedacht werden, erweist sich der Krieg doch als Kulturbruch:

> Wie sinnlos ist alles, was je geschrieben, getan, gedacht wurde, wenn so etwas möglich ist! Es muß alles gelogen und belanglos sein, wenn die Kultur von Jahrtausenden nicht einmal verhindern konnte, daß diese Ströme von Blut ergossen wurden, daß diese Kerker der Qualen zu Hunderttausenden existieren. (IWN 233)[83]

Die Kontinuität im Leben der Generation Bäumers bricht. Angesichts der Kriegsgräuel erscheint sie inkommensurabel mit den Zukunftsentwürfen der Elterngeneration. »[D]as Leben ist zu Ende« (IWN 122), beschließt Bäumer die nüchterne Schilderung der Verwundungen nach einem Angriff. Anstatt Zukunftsvorstellungen zu entwickeln, bestimmt er den Erben von Kemmerichs Soldatenstiefeln. »Nach mir wird Tjaden sie bekommen, ich habe sie ihm versprochen.« (IWN 246) Das heißt nichts anderes, als dass Bäumer seinen nahenden Tod zukunftsgewiss erwartet.
Etwaige Zukunftsperspektiven werden durch das Erlebnis bzw. die Imagination der sexuellen Begegnung mit einer Frau ersetzt. Westhus träumt davon, sich nach dem Kriegsende »so einen strammen Feger [zu] schnappen, so einen richtigen Küchendragoner, weißt du, mit ordentlich was zum Festhalten, und sofort nichts wie rin in die Betten!« (IWN 72) Jenseits derartiger Adoleszenzphantasien symbolisiert das Weibliche durch seine Abwesenheit an der Front das ›Andere‹ des Krieges, den Frieden. Das attraktive Mädchen auf dem Poster einer Fronttheatertruppe wird von den Soldaten als »Wun-

---

[82] Walter Flex: Der Wanderer zwischen beiden Welten. Ein Kriegserlebnis, in: ders.: Gesammelte Werke, Bd. 1, München [o.J.], S. 185–265, hier S. 249.
[83] Diese Textstelle nimmt auch Tilman Westphalen als Ausgangspunkt für seine persönliche Lektüre des Romans (vgl. Tilman Westphalen: »Kultur von Jahrtausenden« und »Ströme von Blut«. Erich Maria Remarque: *Im Westen nichts Neues*, in: Carl-Heinrich Bösling u.a. [Hg.]: Krieg beginnt in den Köpfen. Literatur und politisches Bewusstsein, Osnabrück 2011, S. 47–64).

der« (IWN 127f.) bestaunt: »Das ist der Frieden, so muß er sein, spüren wir erregt.« (IWN 128) Wie sehr Krieg und Frauen einander ausschließen und die Erotik den Frieden benötigt, wird in der erregten Konversation im Anschluss deutlich:

> »Albert, das wäre was, meinst du nicht?« Er nickt. »Zu Hause habe ich auch eine weiße Hose.« [...] Wir sehen an uns herunter. Da ist nicht viel zu finden, eine ausgeblichene, geflickte, schmutzige Uniform bei jedem. Es ist hoffnungslos, sich zu vergleichen. (IWN 128)

In diesen Deutungszusammenhang muss der Kanal, der die Frontsoldaten und drei Französinnen voneinander trennt, integriert werden. Eines Nachts durchschwimmen die Soldaten ihn, um ins verbotene ›Land der Frauen‹ zu einem Stelldichein zu gelangen. Die Frauen und der Frieden liegen im Jenseits des Krieges. Die Episode mit den drei Französinnen fungiert als Eskapismus bzw. als realisierter Wunscherfüllungstraum. Paul Bäumer ersehnt die körperliche Nähe und will »alles damit auslöschen, Krieg und Grauen und Gemeinheit, um jung und glücklich zu erwachen« (IWN 135). Dass diese sexuelle Erfahrung keine Affäre als kleines Glück auslöst oder gar das große Glück einer Liebe nach sich zieht, kündigt sich bereits bei Betrachtung des Himmels an, der »grün wie ein unreifer Apfel« (IWN 131) scheint. Versteht man den Apfel in einem christlichen Sinn als Symbol des Sündenfalls und zugleich als Symbol der Liebe – man denke an Dionysos als Schöpfer des Apfelbaumes und den Apfel als Attribut Aphrodites –, dann symbolisiert der ›unreife Apfel‹ die Erkenntnis der Unmöglichkeit einer Liebe im Krieg. Faktisch empfinden die Französinnen nicht Zuneigung, sondern sie prostituieren sich in ihrer Notsituation: »Ihre Augen glänzen, man sieht, daß sie Hunger haben.« (IWN 133) Daher kann die Rückkehr des Soldaten zum Zivilisten nur für einen kurzen Moment gelingen,[84] bevor sie der Realität und der Ernüchterung weicht: »Man glaubt an Wunder und nachher sind es Kommißbrote.« (IWN 138) Strukturell wird in der Romanlogik die einzelne Szene, die ein Wunscherfüllungscharakter auszeichnet, gegen das Telos eines Narrativs gestellt. Albrecht Koschorke grenzt das Narrativ von der Szene

---

[84] Indem die Soldaten ihre Uniform ausziehen, werden sie zu Zivilisten und verlieren ihren soldatischen Gestus: »Unsere Stiefel haben wir vor der Tür gelassen, man hat uns Pantoffeln dafür gegeben, und nun ist nichts mehr da, was mir die Sicherheit und Frechheit des Soldaten zurückruft: kein Gewehr, kein Koppel, kein Waffenrock, keine Mütze. Ich lasse mich fallen ins Ungewisse [...].« (IWN 134)

ab. Während das Narrativ an die »Welt der Performanz« anschließe, verbalisiere die Szene die »Welt der Bilder, die szenisch verdichtete Wendepunkte vergegenwärtigen«.[85] Koschorke begreift Narrativ und Szene somit als

> unterschiedliche Textzustände, die ineinander transformiert werden können und sich wechselseitig ergänzen. Das Narrativ bedarf der Szene, um in ausgewählten Momenten durch Anschaulichkeit einprägsam zu werden; der Text simuliert in solchen Momenten, visuell, ja theatralisch zu sein.[86]

Indem Remarque die einzelne Szene gegen das Telos einer geschichtlichen Erwartung stellt, bedient er sich »der kulturellen Wirkmacht von Bildern«, die er gegen die »strukturiende[ ] Leistung von Begriffen«[87] in Stellung bringt. Gleichwohl bleibt der Wunscherfüllungscharakter der Szene utopisch – Liebe erfahren die Soldaten nicht.

Man kann das Scheitern aller individuellen Zukunfts- und Lebensentwürfe in *Im Westen nichts Neues* mit der Absage an historistische Vorstellungen verknüpfen. Jacob Burckhardt hatte Ende des 19. Jahrhunderts das Verhältnis von Staat und Einzelnem erörtert. Die Konsequenzen von Burckhardts Position bringt Karl Löwith in die Formel: »Die historische Größe einer Nation ist kein Ersatz für die Vernichtung eines einzigen Individuums, noch haben Völker als solche Anspruch auf Dauer«.[88] Da sich für Burckhardt der Maßstab für historische Wertungen aus der Erfahrung von Kontinuität speist, liegt im Bruch eines geschichtlichen Kontinuums die große Gefahr. Sollte »wirklich eine radikale Krise die Kontinuität unserer Geschichte sprengen, so würde dies ihr Ende sein.«[89] In *Im Westen nichts Neues* wird die Zäsur des Ersten Weltkriegs folglich nicht zum Anlass neuer Zukunftserwartungen, sondern mit Burckhardt zum Kontinuitätsbruch, angesichts dessen die Geschichte der ›verlorenen Generation‹ abbricht.

Der Sommer 1918 und der »Ansturm des Nichts«

Im elften Kapitel des Romans kulminieren die Motive des Persönlichkeits- und des Zeitverlusts sowie des ›rasenden Stillstands‹ in einer Hymne an den Sommer 1918. Der Sommer wird als ein letztes Aufbäumen des Lebensdran-

---

[85] Koschorke: Wahrheit und Erfindung, S. 72.
[86] Ebd., S. 71.
[87] Ebd., S. 72.
[88] Löwith: Weltgeschichte und Heilsgeschehen, S. 32.
[89] Ebd., S. 28.

ges vor der Kapitulation und dem unvermeidlichen Tod gepriesen. Über dieses erzählerische Mittel wird der Krieg, zeitlich entgrenzt, nicht mehr chronologisch datierbar. Erzählerisch wird weniger das einzelne Ereignis, sondern vielmehr die Stimmung der Zeit iterativ erfasst. Offenbar ist der Sommer 1918 eine endlose Zeit, weil sich das Kriegsende abzeichnet und gleichzeitig im Ungewissen verbleibt:

> Wind der Hoffnung, der über die verbrannten Felder streicht, rasendes Fieber der Ungeduld, der Enttäuschung, schmerzlichste Schauer des Todes, unfaßbare Frage: Warum? Warum macht man kein Ende? Und warum flattern diese Gerüchte vom Ende auf? (IWN 251)

Als Abschied von einem teleologischen Geschichtsverständnis ist auch der anschließende evolutionäre Regress zu werten. Die Frontsoldaten verlieren ihre Personalität. Im Dauerregen der Front verwandeln sie sich zu einer ununterscheidbaren »triefende[n], feuchte[n], ölige[n] Masse Erde« (IWN 252). Die Auflösung des Menschen in Wasser und Erde gipfelt in den entsprechenden Identifikationsmetaphern: »Unsere Hände sind Erde, unsere Körper Lehm und unsere Augen Regentümpel. Wir wissen nicht, ob wir noch leben.« (IWN 252) Das Einswerden mit der Natur, der Tod Paul Bäumers und die Absage an Perspektiven verunmöglicht eine Zukunft gleich dreifach: anthropologisch-individuell, narratologisch und kollektiv. Erster Weltkrieg und Grabenkrieg stehen in *Im Westen nichts Neues* für sich. Sie sind ein Bruch mit allen Kontinuitäten, dem die Generation der jungen Frontsoldaten zum Opfer fällt. Bestenfalls die Kameradschaft könnte sich als Projektionsfläche über den Krieg hinaus anbieten, doch die Kameraden Bäumers sterben nacheinander fort, bis schließlich auch er getötet wird. Übrig bleibt die Fronterfahrung als Erfahrung des ›rasenden Stillstands‹. Der Krieg hingegen wird »letztlich überhaupt nicht gedeutet«, wie Jost Hermand zusammenfasst, »sondern [er] präsentiert sich nur als Faktum, als Gegebenheit, als chaotische, weil unverstandene Wirklichkeit«.[90] Weil der Roman den Ersten Weltkrieg nicht in einen geschichtlichen Deutungsrahmen integriert, erfüllt er die eschatologischen Normvorstellungen der Zeit nicht, wie sie sich etwa im Narrativ der ›Ideen von 1914‹ wiederfinden. Der Erste Weltkrieg wird auch nicht sinnhafter, wenn man den Fokus von der Romanlogik auf die Figurenebene verschiebt: Nicht einmal Paul Bäumers

---

[90] Hermand: Versuch, den Erfolg von *Im Westen nichts Neues* zu verstehen, S. 74.

entwicklungspsychologischer Dreischritt, den Olga Pochalenkow entwirft,[91] wird in der Romanlogik mit Sinn versehen. Bäumer entwickelt sich zwar, jedoch nicht hin zu einem weltlichen *eschaton*, sondern im narrativen Rahmen des Frontkämpfers lediglich hin zur Erlösung vom Krieg im Tod. Damit unterscheidet sich *Im Westen nichts Neues* maßgeblich von Erzählungen wie Walter Flex' *Wanderer zwischen beiden Welten*, in denen das individuelle Schicksal über die national-geschichtliche Verortung des gesamten Krieges sinnhaft wird. Der erzählerische Zerfall einer kohärenten Zeitstruktur der Erzählung setzt bereits zu Beginn des elften Kapitels ein, wenn die kalendarische Zeitrechnung durch eine jahreszeitlich-zyklische Zeitbestimmung ersetzt wird: »Wir zählen die Wochen nicht mehr. Es war Winter, als ich ankam […]. Jetzt sind die Bäume wieder grün.« (IWN 239) Von einem festen Vergangenheitsbezug, der eine an Daten orientierte Zeitrechnung rechtfertigt, sind die Soldaten weiter denn je entfernt. In diesem Sinne ist auch die »ungeheuer einfache Linie« zu verstehen, auf der das »Leben hier an der Grenze des Todes« (IWN 240) stattfinde. Den Soldaten ist mit dem Verlust ihrer Vergangenheit ein geschichtlicher Raum abhandengekommen, in den sie die Westfront und den Ersten Weltkrieg integrieren könnten. Dass »jede Lebensäußerung […] nur der Daseinserhaltung dienen« (IWN 240) darf, äußert sich in der Metapher der zweidimensionalen Linie, die als ›geschichtliche Horizontlinie‹ den Einzelnen auf sein Überleben beschränkt. Die Beschränkung erfährt Bäumer als drohenden »Ansturm des Nichts« (IWN 241). Diesen Ansturm gestaltet vor allem die Erfahrung des ›rasenden Stillstands‹. Spätestens am Romanende ist die Beschleunigungserfahrung an der Front ubiquitär und nicht einmal das im Romanverlauf vermeintlich geruhsame Essen bleibt den Soldaten erhalten. Tjaden löffelt mittlerweile bei Angriffen »in rasender Hast seine Erbsensuppe mit Speck […], weil er ja nicht weiß, ob er in einer Stunde noch lebt« (IWN 240). Vor diesem Hintergrund bezeichnet die »ungeheuer einfache Linie« den geschichtslosen Ort des ›rasenden Stillstands‹, dem die soldatische Existenz unterworfen ist. *Im Westen nichts Neues* erzählt anhand des ›rasenden Stillstands‹ das Leben der Frontsoldaten an der Westfront als ein dauerhaftes Leben »an der Grenze des Todes« (IWN 240).

---

[91] Vgl. Pochalenkow: Die Entwicklungsstadien der Gestalt von Paul Bäumer.

4 Partikulare Kameradschaft und kollektiver Individualismus. Die Stilllegung des Frontkämpfer-Narrativs in *Der Weg zurück*

Der Weg zurück erzählt die Geschichte des soldatischen Persönlichkeitsverlustes an der Westfront. Der Roman führt die verzweifelten Versuche der Soldaten vor, in der Heimat ihren Platz in der Gesellschaft zu finden und sich eine neue, persistente Persönlichkeit zu erschließen, die weder auf der im Krieg verlorenen Jugend noch auf den Kriegserlebnissen aufbaut und die zudem keine Zuflucht in Ideologemen sucht. Die Persönlichkeitsstruktur der Soldaten bleibt auch nach ihrer Rückkehr prekär: »Particularly in the first half of the text Remarque is concerned to demonstrate the extent to which present behavior, both physical and psychological, is fundamentally conditioned by the experience of war.«[92] Übliche Lebensziele werden irrelevant, die Soldaten können sich weder für das »klare[ ] Ziel: Erfolg« (DWZ 264) begeistern noch mit ihren Berufen identifizieren; Ernst Birkholz etwa, der Protagonist und Erzähler des Romans, gibt seinen Beruf als Lehrer auf. Die Gründe für fehlende individuelle Zukunftsperspektiven sind vielfältig. Die jungen Männer bringen fragwürdige soldatische Identitäten mit in die Heimat zurück, ihnen fällt die Wiedereingliederung in den gesellschaftlichen Alltag schwer. Dazu kommen die Unfähigkeit, das Erlebte und die eigenen Gefühle in der Heimat zu artikulieren sowie die Perspektivlosigkeit in einer Zivilgesellschaft, die die Frontsoldaten jahrelang für ihre Kriegszwecke und Großmachtträume benutzt hat, den Umgang mit den Kriegsheimkehrern nun jedoch scheut.

Die soldatische Lebensweise kann nach Kriegsende nicht in die Nachkriegsgesellschaft hinein verstetigt werden. Die Erfahrung beständiger Lebensgefahr und bedingungsloser Kameradschaft sind an die Fronterfahrung gebunden. Demzufolge entwickeln nur jene Heimkehrer Zukunftsperspektiven, die nicht Teil der Frontgemeinschaft waren, beispielsweise der Kneipenwirt Seelig oder der Kompaniechef Heel. Jenen jungen Soldaten jedoch, die ihre Persönlichkeit voll auf Fronterfahrung und Frontgemeinschaft ausgerichtet haben, die also die Kameradschaft absolut gesetzt haben, bricht ihre Lebensgrundlage fort. Exemplarisch zeigt dies das Schicksal der im Mittelpunkt der Handlung stehenden Figuren Adolf Bethke, Georg Rahe und Ernst Birkholz. Sie geraten zwischen die Mühlsteine der eigenen Kriegserfahrung

---

[92] Ward: The Structure of *Der Weg zurück*, S. 88.

und die Anforderungen der Nachkriegsgesellschaft. Da die Kriegserfahrung unmöglich in die Nachkriegsgesellschaft integriert werden kann, reagiert die das soziale Umfeld mit Unverständnis auf die aus ihrer Sicht seltsamen Anwandlungen der Heimkehrer. Dieses Dilemma spiegelt sich in der Textstruktur: Je stärker die Gegenwart der Front und die Beschleunigungserfahrung in den Hintergrund rückt, desto geringer fällt auch die noch für *Im Westen nichts Neues* typische erzählerische Amplitude des steten Wechsels zwischen der absoluten Anspannung in den Gräben und temporären Ruhephasen aus. Mit der Auflösung der Kameradschaft versiegt – so soll im Folgenden gezeigt werden – das Frontkämpfer-Narrativ auf struktureller Ebene. Die Erzählung wird gleichförmiger. Dies gilt auch auf inhaltlicher Ebene. Die vergangene Intensität der Fronterfahrung als ›rasender Stillstand‹ ersetzt in der Gegenwart die Monotonie alltäglichen Lebens, die für die Persönlichkeit der Heimkehrer jedoch nicht weniger bedrohlich ist.

Die Soldaten verlieren mit der Flucht des Kaisers und dem damit verbundenen Friedensschluss gänzlich ihre soldatische Persönlichkeit; die Flucht kündigt das Kriegsende und somit das Ende der identitätsstiftenden Frontgemeinschaft an. Weil der Kaiser entthront und das Kaiserreich zerschlagen wird, haben die Soldaten zudem keinen Grund mehr, Krieg zu führen. Hatten sie zuvor ›mit Gott für Kaiser und Vaterland‹ im Feld gestanden, heißt es nun: »Das Letzte, was wir hatten, ist uns genommen worden. Jetzt haben wir den Boden unter den Füßen verloren.« (DWZ 44) Nachdem sich die jungen Männer diesem Kampf in anfänglich nationalistischer Begeisterung[93] verschrieben, dann den Krieg überlebt und eine neue Persönlichkeit als Soldat angenommen haben, verlieren sie mit der Flucht des Kaisers mehr als nur den Krieg: Sie gehen ihrer neuen, alten Identität als Frontsoldaten verlustig. Dementsprechend fragt der Erzähler später auch programmatisch: »Passen wir überhaupt noch zu etwas anderm, als Soldaten zu sein?« (DWZ 144) Den Krieg also werden die Frontsoldaten nicht mehr los. Das äußert sich zuallererst in psychischen und physischen Spätfolgen. Über den Zustand eines ehemaligen Kameraden, der seit Wochen mit Wahnvorstellungen und Posttraumatischen Belastungsstörungen in einer »Irrenanstalt« (DWZ 170) untergebracht ist, urteilen die Kameraden nach einem Besuch: »[E]twas ha-

---

[93] Auch diese wird von Georg Rahe reflektiert: »»Und damals – damals, als wir rausgingen, was war das für ein Wille und ein Sturm!‹ – Er wirft die Zigarette weg. ›Verdammt, wo ist das alles geblieben!‹ Dann sagt er nach einer Weile leise: ›Das möchte ich noch wissen, Ernst – wie so etwas daraus werden konnte. –‹« (DWZ 339f.)

ben wir alle davon« (DWZ 176). Diese Einschätzung trifft zu, wie sich etwas später in einem Alptraum des Erzählers zeigt. Er wird von der Leiche eines englischen Hauptmanns verfolgt, den er zuvor mit einer Handgranate getötet hatte. Sein für die beschleunigte Moderne nicht ungewöhnliches nervöses Leiden spiegelt sich in der »Krisenheterotopie«[94] der Irrenanstalt, die auf die völlig enthemmte Beschleunigung der Moderne verweist.[95]

Der Umgang der Soldaten mit ihrer Heimat hingegen wird zunehmend problematisch, weil »eine unüberbrückbare Kluft zwischen Soldaten und Nichtsoldaten klafft« (DWZ 181), die den Heimkehrern die Wiedereingliederung in den Alltag verunmöglicht. Das hat zwei Ursachen. Erstens war das Leben an der Front für die Frontsoldaten scheinbar simpler, weil anspruchsloser: »Ach, im Felde war das einfacher – wenn man da nur lebte, war alles schon gut« (DWZ 154). Zweitens können die Soldaten weder an ihre Vorkriegs- noch an ihre Kriegspersönlichkeit anschließen. Die ›Jahre im Feld‹ haben die Erinnerung an Kindheit und Jugend derart stark verklärt, dass die Frontsoldaten nur noch an ihre Erinnerungen, nicht mehr an ihr altes Leben anzuschließen vermögen. Offensichtlich wird diese Verklärung in der Begegnung mit dem Schreibwarenhändler Becker, der als »großer Vertrauter« erinnert wird, sich aber desinteressiert verhält und darüber zum »Zivilistenkamel« verkommt (DWZ 99f.). Die Erinnerung an früher scheint »lebendiger als die Wirklichkeit« (DWZ 167) zu sein und sie überlagert zu haben. Dementsprechend fragt sich der Erzähler Ernst Birkholz, ob die Erinnerung ihm »zur Wirklichkeit geworden« sei, »während diese sich zurückzog und zusammenschrumpfte, bis nichts mehr von ihr blieb als ein kahles Gerüst […]? Haben die Jahre draußen die Brücke zum Früher verbrannt?« (DWZ 167)

Birkholz stellt analog zu Paul Bäumer fest, dass der Krieg durch die Heimkehr und die erzwungene Rückkehr zur Schulbank »zur Vergangenheit« wird: »Der Kreis schließt sich erneut. Aber wir sind nicht mehr darin.« (DWZ 169) Der Zugang zu einer persönlichen Identität ist für die heimkehrenden Soldaten in *Der Weg zurück* doppelt verstellt, ihr Dilemma besteht im Verlust sowohl der Vorkriegs- als auch der Kriegspersönlichkeit, an die sie nicht anknüpfen können. Ihr Leben hat räumlich und ereignisgeschichtlich eine Kreisstruktur beschrieben, nicht jedoch biographisch. Denn die Heimkehrer sind keine Jugendlichen mehr, sie sind während des Krieges zu Erwachsenen

---

[94] Foucault: Andere Räume, S. 41.
[95] Vgl. Sprengel: Geschichte der deutschsprachigen Literatur 1900–1918, S. 36.

gereift. Die Adoleszenz wird vom Erzähler aufgegriffen, wenn er reflektiert, dass Jugend »nicht sentimental [ist]; man kann sich ihr nähern, aber nicht zu ihr hineinkommen. Wer aus dem Paradiese einmal ausgestoßen ist, kann nie zurück. Es gibt ein Gesetz der Jahre.« (DWZ 258) Das Adoleszenz-Motiv aus *Im Westen nichts Neues* wird also in *Der Weg zurück* aufgegriffen und variiert. Der Roman erzählt insofern nicht nur von der Heimkehr der Frontsoldaten, sondern auch vom Erwachsenwerden. Zudem lassen sich die Kriegserfahrungen nicht mit den gesellschaftlichen und bürokratischen Vorstellungen der Daheimgebliebenen vereinbaren. Niemand weiß, welchen gesellschaftlichen Platz die Heimkehrer einnehmen und wie ein angemessener Umgang mit ihnen aussähe. Dementsprechend fehlt den Heimkehrern ein ›Dritter Raum‹, in dem sie sich zwischen jugendlichem Schulabsolventen und erwachsenem Kriegsheimkehrer verorten könnten.[96] Sie können die beiden Lebensräume der Schule und der Kriegsfront nicht dekonstruieren; beide Räume bleiben solitär, bestehen parallel und können nicht zu der hybriden Identität eines Dritten Raumes vereinigt werden. Daraus entsteht Heimatlosigkeit. Diese Heimatlosigkeit wiederum führt zur Ablehnung gesellschaftlicher Normen, die sich in Protesten gegen die Pflicht äußert, wieder zur Schule gehen zu sollen, sowie im Tragen von Vollbärten und in der Abneigung gegen die nationalistischen Ausfälle der Lehrer. Und auch sonst finden die ehemaligen Kameraden nicht in die »Fata Morgana« (DWZ 211) ihrer Jugend zurück. Das drückt sich in ihrer Raumwahrnehmung aus. Den Jugendlichen bedeutete der Dom, ihr Seminar und das Gymnasium ihre »Welt. Dann wurden es die Schützengräben.« (DWZ 131) Ihnen ergeht es wie dem angeredeten »Du« in Erich Kästners *Deutsches Ringelspiel* von 1947:

> Das ist die Heimkehr dritter Klasse,
> ganz ohne Lorbeer und Hurra.
> [...] Du kommst, und niemand will dich haben.
> Du stehst im Nichts. Das ist nirgends dein Ort.[97]

---

[96] Vgl. zum Konzept des ›Dritten Raums‹ Homi K. Bhabhas dekonstruktivistischen und postkolonialen Grundsätzen verpflichtete Monographie *Die Verortung der Kultur* (Tübingen 2000), insbes. S. 47–58. Bhabha zufolge konstituiert der Dritte Raum, »obwohl ›in sich‹ nicht repräsentierbar, die diskursiven Bedingungen der Äußerung, die dafür sorgen, daß die Bedeutung und die Symbole von Kultur nicht von allem Anfang an einheitlich und festgelegt sind und daß selbst ein und dieselben Zeichen neu belegt, übers., rehistorisiert und gelesen werden können.« (Ebd., S. 57)

[97] Erich Kästner: Deutsches Ringelspiel 1947, in: ders.: Vermischte Beiträge (= Gesammelte Schriften, Bd. 5), Köln/Zürich 1959, S. 99–106, hier S. 100. Eine solche Erfahrung existen-

Vergleichbares erleben auch die Frontheimkehrer in *Der Weg zurück*. Sie befinden sich im Niemandsland des Nachkriegs, dem sie kaum entkommen können. In diesem Zusammenhang ist auf die Figur des Georg Rahe zu verweisen. Rahe reist zurück zu den Schützengräben des Weltkriegs, weil er sich nur dort wieder heimisch fühlt: »Hier allein ist noch der Krieg, nicht mehr in den Gehirnen und den verschobenen Erinnerungen der Davongekommenen.« (DWZ 360) Doch die Erkenntnis, dass auf den Schlachtfeldern »die verlorenen Jahre, die nicht erfüllt worden sind, wie ein gespenstischer Nebel über den Gräbern« stehen, das »ungelebte Leben, das keine Ruhe findet, in dröhnendem Schweigen zum Himmel [hier schreit, E.M.R.]« und »die Kraft und der Wille einer Jugend, die starb, bevor sie zu leben beginnen konnte [hier strömt, E.M.R.]« (DWZ 360), führt zur Katastrophe: Er bringt sich um. Damit steht Georg Rahe, der als »spät Heimgefundener« (DWZ 361) sein Leben dann doch in den Gräben lässt, exemplarisch für die Unmöglichkeit, der Hölle der Schützengräben durch Rückkehr in die ehemalige Heimat zu entkommen, wie er kurz zuvor feststellt: »Ich glaube, wir sind alle verloren.« (DWZ 322)

Auf der Suche nach gesellschaftlicher Orientierung[98] eröffnet sich den Heimkehrern also eine trostlose Lebensperspektive,[99] die mit der Negation üblicher

---

tieller Fremde und Heimatlosigkeit haben vor allem Exilschriftsteller vor dem Hintergrund der NS-Herrschaft und der Shoa beschrieben. Jean Améry definiert Heimat als Raum der »Sicherheit«, als den Ort, an dem »wir souverän die Dialektik von Kennen-Erkennen, von Trauen-Vertrauen« (Jean Améry: Jenseits von Schuld und Sühne, in: ders.: Werke, Bd. 2, hg. von Gerhard Scheit, Stuttgart 2002, S. 7–177, hier S. 95) beherrschten. Er analogisiert Heimat mit der Mutterbindung (vgl. ebd., S. 97) und identifiziert Heimat im Regelfall mit dem »Kindheits- und Jugendland« (ebd.). Angesichts des Exils und der politischen Situation in Deutschland aber ist die »Vergangenheit […] urplötzlich verschüttet«, sodass Améry jegliche Sicherheiten und Jugenderinnerungen verliert: »Ich war kein Ich mehr und lebte nicht in einem Wir.« (Ebd., S. 89f.)

[98] Gesellschaftliche Orientierung suchen die Heimkehrer auch in ihnen vertrauten Mustern, etwa in (quasi militärischen) Führer-Figuren. Führung erachtet der Erzähler als natürliche Lebensform, war doch das »Lebendigste, Kraftvollste […] der Führer, dem die andern folgten«, im Gegensatz zum »künstlichen Gesetz der Bewertung« (DWZ 256) in der Bildung. Dieser Gedanke wird motivisch in der folgenden Szene ausgearbeitet, wenn der Hund eines Bauern – eine Dogge – und der Hund von Ernst Birkholz, ein »Kriegshund, ein alter Soldat« (DWZ 259), einander anfallen und sich trotz anderslautender Voraussagen der Kriegshund als zäher erweist: »[D]as ist eben altes Militär« (DWZ 260). Damit wird ein soldatischer Führer-Kult auch in Remarques zweitem Weltkriegs-Roman auf Dauer gestellt und die Führer-Figur des Krieges auch im Frieden als tauglich erachtet.

[99] So graut Ernst vor dem Gedanken, dass er blaue Hefte korrigieren muss, »bis ich allmählich alt werde und endlich sterbe« (DWZ 269). Diese Perspektive steht der anfänglichen

Lebensziele einhergeht und die den Bruch mit gesellschaftlichen Erwartungen bedeutet.[100] Dabei werden im Handlungsverlauf denkbare Lösungswege für die Kriegsheimkehrer durchdekliniert und wieder verworfen. Eine gesellschaftlich anerkannte und übliche Arbeitsstelle scheint ihnen verwehrt, haben die Soldaten doch ziviles Arbeiten nicht gelernt. »[W]ir können kämpfen, aber nicht arbeiten« (DWZ 232), stellt Georg Rahe fest. Folgerichtig gibt der Ich-Erzähler seine Stellung als Lehrer auf – er kann nach seinen Jahren an der Front weder Wissen noch Werte vermitteln –, während Rahe sich verpflichtet, auf der vergeblichen Suche nach soldatischer Kameradschaft: »Ich gehe dahin, wo ich die Kameradschaft noch wiederfinde.« (DWZ 234) Karl Bröger hingegen verabschiedet sich von seinen intellektuellen Idealen, übernimmt merkantilistische Sichtweisen, schmeißt den »alten Ballast über Bord« und fängt nach Jugend und Krieg nun »ein neues Leben an« (DWZ 184). Weil er seine Bücher verkauft, um Kapital für seinen Schnapsladen zu erwirtschaften – er ersetzt nun obsoletes Wissen durch betäubenden Alkohol –, gibt er zugunsten eines Schmugglerdaseins seine alte Leidenschaft auf und setzt seine neuen Lebensprioritäten in die Tat um: »Geld ist das Einzige, was du brauchst, dann kannst du alles haben.« (DWZ 184) Motor dieser Maxime ist der Wunsch nach einem sorglosen Leben. Die Heimkehrer richten ihre Bestrebungen auf die Rückkehr in eine vermeintlich behütete Umgebung aus, in der sie, ohne in ihre Vorkriegsrollen als Kinder und Jugendliche zurückgedrängt zu werden, ihre Kriegserfahrungen in Ruhe verarbeiten können. Sie streben nach Privatheit, nach Kameradschaft oder nach Geld. Gleichwohl sind diese Angliederungsversuche großteils nicht von Erfolg gekrönt.

Der prekäre Prozess des Übergangs zurück ins zivile Leben lässt sich an einem zentralen Motiv des Romans ablesen: der soldatischen Uniform. Durch Kleidung wird Persönlichkeit im Sinne eines Teils der Persona[101] äußerlich

---

Sehnsucht nach der Heimat diametral gegenüber, bekundet Ernst doch kurz vor der Heimkehr emphatisch: »Die Nacht braust weich und wunderbar, wie ein Schnellzug, in die Heimat: Bald sind wir zu Hause.« (DWZ 53)

[100] Ernst setzt sich mit seinem Vater über seine Kündigung auseinander, in deren Rahmen der Vater »von einem guten, geachteten Beruf, von Vorwärtskommen und einem Platz im Leben« spricht, was der Sohn »gerührt und gelangweilt« zur Kenntnis nimmt, dem er jedoch jegliche Rolle für seine Entscheidung abspricht: »[E]s war ganz gleichgültig, ob er [der Vater, J.W.] existierte oder nicht.« (DWZ 282)

[101] C. G. Jung verwendet den Begriff der Persona als Bezeichnung für die öffentlich sichtbare »Ich-Hülle«, zu der neben psychischen Eigenschaften Umgangsformen und Habitus zählen, auch die Kleidung (vgl. Jacobi: Die Psychologie des C. G. Jung, S. 36–39).

sichtbar repräsentiert. Kleidung weist eine Person intendiert oder unbeabsichtigt einem sozialen Milieu zu.[102] Auf die identifikatorische Qualität von Kleidung, insbesondere der soldatischen Uniform weist die Erzählerstimme in *Der Weg zurück* implizit und explizit hin. Ernst Birkholz rechtfertigt die Halbschlaf-Beleidigung seines Onkels Karl als »dies – dämliche – Arschloch« damit, dass er sich erst daran gewöhnen müsse, »dass man nicht mehr draußen ist«, bevor er sich demonstrativ den »Waffenrock« zuknöpft und betont: »Soldaten sind nun mal so« (DWZ 156f.). Wie sehr zumal im Frieden die soldatische Uniform und nicht der militärische Rang die Zugehörigkeit zur Frontgemeinschaft bestimmt, zeigt ausgerechnet der Kompanieführer Heel. Mit Kriegsende stimmt er der Aufforderung des kommunistischen Kameraden Max Weil zum Friedensschluss mit ihm zu: »Mannschaftsrock, das ist es. Das andere ist jetzt vorbei.« (DWZ 44) Anschließend sitzt Heel in seinem Büro und die »Achselstücke fehlen. Er trägt einen Mannschaftsrock« (DWZ 44). Zurück in der Heimat bürgen Orden und Uniform für den Veteranenstatus des Trägers und erfüllen einen sozialen Zweck. Hat die Uniform im Krieg zur Festschreibung der Freund-Feind-Konstruktion beigetragen – man denke an die Duval-Episode in *Im Westen nichts Neues* –, schlagen die Vertreter der ›Soldaten-Schüler‹ nun gegenüber den Amtspersonen »im geflickten Rock auf den Tisch«, da sie dann »für […] alle mehr heraus[holen] als in [ ]einem neuen« (DWZ 143). Gleiches gilt für die auch in anderen Westfront-Romanen prominent verhandelten Orden, die unter den Soldaten weitergegeben werden, da sie dem Verhandlungsführer eine höhere Erfolgschance versprechen: »Für einen Geheimrat redest du dann überzeugender« (DWZ 143). Orden wie Uniform stehen metonymisch für die Kriegsleistungen der Heimkehrer und machen als nonverbale Diskursmarker die Soldaten zu aussageberechtigten Subjekten auch in anderen sozialen Feldern.[103] Generell bürgt die Uniform für die eigene Persönlichkeit

---

[102] Vgl. Roland Barthes: Die Sprache der Mode, Frankfurt a.M. 1985.
[103] Vgl. Pierre Bourdieus Theorie des Feldes (Pierre Bourdieu: Die feinen Unterschiede. Kritik der gesellschaftlichen Urteilskraft, Frankfurt a.M. 2014, insbes. S. 355–404). Die Uniform entfaltet bereits im Krieg diskursive Macht. So wird das Zerrbild der vermeintlichen Überlegenheit der deutschen Soldaten gegenüber dem Kaiser durch ›potemkinsche Uniformen‹ aufrechterhalten. Vor einer kaiserlichen Inspektion werden die zerrissenen Uniformen gegen neue ausgetauscht (vgl. IWN 179) und nach der Stippvisite des Kaisers wieder eingesammelt: »Zum Überfluß müssen wir die neu empfangenen Sachen fast alle wieder abgeben und erhalten unsere alten Brocken wieder. Die guten waren nur zur Parade da.« (IWN 1848)

oder konstituiert sie sogar. Als er »im Mondlicht neben der Geige an der Wand [s]einen alten Waffenrock hängen« (DWZ 327) sieht, kann er nicht umhin, ihn noch einmal anzuziehen:

> Ich gehe vorsichtig darauf los, auf Zehenspitzen, damit er nichts merkt, ich schleiche auf diesen grauen Rock zu, der alles zerschlagen hat, unsere Jugend und unser Leben – ich reiße ihn herunter, ich will ihn wegwerfen, aber plötzlich streife ich ihn über, ich ziehe ihn an, ich fühle, wie er durch meine Haut Besitz von mir ergreift, ich fröstle (DWZ 327).

Der Heimkehrer bleibt an seine Uniform gebunden; seine soldatische Persönlichkeit – durch den Waffenrock äußerlich markiert – kann er kaum ablegen. Das hat auch psychische Gründe. Nachdem Birkholz seine Uniform übergezogen hat, begegnet ihm im Geiste die Schar seiner gefallenen Kameraden und er fühlt die Sinnlosigkeit seines Daseins. Doch nicht nur als Erinnerungsgegenstand oder als Artefakt des Krieges verhindert die Uniform stellvertretend eine Wiedereingliederung der Heimkehrer in die Gesellschaft. Sie verunmöglicht zudem jugendliches Verhalten und verhindert, dass Georg Rahe mit Birkholz gemeinsam Fische fängt. Rahe stellt dazu lapidar fest: »Ja, so was geht eben nicht mit einer Uniform« (DWZ 164).

Gleichwohl können sich die Heimkehrer nicht dauerhaft an ihre Uniform klammern. Der Krieg ist zu Ende, die Uniform hat keine Zukunft mehr. Das wird motivisch gestützt durch die Wirkung ziviler Kleidung. Definiert militärische Kleidung die Zugehörigkeit zur Frontgemeinschaft, indem sie die Soldaten uniformiert und einander zumindest als Angehörige einer sozialen Gruppe gleichstellt, so differenziert die Zivilkleidung nach der Heimkehr Zugehörigkeiten zu sozialen, ökonomischen und Bildungsklassen und löst damit die soldatische Gemeinschaft performativ auf.[104] Wie kategorial individuelle Zivilkleidung und einheitliche Uniform die Differenz zwischen ziviler und soldatischer Persönlichkeit markieren, verdeutlicht exemplarisch Ferdinand Kosoles Auftritt beim Veteranentreffen:

> Ferdinand Kosole tritt ein. Uns fallen die Würfel aus der Hand, so verblüfft sind wir über seinen Anblick. Er ist in Zivil.
> Bislang hat er, wie wir fast alle, immer noch seine alte Uniform weitergetragen; heute aber, zur Feier des Tages, ist er zum ersten Mal in Zivil erschienen und steht

---

[104] Dies zeigt sich bereits in *Im Westen nichts Neues,* wenn die jungen Rekruten sich nackt – auch aufgrund ihrer schmalen Statur – nicht als Soldaten fühlen: »[D]dann sind wir Zivilisten und fühlen uns auch beinahe so« (IWN 32).

jetzt da in einem blauen Überzieher mit Samtkragen, einen grünen Hut auf dem
Schädel und einem Stehkragen mit Schlips um den Hals. Er ist ein ganz anderer
Mensch damit geworden. (DWZ 213)

Während im Feld den jungen Frontkämpfern das »Zivilzeug [...] viel zu
klein geworden« (DWZ 9) war, verändert die Zivilkleidung das Aussehen
der Heimkehrer so sehr, dass sie für ihre alten Frontkameraden bis zur Un-
kenntlichkeit entstellt sind. Bezieht man *Im Westen nichts Neues* in die Überlegungen mit ein, zeigt sich, dass die Soldaten erst mit der Uniform ihre zivile
Persönlichkeit durch eine militärische ersetzen. In einem Gespräch über die
Schinderei von Himmelstoß und anderen Unteroffizieren beobachtet Kropp:
»So wie sie Tressen oder einen Säbel haben, werden sie andere Menschen,
als ob sie Beton gefressen hätten.« Und Bäumer respondiert: »Das macht
die Uniform« (IWN 43). Die Uniform ist in *Der Weg zurück* als Attribut der
Soldaten im Ersten Weltkrieg zu interpretieren, das metonymisch den Abbruch der zivilen Persönlichkeit und die Ersetzung durch eine soldatische
verbildlicht.[105]

Fronterfahrung im ›rasenden Stillstand‹ des Krieges und das Ende der Kameradschaft im Frieden

So wie der Erzähler in *Im Westen nichts Neues* fokussiert auch der Erzähler in
Der Weg zurück vor allem die Kategorie der Kameradschaft, allerdings rückt
nun der Zersetzungsprozess in den Mittelpunkt. Ernst Birkholz spürt ebenso
der gemeinsamen Erinnerung an die Schützengräben wie der gegenseitigen
Entfremdung im Nachkriegsleben nach. Ausgangspunkt der Persönlichkeits-
problematik für die Kriegsheimkehrer bleibt das Primat der Kameradschaft.
Auf ihr wurde im Krieg nach den Prinzipien klassischer Inklusions- und Exklusionsmechanismen, wie sie Niklas Luhmann beschreibt,[106] die eigene Per-

---

[105] Das verdeutlicht auch die Lazarett-Szene, als der Tod des »kleinen Peter« bevorzustehen
scheint und er ohne seine Uniform in den Sterbesaal verlegt wird und nicht, wie behauptet,
in den Verbandssaal. Peter erkennt den Sachverhalt, weil seine Uniform nicht mitgenom-
men wird – »Wozu braucht ihr dann meinen Waffenrock« (IWN 229), ruft er aus – und
im Tod seine soldatische Persönlichkeit wieder in eine zivile verwandelt wird.
[106] Niklas Luhmann beschreibt die Inklusionsmechanismen für segmentare und stratifizierte
Gesellschaften und die »Exklusionspolitik« der Gesellschaft (Niklas Luhmann: Soziologische Aufklärung 6. Die Soziologie und der Mensch, Opladen 1995, S. 237–264, hier
S. 244). Ausführungen zu Inklusion und Exklusion finden sich in ders.: Die Gesellschaft
der Gesellschaft, Frankfurt a.M. 1997, S. 618–634.

sönlichkeit gegründet. Entscheidend für die Zugehörigkeit zur soldatischen Gemeinschaft ist gleichwohl nicht die Zugehörigkeit zum deutschen Militär, sondern die Fronterfahrung in den Schützengräben. Dementsprechend vergemeinschaften sich direkt nach Kriegsende amerikanische und deutsche Soldaten: Bei der ersten Begegnung zwischen den ehemaligen Gegnern in den Gräben winkt »nach einer Minute des Schweigens« ein amerikanischer Soldat, grüßt »Hallo, Kamerad!«, Adolf Bethke grüßt mit erhobener Hand zurück »Kamerad!« (DWZ 31) Die vergleichbare Erfahrung auf beiden Seiten der Schützengräben führt zur Inklusion des ehemaligen Feindes in die Gemeinschaft der Frontsoldaten. Daher bemühen sich die siegreichen und bedeutend besser ausgerüsteten Amerikaner um die deutschen Soldaten und überlassen ihnen im Tausch gegen Andenken dringend benötigte Verbandsmaterialien und Verbrauchsgegenstände.

Zentrales Kriterium für die Inklusion in die Gemeinschaft der Frontsoldaten bleibt auch in *Der Weg zurück* die Kampferfahrung in den Schützengräben: »Er [Ludwig Breyer, J.W.] hat dasselbe kalte, tödliche Gesicht wie alle hier, das Gesicht des Schützengrabens.« (DWZ 15) Nur dort werde man zu einem der typischen Frontkämpfer, die sich »blutig« und »heroisch« verhalten und die geeint sind in der »Geringschätzung des Lebens« und im Verlangen nach »Sinnlosigkeit, [...] Rausch, [...] Riskieren« (DWZ 55). Breyer scheint als Soldat geprägt von dem, was Ernst Jünger mit dem Typus des ›Landsknechts‹ begrifflich fasst. Auf die Fronterfahrung reagiert Breyer mit einer affirmativen Haltung gegenüber der Gefahr und dem Rausch. Dieser Versuch, die Ereignisse in den Schützengräben auf diese Weise zu bewältigen, ist auf seine Beschleunigungserfahrung an der Front zurückzuführen. Das betrifft weniger die Zeitgestaltung des gesamten Romans[107] als insbesondere drei der fünf im Theorieteil vorgestellten Beschleunigungsphänomene.

Erstens verursacht die moderne Technik Beschleunigung. Der Geschwindigkeits- und Gewalt›ausbruch‹, der auf einen Moment der Stille folgt, symbolisiert die unvermittelte Transgression technologischer Beschleunigung in menschliches Handeln: »Plötzlich aber blitzen Explosionen von Hand-

---

[107] Gleichwohl betont Ward: »[T]here is a dualism in the time structure with oscillation past/present setting up a rhythm reflecting the uncertain identity and purpose of the group, but that too is not a fixed pattern of oscillation maintained evently throughout the text. Rather the balance moves towards the present and even future away from the all-determining past.« (Ward: The Structure of *Der Weg zurück*, S. 96)

granaten. Revolverschüsse knallen dazwischen. Wir springen sofort vor.« (DWZ 19) Zweitens entsteht eine Dialektik aus einer auf immer kürzere Zeiträume zusammengedrückten Gegenwart, die sich zugleich ins Endlose dehnt. In den ›tödlichen Gesichtern‹ der Soldaten spiegelt sich die »rasende Spannung«, der sie dauerhaft ausgesetzt sind, während sie gelangweilt feststellen: »Wir liegen herum. Die Zeit geht weiter.« (DWZ 15) Diese gewissermaßen angespannte Variante eines existenziellen Ennui steigert sich bis zum Radikalfall des vollständigen Zeitverlusts. Der Erzähler Ernst Birkholz hat »im Felde gelernt, dass Zeit für das Leben kein Maßstab ist. [...] Da gab es nichts einzusetzen – da gab es nur Warten, bis man seinen Schuss kriegte.« (DWZ 340f.) Selbst in diesem Fall scheint die Zeit stillzustehen, dauerte es doch in Flandern

> lange, bis Hilfe für einen Verwundeten kam. Wir hatten alle Verbandpäckchen um ihn gewickelt und abgebunden, was wir konnten, aber er blutete weiter, blutete einfach aus. Und hinter ihm stand die ganze Zeit eine riesige Wolke am abendlichen Himmel, eine einzige Wolke, aber sie war ein ganzes Gebirge aus Weiß, Gold und rötlichem Glanz. Unwirklich und herrlich stand sie hinter dem zerschossenen Braun der Landschaft, sie war ganz still und leuchtete, und der Sterbende lag ganz still und blutete, als gehörten sie zusammen, und doch war es für mich unbegreiflich, dass die Wolke so schön und unbeteiligt am Himmel stand, während ein Mensch starb. – (DWZ 263)

Auf der anderen Seite kann die Geschwindigkeit des Krieges analog zur Zeitgestaltung in *Im Westen nichts Neues* bestenfalls noch wahrgenommen, jedoch kaum kontrolliert werden, wie etwa die syntaktische Nähe des prädikativ verwendeten Adjektivs ›still‹ und des Modaladverbs ›plötzlich‹ signalisiert: »Es bleibt vorläufig still. Plötzlich aber blitzen Explosionen von Handgranaten.« (DWZ 19) Die erlebte Geschwindigkeit an der Front wird durch Vergleiche internalisiert, wenn die Idee eines möglichen Friedens in den Soldaten »wie eine Rakete [...] hochgegangen« (DWZ 13) ist und dann einschlägt »wie eine Bombe« (DWZ 16). Insgesamt lehrt der Krieg, »nur den Augenblick zu sehen und zu nehmen« (DWZ 205).
Drittens steht die äußere Härte im Umgang mit der außer Kontrolle geratenen Zeiterfahrung im Kontrast zum Wissen der Frontsoldaten um die innere Brüchigkeit ihrer ›Körperpanzer‹.[108] Ihre Gefühle können nur von ihresglei-

---

[108] Klaus Theweleit stellt in seiner Theorie der Männerphantasien die Genese des Soldaten aus dem Jüngling über den Begriff des Körperpanzers dar, des »ganzheitlich maschinisierten Körpers«, der »aus der Hemmung und Verwandlung der menschlichen Produktionskraft

chen verstanden werden – und nicht etwa von ihren Familien –, sodass sie füreinander einstehen können. Sowohl im Schützengraben, beispielsweise bei der Rettung der Kameraden aus der MG-Stellung, als auch beim Schutz der Verwundeten wird die Gemeinschaft der Frontsoldaten gelebt. Die Soldaten warten nach dem Waffenstillstand bei der ersten Begegnung mit einem amerikanischen Stoßtrupp »in der Ecke, um unsere Verwundeten gedrängt – nicht weil wir Angst haben, sondern weil wir zusammengehören« (DWZ 32).
Diese ›lebendige‹ Kameradschaft können die Kriegsheimkehrer allerdings nur in wenigen Momenten in die Heimat transportieren. Es gelingt ihnen im Moment der gemeinsamen Heimkehr als der letzten Situation, die alle zusammen erleben. Kurz vor Erreichen der Heimatstadt beginnt jemand

> zu singen. Andere fallen ein. Bald singen alle, das ganze Abteil, das Nebenabteil auch, der ganze Wagen, der ganze Zug. Wir singen immer lauter, immer stärker, die Stirnen röten sich, die Adern schwellen, wir singen alle Soldatenlieder, die wir kennen, wir stehen dabei auf und sehen uns an, die Augen glänzen, die Räder donnern den Rhythmus dazu, wir singen und singen. (DWZ 64)

Dieser letzte Moment ekstatischer Gemeinschaft und Vermassung[109] im Chorgesang führt jedoch nicht dazu, dass die Kameradschaft der Frontkämpfer im Frieden auf Dauer gestellt werden könnte. Zunächst erreichen die Heimkehrer als Interessengemeinschaft den ein oder anderen Teilerfolg und Ernst Birkholz stellt nach Kämpfen um die Möglichkeit beschleunigter schulischer Ausbildung fest: »Unsere Vertreter haben erreicht, was wir wollten« (DWZ 168). Auch in anderen praktischen Dingen vertrauen die Veteranen eher einander, anstatt staatlichen Forderungen oder gesellschaftlichen Normen zu folgen. Ihre Kameradschaft verteidigen sie auch gegenüber Amtsträgern und greifen dezidiert die Diskursherrschaft ihres Schuldirektors an, wenn sie die angedachte Verteilung auf ehemalige Schulklassen verweigern und lapidar verkünden: »Wir bleiben zusammen« (DWZ 141).
Teilerfolge erringen die Heimkehrer, indem sie erlerntes Frontverhalten auf ihr ziviles Leben übertragen. So halten sie eine Art ›Kriegs-Rat‹ ab, um ihre Vorstellungen über ihren Schulabschluss politisch geltend zu machen; und sie maßregeln den Schuldirektor mit deutlichen Worten, als dieser mit großem

---

stammt« (Theweleit: Männerphantasien, Bd. 2, S. 188) und durch den Sexualität absorbiert wird (ebd., S. 199–201).
[109] Dieser Ausbruch von Gemeinschaft erinnert an den Begriff der »festlichen Massen« bei Elias Canetti (vgl. Canetti: Masse und Macht, S. 65f.).

Pathos über das Sterben der Kameraden schwadroniert: »[G]efallen sind die nicht, damit Reden darüber gehalten werden. Das sind unsere Kameraden, fertig, und wir wollen nicht, dass darüber gequatscht wird.« (DWZ 138) Damit verweigern die Frontkämpfer nicht nur die nachträgliche Umdeutung des vermeintlich heroischen, eigentlich jedoch sinnlosen Sterbens an der Front, sie schließen auch ihre Reihen und exkludieren – ganz im Sinne Luhmanns – jeden aus ihrer Gemeinschaft, der die Schützengräben nicht erlebt hat:

> Das Pathos von 1914 zerstob davor bald zu nichts. Wir haben trotzdem durchgehalten, denn etwas Tieferes hielt uns zusammen, etwas, das erst draußen entstanden ist, eine Verantwortung, von der sie nichts wissen, und über die man nicht reden kann. (DWZ 139)

Eine solche Mystifizierung der Kameradschaft, die auf einer unaussprechbaren Verantwortung gründet, entlarvt die Kategorie der Kameradschaft als brüchig. Sie bleibt an das Ereignis des Weltkriegs gebunden und ist nicht auf andere Lebenssituationen übertragbar. Der Versuch, im Krieg erlernte Verhaltensweisen und -strategien auf die Nachkriegsgesellschaft zu übertragen, scheitert. Front-Kameradschaften verstetigen sich kaum einmal zu dauerhaften Friedens-Freundschaften: »Remarque shows here that the ›Frontgemeinschaft‹ was a fragile and spurious entity, one destined to collapse as soon as the conditions which had given rise to it had disappeared.«[110] Bereits während ihrer Heimreise nach dem Waffenstillstand sind die Kameraden gezwungen, sich räumlich zu trennen. Im Rahmen des Abschieds stellt Ernst Birkholz nüchtern fest: »Bislang gab es nur den Tod, Verwundung oder Abkommandierung, damit jemand die Kompanie verließ. Jetzt kommt noch dazu: Frieden.« (DWZ 57) Die aus der Trennung resultierende Vereinzelung der Heimkehrer gewinnt symbolische Kraft in Adolf Bethke, der an einem einsamen Vorortbahnhof ausgestiegen ist und nun über die Ebene nach Hause marschiert:

> Wir sehen ihn über die Felder gehen. Er winkt noch lange. Rauch von der Lokomotive weht vorbei. In der Ferne stehen ein paar rötliche Lichter.
> Der Zug fährt eine große Schleife. Nun ist Adolf nur noch sehr klein, ein Punkt, ein winziger Mensch, ganz allein auf der großen, dunklen Ebene, über der mächtig, gewittrig hell, schwefelgelb am Horizont verlaufend, der Nachthimmel steht.

---

[110] John Fotheringham: Looking back at the revolution. Toller's *Eine Jugend in Deutschland* and Remarque's *Der Weg zurück*, in: Murdoch/Ward/Sargeant (Hg.): Remarque Against War, S. 98–118, hier S. 109.

> Ich weiß nicht warum, es hat nichts mit Adolf zu tun, aber es ergreift mich, wie da so ein einzelner Mensch vor dem großen Himmel über die weite Fläche der Felder geht, abends und allein. (DWZ 63)

Die »große, dunkle[ ]« Ebene kongruiert mit der einsamen Rückkehr des Frontsoldaten. Das Wetterleuchten, das »schwefelgelb« am Horizont scheint und das die wabernden Gasschwaden an der Front motivisch aufruft, symbolisiert seine ungewisse Zukunft. Die Heimkehrer müssen sich zudem gegen Angriffe aus ganz neuen Richtungen zur Wehr setzen: In einer Prügelei mit jungen kommunistischen Rekruten stellen sie fest, dass der Zusammenhalt unter den Soldaten nur die Schützengräben der Westfront betrifft. Die Kameradschaft endet durch Streitigkeiten um politische Haltungen oder beispielsweise durch die Wiederbegegnung mit ihren Frauen, dort, wo »die Unterröcke erst dazwischenkommen« (DWZ 92). Selbst im Militär der Nachkriegszeit herrscht nurmehr »ein verwildertes Zusammengehörigkeitsgefühl, eine gespenstische Karikatur des Krieges« (DWZ 338). Adolf Bethke, der den »treuesten Kameraden« (DWZ 307) der Frontgemeinschaft repräsentiert, resigniert nach den ersten Gefechten des aufflammenden Bürgerkriegs zu Beginn der Weimarer Republik: »Mensch Ernst […] wären wir doch draußen geblieben – da waren wir wenigstens zusammen. […] Es ist wieder Krieg; aber die Kameradschaft ist nicht mehr.« (DWZ 308) Bereits früh zeichnet sich die Spaltung der Kameraden ab. Der Erzähler diagnostiziert präzise:

> Mag sein, dass es das Zivilzeug ist, das überall zwischen die Militärbrocken gesprenkelt ist – mag sein, dass Berufe, Familie, soziale Stellungen sich wie Holzkeile hineingeschoben haben: die richtige alte Kameradschaft von früher ist es nicht mehr« (DWZ 217).

Mit der Trias aus Beruf, Familie und sozialem Stand werden die Heimkehrer auf der einen Seite neuen identitätsstiftenden Kleingruppen zugewiesen und auf der anderen Seite gesellschaftlich separiert. Im Feld hatte die soldatische Kameradschaft noch einen Absolutheitsanspruch durchsetzen können. Mit der Rückkehr zu Frau und Nachwuchs rücken wieder andere, dauerhafte Bindungen in den Lebensmittelpunkt der Heimkehrer. Exemplarischen Ausdruck findet diese Veränderung in der Figur von Mariechen, die als Tjadens Braut für Irritationen sorgt, obwohl sie ihren Verlobten seinen Kameraden nicht emotional entfremdet. Auf lange Sicht gewinnen für Tjaden dennoch andere Dinge als die Kameradschaft Relevanz. Auf seiner Hochzeit mit Marie, die auch ökonomisch als Tochter eines Pferdemetzgers eine gute Partie abgibt, bittet Tjaden Ludwig Breyer um Erscheinen in seiner Uniform. Die

Hochzeit ist nicht etwa Anlass, die Frontgemeinschaft noch einmal aufleben zu lassen. Vielmehr setzt Tjaden mit der Anwesenheit des uniformierten Leutnants Ludwig Breyer sein im Krieg erwirtschaftetes symbolisches Kapital – die Freundschaft zu Breyer – gewinnbringend in der Zivilgesellschaft ein: »Abends kommt Ludwig einen Augenblick. Auf Tjadens dringende Bitte ist er in Uniform erschienen, denn Tjaden will seinen Leuten zeigen, dass er einen richtigen Leutnant zum Freunde hat.« (DWZ 310)

Die soziale Separierung und die Rückführung der sozialen Umstürze an der Front setzt gerade auf Seiten der Heimkehrer ein. Das beginnt bereits bei der Rückführung des freundschaftlichen »Du« in das distanzierte »Sie« (DWZ 198) während des Gesprächs von Valentin Laher mit einem ehemaligen Kameraden und findet zudem Ausdruck in der Wahl eines entsprechend distinguierten sprachlichen Registers sowie in der eleganten Mode der Bessergestellten. Im Freundeskreis können die aufklaffenden sozialen Differenzen humorvoll geschlossen werden, wie bei der Begegnung von Tjaden und Kosole auf einem Veteranentreffen, bei denen sie sich gegenseitig »blödsinnig komisch in Zivil« (DWZ 214) finden. Jenseits enger Freundschaftsbande markiert die Rückbesinnung auf eine nicht militärisch begründete soziale Stellung das Ende der Kameradschaft. Baut die Kameradschaft noch maßgeblich auf äußerer Gleichheit auf, müsste eine zivile Freundschaft auf den inneren Werten gründen. Doch der Erzähler konstatiert auf diesem Treffen der Kriegsheimkehrer, dass »richtige Stimmung [...] trotzdem nicht aufkommen« (DWZ 217) will, und protokolliert später gänzlich desillusioniert:

> Das Gemeinsame ist nicht mehr beherrschend. Es ist schon zerfallen in Einzelinteressen. Wohl scheint manchmal noch etwas aus der Zeit von früher hindurch, als wir alle dasselbe Zeug trugen, aber es ist bereits undeutlich und verwaschen geworden. Es sind noch unsere Kameraden, und sie sind es doch nicht mehr, das macht gerade so traurig. Alles andere ist kaputtgegangen im Kriege, aber an die Kameradschaft hatten wir geglaubt. Und jetzt sehen wir: Was der Tod nicht fertiggebracht hat, das gelingt dem Leben: es trennt uns. (DWZ 218f.)

Das Gegenstück zu den Einzelinteressen der Frontkämpfer bildet die gesellschaftliche Entwicklung im Zuge der Revolution. Anfänglich werden die Heimkehrer von kommunistischen Trupps verprügelt. Am Ende lässt der Kompaniechef Heel seinen alten Untergebenen Max Weil ermorden, der einen Moment zuvor noch an die soldatische Gemeinschaft zu erinnern versucht hatte: »Kameraden, legt die Waffen fort! Wollt ihr auf eure Brüder schießen? Legt die Waffen fort und kommt zu uns!« (DWZ 296) Mit Weils Tod »zerbricht« (DWZ 299) die alte Kameradschaft, an erster Stelle steht endgültig nicht mehr Gemeinschaft, sondern Staatsräson: »›Er war unser Kamerad‹, fährt Ludwig fort. […] ›Darauf kommt es nicht an‹, sagt er [Heel, J.W.] ruhig, ›nur auf das Ziel, Ruhe und Ordnung‹« (DWZ 298f.). *En passant* erteilt die Textlogik damit auch dem von nationalistischen Kreisen spätestens seit 1914 immer stärker vertretenen Wunsch nach Erfüllung der ›Volksgemeinschaft‹ zumindest aus soldatischer Perspektive eine Absage. Die vermeintliche Keimzelle der ›Volksgemeinschaft‹, die Gemeinschaft der Soldaten, ist zwar schon lange nicht mehr intakt, vollends zerstört wird sie jedoch erst aus ideologischen, zuletzt ausgerechnet aus rechtsnationalistischen Motiven heraus. Spätestens mit der Zerstörung der Kameradschaft in den Wirren der ersten Nachkriegszeit endet das Frontkämpfer-Narrativ.

Mit der Desillusionierung der Heimkehrer scheitert das Programm nationaler oder völkisch-kultureller Vergemeinschaftung. Ernst Troeltsch hatte dieses als Reaktion auf einen ›geschichtlichen Lebensstrom‹ entworfen, der kein *telos* mehr verspricht. Er hatte noch gefordert:

> Unsere Lösung darf nicht oder doch nicht wesentlich im Sinne dieses allzu harmonie-gläubigen und allzu egozentrischen Liberalismus gemeint sein. Unser Individualitätsbegriff muß ein anderer sein als der des durchschnittlichen Liberalismus.[111]

Doch die Kameradschaftsideale vermag in *Der Weg zurück* einzig der Tod oder präziser, wie im Fall Georg Rahes, der Selbstmord auf den Schlachtfeldern dauerhaft aufrechtzuerhalten. Zur Hoffnung auf eine Revitalisierung der Kameradschaft bietet nicht einmal das Schlusskapitel des Romans Anlass. Der Erzähler deutet die auseinanderdriftenden Lebenswege der ehemaligen Kameraden an und schildert, dass die Veteranen von den Vertretern einer neuen Zeit – der Hitlerjugend – als »Verräterpack« und »Vaterlandsfeinde« (DWZ 369) beschimpft werden. Das lässt sich als Absage an ein faschistisches Erwartungs-Narrativ interpretieren und als Weigerung der Kriegsheimkehrer,

---

[111] Ernst Troeltsch: Ethik und Geschichtsphilosophie, in: ders.: Fünf Vorträge zu Religion und Geschichtsphilosophie für England und Schottland. Der Historismus und seine Überwindung (1924) / Christian Thought. Its History and Application (1923) (= Kritische Gesamtausgabe, Bd. 17), hg. von Gangolf Hübinger, Berlin/New York 2006, S. 68–104, hier S. 94. Troeltsch führt seine scharfe Kritik am zeitgenössischen Individualismus an gleicher Stelle aus: »Wie kann eine so persönliche und individuelle Lösung zum Gemeingeist werden, der doch gerade etwas Überindividuelles und Allgemeines voraussetzt? Gerade das scheint ja vor allem Fluch und Qual der modernen Welt zu sein […].« (Ebd., S. 94)

ihre soldatische Frontkameradschaft in einer völkisch-nationalen ›Volksgemeinschaft‹ aufzulösen.

Der ewige Krieg. Die Schützengräben in den Köpfen

Die Heimkehrer sind über die Zersetzung der Kameradschaft hinaus mit weiteren Schwierigkeiten bei ihrer Reintegration in die Gesellschaft konfrontiert. Auffällig ist, dass sie ihre Erlebnisse an der Front nicht oder nur marginal erzählen. Sie scheitern daran, ihre Fronterfahrung in eine klassische narrative Struktur zu gießen, in der einzelne Ereignisse kohärent zu einer Erzählung verknüpft und in eine Abfolge gebracht werden. Die Fronterfahrung an einer erstarrten Front, die sich über Jahre kaum verändert, besteht in der ›Wiederkehr des Immergleichen‹. Nicht mehr die Erlebnisse während eines bewegten Krieges werden präsentiert, wie es noch für die Kriegserzählungen des 19. Jahrhunderts typisch ist – man denke an Tolstois *Krieg und Frieden* –, sondern die Intensität eines Lebens ›an der Grenze des Todes‹. Die immer gleiche Intensität der Fronterfahrung kann nicht erzählt werden, weder von den Kriegsurlaubern in *Im Westen nichts Neues* noch von den Kriegsheimkehrern in *Der Weg zurück*. Der Hiatus zwischen Intensität der Fronterfahrung und (Nicht-)Erzählbarkeit dieser Erfahrung wird in Remarques zweitem Erster-Weltkriegs-Roman zudem über das Motiv der soldatischen Zeiterfahrung reflektiert. So weiß Ernst Birkholz auf die Aufforderung seines Vaters: »Nun erzähl mal, was du alles erlebt hast, Ernst«, nur achselzuckend zu reagieren: »Erlebt [...], erlebt habe ich eigentlich gar nichts. Es war doch andauernd Krieg, was soll man da schon erleben« (DWZ 78). Seine Schlussfolgerung, die Eltern hätten »doch sicher hier viel mehr erlebt« (DWZ 78), wirkt absurd. Nachvollziehbar wird sie angesichts der Erkenntnis, von der eigenen Fronterfahrung nichts mitteilen zu können: »Von den Sachen draußen kann man mit Zivilisten nicht reden und etwas anderes kenne ich nicht.« (DWZ 78) Die Frontheimkehrer sind nicht imstande, eine Sprache bzw. eine Ausdrucksform für ihre Erfahrungen zu finden.

Im Zuge der Reintegration in die Nachkriegsgesellschaft besteht eine weitere große Schwierigkeit darin, dass die Veteranen ihr Verhalten im Feld und ihr entsprechendes Moral- und Rechtsverständnis auf die Zivilgesellschaft übertragen. Zwar gelingt die Übertragung in einigen harmlosen Fällen, etwa wenn Willy durch den plötzlichen Befehl »Stillgestanden!« Tjadens Schluckauf zu beseitigen weiß (DWZ 102). Nichtsdestotrotz erschwert sie den Alltag der Heimkehrer und wird gefährlich, als einige von ihnen »meinen, dass sie aufräumen müssen« (DWZ 94). Die Konfliktlösungsstrategien der Heimkehrer sind durch den Krieg verroht und Probleme gipfeln schnell in der Androhung von Gewalt, weshalb Albert nicht mit der Enttäuschung umgehen kann, dass sich seine Geliebte Lucie während des Krieges von ihm getrennt hat. Er erschießt ihren Liebhaber bzw. Zuhälter, ein Mord, der erst durch die Fronterfahrung möglich wird: »Wäre er kein Soldat gewesen, so hätte er viele andere Wege gehabt. So aber zitterte nicht einmal seine Hand – er war seit Jahren gewohnt, zu treffen.« (DWZ 318) Das heißt: Die Soldaten können nicht nur nicht vom Krieg erzählen, sondern ihre Gefühle zudem, weil sie entsprechend sozialisiert worden sind, nur noch in einer Sprache der Gewalt artikulieren. Sie wissen »nicht, was Hingabe ist […]. Wir kennen nur die Gewalt.« (DWZ 338) Demzufolge entfaltet Gewalt als anerkanntes soziales Verhalten Anziehungskraft, denn als die Kampfhandlungen im Rahmen der Revolution 1918/19 beginnen und Schüsse fallen, ziehen sie die Veteranen als »heimlich zerrende[s] Signal« (DWZ 295) geradezu magnetisch an.

Die habitualisierte Sehnsucht nach Gewalt zeigt ein drittes Problem an: Die Erfahrung des ›rasenden Stillstands‹ wiederholt sich als Ennui mit verkehrten Vorzeichen in der Heimat. Zeitliche Dauer nehmen die Figuren abhängig davon wahr, ob sie im Frieden in der Heimat oder im Krieg an der Front abläuft: »Im Felde waren unsere Nerven immer angespannt bis zum Äußersten, denn es ging stets um Tod und Leben. Jetzt flattern sie umher wie Segel in einer Windstille; denn hier geht es um kleine Fortschritte.« (DWZ 231) In strenger Abgrenzung zur Zeiterfahrung an der Front haben die Heimkehrer bei Cafébesuchen »endlos Zeit« (DWZ 98) und erleben ihr Leben generell als langsam. Eingedenk ihrer Fronterfahrung geht ihnen »jetzt das Dasein zu langsam« (DWZ 181).[112] Insbesondere Ernst Birkholz verhält sich nach seiner Rückkehr gegenwarts-, präziser: augenblicksbezogen. Er versucht seinen Umgang mit Zeit auf die Heimat zu übertragen. Doch das Kalibrieren seiner Zeitwahrnehmung hin auf eine gemächlichere, ruhigere Zeitgestaltung misslingt. Zwar wandelt sich die Körpererfahrung der Soldaten und das animalische Schleichen erhebt sich wieder zum menschlichen Schreiten:

---

[112] In diesem Zusammenhang reflektieren die Kameraden bemerkenswerterweise auch über die zivile Wahrnehmung von Zeit und ihrer Dauer während des Krieges. Adolf Bethke denkt über die Untreue seiner Frau, dass sie »auch so herumgesessen [hat], all die Jahre durch und hat dagelegen und Angst gehabt und ist ungewiss gewesen und hat gegrübelt und gehorcht – und dann ist es schließlich gekommen […].« (DWZ 253) In dieser Einschätzung schwingt durchaus Verständnis für das andere Erleben der Daheimgebliebenen mit, ohne allerdings deren Position zu übernehmen.

»[D]as ziehende Gefühl der Vorsicht und des Lauerns im Nacken, das halbe Schleichen, das immer in der nächsten Sekunde in Fallen, Liegen, Grauen und Tod übergehen konnte« (DWZ 148), weicht einem Gang, »frei und aufrecht, mit sorglosen Schultern«. Das heißt, Birkholz gelingt zumindest ansatzweise die Rückführung des ›rasenden Stillstands‹ und der Kategorie der Plötzlichkeit auf eine ›Augenblicks‹-Orientierung. Das ändert gleichwohl nichts an seiner Zeitwahrnehmung: Noch im Frieden sucht er immer zuerst nach der »Stärke dieses Augenblicks« (DWZ 148). Weil die Heimkehrer sich im Frieden weiterhin am Augenblick orientieren, nehmen die Soldaten die Zeit ihres zivilen Lebens als gedehnt, verlangsamt und zerfasert wahr, weshalb sie in der Heimat keine festen Zeitstrukturen erringen. Vielmehr fragt Ernst Birkholz am Romanende: »Sind Jahre vergangen? Oder waren es nur Wochen? Wie ein Nebel, wie ein fernes Gewitter hängt die Vergangenheit am Horizont.« (DWZ 333) Die zunehmende zeitliche Desorientierung des Ich-Erzählers Birkholz deutet sich bereits nach seiner Heimkehr in einer doppelten Verkehrung der Zeitebenen an. Im Gespräch mit seiner Mutter wird er von einem Gefühlsschub erfasst, der auch die zeitliche Orientierung beeinflusst:

> Und plötzlich schwankt etwas in mir, eine seltsame Rührung packt mich, fast wie ein Schmerz – als gäbe es nichts auf der Welt als dieses Gesicht, als wäre ich wieder ein Kind, dem man auf der Treppe leuchten muss, ein Junge, dem auf der Straße etwas geschehen kann, und alles andere dazwischen nur Spuk und Traum. – Aber das Licht der Lampe fängt sich zu einem scharfen Reflex in meinem Koppelschloss. Die Sekunde verfliegt, ich bin kein Kind, ich trage eine Uniform. Rasch springe ich die Treppe hinunter, immer drei Stufen auf einmal, und stoße die Haustür auf, begierig, zu meinen Kameraden zu kommen. (DWZ 84)

Der im Konjunktiv II für einen Augenblick aufscheinende Versuch, seiner Mutter wieder als Kind gegenüberzutreten und die Erinnerung an früher in eine neue gegenwärtige Realität zu überführen, misslingt dem Erzähler schon aufgrund der äußeren Umstände (bezeichnenderweise induziert durch seine Kleidung). Die Rückkehr in die Kindheit scheitert – Ernst ist eben nicht »wieder ein Kind« – und er kehrt zurück in die gegenwärtige Lebensrealität eines Soldaten. Die Szene erinnert an den Heimatbesuch Paul Bäumers und seine eher distanzierte und ›befangene‹ Begegnung mit der Mutter sowie seine Jugenderinnerungen beim Betreten seines Kinderzimmers. Analog zu Bäumer misslingt Birkholz der Übergang vom soldatischen in das zivile Leben.
Nicht zuletzt diffundiert in *Der Weg zurück* die Zeitwahrnehmung des autodiegetischen Erzählers insbesondere durch Rückblenden. Analeptisch erzählte

(Traum-)Erinnerungen des Erzählers und die chronologisch präsentierte Realität der Diegese werden ineinander montiert. In einer dieser Passagen hält Ernst Birkholz seine Stellung als Lehrer und das »monotone Gleichmaß der Tage und Stunden« kaum aus: »Wie lang die Abende hier sind« (DWZ 268), ruft er aus, bevor er sich entschließt, zu schlafen, und der Traum ihm als »Raum ohne Grenzen« (DWZ 270) vermeintliche Rettung bedeutet. Mit dem typographisch markierten Traumbeginn (»– – –/ – – – und schiebe mich vorsichtig weiter«, DWZ 270) setzt der ersehnte ›rasende Stillstand‹ prompt wieder ein und Birkholz erinnert sich im Traum an die Ermordung eines Engländers, die alle Merkmale des ›rasenden Stillstands‹ aufruft:

> Ich ziehe die Handgranate heran. Es dauert lange. Endlich liegt sie neben mir. Mit der linken Hand reiße ich sie ab und zähle lautlos. Dann schleudere ich sie in flachem Bogen gegen das Brombeergestrüpp und rutsche rasch in mein Loch zurück [...]. Der Krach der Explosion zerreißt die Luft, Splitter schwirren, ein Schrei steigt auf, lang gedehnt, rasend vor Entsetzen. [...] Der Engländer liegt jetzt frei auf dem Boden, die Unterschenkel sind weggefetzt, das Blut strömt heraus. [...] Er wirft sich herum und sieht mich. Da stemmt er die Arme auf und bäumt sich hoch wie ein Seehund, er schreit mich an und blutet, blutet –. Dann wird das rote Gesicht fahl und fällt zusammen, der Blick zerbricht, und Augen und Mund sind nur noch schwarze Höhlen eines einstürzenden Antlitzes, das langsam sich zur Erde neigt, einknickt und in die Kamillenbüsche sinkt. Erledigt. (DWZ 271)

Die lange Dauer, die er subjektiv benötigt, die Handgranate zu greifen, die sprachliche Darstellung der Waffenwirkung über die von ihr erzeugte Geräuschkulisse, die »lang gedehnt« erscheinenden ›rasenden‹ Schreie des Engländers und das langsame Zusammenfallen seines Körpers markieren das rauschhafte und zugleich gefährliche Erleben von Zeit an der Front. Diese Traumwiederholung des ›rasenden Stillstands‹ spiegelt sich erzählerisch im präzisen, zeitdehnenden Erzählen durch den homodiegetischen Erzähler. Entscheidend ist, dass der ›rasende Stillstand‹ der Front in der Heimat gravierende psychische Folgen zeitigt. So sehr der ›rasenden Stillstand‹ der Modus der soldatischen Welterfahrung im Ersten Weltkrieg entspricht, so sehr die Soldaten damit dem Rausch, der Geschwindigkeit, der Gefahr verfallen sind, so sehr haben sie mit seinen psychischen Folgen zu kämpfen:

> Ich schiebe mich fort und will zurückschleichen zu unseren Gräben. Aber ich sehe mich noch einmal um – da ist plötzlich der Tote wieder lebendig geworden, er richtet sich auf, als wollte er hinter mir herlaufen. – Ich ziehe die zweite Handgranate ab und werfe sie ihm entgegen. Sie fällt einen Meter neben ihm herunter, rollt aus, liegt – ich zähle, zähle – warum explodiert sie denn nicht? – Der Tote

steht jetzt, er bleckt die Zähne, ich werfe die nächste Handgranate – auch sie versagt – [...] da springe ich auf, um wegzurennen, aber die Knie versagen mir, sie sind weich wie Butter, unendlich langsam ziehe ich sie vorwärts, ich klebe am Boden fest, ich zerre, ich werfe mich vorwärts, schon höre ich das Keuchen des Verfolgers, ich reiße mit den Fäusten an meinen nachgebenden Beinen – aber von hinten schließen sich zwei Hände um meinen Nacken, drücken mich zurück, auf den Boden, der Tote kniet auf meiner Brust, er greift die nachschleifenden Wickelgamaschen aus dem Gras und dreht sie mir um den Hals. [...] der Tote schleift mich vorwärts, dem Abhang der Kalkgrube zu, er wälzt mich hinunter, ich verliere das Gleichgewicht und versuche, mich festzuhalten, ich rutsche, falle schreie, falle endlos, schrei, schlage auf, schreie. – (DWZ 272)

Die Folgen davon, dass an der Front die »Nerven immer angespannt bis zum Äußersten« (DWZ 231) waren, zeigen sich nun in den Alpträumen der Heimkehrer. Dem Traum-Ich von Ernst Birkholz versagen die Beine beim Versuch, dem ›englischen Zombie‹ zu entkommen. Es ist zum Stillstand gezwungen, ›klebt‹ auf der Stelle und kommt nur »unendlich langsam« vom Fleck. Birkholz träumt die Situation derart intensiv, dass ihm eine Flucht aus der Zeitfalle des ›rasenden Stillstands‹ nicht möglich ist und er »endlos« fällt, bevor er geweckt wird.

Dieser Traumsequenz vergleichbar wird Ludwig Breyers Suizid erzählt. Nachdem Breyer sich die Pulsadern aufgeschnitten hat, wird auf ihn fokalisiert der Moment seines Todes erzählt und die Relativität seiner Zeiterfahrung betont. Die Zeitdauer dehnt sich zunächst – »Sein Zimmer wurde sehr deutlich. Er sah jedes Buch, jeden Nagel, jeden Reflex der Steinsammlung, das Bunte, die Farben, er empfand sein Zimmer« (DWZ 325) – und korrespondiert mit der Raumwahrnehmung: »Die Landschaft weitete sich mehr und mehr [...] und immer heller wurde der Horizont – das Meer« (DWZ 326). Trotz dieser zeitlichen Dehnung erlebt Breyer den Tod in der Kategorie der Plötzlichkeit, wie das entsprechende Adverb markiert: »Doch plötzlich stemmte sich noch einmal heiß im Halse ein schwarzer Schrei hoch« (DWZ 326). Der ›rasende Stillstand‹ als Modus der Zeiterfahrung Breyers prägt ihn bis zur Art und Weise der Wahrnehmung seines eigenen Todes.

Aufgrund dieser Beobachtung lässt sich konstatieren, dass die Differenz der Zeiterfahrung im Krieg und im Frieden zum entscheidenden Problem des Daseins der Kriegsheimkehrer wird. Ernst Birkholz reflektiert dementsprechend: »[I]ch habe an alle Türen meiner Jugend geklopft und wollte wieder hinein, [...] aber sie huschte vor mir davon, wie eine Fata Morgana [...]. Die Zeit steht dazwischen wie eine breite Kluft, ich kann nicht zurück« (DWZ 211). ›Zeit‹ ist an dieser Stelle doppelt zu interpretieren: erstens als Metapher für den Krieg bzw. als das disruptierende Zeit-Ereignis zwischen Jugend und Nachkriegsgegenwart sowie zweitens wörtlich als die Zeit selbst, die aufgrund ihrer Qualitäten und Erfahrungsmodalitäten Birkholz von seiner Jugend trennt. Beide Lesarten lassen sich auf seine frühere Überlegung beziehen: »Im Felde war das einfacher – wenn man da nur lebte, war alles schon gut.« (DWZ 154) Die Front erfordert die nicht anschlussfähige Zeiterfahrung des ›rasenden Stillstands‹, dessen Ziellosigkeit und Gegenwartsfokus im zivilen Leben nicht mehr gelebt werden kann. Die Heimkehrer können mit der radikalen Entschleunigung ihres Lebens nicht umgehen. Nach Jahren des ›rasenden Stillstands‹ an der Front haben sie die dort überlebensnotwendigen Reaktionen und eine dementsprechende Zeitwahrnehmung internalisiert und können sie in der Heimat nicht ablegen. In der Folge erleben die Heimkehrer den Frieden als ein dauerhaftes Ennui einerseits und träumen sich andererseits beständig zurück in den weitaus intensiveren Lebensmodus des ›rasenden Stillstands‹. Mit Virilio gesprochen heißt das analog zur Schlussfolgerung bei Ernst Jünger: Die intensive Zeit an der Front kann nicht wieder durch eine extensive Zeit des zivilen Lebens ersetzt werden.[113]

5 »wir haben Ziele gewollt und sind über uns selbst gestolpert«. Zur Fortschritts- und Ideologiekritik in *Der Weg zurück*

Der Weg zurück verweigert ebenso wie *Im Westen nichts Neues* eine geschichtliche Deutung des Krieges. Das legen die ideologie- und sprachkritischen Figurenreden sowie die intertextuellen Verweise nahe. Intertextuell werden ästhetische Verfahren der Kriegsdarstellung hinterfragt. Beispielsweise wird in Remarques Kriegsheimkehrer-Roman das Motiv der Wildgänse aus dem Gedicht *Wildgänse rauschen durch die Nacht*[114] in Walter Flex' Novelle *Wanderer*

---

[113] Vgl. Virilio: Rasender Stillstand, S. 74.
[114] »Wildgänse rauschen durch die Nacht / Mit schrillem Schrei nach Norden – / Unstäte Fahrt! Habt acht, habt acht! / Die Welt ist voller Morden. / Fahrt durch die nachtdurchwogte Welt, / Graureisige Geschwader! / Fahlhelle zuckt, und Schlachtruf gellt, / Weit wallt und wogt der Hader. / Rausch' zu, fahr' zu, du graues Heer! / Rauscht zu, fahrt zu nach Norden! / Fahrt ihr nach Süden übers Meer – / Was ist aus uns geworden! / Wir sind wie ihr ein graues Heer / Und fahr'n in Kaisers Namen, / Und fahr'n wir ohne Wiederkehr, / Rauscht uns im Herbst ein Amen!« (Flex: Der Wanderer zwischen beiden Welten, S. 187f.) Flex' bereits im Krieg 1916 veröffentlichte Novelle erreichte binnen kurzer Zeit immense Popularität. In ihr ästhetisiert Flex den Krieg zum Heldenkampf sowie den ›Opfertod‹ der deutschen Soldaten im Kampf um eine ›völkische‹ Zukunft. Sie fällt aus dem Textkorpus dieser Arbeit,

zwischen beiden Welten aufgerufen und transformiert. Im Herbst 1918 fliegen Wildgänse über den Horizont. Die Frontsoldaten deuten sie weniger als poetische Kriegsboten denn als fliegende »fuffzehn, zwanzig tadellose Braten« (DWZ 11f.), die ihnen leider entgehen. Während Ludwig Breyers Todeskampf wird die Idylle der Wildgänse endgültig zum leeren Pathos. Er halluziniert, mit den Gänsen zu fliegen, die »gegen den roten Mond« ziehen und ihm als »Flamingos« (DWZ 326) erscheinen. Die vermeintlichen Flamingos bringen ihm keine irdische Freiheit, sondern symbolisieren bestenfalls die Erlösung im Tod: »Es kreiste und kreiste, dann schwand es, und der riesige Vogel mit den dunklen Fittichen kam sehr leise mit langsamen Flügelschlägen und wehte sie lautlos über ihm zusammen.« (DWZ 326) Das heißt, die Ästhetisierung des Krieges in Walter Flex' Novelle *Wanderer zwischen beiden Welten* und dem Gedicht *Wildgänse rauschen durch die Nacht* wird durch den intertextuellen Verweis hinterfragt und korrigiert.

Einer ästhetischen, vor allem aber ideologischen Sinnstiftung des Krieges wird im Roman in erster Linie durch die Heimkehrer selbst die Absage erteilt. Remarques Heimkehrer-Roman unterläuft durch ihre Stimmen die Strukturlogik eines Erwartungs-Narrativs, das einen auf die Zäsur des Krieges folgenden Aufbruch in eine bessere Zukunft ankündigt: »[W]ir haben Ziele gewollt und sind über uns selbst gestolpert« (DWZ 337). Birkholz und Breyer kritisieren ihren eigenen Wunsch nach Erwartungen, die im eigenen Leben durch den Krieg erfüllt werden sollten, und erkennen, dass sie an der Teleogisierung ihres Daseins scheitern. Sie nehmen auf das kollektive ›Augusterlebnis‹ Bezug: »[D]amals, als wir rausgingen, was war das für ein Wille und ein Sturm!« Doch passend zur Kritik an der Ausrichtung ihres Lebens werden sie des dürftigen Resultats dieser Aufbruchsstimmung gewahr: »Das möchte ich noch wissen, Ernst – wie so etwas daraus werden konnte.« (DWZ 340) Die Heimkehrer betreiben also Ideologiekritik. Gerade weil sie sich ideologisch haben vereinnahmen lassen, kehren sie zurück als im Frieden gestrandete Frontsoldaten, die sich kaum mehr zurechtfinden. Birkholz erinnert sich gegenüber Rahe an die Ideale der jungen Generation vor dem Krieg: »[…] wie wir Bücher lasen, wie wir von einer Zukunft sprachen und vom Leben, das hinter dem blauen Horizont wartete« (DWZ 164). Die Verwendung des Präteritums impliziert, dass die Heimkehrer in der Gegenwart keine Zukunftsperspektive für sich mehr sehen. Schon gar

---

weil sie an der Ostfront angesiedelt ist und damit nicht zu den Westfront-Romanen zählt (vgl. Koch: Der Erste Weltkrieg als Medium der Gegenmoderne, insbes. S. 60–187).

nicht eine Zukunft, wie sie das Augusterlebnis nebst den ›Ideen von 1914‹ versprochen hatte. Insgesamt stellen die Frontheimkehrer 1918 den nationalen Gefühlen, mit denen die jungen Rekruten 1914 in den Krieg gezogen sind, eine desillusionierte Kritik an nationalistischer wie militaristischer Rhetorik und Ideologie gegenüber. Markanten Ausdruck findet das in der Replik auf eine Rede des Schulrektors. Als »vorzüglicher Redner«, dem die »Worte rund und glatt aus seinem Munde« fließen, hält dieser eine Eloge auf »Kampf, Sieg und Tapferkeit«, auf das »Heldentum draußen« und im Überschwang auch auf »das stillere daheim«, bevor er dazu aufruft »in heißer Liebe zu unserem schwergeprüften Vaterlande zusammen[zu]stehen« (DWZ 135f.). Die Soldaten murren trotz der Fähigkeiten des Rektors als Rhetor zunächst im Stillen, so »glatt und rund war das nicht« (DWZ 135), bevor sie dessen pathetische Verklärung der Kriegstoten, die ihm zufolge als Helden im »ewigen Schlaf unterm grünen Rasen« schlummerten, als Geschwätz entlarven. Albert schneidet ihm im derben Sprachregister der Frontsoldaten das Wort ab: »Scheiße, scheiße und nochmals Scheiße!« (DWZ 138) Einer solchen Verklärung im Stil der ›Ideen von 1914‹ halten die Heimkehrer ihre Kriegserinnerung entgegen:

> Grüner Rasen – grüner Rasen – [...] ewiger Schlaf? Im Trichterdreck liegen sie, kaputtgeschossen, zerrissen, im Sumpf versackt –. [...] Heldentod! Wie ihr euch das vorstellt! Wollen Sie wissen, wie der kleine Hoyer gestorben ist? Den ganzen Tag hat er im Drahtverhau gelegen und geschrien, und die Därme hingen ihm wie Makkaroni aus dem Bauch. Dann hat ihm ein Sprengstück die Finger weggerissen und zwei Stunden später einen Fetzen vom Bein, und er hat immer noch gelebt und versucht, sich mit der anderen Hand die Därme reinzustopfen, und schließlich abends war er fertig. Als wir dann heran konnten, nachts, war er durchlöchert wie ein Reibeisen. Erzählen Sie doch seiner Mutter, wie er gestorben ist, wenn Sie die Courage haben! (DWZ 137)

Der nationalistischen Verklärung der ›Opfer‹ und dem vermeintlichen ›Märtyrertod‹ stellen die ehemaligen Frontkämpfer die Kriegsrealität gegenüber, nationalistischer Rhetorik die Sprache des Kriegs.
In ihrer Sprachkritik hinterfragen die Heimkehrer zudem nationalistisch aufgeladene Begriffe wie ›Vaterland‹, ›Heimat‹ und ›Ehre‹. Adolf Bethke wendet sich seiner Frau trotz deren Fremdgehen während seiner vierjährigen Abwesenheit mit der Erkenntnis wieder zu: »Ehre, das ist so eine Redensart, du bist allein, und mit und ohne Ehre wird das nicht besser.« (DWZ 253) Weniger nachdenklich und einigermaßen wortgewaltig rechnet Ludwig Breyer mit dem Nationalismus der Kriegsjahre und den ›Ideen von 1914‹ ab:

> Man sagte uns Vaterland und meinte die Okkupationspläne einer habgierigen Industrie, man sagte uns Ehre und meinte das Gezänk und die Machtwünsche einer Handvoll ehrgeiziger Diplomaten und Fürsten – man sagte uns Nation und meinte den Tätigkeitsdrang beschäftigungsloser Generale! [...] In das Wort Patriotismus haben sie ihr Phrasengewäsch, ihre Ruhmsuchen, ihren Machtwillen, ihre verlogene Romantik, ihre Dummheit, ihre Geschäftsgier hineingestopft und es uns dann als strahlendes Ideal vorgetragen! Und wir haben geglaubt, es sei eine Fanfare zu einem neuen, starken, gewaltigen Dasein! (DWZ 235)

Zu einer Konklusion aus dieser Anklage der Heimkehrer findet am Ende des Romans Willy Homeyer mit dem individuellen Unterrichtsprogramm für seine Schüler: »Ich will meinen Jungens da beibringen, was wirklich Vaterland ist. Ihre Heimat nämlich, und nicht eine politische Partei. Ihre Heimat aber sind Bäume, Äcker, Erde, und keine großmäuligen Schlagworte.« (DWZ 371) Diese dezidierte Abwendung von Nationalismen mündet bei Birkholz und seinen verbliebenen Kameraden jedoch – von Max Weil abgesehen – nicht in der Hinwendung zum Sozialismus oder Kommunismus. Im Gegenteil beschleunigen die Konflikte mit den jungen kommunistischen Rekruten den Zerfall der Kameradschaft.

Der Krieg ist für die Heimkehrer im doppelten Sinne zum Fanal der Zukunft geworden. Wenngleich sie den Krieg überlebt haben, erwarten sie von der Zukunft nichts mehr: »Unsere Ideale sind bankrott, unsere Träume kaputt, und wir laufen in dieser Welt von braven Zweckmenschen und Schiebern umher wie Don Quichottes, die in ein fremdes Land verschlagen worden sind.« (DWZ 233) Das ideologische Dilemma der Soldaten verdeutlicht Breyer in seiner Replik auf Georg Rahes Einwurf, dass die Heimkehrer den Krieg »nie mehr los« werden: »Doch, [...] denn sonst wäre alles umsonst gewesen.« (DWZ 233) Weil eben doch »alles umsonst gewesen« ist und sich mit der Kameradschaft die einzige stabile Sinndeutung des Krieges als nicht dauerhaft erwiesen hat, fehlt den Heimkehrern ein ideologischer Halt. Folgerichtig reüssieren in der Textlogik nur jene Figuren im Nachkrieg als »flotte[ ] Geschäfts[männer]«, die im Krieg einen »Jammerwurm« abgegeben und »geschweinigelt« haben (DWZ 195f.). Die ehrlichen Frontkämpfer und Kameraden hingegen begehen Suizid wie Ludwig Breyer und Georg Rahe – mit dessen Freitod noch der Vorabdruck von *Der Weg zurück* schließt[115] –,

---

[115] Vgl. Erich Maria Remarque: Der Weg zurück, in: Vossische Zeitung vom 29. Januar 1931, Morgenausgabe; im Folgenden zitiert nach der von Thomas F. Schneider besorgten Neuausgabe von *Der Weg zurück* (DWZ), die auch die gestrichenen Passagen des Vorabdrucks im Anhang mit aufführt.

töten wie Albert Kropp oder lassen ihr Leben für ihre Ideologie wie Max Weil.

Damit distanziert sich Remarque dezidiert von jedem geschichtsphilosophischen Fortschrittsversprechen. Der Krieg verhindert für die Heimkehrer einen allgemein menschlichen sowie individuellen Fortschritt. Er erweist sich vielmehr als Katalysator geschichtlichen Stillstands, zumal, wenn man die Fassung des Vorabdrucks beizieht.[116] Auch die politische Entwicklung gibt keinen Anlass zur Hoffnung. Revolution und endgültiger Niedergang der wilhelminischen Gesellschaft enden im »Kampf um eine schöne Fahne und d[em] Wettrennen nach Titeln und Gehaltsklassen« (DWZ 385). Der Erste Weltkrieg lässt sich für die Heimkehrer gerade nicht mit Sinn geschichtlich ausstatten. Ihrem vordergründigen Bekenntnis »Kultur, Fortschritt, Aufbau – wir leugnen sie nicht« folgt sogleich die vernichtende sarkastische Korrektur: »Der einzige wirkliche Fortschritt, den wir kennengelernt haben und zugeben müssen, ist der der Kriege [...] sonst ist die Welt seit den Griechen nicht weitergekommen.« (DWZ 386)

6 Zwischen Suizid und Hoffnung. Zu lebensphilosophischen und existenzialistischen Tendenzen in *Der Weg zurück*

Gleichwohl bietet *Der Weg zurück* in der Schlussszene der Buchfassung je nach Lesart lebensphilosophisch motivierte bzw. existenzialistische Positionen und Zukunftsperspektiven an. Birkholz' Gedanken entwickeln sich am Ende in Richtung eines »metaphysical, mystical level as he imagines his consciousness and being merging and becoming one with the renewing forces of nature«.[117] Thomas F. Schneider betont, dass »[e]rst der Tod der ›Kameraden‹ und ein ›Naturerlebnis‹ [...] Birkholz zu einem – wie häufig bei

---

[116] »Wie in *Im Westen nichts Neues* ist die Ablehnung des Militärischen, im Dienste welcher politischen Gruppierung auch immer, durch den Autor Erich Maria Remarque unzweifelhaft – in *Der Weg zurück* in der Fassung des Vorabdrucks jedoch prägnanter, expliziter und eindeutiger als in der Buchausgabe.« (Schneider: Revolution in der Provinz, S. 265) Weil Remarque in *Der Weg zurück* jede politische Positionierung verweigert, integriert er auch kein geschichtsphilosophisches Modell, wie es etwa der Kommunismus verspricht. Das geschichtliche *telos* mit einem erlösenden *eschaton* wird somit stillgestellt.

[117] Fotheringham: Looking back at the revolution, S. 117. Insgesamt liest Fotheringham den Roman jedoch in erster Linie gesellschaftsgeschichtlich und stellt Bezüge von *Der Weg zurück* zu den revolutionären Ereignissen seit Spätherbst 1918 her.

Remarque – lebensphilosophisch motivierten Neuanfang«[118] führen. Angesichts der existenziellen Krise des Protagonisten hebt auch Brian Murdoch die Funktion der Natur als Grundlage des Hoffnungsschimmers am Ende der Buchfassung des Romans hervor.[119] Birkholz' Hinwendung zur Natur wird motivisch sorgfältig vorbereitet. Nach seiner Heimkehr findet er in der Natur für einen Moment die Möglichkeit, eine Verbindung zwischen seiner Gegenwart als Kriegsveteran und seiner Vergangenheit als Jugendlicher herzustellen. Während seines ersten Aufenthaltes in der heimatlichen Natur steigen ihm »noch Erinnerung, Sehnsucht und das Glück der Vergangenheit« auf, während an der Uferböschung eines Teiches der »Wind weht, und blau [...] die Berge am Horizont« liegen (DWZ 162). In der Natur versucht Birkholz sowohl seinen Kriegserinnerungen nachzuhängen als auch die Orte seiner Jugend aufzusuchen. Resigniert Birkholz zunächst bei diesem Versuch, gelingt ihm zum Schluss der Buchfassung durch die Natur die Verbindung von jugendlicher Vergangenheit und Nachkriegsgegenwart. Im Naturraum fühlt er das erste Mal seit dem Kriegsende »etwas wie Heimat und Frieden« (DWZ 337):

> Über das Leder der Schuhe steigt der Atem der Gräser, in die Wollporen des Anzugs dringt der Hauch der Erde, durch mein Haar weht bewegter Himmel [...], schon fühle ich die Schmetterlingsfüße auf meiner Brust, und der Gang der Ameisen widerhallt in den konkaven Räumen meiner Adern – dann wird die Welle stärker, der Widerstand zerschmilzt, und ich bin nur noch ein Hügel ohne Namen, Wiese, Erde. (DWZ 334f.)

Mit dieser Erfahrung erscheint es ihm zum ersten Mal, »als wäre vieles vorbei« (DWZ 336). Doch dieser Eindruck wird durch den Konjunktiv II irrealisiert.

> Ach Ludwig, da haben wir nun gesucht und gesucht, wir sind irre gegangen und gestürzt, wir haben Ziele gewollt und sind über uns selbst gestolpert [...] – und jetzt soll es ein Windhauch über Gräsern, ein Amselruf im Abend sein, der uns anrührt und uns schon heimführt (DWZ 337).

Der Wunsch der Frontsoldaten nach einem Platz in der Geschichte ist fehlgegangen. Dennoch stellt die Natur einen Raum dar, der den jungen

---

[118] Schneider: Die Revolution in der Provinz, S. 258.
[119] Vgl. Brian Murdoch: The Novels of Erich Maria Remarque. Sparks of Life, Rochester (NY) 2006, S. 56.

Heimkehrern neue Heimat bieten kann. Gleichwohl benötigt Birkholz eine geradezu naturmagische Wahrnehmung, um sich selbst ›wiederzubeleben‹:

> Das Leben ist im Zimmer. In den Möbeln knackt es, der Tisch kracht und der Schrank knarrt. Man hat sie vor Jahren gefällt und zerschnitten, gehobelt und geleimt zu Dingen des Dienens, zu Stühlen und Betten – aber in jedem Frühjahr, in den Nächten des Saftes, rumort es wieder in ihnen, sie erwachen, sie dehnen sich, sie sind nicht mehr Gerät, Stuhl und Zweck, sie haben wieder teil am Strömen und Fließen des Lebens draußen. Unter meinen Füßen knarren die Dielen und bewegen sich, unter meinen Händen knackt das Holz der Fensterbank, und neben dem Wege vor der Tür treibt selbst der zersplitterte, morsche Stamm einer Linde dicke braune Knospen – in wenigen Wochen wird er ebenso kleine seidengrüne Blätter haben wie die weit verbreiteten Äste der Platane, die ihn überschatten. (DWZ 374f.)

Die Gefühls- und Lebenslage Ernsts, als Soldat zu den »Dingen des Dienens« gezählt zu haben, als Mensch »gefällt und zerschnitten« worden zu sein, erscheint im Mobiliar seines Zimmers verdinglicht – eine zarte Hoffnung auf (Wieder-)Belebung des Unbelebten oder Toten. Das keimende Leben in Ernsts Zimmer symbolisiert die Hoffnung auf eine Möglichkeit für die Frontsoldaten, ohne jede ideologische oder kollektive Agenda wieder zum eigentlichen Leben finden zu können. Die Natur gibt trotz ihres ›seelischen‹ Todes im Krieg und trotz der verlorenen Kameradschaft im Nach-Krieg Anlass zur Hoffnung auf eine individualistische Zukunft, allerdings nicht im Rahmen neuzeitlicher Geschichtsideologien, sondern durch das Eingehen in den Naturraum. Diese Deutung lässt sich auch mit Verweis auf die Namenssymbolik des Protagonisten rechtfertigen. Während Paul Bäumers Nachname noch jemanden bezeichnet, der mit Bäumen arbeitet – das Suffix ›-er‹ kann auch einen Agenten bezeichnen –, sie etwa pflanzt, bezeichnet ›Birkholz‹ nurmehr ein hölzernes Ding.[120] Damit wird das Motiv der an der Front in unzähligen Schlachten zerstörten Bäume aufgegriffen und auf die *humanitas* bezogen. Die bereits durch die Schlachten in *Im Westens nichts Neues* zerstörte Generation muss sich ihr Leben neu pflanzen.

Einen Kontrast dazu bietet Rahes Suizid, dessen Rückkehr auf die Schlachtfelder des Weltkriegs durchaus als Metapher für ein gewissermaßen zirkuläres Geschichtsverständnis begriffen werden kann. Kriege werden dieser Lesart zufolge aber nicht – wie etwa bei Oswald Spengler in *Der Untergang*

---

[120] Zur Onomastik des Namens ›Bäumer‹ vgl. Duden: Familiennamen, bearb. von Rosa Kohlheim und Volker Kohlheim, Mannheim u.a. 2005, Lemma ›Baumer/Bäumer‹, S. 113: »3) Berufsnamen zu mhd. *boumen* ›mit Bäumen bepflanzen‹ für einen Obstgärtner«.

des Abendlandes – im Rahmen des Aufstiegs und Falls von Zivilisationen verortet, sondern der Krieg wird als Durchmesser des zu durchlaufenden geschichtlichen Kreisbogens begriffen: »In an attempt to escape his shadow Rahe comes full circle eventually making his way back to the battlefields of France, back to where his lost youth lies buried, to take his own life.«[121] So gelesen kann Rahe dem Weltkrieg gar nicht mehr entkommen.

Aus diesen Andeutungen eines Geschichtsdenkens folgt, dass die Geschichts-›Verweigerung‹ zumindest der Buchfassung von *Der Weg zurück* etwas anders als jene in *Im Westen nichts Neues* bewertet werden muss. Noch in der Fassung des Vorabdrucks steht Rahes symbolischer Selbstmord am Schluss des Romans. In der Buchfassung jedoch, die Remarque unter dem Eindruck der scharfen Kritik des Vorabdrucks bzw. des Aufführungsverbots von *All Quiet on the Western Front* umgearbeitet hat,[122] wird Rahes Suizid vom Ende des Romans in den Text hinein verlegt, sodass der Schlussakzent des Romans nicht mehr auf diesem Todesfall liegt. Zudem werden einige fortschrittspessimistische Passagen gestrichen. Im Vorabdruck stellt Ernst Birkholz noch fest, die Heimkehrer haben »nichts mehr als das nackte Leben. Nicht mehr und nicht weniger. Was nun?« (DWZ 386) Seine Frage wird in der Buchfassung lebensphilosophisch bzw. existenzialistisch beantwortet. Verweigert der Roman in der Fassung des Vorabdrucks politische bzw. geschichtsphilosophische Lektüren noch gänzlich, nähert sich der Erzähler durch diese Umstellung in der Buchfassung zuletzt an ein teleologisches Geschichtsdenken an. Remarques schriftstellerische Leistung, mit *Im Westen nichts Neues* eine Historisierung des Weltkriegs zu verweigern, wird von ihm in der Buchfassung von *Der Weg zurück* partiell zurückgenommen. Im Gegensatz zu Salomo Friedländers Kritik an beiden Romanen, der gerade darin die größte Leistung Remarques erkennt, ist diese Umkehrung als partieller Rückfall in die Menge der im üblichen Sinne narrativ-teleologisch organisierten Kriegserzählungen zu bewerten.

Mit der Hoffnung auf neues Leben wird eine der Kernaussagen von *Im Westen nichts Neues* revidiert oder deutlich abgeschwächt. Sie widerspricht der These, dass angesichts des Weltkriegs keine durchgängige, bruchlose Geschichte mehr erzählt werden kann, die den Krieg zumindest in die individuelle Biographie integrieren kann. Die lebensphilosophischen Tendenzen sprechen eine andere Sprache. Um den Heimkehrern eine Zukunft zu bieten,

---

[121] Fotheringham: Looking back at the revolution, S. 111.
[122] Vgl. Schneider: »Das Leben wiedergewinnen oder zugrundegehen«, S. 504.

benötigen sie zwingend, so die implizite Textaussage, die Aussicht auf eine zukünftige persistente Persönlichkeit. Zwar erteilt Remarque »militärischem Denken generell [...] wie politischen Utopien jeglicher Couleur [...] eine Absage« und schreibt dem Einzelnen die Verantwortung für sein Leben zu, der er sich »nicht in einer ›Kameradschaft‹, der Armee, einem Freikorps oder einer politischen Gruppierung entziehen« kann.[123] Er verweigert sich weiterhin kollektivistischen Geschichtsvorstellungen und Ideologien. Gleichwohl öffnet dieses Ende individualistische Perspektiven. Auf diesem Weg soll – so Schneider – das ›Kriegserlebnis‹ »nicht verdrängt, sondern als potentiell produktiver Teil der Existenz begriffen und damit verarbeitet«[124] werden. Diesen Prozess der Integration des Krieges in die eigene Existenz beginnt am Ende von *Der Weg zurück* zumindest Ernst Birkholz. Dennoch: Verarbeitet, wie Schneider es andeutet, hat Birkholz den Krieg noch lange nicht. Birkholz' eigener ›Weg zurück‹ ist geprägt von der Verzweiflung, den Krieg nicht verarbeiten zu können, auf seine Existenz zurückgeworfen zu werden und »nichts anderes« mehr zu empfinden als: »[I]ch bin da – ja, ich bin da!« (DWZ 97) Diese existenzialistische Erkenntnis vertritt Birkholz zunehmend offensiv und fasst sie schließlich gegenüber seinem zunächst übermächtigen Vater in die Worte: »Ich will es ja zu nichts bringen, Vater, ich will nur leben.« (DWZ 283) In ihrer existenziellen Abgründigkeit entsprechen sie dem Überlebenswillen der Soldaten an der Front.
Aufgrund seiner Erkenntnis blickt Birkholz am Ende »ruhig und gefasst in das Dunkel« und »in die erloschenen Augen« einer anthropomorphisierten Kriegsvergangenheit und ist wieder fähig, »seine Gedanken zurück in die Unterstände und Trichter zu senden«, die ihm sogar wieder »Kraft und Willen« statt »Angst und [...] Entsetzen« (DWZ 372) spenden. Die Denkfigur jedoch, dass der Weltkrieg gar nicht in einen kontinuierlichen, fortschreitenden Geschichtsablauf integriert werden könne, weicht diese neue Lebensperspektive Birkholz' auf. Remarque schärft diese Kritik in *Der Weg zurück* zunächst durch die Stilllegung des Frontkämpfer- oder Erfahrungs-Narrativs. Zuletzt aber privatisiert er die Sinndeutung des Krieges ›durch die Gartentür‹. Mit dem Blick auf die Natur und im Lichte der eigenen Existenz bestehe die Chance für den Einzelnen, den Krieg schließlich in seine individuelle Geschichte zu integrieren. Vor diesem Hintergrund erweist sich *Der Weg zurück* für den Schriftsteller Remarque scheinbar als programmati-

---

[123] Schneider: Die Revolution in der Provinz, S. 258f.
[124] Ebd., S. 258.

scher ›Schritt zurück‹. Nach der »vollkommenen Sinn-Auflösung« und der Verweigerung einer geschichtlichen Verortung des Krieges sowie dem Tod oder der moralischen Verurteilung der Figuren beider Romane ringt Ernst Birkholz um die Möglichkeit einer Existenz, die den Krieg nicht verdrängt. »Aber das Leben ist mir geblieben« (DWZ 373), summiert er, ohne neue Heimat in kollektiven Ideologien zu suchen: »Auch Wachsen ist Abschied. Auch Wachsen heißt verlassen. Und es gibt kein Ende.« (DWZ 372) Birkholz erkennt die Aufgabe, eine eigene Persönlichkeit zu entwickeln, als Lebensaufgabe an. Damit konfrontiert Remarque die von ihm selbst konstatierte Unmöglichkeit der geschichtlichen Verortung des Krieges mit der praktischen Notwendigkeit des Frontheimkehrers, mit den Kriegserfahrungen zu leben und im abgestorbenen Birkholz wieder den ursprünglichen Bäumer zu finden, der als Wachsender in den Krieg gezogen war und dessen Wachstum der Krieg abgeholzt hatte. Remarques Absage an geschichtsphilosophisch fundierte Ideologien führt am Schluss von *Der Weg zurück* zu einer Emphase des Individualismus.

7 Fazit: Remarques Westfront-Romane als ›Denkmal des unbekannten Soldaten‹

Remarque verweigert in seinen beiden Erster-Weltkriegs-Romanen *Im Westen nichts Neues* und *Der Weg zurück* die geschichtliche Verortung des Weltkriegs. Er formuliert keinen ideologisch fundierten Gesellschaftsentwurf mehr, sondern erzählt ausschließlich im Rahmen des Frontkämpfer-Narrativs vom Schicksal der Frontsoldaten an der Front und in der Heimat. Für *Im Westen nichts Neues* lässt sich diese Einschätzung durch die bisherige Forschung stützen, deren Beschreibungen der Romanstruktur zu den Eigenschaften des Frontkämpfer-Narrativs passen. Der Roman sei, so das Urteil von John W. Chambers und Thomas F. Schneider, eine »perfekt konstruierte[ ], alternierende[ ] Abfolge von grausamen, abschreckenden, emotional aufwühlenden mit retardierenden und reflexiven, aber auch humoresken Standardsituationen des Krieges«[125] bzw. ein »Wechselreiten von Horrorszenen, burlesken und elegisch poetischen Szenen«.[126] Diese Einschätzung entspricht dem in dieser

---

[125] John W. Chambers II/Thomas F. Schneider: »Im Westen nichts Neues« und das Bild des ›modernen‹ Kriegs, in: Text + Kritik 149 (2001), S. 8–18, hier S. 9.
[126] Oesterle: Das Kriegserlebnis im für und wider, S. 221.

Arbeit für das Frontkämpfer-Narrativ angenommenen Alternieren zwischen vergleichsweise ruhigen Passagen und Zuständen des ›rasenden Stillstands‹. Die Persönlichkeitsentwicklung der Frontsoldaten steht im Zentrum des Romans, vermittelt allerdings keine ideologischen Positionen. Weil die ehemaligen Primaner ihre schulische und lebensweltliche Vergangenheit aufgeben müssen, um als Soldaten im ›Erfahrungsraum‹ der Schützengräben für ihr ›Vaterland‹ zu kämpfen, und weil der Vaterlandsbegriff ihrer Autoritäten die Auflösung der eigenen Persönlichkeit verlangt, verlieren sie ihre Identität als Heranwachsende. Ihr Verlust einer zivilen Persönlichkeit offenbart sich metonymisch während Paul Bäumers Heimaturlaub, in dem das Programm des Romans *in nuce* vorgeführt wird. Ohne die Möglichkeit eine eigene Persönlichkeit auszubilden oder auszuleben, die die Soldaten von ihren Kameraden individuell abgrenzt, wird die Kameradschaft zum Fluchtpunkt der soldatischen Persönlichkeit. Im Ergebnis können die Frontsoldaten strukturell keine individuelle, zivile Persönlichkeit aufrechterhalten.

Zusätzlich zu den Veränderungen im gesellschaftlichen Umfeld beeinflusst in erster Linie der Krieg in den Schützengräben ganz direkt die soldatischen Persönlichkeiten. Die Fronterfahrung verhindert einen Anschluss an frühere, jugendliche Erfahrungsräume. Denn die jungen Rekruten werden nicht mehr von der zivilen Erfahrung einer Persistenz ihrer Identität geprägt, sondern von einer Front-Gegenwart, die Vergangenheitsbezug und Zukunftserwartung *ad absurdum* führt. Die Soldaten verlieren ihr Verhältnis zur Zeit als ein das Leben strukturierendes Metronom, zu extrem sind sie den Erfahrungen entgrenzter Beschleunigung ausgesetzt. Das lässt sich begrifflich anhand der fünf in den theoretischen Vorüberlegungen skizzierten Phänomenen moderner Beschleunigungserfahrung fassen. Die Soldaten erfahren soziale Umstürze, wie sich in der Figur des »betreßte[n] Briefträger[s]« (IWN 25) Himmelstoß zeigt. Ihre Gegenwartserfahrung wird auf immer kürzere Zeiträume zusammengedrückt; die beständige Erfahrung des Phänomens der ›Plötzlichkeit‹ lässt die soldatische Persönlichkeit zunehmend brüchig werden und in den Zustand des rasenden Stillstands geraten, in dessen Kontext sogar die menschliche Personalität einer instinkthaften animalischen Gebärde weicht. Die Vernichtung von Raum durch Geschwindigkeit schlägt sich in der Raumsymbolik des Textes nieder. Motor dieser in der Moderne mit Macht einsetzenden Beschleunigung ist auch in *Der Weg zurück* die Maschinisierung des Lebens und des Krieges.

Aus dem Verlust einer persistenten zivilen Persönlichkeit sowie aus der Erfahrung völlig kontingenten, weil zufälligen Überlebens und Sterbens resultiert zuletzt der Verlust von Zukunftserwartungen. Dieser Verlust wird in der Erzähllogik des Romans nicht überwunden. Trotz aller Versuche, ›geschwindigkeitsberuhigte‹ Zonen an der Front zu errichten, können weder der einzelne Soldat noch das soldatisch-generationale Kollektiv den Krieg geschichtlich verorten und deuten. Damit verweigert sich der Roman einem Erwartungs-Narrativ, das durch die Zäsur des Krieges einen Aufbruch in eine erwartete Zukunft verspricht. Sowohl eine nationalistische als auch eine sozialistische bzw. kommunistische Geschichtsdeutung des Krieges wird abgelehnt. Die jugendlichen Frontsoldaten können ihre eigene oder eine allgemeine Zukunft weder in der Vorkriegs- noch in der Nachkriegszeit abstecken. Im ›Vorkrieg‹ sind sie zwar noch hoffnungsvoll, können aber noch »keine festen Pläne für die Zukunft« entwickeln, da sie noch »voll ungewisser Ideen« (IWN 25) stecken. Die Kriegsgegenwart versinkt in ihnen »wie ein Stein« und im ›Nachkrieg‹ werden sie unverarbeitet »wieder aufwachen« (IWN 126). Bäumer verweigert sich insbesondere einer nationalistischen Sinndeutung des Krieges. Gleichwohl formuliert er ein sozialistisches Alternativprogramm allenfalls in Ansätzen und verwirft individuelle Zukunftsperspektiven für die Frontsoldaten. In ein neuzeitliches Fortschrittsnarrativ, demzufolge der Fortschritt der Menschheit entweder unendlich sei – man denke an Condorcet und die Aufklärung – oder demzufolge sich gemäß der hegelianischen Denkfigur die Geschichte schon bald vollende, kann der Erste Weltkrieg, wie ihn *Im Westen nichts Neues* erzählt, nicht integriert werden. Nicht einmal Frieden lässt sich realisieren, sondern allenfalls in symbolischen erotischen Begegnungen mit Frauen als Utopie vorstellen. Thomas F. Schneider beschreibt die politisch-ideologische Indifferenz des Romans als Resultat eines Überarbeitungsprozesses, der das Buch an die maßgeblichen weltanschaulichen Überzeugungssysteme der Zeit anschlussfähig machen sollte:

> Das Ergebnis der durch den Ullstein-Konzern und Remarque selbst vorgenommenen Änderungen für die Buchausgabe ist eine nahezu völlige Entpolitisierung des Nachkriegsbuches hin zu einem offenen Kriegsbuch, in dem alle Haltungen zum Krieg, ob affirmativ oder kritisch, wiedergefunden werden können.[127]

---

[127] Schneider: »Wir passen nicht mehr in die Welt hinein«, S. 449.

Ich stimme Schneiders Urteil grundsätzlich zu, möchte es jedoch um eine Lesart ergänzen. Der Roman ist zwar spätestens in der Buchausgabe weitestgehend entpolitisiert und optiert weder für eine affirmative noch für eine kritische Position zum Krieg. Allerdings erweist er sich auch nicht als ›offenes Kriegsbuch‹, auf das mehr oder minder beliebig unterschiedliche politische Haltungen projiziert werden könnten, die einen bestimmten Ablauf der Geschichte erwarten, dem Krieg einen entsprechenden geschichtlichen Ort zuweisen und ihn darüber mit Sinn versehen. Dass das nicht möglich ist, legen bereits die unterschiedlichen zeitgenössischen Rezensionen und großen Kontroversen um den Roman nahe. Jens Ebert schreibt von einem »politischen Lackmus-Test [...] nicht nur zwischen den politischen Lagern und Gruppierungen, sondern auch innerhalb dieser«.[128] Trotz aller Vereinnahmungsversuche und der auch ideologiekritisch zu deutenden Kameradschafts-Emphase verweigert sich *Im Westen nichts Neues* recht offensiv einer politischen Vereinnahmung im Sinne einer Geschichtsdeutung des Krieges. Ein Anschluss des Romans an ihre eigenen politisch-ideologischen Überzeugungssysteme, an die Konservative Revolution, an die Geschichtsvorstellungen eines Ernst Troeltsch oder an den Kommunismus fällt den Rezensenten so schwer, weil die Frontsoldaten keine Zukunftsperspektive mehr kennen. Peter Horn schreibt daher:

> Die Fixierung auf die angeblich ›nackten‹ Tatsachen in ihrer undurchschaubaren Zufälligkeit zerstört im Bewußtsein des Erlebenden [...] jede Form von Kontinuität, Gedächtnis, Erfahrung, Geschichte als begriffener Zusammenhang. [...]. Der Erzähler gibt angesichts solcher Fragmentierung seines Erlebens den Anspruch auf, Zusammenhänge noch herstellen zu können.[129]

Das heißt nichts anderes, als dass die Fronterfahrung eine konsistente geschichtliche Sinndeutung des Weltkriegs verhindert. Der fehlende Zukunftshorizont der Romanfiguren Remarques lässt sich mit der Metapher eines schwarzen Lochs veranschaulichen: Wenn eine Figur als Soldat die Ereignishorizontlinie des ›schwarzen Lochs‹ Erster Weltkrieg durchbricht, verliert sie die Möglichkeit, geschichtliche Positionen einzunehmen, befindet sich im

---

[128] Ebert: Der Roman *Im Westen nichts Neues* im Spiegel der deutschsprachigen kommunistischen Literaturkritik, S. 99.
[129] Peter Horn: Der ›unbeschreibliche‹ Krieg und sein fragmentierter Erzähler. Zu Remarques Kriegsroman »Im Westen nichts Neues«, in: Heinrich Mann-Jahrbuch 4 (1986), S. 85–108, hier S. 89.

›geschichtlichen Nichts‹ und kann sich nicht mehr an eine (friedliche) Welt außerhalb des schwarzen Lochs, also außerhalb des Krieges, anpassen, da ihr dauerhaft jede Kontinuität im Leben abhandengekommen ist. Auch der zweite Erster-Weltkriegs-Roman *Der Weg zurück* erzählt, obgleich zeitlich großteils in der Nachkriegsgesellschaft angesiedelt, nicht im Rahmen eines Erwartungs-Narrativs, sondern bleibt dem weniger ideologischen Frontkämpfer-Narrativ verhaftet. Da die Fronterfahrung die Wiedereingliederung in die Friedensgesellschaft verunmöglicht, bleibt der Krieg als Ganzes sinnlos und verweigert sich einer (nachträglichen) geschichtlichen Verortung und Deutung. Der Roman lässt sich als konsequente Fortschreibung von *Im Westen nichts Neues* lesen. Remarque heroisiert die Frontsoldaten und beharrt auf der Kategorie der Frontkämpfergemeinschaft. *Der Weg zurück* lässt sich sogar als Steigerung des Vorgängers beschreiben, sofern man argumentiert, dass die Soldaten aus den Schützengräben nach ihrer Heimkehr das ›einzig sinnvolle, was der Krieg hervorgebracht hat‹, preisgeben müssen: ihre Kameradschaft.[130] Im Frieden erkennen die Veteranen die Unmöglichkeit, an ihre Jugend vor dem Krieg anzuschließen und werden zugleich ihrer soldatischen Persönlichkeit der Kriegsjahre beraubt. Die soldatische Persönlichkeit fußte in erster Linie auf bedingungsloser Kameradschaft. Die geht jedoch nach der Rückkehr in die Heimat im Sog der jeweils eigenen Interessen bald in die Brüche. Übrig bleibt der im zivilen Leben gestrandete Kriegsheimkehrer ohne eine eigene beständige Persönlichkeit.

In *Der Weg zurück* wird das Narrativ der Fronterfahrung zunehmend stillgelegt. Motivisch spiegelt sich das in den Uniformen der Heimkehrer. Die Fronterfahrung und das Leben in der Heimat lassen sich nicht miteinander vereinbaren. Verschiedene Folgen dieser Entwicklung rücken in den Fokus: erstens die Dissoziation der Figuren, deren Lebensrealitäten verschwimmen; zweitens vergeht die Zeit nach der Heimkehr im Vergleich zum ›rasenden Stillstand‹ an der Front weitaus gedehnter und langsamer; drittens sind die soldatischen Konfliktlösungsstrategien auch im Frieden auf Gewalt angelegt; viertens verlieren die jungen ›Alten‹ im Krieg ihre Jugend und damit die Zeit, in denen eine individuelle Persönlichkeit entwickelt wird; fünftens entzweit sich die Kameradschaft in den im Frieden wieder deutlich werdenden sozialen und ökonomischen Unterschieden; sechstens offenbaren sich politische Diffe-

---

[130] In dieser Konstellation erkennt Murdoch ein Bindeglied beider Texte: »Der Zerfall der Frontkameradschaft verbindet beide Romane.« (Murdoch: Vorwärts auf dem Weg zurück, S. 24)

renzen zwischen den Soldaten. Lösungsversuche, die das Auseinandertreten von Fronterfahrung und Heimatbewältigung verhindern wollen, scheitern. Weder in der Familie noch in den (früheren) Liebschaften oder in beruflichen Orientierungen können der Erzähler und seine ehemaligen Kameraden neue Persönlichkeiten generieren und Lebensperspektiven erringen.

So suchen die Kriegsheimkehrer ihre im Feld verlorene und nur über die Verabsolutierung der Kameradschaft rudimentär erhaltende Persönlichkeit zu bewahren. Weil Ideologien bzw. Vorstellungen eines mit Notwendigkeit ablaufenden bestimmten historischen Verlaufs den Krieg an einen geschichtlichen Ort rücken, entwerten sie die Fronterfahrung und die Kameradschaft der Frontsoldaten potentiell, nämlich dann, wenn sie das Erleben der Soldaten nicht in ihre Geschichtsbilder integrieren können. Den Heimkehrern droht Gefahr durch junge Kommunisten, die sie nach der Heimkehr attackieren, weil der verletzte Leutnant Ludwig Breyer seine Rangabzeichen nicht von der Uniform lösen will. *Vice versa* droht den Veteranen Gefahr aus nationalkonservativen Kreisen und der Kompanieführer Heel lässt auf ihren Frontkameraden Max Weil schießen. Das heißt: In der Romanlogik wird Erwartungen an das Kommende unabhängig von ihren ideologischen Implikationen eine Absage erteilt.

Diese Absage prägt zuletzt auch die existenzialistischen Tendenzen des Romans. Den Frontsoldaten bleibt eine einzige Lebensperspektive. Sie dürfen sich zu den Davongekommenen zählen, denen immerhin ihre Existenz geblieben ist. Eine Perspektive können sie nicht mehr im Anschluss an Kollektive und Ideologien, sondern nur noch aus sich selbst und ihrer direkten Umgebung heraus entwickeln. Diese individualistische Horizontlinie einer möglichen Zukunft schwächt zwar die Aussage beider Erster-Weltkriegs-Romane ab, dass der Generation der Frontsoldaten im Ersten Weltkrieg jede Zukunft genommen wird. Sie nimmt jedoch nicht die Ablehnung geschichtsphilosophischer Programme zurück. Indem sich Remarque den Frontsoldaten widmet, verweigert er sich einem Fortschrittsdenken, das am Ende der Geschichte Erlösung verspricht. Seine Frontsoldaten bzw. -heimkehrer finden keine geschichtliche Erlösung. Gerade weil in zahllosen anderen prominenten Erzählungen des Ersten Weltkriegs, auch und vor allem in den Westfront-Romanen, geschichtliche Sinndeutungen und Erwartungen formuliert werden, positioniert sich Remarque mit der klaren Absage an eine Zukunftserwartung in einem geschichtsphilosophischen Diskurskontext. *Im Westen nichts Neues* und *Der Weg zurück* lassen sich daher mit der Vorankündigung von *Im Westen nichts Neues* in der *Vossischen Zeitung* als Mahnmal gegen das Vergessen der von der Geschichte Besiegten lesen: als »Denkmal des ›Unbekannten Soldaten‹«.[131]

Demgegenüber wird in *Im Westen nichts Neues* jede geschichtliche Sinngebung des Krieges rundheraus abgelehnt, wenngleich die Fronterfahrung wesentlich über eine Phänomenologie der Beschleunigung erfasst wird. Mit dem Beschleunigungsimperativ korrespondiert das soldatische Leiden am Krieg. Auch wenn die Soldaten ihre zivile Persönlichkeit mit dem Anlegen der Uniform aufgeben und sich die Kameradschaft als neue Projektionsfläche von Identität etabliert, erzählt der Roman den Verlust von Persönlichkeit doch vor allem entlang der Beschleunigungssymptomatik. Kaum einmal wird diese Erfahrung von einer entschleunigten Situation, von einem ›utopischen Augenblick‹ oder von der kurzzeitigen Illusion einer ›Liebesidylle‹ kontrastiert. In einem industriellen und maschinell beschleunigten Weltkrieg entkommen die Frontsoldaten dem ›rasenden Stillstand‹ nicht mehr. So droht den Soldaten jederzeit ein plötzlicher Tod, wie ihn Katczinsky in *Im Westen nichts Neues* erleidet. Die radikale Beschleunigung führt entweder zum Imperativ kontinuierlicher und immer schnellerer Bewegung oder zur erzwungenen absoluten Stillstellung wie in der Duval-Episode. Aus diesem Grund kann Paul Bäumer zur neuartigen Phänomenologie moderner Beschleunigung an der Front kein affirmatives Verhältnis entwickeln, sondern geht an ihr zugrunde. Remarque zieht als einziger der untersuchten Autoren die Konsequenz, sich angesichts dieser radikalisierten Beschleunigungserfahrung einer Geschichtsdeutung zu verweigern. Der Erste Weltkrieg und die Westfront lassen sich nicht mit metaphysisch begründetem geschichtlichen Sinn aufladen, so die scharfe antiideologische und antimilitaristische Anklage Remarques. Die Plötzlichkeitserfahrung und der ›rasende Stillstand‹ ziehen den Verlust der soldatischen Persönlichkeit nach sich und äußern sich symptomatisch im Gefühl von Heimat- und Zukunftslosigkeit. Da *Im Westen nichts Neues* jedoch anhand individueller Schicksale den Ersten Weltkrieg als kollektive Abbruchkante individueller Biographien einer ganzen Generation erzählt – von der Erzählkonstruktion über die Motive bis hin zur Figurenzeichnung und -entwicklung –, wird im Roman sozusagen eine negative Metaphysik der Geschichte entwickelt. *Im Westen nichts Neues* präsentiert die Geschichte der notwendig misslingenden Sinngebung des Sinnlosen in literarischer Form. *Der Weg zurück* führt vor Augen, dass noch in der einsetzenden Nachkriegs-

---

[131] Nichts Neues im Westen [Vorankündigung], in: Vossische Zeitung 8. November 1928, S. 1, zitiert nach: IWN 317–320, hier 319.

gesellschaft die Sinngebungsversuche der Frontheimkehrer kaum glücken können. Lediglich lebensphilosophische und existenzialistische Tendenzen deuten am Ende des zweiten Remarque-Romans zum Ersten Weltkrieg vage die neue Hoffnung auf eine individualistische Zukunft an, die aber gerade nicht mehr im Kontext einer metaphysischen Geschichtsvorstellung steht.

V Für Front und Vaterland. Die Utopie der ›Volksgemeinschaft‹ in Werner Beumelburgs *Die Gruppe Bosemüller*

Werner Beumelburgs erster Roman *Gruppe Bosemüller*[1] ist von dessen konservativ-revolutionären Überzeugungen geprägt. Der Roman, der in den letzten Jahren ebenso wenig wie sein Autor besondere Beachtung erfahren hat,[2] stellt die Front- bzw. Beschleunigungserfahrung der Protagonisten ins Zentrum, entwickelt eine konservativ-revolutionäre Geschichtsdeutung und wählt daran angepasste narrative Verfahren. Beumelburg nimmt in *Gruppe Bosemüller* historiographische Fäden auf, die er in den Jahren zuvor in seinen Schriften für die Reihe *Schlachten des Weltkriegs*[3] und in *Sperrfeuer um Deutsch-*

---

[1] Werner Beumelburg: Gruppe Bosemüller, Oldenburg 1930; im Folgenden zitiert mit der Sigle GB und Seitenzahl.

[2] Gerade aufgrund der seltenen wissenschaftlichen Beschäftigung mit Werner Beumelburg lohnt es sich, die Forschungslage kurz zu schildern: Stefan Busch beleuchtet Beumelburgs Karriere als Schriftsteller, nimmt insbesondere sein Wirken im ›Dritten Reich‹ in den Fokus und berücksichtigt in diesem Kontext auch die sinnstiftende Dimension von *Gruppe Bosemüller* (Stefan Busch: »und gestern, da hörte uns Deutschland«. NS-Autoren in der Bundesrepublik. Kontinuität und Diskontinuität bei Friedrich Griese, Werner Beumelburg, Eberhard Wolfgang Möller und Kurt Ziesel, Würzburg 1998). Heidrun Ehrke-Rotermund stellt grundlegende Motive des Romans vor, arbeitet *Gruppe Bosemüller* als ›Gegenentwurf‹ zu *Im Westen nichts Neues* heraus, markiert den Authentizitätsanspruch Beumelburgs und untersucht die »Ausgrenzungsmuster« des Romans (Heidrun Ehrke-Rotermund: ›Durch die Erkenntnis des Schrecklichen zu seiner Überwindung‹? Werner Beumelburg: Gruppe Bosemüller, in: Schneider/Wagener [Hg.]: Von Richthofen bis Remarque, S. 299–318, hier S. 309). Gerd Krumeich verortet Beumelburg zwischen »soldatischem Nationalismus und NS-Ideologie« und beschreibt Nähe und Distanz des Schriftstellers zum Nationalsozialismus (Gerd Krumeich: Zwischen soldatischem Nationalismus und NS-Ideologie. Werner Beumelburg und die Erzählung des Ersten Weltkriegs, in: Seidler/Waßmer [Hg.]: Narrative des Ersten Weltkriegs, S. 217–234). Zuletzt hat Manuel Köppen sich den Schreibkonzepten Beumelburgs gewidmet (Manuel Köppen: Werner Beumelburg und die Schlachten des Weltkrieges. Schreibkonzepte eines Erfolgsautors zwischen Historiografie und Fiktion, in: Meierhofer/Wörner [Hg.]: Der Erste Weltkrieg und seine Darstellungsressourcen, S. 267–290). Kurze Analysen von Beumelburgs Werk finden sich bei Eckhardt Momber in seiner Studie *'s ist Krieg! 's ist Krieg!* und in Armin Mohlers und Karlheinz Weissmanns Handbuch *Die konservative Revolution in Deutschland 1918–1932*.

[3] Werner Beumelburg: Douaumont (= Schlachten des Weltkriegs, Bd. 8, in der Neuauflage von 1925, Bd. 1), Oldenburg/Berlin 1923; ders.: Ypern 1914 (= Schlachten des Weltkrieges, Bd. 10), Oldenburg/Berlin 1925; ders.: Loretto (= Schlachten des Weltkrieges, Bd. 17), Oldenburg/Berlin 1927; ders.: Flandern 1917 (= Schlachten des Weltkrieges, Bd. 27), Oldenburg/Berlin 1928.

land[4] gesponnen hatte. Gleichzeitig respondiert er mit dem Roman auf den kurz zuvor erschienenen Bestseller *Im Westen nichts Neues* von Erich Maria Remarque.[5] Beide Aspekte führen zum Gegenstand dieser Arbeit. *Gruppe Bosemüller* muss terminologisch als ein Hypertext zu *Im Westen nichts Neues* mit hoher dialogischer Intertextualität beschrieben werden,[6] der auf die scharfe Kritik Remarques an den Sinndeutungen des Ersten Weltkriegs reagiert. Beumelburg stellt mit ihm seine andere, nationalkonservativ ausgerichtete Erzählung des Krieges gegen Remarques Roman. Die konservativ-revolutionäre Haltung Beumelburgs äußert sich in seiner »Schlachtenpoetik«.[7] *Gruppe Bosemüller* erzählt die Geschichte einer Gruppe von Armeepionieren um den titelgebenden Gruppenführer Paul Bosemüller in der Schlacht um Verdun und nimmt konkreten Bezug auf historische Ereignisse.[8] Stefan Busch betont die Funktion derartiger historischer Bezugnahmen in den *Schlachten des Weltkrieges:*

> Diese Fakten (dokumentarische Beifügungen von Fotos, Listen von Offiziersnamen, etc.) dienten Beumelburg ähnlich wie Jünger dazu, ohne Preisgabe des Konkreten ›Geschichtsphilosophie‹ und Mythologisierung betreiben zu können:

---

[4] Werner Beumelburg: Sperrfeuer um Deutschland, Oldenburg 1929.

[5] Vgl. Ehrke-Rotermund: ›Durch die Erkenntnis des Schrecklichen zu seiner Überwindung‹?, S. 301–305.

[6] Vgl. Gèrard Genette: Palimpseste. Die Literatur auf zweiter Stufe. 2. Aufl., Frankfurt a.M. 1996, S. 18; Manfred Pfister: Konzepte der Intertextualität, in: ders./Ulrich Broich: Intertextualität. Formen, Funktionen, anglistische Fallstudien, Tübingen 1985, S. 1–30, hier S. 29.

[7] Manuel Köppen beschreibt mit dem Begriff der Schlachtenpoetik das Mischverhältnis aus »Historiografie und Fiktion, Härte und Sentiment, detaillierte Schilderung des Todes und humoriges Frontleben« (Köppen: Werner Beumelburg und die Schlachten des Weltkriegs, S. 269). Mit diesem Verfahren verfolgt Beumelburg, wie Stefan Busch in Bezug auf Beumelburgs historiographisch ausgerichtete Weltkriegsdarstellungen meint, sein geschichtlich-nationales Programm: »Beumelburg schrieb von der Vergangenheit um der Zukunft willen […]. Beumelburgs Verfahren war das einer nationalistischen, von einer Reichsmythologie überhöhten Variante der ›kritischen‹ Historiographie. Es litt das deutsche Vaterland und mit ihm seine Söhne, deren Aufgabe es sein sollte, sich in der Erinnerung an die Opfer der Vergangenheit für die ›Zukunft des Reiches‹ und dessen Befreiung hinzugeben.« (Busch: »und gestern, da hörte uns Deutschland«, S. 94f.)

[8] Beumelburg, der vor Verdun gekämpft hat, könnte seinen Stoff durchaus auch aus autobiographischen Quellen geschöpft haben (vgl. Werner Beumelburg: Wir kommen alle vom Kriege her, in: ders.: Das jugendliche Reich. Reden und Aufsätze zur Zeitwende, Oldenburg 1933, S. 11–16). Der Fiktionalitätsstatus des Textes steht bereits im Paratext infrage, da der Roman der Figur Wammsch gewidmet wird. Geschichte und Fiktion werden bereits hier miteinander verzahnt.

Im Kriegsgeschehen sollte etwas ›Höheres‹ oder auch ›Tieferes‹ zur Erscheinung gekommen sein.[9]

Trotz der vergleichbaren Bezugnahmen erzählt Beumelburg den Ersten Weltkrieg anders als der frühe Ernst Jünger nur in Ansätzen als ›Erlebnis‹. Beumelburgs Deutung des Krieges gründet im ›Stahlbad des Einzelnen‹. Er kann die Beschleunigung und den ›rasenden Stillstand‹ im Unterschied zu Jünger nicht emphatisch als Rausch erfahren und als Kriegserlebnis begrüßen. Folglich begreift er die Front nicht als ›Abenteuerspielplatz‹ und rechtfertigt den Krieg nur im Hinblick auf die Front- und ›Volksgemeinschaft‹. Wenngleich sich Beumelburgs Kriegsbegeisterung in engen Grenzen hält, ist sein Schreiben durch die nationalkonservative Programmatik aus dem Dunstkreis der Konservativen Revolution geprägt. Er überhöht den Krieg geschichtlich und erwartet die Erfüllung der ›Volksgemeinschaft‹. Diese Struktur prägt bereits Beumelburgs Beiträge zu den *Schlachten des Weltkriegs* Mitte der 1920er-Jahre. Im Vorwort »Einsaat« zu *Ypern 1914* schreibt er: »Die Blüte der deutschen Jugend ward hingemäht vom flandrischen Tod«.[10] Anschließend versucht er sich an der geschichtlichen Sinngebung des Sterbens an der Front wie der seines eigenen Schreibens: »Der deutschen Jugend ist dies Buch geschrieben, damit sie derer gedenke, die dies Lied [gemeint ist das ›Deutschlandlied‹ inkl. der Zeilen »Deutschland, Deutschland über alles…«, J.W.] auf den Lippen starben und bereitwillig ihre jungen Leiber als heilige Einsaat für die Zukunft des Reiches hingaben…«[11] Aufgrund dieser Sinngebung des Ersten Weltkriegs muss Beumelburg im konservativ-revolutionären Feld verortet[12]

---

[9] Busch: »und gestern, da hörte uns Deutschland«, S. 92. Zum Faktualitätsanspruch nationalistischer Weltkriegs-Romane vgl. Schöning: Versprengte Gemeinschaft, S. 239–243. Ulrich Fröschle hat sich mit der Frage auseinandergesetzt, welche Funktion der Verdun-Mythos auch in *Gruppe Bosemüller* hat (vgl. Ulrich Fröschle: »Vor Verdun«. Zur Konstitution und Funktionalisierung eines ›mythischen‹ Orts, in: Ralf Georg Bogner [Hg.]: Internationales Alfred Döblin Kolloquium Saarbrücken 2009. Im Banne von Verdun. Literatur und Publizistik im deutschen Südwesten zum Ersten Weltkrieg von Alfred Döblin und seinen Zeitgenossen, Frankfurt a.M. u.a. 2010, S. 255–275).
[10] Beumelburg: Ypern 1914, S. 9.
[11] Ebd., S. 11.
[12] Beumelburgs Verwurzelung in der Konservativen Revolution erklärt auch, warum Frank Westenfelder Beumelburg im Kontext seiner sogenannten Romane über das ›Reich‹ eine »idealistische ahistorische Geschichtsauffassung« zuschreibt. Konkret bezieht sich Westenfelder auf Beumelburgs *Kaiser und Herzog* (1936) über Kaiser Barbarossa und Heinrich den Löwen und begründet sein Verdikt: »Das Handeln der Gegenspieler wird nicht mit Territorialpolitik erklärt, beide werden nur zu schablonenhaften Verkörperungen des deutschen

und mit Eric Voegelin als ›politisch-religiöser‹ Autor verstanden werden, der politische Ideologie religiös auflädt und den Ersten Weltkrieg als notwendigen Schritt hin zu einer säkularen und nichtsdestotrotz mystischen *ecclesia* der ›Volksgemeinschaft‹ begreift. Der Weltkrieg wird in Beumelburgs frühem Œuvre als Apokalypse im Sinne einer letzten geschichtlichen Umkehr hin zur Nation der ›Volksgemeinschaft‹ aufgefasst.[13] Zwar kann berechtigt infrage gestellt werden, ob Beumelburg überzeugter Nationalsozialist war.[14] Eine spürbare Distanz zum Dritten Reich nimmt Beumelburg jedoch zwischen 1933 und 1945 nicht mehr oder kaum noch ein. Er wird erst mit der Nazifizierung der Preußischen Akademie der Künste zu ihrem Mitglied und Schriftführer der Sektion für Dichtung. Nur kurze Zeit später unterzeichnet er das *Gelöbnis treuester Gefolgschaft* zu Hitler in der *Vossischen Zeitung*, in dem 88 Schriftsteller ihre Treue zum NS-Staat versichern, darunter neben überzeugten Nationalsozialisten wie Heinrich Zerkaulen, Hans Friedrich Blunck und Ina Seidel auch temporäre Parteigänger wie etwa Gottfried Benn.[15] Beumelburg wird in der NS-Zeit einer breiten Öffentlichkeit bekannt und profitiert finanziell von seinem regimekonformen und dem Reichsgedanken verpflichteten Werk.[16]

Menschen« (Frank Westenfelder: Genese, Problematik und Wirkung nationalsozialistischer Literatur am Beispiel des historischen Romans zwischen 1890 und 1945, Frankfurt a.M. u.a. 1989, S. 249). Allgemein folgen die Konservativen Revolutionäre einerseits einer Ideologie und verlagern andererseits die Erfüllung der Geschichte gemäß den ›Ideen von 1914‹ ins Diesseits hinein. Im Unterschied zur ›völkischen‹ Gruppierung innerhalb der Konservativen Revolutionäre verfolgte Beumelburg allerdings keine antisemitische Agenda (vgl. Mohler/Weissmann: Die konservative Revolution in Deutschland, S. 99–114; Busch: »und gestern, da hörte uns Deutschland«, S. 96).

[13] Vgl. Voegelin: Die politischen Religionen. Stefan Busch befasst sich mit den religiösen Implikationen von Beumelburgs ›Reichs‹-Begriff (vgl. Busch: »und gestern, da hörte uns Deutschland«, S. 103f.). Es ist vor diesem Hintergrund folgerichtig, dass Beumelburg nach dem Ende des NS-Regimes 1945 seine Geschichtstheologie von Deutschland auf Europa ausrichtet und den Begriff des Volkes bzw. ›Reichs‹ durch den des Abendlandes ersetzt (vgl. Busch: »und gestern, da hörte uns Deutschland«, S. 131f., 135).

[14] Gerd Krumeich begründet diese Zweifel ausführlich (vgl. Krumeich: Zwischen soldatischem Nationalismus und NS-Ideologie).

[15] Treuekundgebung deutscher Schriftsteller, in: Vossische Zeitung 511 (26. Oktober 1933), Morgenausgabe, S. 2. Dass durchaus auch NS-kritische Geister aus verschiedenen Gründen das *Gelöbnis treuester Gefolgschaft* unterzeichneten, zeigen die Fälle Oskar Loerke und Hermann Kasack.

[16] Vgl. Busch: »und gestern, da hörte uns Deutschland«, S. 82. Busch zeigt, dass das NS-Reich in Beumelburgs Geschichtsromanen als die Erfüllung deutscher Geschichte erzählt

Zu diesem Zeitpunkt war Beumelburg, 1899 in Traben-Trarbach als Sohn eines evangelischen Geistlichen zur Welt gekommen, bereits als Schriftsteller mit seinen populären Beiträgen zu den *Schlachten des Weltkriegs* einem breiten Publikum bekannt geworden.[17] Seine Legitimation als Autor faktualer Texte über den Ersten Weltkrieg zog er aus seiner eigenen Kriegserfahrung. Er hatte sich im Alter von 17 Jahren als Kriegsfreiwilliger gemeldet und war bereits nach kurzer Zeit an der Front Offizier geworden. Nach dem Zusammenbruch des Nationalsozialismus wird Beumelburg zwar entnazifiziert, literarischen Erfolg vermag er jedoch nicht mehr zu generieren. Mutmaßlich haben sich sein literarisches Thema und seine politische Haltung überlebt, weshalb in der jungen BRD alle Versuche fehlgehen, eine an die neue Zeit ideologisch anschlussfähige Literatur zu produzieren.[18] In den 1920er- und frühen 1930er-Jahren hingegen hofft Beumelburg auf die endgültige »Gestaltwerdung« des ›Deutschen Reiches‹, das er mit dem aufkommenden ›jugendlichen Reich‹[19] der Nationalsozialisten verbindet und das als nun ›großes deutsches‹ Reich geschichtliche Kontinuität zum (›kleindeutschen‹) Reich Bismarcks herstellen soll.[20] Programmatisch folgerichtig grenzt Beumelburg sein auf die Nation und die nationale Gemeinschaft ausgerichtetes Schreiben von dem der etablierten, intellektuell-individualistischen Autoren der Nachkriegszeit diametral ab:

---

wird (vgl. ebd., S. 98) und dass Beumelburg Hitler als »nationalen Erlöser« verstand (vgl. ebd., S. 113).

[17] Die Auflagen seiner Werke erreichten regelmäßig mehr als 100.000 Stück, vgl. u.a. Schneider u.a.: Die Autoren und Bücher der deutschsprachigen Literatur zum Ersten Weltkrieg 1914-1939.

[18] Stefan Busch stellt diese erfolglose letzte Phase in Beumelburgs Leben ausführlich vor, vgl. Busch: »und gestern, da hörte uns Deutschland«, S. 135–141. Armin Mohler und Karlheinz Weissmann sortieren die Bücher Beumelburgs in vier Gruppen und eine Restkategorie vergleichsweise unpolitischer Publikationen (Bücher vom Reich, Bücher vom Krieg, Bücher zum ›Dritten Reich‹ und Bücher nach 1945) (vgl. Mohler/Weissmann: Die Konservative Revolution in Deutschland, S. 498f.).

[19] Werner Beumelburg: Das jugendliche Reich. Rede im Rundfunk, in: ders.: Das jugendliche Reich, S. 18–22, hier S. 19.

[20] Vgl. Beumelburg: Der kämpfende Bismarck und wir. Beumelburg schließt seine Rede mit dem typographisch komplett gesperrt gedruckten Appell an die Studenten: »*Ihr seid dazu berufen, von der großen Vergangenheit und von dem letzten großen vaterländischen Ereignis, das sich im Weltkrieg und im Tode der zwei Millionen geoffenbart hat, die lebendige Brücke zu bilden in eine bessere Zukunft Eures deutschen Vaterlandes, in das große Deutsche Reich, dem unser ganzes Wollen und die ganze Glut unseres [sic] Herzen zugewandt sind!*« (Ebd., S. 44, Hervorhebung im Original)

> Die Riesenwelle dieser besonderen neudeutschen Literatur, ganz auf das destruktive Element gerichtet und auf die intellektuelle Zergliederung und Verächtlichmachung aller uns heiligen Begriffe, erreichte ihren Höhepunkt in jenem wahnsinnigen Versuch, unser Innerstes in den Staub zu ziehen, das *tiefe Erleben der Nation*, das uns im Kriege unter Blut und Tod geworden war, zu verwandeln in *Abscheu* vor uns selbst, in *Pazifismus* und in eine *Gesinnung,* die uns die Schamröte vor unseren gefallenen Kameraden in die Stirn trieb.
> Aber da erwachten wir. [...] Wir fanden die Erkenntnis, um die wir vorher vergeblich gerungen, daß *Nation* und *Dichtung* ebenso eins sein müssen wie Nation und *Staat,* wie Nation und *Kultur*.[21]

Auf dieser ideologischen Grundlage stellt *Gruppe Bosemüller* insbesondere anhand des 17-jährigen Kriegsfreiwilligen Erich Siewers vor, wie der Westfronterfahrung kollektiver geschichtlicher Sinn abgerungen werden kann und welche Zweifel dabei zu überwinden sind. Liest man den Roman hinsichtlich seiner Frontdarstellung und seiner Geschichtsdeutung, ergeben sich zahlreiche Fragen: Inwiefern beruht die konservativ-revolutionäre Ideologie Beumelburgs in *Gruppe Bosemüller* auf geschichtsphilosophischen Prämissen und wie gelingt Beumelburg die narrative Verknüpfung von Krieg und Fronterfahrung mit einer ideologischen Perspektive? Es wird zu zeigen sein, dass Beumelburg die Front und den Rausch des Kampfes anders als Jünger nicht emphatisch begrüßt, sondern die fürchterlichen Erlebnisse der Soldaten in den Vordergrund rückt; und dass er dennoch versucht, die Schrecken der Fronterfahrung mit geschichtlichem Sinn zu versehen. Zur Beantwortung dieses Fragen- bzw. Themenkomplexes wird die Fronterfahrung hinsichtlich der soldatischen Beschleunigungserfahrungen analysiert und gezeigt, inwiefern ein Zwang zur Beschleunigung an der Front und die Notwendigkeit kontinuierlicher Bewegung bestehen. In einem zweiten Schritt wird das geschichtliche Programm des Romans untersucht und einer Analyse der Sinnverweigerung und -produktion im Roman werden Untersuchungen der Utopie der Frontgemeinschaft und eine Analyse der Führerfiguren beigestellt. Zuletzt werden die Wechselwirkungen von Fronterfahrung und Geschichtsdeutung kritisch reflektiert und für ein Gesamtverständnis des Romans fruchtbar gemacht.

---

[21] Werner Beumelburg: Dichtung und Nation, in: ders.: Das jugendliche Reich, S. 56–64, hier S. 56, Hervorhebung im Original.

1 Die Fronterfahrung: Von Mondlandschaften, Signifikantenketten und der Beschleunigung im Ersten Weltkrieg

Die Soldaten in *Gruppe Bosemüller* sind sich der Situation an der Westfront zwar bewusst, können mit ihr jedoch nicht umgehen, geschweige denn sie kontrollieren. Der Raum der Front kann nicht überblickt werden. Situativ fällt die räumliche Orientierung derart schwer, dass nicht einmal mehr die grobe Richtung der feindlichen Linien erkannt wird: »Wo sind sie denn nur? Wohin muß ich denn schießen ...« (GB 178). Nichtsdestotrotz wird der Gruppe der Front- zum Heimatraum. Die Soldaten sehnen sich nach Urlauben oder Verwundungen zurück an die Front. Schon im Hinterland erscheint ihnen »alles so fremd hier« (GB 235). Dinghafter Ausdruck der räumlichen Desorientierung an der Front wird der Kompass, den Horst, einer der Frontsoldaten, stets bei sich führt. Orientierung kann lediglich durch Mechanik hergestellt werden. Der äußere Raum wird zu einem subjektiven Raum, dessen Ausdehnung nur über technische Hilfsmittel erfasst werden kann: »Wammsch findet den Kompaß. Er läßt die Nadel ausschwingen. Sie sind viel zu weit nach links geraten.« (GB 298) Wenngleich der Raum an der Front nicht zusammengepresst wird, gerät das Raum-Zeit-Kontinuum aus den Fugen. Das betrifft in hohem Maße die hohe symbolische Aufladung des Frontraums durch das Individuum und gilt nicht nur für die in den Westfront-Romanen des Ersten Weltkriegs allgemein inventarisierte Metapher der Hölle, die sich auch in *Gruppe Bosemüller* findet. Vor allem das ›Niemandsland‹ zwischen den Schützengrabenlinien der Kriegsgegner wird symbolisch fruchtbar gemacht. Die Trichterfelder prägen als »Mondlandschaft« leitmotivisch den Roman. Bereits der Begriff der Mondlandschaft bezeichnet den Frontraum als extraterrestrischen Raum. Die Besonderheit dieser Mondlandschaft besteht in der Gleichzeitigkeit von Dauer und Veränderung:

> Die Mondlandschaft ist unverändert. Es gibt keine Veränderungen hier. Es gibt nur Trichter. Ein Trichter ist wie der andere. An jedem Morgen werden sie umgepflügt, damit man die spärlichen Spuren nicht mehr erkennt, die in der Nacht von den Essenträgern und den Ablösungen hinterlassen worden sind. Das Umpflügen besorgt die französische Artillerie. Sie vergißt es niemals. (GB 166)

Weil die Mondlandschaft sich nicht mehr verändert, wird sie erzählerisch auf Dauer gestellt und »wie für die Ewigkeit etabliert« (GB 211). Einerseits scheint die Mondlandschaft eine hohe Stabilität auszuzeichnen. Andererseits verändert sie sich stetig, wodurch sie zu einem Raum wird, in dem man sich nicht mehr orientieren und dessen man nicht dauerhaft habhaft werden kann. Alle menschlichen Spuren werden ebenso aus ihr getilgt wie anfängliche bauliche Grabenbefestigungen von der Mondlandschaft »in Geduld und Ausdauer aufgefressen« (GB 166) werden. Die Anthropomorphisierung der Trichterfelder verdreht die Konsekutivität von Ursache und Wirkung. Zum einen ›frisst‹ nicht die Mondlandschaft, sondern die menschengesteuerten Maschinen schlagen ›Kerben‹ in ihren ›Leib‹. Zum anderen wird die Mondlandschaft selbst zum Akteur des Krieges, die Soldaten werden aus ihrer eigenen Verantwortlichkeit als Handelnde des Kriegsgeschehens entlassen. An ihre Stelle rücken die Schicksalsmacht der Mondlandschaft und der Zufall von Tod und Überleben. Das eigene Schicksal wird von den Entscheidungen der Stäbe, der Heeresleitung oder der Politiker abgelöst und es wird der Narrenstimme der immer hungrigen Mondlandschaft überantwortet. Sie führt sich selbst als nicht fokalisierte Erzählerstimme ein: »Und nun, meine Herren, da wir hier oben angelangt sind, darf ich mich Ihnen vielleicht vorstellen. Mondlandschaft ist mein Name« (GB 281). Als närrische Stimme des Krieges kommentiert sie das Leiden der Frontsoldaten:

> »Hier verrecken wir ...« sagt Schwartzkopf.
> Aber Herr Schwartzkopf, bester Herr Schwartzkopf, was für eine Ausdrucksweise! [...] Nehmen Sie doch ein Aspirin! Oder ziehen Sie es vor, daß ich Ihnen einige Schrapnells unter den Hosenboden pflanze, damit Sie wieder neuen Lebensmut bekommen? (GB 278)

Nur diese Narrenstimme kann den Krieg im Gesamten noch als Epos begreifen und narrativ fassen.[22] Dementsprechend identifiziert die Mondlandschaft einzelne Kriegsereignisse mit Interpunktionszeichen: »Diese Serie von 38cm-Granaten zum Beispiel oben auf dem Hardoumont ... wie? Das ist gewissermaßen ein Ausrufezeichen, ein Gedankenstrich.« (GB 278) In der semantischen Varianz von Exklamationszeichen und Zeichen für eine Apposition bzw. für eine Parenthese reflektiert die Mondlandschaft zudem die Dramaturgie des Krieg-Erzählens, die sich ›textuell‹ materialisiert. Im Motiv der Mondlandschaft, die die immer gleichen und immer neuen Trichterfelder,

---

[22] Ehrke-Rotermund schreibt in diesem Zusammenhang davon, dass Beumelburg zuerst »die grausige Kriegsrealität« aufruft, um »sie dann durch eine grotesk-sarkastische Allegorisierung zu neutralisieren« (Ehrke-Rotermund: ›Durch die Erkenntnis des Schrecklichen zu seiner Überwindung‹?, S. 316).

also das ›Niemandsland‹ beherrscht, wird die menschliche Verantwortung für den Krieg symbolisch ausgelagert. Das ist möglich, weil der Frontraum der soldatischen Kontrolle völlig entglitten ist. Folgerichtig wird der Mondlandschaft die erzählerische Kontrolle über den Krieg überlassen. Nur für sie lassen sich die Einzelereignisse noch konsekutiv ordnen, erweist sich doch ihre Perspektive als quasi ›archimedischer Punkt‹, von dem aus sie den Krieg erzählen kann. Niemand sonst kann diese übergeordnete Stellung einnehmen. Die Mondlandschaft symbolisiert somit die Unkontrollierbarkeit des Frontraumes für den Menschen.

Jenseits des Motivs der Mondlandschaft werden Räume in *Gruppe Bosemüller* über Erinnerungen attribuiert. So übermannen Siewers bei seiner ungeplanten Rückkehr in die Vauche, einen besonders umkämpften Frontabschnitt, die Emotionen: »Die Vauche ... denkt Siewers ... die Vauche ... und alles wird wieder lebendig. Die Habichte ... der Beobachter ... die beiden schwarzen Rauchfahnen« (GB 299). Die Aufforderung seiner Kameraden, er solle die Vergangenheit vergessen, die Vauche sei »ein Name wie alle andern« (GB 301), bezieht sich somit nicht nur auf die Nervenbelastung von Siewers. Sie drückt zudem den Verlust jeder gesicherten Raumwahrnehmung aus. Denn die Vauche als Kriegsraum wird hier in erster Linie über Emotionalitäten mit Bedeutung besetzt, sodass die Örtlichkeit bzw. Wirklichkeit dieses Raumes infrage gestellt wird. Der Bezug der Signifikanten zum Signifikat – das klassische *aliquid stat pro aliquo* – geht verloren: Die Vauche sei den Kameraden zufolge nur ein »Name«. Infolgedessen gleiten die Frontsoldaten nur noch an räumlichen Signifikantenketten entlang, ohne mehr auf die Realität außerhalb ihrer Wahrnehmung zugreifen zu können. Der sichere Zugriff auf eine äußere Realität jenseits der bloßen Bezeichnung für einen Raum oder der emotionalen Konnotation des Raums ist nicht mehr möglich. Dieses Entlanggleiten an Signifikantenketten spiegelt sich auf der Ebene der Romanhandlung in der bereits zitierten Szene. Zuvor verläuft sich die Gruppe mehrfach, geht im Kreis und orientiert sich wieder, bevor sie zufällig die Vauche erreicht. Siewers' folgender Kommentar: »Es ist wie ein Kreis. Jetzt sind wir wieder hier angelangt« (GB 301), bezieht sich wiederum auf seine eigene Erinnerung. Weil der Frontraum nicht mehr bzw. allenfalls noch über Emotionen bezeichnet werden kann, entsteht eine Kreisstruktur. Die Kreisstruktur verdeutlicht, dass die Frontsoldaten unmöglich über eine äußere räumliche Realität bzw. konkret über die räumlich entgrenzte Westfront des Ersten Weltkriegs verfügen können, sondern sich in der ›Wiederkehr des Immergleichen‹ verlieren.

In diesem Zusammenhang erscheint es bemerkenswert, dass die Frontsoldaten Schutz in Erdlöchern suchen, also auf ihre Orientierungslosigkeit mit Bewegungslosigkeit reagieren. Damit verschiebt sich die Raumbedeutung und -wahrnehmung von einer horizontalen auf eine vertikale Achse. Da die Soldaten ›von oben‹ beschossen werden bzw. ihnen von oben Gefahr droht, dehnt sich der Kriegsraum nach oben hin und in die Erde aus. Wenngleich dieser Schutz nicht ausreicht bzw. sogar neue Gefahren zeitigt, stellt die Erde den natürlichen Rückzugsraum auf der vertikalen Achse dar. Mit dieser Achsenverschiebung einher geht die existenzielle Verunsicherung metaphysischer Gewissheiten. Wartet im Himmel im Rahmen gängiger religiöser Vorstellungen die Erlösung und droht in der Tiefe das Fegefeuer, so kehrt sich das Verhältnis an der Front um. Die Erde symbolisiert Sekurität, der Himmel Lebensbedrohung. Es sind also anfänglich weniger Beschleunigungsphänomene – die Soldaten sind zunächst nicht beständig durch Beschuss zum Innehalten gezwungen –, die den Frontraum stauchen, sondern die Stauchung ist die soldatische Reaktion auf das erzählerische Verfahren der räumlichen Entgrenzung und Verunsicherung.

Der Verlust räumlicher Orientierung und der Verlust von sicheren Orten resultiert auch aus dem Zwang zu zunehmend erhöhter Bewegungsgeschwindigkeit für die Frontsoldaten. So treibt Geppert seinen Vorgesetzten an: »Schneller, Herr Feldwebel ...«, Benzin bewegt sich so schnell, dass es »unmöglich [ist], ihm zu folgen« (GB 102), im ›Laufgraben‹ innerhalb einer Sperrzone »wird gehetzt und gesprungen mit langen Sätzen« (GB 273) und der üblicherweise behäbige Krakowka springt mit »Affengeschwindigkeit« (GB 170) in einen Trichter. Zur Notwendigkeit einer erhöhten Bewegungsgeschwindigkeit tritt die Forderung nach kontinuierlicher Bewegung. Wer still steht, gerät in Todesgefahr. Das gilt insbesondere für den Sturm auf das Fort, den der Major ›Gummibällchen‹ anführt. Kaum halten die Soldaten inne, werden sie angewiesen: »Aber nun voran.« (GB 179) Den Major zeichnet beschleunigtes Handeln und beständige Bewegung aus. Er bewegt sich trotz seiner Leibesfülle derart behände, dass er an mehreren Orten gleichzeitig anwesend scheint:

> Er will zurückgehen, um den Major zu suchen. Aber da steht er schon. Das Gummibällchen, das erst am Ende der Hassouleschlucht das ganze Bataillon an sich hat vorüberziehen lassen, ist schon wieder an der Spitze. Weiß der Teufel, wie er das mit seinen kurzen Beinen macht. (GB 166)

Der Bezug auf den Teufel, hier noch als Fluch formuliert, wird motivisch noch einmal angedeutet: »Es stinkt nach Schwefel. Oben auf der Böschung steht einer, als habe ihn die Granate dahingespien. [...] Es ist das Gummibällchen.« (GB 171) Die unwahrscheinliche Immunität des Majors gegen die für alle anderen nicht mehr wahrnehmbaren Waffeneinschläge können die Soldaten nur metaphysisch erklären. Da der Major dauerhaft in Bewegung ist und nie zum Stillstand kommt – so ist auch sein sprechender Kosename ›Gummibällchen‹ zu verstehen –, scheint er überall zugleich zu sein und gegen feindlichen Beschuss immunisiert: »Wwwwummm! Krrang ... krach ... der dritte Schuß. Das Gummibällchen war einen Augenblick verschwunden, ist aber sofort wieder da.« (GB 172) Sogar nach mehrfacher Verwundung steht der Major »keinen Augenblick [...] still« und »seine unverwundete Hand« bleibt »in fortwährender Bewegung« (GB 181). Noch im Tod symbolisiert der Major die herrschaftliche Kontrolle über den Beschleunigungszwang an der Front. Er stirbt durch einen »winzigen Granatsplitter hinter dem rechten Ohr« (GB 185) in Erbsengröße, also aufgrund eines Querschlägers jenseits der Wahrnehmungs-, nicht aber jenseits der Geschwindigkeitsgrenzen.[23] Während das Gummibällchen nur einen winzigen Splitter abbekommen hat, erliegt sein Adjutant, der die Geschwindigkeit des Majors nicht erreicht, derselben Granate – aber »mit aufgerissener Brust« (GB 186).

Allgemein gilt: Je näher die Soldaten dem Kampf kommen, desto kontinuierlicher und schneller müssen sie sich bewegen. Auf dem Weg zur Bruleschlucht bewegt sich die Gruppe Bosemüller beständig, aber nicht eilig: »Das Tempo ist langsam« (GB 32). Erst in Reichweite der Artillerie beginnen sie »zu laufen«. Innehalten wird nicht mehr geduldet und folgerichtig droht der Leutnant einem hingefallenen Soldaten: »[S]o haben wir nicht gewettet ... soll ich dir Beine machen?« (GB 32) Die körperliche Beschleunigung erweist sich als notwendige Maßnahme, da es in »dem Raum, den sie soeben im Laufschritt passiert haben«, zu einem »häßliche[n] Spektakel« (GB 32) kommt. Sogar als nach diesem Beschuss »sonderbare Ruhe in der Bruleschlucht« (GB 33) liegt, behält die Gruppe ihr Tempo bei, weil die eingetretene Ruhe prinzipiell trügerisch ist. An der Front und in den Schützengräben gibt es keine Sicherheit *qua* Ruhe, vielmehr sind die Soldaten Plötzlichkeitserfahrungen ausgesetzt. Dementsprechend harrt die Gruppe vor einem Bunker

---

[23] Die Todesart des Majors spielt intertextuell auf den Tod Stanislaus Katczinskys in *Im Westen nichts Neues* an, den ebenfalls ein »ganz geringer, verirrter Splitter« am Hinterkopf tödlich verwundet (vgl. IWN 256).

kaum eine Minute aus, bevor »plötzlich – ha, das ist es also! – [...] vier flammende Donnerschläge« einschlagen und für »zwei Sekunden lang« die Nacht durch die Flammen erleuchtet wird (GB 34). An anderer Stelle stürzt unter dem Beschuss der Keller ein, in dem die Gruppe Bosemüller ausharrt. Auch hier erweist sich die eigene Bewegungslosigkeit als lebensgefährlich:

> Auch Krakowka ist still.
> »Peter,« ruft Bosemüller, »sobald die Biester ...«
> Da ist es auch schon. Es gibt einen hellen Krach ... ein greller Blitz zuckt ... furchtbarer Druck preßt sich auf die Ohren. Sie hören nichts mehr. Sie sehen nichts mehr. Es ist auf einmal dunkel. [...] Alles bricht zusammen ... alles ... (GB 113)

Obwohl die Soldaten die Artillerieangriffe beobachten und das System der Einschläge zu berechnen versuchen, schlagen die Artilleriegeschosse derart unvermittelt ein, dass die Soldaten nicht mehr präventiv reagieren können. Das zeigt sich auch in der Erzählung selbst, in der eine doppelte Unmöglichkeit dargestellt wird: die Unmöglichkeit, den unvermittelten Einschlag wahrzunehmen und auf ihn zu reagieren, und die Unmöglichkeit, diese Nicht-Wahrnehmung des Einschlags erzählerisch darzustellen. Der Erzähler löst dieses erzählerische Problem der Darstellung ›plötzlicher Ereigniseinbrüche‹, das heißt nicht mehr konsekutiv darstellbarer Ereignisse, über die zahlreichen Auslassungszeichen und über die Synästhesie des ›hellen Krachs‹. Das Phänomen der Unmittelbarkeit eines Ereignisses entspricht dem, was Karl Heinz Bohrer mit seinem Kriterium der Plötzlichkeit begrifflich gefasst hat. Das Individuum kann nicht mehr prospektiv agieren, sondern ist gezwungen, sich ausschließlich auf das Gegenwärtige zu besinnen: Die »Kontinuität der Zeit, ihre Absehbarkeit, [wird] bis auf einen einzigen Punkt«[24] reduziert. Mit dem Verlust der extensiven Dimension der Zeit kommt den Soldaten auch jedes Zeitgefühl abhanden: »›Es muß etwa zehn Uhr sein, Herr Leutnant,‹ sagt Schwartzkopf, ›um sieben sind wir aus dem Lager fort.‹ ›Es ist drei Uhr morgens ...‹ sagt Bosemüller, der auf die Uhr gesehen hat.« (GB 282) Die Plötzlichkeit des Krieges sprengt jede Kontinuitätserfahrung und zersplittert die Zeitdauer in die Aneinanderreihung von einzelnen, jeweils gegenwärtigen Ereignissen.[25] Dieser Befund gilt analog zu den anderen

---

[24] Bohrer: Ästhetik des Schrecklichen, S. 331.
[25] Nur in wenigen Passagen abseits des Kampfgeschehens sind die kontinuierliche Bewegung und die ihr eigene Beschleunigung ausgesetzt, sodass die Soldaten innehalten. Das betrifft etwa die Ankunft des jungen Rekruten Ernst Siewers im Hinterland: »Mitten auf dem

untersuchten Westfront-Romanen auch für die Relativität von Alterswahrnehmungen an der Front, die sich vom physischen Alter zunehmend ab- und an die Dauer der Fronterfahrung ankoppeln: »Esser ist zwei Jahre älter als Siewers, aber man würde ihn für den jüngeren halten. Ob das daher kommt, daß Siewers nun schon fünf Wochen vor Verdun ist? Vielleicht kommt es daher.« (GB 134) Vergleichbares gilt für Wammsch, der nicht nur in Relation zu den anderen Frontsoldaten älter wirkt, sondern durch seine Zeit als Frontkämpfer trotz seiner erst 34 Jahre auch physisch »für einen alten Mann gehalten« (GB 242) wird.

Letztlich gipfelt die Beschleunigungserfahrung der Frontsoldaten im ›rasenden Stillstand‹, der sich in immer kürzeren Amplituden von Ruhe und Beschleunigung äußert. So kauert sich Benzin in einem Moment noch »unbeweglich an die Wand«, bevor er einen Moment später auf ein Signalzeichen hin ›voran stürzt‹ (GB 103), um sich nochmal »für zwei Sekunden an den Boden« (GB 104) zu werfen und direkt wieder loszurennen. Die Erfahrung des ›rasenden Stillstands‹ koppelt sich gleichwohl nicht an die Länge dieser Amplituden, sondern an die existenzielle Erfahrung, der Plötzlichkeit jederzeit und ubiquitär ausgesetzt zu sein.

> Schwartzkopf steht nach dem Ausgang und beobachtet die Lage der Einschläge.
> Eins ... zwei ... zählt er. Sie haben links angefangen.
> Eins ... zwei ... das ist ungefähr die Mitte.
> Eins ... zwei ... sie gehen wieder zurück.
> Wenn nur nicht immer die langen Pausen dazwischen wären. (GB 112)

Jede Ruhephase bedeutet den Soldaten nicht Erholung, sondern zusätzliche Belastung. Denn gerade während der Ruhephasen wird die Erfahrung des ›rasenden Stillstands‹ wirksam. Jederzeit kann eine aufgrund ihrer Geschwindigkeit nicht mehr oder kaum noch wahrnehmbare Granate den Tod bedeu-

---

Markt steht einer im grauen Mantel, den funkelnagelneuen Tornister vor den Füßen, [...] ein blutjunger Kerl. Niemand bekümmert sich um ihn, alle haben zu tun. Er allein scheint unbeschäftigt.« (GB 17) Und das gilt für den militärischen Ehrendienst an den gefallenen Kameraden Krakowka und Esser: »Die Kompanie steht wie eine Mauer. Der Hauptmann winkt stumm der Gruppe Bosemüller. Es ist atemlos still.« (GB 193) Beide Szenen fungieren als Widerhaken im sonst vollständig beschleunigten Krieg. Gleiches gilt für den Hauptmann, der mitten im feindlichen Feuer »unbeweglich« bleibt und konsequent »an der gleichen Stelle« verharrt. (GB 290f.) Trotz dieses dem Major ›Gummibällchen‹ entgegengesetzten Verhaltens, müssen beide als Führerfiguren gedeutet werden: Der eine, weil er die Geschwindigkeit beherrscht und überall zugleich anwesend sein kann, der andere, weil er sich vom Diktat der Geschwindigkeit nicht beherrschen lässt.

ten. Folgerichtig setzt die Rhythmik von Beschleunigung und Ruhephase den Soldaten nervlich immens zu. Das äußert sich durch somatische und psychische Symptome wie Zittern, Zähneklappern und hysterische Lachanfälle. So lacht Esser ein »verzerrtes Lachen«, weil er »das Unheimliche in seiner eigenen Brust betrügen« (GB 112) möchte, ebenso wie Stracke sich in einer anderen Beschussszene unvermittelt »den Bauch vor Lachen« hält, um dem dauernden Beschuss nervlich standzuhalten. Die Grenzen zwischen Vernunft und Wahnsinn beginnen angesichts der Nervenbelastung im ›rasenden Stillstand‹ auch bei den positiv gezeichneten Figuren zu verschwimmen. Stracke lacht so sehr »daß man meinen könnte, der liebe Gott habe mit einer Nagelschere seinen Verstandesfaden durchgeschnitten ...« (GB 104) Am augenfälligsten wird das Scheitern der Selbst- und Affektkontrolle im Gefreiten Casdorp, dessen Name nicht zufällig an Hans Castorp aus Thomas Manns *Der Zauberberg* erinnert und diesen ironisch kommentiert. Nachdem ihm Gehirnreste eines Kameraden ins Gesicht spritzen und er sich selbst für schwer verwundet hält, hat er »zuviel bekommen« (GB 41). Der schwächliche und nervlich überlastete Casdorp ist nicht kriegstauglich; später begeht er Suizid. Damit wird auf intertextueller Ebene das Bild des vermeintlich schwachen Frontkämpfers Hans Castorp im *Zauberberg* kritisch kommentiert, der am Ende von Thomas Manns Roman im Gewühl des Ersten Weltkriegs landet.[26] Der ›rasende Stillstand‹ gerät zur Nagelprobe des Frontsoldaten. Derjenige, der ihm nicht gewachsen ist, wird wie Casdorp zum Schwächling degradiert. Nur wer ihn schließlich wie Siewers trotz aller Belastungen aushält und mit ihm umzugehen lernt, eignet sich als künftige Führerfigur. Der psychischen Belastung und der Aufgabe, ihre Psyche zu kontrollieren, sind sich die Soldaten bewusst. So beobachtet der psychisch labile Leutnant präzise, dass sogar der Major der enormen Nervenbelastung Tribut zollt: »Haben Sie gehört, [...] er war mißtrauisch. [...] Jetzt hat er es schon hinter sich. Es war nur ein kurzer Augenblick. Aber in diesem Augenblick muß man sich ungeheuer in der Gewalt haben.« (GB 167)[27]

---

[26] Vgl. Mann: Der Zauberberg, S. 980–984.
[27] Dass Horst diese Beobachtung als »nebensächlich« (GB 167) beurteilt und eher irritiert über den Leutnant als über den Major ist, rückt die Figur des schwachen Leutnants nur noch stärker ins Zentrum.

2 »Aber es muß doch einen Sinn haben«. Figurale Sinnverweigerung und -produktion im Schützengraben

Die Frage nach dem Sinn des Krieges durchzieht die *Gruppe Bosemüller* und prägt zahlreiche Dialoge. Im Leutnant und im Rekruten Siewers stehen sich zwei Antipoden gegenüber, die sich scharf über den Sinn des Krieges auseinandersetzen. Während Ersterer dem Krieg jeglichen Sinn abspricht, findet der junge Siewers im Nationalismus und der Front- bzw. ›Volksgemeinschaft‹, für die sich der Einzelne opfere und in der er aufgehe, seine Antwort auf die Sinnfrage. Der Leutnant hingegen ist ein Zweifler, dem, wie er Siewers bei einem gemeinsamen Ausritt gesteht, durch die Nervenbelastung[28] vor Verdun »etwas zerbrochen« ist und dessen Persönlichkeit einen »Sprung« bzw. einen »Riß« erlitten hat, kurz gesagt: der nicht »heil davon gekommen« ist (GB 72). Aus seiner Erkenntnis, dass die eigene Persönlichkeit grundlegend verstört wurde und »keinen reinen Ton mehr von sich« (GB 72) gibt, resultiert seine Todessehnsucht:» [E]s ist sogar das Allerbeste für uns, wenn wir nicht mehr herauskommen.« (GB 73) Seine Todessehnsucht schlägt sich nicht nur im Freitod des Leutnants nieder, der an das Opfer-Narrativ des Ersten Weltkriegs erinnert, wie es etwa in der Figur des Ernst Wurche in Walter Flex' Kriegserzählung *Wanderer zwischen beiden Welten* verkörpert wird.[29] Im Gegensatz zum Opfer-Motiv bei Flex zieht die Todessehnsucht des Leutnants ihre Sogkraft aus seiner Hoffnungslosigkeit. Schon während des Gesprächs mit Siewers blickt er auf sein Leben im Präteritum zurück – »Mein Leben [...] ist gewiß nicht das allerbeste gewesen, das weiß ich selbst« (GB 73) – und stellt im Konjunktiv II lapidar fest, eigentlich »müßte« er »noch Hoffnung« (GB 74) haben. Die Absage des Leutnants an jede Hoffnung lässt sich aus religiöser Perspektive interpretieren. Augustinus begreift, wie erläutert, Hoffnung in erster Linie als Glauben an eine Erlösung im Königreich Gottes.

---

[28] Später wird diese im Romanverlauf stark zunehmende Nervenbelastung des Leutnants wiederholt eindrücklich sowohl in Erzähler- als auch in Figurenrede mit unterschiedlichen Akzentuierungen vorgestellt. Schwartzkopf stellt fest, dass der Leutnant »einfach verrückt geworden« (GB 305) sei, während der Erzähler hervorhebt, dass »seine Augen flackern« (GB 303); vgl. auch GB 75.

[29] Lars Koch zufolge verkörpert Ernst Wurche »all das, was durch die Ausbreitung der dekadenten Massengesellschaft verschüttet schien: lebhafte Authentizität, ›virile Gesundheit‹, schöpferische Individualität gepaart mit tragischem Verantwortungsbewusstsein und heldischem Pflichtgefühl« (Koch: Der Erste Weltkrieg als Medium der Gegenmoderne, S. 139). Wurche kann mit seinem Opfertod deshalb zur »politisch-religöse[n] Erlösergestalt« werden, die sich stellvertretend für seine Kameraden hingegeben hat (ebd., S. 155).

Angesichts seiner Kriegserlebnisse vor Verdun kann der Leutnant jedoch keine Hoffnung mehr finden. Das Vertrauen in Gott oder in ein äquivalentes geschichtsphilosophisches *telos* ist für ihn nicht mehr zu rechtfertigen. Auch wenn sie bisher überlebt haben, liegen die Soldaten »schon zur Hälfte auf dem Kehrichthaufen« (GB 75). Sie können sich nicht mehr vorstellen, so der Leutnant, was »aus uns werden [sollte], wenn wir hinauskämen« (GB 74). Neben dem weltlichen *eschaton* verabschiedet der Leutnant auch religiös-christliche Erlösungsvorstellungen. Auf Siewers' Geständnis seiner Frömmigkeit reagiert der Leutnant kurz: »Ich war es auch einmal ...« (GB 315). Einzig die Erinnerung an das bekannte Kirchenlied *Wie schön leuchtet der Morgenstern* von Philipp Nicolai vom Ende des 16. Jahrhunderts ist ihm geblieben. Dort heißt es in der letzten Strophe:

> Wie bin ich doch so herzlich froh,
> daß mein Schatz ist das A und O,
> der Anfang und das Ende.
> Er wird mich doch zu seinem Preis
> aufnehmen in das Paradeis[.][30]

Gleichwohl entsakralisiert der Leutnant die lutherische Anrufung von Jesus Christus, indem er die Metapher des Morgensterns auflöst, der die Führerschaft Jesu anzeigt. Die ursprünglich religiös motivierte Anrufung Gottes wird nur zum Sprichwort:

> Er zieht die Zeltbahn fort. Herr Gott im Himmel ... das wildeste Artilleriefeuer ist im Gange. Posten rennen durch den Graben. Es kracht, es klirrt, es zischt, es heult. [...] »Sehn Sie ...«, schreit der Leutnant und zeigt mit ausgestrecktem Arm durch den Schacht des Eingangs nach oben zum Himmel, wo die letzten Sterne verblassen bis auf einen .... (GB 316).

Erlösung findet der Leutnant nicht mehr bei Gott, sondern durch den Morgenstern, der ihm den Weg in die Schlacht und in den Tod weist. Dieses Verständnis des Morgensterns als Todessymbol am Firmament korrespondiert mit der Todesgefahr, die im Roman oftmals von oben herab droht.[31] Dementsprechend ersetzt der Leutnant den Erlöser Jesus Christus durch eine

---

[30] Philipp Nicolai: Wie schön leuchtet der Morgenstern, in: Evangelisches Gesangbuch, Ausgabe für die evangelische Kirche der Pfalz, Speyer 1994, Nr. 70 [o.S.].
[31] So schmeißen die Franzosen »schon den ganzen Tag von oben Handgranaten in die Durchfahrt« (GB 45), das Fort erleidet »von oben herab einen schweren dumpfen Schlag, der alle Kerzen verlöschen läßt« (GB 54), und später schlägt im Fort, das kurz darauf

dem Krieg angemessene Erlöserfigur: den toten Kameraden Horst. Er bahrt ihn auf, erklärt ihn wegen seiner Tapferkeit zum soldatischen Vorbild, das nicht wie er »die Herrschaft über [s]ich selbst verloren« habe, und verklärt Horsts letztes Wort »Aus« (GB 313). Mit dem Verlust des Forts, das »ein Stück von uns selbst« sei, sei auch sein eigenes Leben »jetzt zu Ende«. Sein Urteil setzt der Leutnant um und folgt seiner persönlichen Erlöserfigur nach, indem er sich abrupt aus dem Trichter aufrichtet, schießt und Horst das »Aus« (GB 319) nachspricht, bis er, mehrfach in Hüfte, Hals und Schläfe getroffen, fällt. Im Unterschied zum Tod Horsts wird sein Tod als Folge einer Sinnkrise im Krieg erzählt. Infolge seiner Kriegserlebnisse einerseits und durch den Verlust des Forts andererseits hat der Leutnant seine zivile wie seine soldatische Persönlichkeit aufgegeben. Ihm bleibt nur der Tod. Dementsprechend steht symbolisch hinter dem Leutnant kurz vor seinem Tod dessen eigener Schatten »an der Wand [...], riesengroß, schwarz und flackernd« (GB 315). Während der Leutnant bis zum Ende an die Notwendigkeit glaubt, am Krieg unausweichlich zugrunde zu gehen, wird diese Überzeugung durch den Erzähler als psychisches Leiden entlarvt.

Beim jungen Siewers können sich die düsteren Reden des Leutnants nicht auf Dauer verfangen, da er zur ›geistigen Führerpersönlichkeit‹ aufsteigt. Siewers überwindet die Abhängigkeit vom Leutnant und dessen Meinungshoheit spätestens, als er Wammsch daran hindert, den Leutnant zu retten: »Laß ihn ... um Gotteswillen laß ihn‹, sagt Siewers und hält Wammsch am Arm fest.« (GB 319) Der Leutnant ist für die Frontgemeinschaft verloren und stirbt einen selbst gewählten und damit ›falschen‹ Tod. Auch wenn sein Tod ein Kriegstod bleibt, wird er im Gegensatz zu den anderen Gefallenen von der Gruppe nicht betrauert, sondern mit keiner Silbe mehr erwähnt.[32] Während der Leutnant seine Hoffnungslosigkeit mit dem Scheitern von »Schulweisheit« und »Moralphilosophie« (GB 74) angesichts der fürchterlichen Kriegsrealität begründet, ist sein ideologischer Gegenspieler Erich Sie-

---

preisgegeben werden muss, »eine Granate durch das Loch in der Decke herein« (GB 291) und tötet zahlreiche Verwundete.

[32] Eine ganz andere Lektüre des Leutnants schlägt Manuel Köppen vor, der ihn als »mustergültige[n] Führer« (Köppen: Werner Beumelburg und die Schlachten des Weltkriegs, S. 284) liest und dessen Tod als Opfer für die Frontgemeinschaft interpretiert, das zwar suizidal, gleichwohl aber »heroisch« (ebd., S. 285) sei. Auch Heidrun Ehrke-Rotermund schreibt von einem »heroischen Opfertod« des Leutnants, sieht aber auch die Ähnlichkeit zu Paul Bäumers Empfinden von Sinnlosigkeit (Ehrke-Rotermund: ›Durch die Erkenntnis des Schrecklichen zu seiner Überwindung‹?, S. 303).

wers nach anfänglicher psychischer Labilität zunehmend von der ›sittlichen‹ Notwendigkeit des Krieges überzeugt. Zwar speist sich Siewers' Kriegsmotivation als Freiwilliger aus einer Melange von nationalistischer Erziehung und jugendlichem Draufgängertum,[33] die Kriegsbefähigung steht zunächst aber stark infrage. So steht er anfänglich verloren in der Etappe, bevor er von Wammsch eingesammelt wird, dann kann der »Kleine« nur mit »zitternden Händen« kämpfen, »Helm und Gewehr sind von ihm rückwärts abgefallen« (GB 49). Seine kaum bewusst begangene ›Heldentat‹, in seiner ersten Schlacht mit bloßen Händen ein Maschinengewehr zu erobern, deutet jedoch bereits seine Befähigung zum Frontkämpfer, Helden bzw. zum Führer an, die seine Kameraden an der Front psychisch, physisch und fachlich[34] ausbilden. Im Gegensatz zum kriegsuntüchtigen und nur etwas älteren Esser wird Siewers also zum Frontkämpfer:

> Rechts von ihnen, vielleicht achtzig Meter entfernt, sieht man einen Trupp von etwa zehn Franzosen. Siewers nimmt das Gewehr.
> »Um Gottes willen nicht schießen ... du verrätst uns ja ...« ruft Esser verzweifelt und greift nach seinem Arm. »Wir sind doch ganz allein, Erich ... so höre doch ...« Siewers feuert. Er setzt ab, sieht hinüber, zielt abermals und drückt ab. (GB 182)

Angesichts von Essers Tod, der an einem Bauchschuss stirbt, verfällt Siewers ein letztes Mal seinen Emotionen und »läuft sinnlos davon« (GB 183). Er zweifelt an seiner Anerkennung als berechtigtes Mitglied der Frontgemeinschaft durch die Gruppe.[35] Nachdem Siewers jedoch den Tod des Kameraden erlebt hat, erlangt er innere Ruhe[36] und verliert seine Angst: »Es ist mir, als könnte ich jetzt in meinem ganzen Leben keine Angst mehr haben. Auch

---

[33] »Er [Siewers, J.W.] könnte vielleicht sagen: ›Das Vaterland ... es war eine Selbstverständlichkeit, das Schlußergebnis aus Familie, Erziehung, Weltanschauung‹. Oder er könnte sagen: ›Es war der Drang nach Männlichkeit in ihrer rauhesten Form, das Verlangen nach Tat, eine Mischung aus Romantik, Heldentum und Egoismus‹.« (GB 71)

[34] So weist Bosemüller Siewers auf sein »viel zu weites Visier« hin und empfiehlt ihm ein »Standvisier« (GB 58).

[35] Am Grabe Essers sucht Siewers verzweifelt nach Anerkennung in der Frontgemeinschaft, bevor er sich auf Gedeih und Verderb dem Krieg verschreibt: »[...] Wammsch ... würgt er hervor – er möchte schreien, aber hier kann man doch nicht schreien! – ›du willst mich fortschicken ... du verachtest mich ... ihr wollt mich los sein ... erst schickt ihr mich auf Urlaub und dann werde ich versetzt...‹ [...] ›Ich will nicht nach Hause, ich will nicht auf Urlaub ... ich will nicht ... ich will wieder zurück nach Fleury und in die Souvilleschlucht ... das ist alles, was ich will...‹.« (GB 198f.)

[36] Vgl.: »Es ist sonderbar, denkt er [Siewers, J.W.], wie ruhig ich jetzt bin.« (GB 206); nach Ende seiner Reflexionen wird er vom Erzähler sogar in Denkerpose gesetzt: »Siewers sitzt

nicht vor dem Tode« (GB 206). Mit diesem Gedanken überwindet er die ›Schrecken‹ des Krieges und entwickelt seine soldatische Persönlichkeit:

> Dem Esser hat der Tod keine Zeit gelassen, jene Entwicklung durchzumachen, die durch die Erkenntnis des Schrecklichen zu seiner Überwindung führt und schließlich zu einem neuen Kindsein, einem höheren Kindsein. Esser ist nur bis zur Erkenntnis des Schrecklichen gekommen, und das ist sehr grausam. »Wenn ihr nicht werdet wie die Kindlein,« – »werdet«, darauf liegt der Ton, es ist also eine Entwicklung gemeint. (GB 207)

Die in Siewers' Gedankenrede zitierte Forderung, wieder zum Kinde zu werden und darin ein ›höheres Kindsein‹ zu erreichen, verweist auf ein Jesuswort: »Wahrlich, ich sage euch, wenn ihr nicht umkehret und werdet wie die Kindlein, so werdet ihr nicht in das Reich der Himmel eingehen.«[37] Durch die Feuertaufe und die Konfrontation mit dem Tod erlebt Siewers zwar den Krieg, aber er kann ihn gleichsam überwinden und neuen Glauben gewinnen – sowohl als Soldat als auch als Christ. Aus der Erkenntnis des Schrecklichen erwächst Siewers' neue soldatische Persönlichkeit und sein neues Bewusstsein für weltlichen wie religiösen Glauben. Er durchlebt eine Persönlichkeitsentwicklung, die derjenigen des Leutnants exakt zuwiderläuft.

In der Folge erkennt Siewers: »[D]ie Jugend ist vorüber« (GB 209). Er wird zum vollwertigen Mitglied der Frontgemeinschaft, erhält schon bald darauf erste eigene militärische Verantwortung und wird als Soldat gefordert: Er will im Sinne der Frontgemeinschaft einen von französischen Jagdfliegern verfolgten Soldaten in Schutz bringen, wird dabei jedoch schwer verwundet. Der Moment, in dem Siewers dieser neuen Verantwortung gerecht wird – er rettet den verwundeten Infanteristen –, wird als rauschhafte Erfahrung des Selbstopfers beschrieben, als Entgrenzung und Auflösung seiner selbst in der Frontgemeinschaft: »Da überfällt ihn etwas, das zehnmal stärker ist als er selbst. Da krampft sich etwas in ihm zusammen und breitet sich im gleichen Augenblick unendlich aus. Da wird es auf einmal ganz hell, ganz klar, ganz einfach. Da ist auf einmal eine wilde, berauschende Feierlichkeit.« (GB 228) Mit der Erfahrung der Selbstauflösung für den verwundeten Kameraden geht nicht nur die zivile Persönlichkeit, sondern sogar die Personalität des Individuums Siewers in der soldatischen Masse der Frontgemeinschaft auf.

---

lange unbewegt, die Ellenbogen auf den Knien, den Kopf in den Händen.« (GB 209) Diese Pose erinnert an Auguste Rodins Skulptur *Der Denker*.

[37] Mt 18.1.

Die neoromantische Entgrenzungserfahrung in der Frontgemeinschaft – nicht zu verwechseln mit dem rauschhaften ›Kriegserlebnis‹ des Landsknechts bei Ernst Jünger – bestätigen Wammsch und Bosemüller, die gemeinsam Siewers besuchen und seine lebensrettende Operation beschleunigen helfen. Der spätere Brief der Gruppe ins Lazarett sichert Siewers' neue Vorstellung der Frontgemeinschaft ab, festigt Freundschaft und Kameradschaft. Durch die Briefform erhält Siewers eine Möglichkeit, seine Antwort intellektuell zu reflektieren und die Funktion der Frontgemeinschaft hervorzuheben: Er führt in seinem Antwortschreiben aus, dass er nicht mehr die Heimat seiner Jugend, sondern die Front und die Gruppe Bosemüller als »Familie« (GB 262) begreift. Die Front ist für ihn »zu Hause« und »Heimat«, die »stärker ist als alles andere« (GB 260).[38] Mit seiner neuen sozialen Gruppe schließt Siewers die Transgression von »jugendlichem Unverstand und leichtsinnigen Vorstellungen«, dem »das Vaterland nur als Vorwand« (GB 260f.) für Draufgängertum gedient hatte, zu einem verantwortlichen Frontsoldaten im Kreis der Frontgemeinschaft ab: »Aber statt dessen ist mir ein Neues aufgegangen, ein hundertmal Größeres, ein Ungeahntes. Das seid Ihr, Du und Bosemüller und Schwartzkopf und die andern.« (GB 261) Für seine neue *peer group,* die Frontgemeinschaft, wäre Siewers jederzeit bereit, sein Leben zu opfern. Diese Hinwendung zur Kategorie der Gemeinschaft führt dazu, dass Siewers die Frage nach dem Sinn des Krieges, wie sie für den Leutnant so virulent ist, ausblendet. Vielmehr rückt Siewers am Schluss seines Briefes

---

[38] Mit der Mitgliedschaft in der Frontgemeinschaft geht die Ablösung von der Mutter einher. Direkt im Anschluss liest Siewers einen Brief seines Vaters, in dem dieser den nahenden Tod der Mutter andeutet. Zuvor hatte die Mutter Siewers noch beschützt. Während Siewers mit Esser und Kameraden verschüttet worden sind, ruft Esser nach seiner Mutter. Auch wenn Siewers ebenfalls nach seiner »Mama« schreit, missbilligt er das weinerliche Verhalten des schwächeren Esser, wird jedoch von Wammsch zurechtgewiesen mit dem Hinweis, »dass es geholfen hat[.] Hätte er nicht immer Mutter, Mutter gewimmert, so hätten wir euch alle für tot gehalten« (GB 119). Während an dieser Stelle noch eine schützende Mutterfigur im Vordergrund steht, die metaphorisch die Adoleszenten vor dem Tod bewahrt, löst sich der erwachsene Siewers von seiner Mutterbindung – und wird sie dementsprechend auch nicht mehr vor ihrem eigenen Tod sehen können, denn trotz Zweifeln meint Siewers zu sich selbst, »er muß ja hierbleiben, das ist doch alles so klar« (GB 224). Erst in den Fieberträumen nach seiner Verwundung und vor seiner Operation – also im Moment der größten Todesgefahr – dringt die Mutter wieder aus dem Unbewussten hervor, »steht drüben« und erwartet ihn: Doch auch jetzt noch, schon beinahe verstorben, kann er nicht zu ihr gehen, den Tod annehmen und die Frontgemeinschaft preisgeben: »[D]u siehst doch, daß ich im Augenblick beschäftigt bin, ich kann doch die Herren nicht einfach stehn lassen und fortlaufen« (GB 241).

das Erziehungsprogramm des Romans ins Zentrum: »Denn jetzt bin ich ein Wissender, und damals war ich ein Tor.« (GB 262) Gleichwohl versteht Siewers die Frontgemeinschaft explizit als Nukleus der ›Volksgemeinschaft‹, wenn er fortsetzt: »Und vielleicht, wenn ich es recht bedenke, sind wir so auf dem Wege zum Vaterland. Vielleicht ist die Kameradschaft nur der kleine, sichtbare, für uns faßbare Teil des Ganzen.« (GB 261). Mit dieser Argumentation begreift Siewers ›seine‹ Gruppe Bosemüller als eine Art Massenkristall.[39] Seiner Gruppe vergleichbar sei »es gewiß auch bei den andern, beim ganzen Heer« und die »vielen kleinen Kreise[ ]« werden nach dem Krieg einen »große[n] Kreis, der das Ganze umfaßt«, bilden (GB 261). Damit formuliert Siewers die Idee einer Nation, deren Basis aus den Weltkriegsveteranen gebildet wird, die also dem Frontsoldatenstaat entspricht, wie ihn Beumelburg verschiedentlich gefordert hat.[40] Indem der Erzähler den Roman mit Siewers als künftigem Offiziersanwärter beschließt, wird Siewers nicht nur endgültig als Führer *in spe* vorgestellt, sondern in der Romanlogik auch seine zum Leutnant gegenläufige Entwicklung abgeschlossen. Mit dem Tod des Leutnants und dem Überleben des jungen Mannes und neuen Offiziersanwärters Siewers wird auf der Handlungsebene Stellung zur Frage nach dem Sinn des Krieges genommen. Überlebensfähig ist allein die frontkameradschaftliche Sinngebung durch Siewers.

3 Zur Utopie der Frontgemeinschaft

Versteht man Erich Siewers als Protagonisten von *Gruppe Bosemüller,* liegt eine Lektüre des Romans als Entwicklungs- und Bildungsroman hin zur Front- und ›Volksgemeinschaft‹ nahe. Die Kategorie der Frontgemeinschaft wird jedoch nicht allein durch die Figur Erich Siewers transportiert, sondern auch durch den Erzähler und weitere Romanfiguren vermittelt. Sie verklären die Frontgemeinschaft nicht zum kameradschaftlichen Idealbild, sondern erzählen sie innerhalb der Diegese als reales Phänomen. In der Romanlogik wird das vollzogen, was Max Scheler 1915 behauptet: »Der zerrissene Lebenskontakt zwischen den Reihen: Individuum – Volk – Nation – Welt

---

[39] Zum Begriff des Massenkristalls vgl. Canetti: Masse und Macht, S. 79–81.
[40] Zur Idee des Frontsoldatenstaates, die insbesondere in Zeitschriften publiziert wurde vgl. Busch: »und gestern, da hörte uns Deutschland«, S. 86f.

– Gott wurde mit einem Mal wieder geschlossen«.[41] Die Frontgemeinschaft folgt in weiten Teilen den Verhaltensweisen einer Masse, wie sie Elias Canetti in *Masse und Macht* beschreibt. Beispielsweise erzählt *Gruppe Bosemüller* von der lebensweltlichen Nivellierung der Dienstgrade, die mit Canetti als Gleichheit innerhalb der Masse bezeichnet werden kann: »Sie [die Gleichheit, J.W.] ist von so fundamentaler Wichtigkeit, daß man den Zustand der Masse geradezu als einen Zustand absoluter Gleichheit definieren könnte. [...] Um dieser Gleichheit willen wird man zur Masse.«[42] Dem Kriterium der Gleichheit stellt Canetti das der Richtung bei:

> Die Masse braucht eine Richtung. Sie ist in Bewegung und bewegt sich auf etwas zu. Die Richtung, die allen Angehörigen gemeinsam ist, stärkt das Gefühl von Gleichheit. Ein Ziel, das außerhalb jedes einzelnen liegt und für alle zusammenfällt, treibt die privaten, ungleichen Ziele, die der Tod der Masse wären, unter Grund.[43]

Diese Richtung wird im Ersten Weltkrieg einerseits grundsätzlich im avisierten Sieg über den Feind vorgegeben. Sie konkretisiert sich für die Gruppe Bosemüller aber im Fort, das zu erobern oder zu halten ist, bzw. symbolisch in dem Berg, den das Fort beheimatet. Die Soldaten nivellieren soziale und individuelle Unterschiede und schließen sich zur Masse zusammen, um selbst zu überleben: »Man *will dem Tod zuvorkommen*, und *man handelt in der Masse*. Ohne das letztere hat man auf Erfolg mit dem ersteren überhaupt keine Aussicht.«[44] Zuletzt lässt sich mit Canetti auch die Relevanz der kleinen Gruppe, die der Roman in den Mittelpunkt der Handlung stellt, für die Frontgemeinschaft beleuchten. Sie dient als Massenkristall, der »Massen auszulösen« verspricht:

> Als Massenkristalle bezeichne ich kleine, rigide Gruppen von Menschen, fest abgegrenzt und von großer Beständigkeit, die dazu dienen, Massen auszulösen. Es ist wichtig, daß diese Gruppen überschaubar sind, daß man sie mit einem Blick umfaßt. Auf ihre Einheit kommt es viel mehr an als auf ihre Größe. [...] Ein Zweifel an ihrer Funktion würde ihnen jeden Sinn nehmen; am besten ist es, sie bleiben sich immer gleich. Sie sollen nicht zu verwechseln sein. Eine Uniform [...] kommt ihnen sehr zustatten.[45]

---

[41] Scheler: Der Genius des Krieges und der Deutsche Krieg, S. 2.
[42] Canetti: Masse und Macht, S. 26.
[43] Ebd. Canetti führt neben den beiden Kriterien der Gleichheit und der Richtung die des Wachstums und der Dichte ein (vgl. ebd.).
[44] Ebd., S. 79, Hervorhebung im Original.
[45] Ebd.

Dementsprechend werden im Roman die Kategorien von Sinn und Frontgemeinschaft eng aneinandergebunden.

Die negative Bestimmung der Frontgemeinschaft

Zur Koppelung von Sinn und Frontgemeinschaft gehören die Inklusions- und Exklusionsbedingungen in die Gemeinschaft. Die Ausschließungsmechanismen aus der Frontgemeinschaft greifen zuallererst nach innen:[46] Unkameradschaftliches Verhalten führt nicht zum Ziel oder wird sanktioniert. Die Vordrängelei von Benzin, der versucht, das Kommando über einen Voraustrupp bei einer vermuteten Truppenverlegung zu erringen, sorgt für Wut bei den Kameraden und verläuft im Sande: Die Kompanie wird nicht verlegt. Zudem wird die Frontgemeinschaft nur schrittweise nach außen erweitert. Im Kern umgreift sie eine Gruppe, im Fall des Romans die titelgebende Gruppe Bosemüller. Sie grenzt sich nicht nur gegen den Feind, sondern auch innerhalb des Heeres klar nach außen ab und stuft die Normen der Gruppe im Zweifelsfall höher ein als das Militärrecht. Dementsprechend lassen Bosemüller und Wammsch gegen alle Regularien der Militärgerichtsbarkeit das leichtsinnige Verhalten und nachlässige Grüßen von Siewers und Esser unter den Tisch fallen, nachdem diese von einem Rittmeister aufgegriffen worden sind. Nach außen hin stimmt Wammsch, der die beiden abholen soll, dem Rittmeister zu, es sei »schlimm mit dem jungen Ersatz« und man müsse »ein Exempel statuieren« (GB 140). Nach innen jedoch wird die Sanktion auf lediglich »pro Kopf zehn Zigaretten« (GB 140) festgelegt. *Vice versa* wird die Gruppe nicht *per se* von anderen Soldaten anerkannt. Beispielsweise stößt ein unsympathischer Feldwebel auf dem Fort zur kampfesmüden Gruppe und macht ihr Vorwürfe: »Ihr seid ja piekfeine Leute, daß ihr in so einer Burg wohnt. Hier kann man weiß Gott den ganzen Krieg abwarten. Da vorn war's ein bißchen anders.« (GB 309)
Abgesehen von derartigen persönlichen Animositäten lehnen die Frontsoldaten die Offiziere und Stäbe im Hinterland, in den Ortskommandanturen und in der Obersten Heeresleitung grundsätzlich ab. Diese Distanz grün-

---

[46] Heidrun Ehrke-Rotermund befasst sich mit den Ausgrenzungsmechanismen des Romans und nimmt die »Konfrontationen zwischen Front und Train« in den Blick (Ehrke-Rotermund: ›Durch die Erkenntnis des Schrecklichen zu seiner Überwindung‹?, S. 309f., hier S. 310). Aus allgemeiner Perspektive untersucht Matthias Schöning die Differenz zwischen Front und Etappe (vgl. Schöning: Versprengte Gemeinschaft, S. 206–213).

det in erster Linie auf dem Gegensatz von (Kriegs-)Theorie und Praxis. In den Stäben arbeiten Offiziere, die von den Ereignissen an der Front keine Ahnung haben,[47] daher die Situation nicht einschätzen können und falsche Entscheidungen treffen. Die Stabsoffiziere erzeugen derart großen militärischen Erfolgsdruck, dass die Realität auf den Karten kurzerhand verändert wird und nicht zutreffende Erfolge vermeldet werden.[48] Die Übungen im Vorfeld eines Sturmangriffs können die Frontsoldaten kaum ernst nehmen. Denn die Simulation des Kampfschauplatzes – ausgerechnet durch einen Mathematikprofessor – fällt allzu theoretisch aus und den Stäben sind nicht einmal die Landmarken an der Front bekannt, sodass sich der Leutnant in Sarkasmus flüchtet. Blaue Flaggen, die während der Übung das feindliche Artilleriefeuer steuern, kommentiert er belustigt: »Man müßte versuchen, die blauen Flaggen auch für den richtigen Angriff mitzunehmen. Es ist immer gut, wenn man sich das Artilleriefeuer ein bißchen nach Bedarf einrichten kann.« (GB 157) Zudem schießt die eigene Artillerie nach Tabelle und nicht mehr nach Erfahrung und visiert daher nicht mehr das Fort an, was den Leutnant fluchen lässt: »Ich scheiße auf die ganze Tabellenwirtschaft!« (GB 169) Da die Kampfverläufe nicht vorauszusehen sind, müsste in den Stäben nicht theoretisch geplant, sondern müsste an der Front praktisch improvisiert werden, so die Anklage des Textes. Aufgrund der Differenz zwischen Theorie und Praxis entfremden sich die Frontsoldaten von den Stäben und sind ihnen nicht gemeinschaftlich verbunden. Ihre Ablehnung wird durch den fragwürdigen Charakter der Stabsoffiziere und die Bürokratie verstärkt. Die Frontoffiziere hingegen sind Teil der Frontgemeinschaft; so verhält sich der Feldwebel Braschke mehrfach unbürokratisch und im Sinne seiner Untergebenen. Den Geraniendieb Stracke, der die Blumen für die Gräber zweier

---

[47] Die Ahnungslosigkeit findet u.a. in der Persiflage eines Majors ihren Ausdruck, der als »Stellungsbaukontrolloffizier der Division [...] von einem Rekrutendepot in Belgien« kommt, eine »märchenhaft[e]« Ausrüstung trägt und der mit seinem Adjutanten sogar unfähig ist, selbständig die Stellung zu finden, über die sie dann theoretische Ausführungen halten: »Der Verlauf der Stellung ist nach den neuesten Vorschriften der Obersten Heeresleitung für die Abwehrschlacht ermittelt worden. Insbesondere ist das Augenmerk darauf gerichtet worden, die Voraussetzungen der Ziffer 87, Abschnitt römisch drei der Vorschrift zu erfüllen [...].« (GB 219f.)

[48] Vgl. GB 106f. Diese Form der Realitätsverfälschung beruht auf historischen Fakten. Vgl. die entsprechende Publikation aus der nationalistisch orientierten Reihe *Schlachten des Weltkriegs*, die Beumelburg mutmaßlich kannte, da er zuvor selbst mehrfach in ihr publiziert hatte: vgl. Alexander Schwencke: Die Tragödie von Verdun 1916. II. Teil: Das Ringen um Fort Vaux (= Schlachten des Weltkrieges, Bd. 14), Oldenburg/Berlin 1928, insbes. S. 32–43.

gefallener Kameraden gestohlen hat, bestraft er nicht, sondern belässt die Geranien auf dem Grab und verweigert jede disziplinarische Maßnahme. An anderer Stelle stellt er Wammsch widerrechtlich einen erweiterten Urlaubsfahrschein aus, sodass er zur Taufe von Bosemüllers Kind reisen kann.[49] Im Romanverlauf verschärft sich die Distanz zwischen Frontsoldaten und Stabsoffizieren durch den Vorwurf, die Stabsoffiziere und deren Untergebene in den Kommandanturen interessierten sich nicht für das Schicksal der Frontkämpfer. Sie kümmerten sich vielmehr einzig um ihr eigenes Wohlergehen:

> Die Leute von dem Bataillon […] haben seit gestern morgen kein Brot bekommen […]. Es ist auch kein Kaffee ausgegeben worden. Die Feldküche ist noch nicht da. Wenn sie sich dafür interessierten, könnten sie sehen, wie die Schreiber hinter den Fenstern der Kommandantur ihren Morgenkaffee aus schönen Blechkannen und Porzellantassen trinken. Sie gähnen zwischendurch, denn es ist noch keine Arbeit da. Dann unterhalten sie sich über dies und das. Sie schauen überhaupt nicht zum Fenster raus. (GB 266)

Das Desinteresse für das Schicksal der Frontsoldaten steigert sich bei den Offizieren zur Dekadenz. Sie degustieren Weine und organisieren Kinovorführungen. Gemäß der Romanlogik vergemeinschaften sich Bosemüller und Wammsch trotz Einladung nicht mit den Stäben, sondern mit den rangniederen und fronterfahrenen Sanitätern, die ihre Lebensmittel teilen, ihre Betten anbieten und sie mit allem Nötigen versorgen. Erst die Generäle und die Heeresleitung werden von der scharfen Kritik an den Stäben ausgenommen. Das Verhalten eines Generals gegenüber Bosemüller impliziert beidseitigen Respekt:

> »Armeepioniere,« sagt der General langsam. »Seit wann vor Verdun?«
> »Seit Anfang im Februar, Herr General.«
> »Seit Februar …« wiederholt der General. Seine Augen gehen an Bosemüller vorüber, weit in die Ferne.
> »Abschnitt?« fragt er leise.
> »Das Fort…« sagt Bosemüller.
> Der General sieht ihn wieder an, seine Augen sind zurückgekehrt. […] Der General streckt die rechte Hand aus und legt sie auf Bosemüllers Schulter. Nur einen Augenblick lang. Dann nickt er und geht in das Haus.
> Alle haben es gesehen. Alle schauen auf Bosemüller und Wammsch. (GB 239)

---

[49] Die kategoriale Differenz zwischen Front- und Stabsoffizier drückt sich auch in der völlig selbstverständlichen Erlaubnis des Hauptmanns für Bosemüller und Wammsch aus, Siewers zu besuchen: »Natürlich können sie gehen.« (GB 232) Mit diesem Verhalten sind die Frontoffiziere Teil der Frontgemeinschaft.

Eine im Vergleich mit den Stabsoffizieren ebenfalls nach innen gerichtete, aber doch ganz andere Exklusionsbewegung betrifft den polnischstämmigen Soldaten Krakowka. Über ihn beteiligt sich der Text auch am Diskurs über Volk und Nation in den 1910er- und 1920er-Jahren. Krakowka gehört zwar zur Gruppe Bosemüller, wird jedoch als ›dämlicher‹ und ›verfressener‹ Außenseiter vorgestellt, der »zwei Zentner schwer, mit einem Doppelkinn und einem soliden Specknacken« (GB 27) kaum kampftüchtig und im Zweifelsfall für die Gemeinschaft sogar schädlich ist. Der Erzähler schildert ihn als Egoisten, der nicht bereit ist, zu teilen. Schwartzkopf attackiert ihn daher mitten im Gefecht nach einer Maschinengewehrsalve verbal: »Guten Appetit [...] das ist dein letztes Frühstück, Vielfraß ...« (GB 58). Dass Krakowka mit dieser Beleidigung umgehen kann und demonstrativ in ein Stück Brot beißt, mindert nicht die ablehnende Haltung der Kameraden. Wenn Schwartzkopf später an Siewers schreibt, »Krakowka frißt die Preußen so stikum mikum bankrott« (GB 84), dann korrespondiert diese Ausgrenzung Krakowkas aus der Gemeinschaft mit dem zeitgenössischen Diskurs über die Zugehörigkeit der Polen zur deutschen Nation bzw. zum deutschen Volk.[50] Erst *post mortem* wird sein sozialer Wert für die Gruppe angesprochen, wenngleich dieser im Nachhinein zugesprochene Wert gerade mit seinem Außenseitertum begründet wird: »[D]as mit dem Krakowka ist eine elende Sache. Ich meine, jetzt können wir überhaupt nicht mehr lachen in der Gruppe [...] und wer wird dem Schwartzkopf jetzt morgens das Wasser holen? [...] Und wer wird an die Feldküche kapitulieren gehn?« (GB 184f.) Erst mit der Beerdigung wird Krakowka in die Frontgemeinschaft inkludiert. Er erhält sein Grab neben Esser. Schließlich nennt Schwartzkopf, der Krakowka zuvor immer angegriffen hatte, ihn und Esser gemeinsam »ordentliche Jungens« (GB 194). Das heißt: Trotz aller Häme grenzt die Frontgemeinschaft Krakowka nicht vollends aus. Sein Status bleibt *ambigue*. Zwar akzentuiert der Erzähler insgesamt die Frage der Inklusion des Polen in die Frontgemeinschaft weniger scharf als die radikalen Nationalisten bereits während des Ersten Weltkriegs die Zugehörigkeit der polnischen Bevölkerung in Ostpreußen zu Deutschland infrage stellten.[51] Gleichwohl zählt er Krakowka bei weitem nicht als vollwertiges Mitglied der

---

[50] Oliver Müller und vor allem Peter Walkenhorst haben sich ausführlich mit Inklusion und Exklusion der Minderheiten im Deutschen Reich, insbesondere der Polen als der größten Minorität im Reichsgebiet auseinandergesetzt (vgl. Walkenhorst: Nation – Volk – Rasse, S. 252–281; Müller: Die Nation als Waffe und Anschauung, S. 154–170).

[51] Zum Diskurs über Inklusion und Exklusion auch der polnischstämmigen Bevölkerung in den ostpreußischen Weltkriegs-Erzählungen vgl. Johannes Waßmer: Erzählungen des

Frontgemeinschaft. Sadri Khiari hat diesen Ausschließungsmechanismus aus einem Volk bzw. einer Gemeinschaft zuletzt beschrieben.[52] Zuvorderst gründet die Frontgemeinschaft aber nicht auf den Ausgrenzungen Krakowkas oder der Stabsoffiziere, sondern auf der strikten Trennung von Front- und Zivilfamilie. Nur wer bereit ist, der Frontfamilie die Zivilfamilie hintanzustellen, kann Ersterer angehören, wie neben Siewers[53] an Wammsch und vor allem am Titelhelden Bosemüller vorgeführt wird. Voraussetzung für Wammschs Teilhabe an der Frontgemeinschaft und für sein späteres Reüssieren als einer ihrer zwei Führer ist bereits zu Beginn sein Verzicht auf den zwar unangenehmen, aber sicheren Latrinendienst. Vor die Wahl gestellt, stammelt der verheiratete Wammsch: »Ich ... ich bleibe beim Zug« (GB 22). Obwohl Wammsch selbst Familie hat, setzt er sich freiwillig der Gefahr aus, an der Front als Pionier zu kämpfen. Seine neue Einstellung behält er konsequent bei. Später verschiebt er sogar einen zweiwöchigen Fronturlaub zugunsten des frischgebackenen Vaters Bosemüller. Auch der Gruppenführer Bosemüller wendet sich der Frontgemeinschaft zu. Zwar träumt er, als er nach der Geburt an seinen Sohn denkt, von einer Art zivilen Familienidylls – noch bildet seine zivile Familie den Maßstab seiner Gefühle. Im anschließenden Fronturlaub wird jedoch deutlich, dass die Front ihn zu einem unfähigen Vater gemacht hat. Er ist im Haushalt überfordert und nutzlos, kommuniziert kaum mit seiner Familie und kehrt trotz guter ziviler Zukunftsaussichten und der von den Verwandten umjubelten Chance, nicht mehr an die Front zurückkehren zu müssen. Der Roman stellt dafür drei Gründe vor: Erstens kann Bosemüller seine Kriegserlebnisse im Kreis seiner Familie nervlich nicht verarbeiten. Da er auch in der Heimat dauerhaft mit dem Krieg konfrontiert wird, erleidet er *flashbacks*. Während eines Spaziergangs mit seiner Frau und dem Kind flaniert er an einem täglichen Aushang vorbei, der Neuigkeiten von Verdun bekanntmacht. Als er ihn liest, erleidet er beinahe einen Nervenzusammenbruch, der sich in einem inneren Monolog Bosemüllers manifestiert:

Ersten Weltkriegs in Ostpreußen und die Utopie der ›Volksgemeinschaft‹, in: Seidler/Waßmer (Hg.): Narrative des Ersten Weltkriegs, S. 81–109.

[52] Sadri Khiari: Das Volk und das Dritte Volk, in: Alain Badiou u.a.: Was ist ein Volk?, aus dem Französischen und Amerikanischen von Richard Steurer-Boulard, Hamburg 2017, S. 83–96, bes. S. 84.

[53] Wenn Siewers den Brief seines Vaters ungeöffnet lässt, spiegelt sich darin die Abwendung von der Familie und Hinwendung zur Frontgemeinschaft, aber auch die Ersetzung seines Vaters durch die Vaterfigur Wammsch (vgl. GB 197).

> »Armer Bosemüller, warum bist du hingegangen? Das übliche Artilleriefeuer ... was bist du so still ... was wirst du so bleich? Was denn? Das übliche Artilleriefeuer ...
> Rrreng ... rrang ... fffff ... wwummm ... rang ... rang ... tack tack tack ... hinlegen! Hinlegen .... Fffff... wwummm ...
> Armer Bosemüller, mußtest du denn hingehen?« (GB 86)

Die semantischen Bezugnahmen des Verbs »hingehen« sind an dieser Stelle doppelt zu lesen. Es lässt sich einerseits auf Bosemüllers Kriegsdienst in Verdun und andererseits auf seinen Gang hin zur Bekanntmachung der neuesten Kriegsereignisse beziehen – Bosemüller findet sich weder im Krieg noch in der Heimat zurecht. Zweitens fühlt er sich zur Treue gegenüber den Kameraden verpflichtet. Nachdem er erfährt, dass »natürlich erst Bosemüller zurück sein« (GB 89) muss, damit Wammsch in Urlaub fahren kann, steht die Entscheidung für die Frontgemeinschaft nicht mehr infrage. Das Dilemma, sich zwischen Familie und Frontgemeinschaft entscheiden zu müssen, kulminiert in der im Druckbild des Textes in zwei Zeilen parallel geführten Anreden durch den Vater und durch Wammsch: »›Paul ...‹ stammelt der Vater [...] ... Paul, sagt Wammsch ...« (GB 87). Weil die Erinnerung an den Freundschaftsdienst Wammschs der väterlichen Anrede gleichgestellt wird, wird das Primat der Familie mit dem Vater als *pater familias* als soziale Heimat Bosemüllers infrage gestellt, bevor sie durch die neue ›Frontfamilie‹ ersetzt wird. Mit dem Abschied von der zivilen Familie führt ihm Geppert, mit dem er zurück an die Front reist, noch einmal seine neue-alte soziale Heimat vor Augen: »Paul, sieh mal ... alle haben dich gern, der Wammsch, der Schwartzkopf, der Siewers, der Leutnant, der Hauptmann ... und ich Paul ...« (GB 90). Dieser Sachverhalt spiegelt sich auch im dritten Punkt: Bosemüllers Kommunikation sowohl mit dem Vater als auch mit seiner Frau schlägt fehl. Einzig zum Kind erhält er eine familiäre Bindung:

> Bosemüller hat noch kein Wort darüber gesprochen, ob er fährt oder ob er nicht fährt. Die Frau hat rotgeweinte Augen. Der Vater läuft fassungslos umher. Bosemüller selbst ist ganz verändert. Er lächelt viel, ist freundlich zu jedermann und spielt hauptsächlich mit dem Kind. (GB 88)

Gänzlich radikalisiert sich das Schweigen der Familie beim Abschied Bosemüllers. Die wörtlichen Reden der Familienmitglieder bestehen nur noch aus den Namensnennungen, zu denen die Imperative des Schaffners beigestellt werden:

»Otto ...«
»Einsteigen!«
»Martha ... Vater ...«
»Ja, Paul ...«
»Abfahren!«
‐ ‐ ‐ ‐ ‐ ‐ ‐ ‐ ‐ ‐ (GB 90).

Die Gründe für das Scheitern der familialen Kommunikation bleiben eine Leerstelle. Am ehesten sind sie in der Unmöglichkeit zu suchen, über die Kriegserfahrung zu sprechen. Bosemüllers Frau fragt zwar nach Schwartzkopfs Brief, in dem dieser Bosemüller über die Kampfhandlungen während der ersten Woche und das Wohlergehen der Gruppe berichtet. Doch sie interessiert sich nicht wirklich für das, was an der Front geschieht, und folglich wehrt Bosemüller die Frage ab: »›Steht nichts Schlimmes drin?‹ fragt sie ängstlich und sieht ihn an. ›Nichts,‹ sagt er. Sie atmet auf. Sie hat gedacht, er müsse nun früher fort.« (GB 84)[54] Analog zu Bosemüllers Verhalten verzögert auch Siewers die Antworten auf Briefe seiner Mutter und begründet die Verzögerung mit einer Lüge, die der Erzähler sofort auktorial entlarvt: »›Ich habe nicht viel Zeit zum Schreiben ...‹ (sie haben seit zwei Tagen vollständige Ruhe und werden zu keinerlei Diensten herangezogen)« (GB 66). Vergleichbares gilt auch für die Gespräche mit weiteren Zivilisten und etwaigen Veteranen an der sogenannten Heimatfront. Vor allem die älteren Beamten und Lehrer äußern Phrasen, verteilen gönnerhaft Zigarren, diskutieren teils phantastische Gerüchte, behaupten eine »lächerliche Überschätzung der Artillerie« (GB 81), streiten »über die Vorteile und Nachteile des Bajonettkampfes« (GB 80) und die von »Nachtgefechte[n]« und beharren auf Erfahrungswerten.[55] Die Kommunikation über den Krieg und die eigenen Erlebnisse im Krieg ist sowohl mit der eigenen Familie als auch mit Zivilisten unmöglich. Daher

---

[54] Grundsätzlich haben Frauen in *Gruppe Bosemüller* eine rein passive Position inne. Sie werden in keiner Szene zu Figuren eigenen Rechts, stellen ihre eigenen Bedürfnisse denen des Mannes hintan (»Der Vater sagt, du sollst heute abend mitgehn ins ›Goldene Lamm‹ ein Glas Bier trinken. Du mußt ihm den Gefallen tun.«, GB 77) und finden bestenfalls als sorgende bzw. trauernde Mütter und Ehefrauen Erwähnung. Zumeist werden auch diese Erwähnungen noch durch männliche Stimmen vermittelt.

[55] Diese Erfahrungswerte stellen zwar vermeintliche Kontinuität zum Krieg von 1870/71 her, erweisen sich aber für den Ersten Weltkrieg als völlig haltlos: Die Behauptung, dass es sich »nach guter alter Erfahrung [...] im Tale bedeutend besser als auf den Höhen marschiert« (GB 81), muss in den Ohren Bosemüllers wie blanker Hohn klingen. Vgl. etwa die »mit Recht so mißliebige Fossesschlucht« (GB 101), deren Boden »ein Brei, hundertmal durcheinander gerührt« (GB 102) ist.

sind bei Beumelburg die Soldaten auf ihre Kameraden als Ansprechpartner angewiesen ebenso wie auf die Frontgemeinschaft als Ort der Kommunikation über ihr Kriegsleben. Alles in allem leistet die Frontgemeinschaft etwas, was weder die zivile Gesellschaft noch die Familie bereitstellen können: Sie zeigt Verständnis für die Kriegserfahrungen der Frontsoldaten, die ihr Leid miteinander teilen können. Die psychische Notwendigkeit der Kommunikation über den Krieg kündigt sich implizit schon in der düsteren Prophezeiung des Leutnants an: »Hüten Sie sich vor Verdun, [...] [e]s ist noch keiner heil davon gekommen.« (GB 72) Gleichzeitig installiert das Scheitern der Kommunikation mit Zivilisten die Frontgemeinschaft als soziale Projektionsfläche, die die soldatische Persönlichkeit in einen sozialen Zusammenhang einbettet und damit die alten zivilen Persönlichkeiten der Soldaten ersetzt. Das heißt auch: Die Frontgemeinschaft transgrediert in eine neue Zivilgesellschaft, etwa wenn Wammsch von Bosemüller als Taufpate für seinen Sohn auserkoren wird (vgl. GB 329).

Die positive Bestimmung der Frontgemeinschaft

Die Frontgemeinschaft wird nicht vollständig über Mechanismen der Ausgrenzung bestimmt, sondern sie wird durch Erzähler und Figurenstimmen auch positiv konturiert; abseits der Kampfhandlungen stiften Soldatenlieder und Erzählungen aufgrund ihres Identifikationspotentials für die Soldaten Gemeinschaft. Fröse stimmt auf seinem Akkordeon *Auf dem Berge fließt ein Wasser, das ist lauter kühler Wein* an – ein Soldatenlied aus dem Ersten Weltkrieg, das in verschiedenen Varianten die Trennung des Soldaten von der Geliebten erzählt, die Gefahr des eigenen Todes miteinbezieht und je nach Fassung auch eine Rückkehr in die Heimat nach dem Krieg avisiert.[56] Neben dem Inhalt der Liedtexte stiftet der Akt des gemeinsamen Singens Gemeinschaft. Bei einem Marsch wird Siewers von Wammsch darüber aufgeklärt, dass er selbst nur aufgrund mangelnder Begabung nicht singe, es aber »so gern [höre], wenn gesungen wird« (GB 162). Siewers singt daraufhin mit. Das Erzählen von der Front hilft nicht nur bei der Verarbeitung von Erlebtem, sondern erzeugt im Akt des Erzählens gemeinschaftliches Erleben. Dies gilt beispielsweise für Schwartzkopfs Erzählung von Bosemüllers ›Orgelaben-

---

[56] Vgl. Deutsches Volksliedarchiv: Soldatenlieder-Sammlung (1914–1918), A 107 921. Das Lied ist bereits vor dem Ersten Weltkrieg bekannt gewesen, vgl. Georg Heeger/Wilhelm Wüst (Hg.): Volkslieder aus der Rheinpfalz (1909), Bremen 2011, S. 207.

teuer‹. Schwartzkopf wird von einem erregten Offizier unterbrochen, der die Gruppe zum Munitionschleppen kommandieren will, aber durch den Leutnant mit Verweis auf die (soziale) Relevanz der Erzählsituation daran gehindert wird: »[M]erken Sie denn nicht, daß wir uns gerade eine höchst wichtige Geschichte erzählen?« (GB 52) Besondere Bedeutsamkeit erhält das briefliche Erzählen von der Front. Bosemüller und Siewers erhalten während des Urlaubs bzw. der Verwundung Briefe von der Front, die die Empfänger als verschriftlichte Botenberichte am Krieg und der Frontgemeinschaft trotz ihrer Abwesenheit teilhaben lassen. Die Zugehörigkeit zur Frontgemeinschaft besteht somit überräumlich und -zeitlich und ist nicht an die dauerhafte Anwesenheit an der Front gebunden. »›Das ist dem Siewers sein Platz,‹ sagt Stracke ruhig, ›und der bleibt frei, bis er wieder da ist‹« (GB 258), wird dementsprechend der Feldwebel Braschke von seinem Untergebenen Stracke dienstwidrig zurechtgewiesen.

Jenseits der Evokation von Gemeinschaft durch gemeinsames Singen und Erzählen wird die Frontgemeinschaft maßgeblich über die Kategorien der Treue und der Tapferkeit definiert. Die Treue zur Gruppe und zum kämpfenden Heer insgesamt steht für die Gruppe Bosemüller an keiner Stelle infrage. Wammsch zieht zum Fort, um belagerte Kameraden zu retten, deren Existenz ein desinteressierter Feldwebel anzweifelt: »›Es ist Quatsch.‹ ›Es ist kein Quatsch.‹ Der Feldwebel zuckt die Achseln. [...] ›Fragen Sie, ob wer mitgehn will.‹ ›Dann gehen wir allein!‹, schreit Wammsch.« (GB 38) Diese Treue gegenüber den Frontsoldaten spiegelt sich in der Rettung der verschütteten Gruppe um Bosemüller. Sie trägt zur Konstituierung der Gruppe als ›Frontfamilie‹ maßgeblich bei, deren Zusammenhalt und Tapferkeit vom Erzähler mehrfach ausgezeichnet wird. Ihr exzellenter Ruf wird von der moralischen Integrität der Gruppe zusätzlich gestützt. Die zentrale Funktion für die Herausbildung der Frontgemeinschaft übernimmt die Bereitschaft, die Gemeinschaft dem »Trieb zur Selbsterhaltung« (GB 135) vorzuziehen:

> »Sie sagen immer, der stärkste Trieb wäre der Trieb zur Selbsterhaltung. [...] Wir haben einmal einen Aufsatz darüber geschrieben. Das ist doch dann nicht richtig?«
> »Vielleicht ist es doch richtig. Es ist schwer zu unterscheiden.«
> »Aber es kann doch nicht richtig sein. Siehe zum Beispiel mal Wammsch ... warum hat er uns denn ausgegraben? Oder du selbst ... ja, warum bist du denn zu Stracke unter den Balken gegangen?«
> »Wenn der Balken zusammengebrochen wäre, dann wäre ich doch mit euch zugrunde gegangen.«

> »Ach, das glaubst du ja selbst nicht, daß du daran gedacht hast! Ich weiß es besser. Soll ich es dir sagen? Du hast mich wimmern hören, darum hast du es getan. Meinetwegen bist du unter den Balken gegangen.«
> Siewers schweigt.
> »Du,« sagt Esser [...], »du hast mir das Leben gerettet. [...] Ich habe nur Angst, ob ich das auch kann, wenn du einmal in Gefahr bist. Meinst du, ich werde es können?«
> »Das kann ich vorher nicht sagen. Das entscheidet sich erst im Augenblick selbst. Ich habe es auch vorher nicht gewußt.« (GB 135f.)

Weil die Soldaten bereit sind, sich für ihre Kameraden zu opfern, vergemeinschaften sie sich zur Frontgemeinschaft, die das Individuum der Gruppe hintanstellt.[57] In gleichem Maße werden die Toten in der Gemeinschaft betrauert, als wären es nächste Verwandte – freilich transformiert in militärisches Zeremoniell. Im Rahmen des Trauerappells für Esser und Krakowka bemühen sich alle Soldaten um besondere Präzision, um den Toten Ehre zu erweisen:

> »Stillgestanden!« kommandiert Braschke. [...]
> »Die Augen links!«
> Alle Stahlhelme sind blank gewienert, die meisten haben Fett dazu genommen. Mit einem Ruck fliegen die Köpfe.
> »Augen geradeaus!« ruft der Hauptmann. Seine Stimme klingt noch schärfer als sonst. [...] Die Kompanie steht wie eine Mauer. Der Hauptmann winkt stumm der Gruppe Bosemüller. Es ist atemlos still. (GB 193)

Indem die Frontgemeinschaft nach innen Werte wie Treue, Tapferkeit und moralische Integrität absolut setzt, vermag sie ihre einzelnen Glieder im Umgang mit Außenstehenden auf diese Werte zu verpflichten und letztlich erzieherisch zu wirken. Braschke hält Strackes Verhalten für fragwürdig, unfreiwillig Alimente zu zahlen und sich einer Heirat mit der Mutter seines Kindes zu verweigern: »Ich wußte gar nicht, daß Sie so einer sind« (GB 109). Später greift Schwartzkopf Stracke an: »[I]ch bin auch kein Stier, der auf der Wiese hinter den Kühen her ist. [...] Man meint, du hättest halb Sachsen geschwängert, du Zuchtbulle« (GB 200, 202). Die Gruppe baut einen derart starken moralischen Konformitätsdruck auf, dass Stracke zuletzt doch die Mutter seines Kindes ehelicht. Es entsteht ein Zusammenhalt, der »stärker ist als alles andere« (GB 260). Wenn es während einer Schlachtszene von

---

[57] Dieses Motiv der Auflösung des Individuums im Volk setzt sich bei Beumelburg auch in seinen historischen Romanen der 1930er-Jahre fort (vgl. Busch: »und gestern, da hörte uns Deutschland«, S. 99).

der Gruppe heißt, »[s]ie sind wie auf einer Insel« (GB 174), dann bezieht sich der Vergleich somit nicht nur auf die äußeren Ereignisse der Schlacht, sondern auch auf die Konstitution der Gemeinschaft, die ihre Werte und Normen nach innen und nach außen verteidigt.

Die Frontgemeinschaft gewährt nicht nur die emotionale Sicherheit kameradschaftlicher Treue, sondern sichert darüber hinaus ihre Normen nach außen und nach innen ab. Darüber hinaus kann nur innerhalb der Frontgemeinschaft die Fronterfahrung und die Beschleunigungsdynamik an der Westfront ertragen werden. Zudem ist im Motiv der Frontgemeinschaft bereits die Geschichtsdeutung des Weltkriegs angelegt, fungiert sie doch als Nukleus einer künftigen ›Volksgemeinschaft‹.

4   Zu den Führerfiguren

Sowohl die Front- als auch die ›Volksgemeinschaft‹ benötigen für ihre innere Statik Führerfiguren, so der Konsens im Soldatischen Nationalismus und in der Konservativen Revolution. Das gilt auch für *Gruppe Bosemüller,* da die charakterlichen Konturen der Führerfiguren so scharf wie für keinen anderen Figurentyp im Text gezeichnet werden. Verschiedene Typen des militärischen Führers werden durch den schwachen Leutnant, den Major ›Gummibällchen‹ und Bosemüller verkörpert. Zu ihnen gesellen sich die beiden eigentlichen Führerfiguren: die Vaterfigur Wammsch und der junge Siewers. Gemeinsam garantieren sie in der Romanlogik den Bestand der Frontgemeinschaft. Das gilt insbesondere für Wammsch und Siewers, die gemeinsam die Gruppe Bosemüller durch den Krieg in die Zukunft führen und den Krieg mit Sinn aufladen. Auf narratologischer Ebene bilden sie somit das Scharnier zur Geschichtsdeutung des Weltkriegs.[58] Kurzum fin-

---

[58] An dieser Stelle ist auch auf den Major zu verweisen. Seine Herrschaft über die Beschleunigung an der Front weist ihn als ideale militärische Führerfigur aus. Der Major – die ranghöchste Führerfigur im Roman – kontrastiert durch seinen menschlichen Umgang, sein kriegstaktisches Wissen und seine präzisen Entscheidungen die zahlreichen negativ gezeichneten Stabsoffiziere. Vor dem Sturm auf das Fort erzeugt er Nähe zu den Frontsoldaten, redet sie als »Jungens« an und betont die militärische Notwendigkeit des Angriffs, der sie in Lebensgefahr bringen wird: »Aber es muß sein, ihr müßt immer denken, es muß sein.« (GB 161) Der Major verlangt die Vergemeinschaftung der Angreifer – »Außerdem wollen wir [...] uns gegenseitig gut kennenlernen, auch die Pioniere und die Flammenwerfer.« (GB 162) –, begreift sich selbst als Teil der Soldaten und beansprucht keine herausgehobene Stellung, wenn er betont, er werde in der Schlacht »mitten unter

det der Diskurs über einen ›Führer‹, der seit dem 18. Jahrhundert enorme Strahlkraft entwickelt und der sich im Kontext von Krieg und Geschichte ausdifferenziert, auch Eingang in *Gruppe Bosemüller*. Bereits in aufklärerischen Geschichtskonzeptionen übernehmen Führerfiguren eine maßgebliche Funktion. Beispielsweise weist Jacques Turgot dem Führer die Fähigkeit zur Übersicht und implizit auch zur Kanalisierung von Bewegungen zu:

> Beim Anblick der militärischen Feldzeichen, bei dem wilden Lärm der Trompeten und Trommeln entfalten sich ganze Schwadronen, selbst die Pferde sind voll sinnlosen Feuers, jede Gruppe marschiert über die Hindernisse hinweg, ohne zu wissen, worum es eigentlich geht; nur der Führer übersieht die Wirkung so vieler kombinierter Bewegungen.[59]

Mit Rekurs auf die Aufklärung also lassen sich militärische Führerfiguren in einen geschichtsphilosophischen Deutungsrahmen integrieren. Einige Jahrzehnte später intensiviert Hegel diese Verbindung noch, wie Jörg Baberowski hervorhebt: »Die welthistorischen Individuen, also jene Menschen, die mit Einsicht gesegnet sind, weisen die Wege, die alle Menschen gehen werden. Einige wissen also stets früher als andere, wohin die Reise geht«.[60] Das, was Condorcet als ›Übersicht‹ der Führerfigur beschreibt, fasst Hegel in seine Überlegung zum Verhältnis von Individuum und Kollektiv. Hegels These erweist sich auch deshalb für die Untersuchung von Beumelburgs Roman als interessant, weil die individuelle Leistung des Einzelnen potentiell ›Ungeheures‹ zu bewirken vermag. Das trifft bei Beumelburg auf die Führer und ihre Frontsoldaten des Ersten Weltkriegs zu, die größtmögliches Leid ertragen und die ›im Felde unbesiegt‹[61] geblieben seien. Der Führer hat neben seiner Funktion als Vorbild vor allem die Fähigkeit, das (Kriegs-)Ereignis

---

euch sein« (GB 162). Durch sein Verhalten führt der Major die Möglichkeit herbei, dass die Soldaten zur Masse im Sinne Canettis werden können: unter Gleichen und mit einer Richtung. Damit erlangt er sofortige Anerkennung als Führer seitens der einfachen Pioniere: »Ja, das ist ein patenter Kerl« (GB 162). Diese Anerkennung rechtfertigt er in der Folge durch seine Kontrolle der Lage, durch seine Todesverachtung, mit der er einen Granatsplitter missachtet, der an seinen Helm schlägt, und durch seine Tapferkeit trotz verschiedener Verwundungen bis zum Exitus weiterzukämpfen.

[59] Jacques Turgot: Œuvres, Bd. 2, Paris 1844, S. 632, zitiert nach: Löwith: Weltgeschehen und Heilsgeschichte, S. 97.
[60] Baberowski: Der Sinn der Geschichte, S. 53.
[61] So der Titel einer Sammelpublikation, die Gustav von Dickhuth-Harrach 1921 herausgegeben hat (München 1921).

aufgrund seines Überblicks in einem geschichtlichen Deutungsrahmen zu verorten und dem Krieg einen Sinn zuzuweisen. In den *Weltgeschichtlichen Betrachtungen* definiert Burckhardt die ›großen Männer‹[62] über ihre *»Einzigkeit, Unersetzlichkeit«*.[63] Die großen Individuen treten ihm zufolge mit ihrer Zeit »in eine große, geheimnisvolle Verrechnung«[64] und haben eine kathartische Funktion[65] inne, indem sie im Zuge der geschichtlichen Krisen »das Besondere und das Neue (die Revolution)«[66] verkörpern. Aufgrund ihrer Auszeichnung als Person gewordene geschichtliche Bewegung projizieren Zeitgenossen Hoffnungen bzw. Zukunftserwartungen auf sie.[67] Der Diskurs über den Führer in volksgemeinschaftlichen Geschichtskonzeptionen macht also Anleihen bei der klassischen Geschichtsphilosophie. Sein Darstellungspotential gewinnt die Führerfigur in den Narrationen, die dem Dunstkreis der Konservativen Revolution zuzurechnen sind, jedoch von den Vergemeinschaftungsphantasien Ende des 19. Jahrhunderts her. Paul de Lagarde buchstabiert in *Deutscher Glaube. Deutsches Vaterland. Deutsche Bildung* – einer seit den 1910er-Jahren breit rezipierten Sammelausgabe seiner Schriften – die nationalistische Sehnsucht nach einem Führer aus:

> Nur eines Mannes großer, fester, reiner Wille kann uns helfen, eines Königs Wille, nicht Parlamente, nicht Gesetze, nicht das Streben machtloser Einzelner. Dieser Mann fehlt uns nicht nur, sondern die Gewohnheiten eines auf oberflächliche Glättung von Massen berechneten Systems hindern, daß er jemals erstehe, weil Männer überhaupt mehr und mehr unmöglich werden, und mehr und mehr nur noch regimentierte und gedrillte Dutzendmenschen denkbar sind.[68]

Während Wammsch als zentrale Führerfigur des Textes konstruiert ist, entwickelt sich Siewers zum ideologischen Führer in die (Nach-)Kriegs-Zukunft, in dessen Reflexionen eine Geschichtsdeutung des Ersten Weltkriegs angelegt

---

[62] Den Begriff des großen Mannes macht Friedrich Schleiermacher populär (vgl. Friedrich Schleiermacher: Über den Begriff des großen Mannes [1835], in: ders.: Werke, Bd. 1, Aalen 1967, S. 520–531, Hervorhebung im Original.
[63] Burckhardt: Weltgeschichtliche Betrachtungen, S. 153, Hervorhebung im Original.
[64] Ebd., S. 154. Burckhardt bezeichnet diese Verbindung auch als »heilige Ehe« (ebd., S. 166).
[65] »Denn die großen Männer sind zu unserem Leben notwendig, damit die weltgeschichtliche Bewegung sich periodisch und ruckweise frei mache von bloßen abgestorbenen Lebensformen und von reflektierendem Geschwätz.« (Ebd., S. 180)
[66] Ebd., S. 166. Das heißt, die großen Individuen der Geschichte haben für Burckhardt eine überindividuelle Funktion; in ihnen findet der ›Willen einer Nation oder eines Zeitalters‹ Ausdruck (vgl. ebd., S. 175).
[67] Burckhardt schreibt vom »Begehr nach großen Männern« (ebd., S. 153).
[68] de Lagarde: Deutscher Glaube, S. 92.

ist.⁶⁹ Wammsch hingegen hat als einfacher Pionier keine herausgehobene Stellung inne. Zu Anfang zeigt er sich nicht überzeugt vom Kampf an der Front und bekommt das Angebot, Latrinendienst zu leisten. Erst nach dieser Erniedrigung verschreibt er sich vollständig der Gruppe und dem Frontkampf. In der Folge fungiert er als Exemplum für militärisch und kameradschaftlich vorbildliches Verhalten. Er leistet selbstverständlich Erste Hilfe und rettet zahlreiche Soldaten, die sich hinter den feindlichen Linien versteckt haben und die darüber vergessen worden sind; und er gräbt die verschütteten Kameraden der Gruppe Bosemüller aus und bewahrt Siewers davor, versehentlich von den eigenen Kameraden erschossen zu werden. Wammsch handelt selbstlos im Sinne der Frontgemeinschaft. Vor allem die väterliche Nähe zum Kriegsfreiwilligen Siewers wird im Romanverlauf topisch. Es entsteht eine Vater-Sohn-Beziehung, die sich figural im umsorgenden Verhalten Wammschs realisiert und die bis hin zur Mutmaßung einer biologischen Vaterschaft nach Siewers' Verwundung reicht. Der operierende Arzt nimmt an, dass Wammsch der Vater sei. Bereits zuvor reagiert Wammsch intuitiv wie ein Vater, dessen Sohn schwer verletzt wurde: »Da ist Wammsch am Ende. Er rutscht zusammen. […] Sein Kopf sinkt vornüber. Er heult. Wammsch heult.« (GB 231) Nachdem der Ziehsohn überlebt hat und seine feste Persönlichkeit als Soldat ausgebildet hat, ist Wammschs Aufgabe als Geburtshelfer der Selbstfindung Siewers' erfüllt. Die Zukunft ist mit dem künftigen Führer Siewers in seinen Augen gesichert, da Siewers' intellektuellen Anlagen nun eine soldatische Ausbildung an der Front beigestellt wurde. Demzufolge muss Wammschs Tod im Gegensatz zu dem des Leutnants als hoffnungsvoller Tod gelesen werden, der seinen Sinn schon darin findet, dass Siewers nun Wammschs ›Erbe‹ antritt. Denn mittlerweile konnte Siewers die Kriegserlebnisse der Gruppe in einem größeren Sinnkontext verorten und den Kriegstod in einen geschichtsphilosophischen Rahmen stellen. Eine solche Sinngebung gelingt dem intellektuell unbegabten Wammsch nicht selbst.⁷⁰ So reflektiert Wammsch nach einem Gespräch mit dem nervenschwachen Leutnant über den Sinn des Krieges:

---

[69] Die Funktion von »Wammsch als Führer des jungen Soldaten Siewers in die Todesbereitschaft« hat bereits Eckhart Momber angedeutet (vgl. Momber: 's ist Krieg! 's ist Krieg!, S. 138).
[70] Wammsch kann gegenüber dem überlegenen Leutnant sein diffuses Sinn-Gefühl nicht verbalisieren: »›Das sagen Sie ja nur, Wammsch … Sie wissen auch, daß es keinen Sinn hat.‹ ›Es ist für unsereinen so schwer, sich auszudrücken, Herr Leutnant. Mit den Worten geht es so schlecht. Man meint immer, man verstehe es, aber dann kann man es doch

Der Sinn ... ja, was ist das? [...] Was sollte es sein? Es hat natürlich einen Sinn, wenn ich den Bosemüller und den Stracke und den Esser und den Siewers aus der Klemme hole. Es hat auch einen Sinn, wenn ich dem Hauptmann sage, er soll Bosemüller statt meiner auf Urlaub fahren lassen, denn Bosemüller hat gerade einen Sohn bekommen. Aber was für einen Sinn hat das Ganze? Was soll man da sagen? (GB 127)

Wammsch differenziert zwischen der individuellen Sinnerfahrung seiner eigenen Handlungen und einem überindividuellen Sinn des gesamten Krieges, der aber Leerstelle bleibt. Einzig die Erfahrung individuellen Sinns kann Wammsch ausdrücken, da sie auf konkreten eigenen Erfahrungen beruht. In ihr drückt sich die Komponente des gemeinsamen Kriegserlebnisses der Frontgemeinschaft aus. Dass diese gelebte Frontgemeinschaft auch Sinnpotentiale für das Verständnis des gesamten Krieges bereitstellt, kann Wammsch trotz seines Bewusstseins dafür nicht versprachlichen. So äußert er den Wunsch, er »möchte bei der Gruppe bleiben«, und begründet diesen Wunsch gegenüber dem irritierten Leutnant etwas unbeholfen damit, dass dieser »doch wohl mit dem Sinn zusammenhängen« muss (GB 126).
Wammsch wandelt sich vom Schicksalsgenossen des Leutnants zu dessen ideellen Kontrahenten. Zwar identifiziert sich auch Wammsch immer vollständiger mit der Schlacht vor Verdun: »Es wäre mir schon lieber, wir könnten hier bleiben. Es ist ja ganz ruhig hier geworden. Man fühlt sich hier doch wie zu Hause« (GB 327). Und wenn der Erzähler oder wenn Braschke – die Erzählsituation diffundiert an dieser Stelle – die Stellungnahme Wammschs als »traurig und sonderbar« kommentiert, weil sie nach »Schicksal« (GB 327) klinge, dann muss das durchaus als Anspielung auf die düstere Prophezeiung des Leutnants gelesen werden, dass man von Verdun nicht mehr loskomme. Gleichwohl ist Wammschs tragischer Tod durch den Einsturz eines Stollens mit ganz anderen Vorzeichen versehen als der sinnlose Freitod des Leutnants. Denn Wammsch geht im Gegensatz zum Leutnant nicht an seinem Schicksal zugrunde, sondern er nimmt es an und stellt den Sinn des Krieges nicht infrage. Zwar kann sich auch Wammsch nicht mehr vom Schlachtfeld lösen und stirbt in Verdun. Aber seine Haltung entspricht einem soldatischen Ethos, das alle Zweifel überwunden hat und das sich dem Krieg bejahend verschreiben kann, um das ›Ganze‹ des Volkes und dessen Zukunft zu sichern. Wammsch nimmt sein Schicksal inklusive

---

nicht sagen. Vielleicht wenn man auf dem Gymnasium gewesen wäre... da lernt man wohl sich ausdrücken. Aber es muss doch einen Sinn haben, Herr Leutnant.«" (GB 126)

der psychischen Kriegsfolgen an; gleichzeitig wird das vermeintliche Heilmittel in den Mittelpunkt gerückt: die Front- und Volksgemeinschaft. Den entscheidenden Impuls zu dieser völkisch-nationalistischen Haltung erhält Wammsch ausgerechnet von seinem Ziehsohn Erich Siewers. Denn analog zu Wammsch wandelt sich auch Siewers vom 17-jährigen Adoleszenten zum ideologischen Gegenspieler des Leutnants. Für die Entwicklung von Siewers' weltanschaulicher Position sind zwei Momente entscheidend: ein früher Traum, in dem mit einem Lehrer und seiner Mutter zwei intellektuell und emotional prägende Persönlichkeiten aus seiner Biographie auftreten, und später die eigene Reflexion seiner Kriegserlebnisse, die den Traum implizit wieder aufgreift. Im Traum begegnet er seinem Deutschlehrer, der »mit einem weißen Bart und einer Brille« (GB 142) als betagter Intellektueller vorgestellt wird und Siewers mahnt: »Der sittliche Imperativ… denken Sie an Kant, an Schiller …« (GB 142). Der Lehrer bezieht sich auf Kants kategorischen Imperativ,[71] der Otfried Höffe zufolge sittlich verstanden werden muss: »Kant will primär den Pflichtcharakter, das Moment der Moralität als solcher, aufweisen. Er will zeigen, was es formaliter bedeutet, der Pflicht und nicht der Neigung, der Maxime der Sittlichkeit und nicht jener der Selbstliebe zu folgen.«[72] Der Professor ergänzt Kants Programm sittlicher Pflicht um die individuelle Neigung und den Willen des Individuums: »Nimm die Gottheit auf in deinen Willen« (GB 142). Den Vers zitiert er aus Schillers *Das Ideal und das Leben:*

> Nehmt die Gottheit auf in euren Willen,
> Und sie steigt von ihrem Weltenthron.
> Des Gesetzes strenge Fessel bindet
> Nur den Sklavensinn, der es verschmäht[73]

– heißt es dort. Mit dem Rekurs auf die deutschen Autoritäten Kant und Schiller begründet der Professor die vermeintlich sittliche Programmatik

---

[71] Die Formel des von Kant in Varianten formulierten kategorischen Imperativs lautet: »[H]andle so, daß du wollen kannst, deine Maxime solle ein allgemeines Gesetz werden« (Immanuel Kant: Zum ewigen Frieden, in: ders.: Schriften zur Anthropologie, Geschichtsphilosophie, Politik und Pädagogik [= Gesammelte Werke, Bd. 11], hg. von Wilhelm Weischedel, Frankfurt a.M. 1964, S. 195–251, hier S. 239).

[72] Otfried Höffe: Kants kategorischer Imperativ als Kriterium des Sittlichen, in: Zeitschrift für philosophische Forschung 31 (1977), H. 3, S. 354–384, hier S. 371.

[73] Friedrich Schiller: Das Ideal und das Leben, in: ders.: Schillers Werke: Gedichte 1799–1805 (= Nationalausgabe, 2. Bd., Teil 1), hg. von Norbert Oellers, Weimar 1983, S. 396–400, hier S. 399.

einer Sinnstiftung des Krieges. Dementsprechend differenziert er zwischen »dem Müssen, das aus dem göttlichen Gebot stammt, dem inneren Befehl«, welches er befürwortet, und »dem subjektiven Müssen, [...] das vermeintliche Müssen« (GB 142), welches er strikt ablehnt. In seinem ersten Begriff von Müssen gehen kategorischer Imperativ und eigener Willen eine Synthese ein, während sich das Individuum im zweiten Fall selbst absolut setzt und das ›Müssen‹ weder kantischem noch schillerschem Anspruch genüge. Siewers solle auch im Ersten Weltkrieg – »diesem einzigartigen Ereignis in der moralischen Welt«[74] – so handeln, impliziert der Professor, dass sein Handeln Gesetz werden könne, und er solle aus sich selbst heraus so handeln wollen. Allerdings meint der Professor den Vorstellungen der wilhelminischen Zeit gemäß, Siewers solle letztlich passiv bleiben und »ja nur hinnehmen, was Ihnen gereicht wird. Sie sollen *glauben*.« (GB 143, Hervorhebung im Original) Ein solches Bekenntnis zum Glauben kann Siewers nicht teilen: »[E]s ist doch nichts mehr da« (GB 143). Erst Siewers' Mutter-*Imago* richtet das Leben ihres Sohnes angesichts seines Glaubensverlustes neu aus, indem sie auf den Berg mit dem Fort zeigt, ihn zum Schicksalsberg erklärt und trotz Siewers' anfänglicher Weigerung den gemeinsamen Aufstieg beginnt: »Sieh den Berg dort, mein Junge ... [...] es hilft ja nichts. Komm, sei lieb ... wir müssen noch über diesen Berg, mein Kind.« (GB 144) Die Mutter erscheint Siewers trotz aller Nähe plötzlich kalt und treibt ihn mit ›fremder Stimme‹ unbarmherzig »Vorwärts!« (GB 145) Der Adoleszent Siewers erkennt, dass er sich nicht mehr in jugendliche Verantwortungslosigkeit zurückziehen darf, sondern die unbedingte Notwendigkeit des Ersten Weltkriegs anerkennen muss. In diesen Deutungsrahmen passt auch die »überlaute, furchtbare Stimme« (GB 145), deren Sprecher nicht eindeutig bestimmt wird und die mit der Mutter, dem Berg, dem Teufel oder dem Tod identifiziert werden kann: »Entweder du gehst zu dem Berg, oder der Berg komm zu dir! [...] Wähle!« (GB 145) Die Mutter konfrontiert Siewers mit den zwei Verhaltensweisen im Krieg, die Situation an der Front aktiv anzunehmen oder fatalistisch hinzunehmen. Erst nach dieser Konfrontation nimmt Siewers den Krieg an, er verpflichtet sich dem ›sittlichen Müssen‹ und somit auf Gedeih und Verderb der Frontgemeinschaft. Siewers' neue Überzeugung schlägt sich direkt auf der Handlungsebene nieder und er schwört Esser, ihn bei dessen Tod nicht zu verlassen. Das Motiv des Berges spielt somit für die Entwick-

---

[74] Scheler: Der Genius des Krieges und der Deutsche Krieg, Vorrede, ohne Paginierung.

lung Siewers hin zur Führerfigur eine zentrale Rolle: Im Berg verschmelzen Kriegserfahrung und Sinndeutung. Auf einer zweiten Ebene symbolisiert der Berg das individuelle Telos Siewers', der den Berg überwinden muss, um seine soldatische Persönlichkeit zu entwickeln. Gleichwohl wird Siewers gegenüber dem sterbenden Esser wortbrüchig und rennt vor ihm »sinnlos davon« (GB 183). Anschließend phantasiert er wieder von dem Berg, den er sich kurzerhand alleine zu erklimmen anschickt:

> »Laß mich los! Ich sage dir, laß mich los ... rühre mich nicht an!«
> »Wohin willst du denn ...«
> »Ich weiß nicht ... dort drüben über den Berg will ich ... siehst du denn den Berg nicht? Da muß ich noch hinüber ... dahinter ist es besser.« (GB 186)

Siewers muss zunächst scheitern, bevor er die einzelnen Versatzstücke einer geschichtlichen und der individuellen Sinndeutung des Krieges nicht nur theoretisch zusammensetzen, sondern auch praktisch in seinem eigenen Verhalten realisieren kann. Erst jetzt sehnt er sich nicht mehr nach seiner Mutter, sondern »will wieder in die Souvilleschlucht und nach Fleury« (GB 199), erst jetzt akzeptiert er die Willfährnisse des Krieges als schicksalsgegeben bzw. als kontingent: »Alles ist vom Zufall abhängig, aber man muß den Zufall als gegebene Größe hinnehmen.« (GB 206) Sie befreien jedoch gerade nicht vom ›sittlichen Imperativ‹ des notwendigen Krieges, sondern zeitigen einen gegenteiligen Effekt, indem sie ihn zum Krieg verpflichten.
Die Selbstverpflichtung zum Krieg impliziert Opferbereitschaft. Wird das Berg-Motiv in *Gruppe Bosemüller* vor seinem motivgeschichtlichen Hintergrund betrachtet, muss es allerdings anders bewertet werden.[75] Im Roman wird ein motivischer Zusammenhang zwischen Siewers' Mannwerdung und der Überwindung des Berges hergestellt, der vergleichbar bereits bei Novalis im *Heinrich von Ofterdingen* angelegt ist.[76] Nachdem Siewers seine letzte Adoleszenzkrise an der Front überwunden hat, zeigt er auf den Berg und der

---

[75] Diese neoromantischen Residuen korrespondieren mit dem Aufruf romantischer Topoi im Roman. Einzelne Landschaftsbeschreibungen lesen sich wie eine Ekphrasis eines Gemäldes von Caspar David Friedrich: »Mitternacht muß es wohl sein. Der Mond hängt gerade über dem Berg. Der Berg ist jetzt ganz nah. Auf seinem Rücken stehen mächtige schwarze Bäume« (GB 39).

[76] Zum Zusammenhang von Adoleszenz und dem Gang ins Berginnere vgl. Herbert Uerlings: Die Bedeutung des Bergbaus für den *Heinrich von Ofterdingen*, in: Eleonore Senft (Hg.): Bergbau und Dichtung. Friedrich von Hardenberg (Novalis) zum 200. Todestag, Weimar 2003, S. 25–55, insbes. S. 36.

Erzähler kommentiert den nicht mehr bedrohlichen Bergriesen: »Der Berg regt sich nicht. Der Berg ist tot.« (GB 304)[77] Gewissermaßen symbolisiert der ›tote‹ Berg in dieser Lesart Siewers' produktive Vereinigung von Äußerem und Innerem bzw. von Natur (Kriegserfahrung) und Geschichte (Sinndeutung). Mit seiner inneren Hingabe an den Krieg erscheint nun auch der Berg nicht mehr bedrohlich, eine ›Offenbarung‹, die Siewers kaum glauben kann: Er »starrt gegen die ferne Silhouette des Berges« (GB 305).[78]

Bezieht man jedoch Tieck und E.T.A. Hoffmann mit in die Überlegungen ein, die das literarische Motiv des Berges mit dem *Runenberg* und *Bergwerke zu Falun* maßgeblich geprägt haben, muss Siewers' ›Schicksalsberg‹ kritischer gedeutet werden. Tieck und stärker noch Hoffmann konzipieren den Gang in den Berg nicht mehr wie Novalis als Synthese, sondern vielmehr als »Bruch zwischen Idee und Realität«.[79] Vor diesem motivgeschichtlichen Hintergrund lässt sich Wammschs Tod ›unter Tage‹, den der Text zunächst nicht weiter motiviert, in den Deutungskontext einbeziehen. Der Berg und insbesondere der Gang in den Berg können in *Gruppe Bosemüller* dann gerade nicht als Offenbarung gelesen werden. Er muss vielmehr in den Kontext dieser romantischen Motivtradition als Ort des Scheiterns der Integration von Idee und Realität bzw. Innerem und Äußerem gerückt werden. Hierin liegt eine Differenz zum affirmativen Kriegserlebnis, wie es sich bei Ernst Jünger findet. Siewers kann den Krieg selbst nicht affirmativ erleben, sondern bestenfalls im Bild des ›toten‹ Berges seine Angst vor dem Schlachtfeld kontrollieren. Für ihn ist der Krieg kein rauschhafter Zustand, wie ihn Jünger als ekstatische[80] Geburt einer neuen Zeit und deren »neuen Werten«[81] inklusive

---

[77] Dieser Überwindung der psychischen Folgen des Fronteinsatzes entsprechend beschreibt Manuel Köppen die Erziehung von Erich Siewers in *Gruppe Bosemüller* als eine »Pädagogik des Schreckens« (Köppen: Werner Beumelburg und die Schlachten des Weltkriegs, S. 286).

[78] Auch darin erinnert der Text an die Bergwerksmotivik im *Heinrich von Ofterdingen*. Uerlings stellt diesbezüglich fest: »Der Glaube an die Einheit von Natur und Mensch, von Endlichem und Unendlichem überwindet also diese Erfahrung der Trennung und des Todes, und die Szene wird zur Offenbarung.« (Uerlings: Die Bedeutung des Bergbaus, S. 28)

[79] Theo Elm: Symbolik, Realistik. Zur Geschichte des romantischen Bergwerks, in: Günter Blamberger/Manfred Engel/Monika Ritzer (Hg.): Studien zur Literatur des Frührealismus, Frankfurt a.M. 1990, S. 121–150, hier S. 135. Elm fasst die doppelgesichtige Motivtradition des Bergwerksmotivs zusammen: »Aber Versöhntheit nicht bloß als Taktik gegen zivilisatorische Untergänge, sondern als glückliches Bewußtsein. Von ihm, seiner Gefährdung und seinem Verlust erzählt die Geschichte des romantischen Bergwerks.« (Ebd., S. 150)

[80] Vgl. Jünger: Der Kampf als inneres Erlebnis, S. 54.

[81] Ebd., S. 11.

der Vision eines soldatischen Übermenschen[82] begrüßt, sondern eine Leidenszeit, die der Einzelne nur durch die Hinwendung zur Frontgemeinschaft zu überstehen vermag. Erst im Postulat einer ›Volksgemeinschaft‹, die aus der Gemeinschaft der Frontsoldaten hervorgehen und einen Frontsoldatenstaat begründen soll, kann Siewers den Krieg völkisch überhöhen. Darüber verleiht Siewers seinem Leiden an der Front Sinn, die Romantisierung des Krieges selbst allerdings scheitert. Aller Voraussicht nach wird er an der Front bzw. ›hinter dem Berg‹ sterben. Dass *Gruppe Bosemüller* nicht zu einer Apologetik des Krieges taugt, kann auch Joseph Goebbels' für den heutigen Leser irritierende Kritik am Roman erklären, die er trotz dessen völkischen Tendenz anbringt: »Beumelburg gelesen, der Krieg ist furchtbar, aber hier ist das Problem nicht ganz gemeistert. Noch zu gekrampft und zu gemacht. Keine Klarheit des Stils.«[83]

5 Zur Integration der Fronterfahrung in die Sinndeutung des Krieges: Auf dem Weg zur ›Volksgemeinschaft‹

Goebbels' kritische Lektüre des Romans kann auch darauf zurückgeführt werden, dass sowohl der Erzähler als auch Siewers an der Beschleunigung im Krieg leiden, die Kontingenz von Leben und Tod an der Front erleben und Vergangenheit und Zukunft suspendieren: »Es darf kein Gestern für uns geben und kein Morgen. Wir leben in dem Augenblick als dem einzigen, dem wir trauen können.« (GB 207) Mit dieser gedanklichen Bewegung gelingt es Siewers, seine Fronterfahrung mit all ihrer raumzeitlichen Diffusion

---

[82] Jünger schreibt etwa von »göttlicher Frechheit« der Soldaten (ebd., S. 60).
[83] Joseph Goebbels: 10. Mai 1936, in: ders.: Die Tagebücher 2. März 1936 – Februar 1937 (= Die Tagebücher von Joseph Goebbels, Teil I: Aufzeichnungen 1923–1943, Bd. 3), bearb. von Jana Richter, München 2001, S. 79. Am Tag zuvor hatte Goebbels noch zur Lektüre notiert, der Roman sei »[g]ut geschrieben, man muß solche Bücher aus dem Krieg immer wieder lesen, damit man daß nicht vergißt« (9. Mai 1936, ebd., S. 78). Goebbels hat der Romanverlauf offenbar nicht gefallen. Grundsätzlich ist Goebbels Beumelburg gegenüber jedoch positiv gestimmt, mehrfach erwähnt er lobend die Lektüre seiner (historischen) Romane zum Reich in den Tagebüchern (vgl. Goebbels: 29. Juli 1938, in: ders.: Die Tagebücher Dezember 1937 – Juli 1938 [= Die Tagebücher von Joseph Goebbels, Teil I: Aufzeichnungen 1923–1943, Bd. 5], bearb. von Elke Fröhlich, München 2000, S. 399; sowie: Goebbels: 27. Juli 1931, in: ders.: Die Tagebücher Juni 1931 – September 1932 [= Die Tagebücher von Joseph Goebbels, Teil I: Aufzeichnungen 1923–1943, Bd. 2/II], bearb. von Angela Hermann, München 2004, S. 95).

in sein Geschichtsdenken zu integrieren. Nicht seine persönliche Zukunft steht infrage, sondern die der Gemeinschaft. Überspitzt beantwortet Siewers seine Fronterfahrung mit ihrer Beschleunigung, dem Fehlen sicherer Räume und der daraus resultierenden Nervenbelastung mit der Preisgabe der Individualität zugunsten der Gemeinschaft. Diese Denkfigur erhält eine eigentümliche Spannung, weil sich mit der Selbstaufgabe zugleich eine individuelle Selbsterhöhung vollzieht. Das Individuum erhöht sich im Hinblick auf die (Front-)Gemeinschaft bzw., um mit Ernst Troeltsch zu sprechen, im Hinblick auf den ›Gemeingeist‹:

> [W]ie hätte ich denn [ohne den Krieg, J.W.] je im Leben so hoch steigen können, daß ich – zweimal schon! – alles hinwarf für die andern? Wie hätte ich denn je erkannt, daß nichts so bedeutend, so beglückend, so einzig des Lebens wert sei als Gutes zu tun seinen Nächsten? (GB 208)

In eine solche Konzeption der Gemeinschaft fließt auch das christliche Prinzip der Nächstenliebe ein. Eric Voegelin beschreibt den »Sinn der Einzelexistenz« als »das instrumentale Wirken zum kollektiven Fortschritt«.[84] Dieses Primat eines Kollektivs gegenüber dem Einzelnen versteht er als säkulare Form religiösen Glaubens: »Die sakrale Substanz ist […] der Volksgeist«,[85] in dem sich das Volk vereinheitliche und durch »politische Organisation«[86] zur geschichtlichen Person werde, die im Führer ihren vollkommenen Ausdruck finde: »In der innerweltlichen Symbolik sind Führer und Volk gemeinsam verbunden in der sakralen Substanz, die im einen wie im andern lebt«.[87] Seine Kraft zieht die sakrale Erhöhung Siewers' zum Führer aus dem Telos der verwirklichten Front- bzw. ›Volksgemeinschaft‹, die eines Führers bedarf, um ihr geschichtliches Ziel zu erreichen. Somit verspricht die Frontgemeinschaft eine geschichtliche Kontinuität im Sinne Jacob Burckhardts.[88] Die Denkfigur einer germanischen ›Volksgemeinschaft‹, die mit einer Kontinuität das Ende der Geschichte erreicht, schließt an Hegels Idee an, dass in den germanischen

---

[84] Voegelin: Die politischen Religionen, S. 51.
[85] Ebd., S. 56.
[86] Ebd.
[87] Ebd., S. 57.
[88] Die Allianz zwischen Führerfigur, ›Volksgemeinschaft‹ und teleologischem Geschichtsdenken in der Literatur hat Robert Hahn im Hinblick auf den völkischen Zukunftsroman untersucht (Robert Hahn: Der Erfinder als Erlöser – Führerfiguren im völkischen Zukunftsroman, in: Helga Esselborn [Hg.]: Utopie, Antiutopie und Science-Fiction im deutschsprachigen Roman des 20. Jahrhunderts, Würzburg 2003, S. 29–47).

Nationen die Geschichte an ihr Ende gekommen und verwirklicht sei: »Und vielleicht, wenn ich es recht bedenke, sind wir so auf dem Wege zum Vaterland« (GB 261), schreibt Siewers an seine Gruppe. Im Akt des Briefschreibens dokumentiert Siewers seinen Führungsanspruch. Er redefiniert den Kampf an der Front und die Frontgemeinschaft als ›völkische Tat‹ und erringt damit Deutungshoheit über den Sinn des Krieges. Hier muss auf das griechische *logos* hingewiesen werden, dessen Lexik sowohl das ›Wort‹ als auch die ›Tat‹ umfasst. Bereits in Goethes *Faust I* wird auf die mehrfache Bedeutung hingewiesen, wenn Faust in der Szene »Studierzimmer« die ersten Worte des Johannesevangeliums neu versteht und *logos* mit ›Tat‹ übersetzt.[89] Bezogen auf *Gruppe Bosemüller* definiert die notwendige Transgression vom Wort zur Tat die Frontgemeinschaft: Nur wer nicht nur Briefe schreibt, sondern an der Front kämpft, stellt die Frontgemeinschaft tätig her.

Liest man den Roman vor der Folie eines auf Gemeinschaft hin ausgerichteten Geschichtsbilds, wird auch ersichtlich, warum die kategoriale militärische Neuerung des Ersten Weltkriegs gegenüber dem Krieg von 1870/71 betont wird: Die Fronterfahrung hat sich infolge der Industrialisierung, der Maschinisierung und der Massenproduktion vollständig verändert. Zudem wird deutlich, warum gleichzeitig durch die Frontgemeinschaft eine Kontinuität der deutschen Nation bzw. des deutschen Volkes, wie sie bereits bei Burckhardt angelegt ist, bestätigt wird bzw. neu hergestellt werden soll. Die ›Ideen von 1914‹ sollen in einem ›Dritten Reich‹ aufgehen, wie es Arthur Moeller van den Bruck konzipiert. Nach der Niederlage des Wilhelminischen Kaiserreichs im Ersten Weltkrieg und der Gründung der Weimarer Republik verlieren die ›Ideen von 1914‹ nicht etwa an Diskursmacht, sondern integrieren vielmehr den verlorenen Krieg in ihre völkischen Vorstellungen eines *eschatons*. Insbesondere Moeller van den Bruck bietet 1923 mit dem Begriff des ›dritten Reiches‹ eine Projektionsfläche für völkische Erwartungen an, die spätestens durch die spätere Verwendung als Synonym für den natio-

---

[89] Geschrieben steht: ›Im Anfang war das Wort!‹ / Hier stock ich schon! Wer hilft mir weiter fort? / Ich kann das Wort so hoch unmöglich schätzen, / Ich muß es anders übersetzen,/ Wenn ich vom Geiste recht erleuchtet bin. / Geschrieben steht: Im Anfang war der Sinn. / Bedenke wohl die erste Zeile, / Daß deine Feder sich nicht übereile! / Ist es der Sinn, der alles wirkt und schafft? / Es sollte stehn: Im Anfang war die Kraft! / Doch, auch indem ich dieses niederschreibe, / Schon warnt mich was, daß ich dabei nicht bleibe. / Mir hilft der Geist! Auf einmal seh ich Rat / Und schreibe getrost: Im Anfang war die Tat! (Johann Wolfgang von Goethe: Faust. Eine Tragödie, in: ders.: Faust. Texte, hg. von Albrecht Schöne, Frankfurt a.M. 2003, V. 1224–1237 [S. 61]).

nalsozialistischen Staat unter Hitler begrifflich prominent wird. Moeller van den Bruck ignoriert in *Das dritte Reich* die Weimarer Republik und schließt mit seiner Konzeption an Bismarcks Reichsgründung von 1871 an:

> Wir setzen an die Stelle der Parteibevormundung den Gedanken des dritten Reiches. Er ist ein alter und großer deutscher Gedanke. Er kam auf mit dem Verfalle unseres ersten Reiches. Er wurde früh mit der Erwartung eines tausendjährigen Reiches verquickt. Aber immer lebte in ihm noch ein politischer Gedanke, der sich wohl auf die Zukunft, doch nicht so sehr auf das Ende der Zeiten, als auf den Anbruch eines deutschen Zeitalters bezog, in dem das deutsche Volk erst seine Bestimmung auf der Erde erfüllen werde.[90]

Sein ›drittes Reich‹ entwickelt Moeller van den Bruck nach Burckhardt und im Sinne einer »Kontinuität deutscher Geschichte«,[91] für die er die chiliastische Vorstellung eines Tausendjährigen Reiches völkisch umdeutet.[92] Er konzipiert es wie schon Hasse aus der Annahme einer »Überbevölkerungstatsache«[93] heraus imperialistisch. Im Kern stellt Moeller van den Bruck einen konservativen Nationalismus vor. Nur dieser könne die »Wurzelung in der Vergangenheit« mit dem Blick »auf die Zukunft der Nation« verbinden.[94] Das ›dritte Reich‹ sei jedoch nur durch die Überwindung der Weimarer Republik und eine konservativ-nationalistische Revolution zu erreichen, die aus jedem Einzelnen ›herausbrechen‹ müsse:

> Unsere Revolution beginnt erst: sie [...] beginnt mit einer Auferstehung, die in den Menschen geschieht.
> Sie ist der Durchbruch einer geänderten Geistesverfassung und der sie begleitenden Selbsterkenntnis –
> – oder die Revolution ist unser Untergang.[95]

---

[90] Moeller van den Bruck: Das dritte Reich, Widmung [o.P.]. Die Verachtung der Weimarer Republik durch die Konservativen Revolutionäre äußert sich schon darin, dass die noch junge Weimarer Republik in der geschichtlichen Konzeption völlig ignoriert wird und stattdessen eine Kontinuität zum ›zweiten Reiche‹ Bismarcks suggeriert werden soll, das im ›dritten‹ fortgeführt und vollendet werde (vgl. Prümm: Die Literatur des Soldatischen Nationalismus der 20er Jahre, Bd. 1, S. 181).
[91] Moeller van den Bruck: Das dritte Reich, S. 244.
[92] Vgl. Demandt: Zeit, S. 448.
[93] Moeller van den Bruck: Das dritte Reich, S. 5.
[94] Ebd., S. 245.
[95] Ebd., S. 8.

Nur über die Revolution könne das Volk sich selbst ermächtigen, sich als Nation verwirklichen[96] und aus seinen Reihen die »Führer der Nation«[97] erwählen. Entscheidend für das Verständnis der Konservativen Revolution insgesamt erscheint nicht nur Moeller van den Brucks auf die Nation gewendetes triadisches Geschichtsbild,[98] sondern vor allem seine eschatologische Hoffnung. Denn er will das ›dritte Reich‹ als »Endreich«[99] verstanden wissen: »Der Gedanke des ewigen Friedens ist freilich der Gedanke des dritten Reiches«.[100] Die völkische Zukunftsvision eines ›Endreichs‹ erweist sich als besonders wirkmächtig, weil nur durch die geschichtliche Ausrichtung der Nation bzw. des Volkes auf ihre bzw. seine vermeintliche Erfüllung eine Tautologie überwunden werden könne: Die ›Volksgemeinschaft‹ erfülle sich in der Realisierung der ›Volksgemeinschaft‹. Jedoch können, sofern man vom grassierenden Antisemitismus als Exklusionskriterium absieht, definitorische, positive Kriterien dieser ›Volksgemeinschaft‹ kaum aufgeführt werden.

Das künftige Reich verspricht in einer Art nationaler Apokalypse nicht nur das *eschaton* am Ende der Zeiten, sondern als ›politische Religion‹ im Anschluss an die Romantik gleichfalls innerweltliche Persistenz: »Das romantische Weltbild ist gnostisch-apokalyptisch, die geistige Erneuerung ist das sogenannte Dritte Reich bzw. das kommende tausendjährige Reich.«[101] Das Individuum transzendiert in diesem Reich sein Wohlergehen ganz auf die (völkische) Gemeinschaft. Hierin begründet sich das im Ersten Weltkrieg prominente Opfernarrativ, das wie vorgestellt auch in *Gruppe Bosemüller* Eingang findet. Der Einzelne kennt mit seiner Opferbereitschaft gerade keinen Willen

---

[96] Vgl. ebd., S. 20.
[97] Ebd., S. 247.
[98] »Das zweite Reich war ein Zwischenreich. Es ist zusammengebrochen, weil es nicht die Zeit bekam, um Ueberlieferung zu werden.« (Ebd., S. 257) Dieses triadische Schema stammt aus der Antike und tradiert sich über Augustinus und Joachim von Fiore über die Neuzeit bis in die Gegenwart (vgl. Demandt: Zeit, S. 441–443).
[99] Moeller van den Bruck: Das dritte Reich, S. 260.
[100] Ebd., S. 257.
[101] Michael Ley: Apokalyptische Bewegungen in der Moderne, in: ders./Schoeps (Hg.): Der Nationalsozialismus als politische Religion, S. 12–29, hier S. 17. Jenseits der völkischen Konzeption von Gemeinschaft finden sich jedoch nur marginale Spuren einer rassischen bzw. dezidiert nationalsozialistischen Ideologie; so entspricht etwa Bosemüllers Kind mit blauen Augen und blondem Haar dem Aussehen eines ›Ariers‹ (vgl. GB 75). Der Roman vertritt somit zwar eine völkische Ideologie, NS-Ideologeme sind ihm jedoch nicht nachzuweisen.

zur Macht im nietzscheanischen Sinne. Auch die Führerfiguren erhalten ihre Daseinsberechtigung weniger durch einen Akt der Selbstermächtigung; vielmehr wächst sie ihnen aus der Gemeinschaft zu. Im Begriff der Familie als – patriarchal organisierter – ›Keimzelle‹ der Gemeinschaft ist diese Vorstellung schon Ende des 19. Jahrhunderts bei Tönnies[102] und de Lagarde[103] angelegt. Um die Gemeinschaft zu realisieren, muss jedes ihrer Glieder bereit sein, sich selbst zu opfern; und an jedem ihrer Glieder kann die Gemeinschaft scheitern. In diesem Kontext wird die Tragweite des Atlas-Vergleichs verständlich: Siewers sieht im eingestürzten Keller »Bosemüller wie den Riesen Atlas das Himmelsgewölbe« (GB 115) tragen. Die Maxime unbedingter Opferbereitschaft gilt zumal im Ersten Weltkrieg, ist die Frontgemeinschaft doch auf die völlige Selbstaufgabe des Einzelnen für die Gemeinschaft angewiesen, da sie nur dann als ›Himmelsgewölbe‹ geschichtliche Realität werden kann. Ungeachtet des Opfernarrativs krankt das Modell der geschichtlichen Sinndeutung des Ersten Weltkriegs über das Narrativ der ›Ideen von 1914‹ ebenso wie die Vision einer aus der Frontgemeinschaft erwachsenden ›Volksgemeinschaft‹ in *Gruppe Bosemüller* von Beginn an. Die Fronterfahrung kann in das Narrativ der ›Ideen von 1914‹ integriert werden, weil sie für das Kollektiv irrelevant bleibt. Die Erfahrungsdimension des Einzelnen ist für die Kategorie der Gemeinschaft irrelevant. Vielmehr wird sie im Roman durch andere Erfahrungsräume ersetzt, etwa durch das Massenerlebnis in der Frontgemeinschaft. Der Erfahrungsraum der Front wird nur insoweit in die Romanlogik integriert, als die Front die Hinwendung der Figuren zur Front- bzw. ›Volksgemeinschaft‹ ermöglicht. Schließlich verschwindet die Fronterfahrung sozusagen. Anders formuliert: Nicht die Fronterfahrung selbst wird als rauschhaftes Erlebnis ins Positive gewendet, sondern ihre

---

[102] Tönnies begreift die Familie als Keimzelle von Gemeinschaftsstrukturen: »Die allgemeine Wurzel dieser Verhältnisse ist der Zusammenhang des vegetativen Lebens durch die Geburt; die Tatsache, daß menschliche Willen […] miteinander verbunden sind und bleiben, oder notwendiger Wiese werden« stellt sich dar »durch drei Arten von Verhältnissen; nämlich 1) durch das Verhältnis von einer Mutter und ihrem Kinde; 2) durch das Verhältnis zwischen Mann und Weib als Gatten […]; 3) zwischen dem als Geschwister« (Tönnies: Gemeinschaft und Gesellschaft, S. 9).

[103] »Die Zelle, welche am energischsten sich ausbreitet, ist die Familie. Ich kann nur einen früher von mir gebrauchten Ausdruck wiederholen: die taktische Einheit, welche das Ethos gegen Natur und Sünde ins Feld führt, ist die Familie.« (de Lagarde: Deutscher Glaube, S. 116)

Folge, die Frontgemeinschaft, wird als Kern einer künftigen ›Volksgemeinschaft‹ überhöht.[104]

Sofern aber die Kategorie der Plötzlichkeit und mit ihr der ›rasende Stillstand‹ die Erfahrungswirklichkeit der Soldaten bestimmt, weist die Romanlogik Inkongruenzen auf. Die bruchlose Übersetzung der Beschleunigungserfahrung in eine Sinngebung ist nur möglich, wenn die Front selbst als positiv erfahren und eine zweite Kategorie Bohrers relevant wird: die Utopisierung des Augenblicks. Bohrer beschreibt mit Bezug auf Jüngers *Das abenteuerliche Herz*, ›Glück‹ sei im Ersten Weltkrieg augenblickshaft erfahrbar gewesen, sofern das Individuum eine erwartete Zukunft durch die Emphase des Augenblicks ersetze. In *Gruppe Bosemüller* gelingt die Ersetzung der Plötzlichkeits- durch die Augenblickserfahrung jedoch nicht. Lediglich Siewers deutet einmal an, die Wahrnehmungskategorie der Plötzlichkeit produktiv in die Kategorie der Augenblicklichkeit übersetzen zu können. Nachdem er Esser gerettet hat und dieser ihn fragt, ob er auch einmal seine Kameraden wird retten können, versteht Siewers den Augenblick der Rettung produktiv: »Das kann man vorher nicht sagen. Das entscheidet sich erst im Augenblick selbst. Ich habe es auch vorher nicht gewußt.« (GB 136) Von dieser einen Szene abgesehen gelingt Siewers die Übersetzung der Erfahrungskategorie der Plötzlichkeit in die des Augenblicks nicht, die Fronterfahrung selbst wird somit nicht für das Individuum produktiv. Dass dem so ist, reflektiert der Erzähler selbst, nachdem kurz vor Ende des Romans ein Geschoss unvermittelt vor einem Unterstand einschlägt, dort, wo kurz zuvor noch Stracke stand. Bosemüller kann diese Szene psychisch nicht mehr verarbeiten, er »muß sich anlehnen. Es ist zu plötzlich gekommen. Alles ist ihm zugeschnürt ... eine Frau daheim und ein kleines Kind ... er spürt auf einmal wie furchtbar herunter sie alle sind.« (GB 311) Der Roman löst die Szene zwar auf: Stracke war austreten und hat zufällig überlebt. Doch die Plötzlichkeit eines Geschosses, das einen Vater und Ehemann zu töten imstande ist, kann nicht zur ›Epiphanie des Augenblicks‹ im Sinne Bohrers werden. Sogar in *Gruppe Bosemüller* ist Strackes vermeintlicher Tod nicht nur ein ›Unglück‹, wie der Text es formuliert, sondern vor allem fürchterliche Kriegsnormalität.

---

[104] Damit gehört *Gruppe Bosemüller* noch nicht zu den Texten, für die Matthias Schöning konstatiert, dass der Weltkrieg »das Vertrauen in all die urwüchsigen Sozialformen, auf die organologische Gemeinschaftsmodelle sich stützen, grundlegend erschüttert« (Schöning: Versprengte Gemeinschaft, S. 192) habe; im Gegenteil: Der Roman versucht sich geradezu an einer Perpetuierung der ›Ideen von 1914‹ – trotz der Erkenntnis, dass sich die gravierenden Gewalterfahrungen des Krieges nicht mehr emphatisch bejubeln lassen.

6 Fazit: *Gruppe Bosemüller* und die Idee einer Führerschaft im Werden

Beumelburg verfolgt in *Gruppe Bosemüller* eine Strategie der Sinndeutung des Krieges, die die Frontgemeinschaft als Antwort auf das Fronterlebnis des Einzelnen konzipiert und in einem zweiten Schritt dem Krieg aufgrund seiner Bedeutung für eine zukünftige ›Volksgemeinschaft‹ einen geschichtlichen Sinn zuschreibt. Somit sucht er das Frontkämpfer-Narrativ in einem neuen Nationalismus aufzulösen, der an die ›Ideen von 1914‹ anschließt. Bereits Matthias Schöning hat am Rande den Roman hinsichtlich seiner narrativen Verfahren untersucht und ihn als Vertreter eines ›neuen Nationalismus‹ von den ›Ideen von 1914‹ abgegrenzt:

> Der Neue Nationalismus entwickelt Strategien, der liberalen Korrelation von Individualismus und Universalismus eine anti-bürgerliche und partikularistische Form zu verleihen, um die nicht nur desorientierende, sondern desintegrierende Erfahrung der Schlachtfelder ideologisch anschlussfähig zu gestalten.[105]

Beumelburg schöpft aus den Ressourcen des Diskurses über die ›Volksgemeinschaft‹ seit Ende des 19. Jahrhunderts. Im Sinne dieser Überzeugungen wird in *Gruppe Bosemüller* der Erste Weltkrieg mit geschichtlichem Sinn aufgeladen. Der Roman steht im Kontext eines konservativ-revolutionären Diskurses über Weltkrieg, Nation und Volk in der Weimarer Republik, dessen Wirkungsmacht und dessen Anspruch auf Deutungshoheit seit Beginn des Ersten Weltkriegs stetig zunehmen.[106] Das geschichtliche Programm des Romans sucht die Spannung aufzulösen zwischen der metaphysischen Geschichtsphilosophie des 19. Jahrhunderts und dem, nach ihrer erhofften Realisierung, geschichtskritischen Begriff der Gemeinschaft zu Beginn des 20. Jahrhunderts. Die letzte geschichtliche Revolution, jene hin zur ›Volksgemeinschaft‹, wird in die geschichtliche Zeit selbst verlegt. Stefan Busch hält das daran anschließende Kontinuitätsversprechen fest: »Nicht als ästhetisches Phänomen ist der Krieg gerechtfertigt, sondern nur als notwendige Etappe

---

[105] Schöning: Versprengte Gemeinschaft, S. 192.
[106] Peter Walkenhorst zeichnet in seiner Dissertation die Verbreitung und Popularisierung der sich aus konservativen Positionen des Bürgertums herschreibenden radikalnationalistischen Vorstellungen hin zu dem »Massenphänomen« im und nach dem Ersten Weltkrieg detailliert nach (vgl. Walkenhorst: Nation – Volk – Rasse, S. 318; Ergebnisse fasst Walkenhorst pointiert zusammen auf S. 308–318).

einer säkularisierten Heilsgeschichte. Die ›Opfer‹ sind das wichtigste Kapital, ein Guthaben, das von der Geschichte aber erst eingetrieben werden muß«.[107] *Gruppe Bosemüller* schließt mit der Emphase der Frontgemeinschaft, aus der die Volksgemeinschaft erwachsen solle, an den Begriff der Gemeinschaft an, wie ihn Ferdinand Tönnies mit *Gemeinschaft und Gesellschaft* prominent gemacht hat und wie er durch Ernst Troeltsch in seinen historismuskritischen Implikationen durchdacht worden ist: Troeltsch kritisiert sowohl Hegels »straff auf den Ideal- und Vollendungszustand«[108] ausgerichtetes Geschichtsdenken als auch den westeuropäischen Historismus mit dem Argument, dass sich der »Weltprozeß […] eben gerade nicht konstruieren« lasse. Dazu seien die einzelnen Kulturen und ihre Interferenzen untereinander zu komplex und ein »Einheitsziel[ ] der Gesamtmenschheit« nicht auszumachen.[109] Gleichzeitig sucht Troeltsch »die dramatischen Krisenerfahrungen von Weltkrieg, Revolution und Inflation konstruktiv zu deuten«, indem er »Langzeitperspektiven« entwirft, die eine »relative Kontinuität« und »neue Zukunftsperspektiven« bergen.[110] Derartige Zukunftserwartungen figurieren weder einen Idealzustand noch lagern sie den geschichtlichen Sinn gewissermaßen auf ein *eschaton* aus, sie müssen stattdessen bezogen sein »auf ein dem gegenwärtigen und lebenden Menschen eignendes System von Sinn- und Wertmöglichkeiten«.[111] Dem liegt die Notwendigkeit einer lebensweltlichen Nähe von Geschichtserwartungen zugrunde, wie sie Max Scheler nach Kriegsausbruch 1914 noch pathetisch als neues nationales und sozialistisches Lebensideal begrüßt. Troeltsch versteht Geschichte als einen ›Lebensstrom‹, dessen Bahn maßgeblich von kulturethischen und moralischen Vorzeichen bestimmt wird und zu dessen aktiver Gestaltung »Massenüberzeugungen, Gemeingeist«[112] von-

---

[107] Busch: »und gestern, da hörte uns Deutschland«, S. 109.
[108] Troeltsch: Ethik und Geschichtsphilosophie, S. 88.
[109] Ebd., S. 89. Troeltsch kommentiert später, dass es »nicht die Aufgabe sein [kann], letzte, endgültige und allgemeinste Menschenziele zu formulieren, die ja auch nur in einer vollendeten und universalen Menschheitsgemeinschaft realisiert werden könnten.« (Troeltsch: Der Historismus und seine Probleme, S. 392) Dementsprechend kritisiert Troeltsch auch die Konstruktion historischer Darstellungen als »Totalität« (ebd., S. 206).
[110] Friedrich Wilhelm Graf: Vorwort, in: Troeltsch: Der Historismus und seine Probleme, S. V–VIII, hier S. V.
[111] Troeltsch: Der Historismus und seine Probleme, S. 241
[112] Troeltsch: Ethik und Geschichtsphilosophie, S. 94, vgl. auch S. 98. Troeltsch konfrontiert an dieser Stelle auch den Individualismus mit dem Gemeingeist, wenn er die »volle Ausbildung« des Individualismus als Ende aller liberalen Haltung versteht, da diese in ihrer Egozentrik »zur Auflösung und Zersetzung, zur geistigen Anarchie« führt (ebd., S. 94).

nöten seien. In Abgrenzung zu einer monistischen Geschichtsphilosophie definiert er den Gemeingeist bzw. eine geschichtliche Erwartung oder Entwicklungsvorstellung soziologisch als gruppenbezogen.[113] Je nach Gruppenzugehörigkeit entwirft der Mensch ein anderes Geschichtsbild bzw. einen anderen ›Lebensstrom‹.[114] Wenngleich ein monistischer Gemeingeist von Troeltsch als illusorisch abgelehnt wird, verspricht er sich von der Hinwendung zur Gruppe »neues Heil frischer und ursprünglicher Zusammenfassung in einem metaphysischen Grunde«.[115] In der Ausbildung und Prägung eines jeweiligen Gemeingeistes macht Troeltsch dementsprechend die geschichtliche Aufgabe des Menschen aus, die er als offene Teleologie[116] denkt:

> Die Aufgabe der Dämmung und Gestaltung ist also ihrem Wesen nach unvollendbar und unendlich und doch im Einzelnen immer wieder lösbar und praktisch gestellt. Eine radikale und absolute Lösung gibt es nicht, nur kämpfende, partielle und synthetisch verbindende Lösungen. Immer wieder aber rauscht der Strom des Lebens auf und weiter. Die Geschichte ist innerhalb ihrer selbst nicht zu transzendieren und kennt keine Erlösung anders als in Gestalt gläubiger Vorwegnahmen des Jenseits oder verklärender Steigerungen partieller Erlösungen.[117]

Direkt nach dem Kriegsende 1918 schreibt Troeltsch im Geiste dessen in seinem Aufsatz *Für das neue Deutschland,* der im sozialistischen *Vorwärts* abgedruckt wird, dem nationalen Gemeingeist zentrale Funktion zu. Er befindet sich damit auf der Linie der Sozialdemokratie.[118] Nun stellt Troeltsch weniger das Nationalgefühl als vielmehr die deutsche ›Seele‹ und Sprache als

---

Denn »ohne diesen Überindividualismus ist überhaupt keine starke und gesunde ethische Formung des Lebensstromes möglich« (ebd., S. 98).

[113] Vgl. Troeltsch: Der Historismus und seine Probleme, S. 1097.

[114] Vgl. Ernst Troeltsch: Die Zufälligkeit der Geschichtswahrheiten, in: ders.: Schriften zur Politik und Kulturphilosophie (1918-1923) (= Kritische Gesamtausgabe, Bd. 15), hg. von Gangolf Hübinger, Berlin/New York 2002, S. 551-569, hier S. 564. Die Metapher des Lebensstromes verwendet Troeltsch z.B. in „Die Krisis des Historismus" (Ernst Troeltsch: Die Krisis des Historismus, in: ders.: Schriften zur Politik und Kulturphilosophie, S. 437-455, hier S. 448).

[115] Troeltsch: Ethik und Geschichtsphilosophie, S. 102.

[116] Vgl. Schloßberger: Geschichtsphilosophie, S. 195.

[117] Troeltsch: Ethik und Geschichtsphilosophie, S. 102.

[118] Neben Troeltsch veröffentlichen unter dieser Überschrift, die mitten in den Wirren der zusammenkommenden Nationalversammlung, des Spartakusaufstandes und der Ermordung von Rosa Luxemburg und Karl Liebknecht erschien, auch Geistesgrößen wie Heinrich und Thomas Mann, Gerhart Hauptmann, Arno Holz, Richard Dehmel, Ricarda Huch, Käthe Kollwitz und Gabriele Reuter Stellungnahmen (vgl. den Editorischen Bericht in Troeltsch: Schriften zur Politik und Kulturphilosophie, S. 47-52).

zentrale Motive dieses Gemeingeistes in den Mittelpunkt. Dennoch gehört dazu weiterhin die Hoffnung auf »die großdeutsche« Lösung als Erfüllung von Bismarcks Erbe.[119] Ganz im Sinne einer nationalistischen Programmatik, wie sie bereits in den Napoleonischen Befreiungskriegen ihren Anfang nimmt und auch nach 1871 von den Treitschkes und de Lagardes perpetuiert wird, teilt die nationale Gemeinschaft des Volkes bei Troeltsch »die Liebe zu Heimat, Boden und Sprache, zu gemeinsamem Blut und gemeinsamer Geschichte, das Ehrgefühl für staatliche Selbständigkeit und Freiheit, das Bürgerbewußtsein um verantwortliche Teilnahme am Ganzen«.[120] Troeltsch zufolge ist es übrigens die Aufgabe der Dichter als Vermittler von Kultur und Identität, »dieses Gemeingefühl zu erziehen und darzustellen«, im Hinblick auf die Nation also »die Liebe zu Heimat, Boden und Sprache, gemeinsames Ehrgefühl«.[121] Der überindividuelle Gemeingeist begründet in der Vorstellung Troeltschs eine »intime Gemeinschaft«, der das Konzept von »Führertum«[122] eigen ist, deren Mitglieder sich ihr »bis zum Opfer für das Ganze«[123] verpflichtet fühlen und die sich daher als bereit für die geschichtliche Entwicklungen im »Kampf ums Dasein«[124] erweisen. Nichtsdestotrotz bemüht sich Troeltsch nach dem Ersten Weltkrieg um den Ausgleich zwischen westeuropäischem und deutschem Geschichtsdenken. Er entwirft eine »Kultursynthese des Europäismus«[125] und vermittelt zwischen dem »Naturrecht, Humanität

---

[119] Troeltsch: Für das neue Deutschland!, in: ders.: Schriften zur Politik und Kulturphilosophie, S. 56–59, hier S. 57f.
[120] Troeltsch: Die Zufälligkeit der Geschichtswahrheiten, S. 565. Die Grenzen des nationalen Gemeingeistes beschreibt Troeltsch gleichwohl präzise, treten doch auch innerhalb der Nation die »ungeheuersten religiösen, ständischen, ökonomischen und geistigen Unterschiede« auf (ebd., S. 566). Folgerichtig kritisiert er als liberaler, eher der Sozialdemokratie zugeneigter Politiker eine dezidiert völkische Ideologie als ›bürgerliche Klassenideologie‹, die ihre Kraft aus der »moderne[n] Rassenmythologie« zieht, sich sogar gegen die Antike stellt, die »Erziehung nur mit völkisch-deutschen Kulturmitteln bestreiten« möchte, das »Judentum zum Hauptgegner erkoren hat« und die daher in der Isolation endet (Troeltsch: Die Krisis des Historismus, S. 452f.). Damit verabschiedet Troeltsch das Programm einer einzigen völkisch-nationalen Zukunftsbestimmung. Die Binnendifferenzen innerhalb der Nation werden »unüberwindlich sein«, auch wenn der »moderne Nationalismus« anderes verspricht (Troeltsch: Ethik und Geschichtsphilosophie, S. 100f.).
[121] Troeltsch: Ethik und Geschichtsphilosophie, S. 100f.
[122] Ebd., S. 102.
[123] Ebd., S. 75.
[124] Troeltsch: Der Historismus und seine Probleme, S. 225.
[125] Schloßberger: Geschichtsphilosophie, S. 197.

und Fortschritt« Westeuropas sowie der deutschen Gemeinschaftsidee der »überpersönlichen geistigen Kräfte, des Volksgeistes«.[126] Interessanterweise bestimmt Troeltsch die Wertvorstellungen der jeweiligen Gemeingeister nicht näher, sondern lässt sie erklärtermaßen offen.[127] Dass Troeltsch bald nach der Niederlage im Krieg den europäischen Ausgleich sucht, zeigt, wie sehr er während des Krieges von der Diskursmacht der ›Ideen von 1914‹ beeinflusst worden ist.

Nicht nur in den weltkriegsbewegten Schriften Troeltschs wird Gemeinschaft – um 1900 durchaus nicht unüblich – über nationale und völkische Zugehörigkeiten definiert. Pate steht auch bei Troeltsch Hegels Vorstellung einer sich in der Ordnung des germanischen Staats erfüllenden Geschichte: »Erst die *germanischen* Nationen sind im Christenthum zum Bewußtseyn gekommen, daß der Mensch als Mensch frey ist, die Freyheit des Geistes seine eigenste Natur ausmacht«.[128] Spätestens Johann Plenge macht in *1789 und 1914* diese Bezugnahme offensichtlich, wenn er Hegel als philosophischen Gründervater eines deutschen Sonderwegs und spezifisch ›deutschen‹ Geschichtsdenkens explizit gegen Kant ausspielt:

> Was soll den, der die Ideen von 1914 denen von 1789 als die stärkere geistige Macht gegenüberstellen will, denn eigentlich schrecken wenn er daran erinnert wird: […] wie innig die inneren Beziehungen von der Philosophie Kants zu den Ideen von 1789 herübergehen; […] Er greift zu seinem Hegel […].[129]

Im Sinne der antiaufklärerischen ›Ideen von 1914‹ müssen nicht nur der deutsche Nationalismus, sondern auch dessen antiindividualistische und völkische Impulse, die etwa bei Moeller van den Bruck in *Das dritte Reich* auf ›das Deutsche‹ hin ausgerichtet sind, verstanden werden:

> Der deutsche Nationalismus kämpft für das mögliche Reich. Der deutsche Nationalist dieser Zeit ist als deutscher Mensch immer noch Mystiker, aber als politischer Mensch ist er Skeptiker geworden. Er weiß, daß die Verwirklichung einer Idee immer weiter hinausgerückt wird […]. Der deutsche Nationalist ist gefeit gegen Ideologie um der Ideologie willen. […] In dieser sinkenden Welt, die heute die siegreiche ist, sucht er das Deutsche zu retten. Er sucht dessen Inbegriff in den

---

[126] Ernst Troeltsch: Naturrecht und Humanität in der Weltpolitik, in: ders.: Schriften zur Politik und Kulturphilosophie, S. 493–512, hier S. 497.
[127] Vgl. Troeltsch: Ethik und Geschichtsphilosophie, S. 75.
[128] Hegel: Philosophie der Weltgeschichte. Einleitung 1830/31, S. 153.
[129] Plenge: 1789 und 1914, S. 7.

Werten zu erhalten, die unbesiegbar bleiben, weil sie unbesiegbar in sich sind. Und wir denken an das Deutschland aller Zeiten, an das Deutschland einer zweitausendjährigen Vergangenheit, und an das Deutschland einer ewigen Gegenwart, das im Geistigen lebt, aber im Wirklichen gesichert sein will und hier nur politisch gesichert werden kann.[130]

Gruppe Bosemüller facettiert eine Frontgemeinschaft, die sich angesichts der Beschleunigung an der Front durch Inklusion und Exklusion nach innen wie nach außen bildet, die positiv über Tapferkeit, Treue und Gemeinschaftssinn bestimmt wird und die sich so gegenüber den Stabsoffizieren der Ortskommandantur auszeichnet. Die Inklusions- und Exklusionsmechanismen in die und aus der Frontgemeinschaft weisen eine große Nähe zu Mechanismen auf, mittels derer während des Weltkriegs und im Anschluss die Zugehörigkeit zur Nation diskursiv bestimmt wurde.[131] Auch in *Gruppe Bosemüller* soll, so der ideologische Fluchtpunkt des Textes, von der Frontgemeinschaft ein entscheidender Impuls für die Realisierung der ›Volksgemeinschaft‹ ausgehen, die sich im sogenannten Frontsoldatenstaat erfüllt.[132] Dieser Gedanke findet seinen diskursgeschichtlichen Ursprung in der Emphase des Krieges nach Kriegsausbruch: »Jeder Krieg ist Rückkehr auf den schöpferischen Ursprung, aus dem der Staat überhaupt hervorging«.[133] *Gruppe Bosemüller,* wenngleich erst 1930 publiziert, steht noch ganz im Zeichen der im Zerfall begriffenen ›Ideen von 1914‹, die auf die lange Krise der Vorkriegszeit und die Zäsur des Krieges die Umkehr hin zur ›Volksgemeinschaft‹ versprechen. Im selben Maße entspricht *Gruppe Bosemüller* auch der gemeinschaftlichen Programmatik eines Ernst Troeltsch im Anschluss an den Weltkrieg, die einen nationalen Gemeingeist fordert, der sich im bereitwilligen Selbstopfer im Weltkrieg und in der »Liebe zu Heimat, Boden und Sprache, zu gemeinsamem Blut und gemeinsamer Geschichte«[134] gezeigt hatte.

---

[130] Moeller van den Bruck: Das dritte Reich, S. 261.
[131] Vgl. dazu exemplarisch die Ausführungen von Peter Walkenhorst: »Unabhängig von ihrem konkreten Inhalt konstituiert sich die Vorstellung einer Nation formal immer durch die Abgrenzung von anderen sozialen Gruppen. Erst durch eine wie auch immer geartete Differenzbestimmung zwischen dem Eigenen und dem Fremden erlangt die nationale Gemeinschaft ihre spezifischen Konturen.« (Walkenhorst: Nation – Volk – Rasse, S. 26).
[132] Zur Idee des Frontsoldatenstaates, die insbesondere in Zeitschriften publiziert wurde, vgl. Busch: »und gestern, da hörte uns Deutschland«, S. 86f.
[133] Scheler: Der Genius des Krieges und der Deutsche Krieg, S. 17.
[134] Troeltsch: Die Krisis des Historismus, S. 565.

In der Romanlogik von *Gruppe Bosemüller* benötigt eine zukünftige ›Volksgemeinschaft‹ in der Tradition der ›großen Männer‹ Hegels (bzw. Schleiermachers) Führerfiguren. Das Konzept einer Frontgemeinschaft, die bei Beumelburg als völkische Vergemeinschaftung *in nuce* zu verstehen ist, bedarf eines Führers, der aus der Masse erwächst, die einzelnen Soldaten vereint und ihnen eine Richtung gibt. In einer paradoxal anmutenden Doppelbewegung lässt die richtende Führerfigur die Masse zudem zur Einheit werden, ohne sich aus dieser Einheit selbst herauszuheben. Dabei agiert der Führer nicht selbst-, sondern gemeinschaftsbezogen und stellt das eigene Wohl dem der Gruppe hintan. Seine natürliche Selbstermächtigung zum Führer bedarf gleichzeitig der Anerkennung durch die Soldaten, denen er zudem ein Leistungsethos verkörpert: Der Führer wird zur auratischen Persönlichkeit. Das Motiv eines auratischen Führers, wie er von den Konservativen Revolutionären in der Weimarer Republik erwartet wurde[135] und zu dem die Frontsoldaten in einem freiwilligen Gefolgschaftsverhältnis stehen, fächert der Erzähler in *Gruppe Bosemüller* zu einem Spektrum verschiedener Typen von Führerfiguren auf.

Trotz der Führerfiguren, die im Roman als Katalysatoren der Gemeinschaft fungieren, kann die Fronterfahrung der Soldaten erzählerisch nicht bruchlos in eine Geschichtsdeutung des Ersten Weltkriegs überführt werden. Nur angesichts einer Frontgemeinschaft, die den Soldaten sozialen Halt gibt und in der sich der junge Protagonist Erich Siewers zum künftigen Führer entwickelt, bleibt der radikal beschleunigte Weltkrieg erträglich, weil die Fronterfahrung die Gemeinschaft der Soldaten auslöst und die künftige ›Volksgemeinschaft‹ zeugt. Damit schreibt auch Beumelburg an der Konstruktion eines Soldatischen Nationalismus mit, der die Frontgemeinschaft als Kern einer künftigen ›Volksgemeinschaft‹ begreift: In *Gruppe Bosemüller* wird mit konservativ-revolutionärem Anspruch eine nationale, volksgemeinschaftliche Zukunft programmiert. Die Erwartung der ›Volksgemeinschaft‹ verleiht dem Ersten Weltkrieg in einem letzten argumentativen Schritt Sinn. Da diese Sinndeutung des Krieges sich jedoch nur noch höchst indirekt auf die Fronterfahrung der Soldaten und die an der Front erlittene Beschleu-

---

[135] Günter Scholdt zeichnet detailreich die ›Führererwartung‹ deutschsprachiger Schriftsteller nach 1918 nach und leuchtet für die affirmative und kritische Haltung der Schriftsteller dem späteren ›Führer‹ Hitler gegenüber aus (Günter Scholdt: Autoren über Hitler. Deutschsprachige Schriftsteller 1919–1945 und ihr Bild vom ›Führer‹, Bonn 1993, vgl. insbes. S. 33–48).

nigung bezieht, treten Fronterfahrung und Geschichtsdeutung im Roman auseinander. Der Roman scheitert gewissermaßen an der erzählerischen Überblendung des Frontkämpfer-Narrativs mit dem Erwartungs-Narrativ. Wenn jeweils im Rahmen des einen erzählt wird, wird das andere ausgeblendet. Der Versuch einer literarischen Antwort auf *Im Westen nichts Neues*, die diese besondere Fronterfahrung im Zeichen moderner Beschleunigung rechtfertigt und mit Sinn auflädt, weil das Leid der Soldaten die ›Volksgemeinschaft‹ zeuge, kann Beumelburg folglich zumindest mit dieser erzählerischen Konstruktion nicht gelingen.

Gleichwohl konstatiert Manuel Köppen zu Recht, dass es die (aus ideologiekritischer Perspektive sehr fragwürdige) Leistung Beumelburgs gewesen sei, »dass der Opfergang der Soldaten mit mythopoetischer Sinnfülle durchdrungen wurde«.[136] Dennoch: Beumelburgs Mythos des Frontsoldaten vor Verdun ist literarästhetisch nicht durchgeformt, da er den Hiatus, der zwischen der Fronterfahrung seiner Figuren und dem geschichtlichen Sinn des Krieges klafft, nicht schließen kann.[137] Im Gegensatz zu Ernst Jüngers früher Kriegsprosa wird der Erste Weltkrieg hier eben nicht zu einem emphatischen Kriegserlebnis stilisiert, sondern kritisch als fürchterliches Ereignis erzählt.[138] Nur im Hinblick auf die erhoffte Vollendung der ›Volksgemeinschaft‹ wird er begrüßt. Dieser Befund bietet eine Begründung von Goebbels' Ablehnung des ersten Romans des damals bereits populären Großschriftstellers. Neben der Entfremdung Erich Siewers' von der Heimat, mit der Manuel Köppen das kritische Verdikt von Goebbels begründet,[139] spielt der Bruch zwischen Ideologie und Lebenswirklichkeit im Ersten Weltkrieg, den *Gruppe Bosemüller*

---

[136] Köppen: Werner Beumelburg und die Schlachten des Weltkriegs, S. 272. Köppen beschreibt Beumelburg generell als »Mythenbearbeiter und -produzent« (ebd., S. 274).

[137] Bernd Hüppauf weist dem Verdun-Mythos ein »aggressives Bild vom Soldaten als einer ›Kampfmaschine‹ zu (Bernd Hüppauf: Schlachtenmythen und die Konstruktion des Neuen Menschen, in: Gerhard Hirschfeld [Hg.]: Keiner fühlt sich hier mehr als Mensch... Erlebnis und Wirkung des Ersten Weltkriegs, Essen 1993, S. 43–84).

[138] Dem entspricht auch Beumelburgs Publizistik. So erinnert er 1933 an das Leiden der Soldaten im Weltkrieg: »Wir, das heißt jene Generation, deren Bewußtsein noch in die Vorkriegszeit zurückreicht, haben kein Verständnis mehr für pompöse Festreden, deren Aufgabe nur die Verklärung und Verherrlichung geschichtlicher Vorgänge ist. Wir sind durch die grausame Schule des Krieges und der großen Not gegangen, wir sind zweifelsüchtig geworden und haben uns daran gewöhnt, die Dinge zu prüfen. Wir verschmähen jenen bombastischen Patriotismus, der allzuleicht in Kritiklosigkeit ausartet. Um so tiefer, um so entschlossener ist die Liebe zu unserm Vaterland und das Verlangen, ihm unsere ganze Kraft zu widmen.« (Beumelburg: Der kämpfende Bismarck und wir, S. 27)

[139] Vgl. Köppen: Werner Beumelburg und die Schlachten des Weltkriegs, S. 286f.

nicht erzählerisch zu kitten vermag, mit Sicherheit eine zentrale Rolle. Der NS-Literaturwissenschaftler Hermann Pongs kritisiert denn auch, der Roman erzähle »Kameradschaft ohne Führertum«.[140] Zwar greift diese nationalsozialistische Kritik des Romans zu kurz, erzählt *Gruppe Bosemüller* doch von Führerschaft im Werden. Doch liegt auch dieser NS-Kritik des Romans der ästhetische Hiatus zwischen Fronterfahrung und Geschichtsdeutung zugrunde. Der Erste Weltkrieg könne, so Pongs Kritik, in *Gruppe Bosemüller* nicht als ›Volksschicksal‹ aufgefasst werden. Aus ideologiekritischer Perspektive lässt sich dem hinzufügen: Es ist nicht zum Schlechtesten, dass der Roman am Versuch der Vereinigung von Fronterfahrung und Geschichtsdeutung in der ›Volksgemeinschaft‹ erzählerisch und ästhetisch scheitert.

---

[140] Hermann Pongs: Krieg als Volksschicksal im deutschen Schrifttum I, in: Dichtung und Volkstum. Neue Folge des Euphorion. Zeitschrift für Literaturgeschichte 3 (1934), S. 40–86, hier S. 77–79, zitiert nach: Ehrke-Rotermund: ›Durch die Erkenntnis des Schrecklichen zu seiner Überwindung‹?, S. 318.

VI Ausblick: Christian Krachts *Ich werde hier sein im Sonnenschein und im Schatten* und der postmoderne Diskurs über Krieg und Geschichtsphilosophie

Seit seinem Debüt *Faserland* gilt Christian Kracht als einer der renommiertesten Autoren der jüngeren Gegenwart. Seine frühen Texte gelten als Wegbereiter der Popliteratur. In den letzten Jahren wird sein Œuvre zunehmend als postmodern interpretiert.[1] Zwischen *1979*,[2] das die iranische Revolution neu perspektiviert, und *Imperium*,[3] einer postmodernen Travestie der Kolonialerzählung des 19. Jahrhunderts, hat Kracht 2008 mit *Ich werde hier sein im Sonnenschein und im Schatten*[4] einen kontrafaktischen historischen Roman vorgelegt, der sich über die zeitliche und räumliche Entgrenzung hinweg kritisch mit dem Ersten Weltkrieg und den abendländischen Geschichtsprogrammen auseinandersetzt: Lenin reist 1917 nicht zurück in das russische Zarenreich, um dort die Revolution auszulösen, sondern entscheidet sich zur Revolution auf Schweizer Boden. Die Schweizer Sowjet Republik (SSR) entsteht und greift in den Ersten Weltkrieg ein, der zu Romanbeginn »in sein sechsundneunzigstes Jahr« (SuS 13) eintritt und dessen Ende nicht abzusehen ist. Kracht baut mit der kontrafaktischen Versuchsanordnung eine Überlegung des Erzählers aus Ernst Jüngers *Das Wäldchen 125* zu einem Roman aus. Jüngers Erzähler hat im Feld die Vision, »daß mit unserem Ausmarsch ein hundertjähriger Krieg begonnen hat; das Bild des Friedens scheint fern und unwirklich wie ein Traum oder ein jenseitiges Land«.[5] In Krachts Roman bekleidet der namenlose schwarzafrikanische Erzähler den Rang eines politischen Kommissärs. Er stammt aus Nyasaland, einer ehemaligen englischen und im Roman schweizerischen Kolonie, die im heutigen Malawi liegt. Auf der Jagd nach dem Oberst Brazhinsky entwickelt er sich im Romanverlauf vom überzeugten Kommunisten zur apostolischen Figur, die aus dem umkämpften Norden in den sonnigen Süden gen Afrika zieht. Mit seiner Entwicklung entdeckt der Erzähler das sowohl bei Jünger als

---

[1] Vgl. u.a. Björn Weyand: Poetik der Marke. Konsumkultur und literarische Verfahren 1900–2000, Berlin/New York 2013.
[2] Christian Kracht: 1979, Köln 2001.
[3] Christian Kracht: Imperium, Köln 2012.
[4] Christian Kracht: Ich werde hier sein im Sonnenschein und im Schatten, Köln 2008, im Folgenden zitiert mit der Sigle SuS und Seitenzahl.
[5] Jünger: Das Wäldchen 125, S. 380.

auch in Krachts Roman zuvor kaum konturierte Bild des Friedens neu. *Ich werde hier sein im Sonnenschein und im Schatten* endet mit der Rückkehr des Erzählers in die ostafrikanische Wiege des Menschen und der Verabschiedung westlich-abendländischen Geschichtsdenkens zugunsten eines heidnischen, geschichtslosen, aber dem Menschen gemäßen Daseins.

Kracht schließt literarisch an die Westfront-Romane des Ersten Weltkriegs an und aktualisiert das Thema eines ›steckengebliebenen‹ Krieges, indem er ihn unter den Vorzeichen der Postmoderne auf Dauer stellt. Die Auseinandersetzung mit dem geschichtlichen Sinn des Weltkriegs in den Westfront-Romanen aus dem ersten Drittel des 20. Jahrhunderts dekonstruiert Kracht radikal. Aus dem Dilemma der unmöglichen Sinndeutung des Krieges gibt es der Romanlogik zufolge keinen Ausweg. Die Idee eines geschichtlichen *telos* und die Suche nach einer angemessenen Reaktion auf die Notsituation der Soldaten, ihrer Fronterfahrung kaum einen Sinn verleihen zu können, scheitern. Kommunistische oder nationalistische Geschichtsvorstellungen, die einen zukünftigen geschichtlichen Ideal- oder Endzustand versprechen, verlieren sich im historischen Niemandsland des endlosen Weltkriegs und geraten zur Dystopie. Je mehr der Mensch ein *eschaton* suche und dazu einen geschichtlichen Fortschritt anstrebe, desto stärker bewege er sich seit dem Ende eines heidnischen Geschichtsverständnisses zurück und degeneriere. Der publizistische Diskurs über den Ersten Weltkrieg als sogenannter »Krieg der Geister« war ursprünglich eine europäische Auseinandersetzung um geschichtliche Narrative – Militarismus, Nationalismus, Imperialismus, Kommunismus. Daher eignet er sich zur postmodernen Absage an solche Geschichtsvorstellungen in Krachts Roman.

Bereits in den Jahren nach seinem Erscheinen wurde der Roman in der Forschung rezipiert; insbesondere wurde er in das Textkorpus der Promotionsschriften von Stefan Bronner und Immanuel Nover inkludiert. Nover zufolge arbeitet sich Kracht auch in *Ich werde hier sein im Sonnenschein und im Schatten* an seiner »Kernthematik […] – Erschaffung von Identität und Auslöschung ebendieser ab«, wie er an einer Analyse von Sprache, Schrift und Gewalt veranschaulicht.[6] Bronner widmet sich dem Subjekt in Krachts Œuvre, indem er die Subjekttheorien von Lacan, Zima und Žižek mit Krachts

---

[6] Immanuel Nover: Referenzbegehren. Sprache und Gewalt bei Bret Easton Ellis und Christian Kracht, Köln u.a. 2012, S. 245. Mit der Kommunikationskrise bei Kracht hat sich Maximilian Link befasst: Wortlose Kulturen. Die Kommunikationskrise in Christian Krachts *Faserland* und Leif Randts *Leuchtspielhaus*, in: Kritische Ausgabe 15 (2011), S. 69–72.

Romanen kurzschließt. *Ich werde hier sein im Sonnenschein und im Schatten* revolutioniere das Subjekt, weil die Schlusspointe des Romans »einen neuen spielerisch-poetischen Menschen hervorbringen wird«.[7] Ähnliches postuliert Yeon Jeong Gu, der sich der posthumanen Hybridität des Romans widmet und den Erzähler als Cyborg deutet.[8] Generell wird der Roman in der Forschung tendenziell unter dem Vorzeichen der Postmoderne gelesen oder es werden wie bereits bei *1979* und *Imperium* die kolonialen und interkulturellen Dimensionen des Romans in den Fokus gerückt.[9] Stefan Hermes betont mit Ortrud Gutjahr, dass im Roman Fremdheit als ›ästhetisches Verfahren‹ zur Geltung komme und sucht mit Blick auf die Lexik des Textes nachzuweisen, dass das »Fremde zwar mitunter mit negativen Attributen versehen wird, damit aber keine Aufwertung des Eigenen einhergeht«.[10] Matthias Lorenz liest den Roman als »Rewriting« zu Joseph Conrads *Im Herz der Finsternis* (1899), das der Gefahr des ›Paternalismus‹ durch seine raffinierte Erzähl-

---

[7] Stefan Bronner: Vom taumelnden Ich zum Übermenschen. Das abgründige Subjekt in Christian Krachts Romanen *Faserland, 1979* und *Ich werde hier sein im Sonnenschein und im Schatten*, Tübingen 2012, S. 343. Generell wird die Frage nach Identität in der Kracht-Forschung immer wieder aufgeworfen, so bereits exemplarisch auch Sarah Monreal: Nicht-Ort ›Deutschland‹. Identitätsproblematik in Christian Krachts Faserland, in: Miriam Kanne (Hg.): Provisorische und Transiträume. Raumerfahrung Nicht-Ort, Berlin u.a. 2013, S. 171–186; Stefan Bronner: Tat Tvam Asi. Christian Krachts radikale Kritik am Identitätsbegriff, in: ders. (Hg.): Die Gewalt der Zeichen. Terrorismus als symbolisches Phänomen, Bamberg 2012, S. 331–360.

[8] Vgl. Yeon Jeong Gu: Figurationen des Posthumanen in Christian Krachts Roman *Ich werde hier sein im Sonnenschein und im Schatten*, in: Weimarer Beiträge 61 (2015), H. 1, S. 92–110.

[9] Der scharfen Kritik vom Spiegel-Feuilletonisten Georg Diez, Kracht schreibe im Nachfolgeroman *Imperium* Kolonialismen fort und offenbare damit die »Nähe des Autors zu rechtem Gedankengut«, ist bereits sowohl von feuilletonistischer als auch von wissenschaftlicher Seite entgegengetreten worden. Mit *Ich werde hier sein im Sonnenschein und im Schatten* legt Kracht einen Text vor, der trotz seiner kolonialen Thematik diesbezüglich unverdächtig sein sollte. Von einer ausführlichen Diskussion der Thesen wird daher ebenso abgesehen wie davon, die mediale Auseinandersetzung nachzuzeichnen. Georg Diez: Die Methode Kracht, in: Der Spiegel 7 (2012), S. 100–103. Dazu Felicitas von Lovenberg: Kein Skandal um Christian Kracht, in: Frankfurter Allgemeine Zeitung vom 14. Februar 2012; Matthias N. Lorenz: Kracht, Coppola und Conrad. Intertextualität als Rassismuskritik in *Imperium* und *Ich werde hier sein im Sonnenschein und im Schatten*, in: Acta Germanica 42 (2014), S. 66–77, hier S. 66f.

[10] Stefan Hermes: »Ich habe nie Menschenfleisch gegessen«. Interkulturelle Begegnungen in Christian Krachts Romanen *1979* und *Ich werde hier sein im Sonnenschein und im Schatten*, in: Mark Arenhövel/Maja Razbojnikova-Frateva/Hans-Gerd Winter (Hg.): Kulturtransfer und Kulturkonflikt, Dresden 2010, S. 270–283, hier S. 271.

konstruktion entgehe.[11] Brigitte Krüger beschäftigt sich mit der »affektive[n] Hervorbringung und Aufladung utopischer Räume« in *Ich werde hier sein im Sonnenschein und im Schatten* und greift auf die Forschungen Foucaults, Deleuzes und Guattaris sowie Blochs zurück,[12] während Ingo Irsigler den Roman als Anti-Utopie interpretiert.[13]

Die vorliegende Arbeit greift Forschungsbeiträge auf, die den Roman als »phantastische[n] Roman«[14] bzw. als »parallel world/universe novel«[15] verstehen und daraus Deutungsansätze entwickeln. Im Folgenden wird analysiert, inwiefern Krachts Roman die Diskursformationen über die Beschleunigungserfahrung an der Front des Ersten Weltkriegs noch aufrechterhält: Die Romanfiguren erleben die moderne, technologische Beschleunigung an der internationalisierten Front eines zeitlich entgrenzten Ersten Weltkriegs. Aus diesem Befund wird die leitende Hypothese entwickelt, dass auch in *Ich werde hier sein im Sonnenschein und im Schatten* die beschleunigte Fronterfahrung – wenngleich diese Front kaum noch örtlich zu bestimmen ist – und die geschichtlichen Erwartungen des namenlosen Ich-Erzählers miteinander konfiguriert werden. Welche Zukunftserwartung formuliert der Ich-Erzähler, welche die weiteren Romanfiguren? Wird in einem Text, der postmodernen Strukturprinzipien folgt, überhaupt noch eine utopische Vision des geschichtlichen Verlaufs entwickelt? Mutmaßlich werden faschistoide Ideologeme und insbesondere die kommunistische Ideologie als Maxime militärischer und politischer Positionen ausgestellt. Wie wird gegebenenfalls die narrative Verbindung von geschichtlich-utopischer Erwartung und beschleunigter Fronterfahrung unter den Vorzeichen der Postmoderne dekonstruiert, ohne dass sie direkt aufgegeben würde? In der folgenden Lektüre des Romans wird

---

[11] Vgl. Lorenz: Kracht, Coppola und Conrad.
[12] Brigtte Krüger: Intensitätsräume. Die Kartierung des Raumes im utopischen Diskurs der Postmoderne: Christian Krachts *Ich werde hier sein im Sonnenschein und im Schatten*, in: Gertrud Lehnert (Hg.): Raum und Gefühl. Der Spatial Turn und die neue Emotionsforschung, Bielefeld 2011, S. 259–275, hier S. 264.
[13] Vgl. Ingo Irsigler: World Gone Wrong. Christian Krachts alternativhistorische Antiutopie *Ich werde hier sein im Sonnenschein und im Schatten*, in: Hans-Edwin Friedrich (Hg.): Der historische Roman. Erkundung einer populären Gattung, Frankfurt a.M. 2013, S. 171–186.
[14] Andreas Schumann: ›das ist schon ziemlich charmant‹. Christian Krachts Werke im literarhistorischen Geflecht der Gegenwart, in: Johannes Birgfeld/Claude D. Conter (Hg.): Christian Kracht. Zu Leben und Werk, Köln 2009, S. 150–164, hier S. 162.
[15] Oliver Jahraus: Ästhetischer Fundamentalismus. Christian Krachts radikale Erzählexperimente, in: Johannes Birgfeld/Claude D. Conter (Hg.): Christian Kracht. Zu Leben und Werk, Köln 2009, S. 13–23, hier S. 17.

argumentiert, dass sich in einem letzten Schritt die menschliche Geschichte selbst auflöst. Dazu wird auch die Reise des Ich-Erzählers analysiert, die sich erzählstrukturell an die Persönlichkeitsentwicklungen anschließt, wie sie aus der Gattung des Bildungsromans bekannt sind. Diese Bildungsreise des Erzählers korrespondiert in der Romanlogik, so soll gezeigt werden, mit einer antizivilisatorischen Bewegung hinein in ein geschichtliches Nichts. Dieser Bewegung folgt auch die leitende These der vorliegenden Romanlektüre: Die Remigration des Ich-Erzählers nach Afrika am Ende provoziert eine Lesart, die gegen die kriegerisch-revolutionären Ideologien des 20. Jahrhunderts gerichtet ist und die eine Melange aus christlich-religiöser Erwartung des *eschaton* und heidnischem, gewissermaßen ungeschichtlichem Geschichtsverständnis aufbaut.

1 Der ›rasende Stillstand‹: Favre und Uriel

Ich werde hier sein im Sonnenschein und im Schatten entgrenzt die Front schon qua Romananlage als kontrafaktischer historischer Roman räumlich und zeitlich. Der Erste Weltkrieg dauert bereits knapp einhundert Jahre an und ein Ende ist nicht absehbar. Er ist bereits derart lange auf Dauer gestellt, dass »niemand mehr am Leben [ist], der im Frieden geboren war«, sodass die Vorkriegszeit »vom Fluss der Zeit […] aus der Erinnerung gewaschen« (SuS 13) wurde. Auch geographisch dringt der Krieg in neue Dimensionen vor. Erstens erstreckt er sich mittlerweile über mehrere Kontinente; Asien und Afrika sind aktiv in den Krieg einbezogen.[16] Zweitens wird die Front entgrenzt, sie liegt je nach Gefechtslage bei »Speyer, Strassburg, d[em] vor Jahren von uns zerstörte[n] und von den Deutschen wieder eingenommene[n] Heidelberg« (SuS 14), zeitweise mitten in der Schweiz, erstreckt sich bis an »die koreanische Front bei Neu-Minsk« und bestreicht Gebiete in »Rumänien und am Schwarzen Meer« (SuS 16). Kracht greift mittels dieser Anlage des Romans den Diskurs über eine ubiquitäre Front in den Westfront-Romanen der Kriegs- und Zwischenkriegszeit auf und entwickelt ihn weiter, indem er im Roman den Krieg ganz konkret räumlich entgrenzt. Damit korrespon-

---

[16] Zumindest finden auf beiden Kontinente in deutlich höherem Maße als im historischen Ersten Weltkrieg Kampfhandlungen statt, auch wenn im Ersten Weltkrieg zahlreiche Regimente aus den europäischen Kolonialstaaten kämpften – was zur Bezeichnung ›Weltkrieg‹ maßgeblich beigetragen hat.

diert die Fronterfahrung, die nicht nur ubiquitär wird, sondern gemäß des Diskurses über die Beschleunigung auch als ›rasender Stillstand‹ erzählt wird. Kracht stellt die Kategorien der Plötzlichkeit und des daraus resultierenden ›rasenden Stillstands‹ in zwei neuralgischen Szenen des Romans vor, die als Peripetien die Entwicklung des Ich-Erzählers voranbringen. Kurz nachdem er mit der Divisionärin Favre geschlafen hat, der Ehefrau des von ihm gesuchten Brazhinsky, schlendern beide durch Neu-Bern. Favre wird unvermittelt von einer Granate getroffen. Die Sprengkraft lässt von ihr nichts zurück:

> Sie hob die Augenbrauen, die Granate schlug ein, und sie war fort.
> Die Druckwelle hatte mich umgeworfen, mir war, als blute ich aus den Ohren, es donnerte erst jetzt […], ich stolperte zu dem kleinen Krater vor mir im Asphalt, Favre war nicht da. Kein Stück, kein Fetzen ihres Körpers oder ihrer Uniform war mehr vorhanden. (SuS 46f.)

Spiegelt sich in der Vernichtung Favres die Plötzlichkeit im Sinne Bohrers, der die Soldaten unterworfen sind, so ist in der rasanten Peripetie einer zuvor friedlich-amourösen Situation der ›rasende Stillstand‹ angelegt. Favre und der Erzähler »gingen eingehakt spazieren« und genießen »kleine Igel aus Schokolade« (SuS 46). Das Überleben dieser von »Langstreckenkanone[n]« (SuS 21) abgefeuerten Geschosse ist »reiner Zufall« (SuS 21). Im Vergleich zu den Westfront-Romanen der Kriegs- und Zwischenkriegszeit werden die Geschwindigkeit und die Sprengkraft der Granate nochmals gesteigert. Erstens fliegt sie mit Überschallgeschwindigkeit und ist erst nach dem Einschlag zu hören.[17] Die Wahrnehmung von Geschwindigkeit ist mit keinem Sinnesorgan mehr möglich. Zweitens vernichtet die Granate Favres Existenz vollständig und tilgt sie aus der Geschichte. Das Phänomen der Beschleunigung fungiert demzufolge nicht mehr als neuzeitliche Ermöglichungsbedingung individueller Geschichte, sondern es markiert deren Ende.

Die zweite Wende in der Persönlichkeitsentwicklung des Erzählers vollzieht sich im Anschluss an seine Begegnung mit Uriel, einem eigenartigen Zwerg, der möglicherweise – das verbleibt im Vagen – über eine ›mentale Kraft‹[18] verfügt. Uriel nimmt den Erzähler gefangen, konfrontiert ihn mit seiner eigenen Religiosität und, nachdem dieser sich befreit hat, rettet Uriel ihn zuletzt.

---

[17] Vgl. auch SuS 21: »Es war reiner Zufall, wiewohl man natürlicherweise erst den Einschlag wahrnahm und dann das Geräusch des sich nähernden Geschosses.«
[18] Diese Kraft erinnert an Brazhinskys Rauchsprache ›Satori‹ (vgl. SuS 108).

Der Erzähler tritt auf eine Mine und befindet sich nicht nur sprichwörtlich im ›rasenden Stillstand‹:

> Unter meinem rechten Stiefel hatte es metallisch geklickt. Ich schloss die Augen. [...] Minen. Ein Minenfeld. [...] Ich war an diesem Ort. [...] Ich durfte mich nicht bewegen, das war alles, was ich tun musste. Das zweite Klicken würde ich nicht mehr hören. Wie lange konnte man so stehenbleiben?
> [...] Die Mine pochte unter meinem Stiefel. [...] Das war es jetzt, der Tod. Er dauerte lange. (SuS 85f.)

In dieser Situation – der Erzähler ist verdammt zur völligen Bewegungslosigkeit bei gleichzeitig höchster Anspannung – betritt Uriel als *deus ex machina* das Minenfeld und opfert sich. Wie zu zeigen sein wird, stellt dieses Opfer den entscheidenden Wendepunkt im Leben des Erzählers dar.[19] Gemeinsam mit der Vernichtung Favres durch eine Granate definiert die Szene die beiden Pole des ›rasenden Stillstands‹: die der Sinneswahrnehmung entzogenen Geschwindigkeiten auf der einen Seite und den absoluten Stillstand aufgrund des immensen Beschleunigungspotentials einer Mine auf der anderen Seite. Beide Pole bedeuten die Vernichtung der beiden einzigen Menschen des Romans, die noch ›menschlich‹ handeln, das heißt die ein Verständnis von Menschlichkeit verkörpern, das auf menschlichen Werten fußt: Die Divisionärin vermittelt Freundschaft, Liebe, Körperlichkeit, der Zwerg Uriel Glaubensgewissheit und Nächstenliebe.

Ernst Jünger weist 1960 in *Der Weltstaat. Organismus und Organisation* dem im eigentlichen Sinne freien Menschen den Ruhezustand zu: »Seiner Natur nach ist der sitzende oder stehende Mensch von einer stärkeren Aura der Willensfreiheit umgeben als der im Bewegten sich Bewegende.«[20] Bewegung und Beschleunigung hingegen identifiziert er mit Herrschaft,[21] weshalb der Mensch als Organismus und die Beschleunigung als Symbol der Organisation miteinander konfrontiert werden.[22] Während Jünger das Verhältnis

---

[19] Vgl. in diesem Sinne auch Bronner, der das Erscheinen Uriels als »den Wendepunkt des Romans« versteht, »da er das Ende der Ideologie einerseits und den Anfang einer neuen Form von Subjektivität andererseits einläutet« (Bronner: Vom taumelnden Ich zum wahren Übermenschen, S. 285).

[20] Ernst Jünger: Der Weltstaat, in: ders.: Betrachtungen zur Zeit (= Sämtliche Werke 9, Essays I), Stuttgart 2015, S. 481–526, hier S. 484.

[21] »Als Herrschaftssymbole innerhalb einer schnell und schneller sich bewegenden Welt sind die am schnellsten und mächtigsten bewegten Spitzen glaubwürdig. Das sind die Raumschiffe« (ebd., S. 494).

[22] Vgl. ebd., S. 522.

zwischen Organismus und Organisation zwar als bedrohlich für den Organismus erachtet, aber einen historischen Ausgleich erwartet, markiert in Krachts *Ich werde hier sein im Sonnenschein und im Schatten* der ›rasende Stillstand‹ die Herrschaft der technologischen Organisation über den Organismus und die Zerstörung jeder Freiheit: »Der Krieg macht uns zu Geisteskrüppeln.« (SuS 95) Im Anschluss an seine These von der Bedrohung der beschleunigten Organisation für den freien Organismus konzipiert Jünger in *Der Weltstaat* das Ende der Geschichte in einer gewissermaßen politisch beruhigten »Erd- oder Globalordnung«.[23] Sie schließe insofern an »vorgeschichtliche, ja vormythische Zeiten«[24] an, als sie einen »nachgeschichtlichen Ur-Zustand […], ein Goldenes Zeitalter«[25] herbeiführe. Jüngers Zukunftsvision im *Weltstaat* vergleichbar wird auch in Krachts Roman ein zukünftiger Ur-Zustand erreicht. Geschichtlicher Verlauf wird stillgelegt und der Verlust menschlicher Freiheit aufgefangen, weil alle vermeintlichen zivilisatorischen Errungenschaften nivelliert werden. Zivilisation begünstigt in Krachts Roman zwar Organisation und Herrschaft, schließt jedoch den Organismus bzw. die Freiheit aus. Erst in einem ›Weltstaat‹, der sich von Ideologien verabschiedet hat, »im historischen Sinne Staat zu sein« aufhört und sich »anarchistischen Utopien«[26] annähert, könne, so Jünger, »der menschliche Organismus als das eigentlich Humane, vom Zwang der Organisation befreit, reiner hervortreten«.[27]

2 Der Krieg und die eschatologische Hoffnung politischer Ideologien

Im Anschluss an Jüngers Konzept des ›Weltstaats‹ wird, so meine These, auch in *Ich werde hier sein im Sonnenschein und im Schatten* die Vorstellung eines vorgeschichtlichen ›Weltstaats‹ fortgeschrieben und die Freiheit des Menschen zurück ins natürliche und – im Gegensatz zu Jünger – ungeschichtliche Recht gesetzt.[28] Zu Romanbeginn werden diese Vorzeichen jedoch noch verkehrt,

---

[23] Ebd., S. 499.
[24] Ebd., S. 522.
[25] Jan Robert Weber: Der Weltstaat (1960), in: Matthias Schöning (Hg.): Ernst Jünger Handbuch. Leben – Werk – Wirkung, Stuttgart/Weimar 2014, S. 219–222, hier S. 222.
[26] Jünger: Der Weltstaat, S. 525.
[27] Ebd., S. 526.
[28] Die Lektüre des Romans vor der Folie von Jüngers *Weltstaat* rechtfertigt sich nicht zuletzt daraus, dass Jünger dort mit dem apokalyptischen Umschlag in den (durchaus auch

der Text scheint zunächst klassische abendländische Geschichtsphilosopheme bzw. Ideologeme zu perpetuieren. Der namenlose Ich-Erzähler handelt als Parteikommissär der Schweizerischen Sowjetrepublik SSR, deren Stärke laut seiner Aussage »ihre Menschlichkeit« (SuS 20) sei. Am Ende des ersten Kapitels führt er das politische Programm der SSR aus, dessen künftige Leistungen er als Kollektivplural im Futur I ankündigt: »Wir werden das Strassennetz ausbauen, von Bordeaux bis Leibach, von Karlsruhe bis Ventimiglia. [...] Wir werden mit Hindustan Frieden schließen, mit Korea, mit dem Grossaustralischen Reich.« (SuS 27) Dass der Erzähler hier vorgestanzte Propagandatexte nachspricht, zeigt seine naive Überhöhung dieser Zukunftsversprechen, die letztlich die Wiederkehr des bei Hesiod[29] ursprünglichen Goldenen Zeitalters verheißen, im Fall der SSR »goldene Dörfer und goldene Städte« (SuS 27).[30] Doch die ideologischen Ankündigungen bleiben bereits zu Beginn des Romans sprachliche Leerformeln und Phantasiegebilde, sogar für den Erzähler als überzeugten Kommunisten. Er kommentiert die Wiedergabe der kommunistischen Utopie implizit als unwirklich, indem er die Vision mit einer Naturvorstellung konfrontiert: »Ich komme nur ganz kurz hierher. Berge und Wolken. Vögel sind dort. Ich sehe sie nicht.« (SuS 27) In ähnlicher Manier markiert er die Differenzen zwischen kommunistischer Norm und lebensweltlicher Realität, wenn er zunächst behauptet, »[e]s gab keinen Rassismus«, und sich noch im selben Satz korrigiert: »[E]s sollte keinen geben« (SuS 59). So ist der schwarze Erzähler Alltagsrassismus ausgesetzt (»Aber wir müssen uns erst noch daran gewöhnen, dass Menschen wie Sie auch Anweisungen geben.«, SuS 35) und mit Antisemitismus konfrontiert (»Ist er nicht Jude? Man sollte ihn verhaften.«, SuS 36).

Analog kommt in den ideologisch vereinnahmten Kämpfern immer wieder die Hoffnung auf ein nahes Ende des Krieges auf, das die kommunistische Erlösung bringe. So denkt auch der Erzähler: »Es lag etwas Grosses in

---

als politisches Konstrukt zu verstehenden) ›Weltstaat‹ die Überwindung seiner früheren Forderungen aus dem Geist des soldatischen Nationalismus anlegt, etwa nach der ›totalen Mobilmachung‹. Kracht konfrontiert mit seiner Romankonstruktion den Jünger der konservativ-revolutionären Ideologie aus den 1920er- und 1930er-Jahren mit dem des *Weltstaats*.

[29] Zum Mythos des Goldenen Zeitalters in der Antike vgl. Demandt: Zeit, S. 439.

[30] Auch Stefan Bronnen urteilt, »die Systeme haben ihre ideologischen Ziele aus den Augen verloren« (Bronner: Vom taumelnden Ich zum wahren Übermenschen, S. 282). In diesem Zusammenhang verweist er auf die im Schnee geformten Phalli, über die sich die triebhafte Verfasstheit der SSR begründen lässt: Bronner begreift die »ideologischen Konstrukte und deren metaphysische Überhöhung als Ersatzhandlung« (ebd.).

der Luft«, vermutet er, »ein Zeitenwechsel, ein Aufflammen des Krieges zu unseren Gunsten« (SuS 29). Gleichwohl wird eine solche eschatologische Naherwartung des Erzählers sofort als Utopie ohne jeden zwingenden Realitätsbezug demaskiert. Motivisch spiegelt sich das im Berner Bärengraben, der als Symbol Schweizer Kontinuität seit über 500 Jahren mittlerweile leer steht (vgl. SuS 26). Auf der Handlungsebene erwartetet der Erzähler ohne jedweden begründeten Anlass die baldige Apokalypse und projiziert seine Hoffnung auf Äußerlichkeiten: »Ich sah es an der aufrechten, selbstbewussten Haltung des Rotgardisten am Tor, vielleicht war München schon jetzt gefallen, vielleicht bald.« (SuS 29) Damit wird die kommunistische Ideologie in *Ich werde hier sein im Sonnenschein und im Schatten* auf ihren utopischen Charakter zurückverwiesen. Zum utopischen Charakter zählt auch die Notwendigkeit, die geschichtliche Umkehr als nah zu beschreiben und dennoch immer weiter zu verzögern. Diese narrative Logik entspricht dem Muster des von Matthias Schöning beschriebenen nationalistischen Narrativs der ›Ideen von 1914‹, in dem ebenfalls die Erfüllung der ›Volksgemeinschaft‹ schrittweise verschoben werden muss.

Bereits die Divisionärin Favre fügt dieser ideologischen Denkfigur Risse zu. Sie vertritt mit dem *I Ging* ein am *fatum* orientiertes Prinzip, Geschichte zu deuten:

> Die Divisionärin war gerade dabei, die ausgeblichenen Stäbe des I-Ching auf die grüne Linoleumplatte ihres Schreibtisches zu legen, jene vierundsechzig Hexagramme, in denen Eingeweihte die gesamte Geschichte und Zukunft der Welt zu lesen vermochten. (SuS 30)

Konsequenterweise verfolgt sie nicht mehr strikt die kommunistische Doktrin und übergeht die SSR in ihren Entscheidungen, was ihr vom Erzähler als »Dekadenz« (SuS 35) ausgelegt wird: als Abkehr vom revolutionären Kampf der SSR, die ihren Kämpfern als *telos* eine ›Erlösung‹ der Menschheit im Kommunismus verspricht. Dekadenz bezeichnet seit Montesquieus *Betrachtungen über die Ursachen von Größe und Niedergang der Römer*[31] den geschichtlichen Niedergang und Verfall einer Kultur. Indem der Erzähler Favre der Dekadenz zeiht, deutet sich bereits der Niedergang der SSR und des kommunistischen Systems an.

---

[31] Vgl. Charles Louis de Secondat de Montesquieu: Betrachtungen über die Ursachen von Größe und Niedergang der Römer, hg. von Lothar Schuckert, Bremen 1957.

Gegen die ideologische Zukunftserwartung stellt Favre die Realität ihrer Kriegserfahrung: »Wir sind im Krieg geboren, und im Krieg werden wir sterben.« (SuS 33) Der zeitlich völlig entgrenzte Krieg führt jede eschatologische Erwartung *ad absurdum,* zumal der Erzähler selbst zuvor schon die Notwendigkeit des Krieges reflektiert. »Es war notwendig, dass der Krieg weiterging. Er war der Sinn und Zweck unseres Lebens, dieser Krieg. Für ihn waren wir auf der Welt.« (SuS 21) Geschichtlicher Sinn liegt immer weniger in der Erwartung eines (kommunistischen)[32] *eschatons,* das durch den Krieg ermöglicht werde und einen dauerhaften Nachkriegszustand einläute, sondern zunehmend im Krieg selbst. Dem Erzähler gelingt es zunächst gegenüber Favre sogar, die Sinnverlagerung auf den Krieg selbst als geschichtlichen Fortschritt umzudeklarieren und die SSR als Einheitspartei mit dem Kommunismus in eins zu setzen: »›Niemand ist mehr im Frieden geboren. Die Generation, die nach uns kommt, ist der erste Baustein zum neuen Menschen. Es lebe der Krieg.‹ ›Es lebe die SSR‹ ›Natürlich. Es ist ja dasselbe.‹« (SuS 43) Das kann durchaus als kritische Auseinandersetzung mit Jüngers Essay *Der Kampf als inneres Erlebnis* gedeutet werden. Dort meint Jünger: »Dieser Krieg ist nicht das Ende, sondern der Auftakt der Gewalt. […] Der Krieg ist eine große Schule, und der neue Mensch wird von unserem Schlage sein.«[33] Mit dieser Emphase des Kriegszustands wird weniger ein ideologisches *eschaton* als geschichtliches Ziel definiert, sondern das *telos* über den Krieg in die Gegenwart selbst hineingeholt. Daher kann in Krachts Roman der marxistische Kern des Kommunismus, eine Gleichheit aller Menschen

---

[32] Im Roman wird dem Faschismus und Militarismus der Deutschen keine eigene Qualität zugeschrieben, die Ideologien bleiben austauschbar. Spätestens mit der Anspielung auf kommunistische Bücherverbrennungen – »große[ ] Bibelfeuer[ ]« (SuS 81), die auf die nationalsozialistischen Bücherverbrennungen von 1933 anspielen – werden Kommunismus und Faschismus mehr oder minder ununterscheidbar.

[33] Jünger: Der Kampf als inneres Erlebnis, S. 73. Zudem findet sich im Begriff des neuen Menschen auch eine Anspielung auf die Konzeptualisierungen eines ›neuen Menschen‹, wie sie sich nicht nur bei Jünger, sondern auch in Nietzsches Konzept des ›Übermenschen‹ (vgl. Friedrich Nietzsche: Also sprach Zarathustra [= Kritische Studienausgabe, Bd. 4], hg. von Giorgio Colli und Mazzino Montinari, München 2009), aber auch beispielsweise im frühen 20. Jahrhundert in den biopolitischen Utopien russischer Denker finden (vgl. Michael Hagemeister: Die neue Menschheit, Frankfurt a.M. 2005). Bronner versteht das »Versinken aller drei Übermenschen im Nichts« als einen »Schlussstrich unter das Begehren« und unter einem Begriff der »Kunst als letzter Metaphysik« (Bronner: Vom taumelnden Ich zum wahren Übermenschen, S. 309).

herzustellen,[34] preisgegeben werden. Denn die Schweizer Militärs führen in den ehemaligen europäischen Kolonien zwar den Kommunismus ein[35] und ziehen ein »zivilisatorisches Netz über Ostafrika«, beuten die Einheimischen jedoch für ihre militärischen Ziele aus. »[A]ls endlich nie gekannte Gleichheit herrschte, begannen die Schweizer mit dem Bau der Militärakademien, um die Afrikaner zu Soldaten zu machen und damit den gerechten Krieg, der in der Heimat wütete, endlich zu gewinnen.« (SuS 77) Mit der Abkehr von einer Zukunftsvorstellung geht die Vernichtung der Vergangenheit im Krieg einher. So zerstören die Deutschen ein Dorf, in dem sich die Gründer der SSR zusammengefunden hatten, mit dem Ziel, dass nichts »mehr daran erinnern [kann], kein Stein, kein Baum sollte unsere Mythenbildung mehr nähren können« (SuS 93). Geschichtliche Identität als eine Identität, die im Entwurf einer Zukunft und im Rekurs auf eine in diesem Fall mythische Vergangenheit besteht, wird durch den ideologisierten Krieg verunmöglicht. Als Dimension oder Ort geschichtlichen Handelns bleibt den Menschen nur noch der Weltkrieg selbst. Erst als der Erzähler im Réduit die Höhlenmalereien unbekannter Künstler betrachtet, gelangt er zu der Erkenntnis, dass dieser ›ewige Krieg‹ nicht im kommunistischen Sinne auf eine Apokalypse und ein *eschaton* zuläuft und dass im Krieg kein geschichtliches *telos* liegt. Denn in den Wandmalereien legen »unbenannt gebliebene[ ] Künstler Zeugnis ab [...] über das Vergehen und über den furchtbaren Verlauf der Zeit und ihrer Kriege« (SuS 102). Der Krieg wird damit vom ideologisch notwendigen Schritt innerhalb einer utopischen Fortschrittserzählung zur Epoche des Niedergangs entwertet.

3 Das Réduit als leere Heterotopie und als Episode auf dem Weg zurück in die Zukunft: »Ex Africa semper aliquid novi«

Ideologien bzw. die ihnen zugrunde liegenden geschichtsphilosophischen Vorstellungen erweisen sich als leere Konzepte, die im Romanverlauf implodieren. Symbol dieser Implosion ist das Réduit, der »Kern, Nährboden

---

[34] Der Erzähler hofft beispielsweise: »Auch [Leibeigene, J.W.], so dachte ich, würde es eines Tages, wenn wir den Kommunismus erreicht hatten, nicht mehr geben.« (SuS 52)
[35] Bereits diese neue westlich-ideologische Okkupation reflektiert der Erzähler zumindest in Ansätzen dialektisch: »Ihr Kommen [das der Schweizer und ihres militärischen wie zivilen Gefolges, J.W.] war wie eine Plage für einige, wie ein Segen für andere.« (SuS 77)

und Ausdruck unserer Existenz« (SuS 98). Die Alpenfestung soll als »ein nie endendes Werk« die Macht und »Unangreifbarkeit der SSR« (SuS 49) – mithin der kommunistischen Ideologie – architektonischen Ausdruck verschaffen und militärische Überlegenheit garantieren. Innerhalb der Festung, in der jeder »seinen Teil dazu bei[trägt]« (SuS 110), ist der Kommunismus vermeintlich tatsächlich realisiert. Das Réduit gerät in der Vorstellung der SSR zur kommunistischen Heterotopie, vereint es in sich doch den ideologischen, den zivilisatorischen und den militärischen Anspruch des Kommunismus:

> Die Alpen waren [...] als Réduit fast vollständig ausgebaut und untertunnelt [...]. Diese gewaltige Ingenieursleistung, dieser Triumph der Arbeiter, vor über hundert Jahren mit dem Festungsausbau des Kernlandes zu beginnen und bis heute weiterzubauen, ein nie endendes Werk zu schaffen, das war die eigentliche Stärke, die Unangreifbarkeit der SSR. (SuS 48f.)

In diesem Sinne wird auch der Erzähler bei seiner Ankunft im Réduit begrüßt: »Sie können sich hier nun frei bewegen. Willkommen im Réduit, Kommissär« (SuS 99). Die drakonischen Strafen bei kleinsten Vergehen sind als sarkastischer Kommentar zur ›Freiheit‹ in der Militärgesellschaft des Réduits zu lesen.[36] Analog zur kommunistischen Ideologie, die nur noch die argumentative Hülle für eine Fortsetzung des Krieges liefert, informiert Oberst Brazhinsky den Erzähler: »Sehen Sie, das Réduit hat sich verselbständigt.« (SuS 109) Weil die Alpenfestung gerade nicht mehr den ›Kern‹ der SSR bildet, sondern mittlerweile in einer Art organisierter Anarchie[37] losgelöst von der kommunistischen Ideologie existiert, symbolisiert sie deren innere Leere. Das ist möglich, weil es die Sowjets nicht interessiert, »was wir hier oben tun« (SuS 109). Die Realisierung eines Ideals ist weder als Utopie noch als vermeintliche Heterotopie für die Militärs relevant. In diese Lesart fügt sich auch die Architektur des Réduits. In den tieferen, zuerst gebauten Stockwerken wirkt die Festung »auf furchterregende Weise organisch«, in den höheren Etagen »anorganischer und steriler« (SuS 104). Je länger das

---

[36] Für einen unbedachten Witz erhält ein Soldat zunächst zehn, für den Ansatz eines Widerspruchs zwanzig weitere Tage »Dunkelarrest« (SuS 99).

[37] Es ist als ironischer Hinweis auf die vergleichsweise ideologiefreie politische Haltung der Schweiz zu verstehen, bewaffnete Konflikte und Kriege zu vermeiden, wenn der Oberst Brazhinsky das Ziel ausgibt, ausgerechnet das Réduit zum Kern einer »autonome[n] Schweiz« zu machen: »Wir führen hier oben keinen Krieg mehr nach aussen, wir verteidigen die Bergfestung, gewiss, aber wir expandieren nur noch im Berg.« (SuS 110)

Réduit auf sich gestellt war, je weiter es sich von seinem ursprünglichen Zweck als ideales Bauwerk des Kommunismus entfernt hat, desto weniger natürlich erscheint es dem Erzähler. Gleiches gilt für die Höhlenmalereien, die als »lineare Abfolge von Ereignissen, Schlachten, Aufmärschen, Paraden [...] eine Geschichte des Krieges« (SuS 122) erzählen und mit zunehmender Höhe »weniger realistisch« werden, bis sie »nur noch Formen, Flächen, unzusammenhängende, amorphe Figuren« (SuS 122) darstellen. Auch dieser vermeintliche künstlerisch-kulturelle Regress spiegelt den zivilisatorischen Niedergang im Verlauf des Ersten Weltkriegs. Das ideologiebeladene Fortschreiten der Menschheit erweist sich nur scheinbar als zirkulär. Zwar gelangt die Menschheit in den Höhen der Höhlenfestung zu ursprünglichen Ausdrucksformen zurück. Doch sind diese weniger lebendiger Ausdruck ersten menschlichen Kulturschaffens als vielmehr anorganisch und steril: Das Fortschrittsversprechen der Menschheit ist nicht einmal als zirkuläre Geschichtsvorstellung zu werten, sondern als Regress des Menschen hin zum Unlebendigen, Amorphen.

In erster Linie wird das Réduit zum handlungslogischen Kern der Erzählung. Dort findet die Begegnung mit Oberst Brazhinsky statt, nach dem der Erzähler so lange gefahndet hat. Diese Begegnung mit dem so lange Gesuchten ereignet sich jedoch »wie zufällig« (SuS 103) und führt aufgrund der telekinetischen Kräfte von Brazhinskys Rauchsprache nicht zu dessen Verhaftung. Das Zusammentreffen mit Brazhinsky beendet zwar die Suche nach ihm, nicht jedoch die Reise des Erzählers; vielmehr markiert es eine zentrale Episode in dessen Werdegang. Deutet man die Zitronengabe Brazhinskys als »Frucht der Verheißung«,[38] so kündigt die Zitrone dem Erzähler gewissermaßen eine andere, neue Zukunft an, die der Erzähler am Ende der Begegnung mit Brazhinsky in seinen Traumbildern findet:

> Die afrikanische Sonne, der pazifische Ozean. [...] War es ein anderer [...], war ich dieser afrikanische Offizier, der sich, wenn keiner hinsah, die Ohren zuhielt? Habe ich denn wirklich geweint um mein Volk? Und habe ich wirklich geglaubt, es seien meine Brüder? [...] Meine Augen sind geschlossen. Ich komme, Bambo, Mulungu, ich komme. (SuS 11f.)

---

[38] Ulrich Grossmann (Hg.): Die Frucht der Verheißung: Zitrusfrüchte in Kunst und Kultur. Begleitband zur Ausstellung im Germanischen Nationalmuseum Nürnberg, 19. Mai bis 11. September 2011, Nürnberg 2011.

Brazhinsky hatte den Erzähler erwartet und führt ihm die innere Leere der kommunistischen Ideologie und des Réduits als deren Heterotopie vor. Er erläutert dem Erzähler *expressis verbis,* dass »alles nur Propaganda«[39] und »schon lange kaputt« (SuS 127), dass das »Bombastische des Réduits [...] ein leeres Ritual« (SuS 127) sei. Zuvor kündigt er dem Erzähler sogar seine spätere und verglichen mit den Ideologien des Westens kategorial neue Selbst- und Weltsicht gewissermaßen an: »Ex Africa semper aliquid novi.« (SuS 107) Brazhinsky und der Erzähler, die gemeinsam Krankenbesuche absolvieren, werden von den Patienten als »Sendboten der Heilung und eines grossen, kommenden Unheils« (SuS 114) behandelt, worin sich bereits der Untergang der kommunistischen Ideologie und der Aufstieg eines neuen Geschichtsdenkens ankündigen. Folgerichtig beginnt mit dem Abschied des Erzählers »das infernalische, monströse Bombardement des Réduits« (SuS 132).

Als Absage mit neuzeitlichen Ideologien lässt sich auch die Selbstblendung Brazhinskys deuten (vgl. SuS 131). Über den intertextuellen Verweis auf den Ödipus-Mythos wird die Erkenntnis Brazhinskys über die Leere des Réduits und der Ideologie gestaltet. Brazhinskys Macht erweist sich als Phantasmagorie, verdankt er die Rauchsprache doch nur psychoaktiven Pilzen, den »Psylocibine[n]« (SuS 123).[40] Die Effekte der Rauchsprache, ihre telekinetische und telepathische Kraft, erweisen sich im Nachhinein nicht als zukunftsweisende Macht, mit der Brazhinsky die Welt verändern könnte,[41] sondern als Wahnvorstellung.[42] Nachdem Brazhinsky den Erzähler über die

---

[39] Derart ist auch Roerichs Erzählung von der »Doomsdaymaschine« zu verstehen, deren Existenz als Phantasievorstellung entblößt wird (vgl. SuS 118, 129). Eine ausführliche Analyse Roerichs wäre mit Sicherheit ergiebig, schon aufgrund seines Namens, der auf den russischen Künstler und Esoteriker Nicholas Roerich (1874–1947) anspielt.

[40] Die Substanz wird korrekt »Psilocybine« geschrieben; sie verändert die Sinneswahrnehmung, ruft Halluzinationen hervor und kann sowohl Euphoriezustände als auch Angstzustände, Persönlichkeitsstörungen und Psychosen auslösen (vgl. Jennifer Hillebrand/Deborah Olszewski/Roumen Sedefov: Hallucinogenic Mushrooms: An Emerging Trend Case Study, hg. vom European Monitoring Centre for Drugs and Drug Addiction, Lissabon 2006, S. 21–23).

[41] Brazhinsky möchte erreichen, dass die »Menschheit ebenjenen Punkt ihrer Evolutionsgeschichte erreicht«, an dem sie die Erbmasse der vermeintlich extraterrestrischen Pilzsporen »durch Einnahme dieser Pilze in ihren Körper aufzunehmen« (SuS 126) vermag.

[42] Der Erzähler erkennt diese Wahnvorstellung, als Brazhinsky ihm gegenüber die Psilocybine mit der Rauchsprache in Verbindung bringt. »Unsere neue Sprache ist ebenso ein Virus« (SuS 126). Dementsprechend urteilt er: »Brazhinsky war tatsächlich wahnsinnig.« (SuS 126)

Realität des Réduits aufgeklärt hat, führt er eine finale Auseinandersetzung herbei, deren tödlichen Ausgang der Erzähler gleich doppelt verweigert. Aufgrund einer anatomischen Anomalie schlägt das Herz des Erzählers rechts und Brazhinsky sticht mit seiner Ahle fehl; der Erzähler weigert sich anschließend, Brazhinsky zu erstechen. Die Mordanschuldigung des Erzählers, »Sie haben die Appenzeller getötet« (SuS 131), führt zu Brazhinskys Selbsterkenntnis, dass er sich in einem Wahn befunden hat, in den er durch den Psilocybin-Konsum verfallen war. »Mulungu« (SuS 131) kommentiert der Erzähler das und verweist mit diesem Wort auf eine brasilianische Pflanze, deren Wirkung als angstlösend beschrieben wird, im Fall Brazhinskys also als heilsam. Der Erzähler gerät somit unversehens vom Jäger Brazhinskys zur prophetischen Figur, die den Oberst gleich dem Seher Teiresias über die Wahrheit aufklärt und die das Ende eines ›wahnsinnigen‹ abendländisch-zivilisatorischen Geschichtsdenkens ankündigt.[43]

4 Christliche Eschatologie und zyklisches Geschichtsdenken

Das Spannungsfeld zwischen Utopie und Gegenutopie wird im Folgenden ausgemessen, indem die Geschichtsphilosopheme, die den Romanverlauf strukturieren, benannt werden. Der Erzähler entwickelt sich zum Künder eines neuen, alten geschichtlichen Verlaufs, der die Menschheit am Romanende aus dem zivilisatorischen Europa zurück in ihre ostafrikanische Wiege und zurück zu einem antiken, zyklischen Geschichtsdenken führt. Den Abschied vom teleologischen Prinzip neuzeitlicher Geschichtsphilosophie begründet ausgerechnet das Christentum. Am Romanende verkörpert der Erzähler den Apostel einer neuen Erlösungsvorstellung, dem die Menschheit nachfolgt. Er findet seine Bestimmung durch die Begegnung mit Uriel und dessen messianischem Charakter. Gleichwohl werden sowohl geschichtsphilosophisch fundierte Ideologien als auch das Christentum als »leer« demaskiert. Beide Überzeugungssysteme versprechen etwas Metaphysisches, dessen Existenz

---

[43] Bereits Yeon Jeong Gu bezeichnet in seiner Analyse des Romans »das Verschwinden der humanistischen Welt« als »die Voraussetzung für den Anbruch eines neuen Zeitalters bzw. Menschen« (Gu: Figurationen des Posthumanen, S. 94), das bzw. der sich Gu zufolge durch posthumane Hybridität auszeichnet: Gu stellt den namenlosen Erzähler als sogenannten Cyborg, als Wesen zwischen Mensch und Maschine, in den Mittelpunkt seiner Untersuchung und begründet, warum »Krachts posthumane Welt zwischen utopischer Vision und Gegenutopie [zu] vibrieren« (ebd., S. 108) vermag.

nicht durch die Sinne gesichert ist, weshalb sie den Glauben der Menschen benötigen:

> »Stellen Sie sich vor, wir sind Menschen, die in einem dunklen Zimmer auf und ab gehen und nichts sehen. Wir hören nur, was uns aus einem Loch an der Decke des Zimmers hineingeflüstert wird. Und wir sehen noch nicht einmal das Loch.«
> »Religion.«
> »Ja, leider, mein Freund, Religion.« (SuS 127f.)

Der entscheidende Unterschied zwischen der neuzeitlichen Geschichtsphilosophie und der christlichen Geschichtstheologie liegt gemäß der Romanlogik in der Erlösungsgewissheit, die die Religion verkündet. Die Religion herrscht durch ihre heilsgeschichtliche Erwartung als Souverän über das Weltgeschehen. Die Menschheit ist bereits erlöst und wartet nur mehr auf das Ende der Zeit, auf das kein innerweltliches *eschaton* folgt. Daher bietet die Bibel dem gläubigen Uriel Gewissheit und Sicherheit, als er den zwei Appenzellern begegnet: »Ich fürchtete mich, nahm die Bibel und versteckte mich im Wald.« (SuS 81) Aufgrund der in ihr verkündeten ›Erlösungsgarantie‹ vermag sie Trost zu spenden. Die Gestalt des Erzengels Uriel findet sich jedoch weder in den kanonischen jüdischen noch den kanonischen christlichen Schriften, sondern ausschließlich in den Apokryphen. So sehr Uriel als Erlöserfigur vor christlich-jüdischem Hintergrund verstanden werden muss, so sehr verweigert sich die Uriel-Figur einer kirchlich-dogmatischen Lektüre. Der Kirche fühlt sich Uriel nicht verbunden, schon weil sie in der Diegese nicht mehr als organisierte Institution existiert. Wohl aber identifiziert er sich mit dem christlichen Glauben, der sich in seinem Gebet ausdrückt: »Heilige Maria Mutter Gottes, bitte für uns Sünder, jetzt und in der Stunde unseres Todes, Amen.« (SuS 82)[44]
Der Erzähler kann nur deshalb zum Propheten oder Apostel werden, weil Uriel, dessen hebräischer Name »das Licht Gottes«[45] bereits auf seine messianische Funktion hinweist, ihn zuvor rettet und sich für ihn opfert. Mit dem Selbstopfer als Märtyrer – mit dem Kracht das Opfernarrativ der Weltkriegs-Erzählungen zitiert – wird Uriel zur Bedingung der Möglichkeit einer geschichtlichen Veränderung und somit zur Erlöserfigur. Nachdem der

---

[44] Bronnen versteht die Uriel-Figur nicht im Sinne eines »Gott- oder Bibelglaubens, sondern im Sinne der Frühromantiker« (Bronner: Vom taumelnden Ich zum wahren Übermenschen, S. 287, Fußnote 51).
[45] Im Hebräischen לְאִירוּא.

Erzähler im Zuge der Verfolgung Brazhinskys auf die Mine getreten ist und dort »wie festgenagelt« (SuS 86) – eine Anspielung auf die Nägel, mit denen Jesus ans Kreuz genagelt wird – verharren muss, tritt Uriel hinzu und befreit den Erzähler. An seiner statt tritt er auf die Mine, die ihn kurz darauf mit einer »dumpfe[n] Explosion« (SuS 91) tötet. Eine messianische Interpretation Uriels legen insbesondere die zahlreichen intertextuellen Verweise auf Jesus Christus nahe. Denn Uriel kehrt zum Erzähler zurück, »obwohl du [der Erzähler, J.W.] den Zwerg übel geschlagen hast« (SuS 88), und verweist mit seinem Verhalten auf das berühmte Jesuswort in der Bergpredigt: »Ich aber sage euch, dass ihr nicht widerstreben sollt dem Übel, sondern: wenn dich jemand auf deine rechte Backe schlägt, dem biete die andere auch dar.«[46] Uriel wird dem Erzähler »trotzdem helfen« (SuS 88) und erfüllt das jüdisch-christliche Gebot der Nächstenliebe, die Jesus in der Bergpredigt zur Feindesliebe erhöht.[47] Uriel verkörpert damit sozusagen die Lehre Jesu Christu. Auch jenseits des Selbstopfers wird der Zwerg mit der neutestamentarischen Erzählung des Lebens und Leidens von Jesus Christus analogisiert. In der Ankündigung seiner Hilfe (»Uriel kommt zu Dir. Habe keine Angst«, SuS 88) erinnert Uriel der Verkündung von Jesu Geburt: »Fürchtet euch nicht! Siehe, ich verkündige euch große Freude, die allem Volk widerfahren wird.«[48] Bereits sein erster Kommentar bei der Wiederbegegnung mit dem Erzähler verweist explizit auf die Bibel: »So treffen wir noch mal aufeinander, wie es im Bibelbuch beschrieben ist« (SuS 88). Dieser Hinweis ist deshalb so zentral für die Deutung der Uriel-Figur, weil sie sich durch ihren Kommentar selbst mit dem Messias identifiziert und den Erzähler mit seinem Apostel: Mutmaßlich bezieht sich Uriel auf die Auferstehung von Jesus Christus nach dem Kreuz-Tod, als er seinen Jüngern noch einmal begegnet.[49] Dazu passt auch, dass der Erzähler Uriel zuvor nicht nur niedergeschlagen, sondern sogar den Mord an ihm phantasiert hat: »Dann stapfte ich zu meinem Pferd, nahm den Mannlicher und lud durch, plötzlich übermannt von dem starken Wunsch, den drinnen in der Hütte wimmernden Zwerg zu erschiessen. Das Klicken des Karabiners, der Knall, die Vögel.« (SuS 83)[50]

---

[46] Mt 5,39.
[47] Vgl. Mt 5,43–48.
[48] Lk 2,10–11.
[49] Vgl. Joh 20–21.
[50] Uriel gleicht Christus auch in seiner Forderung ihm nachzufolgen. Jesus fordert Petrus nach seiner Auferstehung auf: »Folge mir nach!« (Joh 21,19), Uriel den Erzähler »Geh in meinen Spuren zurück zu deinem Pferd« (SuS 90). Übrigens kann versuchsweise auch

Während also kirchlich-religiösen wie ideologischen Versprechungen eine Absage erteilt wird, wird die christliche Erlösungsgewissheit durch den stellvertretenden Tod Jesus Christus' im Roman mit dem Martyrium Uriels zur Bedingung der Überwindung von Geschichte. Diese Bewegung lässt zwei unterschiedliche Interpretationen zu: Erstens lässt sich trotz aller Religions- und Ideologiekritik mit Uriel der Sinn des Christentums begründen: Wer nicht nur glaubt, sondern sich um die Transgression der religiösen Werte in die Realität bemüht, der kann etwas bewirken und zur messianischen Gestalt werden – und er kann wie Uriel, zumindest in seiner Selbstwahrnehmung, erlöst werden: »Hörst du die Glocken, Herr? […] Sie klingen wunderbar.« (SuS 91)

Eine andere Deutung ergibt sich zweitens, wenn die Reflexion des Erzählers in den Minuten, die er auf der Mine ausharrt, in den Fokus gerückt wird. Angesichts seiner Situation im Speziellen und des Krieges im Allgemeinen gelingt die Theodizee nicht mehr und es kommt zur Gewissheit: »Es gab keinen Gott. Wir wurden im Krieg geboren, und im Krieg würden wir sterben.« (SuS 85) Der Erzähler verbindet an dieser Stelle seinen Glauben mit der weltlichen Geschichte. Das ist die typische gedankliche Bewegung in der Geschichtstheologie bzw. christlicher Eschatologie wie in der Geschichtsphilosophie, die eine bestimmte zukünftige Entwicklung verspricht und die metaphysische Notwendigkeit dieser Zukunft zu beweisen sucht. Durch die messianische Figur Uriel wird die Trennung zwischen Geschichtstheologie und -philosophie aufgelöst. Uriel erlöst durch sein Opfer den Erzähler und durch den Fluchtpunkt des Romans stellvertretend auch die Menschheit nicht bloß in einem theologischen Sinn, sondern ganz weltlich. Dieser Befund ließe sich sogar auf den biblischen Jesus zurückbeziehen. In diesem Fall schält *Ich werde hier sein im Sonnenschein und im Schatten* Jesus *en passant* aus seiner christologischen Umklammerung heraus und versteht ihn neu als Sozialrevolutionär, ohne ihm seinen messianischen Charakter streitig zu machen: Aus religiösem Glauben wird weltliche Gewissheit.

Brazhinsky in diesen messianischen Deutungsrahmen integriert werden, verleumdet er doch als eine Art Judas-Figur später Uriel. Auf die Frage des Erzählers: »Und wer hat denn die Appenzeller getötet?«, antwortet Brazhinsky: »Im Wald? Uriel natürlich, der Zwerg.« (SuS 126)

5 »Und die blauen Augen unserer Revolution brannten mit der notwendigen Grausamkeit«. Heidnisches Geschichtsdenken und die Erlösung in der Unendlichkeit

Folgerichtig kommt es im Roman zur Apokalypse als einer geschichtlichen Umkehr, jedoch verkehren sich die Vorzeichen. Indem die apostolische Figur des Erzählers den gewaltsamen Umsturz der Ordnung des Réduits herbeiführt, erfüllt sie nicht die teleologischen Geschichtserwartungen des Abendlandes, sondern provoziert mit ihrer »Befreiungsbewegung«[51] den ›Untergang‹ abendländischen Geschichtsdenkens: »Und die blauen Augen unserer Revolution brannten mit der notwendigen Grausamkeit« (SuS 147). Dazu spannt Kracht ein intertextuelles Verweisnetz, das sich vor allem an einer romantischen Sehnsuchtssymbolik orientiert.[52] Zunächst folgt auf das individuelle Beispiel der Remigration des Erzählers das Kollektiv: »Ganze Städte wurden indes über Nacht verlassen und ihre afrikanischen Einwohner kehrten, einer stillen Völkerwanderung gleich, zurück in die Dörfer« (SuS 148). Das Postulat Hegels, im germanischen Abendland vollende sich die Geschichte, wird in sein Gegenteil verkehrt. Es folgt die Absage an den neuzeitlichen Fortschrittsgedanken. Der Erzähler reist per Schiff Richtung Afrika »über das Mittelmeer […] zur Liebe hin, zu einer blonden Frau, deren Haar mir erst furchterregend gelb erschienen war und dann golden« (SuS 146). Dies kann mit Manfred Pfister als eine höchst ›dialogische‹[53] Anspielung auf Heinrich Heines *Loreley*[54] und die Schicksalsfigur der Wasserfrau gelesen werden.[55] Während die Loreley den Untergang der Schiffer bewirkt, geleitet die blonde Frau »an der Reling […], barfuss, [mit] flackernden, schemenhaften Umrisse[n]« (SuS 146f.) die Afrika-Reisenden sicher über das Meer. Aus der (weiblichen) romantischen Bedrohung für das eigene Schicksal wird die Garantin der sicheren Passage. Vergleichbar lassen sich auch die Augen

---

[51] Bronner: Vom taumelnden Ich zum wahren Übermenschen, S. 333.
[52] Auf weitere Bezüge zur Frühromantik hat bereits Stefan Bronner hingewiesen (vgl. ebd., S. 272–276).
[53] Vgl. Manfred Pfister: Konzepte der Intertextualität, in: ders./Ulrich Broich: Intertextualität. Formen, Funktionen, anglistische Fallstudien, Tübingen 1985, S. 1–30.
[54] Heinrich Heine: [Loreley], in: ders.: Buch der Lieder (= Historisch-kritsche Gesamtausgabe der Werke »Düsseldorfer Ausgabe«, Bd. I/1), bearb. von Pierre Grappin, Hamburg 1975, S. 207–209.
[55] Vgl. Henriette Herwig: Sirenen und Wasserfrauen: Kulturhistorische, geschlechterdiskursive und mediale Dimensionen eines literarischen Motivs, in: Heine-Jahrbuch 47 (2008), S. 118–140.

des Erzählers deuten, die ursprünglich braun waren und mit Beginn seiner apostolischen Reise Richtung Afrika blaue Farbe annehmen. Seit Novalis' *Heinrich von Ofterdingen* (1802) symbolisiert die Farbe Blau im Motiv der blauen Blume aus Heinrichs Traum die Sehnsucht nach der Erlösung in der Unendlichkeit. Wenn die Iris des Erzähler blau wird, verkörpert er die Revolution, in der er durch die Verwendung des Kollektivplurals seinen eigenen Weg kollektiviert: Seine Augen werden zu den »blauen Augen unserer Revolution« (SuS 146). Das, was der Erzähler und die Menschen in Afrika wiederfinden oder zumindest erhoffen – Frieden, Liebe, die Sehnsucht nach Erlösung und geschichtlicher Unendlichkeit –, vermag das abendländische Geschichtsdenken nicht zu erfüllen. Indem sich der afrikanischstämmige, in seinem Welt- und Geschichtsverständnis aber europäisch geprägte Erzähler in einen europäischen Revolutionär mit afrikanisch geprägtem Seinsverständnis verwandelt, zeigt er die eigentliche Richtung der Revolution an: Nicht Europa ist der Kontinent geschichtlicher Sehnsucht, sondern Afrika der Kontinent des Daseins. Der Roman verweist durch verschiedene Motive auf ein heidnisches Geschichtsdenken, wie an einigen erzählerischen Details offenbar wird. Zu Romanbeginn ist die Kritik an einer teleologischen Geschichtsdeutung noch implizit. Als eine alte deutsche Frau den Erzähler in Bern als »Rotes Tier! Mörder!« beschimpft, antwortet dieser »Später, Mutter« (SuS 24). Das »Später« lässt sich als gelassener Hinweis auf die ständig wechselnden Fronten in diesem endlosen Weltkrieg verstehen, also darauf, dass Bern nur zeitweise von den Kommunisten gehalten wird und zyklisch wieder von ihnen aufgegeben und schließlich zurückerobert werden wird. Dementsprechend muss auch der Weg des Erzählers »aus den engen Gassen der Stadt […], weg von der Erinnerung« (SuS 50f.), aus der zivilisatorischen Vergangenheit hinein in eine geschichtslose Natur, als Absage an die abendländischen Geschichtsideologien gedeutet werden.[56] Deren Scheitern sieht bereits der Heiler im Heimatdorf des Erzählers voraus. Er imitiert nach dem Einzug der kommunistischen Herrschaft in Ostafrika den biblischen Schöpfungsakt, knetet »aus dem Uferlehm des Shire Kugeln von der Grösse seiner Faust« und sehnt »durch seinen Stab in einem Gesang, der nur wenige Momente der Geschichte dieser Welt dauerte, ein neues Menschengeschlecht

---

[56] Dass dieser Weg auch als Weg von der Kultur zurück zur Natur verstanden werden kann, symbolisiert ein »weisses Tuch«, das vor dem in die Natur reitenden Erzähler aufweht, während in der Ferne Bombeneinschläge Rauch »wie eine schwarze Fahne« aufwehen lassen (SuS 51).

herbei« (SuS 77f.). Die Entwurzelung der Menschen, die aus ihrem ›organischen‹ Leben in die ideologische ›Organisation‹ hineingepresst werden, wird symbolisch im Verschwinden des Vaters greifbar: »Mein Vater, er war vorangegangen, ich konnte ihn nicht einholen, er verschwand hinter der nächsten Biegung des Shires« (SuS 78). Eine besondere Funktion kommt dem Weg des Erzählers aus dem Réduit zu. Mit ihm wird der Übergang vom teleologischen Geschichtsdenken der Zivilisationen zurück zum heidnisch-zyklischen Verständnis, für das metonymisch Afrika steht, vollzogen:

> Sonnenlicht überstrahlte die Landschaft, nirgendwo mehr war noch Schnee, man konnte südwärts bis weit in die Ebenen hinein sehen. [...] Das kleine Loch in meiner Brust verheilte rasch. [...] Die erste Blume, die ich sah, einen gelben Löwenzahn, pflückte ich und steckte sie mir ans Revers der Uniformjacke. (SuS 133f.)

Das Verlassen des Réduits leitet die Reise Richtung Afrika ein und lässt sich als intertextueller Verweis auf Platons Höhlengleichnis lesen. Das gilt zuallererst für die Sonne, die im Höhlengleichnis für das höchste Seiende steht, und dann auch für die Interpretation des gesamten Aufstiegs zurück aus den Höhlen des Réduits ans Tageslicht. So heißt es bei Platon:

> Dieses Bild [das des Höhlengleichnisses, J.W.] [...] mußt du nun, mein lieber Glaukon, als Ganzes mit unseren früheren Darlegungen verbinden. Die Welt des Gesichtssinnes vergleiche mit der Wohnung im Gefängnis, das Feuer in ihr mit der Macht der Sonne. Wenn du dann den Weg hinauf und die Schau der Oberwelt als den Aufstieg der Seele zur Welt des Denkbaren annimmst, dann verfehlst du nicht meine Ansicht [...]. In der Welt des Erkennbaren ist die Idee des Guten die höchste und nur mit Mühe erkennbar; wenn man sie aber erkannt hat, dann ergibt sich, daß sie für alles Rechte und Schöne die Ursache ist [...].[57]

Der Erzähler in *Ich werde hier sein im Sonnenschein und im Schatten* steigt gleich dem Menschen aus Platons Höhlengleichnis hin zum Sonnenlicht, identifiziert das Gute, verabschiedet sich vom Abendland und seinen Ideologien und kehrt zurück nach Afrika. Diese konkrete Identifikation des Guten steht, Thomas Alexander Szlezáks Platon-Interpretation zufolge, durchaus im Einklang mit Platons Text: »Daß Platon Bilder biete, weil das Wesen des Guten prinzipiell nicht angebbar sei, ist ein (früher weitverbreitetes) Mißverständnis [...]. Die inhaltliche Bestimmbarkeit des Guten ist im Text

---

[57] Platon: Der Staat, 517a–c, S. 330f.

vorausgesetzt.«[58] Gleichwohl passt es ins Bild, dass das Höhlengleichnis dennoch eine Bewegung vom Konkreten hin zur abstrakten Welt der Ideen ist.[59] Der Ich-Erzähler in Krachts Roman verabschiedet sich von einer konkreten Vorstellung – der Ideologie des Kommunismus –, an deren Stelle er keine neue Ideologie setzt und gelangt analog zum Höhlengleichnis zur Erkenntnis des ›allgemeinen‹ Guten, folgt man Szlezáks Verständnis von Platon: »Das Gute selbst zu erkennen ist das Ziel des Aufstiegs, und es wird auch erreicht«.[60] Mit der Erkenntnis der Idee des Guten gewinnt *Ich werde hier sein im Sonnenschein und im Schatten* eine utopische Qualität. Das lässt sich mit der Interpretation des Erzählers als einer apostolischen Figur insofern verbinden, als dass das Heraustreten an das Sonnenlicht als ›Erleuchtung‹ auch gnostisch als menschliche Erkenntnis des ›göttlichen Funkens‹ lesbar ist, die zur Erlösung führt.

Jenseits dieser theologischen Implikationen wird das Gute in der Romanlogik mit einem antiken oder heidnischen Geschichtsdenken identifiziert, dass ein gänzlich unideologisch zu verstehendes *fatum* in den Mittelpunkt rückt. Das Konzept eines prädeterminierten Schicksals als Lektürefolie für die Erzählung wird bereits motivisch angelegt, als Favre zu Romanbeginn das *I Ging* legt. Denn im heidnischen Geschichtsverständnis müssen Vergangenheit und Zukunft nicht mehr mit Erwartungen und Hoffnungen gefüllt werden, da sie den ›Schamanen‹ auch in *Ich werde hier sein im Sonnenschein und im Schatten* bereits bekannt sind: »Aus dem Kot und dem Blut der Vögel wusste er nicht nur die Zukunft des Menschengeschlechts zu lesen, sondern auch die unerhörte Geschichte von allem, was bis jetzt auf dieser Welt geschehen war.« (SuS 74) Brazhinsky lässt sich zunächst ebenfalls als schamanistische Figur deuten. Er agiert als eine »Art Wunderheiler« (SuS 114), beherrscht besondere Fähigkeiten wie die Rauchsprache und geriert sich als Prophet. Dem entspricht sein Äußeres: »Sein Bart und seine Haare waren gewachsen, beides verlieh ihm Würde und fast die Anmut eines afrikanischen Stammesältesten, obgleich er ein Weisser war.« (SuS 123) Allerdings erreicht Brazhinsky eben nicht ›ganz‹ die Anmut eines Ältesten und die Fähigkeiten eines Schamanen, hat er doch dem Verlust abendländischer Ideologie nichts entgegenzusetzen als

---

[58] Thomas Alexander Szlezák: Das Höhlengleichnis, in: Otfried Höffe (Hg.): Platon. Politeia, Berlin 2005, S. 205–228, hier S. 216.
[59] Vgl. die entsprechende Anmerkung zum Buch VII in: Platon: Der Staat, S. 574–594, hier S. 577f.
[60] Szlezák: Das Höhlengleichnis, S. 215.

Nihilismus, ›Übermenschentum‹ und das Phantasma seiner Rauchsprache. Im Unterschied zum Schamanen will er sich im Zustand des Satori selbst entmenschlichen: »Der Einzelne muss zu einem Gegenstand werden, zu etwas Gegenständlichem. [...] Durch Meditation, durch tiefe Einsicht in die Natur des Krieges« (SuS 39). Derart wird jede Ideologie zwar verabschiedet, allerdings geht der Bezug zum Menschen und seiner *conditio humana* verloren: Mit der Ideologie verliert der Mensch seine Menschlichkeit.

Nicht so jedoch der Schamane im Heimatdorf des Erzählers. Gerade aufgrund der Zukunftsgewissheit erwartet er keine Zukunft mehr oder sucht sie beschleunigt zu erreichen, weshalb er »wochenlang warten« kann, »einen Monat, zwei, es macht[ ] keinen Unterschied« (SuS 75). Nachdem der Erzähler sich dieses Geschichtsverständnis (wieder) zu eigen gemacht hat, reist er zurück zu den afrikanischen Ursprüngen des Lebens und verliert jedes Gefühl für eine Zeitrechnung: »Welches Jahr schrieben wir? Die Zeit hatte aufgehört zu sein, die Schweizer Zeit.« (SuS 142) Mit der Rückkehr zur Natur vibriert in ihm vielmehr wieder »das geräuschlose Summen der unbekannten Vergangenheit und der darin auftauchenden Zukunft« (SuS 144).

6 Fazit: Durch das *eschaton* über den Zyklus ins Nichts

Der Regress, den der Erzähler für Schrift und Kunst der Menschen in seiner Erzählgegenwart beschreibt, spiegelt sich in der makroskopischen geschichtlichen Entwicklung der Geschichte – die Menschheit kehrt zu ihren Wurzeln zurück – und in der Wiederkehr vergangener Geschichtsvorstellungen, die sozusagen rückwärts durchlaufen werden: Die politischen Ideologien der Neuzeit gipfeln im ideologisch entleerten ›Rausch‹- und Wahnzustand. Das Geschichtsdenken läuft über romantisch-christliche Motive hin zur Erlösungsvorstellung des Judentums bzw. Christentums zurück, um beim Ursprung geschichtlichen Denkens, den antiken Vorstellungen eines zyklischen Verlaufs der Geschichte anzugelangen.[61]

Kracht greift in *Ich werde hier sein im Sonnenschein und im Schatten* den geschichtsphilosophischen Diskurs in den Erzählungen über den Ersten Weltkrieg auf, entgrenzt den Krieg räumlich wie zeitlich und dekonstruiert über die-

---

[61] Man kann den Aufstieg und Fall geschichtlicher Vorstellungen auch als geschichtlichen Zyklus im Sinne Oswald Spenglers verstehen (vgl. Spengler: Der Untergang des Abendlandes).

sen Kunstgriff die politischen Ideologien des 20. Jahrhunderts als Phantasmen der westlichen Zivilisation. Damit führt Kracht den Diskurs über den Kolonialismus des Westens weiter, der schon die Romane *1979* und *Imperium* ausgezeichnet hatte. Nachdem Kracht in *Faserland* mit den erzählerischen Traditionen des Bildungsromans und in *Imperium* mit denen des Reise- und Kolonialromans experimentiert hat, verwandelt er die Gattung der (Welt-)Kriegserzählung in *Ich werde hier sein im Sonnenschein und im Schatten* in ein postmodernes *pastiche*. Dazu nutzt Kracht die Phänomenologie der Beschleunigung im Ersten Weltkrieg produktiv für das geschichtliche Programm des Romans. Die Diegese entgrenzt den Krieg zeitlich wie räumlich vollständig und die Menschheit lebt infolge einer militärtechnologisch fortschrittlichen Beschleunigung bereits in einer Art ubiquitärem ›rasenden Stillstand‹, wodurch sie ihre Freiheit vollständig einbüßt. Die räumliche wie zeitliche Entgrenzung führt zunächst nicht zu einem Ideologiedefizit seitens der Kriegsparteien. Erst der Erzähler verabschiedet sich nach und nach von einem totalitären wie letztlich inhaltsleeren Kommunismus und kehrt zurück nach Afrika – gleichsam als Apostel einer neuen, ideologiefreien und geschichtslosen Zeit. Mit dieser Erzählkonstruktion kommentiert *Ich werde hier sein im Sonnenschein und im Schatten* die völlige Nivellierung jeder persönlichen, individuellen Freiheit durch eine Phänomenologie der Beschleunigung, die Plötzlichkeit jenseits jeder Wahrnehmungsfähigkeit erzählt und die damit von der Ermöglichungsbedingung neuzeitlicher Geschichte zu ihrem Ende wird. Erst in der Beschleunigungsverweigerung Uriels, seinem wörtlich zu verstehenden Stillstand und Opfer erkennt der Erzähler seinen Irrtum und löst sich letztlich von einem totalitären Kommunismus, der ebenso wie andere Ideologien die Beschleunigung als Machtinstrument begreift. Zudem folgt in der Romanlogik der Erste Weltkrieg notwendigerweise aus ideologischen Geschichtskonstruktionen. Derartige ideologische Konstruktionen konzipieren ein weltliches *eschaton* und besitzen zugleich eine im Kern metaphysische Qualität. Die Phänomenologie der Beschleunigung, die im Roman im völligen Verlust von Freiheit endet, wird bei Kracht bedingt durch die Metaphysik der Geschichte – und *vice versa*. Diese reziproke Verknüpfung, die an die gemeinsamen Ursprünge von Beschleunigung und neuzeitlicher Geschichtsphilosophie erinnert, ermöglicht es in *Ich werde hier sein im Sonnenschein und im Schatten* Ideologien und allgemein metaphysisches Geschichtsdenken stillzulegen.

Letztlich mündet die Romanhandlung somit in einem geschichtlichen Nichts. Statt einem innergeschichtlichen Fluchtpunkt wird die Rückkehr zu einem heidnisch-antiken Geschichtsverständnis avisiert, das in der ›Wiederkehr des Immergleichen‹ ein geschichtsphilosophisch bzw. -theologisch begründetes *telos* ausschließt. Darin kann durchaus ein poststrukturalistischer Kommentar zur geschichtsphilosophischen Imprägnierung der Westfront-Romane gesehen werden. Um das Vergessen der Geschichtlichkeit des Menschen zu realisieren, muss im Roman freilich wiederum eine metaphysische Geschichtsvorstellung als Geburtshelfer aufgerufen werden: die Geschichtstheologie. Mit dieser dialektischen Denkfigur führt Kracht die Ausweglosigkeit aus der Falle geschichtsphilosophischen und ideologischen Denkens vor: Die Metaphysik der Geschichte müsste ihr eigenes Ende schon in einer negativ dialektischen Bewegung selbst herbeiführen. Kracht reichert den Stoff mit einer neuen Qualität an, indem er die abendländische Struktur geschichtlichen Denkens angreift und mit antiken bzw. heidnischen Geschichtstraditionen kurzschließt.[62] Er entwickelt auf dem Weg des Romans sozusagen eine (negative) ›Dialektik der Ideologie‹. Einzig die Gewissheit über die Zukunft bezieht der Roman aus dem christlichen Erlösungsdenken.

Mit dieser Feststellung kann schließlich der Romantitel *Ich werde hier sein im Sonnenschein und im Schatten* interpretiert werden: Im zukunftsgewissen Futur nimmt der Erzähler als Apostel einer neuen Zeit Abschied von einem teleologischen Fortschrittsdenken und setzt an seine Stelle die zyklische Wiederkehr von immergleichem Leid und immergleichem Glück – sowohl im symbolischen Sonnenschein als auch im Schatten wird er da sein. Liest man den Titel als Worte Gottes, so lässt sich ergänzen: Gott ist mit den Menschen. Er existiert unabhängig von zivilisatorischen Zukunftsversprechen. Darüber hinaus schwingt im Romantitel die Einsicht in den metaphysischen Charakter des Entwurfs von Geschichtsverläufen als anthropologische Konstante mit. Ohne die messianische Denkfigur und die Verkündung einer neuen, anderen Zukunft ist auch die Rückkehr zu einem heidnisch-antiken Geschichtsprogramm nicht möglich. Zugespitzt formuliert heißt das: Wer sich einmal ein geschichtliches *telos* gesetzt hat, wird die eschatologischen Geister, die er rief, nicht wieder los.

---

[62] Insofern trifft die Forschungsmeinung zu, dass auch *Ich werde hier sein im Sonnenschein und im Schatten* als ein Roman über den Kolonialismus des Westens gelesen werden muss (vgl. Hermes: »Ich habe nie Menschenfleisch gegessen«), was auch die Analyse der intertextuellen Bezugnahmen auf Joseph Conrads *Herz der Finsternis* und dessen intermediale Verarbeitung in Francis Ford Coppolas *Apocalypse Now* bestätigt (vgl. Lorenz: Kracht, Coppola, Conrad).

Wie reichhaltig die Lektüren des Romanendes ausfallen können, zeigt der Verweis auf intertextuell inspirierte Interpretationen. Krachts Umschreibung des kolonialen Stoffes aus Joseph Conrads *Herz der Finsternis* ist bereits untersucht worden,[63] auf die mögliche Beziehung zu Ernst Jüngers Erzählung *Afrikanische Spiele* ist noch nicht hingewiesen worden. Der Protagonist der Erzählung Herbert Berger hat sich wie der kaum 18-jährige Ernst Jünger als Fremdenlegionär gemeldet und verklärt Afrika noch am Ende der Erzählung als das »Gelobte[ ] Land«,[64] bevor er schließlich gescheitert nach Deutschland zurückkehrt. Helmuth Kiesel verweist auf die Wirtsleute, bei denen Berger einkehrt und die ihm einen Obolus abnehmen, womit sie an den Fährmann Charon erinnern: »Die Rückkehr in die Sphäre der Zivilisation erscheint als Eintritt ins Reich des Todes oder des nur schattenhaften Daseins.«[65] Wenn auch der namenlose Erzähler in *Ich werde hier sein im Sonnenschein und im Schatten* in ein antizivilisatorisches und ungeschichtliches Afrika reist, dort jedoch dauerhaft zu bleiben vermag, dann gelingt ihm das, was Herbert Berger noch verwehrt bleibt: Der Ausbruch aus einem ›schattenhaften Dasein‹ und der Eintritt in ein ›wahres‹ Leben.

Mit der Absage an jedes zivilisatorische Zukunftsversprechen und der Rückkehr ins geschichtliche Nichts dörflicher Familiengemeinschaften vollzieht der Mensch eine Bewegung, die in gewisser Weise bereits in Ferdinand Tönnies *Gemeinschaft und Gesellschaft* angelegt ist. Nach Tönnies »ist Familienleben die allgemeine Basis der gemeinschaftlichen Lebensweisen«. Dem stellt er die Großstadt entgegen, die »typisch [...] für die Gesellschaft schlechthin«[66] sei. Er formuliert die These, dass die »Großstadt und [der] gesellschaftliche[ ] Zustand überhaupt das Verderben und der Tod des Volkes [sind], welches umsonst sich bemüht, durch seine Menge mächtig zu werden«.[67] In Krachts Romanfiktion folgen die Menschen angesichts eines entfesselten Weltkriegs dem Erzähler nach, verlassen in Scharen die Städte, migrieren aus den westlichen Zivilisationen nach Afrika und verlieren sich dort im Nichts der Geschichte. Somit geschieht nichts anderes, als dass, wie bei Tönnies angedeutet, infolge eines zerstörerischen Klassenkampfes die »zerstreuten Keime« dieser Menschen »lebendig bleiben, daß Wesen und Ideen der Ge-

---

[63] Vgl. ebd.
[64] Ernst Jünger: Afrikanische Spiele, in: ders.: Erzählungen I (= Sämtliche Werke 18), Stuttgart 2015, S. 75–245, hier S. 191.
[65] Kiesel: Ernst Jünger, S. 62. Vgl. Jünger: Afrikanische Spiele, S. 244.
[66] Tönnies: Gemeinschaft und Gesellschaft, S. 298.
[67] Ebd., S. 303.

meinschaft wiederum genährt werden und [sie] neue Kultur innerhalb der untergehenden heimlich entfalten«.[68]

Somit ergibt sich eine gewissermaßen doppelte Lesbarkeit des Romanendes als denkbar scharfe Ideologiekritik und als Restitution der Idee kleiner, familialer Gemeinschaften. Aus ideologiekritischer Perspektive kann dieser Restitution der Gemeinschaft aufgrund der problematischen Diskursgeschichte durchaus eine abstrakte Verbindung zu völkischem oder sogar rassistischem Denken vorgeworfen werden. Doch die Anklage von Georg Diez, Kracht zeige vermeintliche »Nähe […] zu rechtem Gedankengut«,[69] greift zu kurz. Denn die Restitution kleiner Gemeinschaften kann nicht nur nationalistisch und völkisch, sondern gleichermaßen sozial und kommunitaristisch[70] interpretiert werden. Letztlich führt diese Konstellation vor Augen, wie schmal die Grenze zwischen einem völkischen Faschismus und einer an sozialen Prinzipien organisierten, kommunitaristischen Gemeinschaft sein kann.

Der dialektische Schluss in *Ich werde hier sein im Sonnenschein und im Schatten* lautet: Geschichte im Sinne einer Fortschrittsgeschichte, einer realisierten oder zu realisierenden Ideologie müsse als Ganzes überwunden werden. Erlösung findet der Mensch demzufolge gerade nicht in der Geschichtsphilosophie, sondern in der Rückkehr in eine vorgeschichtliche Zeit.[71] Dabei führt der Roman die Rückkehr zu den Wurzeln der Menschheit auch motivisch über den (vermeintlichen) Regress abendländischer Schriftkultur zu oralen Traditionen vor ebenso wie den Regress moderner Kunst zurück zu prähistorischen Höhlenmalereien. Erst mit der Rückkehr zu heidnisch-schamanistischen Vorstellungen findet der Erzähler die ihm gemäße Existenzweise und gerät, sich seiner selbst kaum bewusst, zum Apostel einer neuen Menschheit. Im Zuge dessen koppelt er seine Identität von geschichtsphilosophischen Vorstel-

---

[68] Ebd.
[69] Diez: Die Methode Kracht, S. 100.
[70] Der Kommunitarismus ist seit den 1970er- und 1980er-Jahren eine liberalismuskritische Strömung insbesondere in der US-amerikanischen Soziologie und Philosophie, zu deren Vertretern etwa Amitai Etzioni und Charles Taylor zählen und die gegen einen absolut gesetzten Individualismus die Notwendigkeit einer Einbindung des Individuums in soziale Gemeinschaften betont.
[71] Einen ganz anderen historischen Roman über die Westfront des Ersten Weltkriegs hat Jean Echenoz mit *14* geschrieben. Er dekonstruiert nicht die geschichtlichen Erwartungen des Weltkriegs, sondern stellt der Makrogeschichte die Mikrogeschichte und einer kontinuierlichen Erzählung vom Krieg an der Front einzelne Szenen aus dem Leben französischer Figuren gegenüber (vgl. Jean Echenoz: 14, aus dem Französischen von Hinrich Schmidt-Henkel, Berlin 2014).

lungen ab. Zuletzt kehrt mit ihm *pars pro toto* die Menschheit der westlichen Zivilisation den Rücken, die sich vor allem durch ihre Ideologie auszeichnet – und der Erzähler löst sich gleichsam in dieser Wiege der Menschheit wiederum selbst auf. Die Menschheit verschwindet aus der Geschichte, die damit wieder zur Naturgeschichte wird, und findet womöglich in kleinen, familialen Gemeinschaften ihre Erfüllung.[72]

---

[72] Ingo Irsigler, der sich bereits mit der geschichtlichen Bewegung des Romans auseinandergesetzt hat, diagnostiziert die utopische Bewegung des Textes und deren dystopische Wendung mit Verweis auf ein Interview von Denis Scheck und den aufgeworfenen Gedanken einer ›Geschichtskorrektur‹ in Argentinien, die dem Roman vergleichbaren narrativen Verlaufsprinzipien folgt. So seien beide krachtschen Geschichtsentwürfe »[u]topisch, weil in beiden Fällen der Traum eines Idealzustands erreicht werden soll; anti-utopisch, weil die Durchsetzung von Ideologien mit Gewalt, Terror und propagandistischer Manipulation verknüpft wird: Die Utopie droht stets in der Katastrophe zu enden.« (Irsigler: World Gone Wrong, S. 172) Jedoch liest Irsigler den Fluchtpunkt des Romans meines Erachtens irrigerweise als »neue Ideologie«, die ebenfalls zum Scheitern verurteilt sei: »Die Rückkehr, dies legt der Text zumindest nahe, bedeutet mutmaßlich die Fortsetzung des Krieges, der erhoffte Neuanfang wird somit als Illusion markiert. Für diese Lesart spricht die Tatsache, dass alle im Roman genannten historischen Ideologien (Faschismus, Kommunismus und Religion) als destruktive Ideologien entlarvt werden, weshalb auch die im Schlusskapitel entfaltete Zukunftsutopie wohl zum Scheitern verurteilt ist.« (Ebd., S. 179) Irsiglers Interpretation des Romans deutet den Erzähler als »messianischen Erlöser« (ebd., S. 172) und lässt den religiösen Uriel außer Acht, der mit seinem Selbstopfer die Peripetie des Romans und die Umkehr des Erzählers auslöst. Zudem werden die Residuen heidnischen Geschichtsdenkens im Roman, das die neuzeitlichen Ideologien ablöst und das sich im Ende der europäischen Zivilisation abbildet, nicht in die Deutung mit einbezogen.

VII Visionen vom Ewigen Frieden im ästhetischen Niemandsland

Den Westfront-Romanen des Ersten Weltkriegs ist eine gewisse strukturelle Ähnlichkeit zu eigen – auch jenseits von eher offensichtlichen erzählerischen Parallelen wie der Fokalisierung auf autodiegetische Erzähler oder dem pragmatischen Anspruch in den 1920er-Jahren, die Westfront-Romane als faktuale Kriegsberichte zu lesen. Insbesondere strukturieren alle Objekttexte die Narrative der Erfahrung und der Erwartung gleichzeitig als Beschleunigungserfahrung an der Front und als Geschichtsdeutung des Ersten Weltkriegs. Darüber stellen die Westfront-Romane zwei unterschiedliche Chronoreferenzen her und hinterfragen oder bestätigen das Zeitregime der Moderne. Die Westfront-Romane thematisieren Vergemeinschaftungen – die der Kameradschaft und die der Nation. Die Frontgemeinschaft eignet sich zur erzählerischen Realisierung der ›Volksgemeinschaft‹, die die ›Ideen von 1914‹ als *telos* formulieren. Daher lässt sich das Frontkämpfer-Narrativ passgenau in das nationalistische Narrativ der ›Ideen von 1914‹ und ihrer Folgen integrieren, sodass man sogar noch *Im Westen nichts Neues* bellizistischen Lektüren unterziehen kann. Dass die Fiktion der Kameradschaft jedoch nicht *per se* an ein nationalistisches Modell der vergemeinschafteten Nation gekoppelt wird, zeigt sich spätestens in Remarques *Der Weg zurück*. Im Unterschied zum nationalen Aufbruch, den die ›Ideen von 1914‹ für die Nachkriegszeit versprechen, bleibt das Modell der Kameradschaft, das die Kriegserlebnisse des Einzelnen in der Gruppe kompensiert, notwendig auf den Krieg und die Fronterfahrung festgelegt. Ohne das gemeinsame Erleiden des Beschleunigungsimperativs kann es nicht über den Krieg hinaus verstetigt werden und folglich auch nicht im nationalen Narrativ der ›Ideen von 1914‹ aufgehen. Zudem ist die Fronterfahrung nicht an Nationalitäten geknüpft.
Steht das Frontkämpfer-Narrativ im Fokus, dann reagieren die Westfront-Romane in Motivik und Darstellungsressourcen auf eine spezifisch ›moderne‹ Beschleunigungserfahrung. In ihnen wird eine Phänomenologie der Beschleunigung aufgefächert. Das betrifft die sozialen Umstürze an der Front, den drohenden Verlust von Persönlichkeit oder gar Personalität, die maschinelle Beschleunigung und die daraus resultierende Fronterfahrung von Plötzlichkeit, den ›rasenden Stillstand‹ oder auch die ›utopische Augenblickserfahrung‹. Wurde in der Vorkriegszeit noch die neue Krankheit der

»Nervosität als Kriegszustand«[1] begriffen, wie Peter Sprengel zeitdiagnostisch für die Vorkriegsjahre konstatiert, kehrt sich diese Sachlage im Krieg selbst um. Der Kriegszustand verursacht eine bis dahin unbekannte Nervosität, die als rauschhaftes Kriegserlebnis im Rahmen der hier behandelten Texte nur in Ernst Jüngers Erster-Weltkriegs-Prosa emphatisch begrüßt wird. Der Erfahrungsraum Front wird von zumeist autodiegetischen Erzählern im Präsens als Phänomenologie der Beschleunigung erzählt. Darin wird eine Gegenwartsdiagnose betrieben, deren narrative Organisation im Rahmen dieser Arbeit mit dem Frontkämpfer-Narrativ erfasst wurde. Bestimmt man das Frontkämpfer-Narrativ feingliedriger, zeichnet es sich strukturell durch eine Wellenbewegung zwischen ruhigeren und nervösen bzw. beschleunigten Passagen soldatischer Fronterfahrung aus. Den jeweiligen Kulminationspunkt bildet die Situation des ›rasenden Stillstands‹. Das betrifft sowohl die Erzählstruktur insgesamt als auch einzelne Szenen. So agieren die Soldaten in Ernst Jüngers Tagebuch-Erzählung *Feuer und Blut* »im blitzschnellen Wechsel zwischen Deckung und Angriff«[2] und erleben die Frontereignisse in einer geradezu musikalischen Rhythmik:

> Die Gewehre und Maschinengewehre spielen ihre tödliche Melodie, die anschwillt und verebbt und plötzlich abbricht, um dann wieder ein wütendes Fortissimo anzuschlagen, das alle Tasten in Bewegung setzt. Es läßt sich schwer sagen, wodurch ihr Rhythmus sich bestimmt.[3]

Das Narrativ ist damit weniger einer teleologischen, sondern eher einer zyklischen Zeitvorstellung verpflichtet. Es überträgt die zeitliche und räumliche Entgrenzung des Krieges in den Westfront-Romanen bzw. die dortige ›Wiederkehr des Immergleichen‹ auf die Erzählorganisation. Dem entspricht oftmals auch die Ersetzung konkreter Daten und ohnehin kaum mehr exakt benennbarer Uhrzeiten durch allgemeine, zyklische Jahres- und Tageszeitangaben und Zeitadverbien. So wird in Henri Barbusses *Das Feuer* eine chronologische Folge des Erzählten zugunsten einer achronologischen Reihe von Szenen aufgelöst, Orte werden nicht benannt und Daten können bestenfalls noch im Groben über jahreszeitliche Wetterlagen erahnt werden.

Im Frontkämpfer-Narrativ entsteht aus den Beschleunigungs-Phänomenen ›rasende Zeit‹ und ›Stillstand‹ an der Front die Erfahrung des ›rasenden

---

[1] Sprengel: Geschichte der deutschsprachigen Literatur 1900–1918, S. 36.
[2] Jünger: Feuer und Blut, S. 496.
[3] Ebd., S. 515.

Stillstands‹. Eine derartig entgrenzte Beschleunigung wird in allen Westfront-Romanen dargestellt. Der ›rasende Stillstand‹ stellt gewissermaßen die Erfahrung von Plötzlichkeit auf Dauer und provoziert ein Gefühl des Zeitverlustes bei den Soldaten. Dementsprechend wird in den Romanen reflektiert, dass der maschinell beschleunigte Krieg auf den Schlachtfeldern der Westfront ›einfriert‹ und die intellektuelle Aufbruchsstimmung bei Kriegsausbruch spätestens in den Schützengräben zum Erliegen kommt. Ein Ende des Krieges nebst einem möglichen neuen Erwartungshorizont wird immer weniger absehbar: Der Krieg ist zeitlos gegenwärtig. Die zeitliche Ordnung von Vergangenheit, Gegenwart und Zukunft ist verschwunden und die Zeit büßt ihre »orientierungsstiftende Funktion«[4] ein. Das Gefühl der Soldaten, an einer ›zeitlosen‹ Front zu kämpfen, korreliert mit der Erfahrung von Machtlosigkeit. Die Erfahrung steter Lebensgefahr und schockartiger, plötzlicher Ereignisse evoziert zeitlichen Stillstand. Der Tod tritt nicht sofort ein, sondern er droht jederzeit. Weil die Westfront sich kaum noch verschiebt und die Heere sich in ihren Stellungen eingraben, erstarren die Soldaten in Bewegungslosigkeit und verlieren ein absehbares Kriegsziel aus den Augen. Aufgrund der Beschleunigungserfahrung gerät nicht nur die Zeit für die Soldaten aus den Fugen, sondern auch der Raum wird angesichts der Beschleunigung nivelliert. Eine stabile räumliche Entfernung etwa zu den lebensbedrohenden Geschossen und Granaten ist aufgrund deren Geschwindigkeit nicht mehr vorhanden. Die Soldaten können sich kaum noch an Landschaftsmarken orientieren, da die Topographie an der Front durch die Bombardements deformiert und eingeebnet wurde. Die Westfront insgesamt erscheint in der Folge ubiquitär und entgrenzt, sodass die Frontsoldaten dem Krieg weder zeitlich noch räumlich entkommen können. Ihnen fehlen infolge des Krieges die dafür notwendigen Kategorien von Zeit und Raum, wie in den verschiedenen Erzählungen der Heimaturlaube von Paul Bäumer und Paul Bosemüller deutlich wird. Gleichwohl werden sie selbst zur Beschleunigung gezwungen. Nur wer sich selbst an die moderne Akzeleration anpasst, hat Überlebenschancen: Im Ersten Weltkrieg existiert ein Beschleunigungsimperativ. In *Gruppe Bosemüller* und *Im Westen nichts Neues* entfremden sich die Soldaten dem Kreis ihrer Familie und werden auch in der Heimat von der Front heimgesucht.

---

[4] Rosa: Beschleunigung, S. 17.

Aus dieser Beobachtung folgt in den Westfront-Romanen jedoch nicht die Stilllegung geschichtlichen Denkens, denn neben der Augenblickserfahrung einer sich selbst auflösenden Gegenwart kann ›Zeit‹ grundsätzlich, wie bereits Augustinus beschrieben hat,[5] auch als ein Entwurf der Vergangenheit und der Zukunft in der Gegenwart gedacht werden. »Die drei Zeitdimensionen bündeln sich in der Gegenwärtigkeit des menschlichen Daseins«,[6] formuliert Koselleck diesen Sachverhalt. Zukunft existiert nur in einer jeweiligen Gegenwart, in der sie und aus der heraus sie entworfen wird. Im Umkehrschluss folgt daraus: Die Gegenwart schrumpft nicht, sondern in der Konzeption einer Zukunft wird ihr eine Dauer verliehen, die sie an der Front des Weltkriegs nicht besitzt. Die Zukunftserwartung verspricht somit das zurückzuholen, was den Frontsoldaten durch die Augenblickserfahrung in den Schützengräben verloren geht: persistente Persönlichkeit. Die Analyse der Sinn- und Geschichtsdeutung in den Westfront-Romanen verdeutlicht, dass ein Erwartungshorizont abgesteckt wird, der geschichtsphilosophisch imprägniert ist. Die allgemeinen Postulate von Theodor Lessing zur Sinndeutung von historischen Ereignissen lassen sich also anhand der Westfront-Romane konkretisieren. Die soldatischen Romanfiguren empfinden ihre Zeit in den Schützengräben als sinnlos. Tod und (Un-)Versehrtheit erscheinen als zu kontingent, als dass den Kriegsereignissen noch Sinn abgerungen werden könnte. Sie drohen ihre Persönlichkeit zu verlieren, bestenfalls gelingt es ihnen, ihre zivile Persönlichkeit durch eine soldatische zu ersetzen. Gleichwohl bietet häufig bereits die Diegese der Westfront-Romane Sinndeutungen

---

[5] »Er [der Geist, J.W.] erwartet, er erfasst aufmerksam ein Gegenwärtiges [attendit], er erinnert sich. So kann das, was er erwartet, auf dem Weg über das, worauf er als ein Gegenwärtiges achtet, übergehen in das, woran er sich erinnert. Zweifellos existiert Zukünftiges noch nicht, aber im Geist existiert die Erwartung zukünftiger Dinge. Zweifellos existiert das Vergangene nicht mehr, aber im Geist existiert noch die Erinnerung [memoria] ans Vergangene. Zweifellos bildet die Gegenwart keinen Zeitraum, da sie im Augenblick vorbeigeht, aber was dauert, ist das aufmerksame Erfassen des Gegenwärtigen [attentio], durch das hindurch das Kommende übergeht ins Abwesende.« (Augustinus: Bekenntnisse, S. 326 [XI.XXVIII.37]).

[6] Koselleck: Stetigkeit und Wandel aller Zeitschichten, S. 248. Naturgemäß sind die attributiven Zuschreibungen zu jeder Zeitdimension austauschbar: Die Zukunft kann gegenwärtig, zukünftig oder vergangen sein, ebenso die Gegenwart und die Vergangenheit. Daraus folgt auch, dass jede Geschichtsschreibung und letztlich auch jeder geschichtsphilosophische Geschichtsentwurf immer Kind der eigenen Zeit bzw. der eigenen Gegenwart ist (vgl. ebd., S. 258–260).

des Krieges an.[7] Oder ihnen liegen narrative Strukturen zugrunde, die den als sinnlos erfahrenen Krieg durch Zukunftserwartungen mit Sinnpotential ausstatten. Die Fragen nach der Sinndeutung des Weltkriegs in der Literatur und nach nationalistischer oder sozialistischer Ideologie in den Westfront-Romanen können demnach auf literarische Schreibweisen geschichtlicher Überzeugungen zurückgeführt werden. Diese Schreibweisen wurden als Erwartungs-Narrativ definiert, das in seiner Tiefenstruktur immer auch durch geschichtsphilosophische Prämissen konturiert ist. Der Einfluss einer metaphysisch begründeten Geschichtsvorstellung schlägt sich maßgeblich in der Erzählorganisation nieder. Während das Frontkämpfer-Narrativ die Fronterfahrung des Einzelnen erzählerisch organisiert, weist das Erwartungs-Narrativ dem Krieg einen kollektiven geschichtlichen Sinn zu. Je nach ideologischer Position differenziert sich das Erwartungs-Narrativ nochmals in Binnen-Narrative wie das der ›Ideen von 1914‹ aus.
Der Krieg wird im Sinne einer Phänomenologie der Beschleunigung erzählt und ihm wird Sinn über die Verortung in einem metaphysisch bestimmten Geschichtsverlauf zugewiesen. Eine gewissermaßen zweipolige Zeiterfahrung des Ersten Weltkriegs bestimmt die narrative Form der Westfront-Romane. Die zwei Pole der Zeiterfahrung, Beschleunigungserfahrung und Geschichtsdeutung, beeinflussen die narrative Organisation des Textes. Zugleich prägen sie maßgeblich die Motivik der Weltkriegs-Erzählungen. Daraus folgt: Obwohl die Narrative der Frontkämpfer und der Erwartung unterschiedlichen Prinzipien folgen, ergänzen sie einander. Das Frontkämpfer-Narrativ ist zeitlich weniger gedehnt, da Anfang und Ende der Frontkämpfer-Narrationen im Regelfall in den Krieg hineinversetzt werden. Es wird im Kern von der Fronterfahrung strukturiert, verschließt sich aber nicht notwendig ideologisierten Sinndeutungen des gesamten Krieges. Das ideologische Narrativ der Erwartung und das im Vergleich deskriptivere Frontkämpfer-Narrativ können folglich immer dann synchronisiert werden, wenn das eine Narrativ nicht ideologisch quer zu den Ideologemen des anderen verläuft. In diesem Fall umgreift das durch einen weiter gesetzten Anfangs- und Endpunkt stärker gedehnte ideologische Erwartungs-Narrativ das Frontkämpfer-Narrativ, sodass das erste Narrativ das zweite potentiell überwölbt. Im Zuge dessen kann es durchaus zu ›tektonischen‹ Verwerfungen kommen, also zu scheinbaren

---

[7] Vgl. Thomas F. Schneider: Pazifistische Kriegsutopien in der deutschen Literatur vor und nach dem Ersten Weltkrieg, in: Esselborn (Hg.): Utopie, Antiutopie und Science-Fiction, S. 12–28.

oder tatsächlichen inneren Widersprüche und Unstimmigkeiten innerhalb der Narrationen. Derartige Texte werden durch die diskursiven Ansprüche beider Narrative und deren ›erzählerischen Fliehkräfte‹ gewissermaßen in ein Prokrustesbett gepresst.

Da die Homogenität von Beschleunigungserfahrung und Geschichtserwartung in der Neuzeit mit Einbruch der Moderne entzweigeht, sind die Westfront-Romane zudem mit der Problemstellung konfrontiert, die nunmehr heterogenen Phänomene Beschleunigung und Geschichtsdeutung derart miteinander zu konfigurieren, dass diese einander nicht ausschließen. Die Sinnlosigkeit der Fronterfahrung verhindert einerseits die Sinngebung des Weltkriegs. Andererseits provoziert sie geradezu eine geschichtsphilosophisch imprägnierte Sinngebung, die dem Ersten Weltkrieg insgesamt und konkret dem Leid der Soldaten ein *eschaton* zuschreibt. Das hat zur Folge, dass in den Westfront-Romanen eine jeweils eigene Geschichtsdeutung des Krieges oder eine utopische Vorstellung angelegt ist. Die Differenz zwischen Erfahrung und Erwartung sowie zwischen Phänomenologie der Beschleunigung und Metaphysik der Geschichte wird über jeweils andere Geschichtskonzeptionen aufzulösen versucht.[8] In der Gesamtsicht der untersuchten Romane wird damit die Gleichzeitigkeit des Ungleichzeitigen bzw. die ›geschichtliche Zeit‹ offenbar. Durch die literarische Verknüpfung von Beschleunigung und Geschichtsdeutung wird dem Ersten Weltkrieg ein geschichtlicher Ort zugewiesen. Die notwendige Integration der Beschleunigungserfahrung in eine Geschichtsdeutung bleibt umso problematischer, je weniger ästhetische Verfahren entwickelt werden, um sie mit der jeweiligen Verortung des Krieges innerhalb ›der‹ Geschichte und einem entsprechenden Erwartungshorizont zu verschränken.

Dieser Versuch der Harmonisierung von Fronterfahrung und Geschichtsdeutung scheitert in Werner Beumelburgs *Gruppe Bosemüller* großteils und gelingt nur teilweise in *Das Feuer* von Henri Barbusse. Für die Romane von Ernst Jünger und Erich Maria Remarque muss diese Beobachtung variiert werden. In Jüngers *In Stahlgewittern* kommt diese geschichtliche Ausdeutung der Beschleunigungserfahrung an der Front und eines positiv bewerteten Kriegserlebnisses erst im Nachhinein zustande. Sie deutet sich in der Erzäh-

---

[8] Diese Beobachtung gilt zweifelsfrei nicht nur für die Literatur, sondern grundsätzlich für Geschichts- und Staatsentwürfe, wie Koselleck mit Blick auf zahlreiche sogenannte ›Ismen‹ feststellt: »[j]e geringer ihr Erfahrungsgehalt, desto größer ihr Erwartungsanspruch« (Koselleck: Moderne Sozialgeschichte und historische Zeiten, S. 334).

lung *Sturm* an und prägt die dritte Fassung von *In Stahlgewittern* von 1924. Am stärksten beeinflusst sie im Werk von Ernst Jünger erst in den frühen 1930er-Jahren die ideologisch motivierten Essays *Krieg als totale Mobilmachung* und *Der Arbeiter*. In Remarques Romanen *Im Westen nichts Neues* und *Der Weg zurück* erleben die Frontsoldaten bzw. -heimkehrer die Beschleunigung analog zu *Gruppe Bosemüller* und *Das Feuer* als Fanal düsterer persönlicher und generationaler Lebensperspektiven. Diese individuelle Erfahrung wird bei Remarque jedoch nicht mehr in einer positiven Geschichtsdeutung des gesamten Weltkriegs aufgehoben, sondern in einer negativen Geschichtsdeutung vollständig verweigert.

Obwohl *Ich werde hier sein im Sonnenschein und im Schatten* auch als Kommentar zu den Westfront-Romanen der Weimarer Republik gelesen werden kann, lassen sich in Krachts Roman die Koordinaten eines utopischen Fluchtpunkts bestimmen. Auf diesen Fluchtpunkt rekurrieren alle untersuchten Westfront-Romane unabhängig von ihren ideologischen Ausrichtungen: die Utopie eines dauerhaften Nicht-Kriegs. Die Vorstellung eines ewigen Friedens wird ebenso zum geschichtlichen Fluchtpunkt in Barbusses *Das Feuer,* wie ein pazifistischer Grundton Remarques *Im Westen nichts Neues* prägt. Spätestens mit Arthur Moeller van den Brucks *Das dritte Reich* und Max Schelers posthum veröffentlichter Schrift *Die Idee des Friedens und der Pazifismus*[9] gehört der ewige Friede auch zur Programmatik der Konservativen Revolution, die Werner Beumelburg in *Gruppe Bosemüller* ausführt. Wenn nicht einmal die Führerfiguren Siewers und Wammsch den Krieg emphatisch bejubeln, wird hier zumindest implizit die Hoffnung auf ein Kriegsende formuliert. Noch bei Kracht klingt der ewige Frieden – wenngleich hier antizivilisatorisch gewendet – als Utopie konzeptuell an. Einzig Ernst Jünger verweigert sich jeder Vorstellung eines Friedens kategorial. Er erhebt den Krieg sowohl im individuellen Kriegserlebnis als auch in der totalitären Konzeption seines *Arbeiter*-Essays zur Daseinsform. Bis auf die Texte Jüngers finden die untersuchten Romane ihre programmatischen Quellen in den geschichtsphilosophischen oder -theologischen Entwürfen eines ewigen Friedens von Kant und Augustinus. Kant entwirft 1795 mit *Zum ewigen Frieden* in sechs Präliminarartikeln (die u.a. das Ende stehender Heere fordern) und drei Definitivartikeln (die die Forderung nach einer republikanischen Verfassung der Staaten sowie nach einem Völker- und Weltbürgerrecht ausführen) einen

---

[9] Vgl. Max Scheler: Die Idee des Friedens und der Pazifismus, Tübingen 1974, S. 62.

auf Dauer gestellten Frieden als »Zustand eines öffentlichen Rechts«: »Der ewige Friede [...] ist keine leere Idee, sondern eine Aufgabe, die, nach und nach aufgelöst, ihrem Ziele (weil die Zeiten, in denen gleiche Fortschritte geschehen, hoffentlich immer kürzer werden) beständig näher kommt.«[10] Augustinus formuliert in *Vom Gottesstaat* eine Geschichtstheologie, die das »Endziel des Gottesstaates, in dem er [der Apostel, J.W.] sein höchstes Gut genießen wird, entweder als Frieden im ewigen Leben oder ewiges Leben im Frieden«[11] begreift. In den der neuzeitlichen Geschichtsphilosophie gemeinsamen geschichtstheologischen bzw. -philosophischen Ursprüngen findet die auseinanderklaffende Programmatik der Geschichtsdeutung in den untersuchten Westfront-Romanen zuletzt wieder ihren gemeinsamen Urgrund. Gerade die Westfront-Romane, die dem Narrativ der Erwartung verpflichtet sind, beschreiben die Beschleunigungserfahrung an der Front negativ: Wer eine geschichtliche Utopie verfolgt, kann eine geschichtsphilosophische Überhöhung der beschleunigten Fronterfahrung nicht rechtfertigen – sofern er nicht wie Ernst Jünger die Front selbst zum geschichtlichen Programm erhebt. Dieser Befund hat Folgen für die ästhetische Bewertung der Westfront-Romane. Die ästhetische Wahrnehmung des Krieges im Allgemeinen und der Beschleunigung an der Front im Besonderen stellen eine kategorial andere Wahrnehmung des Krieges dar als eine logische oder begriffliche Wahrnehmung dieser Fronterfahrung, die auf eine geschichtliche Erwartung ausgerichtet ist. Bereits Alexander Gottlieb Baumgarten verschränkt in seiner *Aesthetica* (1750–1758) im Begriff der Ästhetik die Begriffe der Schönheit und der Wahrheit. Norbert Schneider führ aus, dass dieses besondere ästhetische Wahrnehmungsvermögen nach Baumgarten als »sinnliche Erkenntnis [...] vollkommen«[12] ist. Gleichwohl ist diese erkenntnistheoretische Kategorie einer sinnlichen Erkenntnis gerade keine ›logische‹ oder ›begriffliche‹ Erkenntnis, worauf Kant in seiner *Kritik der Urteilskraft* hinweist: »Das Geschmacksurteil ist also kein Erkenntnisurteil, mithin nicht logisch, sondern ästhetisch, worunter man dasjenige versteht, dessen Bestimmungsgrund *nicht anders* als subjektiv sein kann.«[13] Kant definiert die ästhetische Urteilskraft in ihrer Subjektivität geradezu als (logische) Nicht-Erkenntnis:

---

[10] Kant: Zum ewigen Frieden, S. 251.
[11] Augustinus: Vom Gottesstaat, S. 546 (XIX.11).
[12] Norbert Schneider: Geschichte der Ästhetik von der Aufklärung bis zur Postmoderne, Stuttgart 1996, S. 24. Vgl. auch: Seel: Ästhetik des Erscheinens, S. 16.
[13] Kant: Kritik der Urteilskraft, S. 115, Hervorhebung im Original.

> Hier wird die Vorstellung gänzlich auf das Subjekt, und zwar auf das Lebensgefühl desselben, unter dem Namen des Gefühls der Lust oder Unlust, bezogen: welches ein ganz besonderes Unterscheidungs- und Beurteilungsvermögen gründen, das zum [sic] Erkenntnis nichts beiträgt [...]. Gegebene Vorstellungen in einem Urteile können empirisch (mithin ästhetisch) sein; das Urteil aber, das durch sie gefällt wird, ist logisch, wenn jene nur im Urteile auf das Objekt bezogen werden. Umgekehrt aber, wenn die gegebenen Vorstellungen gar rational wären, würden aber in einem Urteile lediglich auf das Subjekt (sein Gefühl) bezogen, so sind sie sofern jederzeit ästhetisch.[14]

Ein ästhetisches Urteil kann niemals zugleich ein logisches Urteil sein. Wird das logische Urteil durch Rationalität und Vernunft bestimmt, kommt im ästhetischen Urteil die Empfindung bzw. das Gefühl des Subjekts zur Sprache. Kant definiert die ästhetische Wahrnehmung selbst als ›interesselos‹,[15] demzufolge ein sinnlich wahrnehmbares Phänomen genau dann als ästhetisch wahrgenommen wird, wenn der Gegenstand dieser Wahrnehmung als Gegenstand in seinem Sosein an sich Aufmerksamkeit erfährt und nicht durch Bezugnahme auf etwas bestimmt wird.[16] An diese Bestimmung ästhetischer Wahrnehmung schließt auch Martin Seel mit seiner *Ästhetik des Erscheinens* an. Seel geht vom »Grundbegriff des Erscheinens« aus, den er als »Erscheinen, *Punktum*«[17] bestimmt. Als entscheidend für Seels Ästhetik-Verständnis erweist sich die Fähigkeit, »[e]twas um seines Erscheinens willen in seinem Erscheinen zu vernehmen – das ist der Brennpunkt der ästhetischen Wahrnehmung, auf den jeder ihrer Vollzüge ausgerichtet ist, wie sie

---

[14] Ebd., S. 115f.
[15] Kant schreibt: »Interesse wird das Wohlgefallen genannt, was wir mit der Vorstellung der Existenz eines Gegenstandes verbinden. Ein solches hat daher immer zugleich Beziehung auf das Begehrungsvermögen, entweder als Bestimmungsgrund desselben, oder doch als mit dem Bestimmungsgrunde desselben notwendig zusammenhängend. Nun will man aber, wenn die Frage ist, ob etwas schön sei, nicht wissen, ob uns, oder irgend jemand, an der Existenz der Sache irgend etwas gelegen sei, oder auch nur gelegen sein könne; sondern, wie wir sie in der bloßen Betrachtung (Anschauung oder Reflexion) beurteilen.« (Ebd., S. 116)
[16] »Das ästhetische Erscheinen kann von allen beachtet werden, die erstens über die entsprechende sinnliche und kognitive Ausstattung verfügen und zweitens bereit sind, unter Verzicht auf kognitive oder praktische Ergebnisse für die volle sensitive Gegenwart eines Gegenstands aufmerksam zu sein. [...] Das ästhetische Objekt ist ein Gegenstand-in-seinem-Erscheinen, ästhetische Wahrnehmung ist Aufmerksamkeit für dieses Erscheinen.« (Seel: Ästhetik des Erscheinens, S. 20)
[17] Ebd., S. 95, Hervorhebung im Original.

ansonsten auch verlaufen mag«.[18] Analog zu Kant widersetzt sich Ästhetik auch bei Seel allen Erkenntnis- und Verwertungsinteressen: »In einer Situation, in der ästhetische Wahrnehmung wachgerufen wird, treten wir aus einer allein funktionalen Orientierung heraus. [...] Wir begegnen dem, was unseren Sinnen und unserer Imagination hier und jetzt entgegenkommt, um dieser Begegnung willen.«[19] Ästhetische Wahrnehmung bedeutet somit, dass der Gegenstand des Urteils als Gegenstand »in der Gegenwart seines Erscheinens wahrgenommen«, nicht jedoch bestimmt oder »einem bestimmten praktischen Zweck zugeführt«[20] wird. Mit anderen Worten: Der Gegenstand ist kategorial ›mehrdeutig‹ und wird gerade nicht als Zeichen mit einer fixierten Relation zu einem bestimmten Signifikat aufgefasst: »Wahrnehmung ist als eine ästhetische die mehrdeutige Apperzeptionsform schlechthin.«[21] Daraus folgt nicht, dass nur das begrifflich unbestimmte Erscheinen ästhetische Qualität haben kann, sondern dass jedes Erscheinen – ob begrifflich bestimmt oder nicht – nur dann ästhetisch wahrgenommen werden kann, wenn es als Erscheinen und nicht als Erscheinen von etwas erfahren wird:

> Eine Voraussetzung der ästhetischen Wahrnehmung ist die Fähigkeit, etwas *begrifflich Bestimmtes* wahrzunehmen. Denn nur wer etwas Bestimmtes vernehmen kann, kann von dieser Bestimmtheit, oder genauer: kann von der Fixierung auf dieses Bestimmen auch absehen. Die Wahrnehmung von etwas *als* etwas ist eine Bedingung dafür, etwas in der unübersehbaren Fülle seiner Aspekte, etwas in seiner unreduzierten Gegenwärtigkeit wahrnehmen zu können. Etwas, das so und so ist oder so und so erscheint, etwas, das als dieses oder jenes bestimmt werden kann, wird wahrgenommen, ohne auf eine seiner möglichen Bestimmungen festgelegt zu werden.[22]

---

[18] Ebd., S. 49.
[19] Ebd., S. 44f.
[20] Ebd., S. 18.
[21] Bohrer: Der Irrtum des Don Quixote, S. 104. Bohrer entwickelt den Begriff der Mehrdeutigkeit in Anschluss an Sigmund Freud (vgl. ebd., S. 102). Diese Definition von mehrdeutiger Wahrnehmung als der Grenze des Ästhetischen sieht Bohrer allerdings selbst kritisch, weil »dieses Wort [Wahrnehmung, J.W.] auf einmal den Strategien der Entgrenzung« (ebd.) dient, sodass dieser Mode einer »zur ›Utopie‹ erhobenen Wahrnehmung« (ebd., S. 103) Misstrauen entgegengebracht werden müsse: Keinesfalls jede Wahrnehmung ist ästhetisch bzw. utopisch.
[22] Seel: Ästhetik des Erscheinens, S. 51f., Hervorhebung im Original.

Karl Heinz Bohrer definiert zunächst dieses »Scheinen selbst [als] die Grenze von Kunst«.[23] Er gesteht aber zu, dass durch die ›engagierte Literatur‹[24] der »Phänomencharakter der Kunst verunklärt«[25] worden ist. Diese »Grenzüberschreitung«, sei sie nun »politisch-moralisch, surrealistisch-zerstörerisch oder utopisch-sentimental«, weg vom Ästhetischen fasst Bohrer mit dem Begriff der »Nicht mehr schönen Künste«.[26]

Beleuchtet man die Westfront-Romane durch diesen Filter und befragt sie hinsichtlich der sinnlichen Wahrnehmung des Krieges, so stellt sich die Frage nach der Qualität dieser Wahrnehmung: Nur wenn diese den Krieg als Erscheinen in seinem Erscheinen erfasst und damit eine fundamentale Mehrdeutigkeit erhält, wird der Weltkrieg zum ästhetischen Erlebnis. Sofern allerdings der Krieg einzig in seinen ›politisch-moralischen‹ oder ›utopisch-sentimentalen‹ Dimensionen fiktional erzählt wird, gehören die Romane je nach Definition des Ästhetik-Begriffs zu den ästhetischen Grenzphänomenen oder befinden sich sozusagen bereits im Jenseits der Ästhetik.

Projiziert man diesen Befund zurück auf die Frage nach einer spezifischen Ästhetik des Krieges, so erhält man nur bei Ernst Jüngers Kriegstexten Resonanz. Es wurde bereits ausgeführt, dass in den Westfront-Romanen die Beschleunigung als Kategorie der Fronterfahrung nur erträglich wird, weil sie mit einer Geschichtsdeutung einhergeht, die auf die Zukunft ausgerichtet ist. Einzig Ernst Jünger erfasst die Beschleunigung affirmativ. Ganz im Sinne der Definition des Erscheinens hat Bohrer auch jegliche Zeit-Bezugnahmen in poetischen Texten kategorial von einem Verweis auf historische Zeit gelöst: »Ästhetische Zeit ist nicht metaphorisch versetzte historische Zeit. Das ›Ereignis‹ innerhalb der ästhetischen Zeit steht nicht referentiell zu den Er-

---

[23] Bohrer: Der Irrtum des Don Quixote, S. 87.
[24] »Nun hat sich das Engagement von Beginn an gegen die Ironie dadurch abgesichert, daß es sich einfach total setzte. Man sagte nicht mehr, ich will mit der Kunst dies Politische, jenes Moralische erreichen. Man sagte einfach: Kunst *ist* das Politische, *ist* das Leben selbst.« (Ebd., S. 93, Hervorhebung im Original)
[25] Ebd., S. 91.
[26] Ebd., S. 95. Zumindest Bohrer meint mit den »Nicht mehr schönen Künsten« nicht etwa Kunst im Sinne einer Ästhetik des Hässlichen oder Obszönen o.Ä., da diese »das Schöne als das Erhabene in Gestalt Satans« (ebd.) darstelle. Der Begriff der »Nicht mehr schönen Künste« geht auf eine so betitelte prominent besetzte Tagung der Arbeitsgruppe ›Poetik und Hermeneutik‹ zurück, an der u.a. neben Hans Robert Jauß auch Hans Blumenberg, Clemens Hessel, Wolfgang Iser, Manfred Fuhrmann, Wolfgang Preisendanz, Reinhart Koselleck und Hans-Dieter Stempel teilgenommen haben (vgl. Hans Robert Jauß [Hg.]: Die nicht mehr schönen Künste. Grenzphänomene des Ästhetischen, München 1968).

eignissen der Realzeit.«[27] Er veranschaulicht dieses Postulat an der Reaktion romantischer Poesie auf die Französische Revolution (die, schon weil sie das ›lange 19. Jahrhundert‹ eröffnet, eine Kontrastfolie für das historische Ereignis des Ersten Weltkriegs bildet, mit dem das ›lange Jahrhundert‹ zu Ende geht):

> Indem die poetisch-romantischen Texte im Unterschied zu jenen des didaktischen Klassizismus sich einer einfachen Abbildung oder gar Affirmation der zur Revolution gewordenen Aufklärung bzw. Utopie entziehen, retten sie gerade das revolutionäre Prinzip selbst, das zum Prinzip der Moderne wird: das dynamische Prinzip des permanent sich verwandelnden »Ereignisses«.[28]

Im Unterschied zur romantischen Poesie ›bilden‹ die Westfront-Romane des Ersten Weltkriegs jedoch den Krieg ›einfach ab‹ und laden ihn einzig im Hinblick auf eine geschichtliche Vorstellung mit Sinn auf. So wird in der erzählerischen Klammer in Erich Maria Remarques *Im Westen nichts Neues* aus Vorrede und narratologischer Verunmöglichung am Ende sowie bereits im Peritext erwähnt, dass »über eine Generation zu berichten, die vom Krieg zerstört wurde« (IWN 5), das programmatische Ziel des Romans sei. Die Phänomenologie der Beschleunigung an der Front ist bereits in den Dienst *von etwas* gestellt – nämlich der Bebilderung einer generationalen Sinnlosigkeit dieses Krieges. Vergleichbar kann auch das Romanende einer Relektüre unterzogen werden: »Er fiel im Oktober 1918, an einem Tage, der so ruhig und still war an der ganzen Front, daß der Heeresbericht sich nur auf den Satz beschränkte, im Westen sei nichts Neues zu melden.« (IWN 259) Dieser Schlusssatz verweist bereits in seiner narratologischen Verunmöglichung eines autodiegetischen Erzählers, der überhaupt zur sinnlichen Wahrnehmung fähig wäre, und in der daraus folgenden Nicht-Wahrnehmung des Krieges darauf, dass der Krieg lediglich berichtet wird und nicht, um mit Seel zu sprechen, ›erscheint‹: Der Roman spricht seinem eigenen Reflektor die Möglichkeit jeder subjektiven Wahrnehmung und Reflexion ab. Gleichzeitig deutet das Ende inhaltlich auf die Historizität des Krieges hin und setzt den (Nicht-)Reflektor Paul Bäumer in Beziehung zum militärischen Kollektiv, das sich im Heeresbericht spiegelt. Damit wird der Krieg begrifflich bestimmt und in

---

[27] Karl Heinz Bohrer: Vorwort, in: ders.: Das absolute Präsens. Die Semantik ästhetischer Zeit, Frankfurt a.M. 1994, S. 7.
[28] Karl Heinz Bohrer: Deutsche Romantik und Französische Revolution. Die ästhetische Abbildbarkeit des historischen Ereignisses, in: ders.: Das absolute Präsens, S. 8–31, hier S. 31.

dieser Bestimmung wahrgenommen. Er kann daher nicht ästhetisch werden. Die Beschleunigung kann ob ihrer Bedrohlichkeit für den Einzelnen keine ästhetische Qualität gewinnen, sondern nur in ihrem Bezug *auf etwas* ertragen werden. Sie bleibt Phänomenologie. Einzig in der Duval-Episode wird der Krieg zu reiner Gegenwärtigkeit. Doch auch hier wird dieses Aufscheinen einer ästhetischen Dimension des Krieges gebrochen durch den Zusammenbruch Bäumers, der die Situation zur Chiffre der Sinnlosigkeit des Mordens anderer Individuen im Krieg erklärt. Auf diese Weise kann die Phänomenologie der Beschleunigung nicht ästhetisch fruchtbar werden und die Front bleibt eine ästhetische Leerstelle. Vielmehr wird in *Im Westen nichts Neues* und *Der Weg zurück* die Beschleunigung an der Front nicht in ihrem Erscheinen, sondern im Hinblick auf ihre (historischen) Folgen erfasst: die ›verlorene Generation‹ und die verunmöglichte Zukunft der Frontheimkehrer. Remarque funktionalisiert somit die Beschleunigung hinsichtlich der Sinn-Dimension des Krieges – wenngleich er sich einer Sinndeutung verweigert. Die Beschleunigung wird nicht produktiv wirksam, aus ihrem Erscheinen resultiert nichts als Sinnleere. Letztlich entwickelt Remarque in seinen Weltkriegs-Romanen also eine negative Ästhetik des Krieges; das Erscheinen des Krieges (bzw. des Phänomens der Beschleunigung) wird nicht als solches topisch. Da gleichzeitig eine Bestimmung des Krieges – seiner (geschichtlichen) Sinngebung – programmatisch verunmöglicht wird, erscheint zumindest die erzähltechnische Lösung Remarques, seinen ersten Protagonisten Paul Bäumer sterben zu lassen und den gesamten Roman in die Nähe einer erzählerischen Verunmöglichung zu rücken, zuletzt wieder nachvollziehbar: Der Krieg kann auch erzähllogisch kein ästhetisches Gefäß erhalten. Interessanterweise entwickelt Remarque im Nachfolgeroman *Der Weg zurück* Ansätze zu einer individualistischen Reaktion auf den Krieg. Spätestens im letzten Absatz erscheint Ernst Birkholz sein eigenes Zimmer in einer eigentümlichen Bildhaftigkeit, die gerade nicht mehr auf einen eindeutig politisch-moralischen Sachverhalt verweist. So gesehen erzählt *Der Weg zurück* von der Auflösung des Wahns einer kollektivistischen Geschichtsvorstellung in eine Ästhetik des Individuellen:

> Der Saft steigt in den Stämmen, mit schwachem Knall platzen die Knospen, und das Dunkel ist voll vom Geräusch des Wachsens. Die Nacht ist im Zimmer und der Mond. Das Leben ist im Zimmer. In den Möbeln knackt es, der Tisch kracht und der Schrank knarrt. […] [S]ie erwachen, sie dehnen sich, sie sind nicht mehr Gerät, Stuhl, und Zweck, sie haben wieder teil am Strömen und Fließen des Lebens draußen. Unter meinen Füßen knarren die Dielen und bewegen sich, unter meinen Händen knackt das Holz der Fensterbank […]. (DWZ 374f.)

Die Dinge verlieren ihre Funktion als Möbelstücke. Sie gewinnen eine poetische Kraft, die in ihrer Funktionalisierung zuvor verborgen war und die man durchaus auch als heilende Kraft verstehen kann, zumal das Holz sich unter den Fingern des Erzählers bewegt und knackt und knarrt. *Der Weg zurück* tritt zwar wie dargestellt hinter die grundsätzliche Negation jeder Geschichtsdeutung des Krieges zurück. Weil die Frage nach dem Dasein jedoch lebensphilosophisch akzentuiert und nicht in einen geschichtlichen Verlauf integriert wird, kann zumindest der Kriegsheimkehrer zu Ansätzen eines ästhetischen Erscheinens finden. Somit oszilliert der Roman gewissermaßen zwischen einer Ästhetik des Nachkriegs und einer Ungeschichtlichkeit des Kriegs.

Gruppe Bosemüller vollzieht diese Bewegung jedoch nicht. Dazu muss gar nicht darauf verwiesen werden, dass die früheren Texte des Schriftstellers Beumelburg, vor seinem ersten Kriegsroman, dem Genre der faktualen, historiographischen und nicht ›bloß‹ autobiographisch begründeten Kriegserzählung angehörten und die literarische Qualität des Romans begründet hinterfragt werden kann. In *Gruppe Bosemüller* bleibt der Krieg gestimmt auf die geschichtsphilosophisch imprägnierte nationale oder (national-)sozialistische Zukunft. Die Phänomenologie der Beschleunigung wird nie zum reinen Erscheinen, sondern bleibt immer gerichtet auf eine nationalistische Geschichtsideologie. Eine ›andere‹ Lektüre bietet bestenfalls eine Lesart, die die Genese von Erich Siewers vom sprichwörtlichen ›Muttersöhnchen‹ zur Führerfigur zum Gegenstand der Erzählung erklärt. Dann kann der Roman als Adoleszenzroman gelesen werden. Gleichwohl liegt es weit näher, Siewers' Adoleszenz als erzählerische Strategie zu lesen, die geschichtliche Sinngebung des Krieges in eine gut lesbare Handlungs- und Erzählstruktur zu verpacken. Der innerfiktionalen Ausrichtung der Romanfiguren auf Nation und ›Volksgemeinschaft‹ entspricht die erzähltechnische Funktionalisierung von Beumelburgs Protagonisten.

Ein ähnliches Urteil scheint zunächst auch für *Das Feuer* naheliegend. Denn der Erste Weltkrieg wird nicht als Erscheinung, sondern als Begriff eingeführt. Im ersten Kapitel werden die politische, die weltanschauliche (»Österreich begeht hiermit ein Verbrechen«, DF 6) und die geschichtliche Dimension des Krieges beschworen (»dieses größte Ereignis der Gegenwart und vielleicht aller Zeiten«, DF 6). Der Krieg wird ausgerichtet auf die Geschichte als Folie seiner Sinngebung und diese Erwartung wird am Romanende auch eingelöst: »Auf uns kommt es an! […] Das Bündnis der Demokratien, das Bündnis der Massen […]. Wenn dieser Krieg auch nur ein Schritt auf dem Weg des Fortschritts war« (DF 294). Von dieser Vorstellung des Krieges als notwendigem Schritt hin in eine sowohl national wie sozialistisch bestimmte Zukunft setzen sich jedoch einzelne Passagen ab. Insbesondere im letzten Drittel des Romans wird der Krieg selbst zum Erzählgegenstand und in seinem Erscheinen ausführlich dargestellt:

> Sobald unsere schwankende, stolpernde Linie auftaucht, spüre ich, daß neben mir zwei Mann getroffen werden, zwei Schatten zu Boden stürzen und uns vor die Füße rollen, der eine mit einem schrillen Aufschrei, der andere stumm wie ein Ochse. [...] Wir rücken instinktiv näher aneinander und drängen vorwärts, immer vorwärts; die Lücke in unserer Reihe schließt sich von selbst. Der Spieß bleibt stehen, hebt seinen Säbel, läßt ihn los und sackt in die Knie; sein Körper sinkt ruckweise nach hinten, der Helm fällt ihm auf die Fersen und dann verharrt er in dieser Stellung [...]. Unsere vorstürmende Linie spaltet sich plötzlich und achtet diese Starre.
> »Mir nach!« schreit irgendein Soldat.
> Da stürzen wir alle wieder vorwärts, mit wachsender Hast dem Untergang entgegen.
> »Wo ist Bertrand?« ächzt mühsam einer der Vorstürmenden. »Da! Hier...«
> Bertrand hatte sich über einen Verwundeten gebeugt; aber er verläßt ihn schnell wieder, und der streckt die Arme nach und scheint zu schluchzen
> Im selben Augenblick, da er uns erreicht, springt vor uns von einer Bodenerhebung das Tacken eines Maschinengewehrs auf. Das ist beklemmend, schrecklicher noch als vorhin der Weg durch das erderschütternde Sperrfeuer. Diese wohlbekannte Stimme spricht allzu deutlich und klingt grauenvoll. Aber niemand bleibt stehen.
> »Vorwärts, vorwärts!«
> Wir keuchen atemlos, stürzen aber weiter, dem Horizont entgegen.
> »Die Deutschen! Ich sehe sie!« ruft plötzlich einer.
> »Ja... Ihre Köpfe vor uns, über dem Graben... Da ist der Graben, der Strich dort. Es ist nicht mehr weit. [...]« Ein einziger Schwung wirft die Gruppe, zu der ich gehöre, vorwärts. So nahe am Ziel, noch unverwundet – sollten wir es jetzt nicht erreichen? Ja, wir werden es erreichen! Wir stürzen in weiten Sprüngen vor. Wir hören nichts mehr. Jeder jagt dahin, von dem schrecklichen Graben angezogen, vorgebeugt, kaum fähig, den Kopf nach rechts oder links zu wenden. (DF 209f.)

Die Zeit des Krieges erhält hier ästhetischen Charakter – sozusagen als sprachliche Ästhetik des Infernalischen. Der Krieg selbst erscheint in seiner Gegenwärtigkeit und wird als Erscheinen in seinem Erscheinen dargestellt. Er wird nicht unmittelbar *auf etwas* ausgerichtet. Wenn die *poilus* gemeinsam mit dem Erzähler am Ende der Szene dem Feind entgegenjagen, erinnert das an die Ekstase des Krieges aus den Kriegstexten Ernst Jüngers. Sofern also nur die Front selbst erzählt wird, wird der Krieg in hohem Maße – deutlich höher als es bei Remarque oder Beumelburg der Fall ist – als Erscheinen erzählt. Insofern ist Henri Barbusse nicht nur der ideologische, sondern auch der

ästhetische Konterpart zu Ernst Jünger. Was bei Barbusse an eine infernalische Ästhetik des Krieges grenzt, wird bei Jünger zur ästhetischen Ekstase der Beschleunigung. Gleichwohl bricht diese ästhetische Dimension in *Das Feuer* auf der symbolischen Ebene zusammen. Im »Untergang«, dem die *poilus* entgegenfallen, im »Vorwärts, vorwärts!«, mit dem sie dem militaristischen Deutschland, das am »Horizont« wartet, entgegenrennen, und mit der Gewissheit so »nahe am Ziel, noch unverwundet«, das Ziel auch zu »erreichen«, verweist der Text bereits wieder auf die geschichtliche Qualität des Krieges und auf eine metaphysische Geschichtsdeutung. Mit ihrem Ansturm nach vorne streben die Soldaten metonymisch dem geschichtlichen *telos* entgegen. Der Text verweist nicht auf einen ästhetischen Raum, sondern auf einen historischen. Nicht das historische Ereignis wird ästhetisch aufgefasst, sondern die Ästhetik steht im Dienst der historischen Zeichenhaftigkeit des Kriegs. Somit gilt auch für Barbusses *Das Feuer* wie für alle untersuchen Westfront-Romane, dass sie den Krieg und das ihm eigene Phänomen der Beschleunigung sinnlich auf seine vermeintliche geschichtliche Bestimmung festlegen.
Mit Kant formuliert: In den Westfront-Romanen wird die Beschleunigung gerade nicht ›interesselos‹ wahrgenommen. Bei dieser narrativen Bestimmung der Fronterfahrung bleibt das Phänomen der Beschleunigung an der Front *als* Phänomen der Beschleunigung im Dunkeln: Die Westfront-Romane sind aufgrund ihrer Darstellungsmittel gewissermaßen im ›ästhetischen Niemandsland‹ gefangen. Sie bieten gerade keine poetische Lösung für eine widersprüchliche Gleichzeitigkeit von Geschichtsdeutung des Krieges und Phänomenologie der Beschleunigung an, sondern entwickeln bestenfalls vorsichtige Ansätze dazu. Einzig in den Romanen Erich Maria Remarques wird der Beschleunigungsimperativ zum Anlass, eine metaphysische Zukunftserwartung zu verweigern und eine negative Ästhetik des Krieges zu entwickeln.
Ernst Jünger hingegen beantwortet die Herausforderung des Krieges in seinen Kriegstexten ästhetisch: der Krieg als Rausch der Bewegung und als eine Vision der Menschheit im Sinne der totalen Mobilmachung. In den *Stahlgewittern* ermöglicht das positive Kriegserlebnis der frühen Fassungen keine funktionale Geschichtsdeutung des Weltkriegs, weshalb es als ästhetische Erfahrung geschichtslos bleibt. Das ästhetische Moment besteht im Roman insbesondere dort, wo der Krieg als radikal beschleunigte Lebenszeit, die im ›rasenden Stillstand‹ symptomatischen Ausdruck findet, wahrgenommen wird: als Krieg, der eine andere Daseinsform erlebbar macht. Dazu passt, dass Helmuth Kiesel für Jüngers *Der Kampf als inneres Erlebnis,* in dem das Kriegserlebnis eine ähnliche Funktion innehat, vergleichbar feststellt:

»Kampf und Krieg werden [...] auch als ästhetische Phänomene gewürdigt und gerechtfertigt.«[29] Diese Sinndeutung des Krieges als ästhetisches Kriegserlebnis ist vergleichbar mit einem nietzscheanischen Gedanken. In den *Unzeitgemässen Betrachtungen* richtet Nietzsche das Erleben nicht auf die Geschichte aus, sondern aus dem absoluten Primat des Erlebens geht die Geschichte hervor: »[E]ine gewisse Kenntniss der Vergangenheit« benötige man »immer nur zum Zwecke des Lebens«.[30] In der dritten Fassung von *In Stahlgewittern* akzentuiert Jünger seine ästhetische Position neu. Ab diesem Zeitpunkt muss das ästhetische Programm Ernst Jüngers ideologiekritisch beleuchtet werden, bereitet es doch die faschistischen Programme der 1930er-Jahre vor – zumindest solange eine Ästhetik des Krieges von Jünger für eine konservativ-revolutionäre Programmatik verwendet wird. Zugleich gibt Jünger im Zuge der Politisierung seines Denkens die dezidert ästhetische Dimension seiner Texte auf, weil er das Kriegserlebnis in den Dienst konservativ-revolutionärer Geschichtsvorstellungen stellt.

Gleichwohl gestalten Ernst Jüngers Texte den Ersten Weltkrieg gerade dann ästhetisch, wenn sie durch die Konfiguration der Zeit als Beschleunigung an der Front ›utopische Augenblicke‹ generieren. Ihre Differenz zur nichtästhetischen Wahrnehmung bestimmt Martin Seel:

> Nichtästhetische und ästhetische Wahrnehmung unterscheiden sich durch eine andersartige Focussierung. Während die eine auf das gerichtet ist, was an ihren Objekten der Fall ist, achtet die andere auf die Simultaneität und Momentaneität ihrer phänomenalen Zustände.[31]

Jünger erzählt im rauschhaften und ekstatischen Erleben der beschleunigten Front den Krieg als simultanes und immer gegenwärtiges Erscheinen. Genau darin gewinnen seine Kriegstexte, folgt man Adorno, künstlerische Qualität:

> Das Kunstwerk, so lautet Adornos plausible [...] These, offenbart seinen Betrachtern, daß die Wirklichkeit reicher ist als alle Erscheinungen, die wir in der Sprache begrifflichen Erkennens fixieren können. Es entfaltet die Differenz zwischen bestimmbarer Erscheinung und unbestimmbarem Erscheinen; es betont die Tatsache, daß uns die Wirklichkeit nicht allein als eine Ansammlung von Tatsachen gegeben ist.[32]

---

[29] Kiesel: Ernst Jünger, S. 234.
[30] Nietzsche: Unzeitgemäße Betrachtungen II: Vom Nutzen und Nachtheil der Historie für das Leben, S. 271.
[31] Seel: Ästhetik des Erscheinens, S. 96.
[32] Ebd., S. 36.

Der Reichtum der Wirklichkeit jenseits ihrer Begriffe, ihrer Bestimmtheit und ihrer Gerichtetheit auf eine (erhoffte) Zukunft äußert sich hier literarisch. Wenn in der Erzählung *Sturm* die Texte des Protagonisten einem Autodafé zum Opfer fallen, dann wird der Krieg selbst zu dem ästhetischen Erlebnis, das Sturm zuvor durch sein Schreiben herzustellen suchte. Martin Seel betont in diesem Zusammenhang: »[O]hne diese [ästhetische, J.W.] Bewußtseinsmöglichkeit hätten die Menschen ein weit geringeres Gespür für die Gegenwart ihres Lebens.«[33] Deswegen ist Hans-Harald Müllers Urteil über den Tod Sturms zuzustimmen: »Es ist ein ästhetischer, ein dionysischer Tod, den Sturm stirbt«.[34] Gleichwohl stirbt damit in *Sturm* auch die Möglichkeit des Ästhetischen selbst. Woher Jüngers Intensität des ästhetischen Rausches in seiner Kriegsprosa rührt, lässt sich mit Roland Barthes näher erfassen. Barthes beschreibt, inwiefern das »Rauschen […] eine Gemeinschaft der Leiber voraus[setzt]«; und dass dieser Rausch sich jeder Sinnproduktion verweigern muss, deutet Barthes mit seiner Utopie eines Rauschens der Sprache an, in der die Sprache »ein immenses lautliches Geflecht bildet, in dem der semantische Apparat irrealisiert wäre«.[35] Die Situation des Rausches selbst verunklart jeden Sinnhorizont, der nurmehr als »Fata Morgana« leise im Rauschen mitflimmert und verweht.

In Christian Krachts *Ich werde hier sein im Sonnenschein und im Schatten* wird die Referenz auf das historische Ereignis bereits durch die Anlage des Romans infrage gestellt, da der historische Raum des Weltkriegs durch einen poetischen ersetzt wird. Der Weltkrieg ist bei Kracht schon immer nicht ein historischer, sondern ein poetischer Raum. Auf Krachts poststrukturalistisch fundierte Kritik an einem auf die Zukunft ausgerichteten Geschichtsbegriff erwächst sein Plädoyer für eine Menschheit, die ihre Geschichte preisgibt und in einer dauerhaften Gegenwart lebt. Damit verabschiedet sich Kracht im Romanverlauf von der Geschichte und wendet sich der Ästhetik zu, dem »Erscheinen, *punktum*«. Vor diesem Hintergrund kann die rätselhafte Figur des Oberst Brazhinsky auch als ›Wiedergänger‹ der Autorenfigur Ernst Jünger interpretiert werden. Brazhinsky, der eine magische Rauchsprache entwickelt hat, beheimatet den Künstler Roerich und nimmt den auf Dauer

---

[33] Ebd., S. 45.
[34] Müller: Der Krieg und die Schriftsteller, S. 272.
[35] Roland Barthes: Das Rauschen der Sprache, in: ders.: Das Rauschen der Sprache (Kritische Essays IV), aus dem Französischen von Dieter Hornig, Frankfurt a.M. 2005, S. 88–91, hier S. 89.

gestellten Weltkrieg weniger als historisches Ereignis wahr – er sei ohnehin kaum zu beenden – denn als ästhetisches Erscheinen der Apokalypse, die in Roerichs Gemälden und in dessen Fiktion einer »Doomsdaymaschine« (SuS 118) Gestalt wird:

> Das, was die Griechen Techne nennen, also das Hervorbringen, schafft nur das Kunsthandwerk. In ihr, in Roerichs Gemälden, geschieht auf diese Art und Weise Wahrheit; die griechische Aletheia, das koreanische Wu, das hindustanische Samadhi. Hierin verstehen wir das Hervorbringen von Nichtanwesendem ins Anwesende. (SuS 118f.)

Entscheidend ist, dass es Brazhinsky weniger um die Qualität des Hervorgebrachten geht, als um das Hervorbringen als solches: »[d]as Experiment und die Erkenntnis, genauso wie die Bearbeitung von Natur, die Erzeugung von Produkten, das Aufstellen von Theorien« (SuS 119). Brazhinsky versucht analog zum Ansinnen des Autors Ernst Jünger, den Ersten Weltkrieg als ästhetisches Erlebnis zu erzählen und ihn im Réduit als ästhetisches Erscheinen zu erfassen. Da das Réduit aber selbst nur das (leere) ideologische Zentrum der kommunistischen SSR bildet und als Kopfgeburt einer Geschichtsideologie nach totalitären Prinzipien organisiert ist, scheitert dieser Versuch folgerichtig. Es ergeht Brazhinsky ähnlich wie Jünger, der seine Ästhetisierung des Weltkriegs in dem Moment preisgibt, in dem er den Krieg geschichtlich verortet. Denn Brazhinskys Ästhetisierung des Krieges baut auf »Lügen« (SuS 129) und »Propaganda« (SuS 127) auf. Es existiert weder die Doomsdaymaschine, noch ist der Frieden zu erzwingen noch ist die Wahrnehmung der Rauchsprache als neue Realität denkbar. Vielmehr beruht die Rauchsprache auf psychoaktiven Substanzen, die die Wahrnehmung verändern und die Realität gewissermaßen als »Virus« (SuS 126) krankhaft überlagern.[36] Kracht weist mit seinem namenlosen Ich-Erzähler, der sich aus der Höhle des Réduits verabschiedet und anschließend zurück ans Licht tritt, noch einmal radikal über die Autorenfigur Ernst Jünger hinaus. Denn in der Brazhinsky-Figur zeigt er, dass auch ästhetische Lesarten des Ersten Weltkriegs scheitern müssen. Dementsprechend endet die Denkfigur mit der

---

[36] Auch hier besteht eine gewisse Nähe zu Ernst Jüngers Leben und Werk, der zeitweise nicht nur exzessiv Alkohol getrunken, sondern auch mit zahlreichen Drogen experimentiert hat, so mit Kokain, Haschisch, LSD und auch mit Psilocybin. Seine ›psychonautischen‹ Drogenexperimente verarbeitet Jünger in *Annäherungen. Drogen und Rausch* (Sämtliche Werke 13, Essays V, Stuttgart 2015).

Migration nach Afrika am Romanende in einem ästhetischen Nihilismus: Übrig bleibt nicht einmal die Utopie des Augenblicks, bleibt nicht einmal die Kunst. André Leroi-Gourhan zufolge ermöglicht die Fähigkeit zur Abstraktion – und damit zu künstlerischer Tätigkeit – noch insofern geschichtliches Dasein, als sie eine Welt des Symbolischen errichtet, die »sich über die materielle Gegenwart hinweg auszudrücken«[37] vermag. In *Ich werde hier sein im Sonnenschein und im Schatten* verkehrt sich dieses Postulat ins Gegenteil. Angesichts eines ewigen Ersten Weltkriegs zieht sich der Mensch aus der westlichen Welt zurück und desintegriert sich als geschichtliches Subjekt – wohlgemerkt auf friedliche Art und Weise. Daran vermag auch die Kunst nichts zu ändern.

Es bleibt festzuhalten: Abgesehen von Ernst Jünger, der eine spezifische Ästhetik der Beschleunigung entwickelt, aus ihr heraus sein Konzept eines ›beschleunigten Daseins‹ begründet und die Beschleunigung im Sinne der Futuristen letztlich als Purgatorium begreift, sind die untersuchten Romane aus der Kriegs- und Zwischenkriegszeit gewissermaßen ästhetische Blindgänger. Weil der Diskurs über Beschleunigung, der die Kriegserfahrung maßgeblich organisiert, in den untersuchten Westfront-Romanen kritisch bleibt und sie sich einer ›Faszination des Infernalischen‹ verweigern, kann aus der Phänomenologie der Beschleunigung kein ästhetisches Programm gerinnen. Die Phänomenologie der Beschleunigung in den Westfront-Erzählungen bleibt ästhetisch funktionslos.

Moderne Ästhetiken des Krieges finden sich vielmehr in anderen Texten. Als exemplarische Beispiele nenne ich an dieser Stelle Lew Tolstois *Krieg und Frieden* (1868/69) und Robert Musils mittlere Erzählung aus *Die Amsel*[38] (1936). In beiden Texten wird Krieg zur ästhetischen Kategorie. *Krieg und Frieden* erschöpft sich gerade nicht in einer geschichtlichen Ausrichtung des napoleonischen Russlandfeldzugs – die er sogar trotz seiner mechanistischen Geschichtsvorstellung verweigert –, sondern der Roman bettet ganz im Sinne einer poetischen Ästhetik den Krieg in einen vielschichtigen und nicht nur auf den Krieg als geschichtliches Ereignis verweisenden literarischen Zusammenhang: etwa die epische Familiensaga um Aufstieg und Fall der

---

[37] André Leroi-Gourhan: Hand und Wort. Die Evolution von Technik, Sprache und Kunst, Frankfurt a.M. 1987, S. 244.
[38] Robert Musil: Die Amsel, in: ders.: Gesammelte Werke, Bd. 11: Prosa und Stücke, Kleine Prosa, Aphorismen, Autobiographisches, Essays und Reden, Kritik, Reinbek bei Hamburg 1978, S. 548–562.

Familien Bolkonski, Rostow und Besuchow, die in die Erzählung des Russlandfeldzugs integriert wird und deren Handlungszusammenhänge immer wieder mit den Kriegsereignissen in Verbindung stehen. Musil hingegen fasst in seiner kurzen Erzählung vom Fliegerpfeil, der den Erzähler Azwei beinahe trifft und dem dieser nur durch eine in ihrem Zustandekommen nicht mehr nachvollziehbare Verrenkung ausweicht, den Krieg von vornherein ausschließlich unter den Aspekten des utopischen Augenblicks und einer womöglich atheistisch-mystischen Erfahrung. Der Krieg bleibt ästhetisches Ereignis und wird erst gar nicht zum Zeichen eines bestimmten geschichtlichen Verlaufs erklärt.

In den Westfront-Romanen jedoch wird das Phänomen der Beschleunigung zwar noch wie bei Musil jeweilig erfahren, doch es verunsichert auf Dauer die Persönlichkeit der Frontsoldaten und löst ihren Wunsch aus, einer Gemeinschaft anzugehören. Diese antiindividualistische Denkfigur, der existenzielle Wunsch, ›beheimatet‹ zu sein, ist ebenso typisch für die Moderne. Für eine Ästhetik des Krieges müsste – wie bei Ernst Jünger – genau das ästhetisiert ›erscheinen‹, was die individuelle Persönlichkeit der Soldaten infrage stellt und was die geschichtsphilosophisch imprägnierte bzw. ideologische Geschichtsdeutung des Krieges provoziert. Weil die Soldaten die Beschleunigungserfahrung direkt auf das Kollektiv projizieren und mit Sinn versehen müssen, um den Krieg und die Beschleunigung zu ertragen, wird der Krieg im oben definierten Sinne nicht zum individuellen, ästhetischen Ereignis. Erst in Remarques *Der Weg zurück* wird das Individuum am Romanende vorsichtig restituiert. Hier ist im Frieden die soldatische Kameradschaft beendet und Ernst Birkholz entsagt mit der Aufgabe seines Berufs als Lehrer der Gesellschaft. Womöglich kehrt mit seiner Verabschiedung eines kollektivistischen Geschichtsdenkens die Fähigkeit zurück, die Verunsicherung und die Vereinsamung des Individuums zu überwinden und zurück zu einer ästhetischen Wahrnehmung des Daseins zu gelangen: »Der Saft steigt in den Stämmen, mit schwachem Knall, platzen die Knospen, und das Dunkel ist voll vom Geräusch des Wachsens. Die Nacht ist im Zimmer und der Mond.« (DWZ 374)

Von derartig knappen Andeutungen der Möglichkeit ästhetischer Wahrnehmung abgesehen, gewinnt die Kriegserfahrung bzw. die Beschleunigung an der Front in den Westfront-Romanen jedoch keinen ästhetischen Eigenwert. Sie wird nicht *(Gruppe Bosemüller)* oder nur marginal *(Das Feuer)* zur ästhetischen Erscheinung oder es wird die Möglichkeit dazu negiert *(Im Westen nichts Neues / Der Weg zurück)*. Der Krieg bleibt vielmehr sinnliches, aisthetisches

Phänomen – ein negatives im ›rasenden Stillstand‹ – und wird weitestgehend über eine metaphysische Geschichtsdeutung begrifflich bestimmt. Wie gezeigt wurde, überformt Jünger in den 1920er- und frühen 1930er-Jahren seine literarischen Kriegstexte essayistisch und fasst die Beschleunigung nun geschichtlich auf. Der Kriegszustand wird als totale Mobilmachung zum *telos* des Daseins. Versteht man Jüngers Kriegserzählungen von seinen Kriegs-Essays her, büßen auch sie ihre ästhetische Qualität ein. Während noch für Heine, wie Karl Heinz Bohrer feststellt, gilt, dass er »politisch-historische Daten in romantische Topoi verwandelt«, und Büchners Geschichtsdramen gleichfalls eine »ästhetische Struktur«[39] aufweisen, so kapitulieren die untersuchten Westfront-Romane vor dem Zwang der Historisierung des Weltkriegs, der ihnen das ästhetische Erscheinen des Ersten Weltkriegs programmatisch austreibt. Im Ergebnis werden der Krieg und das Phänomen der Beschleunigung geschichtsphilosophisch ausgerichtet und *per se* antiästhetisch geformt, da ein Erscheinen des Krieges als solches nicht zur Sprache kommt. Der Krieg gewinnt auch keine Mehrdeutigkeit, sondern seine Erscheinung wird über eine ideologisch ausgerichtete Geschichtsdeutung mit vermeintlich eindeutigem Sinn ausgestattet.

Wenn gegen Ende des 20. Jahrhunderts Karl Heinz Bohrer zufolge »die Angst vor einem sogenannten ästhetischen Ende der Geschichte oder genauer: einer Auflösung historischer Kategorien in ästhetische«[40] umgeht, dann haben sich in den Westfront-Romanen Anfang des 20. Jahrhunderts angesichts der Vormachtstellung des Historismus die ästhetischen Kategorien in historische verwandelt. Bohrer fordert von der literaturwissenschaftlichen Exegese, die oftmals »»weltanschaulich‹ gemünzte Identifikationen«[41] vornehme, ausschließlich die spezifisch ästhetische Verarbeitung von historischen Ereignissen zu untersuchen. Diese wichtige Forderung kann jedoch für die Westfront-Romane nur begrenzt gelten. Denn der Erste Weltkrieg bildet sich in den untersuchten Westfront-Romanen – exklusive der sehr frühen und dann wieder späten Kriegsprosa Ernst Jüngers – eben nicht als, wie

---

[39] Karl Heinz Bohrer: Zeit und Imagination. Das absolute Präsens der Literatur, in: ders.: Das absolute Präsens, S. 143-183, hier S. 150f. Bohrer begründet diese ästhetische Struktur mit der »spezifischen Absage[ ] an sozialpolitische Interessenlagen und Kategorien der Selbsterhaltung« sowie mit dem Hinweis auf »die Motive des Todes, der Erotik und der Einsamkeit«, die »qua Selbstreferenz einer kontemplativen Sprache« (ebd., S. 151) aufgerufen werden.
[40] Ebd., S. 144.
[41] Bohrer: Deutsche Romantik und Französische Revolution, S. 30

von Bohrer gefordert, ›ein Anderes‹ ab, sondern er wird trotz der Fronterfahrung als geschichtliches und eben nicht als ästhetisches Ereignis erzählt und gedeutet. Die Konstruktion der Westfront-Romane als vermeintliche Zeugnisse ›vom Feld‹ spiegelt sich zudem im Paratext, im Spiel mit dem autobiographischen Pakt und in der zeitgenössischen Rezeption als vermeintlich faktuale Kriegserzählungen.

Der Krieg ist auch in den Westfront-Romanen immer schon ein historischer; er wird darüber zum ästhetischen Niemandsland. Erst mit knapp 100-jährigem Zeitabstand gewinnen in Christian Krachts *Ich werde hier sein im Sonnenschein und im Schatten* der Erste Weltkrieg und die Fronterfahrung wieder eine eigene ästhetische Qualität, die nicht im Dienst einer ideologisch fundierten Geschichtsdeutung steht. In der Kriegs- und der Nachkriegszeit hingegen geht angesichts der Materialschlachten des Ersten Weltkriegs neben individuellen, sozialen bzw. gesellschaftlichen und politischen Traumata etwas großteils verloren: die Fähigkeit, das Erhabene im Dasein des Einzelnen sehen zu können.

Die Westfront-Romane zeugen davon. In ihnen wird nicht nur vom Ersten Weltkrieg und vom Leiden der Frontsoldaten in den Schützengräben erzählt. Die Westfront-Romane stellen in ihrer Erzählstruktur, in ihrer narrativen Organisation und in ihrer Motivik und Symbolik die Zeit des Krieges dar. Sie sind Zeugnisse der totalitären Ideologien der Moderne, die in der Neuzeit angetreten waren, kollektive metaphysische Erlösungsversprechen abzuwickeln, um eschatologische Erwartungen politisch-ideologisch gewendet selbst zu verkünden. Die Romane berichten vom technologischen und lebensweltlichen Beschleunigungsschub im Weltkrieg, von seinen Phänomenen und seinen Folgen. Sie dokumentieren als fiktionale Literatur und zugleich als vermeintlich authentische Kriegsberichte das Kriegsschicksal des Einzelnen und den Versuch, sich angesichts des lebensfeindlichen Beschleunigungsimperativs im Großen Krieg eine Persönlichkeit zu erhalten. Die Westfront-Romane des Ersten Weltkriegs zeugen vom Leiden der Soldaten und dem Versuch, diesem Leiden einen Sinn zu geben – und sie sind zugleich Erzählungen der Erfahrungsmodi von Zeit in der Moderne.

Literaturverzeichnis

Primärtexte

Améry, Jean: Jenseits von Schuld und Sühne, in: ders.: Werke, Bd. 2, hg. von Gerhard Scheit, Stuttgart 2002, S. 7–177.
Bahr, Hermann: Zu den Ideen von 1914, in: Johann Plenge: Zur Vertiefung des Sozialismus, Leipzig 1919 [1916], S. 38–66.
Barbusse, Henri: Die Hölle, übers. von Max Hochdorf, Zürich 1919.
Barbusse, Henri: Klarheit, übers. von Max Hochdorf, Zürich 1919.
Barbusse, Henri: Das Messer zwischen den Zähnen (An die Intellektuellen), übers. von Karl Pinsker, Leipzig 1922.
Barbusse, Henri: Der Schriftsteller und die Utopie, in: ders.: Ein Mitkämpfer spricht. Aufsätze und Reden aus den Jahren 1917–1921, Leipzig 1922, S. 21–28.
Barbusse, Henri: Die Kette. Visionärer Roman, Berlin 1926.
Barbusse, Henri: Die Schutzflehenden, übers. und mit einem Nachwort von Stefan Zweig, Zürich 1932.
Barbusse, Henri: Lettres de Henri Barbusse à sa femme 1914–1917, Paris 1937.
Beumelburg, Werner: Douaumont (= Schlachten des Weltkriegs, Bd. 8, in der Neuauflage von 1925 Bd. 1), Oldenburg/Berlin 1923.
Beumelburg, Werner: Ypern 1914 (= Schlachten des Weltkrieges, Bd. 10), Oldenburg/Berlin 1925.
Beumelburg, Werner: Loretto (= Schlachten des Weltkrieges, Bd. 17), Oldenburg/Berlin 1927.
Beumelburg, Werner: Flandern 1917 (= Schlachten des Weltkrieges, Bd. 27), Oldenburg/Berlin 1928.
Beumelburg, Werner: Sperrfeuer um Deutschland, Oldenburg 1929.
Beumelburg, Werner: Gruppe Bosemüller, Oldenburg 1930.
Beumelburg, Werner: Das jugendliche Reich. Rede im Rundfunk, in: ders.: Das jugendliche Reich. Reden und Aufsätze zur Zeitwende, Oldenburg 1933, S. 18–22.
Beumelburg, Werner: Der kämpfende Bismarck und wir. Rede vor deutschen Studenten am 18. Januar 1933, in: ders.: Das jugendliche Reich. Reden und Aufsätze zur Zeitwende, Oldenburg 1933, S. 23–44.
Beumelburg, Werner: Dichtung und Nation, in: ders.: Das jugendliche Reich. Reden und Aufsätze zur Zeitwende, Oldenburg 1933, S. 56–64.
Beumelburg, Werner: Wir kommen alle vom Kriege her, in: ders.: Das jugendliche Reich. Reden und Aufsätze zur Zeitwende, Oldenburg 1933, S. 11–16.

Brecht, Bertolt: Legende vom toten Soldaten, in: ders.: Gedichte 1 (= Große kommentierte Berliner und Frankfurter Ausgabe, Bd. 11), bearb. von Jan Knopf und Gabriele Knopf, Berlin/Weimar/Frankfurt a.M. 1988, S. 112–115 (Hauspostille).

Defoe, Daniel: Robinson Crusoe, München 2010.

Dehmel, Richard: Gebet an alle, in: Die Neue Rundschau 15 (1914), Heft vom 9. September, S. 1226.

Dehmel, Richard: Lied ans Volk, in: Die Neue Rundschau 15 (1914), Heft vom 9. September, S. 1225.

Döblin, Alfred: Berge, Meere und Giganten, Frankfurt a.M. 2008.

Echenoz, Jean: 14, aus dem Französischen von Hinrich Schmidt-Henkel, Berlin 2014.

Flex, Walter: Der Wanderer zwischen beiden Welten. Ein Kriegserlebnis, in: ders.: Gesammelte Werke, Bd. 1, München [o.J.], S. 185–265.

Goebbels, Joseph: Die Tagebücher Dezember 1925 – Mai 1928 (= Die Tagebücher von Joseph Goebbels, Teil I: Aufzeichnungen 1923–1943, Bd. 1/II), bearb. von Elke Fröhlich, München 2005.

Goebbels, Joseph: Die Tagebücher Juni 1931 – September 1932 (= Die Tagebücher von Joseph Goebbels, Teil I: Aufzeichnungen 1923–1943, Bd. 2/II), bearb. von Angela Hermann, München 2004.

Goebbels, Joseph: Die Tagebücher 2. März 1936 – Februar 1937 (= Die Tagebücher von Joseph Goebbels, Teil I: Aufzeichnungen 1923–1943, Bd. 3), bearb. von Jana Richter, München 2001.

Goebbels, Joseph: Die Tagebücher Dezember 1937 – Juli 1938 (= Die Tagebücher von Joseph Goebbels, Teil I: Aufzeichnungen 1923–1943, Bd. 5), bearb. von Elke Fröhlich, München 2000.

Goethe, Johann Wolfgang von: Faust. Eine Tragödie, in: ders.: Faust. Texte, hg. von Albrecht Schöne, Frankfurt a.M. 2003, S. 9–199.

Grosz, George: Die Gesundbeter [1918], in: ders.: Gott mit uns, Berlin 1920.

Harden, Maximilian: Der Krieg, in: Die Zukunft 22 (1914), Nr. 44 (1. August), S. 137–149.

Heimann, Moritz: Der Krieg, in: Die Neue Rundschau 15 (1914), Heft vom 9. September, S. 1187–1192.

Heine, Heinrich: [Loreley], in: ders.: Buch der Lieder (= Historisch-kritische Gesamtausgabe der Werke »Düsseldorfer Ausgabe«, Bd. 1/I), bearb. von Pierre Grappin, Hamburg 1975, S. 207–209.

Heine, Heinrich: Lutezia LVII, in: ders.: Lutezia II (= Historisch-kritische Gesamtausgabe der Werke, Bd. 14/I), bearb. von Volkmar Hansen, Hamburg 1990, S. 57–58.

Hesse, Hermann: Brief an Johannes Hesse vom 9. September 1914, in: ders.: Gesammelte Briefe, Bd. 1: 1895–1921, hg. von Ursula Michels und Volker Michels, Frankfurt a.M. 1973, S. 244–246.

Hofmannsthal, Hugo von: An Henri Barbusse, Alexandre Mercereau und ihre Freunde, in: ders.: Sämtliche Werke, Bd. XXXIV: Reden und Aufsätze 3, hg. von Klaus E. Bohnenkamp, Katja Kaluga und Klaus-Dieter Krabiel. Frankfurt a.M. 2011, S. 226–228.

Jünger, Ernst: Der Krieg als inneres Erlebnis, in: ders.: Politische Publizistik. 1919 bis 1933, hg., komm. u. mit einem Nachwort von Sven Olaf Berggötz, Stuttgart 2001, S. 100–107.

Jünger, Ernst: In Stahlgewittern. Historisch-kritische Ausgabe, Bd. 1: Texte, hg. von Helmuth Kiesel, Stuttgart 2013.

Jünger, Ernst: In Stahlgewittern. Historisch-kritische Ausgabe, Bd. 2. Variantenverzeichnis und Materialien, hg. von Helmuth Kiesel, Stuttgart 2013.

Jünger, Ernst: Kriegstagebuch 1914–1918, hg. von Helmuth Kiesel, Stutgart 2013.

Jünger, Ernst: Afrikanische Spiele, in: ders.: Erzählungen I (= Sämtliche Werke 18), Stuttgart 2015, S. 75–245.

Jünger, Ernst: Annäherungen. Drogen und Rausch (= Sämtliche Werke 13, Essays V), Stuttgart 2015.

Jünger, Ernst: Das Wäldchen 125. Eine Chronik aus den Grabenkämpfen 1918 (= Sämtliche Werke 1, Tagebücher I), Stuttgart 2015, S. 301–438.

Jünger, Ernst: Der Arbeiter (= Sämtliche Werke 10, Essays II), Stuttgart 2015.

Jünger, Ernst: Der Kampf als inneres Erlebnis, in: ders: Betrachtungen zur Zeit (= Sämtliche Werke 9, Essays I), Stuttgart 2015, S. 9–103.

Jünger, Ernst: Der Weltstaat, in: ders.: Betrachtungen zur Zeit (= Sämtliche Werke 9, Essays I), Stuttgart 2015, S. 481–526.

Jünger, Ernst: Die totale Mobilmachung, in: ders.: Betrachtungen zur Zeit (= Sämtliche Werke 9, Essays I), Stuttgart 2015, S. 119–142.

Jünger, Ernst: Feuer und Bewegung, in: ders.: Betrachtungen zur Zeit (= Sämtliche Werke 9, Essays I), Stuttgart 2015, S. 105–117.

Jünger, Ernst: Feuer und Blut. Ein kleiner Ausschnitt aus einer großen Schlacht (= Sämtliche Werke 1, Tagebücher I), Stuttgart 2015, S. 439–538.

Jünger, Ernst: Strahlungen IV. Siebzig verweht II (= Sämtliche Werke 5, Tagebücher V), Stuttgart 2015.

Jünger, Ernst: Sturm, in: ders.: Erzählungen (= Sämtliche Werke 18, Erzählende Schriften I), Stuttgart 2015, S. 9–74.

Kästner, Erich: Deutsches Ringelspiel 1947, in: ders.: Vermischte Beiträge (= Gesammelte Schriften, Bd. 5), Köln/Zürich 1959, S. 99–106.

Kracht, Christian: 1979, Köln 2001.

Kracht, Christian: Ich werde hier sein im Sonnenschein und im Schatten, Köln 2008.

Kracht, Christian: Imperium, Köln 2012.

Lessing, Gotthold Ephraim: Die Erziehung des Menschengeschlechts, in: ders.: Werke 1778-1781 (= Werke in zwölf Bänden, Bd. 10), hg. von Arno Schilson und Axel Schmitt, Frankfurt a.M. 2001, S. 73-99.

Lutherbibel erklärt. Die Heilige Schrift in der Übersetzung Martin Luthers mit Erläuterungen für die bibellesende Gemeinde, hg. von der Deutschen Bibelgesellschaft, Stuttgart 1987.

Mann, Heinrich – Bertaux, Felix: Briefwechsel 1922-1948, mit einer Einleitung von Pierre Bertaux, Frankfurt a.M. 2002.

Mann, Thomas: Der Zauberberg (= Große kommentierte Frankfurter Ausgabe, Bd. 5.1), hg. und kommentiert von Michael Neumann, Frankfurt a.M. 2002.

Mann, Thomas: Friedrich und die große Koalition, in: ders.: Essays II. 1914-1926 (= Große kommentierte Frankfurter Ausgabe, Bd. 15.1), hg. und textkrit. durchges. von Hermann Kurzke, Frankfurt a.M. 2002, S. 55-122.

Mann, Thomas: Gedanken im Kriege, in: ders.: Essays II. 1914-1926 (= Große kommentierte Frankfurter Ausgabe, Bd. 15.1), hg. und textkrit. durchges. von Hermann Kurzke, Frankfurt a.M. 2002, S. 27-46.

Mann, Thomas: Gedanken zum Kriege, in: ders.: Essays II. 1914-1926 (= Große kommentierte Frankfurter Ausgabe, Bd. 15.1), hg. und textkrit. durchges. von Hermann Kurzke, Frankfurt a.M. 2002, S. 137-141.

Mann, Thomas: Briefe II 1914-1923 (= Große kommentierte Frankfurter Ausgabe, Bd. 22), ausgewählt und hg. von Thomas Sprecher, Hans R. Vaget und Cornelia Bernini, Frankfurt a.M. 2004.

Mann, Thomas: Betrachtungen eines Unpolitischen (= Große kommentierte Frankfurter Ausgabe, Bd. 13.1), hg. und textkrit. durchges. von Hermann Kurzke, Frankfurt a.M. 2009.

Marinetti, Filippo Tommaso: Das futuristische Manifest, in: Der Sturm 2 (1912), Nr. 104, S. 828-829.

Musil, Robert: Die Amsel, in: ders.: Gesammelte Werke, Bd. 11: Prosa und Stücke, Kleine Prosa, Aphorismen, Autobiographisches, Essays und Reden, Kritik, Reinbek bei Hamburg 1978, S. 548-562.

Nicolai, Philipp: Wie schön leuchtet der Morgenstern, in: Evangelisches Gesangbuch, Ausgabe für die evangelische Kirche der Pfalz, Speyer 1994, Nr. 70 [o.S.].

Pfemfert, Franz: Die Besessenen, in: Die Aktion 4 (1914), H. 31 (1. August), S. 3.

Pfemfert, Franz: Freunde der Aktion, Leser, Mitarbeiter, in: Die Aktion 4 (1914), H. 32/33, Sp. 693.

Remarque, Erich Maria: Der Weg zurück, hg. von Thomas F. Schneider, Köln 2014.
Remarque, Erich Maria: Im Westen nichts Neues. In der Fassung der Erstausgabe, hg., mit Materialien und mit einem Nachwort versehen von Thomas F. Schneider, Köln 2014.
Rolland, Romain: La Déclaration de l'indépendance de l'Esprit, in: L'Humanité (26. Juni 1919).
Schiller, Friedrich: Das Ideal und das Leben, in: ders.: Schillers Werke: Gedichte 1799–1805 (= Nationalausgabe, 2. Bd., Teil 1), hg. von Norbert Oellers, Weimar 1983, S. 396–400.
Schurig, Willy: An der Westfront nichts von Bedeutung, in: Im Felde unbesiegt. Der Erste Weltkrieg in 24 Einzeldarstellungen, 2. Bd., München 1921.
Schwencke, Alexander: Die Tragödie von Verdun 1916. II. Teil: Das Ringen um Fort Vaux (= Schlachten des Weltkrieges, Bd. 14), Oldenburg/Berlin 1928.
Stadler, Ernst: Fahrt über die Cölner Rheinbrücke bei Nacht, in: Die Aktion 3 (1913), Nr. 17, Sp. 451.
Tolstoi, Lew: Krieg und Frieden, 2 Bde, neu übers. und kommentiert von Barbara Conrad, München 2011.
Zweig, Stefan: Die Welt von Gestern. Erinnerungen eines Europäers, Frankfurt a.M. 1970.
Zweig, Stefan: Briefe 1932–1942, hg. von Knut Beck und Jeffrey B. Berlin, Frankfurt a.M. 2005.
[N.N.]: Auf dem Berge fließt ein Wasser, das ist lauter kühler Wein, in: Deutsches Volksliedarchiv: Soldatenlieder-Sammlung (1914–1918), A 107 921.

Sekundärliteratur

Adorno, Theodor W.: Minima Moralia. Reflexionen aus dem beschädigten Leben (= Gesammelte Schriften, Bd. 4, hg. von Rolf Tiedemann unter Mitwirkung von Gretel Adorno, Susan Buck-Morss und Klaus Schultz), Frankfurt a.M. 2004.
Angehrn, Emil: Geschichtsphilosophie. Eine Einführung, Basel 2012.
Antkowiak, Alfred: Erich Maria Remarque. Leben und Werk, Berlin 1983.
Assmann, Aleida: Ist die Zeit aus den Fugen? Aufstieg und Fall des Zeitregimes der Moderne, München 2013.
Auer, Michael: Wege zu einer planetarischen Linientreue? Mediane zwischen Jünger, Schmitt, Heidegger und Celan, München 2013.
Augustinus: Vom Gottesstaat, Bd. 2, übers. von Wilhelm Thimme, eingel. und erl. von Carl Andresen, Zürich/München 1978.

Augustinus: Bekenntnisse, übers. und hg. von Kurt Flasch und Burkhard Mojsisch, Stuttgart 2008.

Baberowski, Jörg: Der Sinn der Geschichte. Geschichtstheorien von Hegel bis Foucault, München 2005.

Bachtin, Michail: Chronotopos, Frankfurt a.M. 2008.

Barthes, Roland: Die Sprache der Mode, Frankfurt a.M. 1985.

Barthes, Roland: Das Rauschen der Sprache, in: ders.: Das Rauschen der Sprache (Kritische Essays IV), aus dem Französischen von Dieter Hornig, Frankfurt a.M. 2005, S. 88–91, hier S. 89.

Baudrillard, Jean: Die Illusion des Endes oder Der Streik der Ereignisse, Berlin 1994.

Benjamin, Walter: Der Erzähler. Betrachtungen zum Werk Nikolai Lesskows, in: ders.: Gesammelte Schriften, Bd. II.1, Frankfurt a.M. 1977, S. 438–465.

Benjamin, Walter: Über Sprache überhaupt und über die Sprache des Menschen, in: ders.: Gesammelte Schriften II.1, hg. von Rolf Tiedemann und Hermann Schweppenhäuser, Frankfurt a.M. 1977, S. 140–157

Benjamin, Walter: Über den Begriff der Geschichte, hg. von Gérard Raulet, Frankfurt a.M. 2010.

Bhabha, Homi K.: Die Verortung der Kultur, Tübingen 2000.

Bloch, Ernst: Das Prinzip Hoffnung, Frankfurt a.M. 1959.

Böhme, Ulrich: Fassungen bei Ernst Jünger, Meisenheim am Glan 1972.

Bohrer, Karl Heinz: Die Ästhetik des Schrecklichen. Die pessimistische Romantik und Ernst Jüngers Frühwerk, München/Wien 1978.

Bohrer, Karl Heinz: Der Irrtum des Don Quixote. Das Problem der ästhetischen Grenze, in: ders.: Plötzlichkeit. Zum Augenblick des ästhetischen Scheins, Frankfurt a.M. 1981, S. 86–107.

Bohrer, Karl Heinz: Deutsche Romantik und Französische Revolution. Die ästhetische Abbildbarkeit des historischen Ereignisses, in: ders.: Das absolute Präsens. Die Semantik ästhetischer Zeit, Frankfurt a.M. 1994, S. 8–31.

Bohrer, Karl Heinz: Vorwort, in: ders.: Das absolute Präsens. Die Semantik ästhetischer Zeit, Frankfurt a.M. 1994, S. 7.

Bohrer, Karl Heinz: Zeit und Imagination. Das absolute Präsens der Literatur, in: ders.: Das absolute Präsens. Die Semantik ästhetischer Zeit, Frankfurt a.M. 1994, S. 143–183.

Bohrer, Karl Heinz: Utopie des ›Augenblicks‹ und Fiktionalität. Die Subjektivierung von Zeit in der modernen Literatur, in: Martin Middeke (Hg.): Zeit und Roman. Zeiterfahrung im historischen Wandel und ästhetischer Paradigmenwechsel vom sechzehnten Jahrhundert bis zur Postmoderne, Würzburg 2002, S. 215–252.

Borisova, Natalia/Frank, Susi K./Kraft, Andreas (Hg.): Zwischen Apokalypse und Alltag. Kriegsnarrative des 20. und 21. Jahrhunderts, Bielefeld 2009.

Bosse, Anke: Apokalypse und Katastrophe als literarische Deutungsmuster des Ersten Weltkriegs, in: Claude D. Conter/Oliver Jahraus/Christian Kirchmeier (Hg.): Der Erste Weltkrieg als Katastrophe. Deutungsmuster im literarischen Diskurs, Würzburg 2014, S. 35-52.

Bourdieu, Pierre: Die feinen Unterschiede. Kritik der gesellschaftlichen Urteilskraft, Frankfurt a.M. 2014.

Bramwell, Anna: Blut und Boden, in: Etienne Francois/Hagen Schulze (Hg.): Deutsche Erinnerungsorte, München 2003, S. 380-391.

Bronner, Stefan: Tat Tvam Asi. Christian Krachts radikale Kritik am Identitätsbegriff, in: Stefan Bronner (Hg.): Die Gewalt der Zeichen. Terrorismus als symbolisches Phänomen, Bamberg 2012, S. 331-360.

Bronner, Stefan: Vom taumelnden Ich zum Übermenschen. Das abgründige Subjekt in Christian Krachts Romanen *Faserland, 1979* und *Ich werde hier sein im Sonnenschein und im Schatten,* Tübingen 2012.

Bruendel, Steffen: Zeitenwende 1914. Künstler, Dichter und Denker im Ersten Weltkrieg, Berlin 2014.

Buber, Martin: Ich und Du, Gütersloh 2009.

Buelens, Geert: Europas Dichter und der Erste Weltkrieg, aus dem Niederländischen von Waltraud Hüsmert, Berlin 2014.

Burckhardt, Jacob: Weltgeschichtliche Betrachtungen. Über geschichtliches Studium, Darmstadt 1962.

Busch, Stefan: »und gestern, da hörte uns Deutschland«. NS-Autoren in der Bundesrepublik. Kontinuität und Diskontinuität bei Friedrich Griese, Werner Beumelburg, Eberhard Wolfgang Möller und Kurt Ziesel, Würzburg 1998.

Cachin, Marcel: Vorwort, in: Annette Vidal: Henri Barbusse: Soldat des Friedens, übers. von Herbert Bräuning, Berlin 1955, S. 5-13.

Canetti, Elias: Masse und Macht, Frankfurt a.M. 1980.

Caritat, Marquis de Condorcet, Marie Jean Antoine Nicolas: Entwurf einer historischen Darstellung der Fortschritte des menschlichen Geistes, hg. von Wilhelm Alff, Frankfurt a.M. 1963.

Cassirer, Ernst: Versuch über den Menschen. Einführung in die Philosophie der Kultur, 2., verb. Aufl., Hamburg 2007.

Chambers II, John W./Schneider, Thomas F.: »Im Westen nichts Neues« und das Bild des ›modernen‹ Kriegs, in: Text + Kritik 149 (2001), S. 8-18.

Clarke, Christopher: Die Schlafwandler. Wie Europa in den Ersten Weltkrieg zog, übers. von Norbert Juraschitz, München 2013.

Colin, Geneviève: Les écrivains et la guerre, in: Jean-Jacques Becker (Hg.): Les Français dans la Grande Guerre, Paris 1980, S. 153-167.

Colin, Genèvieve/Becker, Jean-Jacques: Les écrivains, la guerre de 1914 et l'opinion publique, in: Relations internationales 24 (1980), S. 425–442.
Conter, Claude D./Jahraus, Oliver/Kirchmeier, Christian (Hg.): Der Erste Weltkrieg als Katastrophe. Deutungsmuster im literarischen Diskurs, Würzburg 2014.
Demandt, Alexander: Zeit. Eine Kulturgeschichte, Berlin 2015.
Demm, Eberhard: Pazifismus oder Kriegspropaganda? Henri Barbusse *Le Feu* und Maurice Genevoix *Sous Verdun/Nuits de Guerre,* in: Thomas F. Schneider (Hg.): Kriegserlebnis und Legendenbildung. Das Bild des »modernen« Krieges in Literatur, Theater, Photographie und Film, Bd. I: Vor dem Ersten Weltkrieg/Der Erste Weltkrieg, Osnabrück 1999, S. 353–374.
Die Redaktion: An unsre Leser, in: Simplicissimus 19 (1914), Nr. 20 (17. August), S. 314.
Diez, Georg: Die Methode Kracht, in: Der Spiegel 7 (2012), S. 100–103.
Dijk, Teun A. van: Textwissenschaft. Eine interdisziplinäre Einführung, Tübingen 1980.
Dörr, Volker C.: Wie dichtet Klio? Zum Zusammenhang von Mythologie, Historiographie und Narrativität, in: ZfdPh 123 (2004) Sonderheft Literatur und Geschichte. Neue Perspektiven, S. 25–41.
Duden: Familiennamen, bearb. von Rosa Kohlheim und Volker Kohlheim, Mannheim u.a. 2005.
Dücker, Burckhard: Lemma ›Zeit‹, in: Ansgar Nünning (Hg.): Metzler Lexikon Literatur- und Kulturtheorie. Ansätze – Personen – Grundbegriffe, 2., überarb. und erw. Aufl., Stuttgart/Weimar 2001, S. 687–689.
Ebert Jens: Der Roman »Im Westen nichts Neues« im Spiegel der deutschsprachigen kommunistischen Literaturkritik der 20er und 30er Jahre, in: Thomas F. Schneider (Hg.): Erich Maria Remarque. Leben, Werk und weltweite Wirkung, Osnabrück 1998, S. 99–108.
Ehrke-Rotermund, Heidrun: ›Durch die Erkenntnis des Schrecklichen zu seiner Überwindung‹? Werner Beumelburg: Gruppe Bosemüller, in: Thomas F. Schneider/Hans Wagener (Hg.): Von Richthofen bis Remarque. Deutschsprachige Prosa zum I. Weltkrieg, Osnabrück 2003, S. 299–318.
Elm, Theo: Symbolik, Realistik. Zur Geschichte des romantischen Bergwerks, in: Günter Blamberger/Manfred Engel/Monika Ritzer (Hg.): Studien zur Literatur des Frührealismus, Frankfurt a.M. 1990, S. 121–150.
Erll, Astrid: Gedächtnisromane. Literatur über den Ersten Weltkrieg als Medium englischer und deutscher Erinnerungskulturen in den 1920er Jahren, Trier 2003.
Fellmann, Ferdinand: Das Vico-Axiom. Der Mensch macht die Geschichte, Freiburg/München 1976.

Forcade, Olivier: Zensur und öffentliche Meinung in Frankreich zwischen 1914 und 1918, übers. von Antje Peter, in: Wolfram Pyta/Carsten Kretschmann (Hg.): Burgfrieden und Union sacrée. Literarische Deutungen und politische Ordnungsvorstellungen in Deutschland und Frankreich 1914–1933, München 2011, S. 71–84.

Fotheringham, John: Looking back at the revolution. Toller's *Eine Jugend in Deutschland* and Remarque's *Der Weg zurück,* in: Brian Murdoch/Mark Ward/Maggie Sargeant (Hg.): Remarque Against War. Essay for the Centenary of Erich Maria Remarque 1898–1970, Glasgow 1998, S. 98–118.

Foucault, Michel: Die Ordnung des Diskurses, 11. Aufl., Frankfurt a.M. 1991.

Foucault, Michel: Andere Räume (1967), in: Karlheinz Barck u.a. (Hg.): Aisthesis: Wahrnehmung heute oder Perspektiven einer anderen Ästhetik. Essais, Leipzig 1992, S. 34–46.

Foucault, Michel: Überwachen und Strafen. Die Geburt des Gefängnisses, Frankfurt a.M. 1994.

Frank, Susi K.: Einleitung, in: Natalia Borissova/Susi K. Frank/Andreas Kraft (Hg.): Zwischen Apokalypse und Alltag. Kriegsnarrative des 20. und 21. Jahrhunderts, Bielefeld 2009, S. 7–39.

Frerk, Hans: Henri Barbusse. Studien zu seiner Weltanschauung, seiner Persönlichkeit und seinen Beziehungen zur modernen Geistesbewegung auf Grund seiner Romane »L'enfer«, »Le Feu« und »Clarté«. Auszug aus der Inauguraldissertation, Hamburg 1923.

Frick, Werner/Schnitzler, Günter (Hg.): Der Erste Weltkrieg im Spiegel der Künste, Freiburg i.Br./Berlin/Wien 2017.

Fröschle, Ulrich: »Vor Verdun«. Zur Konstitution und Funktionalisierung eines ›mythischen‹ Orts, in: Ralf Georg Bogner (Hg.): Internationales Alfred Döblin Kolloquium Saarbrücken 2009. Im Banne von Verdun. Literatur und Publizistik im deutschen Südwesten zum Ersten Weltkrieg von Alfred Döblin und seinen Zeitgenossen, Frankfurt a.M. u.a. 2010, S. 255–275.

Fromm, Erich: Studien über Autorität und Familie. Forschungsberichte aus dem Institut für Sozialforschung 1, Frankfurt a.M. 1970.

Gagnebin, Jeanne Marie: ›Über den Begriff der Geschichte‹, in: Burkhardt Lindner (Hg): Benjamin Handbuch. Leben – Werk – Wirkung, Stuttgart/Weimar 2011, S. 284–300.

Gansel, Carsten/Kaulen, Heinrich: Kriegsdiskurse in Literatur und Medien nach 1989, Göttingen 2011.

Genette, Gérard: Palimpseste. Die Literatur auf zweiter Stufe. Frankfurt a.M. 1996.

Genette, Gérard: Die Erzählung, Paderborn 1998.

Glunz, Claudia/Pelka, Artur/Schneider, Thomas F. (Hg.): Information Warfare. Die Rolle der Medien (Literatur, Kunst, Photographie, Film, Fernsehen, Theater, Presse, Korrespondenz) bei der Kriegsdarstellung und -deutung, Göttingen 2007.

Graf, Friedrich Wilhelm: Vorwort, in: Ernst Troeltsch: Der Historismus und seine Probleme. Erstes Buch: Das logische Problem der Geschichtsphilosophie. 2 Teilbände, hg, von Friedrich Wilhelm Graf, Berlin/New York 2008 (= Kritische Gesamtausgabe, Bd. 16.1, 16.2), S. V–VIII.

Grossmann, Ulrich (Hg.): Die Frucht der Verheißung: Zitrusfrüchte in Kunst und Kultur. Begleitband zur Ausstellung im Germanischen Nationalmuseum Nürnberg, 19. Mai bis 11. September 2011, Nürnberg 2011.

Gu, Yeon Jeong: Figurationen des Posthumanen in Christian Krachts Roman *Ich werde hier sein im Sonnenschein und im Schatten,* in: Weimarer Beiträge 61 (2015), H. 1, S. 92–110.

Gumbrecht, Hans-Ulrich: 1926, Frankfurt a.M. 2001.

Haas, Claude: Der kollabierte Feind. Zur historischen Poetik des Kriegshelden von Jünger bis Goethe, in: Nikolas Immer/Mareen van Marwyck (Hg.): Ästhetischer Heroismus. Konzeptionelle und figurative Paradigmen des Helden, Bielefeld 2013, S. 251–273.

Hagemeister, Michael: Die neue Menschheit, Frankfurt a.M. 2005.

Hahn, Robert: Der Erfinder als Erlöser – Führerfiguren im völkischen Zukunftsroman, in: Helga Esselborn (Hg.): Utopie, Antiutopie und Science-Fiction im deutschsprachigen Roman des 20. Jahrhunderts, Würzburg 2003, S. 29–47.

Han, Byung-Chul: Duft der Zeit. Ein philosophischer Essay zur Kunst des Verweilens, Bielefeld 2009.

Hartung, Günter: Zum Wahrheitsgehalt von *Im Westen nichts Neues,* in: ders.: Literatur und Welt. Vorträge, Leipzig 2002, S. 293–305.

Harvey, David: The Condition of Postmodernity. An Enquiry into the Origins of Cultural Change. Cambridge (Mass.)/Oxford 1990.

Hasse, Ernst: Weltpolitik, Imperialismus und Kolonialpolitik, München 1908.

Hebekus, Uwe/Stöckmann, Ingo (Hg.): Die Souveränität der Literatur. Zum Totalitären der Klassischen Moderne 1900–1933, München 2008.

Heeger, Georg/Wüst, Wilhelm (Hg.): Volkslieder aus der Rheinpfalz, Bremen 2011.

Hegel, Friedrich: Die Vernunft in der Geschichte (= Sämtliche Werke. Neue kritische Ausgabe, Bd. XVIII A), hg. von Johannes Hoffmeister, 5., aberm. verb. Aufl., Hamburg 1955.

Hegel, Friedrich: Philosophie der Weltgeschichte. Einleitung 1830/31, in: ders.: Vorlesungsmanuskripte II (1816–1831) (= Gesammelte Werke, Bd. 18), hg. von Walter Jaeschke, Hamburg 1995, S. 138–207.

Hermand, Jost: Versuch, den Erfolg von Remarques *Im Westen nichts Neues* zu verstehen, in: Dieter Borchmeyer/Till Heimeran (Hg.): Weimar am Pazifik. Literarische Wege zwischen den Kontinenten, Tübingen 1985, S. 71–78.

Hermes, Stefan: »Ich habe nie Menschenfleisch gegessen«. Interkulturelle Begegnungen in Christian Krachts Romanen *1979* und *Ich werde hier sein im Sonnenschein und im Schatten,* in: Mark Arenhövel/Maja Razbojnikova-Frateva/ Hans-Gerd Winter (Hg.): Kulturtransfer und Kulturkonflikt, Dresden 2010, S. 270–283.

Herwig, Henriette: Von offenen und geschlossenen Türen oder wie tot ist das Zeichen? Zu Kafka, Peirce und Derrida, in: Kodikas/Code. Ars Semiotica 12 (1989), Nr. 1/2, Tübingen 1989, S. 107–124.

Herwig, Henriette: Sirenen und Wasserfrauen: Kulturhistorische, geschlechterdiskursive und mediale Dimensionen eines literarischen Motivs, in: Heine-Jahrbuch 47 (2008), S. 118–140.

Hillebrand, Jennifer/Olszewski, Deborah/Sedefov, Roumen: Hallucinogenic Mushrooms: An Emerging Trend Case Study, hg. vom European Monitoring Centre for Drugs and Drug Addiction, Lissabon 2006.

Hirschfeld, Gerhard/Krumeich, Gerd/Renz, Irina (Hg.): Enzyklopädie Erster Weltkrieg, Paderborn u.a. 2003.

Höffe, Otfried: Kants kategorischer Imperativ als Kriterium des Sittlichen, in: Zeitschrift für philosophische Forschung 31 (1977), H. 3, S. 354–384.

Hölscher, Lucian: Utopie, in: Otto Brunner/Werner Conze/Reinhart Koselleck (Hg.): Geschichtliche Grundbegriffe. Historisches Lexikon zur politisch-sozialen Sprache in Deutschland, Bd 6, Stuttgart 1990, S. 733–788.

Hösle, Vittorio: Einleitung: Vico und die Idee der Kulturwissenschaft. Genese, Themen und Wirkungsgeschichte der ›Scienza nuova‹, in: Giambattista Vico: Prinzipien einer neuen Wissenschaft über die gemeinsame Natur der Völker, übers. von Vittorio Hösle und Christoph Jermann, Bd. 1, Hamburg 1990, S. XXXI–CCLXXX.

Holl, Karl: Lemma ›Pazifismus‹, in: Otto Brunner/Werner Conze/Reinhart Koselleck (Hg.): Geschichtliche Grundbegriffe. Historisches Lexikon zur politisch-sozialen Sprache in Deutschland, Bd. 4, Stuttgart 1978, S. 767–787.

Honold, Alexander: Die Uhr des Himmels. Zeitzeichen über dem Zauberberg, in: Maximilian Bergengruen (Hg.): Gestirn und Literatur im 20. Jahrhundert, Frankfurt a.M. 2006, S. 277–294.

Honold, Alexander: Einsatz der Dichtung. Literatur im Zeichen des Ersten Weltkriegs, Berlin 2015.

Horn, Peter: Der ›unbeschreibliche‹ Krieg und sein fragmentierter Erzähler. Zu Remarques Kriegsroman »Im Westen nichts Neues«, in: Heinrich Mann-Jahrbuch 4 (1986), S. 85–108.

Hüppauf, Bernd: Schlachtenmythen und die Konstruktion des Neuen Menschen, in: Gerhard Hirschfeld (Hg.): Keiner fühlt sich hier mehr als Mensch... Erlebnis und Wirkung des Ersten Weltkriegs, Essen 1993, S. 43–84.

Husserl, Edmund: Zur Phänomenologie des inneren Zeitbewußtseins, Hamburg 2013.

Irsigler, Ingo: World Gone Wrong. Christian Krachts alternativhistorische Antiutopie *Ich werde hier sein im Sonnenschein und im Schatten,* in: Hans-Edwin Friedrich (Hg.): Der historische Roman. Erkundung einer populären Gattung, Frankfurt a.M. 2013, S. 171–186.

Iser, Wolfgang: »Das Komische: ein Kipp-Phänomen«, in: Wolfgang Preisendanz/ Rainer Warning (Hg.): Das Komische. Poetik und Hermeneutik VII, München 1976, S 398–402.

Jacobi, Jolande: Die Tiefenpsychologie des C.G. Jung, Frankfurt a.M. 1978.

Jahraus, Oliver: Ästhetischer Fundamentalismus. Christian Krachts radikale Erzählexperimente, in: Johannes Birgfeld/Claude D. Conter (Hg.): Christian Kracht. Zu Leben und Werk, Köln 2009, S. 13–23.

Jauß, Hans Robert (Hg.): Die nicht mehr schönen Künste. Grenzphänomene des Ästhetischen, München 1968.

Joachimsthaler, Jürgen: Die Idylle im Krieg, in: Claudia Glunz/Artur Pelka/ Thomas F. Schneider (Hg.): Information Warfare. Die Rolle der Medien (Literatur, Kunst, Photographie, Film, Fernsehen, Theater, Presse, Korrespondenz) bei der Kriegsdarstellung und -deutung, Göttingen 2007, S. 81–101.

Kant, Immanuel: Kritik der reinen Vernunft, Bd. 2 (= Gesammelte Werke, Bd. IV), hg. von Wilhelm Weischedel, Frankfurt a.M. 1956.

Kant, Immanuel: Zum ewigen Frieden, in: ders.: Schriften zur Anthropologie, Geschichtsphilosophie, Politik und Pädagogik (= Gesammelte Werke, Bd. XI), hg. von Wilhelm Weischedel, Frankfurt a.M. 1964, S. 195–251.

Kant, Immanuel: Kritik der Urteilskraft (= Gesammelte Werke, Bd. X), hg. von Wilhelm Weischedel, Frankfurt a.M. 1974.

Khiari, Sadri: Das Volk und das Dritte Volk, in: Alain Badiou u.a.: Was ist ein Volk?, aus dem Französischen und Amerikanischen von Richard Steurer-Boulard, Hamburg 2017, S. 83–96.

Kierkegaard, Sören: Der Begriff der Angst, übers. von Rosemarie Lögstrup, in: ders.: Die Krankheit zum Tode. Furcht und Zittern. Die Wiederholung. Der Begriff der Angst, hg. von Hermann Diem und Walter Rest, Köln/Olten 1961, S. 445–640.

Kiesel, Helmuth: Ernst Jünger. Die Biographie, München 2007.

Kiesel, Helmuth: Einleitung, in: Ernst, Jünger: *In Stahlgewittern*. Historisch-kritische Ausgabe, Bd. 2: Variantenverzeichnis und Materialien, hg. von Helmuth Kiesel, Stuttgart 2013, S. 7–122.

Klepsch, Michael: Romain Rolland im Ersten Weltkrieg. Ein Intellektueller auf verlorenem Posten, Stuttgart 2000.

Koch, Lars: Der Erste Weltkrieg als Medium der Gegenmoderne. Zu den Werken von Walter Flex und Ernst Jünger, Würzburg 2006.

Koch, Lars/Vogel, Marianne (Hg.): Imaginäre Welten im Widerstreit. Krieg und Geschichte in der deutschsprachigen Literatur seit 1900, Würzburg 2007.

Koch, Lars: Kulturelle Katharsis, in: Niels Werber/Stefan Kaufmann/Lars Koch (Hg.): Erster Weltkrieg. Kulturwissenschaftliches Handbuch, Stuttgart/Weimar 2015, S. 97–141.

Koch, Lars: Kulturelle Katharsis und literarisches Ereignis, in: Miriam Seidler/Johannes Waßmer (Hg.): Narrative des Ersten Weltkriegs, Frankfurt a.M. u.a. 2015, S. 27–54.

Köller, Wilhelm: Der sprachtheoretische Wert des semiotischen Zeichenmodells, in: Kaspar H. Spinner (Hg.): Zeichen, Text, Sinn. Zur literarischen Semiotik des Verstehens, Göttingen 1977, S. 7–77

Köppen, Manuel: Das Entsetzen des Beobachters. Krieg und Medien im 19. und 20. Jahrhundert, Heidelberg 2005.

Köppen, Manuel: Werner Beumelburg und die Schlachten des Weltkrieges. Schreibkonzepte eines Erfolgsautors zwischen Historiografie und Fiktion, in: Christian Meierhofer/Jens Wörner (Hg.): Der Erste Weltkrieg und seine Darstellungsressourcen in Literatur, Publizistik und populären Medien 1899–1929, Osnabrück 2015, S. 267–290.

Koester, Eckart: Literatur- und Weltkriegsideologie. Positionen und Begründungszusammenhänge des publizistischen Engagements deutscher Schriftsteller im Ersten Weltkrieg, Kronberg i.T. 1977.

Kortländer, Bernd: »als wolle die Zeit sich selber vernichten«. Zum Begriff der Zeit bei Heinrich Heine, in: ders. u.a. (Hg.): »was die Zeit fühlt und denkt und bedarf«. Die Welt des 19. Jahrhunderts im Werk Heinrich Heines, Bielefeld 2014, S. 27–42.

Koschorke, Albrecht: Moderne als Wunsch. Krieg und Städtebau im 20. Jahrhundert, in: Leviathan. Zeitschrift für Sozialwissenschaft 27 (1999), H. 1, S. 23–42.

Koschorke, Albrecht: Wahrheit und Erfindung. Grundzüge einer allgemeinen Erzähltheorie, Frankfurt a.M. 2012.

Koselleck, Reinhart: Vergangene Zukunft der frühen Neuzeit, in: ders.: Vergangene Zukunft. Zur Semantik geschichtlicher Zeiten, Frankfurt a.M. 1979, S. 17–37.

Koselleck, Reinhart: Die Verzeitlichung der Utopie, in ders.: Zeitschichten. Studien zur Historik, Frankfurt a.M. 2000, S. 131–149.

Koselleck, Reinhart: Einleitung, in: ders.: Zeitschichten. Studien zur Historik, Frankfurt a.M. 2000, S. 9-16.

Koselleck, Reinhart: Erinnerungsschleusen und Erfahrungsschichten. Der Einfluß der beiden Weltkriege auf das soziale Bewußtsein, in: ders.: Zeitschichten. Studien zur Historik, Frankfurt a.M. 2000, S. 265-284.

Koselleck, Reinhart: Gibt es eine Beschleunigung der Geschichte?, in: ders.: Zeitschichten, Studien zur Historik, Frankfurt a.M. 2000, S. 150-176.

Koselleck, Reinhart: Historik und Hermeneutik, in: ders.: Zeitschichten. Studien zur Historik, Frankfurt a.M. 2000, S. 97-112.

Koselleck, Reinhart: Moderne Sozialgeschichte und historische Zeiten, in: ders.: Zeitschichten. Studien zur Historik, Frankfurt a.M. 2000, S. 317-335.

Koselleck, Reinhart: Raum und Geschichte, in: ders.: Zeitschichten. Studien zur Historik, Frankfurt a.M. 2000, S. 78-96.

Koselleck, Reinhart: Über die Theoriebedürftigkeit der Geschichtswissenschaft, in: ders.: Zeitschichten. Studien zur Historik, Frankfurt a.M. 2000, S. 298-316.

Koselleck, Reinhart: Zeitschichten, in: ders.: Zeitschichten. Studien zur Historik, Frankfurt a.M. 2000, S. 19-26.

Koselleck, Reinhart: Zeitschichten. Studien zur Historik, Frankfurt a.M. 2000.

Koselleck, Reinhart: Zeitverkürzung und Beschleunigung. Eine Studie zur Säkularisation, in: ders.: Zeitschichten. Studien zur Historik, Frankfurt a.M. 2000, S. 177-202.

Koselleck, Reinhart: Stetigkeit und Wandel aller Zeitgeschichten. Begriffsgeschichtliche Anmerkungen, in: ders.: Zeitschichten. Studien zur Historik, Frankfurt a.M. 2003, S. 246-264.

Koselleck, Reinhart: ›Erfahrungsraum‹ und ›Erwartungshorizont‹ – zwei historische Kategorien, in: ders.: Vergangene Zukunft. Zur Semantik geschichtlicher Zeiten, 8. Aufl., Frankfurt a.M. 2013, S. 349-375.

Koselleck, Reinhart: Vergangene Zukunft. Zur Semantik geschichtlicher Zeiten, 8. Aufl., Frankfurt a.M. 2013.

Krüger, Brigtte: Intensitätsräume. Die Kartierung des Raumes im utopischen Diskurs der Postmoderne: Christian Krachts *Ich werde hier sein im Sonnenschein und im Schatten,* in: Gertrud Lehnert (Hg.): Raum und Gefühl. Der Spatial Turn und die neue Emotionsforschung, Bielefeld 2011, S. 259-275.

Krumeich, Gerd: Zwischen soldatischem Nationalismus und NS-Ideologie. Werner Beumelburg und die Erzählung des Ersten Weltkriegs, in: Miriam Seidler/Johannes Waßmer (Hg.): Narrative des Ersten Weltkriegs, Frankfurt a.M. u.a. 2015, S. 217-234.

Küchler, Walther: Romain Rolland. Henri Barbusse. Fritz von Unruh. Vier Vorträge, Würzburg 1919.

Kunicki, Wojciech: Projektionen des Geschichtlichen. Ernst Jüngers Arbeit an den Fassungen von »In Stahlgewittern«, Frankfurt a.M. u.a. 1993.

Lagarde, Paul de: Deutscher Glaube. Deutsches Vaterland. Deutsche Bildung, das Wesentliche aus seinen Schriften ausgewählt und eingeleitet von Friedrich Daab, Jena 1913.

Landauer, Gustav: Nation, Krieg und Revolution, hg. von Siegbert Wolf, Lich (Hessen) 2011, S. 179–182.

Landwehr, Achim: Geburt der Gegenwart. Eine Geschichte der Zeit im 17. Jahrhundert, Frankfurt a.M. 2014.

Landwehr, Achim: Die anwesende Abwesenheit der Vergangenheit. Essay zur Geschichtstheorie, Frankfurt a.M. 2016.

Langbehn, Julius: Rembrandt als Erzieher, Leipzig 1903.

Latour, Bruno: Eine neue Soziologie für eine neue Gesellschaft. Einführung in die Akteur-Netzwerk-Theorie, aus dem Englischen von Gustav Roßler, Frankfurt a.M. 2010.

Lejeune, Philip: Der autobiographische Pakt. Aesthetica, Frankfurt a.M. 1994.

Lenz, Reimar: Wieder winkte ein blutiges Fest. Zur neuen Auflage von Ernst Jüngers »In Stahlgewittern«, in: Alternative. Zeitschrift für Dichtung und Diskussion 6 (1963), H. 28, S. 10–15, zitiert nach: Ernst Jünger: In Stahlgewittern. Historisch-kritische Ausgabe, Bd. 2: Variantenverzeichnis und Materialien, hg. von Helmuth Kiesel, Stuttgart 2013, S. 506–514.

Leroi-Gourhan, André: Hand und Wort. Die Evolution von Technik, Sprache und Kunst, Frankfurt a.M. 1987.

Lessing, Theodor: Geschichte als Sinngebung des Sinnlosen oder die Geburt der Geschichte aus dem Mythos, 4., völlig umgearbeitete Aufl., Leipzig 1927.

Ley, Michael: Apokalyptische Bewegungen in der Moderne, in: Michael Ley/Julius H. Schoeps (Hg.): Der Nationalsozialismus als politische Religion. Bodenheim b.M. 1997, S. 12–29.

Ley, Michael/Schoeps, Julius H.: Vorwort, in: dies. (Hg.): Der Nationalsozialismus als politische Religion, Bodenheim b.M. 1997, S. 7–11.

Liebchen, Gerda: Ernst Jünger. Seine literarischen Arbeiten in den zwanziger Jahren. Eine Untersuchung zur gesellschaftlichen Funktion von Literatur, Bonn 1977.

Liepman, Heinz: Remarque und die Deutschen. Ein Gespräch mit Erich Maria Remarque (1962), in: Erich Maria Remarque: Ein militanter Pazifist. Texte und Interviews 1929–1966, hg. und mit einem Vorwort versehen von Thomas F. Schneider, Köln 1994, S. 110–117.

Lindner-Wirsching, Almut: Französische Schriftsteller und ihre Nation im Ersten Weltkrieg, Tübingen 2004.

Lindner-Wirsching, Almut: Französische Kriegsliteratur, S. 2; online verfügbar unter: http://www.erster-weltkrieg.clio-online.de/_Rainbow/documents/einzelne/franzkriegsliteratur.pdf [letzter Zugriff am 29. April 2018].

Link, Maximilian: Wortlose Kulturen. Die Kommunikationskrise in Christian Krachts *Faserland* und Leif Randts *Leuchtspielhaus,* in: Kritische Ausgabe 15 (2011), S. 69–72.

Löwith, Karl: Weltgeschichte und Heilsgeschehen, Stuttgart 1961.

Lorenz, Matthias N.: Kracht, Coppola und Conrad. Intertextualität als Rassismuskritik in *Imperium* und *Ich werde hier sein im Sonnenschein und im Schatten,* in: Acta Germanica 42 (2014), S. 66–77.

Lotman, Jurij: Die Struktur literarischer Texte, München 1972.

Lovenberg, Felicitas von: Kein Skandal um Christian Kracht, in: Frankfurter Allgemeine Zeitung vom 14. Februar 2012.

Luhmann, Niklas: Soziale Systeme, Frankfurt a.M. 1984.

Luhmann, Niklas: Soziologische Aufklärung 6. Die Soziologie und der Mensch, Opladen 1995.

Luhmann, Niklas: Die Gesellschaft der Gesellschaft, Frankfurt a.M. 1997.

Martinsen, Renate: Der Wille zum Helden. Formen des Heroismus in Texten des 20. Jahrhunderts, Wiesbaden 1990.

Marx, Karl: Aus der Kritik der Hegelschen Rechtsphilosophie. Kritik des Hegelschen Staatsrechts (§§ 261–313), in: Karl Marx/Friedrich Engels: Werke (MEW), Bd. 1, Berlin 1961, S. 201–333.

Marx, Karl: Zur Kritik der politischen Ökonomie (= MEW, Bd. 13), Berlin 1961.

Marx, Karl: Das Kapital. Kritik der politischen Ökonomie. 3 Bde., Bd. III: Der Gesamtprozeß der kapitalistischen Produktion, hg. von Friedrich Engels (= MEW, Bd. 25), Berlin 1964.

Marx, Karl/Engels, Friedrich: Manifest der Kommunistischen Partei, in: Karl Marx/Friedrich Engels: Werke (MEW), Bd. 4, Berlin 1959, S. 462–493.

Meierhofer, Christian: Feldgraues Dichten. Mobilität und Popularität der Lyrik im Ersten Weltkrieg, in: Miriam Seidler/Johannes Waßmer: Narrative des Ersten Weltkriegs, Frankfurt a.M. u.a. 2015, S. 55–80.

Meierhofer, Christian/Wörner, Jens: Der Weltkrieg und das Populäre. Ein interdisziplinärer Vorschlag, in: dies. (Hg.): Materialschlachten. Der Erste Weltkrieg und seine Darstellungsressourcen in Literatur, Publizistik und populären Medien 1899–1929, Göttingen 2015, S. 9–63.

Meierhofer, Christian/Wörner, Jens (Hg.): Materialschlachten. Der Erste Weltkrieg und seine Darstellungsressourcen in Literatur, Publizistik und populären Medien 1899–1929, Göttingen 2015.

Mergenthaler, Volker: »Versuch, ein Dekameron des Unterstandes zu schreiben«. Zum Problem narrativer Kriegsbegegnung in den frühen Prosatexten Ernst Jüngers, Heidelberg 2001.

Moeller van den Bruck, Arthur: Das dritte Reich, Berlin 1923.
Mohler, Armin/Weissmann, Karlheinz: Die Konservative Revolution in Deutschland 1918-1933. Ein Handbuch, 6., völlig überarb. und erw. Aufl., Graz 2005.
Momber, Eckhardt: 's ist Krieg! 's ist Krieg! Versuch zur deutschen Literatur über den Krieg 1914-1933, Berlin 1981.
Mommsen, Wolfgang J.: Die Urkatastrophe Deutschlands. Der Erste Weltkrieg 1914-1918, 10., völlig neu bearb. Aufl., Stuttgart 2002.
Monreal, Sarah: Nicht-Ort ›Deutschland‹. Identitätsproblematik in Christian Krachts *Faserland,* in: Miriam Kanne (Hg.): Provisorische und Transiträume. Raumerfahrung Nicht-Ort, Berlin u.a. 2013, S. 171-186.
Montesquieu, Charles Louis de Secondat de: Betrachtungen über die Ursachen von Größe und Niedergang der Römer, hg. von Lothar Schuckert, Bremen 1957.
Müller, Hans-Harald: Der Krieg und die Schriftsteller. Der Kriegsroman der Weimarer Republik, Stuttgart 1986.
Müller, Hans-Harald: »Im Grunde erlebt jeder seinen eigenen Krieg«. Zur Bedeutung des Kriegserlebnisses im Frühwerk Ernst Jüngers, in: ders./Harro Segeberg: Ernst Jünger im 20. Jahrhundert, München 1995, S. 13-37.
Müller, Horst M.: Die Wirkung der Oktoberrevolution auf die ideologische Entwicklung von Henri Barbusse, in: Präsidium der Deutschen Akademie der Wissenschaften (Hg.): Oktoberrevolution und Wissenschaft, Berlin 1967, S. 307-339.
Müller, Horst M.: Barbusse als Quelle zu Thomas Manns Zauberberg, in: ders.: Studien und Miszellen zu Henri Barbusse und seiner Rezeption in Deutschland, Frankfurt a.M. u.a. 2010, S. 175-206.
Müller, Horst M.: Die Vision des Korporal Bertrand. Plädoyer für eine historische Lektüre von Barbusses *Le Feu,* in: ders.: Studien und Miszellen zu Henri Barbusse und seiner Rezeption in Deutschland, Frankfurt a.M. u.a. 2010, S. 35-49.
Müller, Horst M.: Visionäre Gestaltung und religiöse Metaphorik«, in: ders.: Studien und Miszellen zu Henri Barbusse und seiner Rezeption in Deutschland, Frankfurt a.M. u.a. 2010, S. 63-73.
Müller, Olaf: Der unmögliche Roman. Antikriegsliteratur in Frankreich, Frankfurt a.M./Basel 2006.
Müller, Sven Oliver: Die Nation als Waffe und Vorstellung. Nationalismus in Deutschland und Großbritannien im Ersten Weltkrieg, Göttingen 2002.
Münkler, Herfried: Der Große Krieg. Die Welt 1914-1918, Berlin 2013.
Murdoch, Brian: Vorwärts auf dem Weg zurück. Kriegsende und Nachkriegszeit bei Erich Maria Remarque, in: Text + Kritik 149 (2001), S. 19-29.

Murdoch, Brian: The Novels of Erich Maria Remarque. Sparks of Life, Rochester (NY) 2006.

Nassehi, Armin: Die Zeit der Gesellschaft. Auf dem Weg zu einer soziologischen Theorie der Zeit, Opladen 1993.

Nietzsche, Friedrich: Menschliches, Allzumenschliches I und II (= Kritische Studienausgabe [KSA], Bd. 2), hg. von Giorgio Colli und Mazzino Montinari, München 1999.

Nietzsche, Friedrich: Nachgelassene Fragmente 1885–1887 (= Kritische Studienausgabe [KSA], Bd. 12), hg. von Giorgio Colli und Mazzino Montinari, München 1999.

Nietzsche, Friedrich: Nachgelassene Fragmente 1887–1889 (= Kritische Studienausgabe [KSA], Bd. 13), hg. von Giorgio Colli und Mazzino Montinari, München 1999.

Nietzsche, Friedrich: Unzeitgemässe Betrachtungen II: Vom Nutzen und Nachtheil der Historie für das Leben in: ders.: Die Geburt der Tragödie. Unzeitgemässe Betrachtungen (= Kritische Studienausgabe [KSA] Bd. 1), hg. von Giorgio Colli und Mazzino Montinari, München 1999, S. 245–334.

Nietzsche, Friedrich: Unzeitgemässe Betrachtung III: Schopenhauer als Erzieher, in: ders.: Die Geburt der Tragödie. Unzeitgemässe Betrachtungen (= Kritische Studienausgabe [KSA], Bd. 1), hg. von Giorgio Colli und Mazzino Montinari, München 1999, S. 335–427.

Nietzsche, Friedrich: Zur Genealogie der Moral, in: ders.: Jenseits von Gut und Böse/Zur Genealogie der Moral (= Kritische Studienausgabe [KSA]) Bd. 5), hg. von Giorgio Colli und Mazzino Montinari, München 1999, S. 245–412.

Nietzsche, Friedrich: Also sprach Zarathrustra (= Kritische Studienausgabe [KSA], Bd. 4), hg. von Giorgio Colli und Mazzino Montinari, München 2009.

Nohl, Hermann: Die Deutsche Bewegung. Vorlesungen und Aufsätze zur Geistesgeschichte von 1170–1830, hg. von Otto Friedrich Bollnow und Frithjof Rodi, Göttingen 1970.

Nover, Immanuel: Referenzbegehren. Sprache und Gewalt bei Bret Easton Ellis und Christian Kracht, Köln u.a. 2012.

Nünning, Ansgar/Sommer, Roy: Die Vertextung von Zeit: Zur narratologischen und phänomenologischen Rekonstruktion erzählerisch inszenierter Zeiterfahrungen und Zeitkonzeptionen, in: Martin Middeke (Hg.): Zeit und Roman. Zeiterfahrung im historischen Wandel und ästhetischer Paradigmenwechsel vom sechzehnten Jahrhundert bis zur Postmoderne, Würzburg 2002, S. 33–56.

Öhlschläger, Claudia: »Der Kampf ist nicht nur eine Vernichtung, sondern auch die männliche Form der Zeugung«. Ernst Jünger und das »radikale Geschlecht« des Kriegers, in: Christian Begemann/David E. Wellbery (Hg.):

Kunst – Zeugung – Geburt. Theorien und Metaphern ästhetischer Produktion in der Neuzeit, Freiburg i.Br. 2002, S. 325–351

Oesterle, Günther: Das Kriegserlebnis im für und wieder. »Im Westen nichts Neues« von Erich Maria Remarque (1929), in: Dirk van Laak (Hg.): Literatur, die Geschichte schrieb, Göttingen 2011, S. 213–223.

Pfister, Manfred: Konzepte der Intertextualität, in: ders./Ulrich Broich: Intertextualität. Formen, Funktionen, anglistische Fallstudien, Tübingen 1985, S. 1–30.

Platon: Der Staat (Politeia), übers. und hg. von Karl Vretska, Stuttgart 1982.

Plenge, Johann: 1789 und 1914. Die symbolischen Jahre in der Geschichte des politischen Geistes, Berlin 1916.

Pochalenkow, Olga: Die Entwicklungsstadien der Gestalt von Paul Bäumer in Erich Maria Remarques *Im Westen nichts Neues,* in: Thomas F. Schneider (Hg.): Erich Maria Remarque, Im Westen nichts Neues und die Folgen, Osnabrück 2014, S. 45–60.

Prümm, Karl: Die Literatur des Soldatischen Nationalismus der 20er Jahre (1918–1933). Gruppenideologie und Epochenproblematik, 2 Bde., Kronberg i.T. 1974.

Quante, Michael: Person, Berlin/New York 2007.

Racine, Nicole: The Clarté Movement in France, 1919–21. In: Walter Laqueur/George L. Mosse (Hg.): Literature and Politics in the Twentieth Century, New York/Evanston 1967, S. 187–200.

Raulff, Ulrich: Der unsichtbare Augenblick. Zeitkonzepte in der Geschichte, Göttingen 1999.

Renner, Rolf G.: Von der Westfront in den Kaukasus. Ernst Jüngers Kriege, in: Werner Frick/Günter Schnitzler (Hg.): Der Erste Weltkrieg im Spiegel der Künste, Freiburg i.Br./Berlin/Wien 2017, S. 123–145.

Ricœur, Paul: Zeit und Erzählung, Bd. I: Zeit und historische Erzählung, München 1988.

Röttgers, Kurt: Pazifismus, in: Joachim Ritter/Karlfried Gründer (Hg.): Historisches Wörterbuch der Philosophie, Bd. 7, Darmstadt 1989, Sp. 218–229:

Rohkrämer, Thomas: Ideenkrieg: Sinnstiftungen des Sinnlosen, in: Niels Werber/Stefan Kaufmann/Lars Koch (Hg.): Erster Weltkrieg. Kulturwissenschaftliches Handbuch, Stuttgart/Weimar 2014, S. 385–409.

Rosa, Hartmut: Beschleunigung. Die Veränderung der Zeitstrukturen in der Moderne, Frankfurt a.M. 2005.

Rousseau, Jean-Jacque: Diskurs über die Ungleichheit/Discours sur l'inegalité. Kritische Ausgabe des integralen Textes, hg. von Heinrich Meier, Paderborn u.a. 1984.

Safranski, Rüdiger: Zeit, was sie mit uns macht und was wir aus ihr machen, München 2015.
Scheler, Max: Der Genius des Krieges und der Deutsche Krieg, Leipzig 1915.
Scheler, Max: Die Idee des Friedens und der Pazifismus, Tübingen 1974.
Schleiermacher, Friedrich: Über den Begriff des großen Mannes (1835), in: ders.: Werke, Bd. 1 (= Werke. Auswahl in vier Bänden), Aalen 1967.
Schloßberger, Matthias: Geschichtsphilosophie, Berlin 2013.
Schmidt, Jochen: Goethes Faust. Erster und Zweiter Teil. Grundlagen – Werk – Wirkung, 2., durchges. Aufl., München 2001.
Schmitt, Carl: Politische Theologie. Vier Kapitel zur Lehre von der Souveränität, 7. Aufl., Berlin 1996.
Schmitz, Hermann: Phänomenologie der Zeit, Freiburg i.Br./München 2014.
Schnatz, Jörg: »Söhne von Kriegen und Bürgerkriegen«. Generationalität und Kollektivgedächtnis im Werk Ernst Jüngers 1920–1965, Würzburg 2013.
Schneider, Norbert: Geschichte der Ästhetik von der Aufklärung bis zur Postmoderne, Stuttgart 1996.
Schneider, Thomas F. (Hg.): Kriegserlebnis und Legendenbildung. Das Bild des »modernen« Krieges in Literatur, Theater, Photographie und Film. Bd. I: Vor dem Ersten Weltkrieg/Der Erste Weltkrieg, Osnabrück 1999.
Schneider, Thomas F.: »Krieg ist Krieg schließlich«. Erich Maria Remarque: Im Westen nichts Neues (1928), in: ders./Hans Wagener (Hg.): Von Richthofen bis Remarque. Deutschsprachige Prosa zum I. Weltkrieg, Amsterdam/New York 2003, S. 217–232.
Schneider, Thomas F.: Pazifistische Kriegsutopien in der deutschen Literatur vor und nach dem Ersten Weltkrieg, in: Helga Esselborn (Hg.): Utopie, Antiutopie und Science-Fiction im deutschsprachigen Roman des 20. Jahrhunderts, Würzburg 2003, S. 12–28.
Schneider, Thomas F.: Eine Quelle für *Im Westen nichts Neues*, in: Erich-Maria-Remarque-Jahrbuch 18 (2008), S. 109–120.
Schneider, Thomas F.: Die Revolution in der Provinz. Erich Maria Remarque: Der Weg zurück (1930/31), in: »Friede, Freiheit, Brot!« Romane zur deutschen Novemberrevolution, hg. von Ulrich Kittstein und Regine Zeller, Amsterdam/New York 2009, S. 255–267.
Schneider, Thomas F.: »Das Leben wiedergewinnen oder zugrundegehen«. Zur Entstehung und Publikation von Erich Maria Remarques *Der Weg zurück*, in: Erich Maria Remarque: Der Weg zurück, hg. von Thomas F. Schneider Köln 2014, S. 395–411.
Schneider, Thomas F.: »Endlich die Wahrheit über den Krieg! Erich Maria Remarques ›Im Westen nichts Neues‹ im Kontext der Diskussion um den Ersten Weltkrieg in der Weimarer Republik«. Vortrag gehalten am 10. Dezember

2014 im Rahmen der Vortragsreihe »Der Erste Weltkrieg in Erzähltexten« an der Bergischen Universität Wuppertal.

Schneider, Thomas F.: »Wir passen nicht mehr in die Welt hinein«. Zur Entstehung und Publikation von Erich Maria Remarques *Im Westen nichts Neues*, in: Erich Maria Remarque: Im Westen nichts Neues. In der Fassung der Erstausgabe, hg., mit Materialien und mit einem Nachwort versehen von Thomas F. Schneider, Köln 2014, S. 435–461.

Schneider, Thomas F.: Teufel Tank. Der Tank-Diskurs als Kulminationspunkt der Diskussion um den Ersten Weltkrieg in populären Medien (Literatur, Illustrierte, Photographie) 1914–1938, in: Christian Meierhofer/Jens Wörner (Hg.): Materialschlachten. Der Erste Weltkrieg und seine Darstellungsressourcen in Literatur, Publizistik und populären Medien 1899–1929, Göttingen 2015, S. 199–218.

Schneider, Thomas F. u.a. (Hg.): Die Autoren und Bücher der deutschsprachigen Literatur zum Ersten Weltkrieg 1914–1939. Ein bio-bibliographisches Handbuch, Göttingen 2008.

Scholdt, Günter: Autoren über Hitler. Deutschsprachige Schriftsteller 1919–1945 und ihr Bild vom ›Führer‹, Bonn 1993.

Schöning, Matthias: Eskalation eines Narrativs. Vier Idealtypen zur Entwicklung der »Ideen von 1914«, in: Natalia Borissova/Susi K. Frank/Andreas Kraft (Hg.): Zwischen Apokalypse und Alltag. Kriegsnarrative im 20. und 21. Jahrhundert, Bielefeld 2009, S. 41–58.

Schöning, Matthias: Versprengte Gemeinschaft. Kriegsroman und intellektuelle Mobilmachung in Deutschland 1914–1933, Göttingen 2009.

Schumann, Andreas: ›das ist schon ziemlich charmant‹. Christian Krachts Werke im literarhistorischen Geflecht der Gegenwart, in: Johannes Birgfeld/Claude D. Conter (Hg.): Christian Kracht. Zu Leben und Werk, Köln 2009, S. 150–164.

Schwartz, Laurent: Einleitung, in: Paul Virilio: Revolutionen der Geschwindigkeit, übers. von Marianne Karbe, Berlin 1993, S. 7–16.

Schwilk, Heimo: Ernst Jünger. Ein Jahrhundertleben, Stuttgart 2014.

Seel, Martin: Ästhetik des Erscheinens, Frankfurt a.M. 2003.

Seidler, Miriam/Waßmer, Johannes (Hg.): Narrative des Ersten Weltkriegs, Frankfurt a.M. u.a. 2015.

Seidler, Miriam/Waßmer, Johannes: Narrative des Ersten Weltkriegs. Einleitende Überlegungen, in: dies. (Hg.): Narrative des Ersten Weltkriegs, Frankfurt a.M. u.a. 2015, S. 9–26.

Sennett, Richard: Der flexible Mensch. Die Kultur des neuen Kapitalismus, Berlin 1998.

Sommer, Andreas Urs: Umwerthung aller Werthe, in: Henning Ottmann (Hg.): Nietzsche Handbuch. Leben – Werk – Wirkung, Stuttgart/Weimar 2011, S. 345–346.

Sorg, Reto/Würffel, Stefan Bodo (Hg.): Utopie und Apokalypse in der Moderne, München 2010.

Spengler, Oswald: Jahre der Entscheidung. Erster Theil: Deutschland und die weltgeschichtliche Entwicklung, München 1933.

Spengler, Oswald: Der Untergang des Abendlandes. Umrisse einer Morphologie der Weltgeschichte, München 1963.

Spitzer, Leo: Studien zu Henri Barbusse, Bonn 1920.

Sprengel, Peter: Geschichte der deutschsprachigen Literatur 1900–1918. Von der Jahrhundertwende bis zum Ende des Ersten Weltkriegs, München 2004.

Süselbeck, Jan: Reflexionslosigkeit als Erfolgsrezept. Zum soldatischen Identifikationspotential in Erich Maria Remarques Bestseller *Im Westen nichts Neues* (1929), in: Wirkendes Wort 59 (2009), H. 3, S. 383–403.

Süselbeck, Jan: Im Angesicht der Grausamkeit. Emotionale Effekte literarischer und audiovisueller Kriegsdarstellungen vom 19. bis ins 21. Jahrhundert, Göttingen 2013.

Süselbeck, Jan: Verbotene Gefühle. Echos der Shell-Shock-Traumatisierung in Ludwig Renns frühen Romanen *Krieg* und *Nachkrieg* sowie in Lewis Milestones Film *All Quiet on the Western Front*, in: Miriam Seidler/Johannes Waßmer (Hg.): Narrative des Ersten Weltkriegs, Frankfurt a.M. u.a. 2015, S. 141–156.

Stegemann, Bernhard: Autobiographisches aus der Seminar- und Lehrerzeit von Erich Maria Remarque im Roman *Der Weg zurück*, in: Thomas F. Schneider (Hg.): Erich Maria Remarque. Leben, Werk und weltweite Wirkung, Osnabrück 1998, S. 57–67.

Stöckmann, Ingo: Sammlung der Gemeinschaft, Übertritt in die Form. Ernst Jüngers Politische Publizistik und Das abenteuerliche Herz (erste Fassung), in: Uwe Hebekus/Ingo Stöckmann (Hg.): Die Souveränität der Literatur. Zum Totalitären der Klassischen Moderne 1900–1933, München 2008, S. 189–220.

Stöckmann, Ingo: Zäsuren und Kontinuitäten, in: Matthias Schöning (Hg.): Ernst Jünger-Handbuch. Leben – Werk – Wirkung, Stuttgart/Weimar 2014, S. 30–39.

Szlezák, Thomas Alexander: Das Höhlengleichnis, in: Otfried Höffe (Hg.): Platon. Politeia, Berlin 2005, S. 205–228.

Theis, Jörg: »Der Tanzplatz des Todes«. Geräusche des Krieges und zerstörte Körper in Ernst Jüngers *In Stahlgewittern*, in: Lars Koch/Marianne Vogel (Hg.): Imaginäre Welten im Widerstreit. Krieg und Geschichte in der deutschsprachigen Literatur seit 1900, Würzburg 2007, S. 119–132.

Theweleit, Klaus: Männerphantasien, Basel/Frankfurt a.M. 1986.
Tönnies, Ferdinand: Gemeinschaft und Gesellschaft. Grundbegriffe der reinen Soziologie, Berlin 1912.
Trawny, Peter: Die Autorität des Zeugen. Ernst Jüngers politisches Werk, Berlin 2009.
Treuekundgebung deutscher Schriftsteller, in: Vossische Zeitung 511 (26. Oktober 1933), Morgenausgabe, S. 2.
Troeltsch, Ernst: Der Kulturkrieg, in: Zentralstelle für Volkswohlfahrt/Verein für volkstümliche Kurse von Berliner Hochschullehrern (Hg.): Deutsche Reden in schwerer Zeit, Berlin 1915, S. 207–249.
Troeltsch, Ernst: Die Krisis des Historismus, in: ders.: Schriften zur Politik und Kulturphilosophie (1918–1923) (= Kritische Gesamtausgabe, Bd. 15), hg. von Gangolf Hübinger, Berlin/New York 2002, S. 437–455.
Troeltsch, Ernst: Die Zufälligkeit der Geschichtswahrheiten, in: ders.: Schriften zur Politik und Kulturphilosophie (1918–1923) (= Kritische Gesamtausgabe, Bd. 15), hg. von Gangolf Hübinger, Berlin/New York 2002, S. 551–559.
Troeltsch: Für das neue Deutschland!, in: ders.: Schriften zur Politik und Kulturphilosophie (1918–1923) (= Kritische Gesamtausgabe, Bd. 15), hg. von Gangolf Hübinger, Berlin/New York 2002, S. 56–59.
Troeltsch, Ernst: Naturrecht und Humanität in der Weltpolitik, in: ders.: Schriften zur Politik und Kulturphilosophie (1918–1923) (= Kritische Gesamtausgabe, Bd. 15), hg. von Gangolf Hübinger, Berlin/New York 2002, S. 493–512.
Troeltsch, Ernst: Der Historismus und seine Überwindung, in: ders.: Fünf Vorträge zu Religion und Geschichtsphilosophie für England und Schottland. Der Historismus und seine Überwindung (1924) / Christian Thought. Its History and Application (1923) (= Kritische Gesamtausgabe, Bd. 17), hg. von Gangolf Hübinger in Zusammenarbeit mit Andreas Terwey, Berlin/New York 2006, S. 67–104.
Troeltsch, Ernst: Ethik und Geschichtsphilosophie, in: ders.: Fünf Vorträge zu Religion und Geschichtsphilosophie für England und Schottland. Der Historismus und seine Überwindung (1924) / Christian Thought. Its History and Application (1923) (= Kritische Gesamtausgabe, Bd. 17), hg. von Gangolf Hübinger, Berlin/New York 2006, S. 68–104.
Troeltsch, Ernst: Der Historismus und seine Probleme. Erstes Buch: Das logische Problem der Geschichtsphilosophie, Bd. 1 (= Kritische Gesamtausgabe, Bd. 16.1), hg. von Friedrich Wilhelm Graf, Berlin/New York 2008.
Uerlings, Herbert: Die Bedeutung des Bergbaus für den Heinrich von Ofterdingen, in: Eleonore Senft (Hg.): Bergbau und Dichtung. Friedrich von Hardenberg (Novalis) zum 200. Todestag, Weimar 2003, S. 25–55.

Vico, Giovanni Battista: Prinzipien einer neuen Wissenschaft über die gemeinsame Natur der Völker, Bd. 1, übers. von Vittorio Hösle und Christophf Jermann, mit einer Einleitung von Vittorio Hösle, Hamburg 1990.
Vidal, Annette: Barbusse et »Le Feu«, in: Europe 119/120 (1955).
Vidal, Annette: Henri Barbusse: Soldat des Friedens, übers. von Herbert Bräuning, Berlin 1955.
Virilio, Paul: Fahren, fahren, fahren…, übers. von Ulrich Raulf, Berlin 1978.
Virilio, Paul: Geschwindigkeit und Politik. Ein Essay zur Dromologie, übers. von Ronald Voullié, Berlin 1980.
Virilio, Paul: Der negative Horizont. Bewegung – Geschwindigkeit – Beschleunigung, übers. von Brigitte Weidmann, München/Wien 1989.
Virilio, Paul: Revolutionen der Geschwindigkeit, übers. von Marianne Karbe, Berlin 1993.
Virilio, Paul: Rasender Stillstand. Essay, übers. von Bernd Wilczek, Frankfurt a.M. 1997.
Voegelin, Eric: Die politischen Religionen, hg. und mit einem Nachwort von Peter J. Opitz, München 1993.
Vondung, Klaus: *Zur Lage der Gebildeten in der wilhelminischen Zeit,* in: ders. (Hg.): Das wilhelminische Bildungsbürgertum, Göttingen 1976, S. 20-33.
Wagener, Hans: Erich Maria Remarque, *Im Westen nichts Neues* – Zeit zu leben und Zeit zu sterben: Ein Autor, zwei Weltkriege, in: Ursula Heukenkamp (Hg.): Schuld und Sühne? Kriegserlebnis und Kriegsdeutung in deutschen Medien und der Nachkriegszeit (1945-1961), Amsterdam 2001, S.103-111.
Ward, Mark G: The Structure of *Der Weg zurück,* in: Brian Murdoch/Mark Ward/ Maggie Sargeant (Hg.): Remarque Against War. Essay for the Centenary of Erich Maria Remarque 1898-1970, Glasgow 1998, S. 85-97.
Walkenhorst, Peter: Nation – Volk – Rasse. Radikaler Nationalismus im Deutschen Kaiserreich 1890-1914, Göttingen 2007.
Walther, Peter (Hg.): Endzeit Europa. Ein kollektives Tagebuch deutschsprachiger Schriftsteller, Künstler und Gelehrter im Ersten Weltkrieg, Göttingen 2008.
Wanning, Frank: Konflikt der Anthropologien. Die Ästhetik Hippolyte Taines zwischen Romantik und Naturalismus, in: Rudolf Behrens/Roland Galle (Hg.): Historische Anthropologie und Literatur. Romanistische Beiträge zu einem neuen Paradigma der Literaturwissenschaft, Würzburg 1995, S. 199-214.
Waßmer, Johannes: Erzählungen des Ersten Weltkriegs in Ostpreußen und die Utopie der ›Volksgemeinschaft‹, in: Miriam Seidler/Johannes Waßmer (Hg.): Narrative des Ersten Weltkriegs, Frankfurt a.M. 2015, S. 81-109.

Waßmer, Johannes: Strategien des Dokumentarischen in Henri Barbusses *Le Feu,* in: Christian Meierhofer/Jens Wörner (Hg.): Materialschlachten. Der Erste Weltkrieg und seine Darstellungsressourcen in Literatur, Publizistik und populären Medien 1899–1929, Osnabrück 2015, S. 341–357.

Weber, Jan Robert: Ästhetik der Entschleunigung. Ernst Jüngers Reisetagebücher (1934–1960), Berlin 2011.

Weber, Jan Robert: *Der Weltstaat* (1960), in: Matthias Schöning (Hg.): Ernst Jünger Handbuch. Leben – Werk – Wirkung, Stuttgart/Weimar 2014, S. 219–222.

Weitin, Thomas: Notwendige Gewalt. Die Moderne Ernst Jüngers und Heiner Müllers, Freiburg i.Br. 2003.

Wende, Waltraud ›Wara‹ (Hg.): Krieg und Gedächtnis. Ein Ausnahmezustand im Spannungsfeld kultureller Sinnkonstruktionen, Würzburg 2005.

Werber, Niels/Kaufmann, Stefan/Koch, Lars (Hg.): Erster Weltkrieg. Kulturwissenschaftliches Handbuch, Stuttgart/Weimar 2015.

Westenfelder, Frank: Genese, Problematik und Wirkung nationalsozialistischer Literatur am Beispiel des historischen Romans zwischen 1890 und 1945, Frankfurt a.M. u.a. 1989.

Westphalen, Timm: Kameradschaft zum Tode. Nachwort, in: Erich Maria Remarque: Der Weg zurück, Köln 1998, S. 276–286.

Westphalen, Tilman: »Kultur von Jahrtausenden« und »Ströme von Blut«. Erich Maria Remarque: *Im Westen nichts Neues,* in: Carl-Heinrich Bösling u.a. (Hg.): Krieg beginnt in den Köpfen. Literatur und politisches Bewusstsein, Osnabrück 2011, S. 47–64.

Weyand, Björn: Poetik der Marke. Konsumkultur und literarische Verfahren 1900–2000, Berlin/New York 2013.

White, Hayden: Auch Klio dichtet oder die Fiktion des Faktischen. Studien zur Tropologie des historischen Diskurses, Stuttgart 1991.